本书荣获第五届国家图书奖提名奖（2001年）

邢福义文集

文化语言学（修订本）

第八卷

邢福义 主编

华中师范大学出版社

新出图证（鄂）字 10 号
图书在版编目（CIP）数据

邢福义文集　第八卷/邢福义主编．—武汉：华中师范大学出版社，2019.6
ISBN 978-7-5622-8643-1

Ⅰ．①邢…　Ⅱ．①邢…　Ⅲ．①语言学—文集　Ⅳ．①H0-53

中国版本图书馆 CIP 数据核字（2019）第 090156 号

邢福义文集　第八卷
ⓒ 邢福义　主编

责任编辑：史小艳	责任校对：肖绪旭
封面设计：胡　灿	
编辑室：学术出版中心	电话：027-67863220/7792
出版发行：华中师范大学出版社	社址：湖北省武汉市洪山区珞喻路 152 号
电话：027-67863426（发行部）	
网址：http://press.ccnu.edu.cn	邮箱：press@mail.ccnu.edu.cn
印刷：湖北新华印务有限公司	督印：王兴平
开本：710mm×1000mm　1/16	字数：522 千字
版次：2019 年 6 月第 1 版	印次：2019 年 6 月第 1 次印刷
印张：36.25	定价：145.00 元

欢迎上网查询、购书

敬告读者：欢迎举报盗版，请打举报电话 027-67867353

目 录

第一版序	邢福义	1
增订本序	邢福义	4

总论 ……………………………………………………………… 8
  第一节　文化语言学的研究对象 …………………………… 8
  第二节　文化语言学的方法 ………………………………… 22
  第三节　文化语言学与相关学科 …………………………… 31
  第四节　文化语言学与当今社会 …………………………… 42
  第五节　语言与文化关系研究小史 ………………………… 55
  第六节　1988—1998年文化语言学的发展 ………………… 76

上编　语言——文化的符号

第一章　从语言看文化的结构层次 …………………………… 107
  第一节　语言棱镜中的文化物质层次 ……………………… 107
  第二节　语言棱镜中的文化制度层次 ……………………… 119
  第三节　语言棱镜中的文化心理层次 ……………………… 132

第二章　从语言看文化的发展轨迹 …………………………… 146
  第一节　古文字与古代文化 ………………………………… 146
  第二节　语言的分化融合反映着文化及其发展 …………… 159
  第三节　专门用语中的文化发展轨迹 ……………………… 168
  第四节　准语言的文化渗透 ………………………………… 183

第三章　语言在文化传播交流中的作用 …… 196
第一节　语言——文化传播的媒介 …… 196
第二节　文字——文化传播的辅佐 …… 206
第三节　词语借用——文化交流的记录 …… 213

第四章　语言对文化的影响 …… 223
第一节　语言与文化世界 …… 223
第二节　语言所形成的特殊文化 …… 233
第三节　语言与社会文化变迁 …… 243

中编　文化——语言的管轨

第一章　文化对语言系统和语言观念的影响 …… 257
第一节　文化对语法的影响 …… 257
第二节　文化对语音的影响 …… 264
第三节　文化对语用的影响 …… 271
第四节　文化对语言观念的影响 …… 286

第二章　文化对语言发生发展的影响 …… 300
第一节　文化对原始语言的影响 …… 300
第二节　文化对儿童语言习得的影响 …… 311
第三节　文化对语言的地域变异的影响 …… 322
第四节　文化对语言的社会变异的影响 …… 335

第三章　文化对语言接触和融合的影响 …… 352
第一节　双语双方言的文化背景 …… 352
第二节　语言政策和语言规划的文化背景 …… 359
第三节　语言成分借用的文化背景 …… 369
第四节　语言混合和语言替代的文化背景 …… 384

第四章　文化对文字和准语言的影响 …… 398
第一节　文字起源的文化背景 …… 398
第二节　文字发展的文化背景 …… 403
第三节　准语言的文化背景 …… 416

目 录

下编　语言与文化——关系专题探讨

"很+名词"的语言文化问题辨察 …………………… 429
汉语句法形式的趋简性和人文性 …………………… 439
汉语时间表述形式的构成理据论析 ………………… 449
空间在世界认知中的地位 …………………………… 461
社会伦理与亲属语素加合式组合 …………………… 472
汉语词义引申中的文化心理 ………………………… 480
会意字体现的思维方式 ……………………………… 492
汉字的二重性与字谜文化 …………………………… 504
从比喻的演变看文化对语言的影响 ………………… 514
努力培养双言双语人 ………………………………… 525
论"五种不翻"——梵汉对音语料的甄别 ………… 535
计算机的发展对语言的影响 ………………………… 549

结束语 …………………………………………………… 564
第一版编后记 …………………………………………… 571
增订本编后记 …………………………………………… 573

第一版序

　　语言与文化关系之密切，也许可以用"水乳交融"来形容。例子俯拾皆是。庾信《马射赋》中有"落花与芝盖同飞，杨柳共春旗一色"一联，王勃在《滕王阁序》中化为"落霞与孤鹜齐飞，秋水共长天一色"，于是成了千古传诵的名句。"……与……齐……，……共……一……"之类是语言格式，但它一旦撑起了名句，充当了名句的基本框架，便同名句一起升华成具有特殊价值的文化现象。因此，当我们读到金庸《天龙八部》三十二回中"不知此人请了哪一个腐儒撰此歌功颂德之辞，但听得高帽与马屁齐飞，法螺共锣鼓同响"这样的描写，就很自然地想起王勃的佳句，也就很自然地产生强烈的对比，为那是何等淡雅清丽和这是多么龌龊庸俗而不禁哑然失笑。

　　语言是文化的符号，文化是语言的管轨。好比镜子或影集，不同民族的语言反映和记录了不同民族特定的文化风貌；犹如管道或轨道，不同民族的特定文化，对不同民族的语言的发展，在某种程度、某个侧面、某一层次上起着制约的作用。当然，严格地讲，语言和文化不是一般的并列关系，而是部分与整体的对待关系，或者说，是点面对待的一种特殊的并列关系。文化包括语言，语言是文化中一种特殊的文化。我们研究语言与文化之间符号与管轨的关系，立足点是它们之间的点面对待的关系。

　　语言工作者应该关注语言与文化的关系的研究。结合文化来研究语言，是语言学研究特别是中国语言学研究的一个传统。语言的许多现象，可以通过这方面的研究得到比较合理的解释；语言中的一些问题，可以通过这方面的研究引起种种新的思考。举例来说，汉民族文化对于汉语词汇的发展、汉语词义的演变、汉字的创造和使用等等的影响,这是十分明显的。那么,汉语语法的形成和发展会不会也有深刻的文化背景呢?这是一个很值得思索的问题。汉语语法重"意"不重"形"。形式上框架简明,没有繁多的标记;表意上灵活多样,隐性语法关系十分丰富。理解汉语,特别是阅读汉语古籍,最主要的障碍不是语法。正因为如此,我国古代率先出现的语言学著作是讲词义、讲文字、讲语音的《尔雅》《说文解字》《广韵》等等,而不是语法学专著。琼瑶的小说《哑妻》中有这么一段描述:

雪儿望着父亲,然后垂下头去,找了一根树枝,在地下写:"你是我的爸爸?"

柳静言点点头,雪儿又看了他好一会儿,然后写:"爸爸,你想死我们了!"

不必在形式上有什么特定的标记,以汉语为母语的人都懂得,"你想死我们了"等于"我们想死你了",也等于"你让我们想死了"。这种特殊句法的成立,有其自身的规律,但那是语法研究的专题,可以不说。这里,我们感兴趣的是这个句子表面上像是主动句,表意上却是被动句或使动句,对话者和我们读者理解起来不仅不困难,反而感到自然而亲切。这是不是表明彼此具有共同的文化心态?是不是表明,汉语的这种重"意"不重"形"的语法,跟汉民族的含而不露的文化心态等因素存在着一定的因果联系?萧国政、吴振国二位写过《汉语法特点和汉民族心态》一文(《华中师范大学学报》1989年第4期),从"汉语语法的意合性和汉人思维的领悟性""汉语语法的简约性和汉人俭朴实用的价值观""汉语语法的灵活性和汉人思维的辩证性"三个方面作了一些论证,也许可以为问题的深入探讨提供一些思路。

文化语言学的研究可以有多种多样的模式。如果重在从文化属性的角度来研究语言,"文化语言学"是个偏正结构;如果重在研究语言同文化的相互关系,"文化语言学"中的"文化语言"大概只能理解为并列结构。文化语言学的体系组建,不妨提倡不同角度、不同途径的探索。探索的结果,或许可以形成文化语言学的不同分支或不同流派。

第一版序

本书偏重于从相互关系上阐述文化语言学。除了开头的总论部分讨论研究对象、研究方法、研究状况等通论性问题之外，书的本体部分包括上下两编。上编是从语言看文化，讲"语言——文化的符号"，讨论了从语言看文化的结构层次、从语言看文化的发生发展、从语言看文化的传播交流、语言对文化的影响等问题；下编是从文化看语言，讲"文化——语言的管轨"，讨论了文化对语言系统和语言观念的影响、文化对语言发生发展的影响、文化对语言接触和融合的影响、文化对文字和准语言的影响等问题。这并不意味着文化语言学的结构只能如此，也不意味着这样的文化语言学的结构是最理想的。本书只能算是草创，可以斟酌的地方还相当多，各个部分也不够均衡。我们将在今后的进一步探索中不断地深化认识，不断地提高水平。我们深信，作为一门学问，文化语言学同其他任何学问一样，一定会随着研究工作的逐步深入而不断发展，不断成熟，不断完善。

　　本书的撰写经历了整整一年的时间。编著者都是湖北省大专院校语言专业的教师，绝大多数是武汉地区的。这么多学校的这么多同行利用业余时间聚集在一起，研讨一个课题，撰写一部专书，从草拟提纲到分工写作，到完成书稿，每前进一步都很不容易。但是，编写班子一拉起来，大家就特别强调了"武汉意识""湖北意识"。意思是说，湖北省、武汉市的语言工作者要拧成一股绳，形成一股子力量，在主题明确的大型研讨活动中，互教互助，同步前进。

　　这是一个可喜的开端。摒除文人相轻的习气，发扬团结协作的精神，迈开了整体奋进的步伐，应该说，这是比写出一两本书更为宝贵的收获！

邢福义
1990 年元旦

增订本序

　　社会发展越急剧,人的思想越活跃,语言和文化的交合也就越发加速,越是多姿多彩。

　　生活在20世纪90年代的中国,人们由于社会的巨变而激发了聪明才智和丰富的想象力,语言的运用明显地增多了文化的蕴含。常常听到对通俗歌曲语句的非议。我不敢对非议提出非议,却也不敢对非议完全附议。作为歌词,那些听起来"似不通似也通"的语句为什么那么容易流行,容易上口,容易赢得青年人甚至不少中年人和老年人?是不是那里面融入了足以扣人心弦的跟民族心态、民族情调相关的一些文化因素?这也许是个值得深入探讨的命题。

　　且不说这种尚可讨论的命题。就一般性的语言运用而言,不管人们的思想触角伸向何处,我们几乎可以经常看到语言与文化的巧妙融合。蒋子龙写了一篇《畅叙黎子流》的小说,其中对某些地区、某些部门一、二把手之间闹矛盾发出感慨,说是形成了一条规律:大凡"内战内行"的大多"外战外行",而最后倒霉的还是老百姓。小说接着写道:"市长和书记之间能够唱'哥俩好',其他人就会大唱'团结就是力量'。"(《中篇小说选刊》1997年第4期85页)《哥俩好》是一部群众喜爱的喜剧片,《团结就是力量》是一首家喻户晓的歌曲,它们都属于文化。然而,把它们的名称作为一个短语用到动词"唱"的后边,形成一个动宾组合,便能够从语言运用的角度恰到好处地表述了一、二把手搞好团结的重要意义。由于"哥俩好"和"团结就是力量"本是两个名称,其内涵却又十分丰富,其字面却又十分切合意旨,因此话说出来语意双关,不仅显得很有风趣,避免了平板的说理,而且能够打

增订本序

动人,使人深受启迪。这样的精彩用法,表明了语言运用中文化因素的闪光。

一、二把手的团结属于"大事",我们再来说个日常生活的"小事"。蒋韵《现场逃逸》这篇小说中有这么一段描写:

"鳜鱼是活的吗?死的我可不要。"

"瞧您怎么说话。"跑堂小姐笑吟吟望着他,"能拿死的蒙您吗?昨天才从海里打捞上来,空运来的。"

小姐飘然而去许久之后,林则才收拢他大张的嘴巴。

"什么时候鳜鱼变成海鱼了?"他问胡石。

"这都不懂?人都下海了,何况鱼?"胡石笑嘻嘻回答。

(《小说月报》1997年第6期71—72页)

"下海"一词,在1994年出版的《现代汉语词典》修改本里还只列出三个义项:①到海中去。②(渔民)到海上(捕鱼)。③指业余戏曲演员成为职业演员。1996年出版的《现代汉语词典》修订本,却增加了第四个义项,即:④泛指放弃原来的工作而经营商业。这第四个义项,既是词义问题,又反映了一种新的文化蕴含。现在,假若哪份报纸、哪本杂志上有一篇文章题为"下海",读者想到的肯定是经商做生意,而不是到海中去、到海上捕鱼或业余演员的职业化。上面的例子,很有意思,它把"下海"的语词本义和新的文化涵义故意搅在一起了。稍有常识的人都知道,鳜鱼是淡水鱼,不是海鱼,"下海"的"海"跟"海鱼"的"海"已经不是一回事,一个人不会因为"下海"便成为"海人"。跑堂小姐的"广告"没做好,说话出了漏洞,弄巧成拙。林则那一问,已够幽默;胡石这一答,更是出奇制胜,妙语怡人。胡石巧妙地在"海"字上做文章,把二者联系起来构成一个类比推理,跟当今的社会风气开了个小玩笑,让读者也跟着十分开心。这样富于风趣的言语,是才情和智慧的生动反映,这里面同样有着文化因素的闪光。

诚然,值得发掘和解释的现象非常之多,而且越来越多,文化语言学的研究十分必要,大有可为。而任何一种研究事业,特别是人文社会科学领域的研究事业,都总是跟着社会的前进而前进,随着研

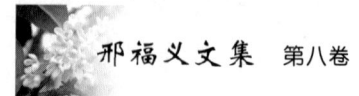

对象的发展而发展的。

20世纪90年代,是我国文化语言学大发展的年代。有学者概括为"文化语言学的中国潮",实在恰切。潮起潮涌,其声势,其派头,大大超过了语言学领域的许多学科。原因何在?首先是社会背景。中国的改革开放,促使中国走向世界,促使世界走向中国,促使国人思想的活跃和人际交流的频繁。紧密相连的,是语言文化背景。为了搞好改革开放,为了有效地向世界说话和让世界了解中国,为了更好地适应思想表述的需要,汉语的运用便十分自然地同中国文化更加密切地结合了起来,而中国的文化也就十分自然地通过汉语更加引人注目地展示了出来。正因如此,经过80年代的积累期,一进入90年代,中国文化语言学的研究便汇成了滔滔江河。据我们不很精确的统计,1990年以来著作出版了近百部,论文发表了近千篇,内容涉及了文化语言学的对象、任务、性质和方法,涉及了词汇与词义、语法、语音、文字、方言与民俗、语言接触与融合、交际与教学等等各个方面。在国外,中华语言文化的研究也成为热点。比如,新加坡南洋理工大学,在周清海博士的主持下,于1994年4月成立了中华语言文化中心。《中华语言文化中心概况》指出:"近年来,中国的开放经济对新加坡之影响日趋重要,需要培养更多了解中国语言文化的人才。"总之,放眼文化语言学研究领域,看到的是一派生机勃发的景象。

这部《文化语言学》,初版于1990年10月。8年后的今天进行增订,做了较大的动作,在总体建构上把原来的下编改为中编,增加了新的下编。这样,增订本里,除了"总论",包括:上编"语言——文化的符号",中编"文化——语言的管轨",下编"语言与文化——关系专题探讨"。对于总论、上编和中编,基本原则是略作修改,略加增减,不大动刀斧。总论里,多了"1989—1998年文化语言学的发展"一节,算是最重要的增补。下编里,汇统了一组专题性研究,论及了汉语句法形式的趋简性和人文性、汉语时间表述形式的构成理据、空间在世界认知中的地位、汉语词义引申的文化心理、社会伦理与亲属语素加合、从比喻的演变看文化对语言的影响、汉字的二重性与字谜

增订本序

文化、会意字体现的思维方式、计算机的发展对语言的影响、双言双语人的培养等等问题，从不同角度不同侧面反映了本书编著者们的研究心得。

本书的增订过程，是一次队伍素质的培训过程，又是一次研究现状的检视过程。目前，文化语言学的研究仍在蓬勃发展，其势未衰，前景喜人；但是，从质量看，不能过于乐观，不能作过高的估价。作为一门学科，文化语言学仅仅处在初级发展阶段，充其量只是初具规模，距离"成熟"二字非常之遥远。由于涉及面特别广，我们就像面对茫茫大海，有点无边无际的感觉。我们曾经多次提过，当今汉语语言学面临的主要问题是"二求"：一求创建理论和方法，二求把事实弄清楚。没有理论和方法的成熟，一门学科不可能是成熟的，然而，另一方面，没有对事实的清楚了解，理论和方法的创建便成为空中楼阁。对于今后的文化语言学研究来说，"二求"的任务更重，遇到的麻烦将更大。为了使脚步迈得更稳实一点，最好把更多的精力放在具体事实的发掘和研究上面，既把一个个具体事实分析清楚，又从众多具体事实中生发出理论。否则，依靠浮想式的理论框架的建构，或者依靠对事实的一些零星的、不成系统的研究，都无法让文化语言学在语言学界排上较高的学术座次。由于受到研究现状的限制，加上受到编著者自身实际能力的限制，本书的增订本尽管较初版本有了不小的变化，但是，只能说我们已经做了努力。仅此而已！敬请专家和读者多多指教。

"愚公移山"，这是我国语言文化宝库中一则颇具鞭策力量的寓言故事；"改革开放"，这是我国走向繁荣富强的一个颇为灵验的法宝。要真正移动文化语言学的大山，不是一两支队伍和一两辈学者所能做到的，也不是缺乏新的思路所能做到的。我们相信一条具有普遍性的公式：

愚公移山精神＋改革开放新思路＝千秋功业

邢福义
1998 年 6 月

总　论

第一节　文化语言学的研究对象

一、什么是文化语言学

语言学的研究对象是语言，文化学的研究对象是文化。文化语言学是研究语言和文化的关系的科学，因此同语言学、文化学都有关系，是语言学和文化学的交叉学科。

西方有人类语言学（Anthropological Linguistics）而无文化语言学这一名目。人类语言学产生于 20 世纪初，属人类学中文化人类学的一个分支。文化语言学类似于西方的人类语言学，但人类语言学主要研究没有文献史的民族或部族的语言与文化，而文化语言学的研究对象比人类语言学广泛，它对人类的所有语言和文化现象都感兴趣。如果不看学科归属只看研究对象的话，可以说文化语言学是人类语言学发展的一个全新阶段。

文化语言学是我国学者于 1985 年开始提出的。此后北京、上海、武汉等地的高校相继开设文化语言学课程，召开学术研讨会，并出版了一些著作和论文，日本等国家或地区也对中国的文化语言学进行了若干介绍。文化语言学的出现，与以下因素有密切关系：

第一，我国有悠久的小学传统，小学分音韵、文字、训诂三门，作为经学的羽翼颇重实用，其中文字、训诂的研究历来同文化有着密切的联系。如文字构成的理据、名物典章制度的训释等，都直接或间接地牵涉文化问题，甚至是为文化服务的。语言研究同文化结合的学

总 论

术传统,是今天文化语言学产生的学术温床。

第二,自 1898 年马建忠的《马氏文通》问世,中国的语言研究进入现代语言学的阶段。马氏的语法系统较多受西洋语法影响,这一系统虽在中国语法学的发展中不断改善,但仍不能令人满意地解释汉语。西洋语法较重视形式,汉语语法缺乏严格意义上的形态变化,较重意义,与语用和文化的关系更为密切,因而从文化的角度解释汉语有一定的学术魅力。

第三,改革开放以来,国外新的学术思潮接踵传入,大大开阔了学者的眼界。西方从美国描写语言学派到乔姆斯基,都力主形式主义的语言研究。美国描写语言学派放弃研究语言意义,乔姆斯基以语言的自主性为宗旨,经营转换生成语言学,把形式主义发展到极致,把语言同文化的关系剥割殆尽。20 世纪 70 年代前后,重语义、重篇章、重社会文化心理的学术思潮在反对乔姆斯基的呼声中兴起。这些不同于形式主义语言学的思想,特别是人类语言学、文化学以及其他研究语言与文化关系的新学科、新成果,启发中国学者重新审视语言与文化的关系。

第四,学科之间的交叉研究成为当今学术发展的潮流。在语言学界就有社会语言学、心理语言学、数理语言学等。这些交叉学科或研究两种事物间的关系,或从新角度揭示事物的新现象、新规律,或引进新的研究方法,或添加新的研究目的等等。这种学术新潮是促成文化语言学产生的一个因素。

如上诸因素的相互作用,使文化语言学在 20 世纪 80 年代的神州大地上应运而生。当然,事物的发展总有一个过程,文化语言学提出的时间不长,对语言与文化的关系的认识还相当有限,具体研究成果还不是很多,理论框架也不完善。特别是对文化语言学的地位、属性和研究对象等还有不同意见,例如:

有人认为,文化语言学不必独立成科,可将之归到人类语言学或社会语言学中。的确,人类语言学和社会语言学的研究内容同文化语言学有相互重合之处,但并不能完全包容文化语言学,且研究目的也不尽相同。文化语言学建立之前,人类语言学和社会语言学还可有限度地代替文化语言学的研究职能,但从研究的系统性和学科划分的科学性上考虑,把文化语言学归属到人类语言学或社会语言学,并不见得有多少优越性。

有人认为,文化语言学是语言学的一个分支。从描写和解释的角度可把语言学分为描写语言学和解释语言学,文化语言学属解释语言学的范畴,与心理语言学、人类语言学、社会语言学等同属一个学科层次。持此见者一般都主张还有一个与文化语言学相对应的语言文化学存在。文化语言学通过文化研究语言,目的是解决语言学问题;语言文化学通过语言研究文化,目的是解决文化学问题。本书把文化语言学看作语言学和文化学的交叉学科,并认为如果将文化语言学肢解为二,很不利于文化语言学的发展。

有人认为,文化语言学就是全部的语言学。语言是一种人文现象,只有从文化视角、运用文化学方法研究语言,才抓住了语言的实质,才能揭示语言的本质。有此主张者,排斥用非人文方法研究语言,甚至不欢迎对语言形式的研究,把这些研究称为"科学主义"。对这种极端化的观点,人们自然会提出一些问题:

1. 人文现象是否只能用人文的方法研究,不能用科学的方法研究?
2. 语言是否只具有人文的属性?
3. 把文化语言学作为全部的语言学,它是否可以统领现在的众多的语言学门类?对发展语言学有多大益处?

对待以上意见需从学科划分的高度来审视。根据研究对象可把学科分为两类:一类是研究某一事物性质的学科,一类是研究事物间关系的学科。传统的学科多以某一事物为研究对象,如语言学、社会学、人类学、文化学等等,这类学科一般把事物的内部结构作为研究重点,在研究事物内部结构时也可能涉及该事物的外部条件,亦即同他事物的关系,但研究事物外部条件或曰研究同其他事物的联系,目的是为研究事物内部结构服务的。如语言学主要研究语音结构、语义结构、语汇结构、语法结构等语言的内部结构。语言学也讨论语言与社会等的关系,但研究这些关系的意图在于要更好地说明语言的内部结构,说明语言为

总　论

何会有这样的结构,语言结构为何会发生各种各样的变化等。当前兴起的交叉学科,大都担负有研究事物间关系的任务,如社会语言学研究语言同社会的关系、心理语言学研究语言与心理的关系等。

若把研究某一事物的学科称为"本体学科"、把研究事物间关系的学科称为"关系学科"的话,那么可以说,把关系学科从本体学科中分化出来,是科学向着精细、系统方向发展的必然结果,是科学的进步。这正是当前交叉学科雨后春笋般成长起来的重要原因之一。

人们对传统学科的分类系统已形成习惯,习惯的驱动力使人们总是希望把关系学科划归一定的本体学科,许多争论由之而生。如社会语言学,有人认为属语言学,有人认为属社会学,也有人把社会语言学一分为二,将社会语言学划归语言学,将语言社会学划归社会学。其实,关系学科就是关系学科,硬把关系学科塞入某本体学科,或将其肢解而分身于不同的本体学科,并不是有利于学术发展的妥善之举。关系学科有不同于本体学科的特殊研究对象和研究目的,本体学科无法替代和包容。当然,若为分类或研究的方便,把关系学科暂放入某本体学科,也不是什么大不了的事,不必为此争论不休。当前来说,正名为次,关键是集中精力脚踏实地的研究。

文化语言学正是关系学科,虽与语言和文化都有密切关系,但从理论上说既不是语言学的一个分支,也不是文化学的一个分支,而是有自己独特研究对象和研究目的的独立学科。本书的文化语言学,不是语言文化学的相对概念,也不是所谓的"文化语言学＋语言文化学"。从词语结构看,"文化语言学"的"文化"和"语言"是联合关系,层次应切分为"(文化＋语言)学",不是"文化/语言学"。既然如此,上文提及的关于文化语言学的地位、属性和研究对象的争论,对本书不会有太大的意义和影响。

文化语言学的名称虽问世不久,但对语言与文化关系的研究却源远流长。先秦时代的名实之争,自汉至清对经籍的注疏训诂之中,都涉及语言与文化的关系。20世纪50年代出版的罗常培的《语言与文化》[①],更是自觉研究语言与文化关系的具有里程碑意义的著作。在西方,古希

· 11 ·

腊和希腊化时期关于语言问题的两次大论争②，18世纪德国著名语言学家洪堡特关于语言与精神文化的论述③。20世纪美国语言学家萨丕尔、沃尔夫提出的"萨丕尔—沃尔夫假说"，以魏斯格贝尔为代表的"新洪堡特主义"的"母语中间世界"学说④等，都牵涉语言与文化的关系。中外的这些研究为文化语言学的建立和发展打下了坚实的基础⑤，虽然这些研究从今天文化语言学的学科高度来看，还显得不系统不全面。

文化语言学的研究内容相当广泛，如文化语言学研究的理论与方法，文化语言学研究的历史、现状和未来，文化语言学的地位和作用等。仅从研究对象上看，文化语言学主要研究如下问题：

1. 语言与文化之间的对应关系。即探求语言与文化之间、地域方言和社会方言与亚文化之间有无对应关系；如果有对应关系，这种对应关系又是什么样的；为什么会有这种对应关系。

2. 语言对文化的影响。主要包括语言对文化的形成、传播、发展、变迁、融合、冲突等诸方面、诸环节的影响，并探求语言影响文化的方式和特点。

3. 怎样通过语言研究文化。例如：语言是不是文化的记录符号；如果是，那么语言记录文化的方式和特点如何；怎样通过语言来揭示它所记录的文化。

4. 文化对语言的影响。研究文化对语言系统、语言运用和语言观念的影响，文化对语言的产生、发展、接触、融合等方面的影响；文化对社会语言规划的影响等。

5. 怎样通过文化研究语言。如从文化的角度可以对哪些语言现象进行解释；语言具有什么样的文化性质等。

二、语言与文化的关系

文化语言学的研究对象是语言和文化的关系，因此需要在这里概论语言同文化的关系，以此作为阅读全书的理论线索。论及语言同文化的关系，需先界定语言、文化这两个概念。

（一）语言

语言有广义和狭义之分。狭义语言包括口头语言、书面语言和书

面语的物质载体——文字。狭义语言又可分出最狭义语言一目,最狭义语言不包括文字。

广义语言不仅包括狭义语言,而且还包括准语言。准语言又称副语言、类语言,根据诉诸感官的不同,准语言又可分为听觉的、视觉的、触觉的三类:

1. 听觉的准语言

听觉的准语言主要包括:①说话时有符号意义的伴随声音,如咂舌声、哼啊声、"这个那个"之类的口头禅等;②音乐语言;③其他具有符号意义的声响,如汽车喇叭声、军营号角声、欢庆的锣鼓声、鼓掌声等。

2. 视觉的准语言

视觉的准语言主要包括:①各种表情、体态、动作、聋哑人手语等;②各种图表、公式等;③绘画语言;④舞蹈语言;⑤电影电视广泛运用的蒙太奇语言;⑥各种符号、标志等,如交通标志符号、商品医用符号、旗帜、袖标、徽章等;⑦其他视觉符号,如古代的烽火、令牌、具有信号作用的消息树等。

3. 触觉的准语言

触觉的准语言较少,典型的是盲文。

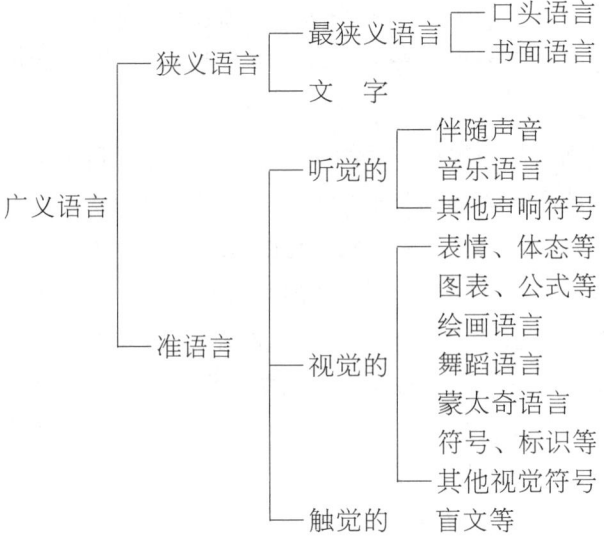

由上面粗略开列的名目可以看出，广义的语言其实包括了人类用于交际的所有手段，因此可将广义的语言定义为"人类使用的一切符号"。最狭义的语言只包括口语和书面语，口语和书面语是人类社会用来进行交际和思维的最重要、最常用、最发达、最严密的符号体系。本书原则上使用广义的语言概念，因此有些节次专门讨论准语言和文化的相互关系。但也使用狭义语言乃至最狭义语言的概念，一般说，当语言同准语言对举论述时，语言的概念是狭义的；当语言同文字对举论述时，语言的概念是最狭义的。这样完全是为论述的方便，读者明白了本书关于语言概念的不同使用情况，借助上下文语境，相信不致引起混乱。

（二）文化

文化是 20 世纪充满争论的概念。1920 年之前，关于文化有六种定义，而到 1952 年便增加到 160 余种[6]，今日肯定更多。文化，作为人类学、社会学、文化学的科学术语，有其特定内涵与外延。1971 年英国著名人类学家爱德华·伯内特·泰勒爵士曾给文化下过一个著名定义："包括知识、信仰、艺术、法律、道德、风俗以及作为一个社会成员所获得的能力与习惯的复杂整体。"[7]美国佛特大学威廉·A. 哈维兰认为，现代人可接受的文化定义是："文化是一系列规范和准则，当社会成员按照它们行动时，所产生的行为应限于社会成员认为合适和可接受的变动范围之中。"[8]

这两个文化定义强调的是精神方面的文化，而文化除了精神文化之外还有物质文化。苏联学者萨哈罗夫认为："文化从广义上讲，就是人类创造的结果的总和……"[9]苏联的谢班斯基也说："文化是人类活动的全部物质和精神成果、价值以及受到承认的行为方式……"[10]日本学者水野佑指出："物质文化不是文化本身，而是文化行为的产物。但因为存在着非物质性文化，而它的前提是存在着物质性资料，所以把物质性要素从文化范围内排除出去是不可能的。因此，现代的定论认为文化包含物质文化和非物质文化。"[11]美国人类学家克鲁柯亨认为文化的确切涵义是指："整个人类环境中由人所创造的那些方面，既包含有形

总　论

的也包含无形的。所谓'一种文化',它指的是某个人类群体独特的生活方式,他们整套的'生存式样'。"⑫

本书赞同广义的文化定义,把文化看作为社会成员共同拥有的生活方式和为满足这些方式而共同创造的事事物物,以及基于这些方式而形成的心理和行为。

广义的文化可以分为物质文化、制度文化和心理文化三个层次。物质文化是指人类创造的种种物质文明。诸如生产和交通工具,武器,日用器具,服饰,居住、饮食和其他人类行为所需要的物品等等。物质文化是一种可见的显性文化,制度文化和心理文化属于不可见的隐性文化或曰潜在文化。制度文化是指种种制度和理论体系。诸如饮食习惯、建筑工艺、卫生管理、娱乐方式等生活制度,婚姻形式、亲属关系、家庭财产分配等家庭制度,劳动管理、艺术生产、教育、道德、风俗、宗教、礼仪、法律、政治、警察、军队等社会制度,以及有关这些制度的各种理论体系。心理文化包括思维方式、审美情趣、宗教信仰、价值观念等等,比之物质文化和制度文化,心理文化处于更深层次上。

(三)语言是一种制度文化

语言与文化的关系历来争论颇多,正如人们对语言、文化这两个概念的分歧一样,要对语言和文化间的关系作出共同认可的结论,还为时过早。综合前人的认识和我们的研究,语言和文化的关系可以表述为:1. 语言是文化的一个重要组成部分,属于制度文化层次;2. 语言是记录文化的符号系统;3. 语言和文化相互制约相互影响。

现在来讨论第一个问题。

采用广义的文化概念,首先须看到语言不是同文化平行的概念,而是文化的一个十分重要的组成部分。翻开全面论述文化的著述,会发现绝大多数都列有语言一目。语言之所以可作文化的组成部分,是因为它具备文化的特点:

其一,广义的文化是指人类的一切物质的和精神的创造物,语言也只有人类社会才具有,是人类的"创造物"。群居的动物各有自己的交际手段，但其手段大都是本能反应，且不具有切分性、组合性和易境性。即动物的有交际作用的声音、体态等，不能切分为更小的单位，也不能组合成更大的新单位，不能表达过去或未来，因此无法同人类语言相提并论。一些灵长目动物，如黑猩猩，会使用带有符号意义的交际手段，但是难以学会人类的语言。灵长目动物的交际手段显示出语言的萌芽，只说明人类语言是动物"语言"进化的结果，并不意味着语言不是人类独有的，不是人类的创造物。

其二，文化不是受控于基因遗传，而是后天获得的。在公众场合打喷嚏，最好把头扭向一边，或是用手帕掩口，否则便被视为没教养、不礼貌。打喷嚏这种生理现象同动物一样是遗传的，但人打喷嚏的掩饰方式则是后天学习的。人类有各种禁忌，如对性的禁忌，对排泄物的禁忌，等等，也都是后天才有的，不可能是生物性的遗传。语言也是后天获得的。文字不学就不会写不会认，在狼群中长大的孩子不具有人类的语言。摇头、点头的动作也许很多动物都有，但不具交际功能；人类大多用点头表示肯定，用摇头表示否定，某些民族也用点头表示否定，用摇头表示肯定。美国语言学家乔姆斯基认为语言是受遗传因素制约的先天装置，但这一学说并没有得到科学的证明，现在的科学水平也无法证明，只具假说性质。而且，乔姆斯基所讲的语言，主要指人类的语言能力，同一般所谓的语言不同，同本书所定义的语言也不同。因此，语言是后天获得的这一命题，仍为当今科学之共识。

其三，文化，特别是制度文化和心理文化，具有共享性。文化不是专属某人的私人物品，而是社会的共同财富。语言为全社会所共有，也不是私人物品。当然，某些语言现象可能只为某部分人所拥有，如行业语、阶级习惯语、文字以及某些准语言，因此，语言有地域方言、社会方言甚至个人方言之分。其实文化也是这样，整体上看文化为全社会所共享，但某些文化现象却也可能只为部分人所有，例如，并非每个人都开过汽车或坐过飞机，并非每个人都当领袖或成为作家、当老板或当乞丐。每个地区、每个社会阶层也不一定都遵循共同的行为

准则，具有共同的审美情趣。为部分人所共享的文化叫亚文化（或次文化），亚文化与社会方言、地域方言有对应关系。某些为少数人拥有的文化，虽不能为大多数人所共享，但社会通常都会对这些文化现象做出评价，或赞成，或反对，因此仍具有共享的文化意义。

其四，凡制度文化都具有符号性质和一定的象征意义。如"鼎"，本是古代的一种炊具，后来演变为一种礼器，成为权力等级的象征。《左传·宣公三年》记述了楚庄王问鼎之事。楚庄王之问鼎，其实是对周天子王权的蔑视。鼎在列鼎制度中绝不再是炊具，而是一种象征符号。语言也是一种象征符号，且是文化中最重要的象征符号。语言用词语指称事物，用句子表述事件、发出指令等。表情身姿表明态度和情绪，商品包装上画把伞，表示防雨防潮，画个玻璃杯表示易碎，如此等等。制度是由社会约定的，是具有权威的，违背制度就要受到惩罚。例如，违反法律就要受法律的惩处，不付钱及其等价物就买不到东西，不遵从社会习惯就会招来讥讽等。语言也是这样，如果不遵从语言使用习惯，就达不到交际目的，或是引起误解甚至带来更大的麻烦。因此，语言属于制度文化。

（四）语言是记录文化的符号系统

语言是一种特殊的文化现象。许多文化现象只反映该文化现象的本身，如饮食文化只反映饮食的发展变化，家庭文化只反映家庭生活方式。语言则不同，它不仅反映语言本身，而且其重要的职能是记录其他文化现象，狭义语言更是如此。因此说语言是记录文化的符号系统。

语言记录文化首先是在言语作品的内容上。如神话传说记录着史前文化，历史著作记录着人类文明的发展。其实，语言系统本身也就是一个文化世界，就在记录着人类文化。虽然它没有言语作品直接，但往往记录得更为深刻久远。当然要发掘语言系统本身所记录的文化世界，必须得有一定的语言学知识。本书上编的许多章节就是通过对语言符号系统本身进行研究来把握文化的。

语言是人类社会最重要的交际工具和思维工具，人们必然把认识世界的成果通过语言巩固保存下来，并通过语言传播开去。因此，语言成了文化的忠实记录者。比如，西方的笔过去是用羽毛削制而成，因此西洋语言表示笔的词都同表示羽毛的词相同或相近，如英语的 pen 和俄语的 де ро 都来自拉丁语的 penna，原义是"羽毛"[13]。欧洲古代曾以牲畜作为商品交换的手段，因此英语的 fee（费用、酬金）和法语的 fief（借债）等与金钱有关系的词，在词源上都与牲畜有关[14]。我国古代曾以贝壳作为钱来使用[15]，所以诸如"货、贡、资、购、财、贮、贪、贫、贩、贵、贱、费、贷、贸、赃、贿、赂、贾、赁、赈、赊、赋、赎、赚、赠"等与财货有关的字皆从"贝"。再如握手这种准语言也记录着一定的文化。原始人在狩猎或战争中，手中常持有木棒、石块等武器。陌生者相遇，若相互之间没有恶意，就放下手中之物，伸掌让对方触握，以确认手中未持武器。今日的握手礼节正是从原始社会表示信赖、友好的触握发展而来的。中国传统的拱手礼、作揖礼，大约也与之相同。

　　能较好记录文化的是狭义的语言，尤以象形文字、表意文字和词语为甚。文字、词语的构成理据和意义演变，常能直接再现古代文化的面貌，前面数例就能说明这一问题。语音、语法等系统也可间接记录文化。比如历史比较语言学通过对不同语言的语音、语法的研究，较为成功地揭示了民族之间的亲属关系。

　　语言是记录文化的符号系统，因此可以通过语言的研究来揭示其中积淀的文化，特别是没有被言语作品记录下来的文化。例如，关于壮族居住区域的变迁历史，典籍中没有明确记载。但是从广东、云南的地名可以看到，这些地名同现代壮族地名同属一系。比如多以"那、都、思、古、六、罗、云、黎"等冠首字，而且有的地名完全重合。这类地名在四川、贵州、湖南三省的南部以及越南、老挝、泰国和缅甸的北部都有。这说明古代壮族分布的区域相当广，后来才退缩到现在广西的中部和西部[16]。再如，甲骨文中已有"牢、宰、家"等字，从字形上就看出这些字描画的是牛圈、羊圈、猪圈等，由此可知殷商时代畜牧业已相当发达，对牛、羊、豕等都已进行人工饲养和驯化。语

言记录文化,是古代文化的"活化石"。研究古代文化,应特别注意从语言的分析研究中获得启示和证明。

(五)语言和文化相互影响制约

语言虽是文化的一部分,但却是一种特殊的文化,它与语言之外的文化相互影响、相互制约。在语言与文化关系研究史上曾有两种针锋相对的观点:1. 文化影响和制约语言,语言在文化面前完全是被动的;2. 语言影响制约文化,语言是主动的,起决定作用的。

这两种观点都有失偏颇。语言和文化间的关系,是双向的影响制约关系,语言对文化有影响有制约,文化对语言也有影响有制约。例如,我国北方旧有婚礼时向新婚夫妇床帐里撒枣和栗子的风俗。枣谐"早",栗子谐"立子",意为"早立子"。闽南方言"枣"与"早"不同音,所以为新婚夫妇撒帐时不是撒枣,而是撒花生,意为既生男又生女。为何要撒枣、撒栗子或是撒花生,而不是撒梨子、无花果?这是语言对文化习俗的影响。苏沪一带忌讳"死",口语中把"死"改说为"[ɕi]"音,与"洗"同音,又进而忌讳"洗",把"洗"说成"汰"或"净"[17]。这显然又是文化对语言的影响。

语言和文化之所以相互影响相互制约,是由语言的思维职能和交际职能决定的。

文化的构成和发展离不开思维。精神文化是思维的直接产物,物质文化是思维的间接产物。正如生产要受到生产工具的限制一样,思维不可避免地要受到语言这一思维工具的限制。语言常常决定思维的方式、思维的范围和思维的深度。但当思维发展到一定程度而思维工具不能满足思维的需要时,人们就会自觉不自觉地、小幅度或大幅度地改造或置换思维工具,从而带来语言的发展。就此而言,思维又影响语言,促进语言的发展。比如智人时代的手势语不能满足智人思维的需要,人类就开始探索用有声的形式来充当思维工具,并最终在晚期智人时代出现了有声语言[18]。由于现代科学文化的发展,汉语早期的意合流水般的句法结构已不能很好地满足思维的需要,于是汉语的句子逐渐加长,出现了较长的修饰语和复合句,并且从印欧语中引入了一些特殊的句法成分。再如自然语言不能满足数学家高度抽象思维时，数学家就创造了符号、公式和图形，以补充自然语言之不足。

　　思维的结果必用一定的物质形式存贮固定，语言便是固定存贮思维结果的最重要的物质形式。语言就像是浇铸用的模子，把思想浇铸进语言现有的模子中冷却成形，因此语言对思想有较大的限制性。但若现有的语言模子不能较好地容纳思想，人们也会制造新的模子。比如当人们认识到一种新事物而语言中又没有现成的词可以表示，就要创造新词。美国当代动物学家和行为生态学家道金斯认为，文化的传承如同遗传一样，有一种类似基因的东西在起作用。他把这种制约文化传承的东西命名为"觅母"（meme）[19]。"觅母"这个新名词成了道金斯这种新思想的新模子。正因如此，思维的结果又促进着语言的发展。语言中新词语和新的表达方式不断增加，于此有最为直接的关系。

　　语言是传播文化的工具。文化的生命就在于传播。文化传播可以是甲乙不同地域里的传播，可以是先后不同时域里的传播；可以是在本文化圈内的传播，也可以是不同文化圈之间的传播。文化传播有赖于语言，语言对文化的传播有着极大的制约作用，甚至是决定作用，语言是文化得以生存的力量。但是，甲地人要理解乙地人的语言信息，后代人要理解前辈人的语言信息，甲文化圈的人要理解乙文化圈的人的语言信息，又都必须对它的文化有一定了解。比如英国人要理解汉语"馒头"的真正意义，就必须对馒头的制作有所了解，甚至要尝尝馒头的滋味。而且，文化接触必然带来语言的借用乃至融合，如汉文化在日本、朝鲜的传播，使日语和朝鲜语中出现了大量的汉语借词，解放前外国人和中国人在上海洋泾浜一带做生意，出现了洋泾浜语。就此而言，文化在传播过程中也对语言产生着巨大影响。

　　文化和语言都是动态的，在不断发展变化。语言的发展变化影响文化的发展变化。如皖南历史上属于吴语区，太平天国以后湖北的大量移民进入皖南，使皖南某些地方的原有方言湮灭，而代之以湖北话。与此同时，以湖北话为基础的黄梅戏也在皖南流行开来。历史上的鲜卑人放弃了自己的语言而代之以汉语，鲜卑人便融合到了汉民族之中。文化的发展变化也影响语言的发展变化。比如犹太人说希伯来语，但是当犹太人被驱赶到世界各地谋生时，希伯来语便消亡了，后来犹太人复国又带来了希伯来语的复活。当中国推翻了几千年的封建统治、建立人民共和国以后，跪拜这种动作语言便成为历史陈迹。军事发展到现代化的今天，那种击鼓进军、鸣金收兵的指挥作战的准语言也就消亡了。科学的昌明使语言忌讳越来越少，比如过去温州忌虎，称老虎为"大猫"，长沙人忌虎，连腐乳也改说成"猫乳"②。但是，在这些地区现在已使用"老虎钳、台虎钳、老虎灶"等词语了，年轻人也倾向于说"老虎"，较少用"大猫"了②。

　　语言和文化间的影响制约是双向的，而且这种影响制约都在同时发挥作用，因此对许多现象都应该而且也必须进行双向考察。比如杭州过去忌讳"离"，因此连其同音字"梨"也列入忌讳之列。这是"悲莫悲兮生别离"这种文化心态对语言的影响。因忌"梨"，在吃梨子时要整个来吃，不能切开分吃，时至今日男女情侣吃梨时仍忌讳切开。这种特殊的习惯又是语言对文化的影响，是"梨"的语音造就了梨子不能分吃的习俗。再如语言中有大量借词存在，这些借词的借入，引导了文化的借入，使本土文化得到发展或变化。而在借词时怎样翻译、用什么样的字来记录所借的词语，又受到文化的制约。汉语借词注重意译或音意兼译，不大接受纯音译，因为"名不正则言不顺"的传统文化心理使汉族人不喜欢一个字没有意义，只表示声音。因此，历史上很多音译词都变作意译词，如：

　　德谟克拉西→民主

　　盘尼西林→青霉素

　　英特纳雄耐尔→共产主义

　　葛朗玛→语法

　　由此可见，借词现象本身就是语言与文化交互影响的结果。

　　至此，我们可以把语言与文化的关系总结为：语言是一种制度文化，语言是记录文化的符号系统，语言与文化相互影响相互制约。

第二节 文化语言学的方法

"工欲善其事,必先利其器。"方法是我们的研究成功与否的关键,也是一门学科成熟与否的重要评价标准。

方法,简言之是完成特定任务和达到既定目标的手段和方式。根据使用范围的不同,方法首先可有总体方法和具体方法之分。如我们通常认为的哲学方法、逻辑方法之于某个学科的具体方法。其次根据完成任务和既定目标的不同,方法又有不同内容。如游泳和乘船是过河的方法,而使身体在水中浮动和使身体支撑在船上又分别是游泳和乘船的方法。第三,和生产工具、生产技术不断被改进和发明一样,在某些具体领域里,认识问题和解决问题的方式、手段、观点也不断地被改进、发现和提交出来,因此,方法又是多种多样和不断发展的,如语言学就先后有断代描写法、历时比较法、结构分析法、转换生成法,等等。有时某种方法在一个时期内可能只为一群人所推崇和使用,具有不同学派、流派的特色。因此,在某种意义上讲,方法是一个多属性、多层面、多内涵、非封闭性的相对的手段集合。

文化语言学是研究语言的文化属性、研究语言和文化的相互关系以及通过语言探求人类文化的交叉学科,因此,文化语言学的方法就是进行这种研究和探求的手段和方式。这种方法从一方面看,它应是文化学的,从另一方面看,它又应是语言学的,换句话说,文化语言学的方法应是文化学方法和语言学方法的融合和提炼。由于方法具有多层面、多内涵、多属性和非封闭性、相对性的特点,文化语言学的方法也是多种多样的。这里我们不能照顾到各个环节备加细说,只能就一般意义上理解的能反映这门学科的突出特点与追求目标的方法,撮其要者而言之,以作为这门学科学习和研究的参考。

一、实地参与考察

实地参与考察法是一种调查方法,它由参与和考察两部分构成。其突出特点是亲临现场参与其中,这种方法有的人类学家称为"田野

总　论

调查法"或"实地研究法"。它是人类学家了解人类行为、考察包括语言在内的文化现象、获取第一手科学依据的最基本的方法。

具体地讲，实地参与考察法就是研究、调查者将自己融入被考察的文化群体的生活中，较长时间（一般为一两年）和这个群体一起生活，参与他们的各种活动，在生活和参与中考察、体会和评价该文化群体的一切文化现象和该文化的使用者对这些现象的态度，以及语言的表达形式和方式。

根据人类学家的经验，一般来讲，被调查的群体的行为、信仰、传统、习惯和风俗通常是很奇特的，甚至是无法理解的，其生活方式和环境也往往让人难以习惯。不仅如此，而且被调查的一方往往对调查者抱着一种多疑的戒备态度。因此，要成功地完成这种考察，第一，要选好点，被选的点，最好是通过面上的"走马观花"之后确定下来的，并能接受调查和提供工作条件的群体；第二，要紧紧依靠帮你与这个群体第一次取得联系的人，建立起与该群体的接触；第三，通过向他们学习语言这种方式调查他们的语言——文化现象的形式和载体，建立和发展同他们的亲密友好关系；第四，尽可能地作为他们中的一员（如珍·布里格斯是作为爱斯基摩人接收的女儿，有的是作为朋友或伙伴）而参与他们的活动（如喝酒、宴会、聊天等等），在参与中观察、体会；第五，选择合适的合作者以保证了解情况的可行性（因为有些情况和知识只有少数人——如教徒、接生婆、讲故事的人、政治领袖——才知道），选择不同的合作者以保证了解情况的可取性（因为不仅不同地位、不同立场的人或者同一人在不同的时间可能有不同的看法，而且可以防止有的合作者为了赚钱，或为了取宠，或其他原因而提供假情况）；第六，努力把目光集中在具有系统类型的模式上，而不过于探求支离破碎的细微末节；第七，竭力弄清每一种语言形式和范畴的各种文化意义以及与其他文化要素的联系，并及时进行材料整理。

实地参与考察法不仅对于无文字的语言文化群体十分重要，就是对于文明历史相当悠久、各种文献十分浩繁的文化群体来说，也不能

· 23 ·

小视,这不仅因为相同的语言材料在不同文化和亚文化中有不同的文化含义(如在苏联就和在中国不同,"黑面包"的价值比"白面包"高;在湖北钟祥方言中"亲家母"就有不同于汉语普通话的词义——在普通话中,"亲家母"是具有婚姻关系的男女双方长辈,对对方长辈女性的称呼,但是在钟祥方言中"亲家母"有"姘头""妓女"的词义,钟祥有"嫖亲家母"的说法),而且任何文化的文献、艺术、技术和产品都不能全面反映该文化和语言的所有要素及其联系。即便能够反映并能全面反映,但它们也不能或不完全能代替我们置身该文化群体对文化的共享体验和对不同阶层人们对该文化态度的真切而全面的了解,更何况文化语言学和纯语言学(如传统语言学、结构语言学、符号语言学等)的最大不同在于,文化语言学的研究重在语言和语言要素的文化原因、文化意义、文化联系以及语言所代表的事物的文化功能、文化地位的探求。比如当一个外地人向钟祥人打听某人的亲家母怎么样时,他/她心中的感受和脸上的神秘表情,是不了解"亲家母"有"姘头""妓女"的词义的非钟祥人所无法理解的。又如蜡烛的自然功能是照明,但是,不同文化素养和经历的中国人,对它的文化理解、心理联想和心理反应,也是不尽相同的:洞房花烛夜;春蚕到死丝方尽,蜡炬成灰泪始干;红烛——照亮他人,燃尽自己;风前烛,瓦上霜……但是非中国人,没有受过传统文化教育的中国青少年,他们一般是不怎么会产生上述文化联想和文化感受的。

  文化语言学实地参与考察法的突出特点,是"亲自"参与和"实地"考察。实地考察强调的是第一手资料,第一手资料对于文化语言研究来说,不仅材料是新鲜的、可靠的,而且是可资引发独立思考和真知灼见的。亲自参与强调的是文化的直接体验,好些文化内容的研究,是十分需要进入角色和亲身体验的。实地参与考察,对于非母语文化的研究是必不可少的,即使是自己的母语文化,也不能轻视,严肃的学者,可能也应该以研究者的角色再来体验和思考自己的母语文化。

  上述参与考察,主要是从语言看文化;我们的文化语言学还要从

文化看语言，从而更好地揭示语言以及语言与文化的关系。因此在我们的实地参与考察中，还要十分注意考察各语言要素的文化变体和文化差异。

语言的文化变体，是指同一语言或方言内部，因满足文化的需要而形成的语言同义形式或同（交际功）能的形式。比如性文化是汉民族文化的一忌，与性有关的词语（如男女生殖器官和性行为）在汉语里常用来构成骂人话——一种语言表达相同意思的情绪变体。观察一些人在下意识状况下的言语行为，你还可以看到，他们中的有些人，常常不分男女，在气愤和痛快时都用同一句话：我操！（我尻！）个婊子！……但是，在冷静和讲究的场合，其忌的一面就被突现出来，当有的词语和句子中，个别发音与性行为有瓜葛时，就用其他形式或零形式代替。例如"侃大山"在湖北有的方言中叫"日白"，"日"作为动词与性行为有关，很多女士在使用这一词语时，是把"日"的音发得近似"叶"。又如20世纪80年代，我国青少年最喜欢唱的一首歌里有这样一些歌词："要靠你，要靠我，要靠我们八十年代的新一辈。"但是在所配的曲子中，"靠"字听起来和"尻"一个音，因此，中原地区一些学校的大中学生，全班或全年级合唱，唱到这几句时，或者唱"靠"的只有男声，或者是唱这几句只有男声，女声是把一个词或整个句子用零形式（不发音）来进行处理。这种变音和零形式，就是原语言形式的文化禁忌变体，"日白"和"叶白"的差异，唱歌时歌词的有声与无声处理，就是语言文化差异的表现。

二、共层背景比较

比较是鉴别事物的重要手段，也是发现规律不可缺少的方式。文化语言学从确定材料到规律揭示，都离不开比较这种方法。

由于文化语言学是对语言的文化属性及以语言为表现形式的文化研究——统称"语言文化现象"研究，因此文化语言学的比较从其全过程看是一种"语言·背景"比较，这种比较方法要求我们在进行语言比较的同时，还要进行文化背景的比较，并在此基础上建立起两种比较结果之间的内在联系。如颜色是客观存在的，通过比较就会发现，有的语言有表示蓝、绿、黑的词,有的语言却只有其中两个。这些语言,或者把蓝色与绿色、蓝色与黑色等同,或者把蓝色与绿色、黑色等同。这种比较是语言比较,通过这种比较可使我们看到,不同语言的颜色词是不尽相同的,在把甲种语言翻译成乙种语言时,一定要注意两种语言颜色词之间的对应关系。可是文化语言学的比较,还要我们进一步透过语言的差异去揭示前提的差异,即进行有差异语言文化背景的比较,揭示前提与现象之间的联系。如对不同颜色词(或对相同颜色的不同划上分)的前提进行比较,进而揭示不同语言颜色词数量的不同是由于该语言创造者眼睛里本身颜色密度的差异。这样一来就能使我们看到,语言差异是不同文化系统中语言文化的享用者生理差异的反映。

　　文化人类学还告诉我们,文化是一个"分层"的系统,其表层为物质层次,是人改造自然的全部产物,即马克思所说的"第二自然";其中层为制度层次,是人改造社会的全部产物,即在社会生活中形成的制度、风俗、人际关系等等,其深层是心理层次,是人改造主观世界的产物,即在历史中积淀而成的社会心理、价值取向、伦理观念、思维方式和审美情趣等等[②]。因此,在文化语言学的比较中,就必须十分注意比较对象的"共层性"(即属于同一文化层次的内容),而不能强调语言平面的"共层性"。如汉字"颠"(人的顶部)、"巅"(山的顶部)和"槙"(树的顶都)同音同源。从语言学的角度看,这属于书写符号文字的形式或造字问题,而从文化语言学的角度看,这种同音同源现象却属于深层文化,它反映的是汉人早期思维和认知的特点是十分注重直观和类比的思维方式[③]。因此,我们进行文化语言学分析,用来比较的对象就不一定强调非得是另一文化的文字,而应强调文化内容的层次同一性。所以我们可将西非达荷美人用人类的恩怨和战争来解释"月食"的传说作为比较对象[④]。因为这个传说也是反映的思维方式,属于深层文化。并且通过比较,我们会比较容易地看到,早期人类群体尽管远隔千山万水,但是他们在认识事物方面却有着惊人的相同特点——类比,并且在类比时都是以"人"作类比对象,其思考问

题的思路也都是遵循的一种"察己知人""察人而知天、地、万物"的一统论思维模式。

比较是各门学科都要用到的方法，而文化语言学的比较之特殊点就在于它注重比较内容的多重性（不仅有语言比较，又有文化背景比较），被比较对象的共层性。因此，文化语言学的比较是共层文化对象（语言）及其背景的比较，这种比较方法可称为"共层背景比较法"。

共层背景比较的对象可以是同一语言不同历史阶段的比较，也可以是不同语言或不同亚语言同一历史阶段的比较。不同历史阶段的比较一般称为"历时比较"，同一历史阶段的比较，一般称为"并时比较"。

并时比较可以发现几种不同语言同一语言文化现象的差异及其原因，进而揭示文化现象的特点和功能，找到人类文化的共性。如通过不同语言或方言中相同年龄、相同职业、相同文化教养以及相同结缘方式的夫妻互称，可以看到其所属文化的差异，并且这不同的差异有各自的文化特点和功能，最后还能从文化特点与功能找到人类这方面的文化共性。又如通过不同语言"乱伦禁忌"内容的比较，可以发现该概念在各个社会有着基本相同的内容，即禁止父母与子女、兄弟与姐妹发生性关系（或结婚），进而可得出文化学方面的结论，即"乱伦禁忌"是人类在长期进化中为人类健康长寿和加强群体联系所作的物种选择和社会选择。

历史比较不仅可以描述出某一文化现象或某一文化乃至人类文化的发展轨迹，而且还往往能给某个文化乃至整个人类文化的发展以某种预示。不过，历时比较常常要和并时比较结合起来使用。如被誉为"人类学之父"的美国著名人类学家摩尔根，在他的划时代文献《古代社会》中就采用了并时共层背景比较和历时共层背景比较相结合的方法（这是笔者的概括和称说），他从对古代社会的亲属称谓的系统比较入手，继而进行了与之相应的亲属组织、财产制度、政治组织、生产技术的比较。在此基础上，他又将上述比较内容在不同历史时期的状况加以比较，即历时比较，得出了人类文化从起源到古代文明的进展图表。他说："人类的起源只有一个，人类的发展进程基本上也是相同的，只是在各大陆采取了不同的但是一致的进程，所以在达到同等进步状态的一切部落及民族中都是极其相类似的。"⑥即先经历了蒙昧时代的低、中、高三个阶段，又经历了野蛮时代的低、中、高三个阶段，最后到达文明时代。摩尔根的这一学说，以其丰富的资料论证、周到的理论结构和先进合理的方法为基础，赢得了马克思、恩格斯和当时学术界的极高评价，恩格斯按马克思的遗愿以《古代社会》为主要材料写下了光辉著作《家庭、私有制和国家的起源》。

三、整合外因分析

整合外因分析法由两部分构成，一是整合论，二是外因分析。

"整合论"是把一个文化要素或子系统看作整体中的部分从而探求部分与部分之间的联系的方法。这种方法的基本观点或理论基础是：任何一种文化或包含该文化的某种特定时空都是一个相对自足的结构系统，这个系统由若干子系统构成，子系统又是由更小的子系统或要素构成，任何部分都处在一定的整体中，并且以它相对部分的存在为存在前提；某个部分功能的实现依赖于它相对部分的功能的整合，如果整体中某个部分消失或功能改变，其他部分也会发生连锁反应。例如：

镰刀型红细胞贫血症是一个医用术语，是在北美洲极受重视的一种疾病。这种疾病是由于血红蛋白的变态而引起的一种贫血症，这种贫血如果严重，那么患者一般在生育年龄之前就会死去，在北美洲这种病患者大多是黑人。按照整合法的观点，镰刀型红细胞贫血症的出现不是一种孤立的现象，而是一定条件下的产物。遵循这种思路，文化人类学家通过调查发现，这种疾病发源于旧大陆的一些国家和地区。在这些国家和地区，当人们开始从事农作时，致使生态的某一方面发生变化，意外地为蚊子的繁殖提供了理想的条件，因此疟疾病的流行成了一个严重的问题。在这种情况下，镰刀型红细胞贫血症作为人类抵抗疾病的一种环境适应能力而产生了，并且人类在自己的繁衍中把这种疾病式的能力传给后代。可是当这种疾病患者远涉重洋来到北美洲后，北美的生态环境无需这种抵抗力，人类也无需再靠忍受贫血症的折磨来维持自己的生命，因而这种以抵抗疟疾为功用的镰刀型红细

总　论

胞贫血症就失去了它存在的价值，并且文化的选择摇篮也不愿再接纳镰刀型红细胞贫血症婴儿，所以北美镰刀型红细胞贫血症患者常在生育年龄以前就告别了人世。

从另一方面看，文化语言学的整合论也不简单地等同于结构语言学的整体功能大于它的部分之和，结构成分的性质（即充当结构成分词语的功能）依赖于它相对的成分的理论。如"学习文件"这个符号串是一个整体，其整体的意义不等于它的部分"学习"和"文件"的简单相加。当其中前一部分"学习"是动词，后一部分"文件"是宾语时，"学习文件"是表一种行为；但是当"学习"是定语，"文件"是定语中心语时，"学习文件"是表一种事物。面对这种情况，结构语言学的语法分析，是从其内部成分性质的不同、"学习文件"结构关系（动宾和定心关系）的不同，去求出整体大于部分的原因，建立起对"学习文件"整体意义的理解。这种分析可称之为"整合内因分析"。但文化语言学的分析却还要进一步去探求：为什么同一个"学习文件"，一会儿可以是动宾关系结构，一会儿可以是定心结构？开阔我们的视野，不难发现：从内部把同一"学习文件"分析为两种不同的结构是由于"文件"一种情况下是宾语，另一种情况下是定语中心语。其实这是对其外部原因的"内在化"解释，是倒果为因。一步到位的解释应该是：外因（功能：表行为和表事物）决定内部结构（的内部）关系，是内部结构关系决定其构成成分的性质。因此，文化语言学的整合论是有内部对应范畴的外因决定论。打个比喻来说，在春夏秋冬四季分明的武汉，有时人们全穿单衣，有时人们全穿棉衣，这不是武汉人身体一会儿全都发冷，一会儿全都发烧，而是外部气温的要求和制约。同样，"学习文件"一下是动宾结构，一下是定心结构，也不是其内部发冷发烧，而是其外部表达功能的要求和制约。并且外因是汉语和形态发达的语言其结构关系和成分词发生变化的决定性因素，只是在形态发达的语言里，"学习文件"作为不同结构使用时，其构成成分发生形变，其不同的形式常常会使我们认为：是结构成分的形式决定其结构关系和结构性质，形态是不同结构的决定因素和鉴别标志。

而事实是：形态发达的语言和汉语一样，是外因——功能决定结构的关系类型，结构的关系类型决定成分的形态。外因，很多时候人们喜欢称之为"背景"。因此整合外因分析又可称之为"整合背景分析"，并且后一种称法有时却也更有利于突出文化语言学的目标追求，因为在文化模式或文化要素的分析中，文化语言学家的兴趣点在于揭示它的出现、发展、变化和消亡的规律及其条件，并且在其前提的追寻中不是着力于研究对象的内部矛盾，而是致力于其外部矛盾的探求，即"外因分析"。这一点正好是文化语言学和经典语言学（传统语言学、结构主义语言学、转换生成语法学等等）的本质区别，也不同于以语言与文化共变关系为最终研究目标的社会语言学。

苏联的社会语言学家什维策尔说："马克思主义的辩证法坚决摈弃现代唯心主义的不可知论，认为因果联系是现象之间联系的普遍规律，揭示被研究现象间的因果联系是科学知识的基础。"恩格斯更早地指出："为了了解单个的现象，我们就必须把它们从普遍的联系中抽出来，孤立地考察它们。而且在这里不断更替的运动就显现出来，一个为原因，另一个为结果。"[⑳]不仅如此，而且"在此时此地是结果，在彼时或彼地就成了原因，反之亦然"[㉑]。"但是科学在研究相互作用的诸因素时，不能不弄清它们之间的区别，并努力在相互作用的力量和诸因素中找到决定性的力量和因素。"[㉒]正因如此，文化语言学的热点不在于对作为交际工具的符号系统内部规律和事实进行描述，而是奋力追捕不同语言文化现象同一时期或同一语言文化现象不同时期差异的外部原因，即产生这种现象的决定性力量。因此，对于汉语语法具有"意合性"的探讨，文化语言学不是从语言内部去寻找答案，而是要从其外部去捕捉形成这种特点的外部原因，即揭示出这种意合特点的决定性力量或因素——汉人思维的领悟性[㉓]。同样，对于爱斯基摩人对"雪"的语言分类十分仔细，而没有和英语"雪"相当的总体概念词这种语言文化现象，我们也不是去追寻词语间的联系和对应，而应是去揭示形成这种特点的文化条件：爱斯基摩人生活的环境多雪，雪的种类关系到雪橇的安全旅行和打猎的成功。

总的来说，实地参与考察法、共层背景比较法、整合外因分析法虽然都是文化语言学的方法，但是前者主要是获取材料或科研依据的方法，后二者则主要是分析材料、建立理论的方法。在后两种方法中，整合外因分析法是进行共层背景比较的理论依据和建立文化语言学理论的思路，它指引和规定着文化语言学比较法的性质、步骤和内容，如果说共层背景比较是揭示规律的手段和保持所得结论可靠的条件之一的话，那么整合外因分析则是使我们的研究和整个人类学研究产生内在联系的理论基础。同时，整合外因分析所体现的彻底的"外在联系"和"相互依存"的思想，能使我们的文化语言学研究，对当今的社会乃至整个人类的幸福更具实用价值，并且还可使我们看到，世界以及构成它的万事万物无一不是整合的产物，并且它们无时无刻不处在一种特定的联系和特定的背景中，从而提高我们对事物复杂性的认识，保持冷静对待问题与慎重处理问题的科学态度。

文化语言学研究是把语言作为文化符号或形式的人类学研究，是对语言给予文化解释的研究。因此，在研究过程中，不论处于什么环境，采取哪种方法，不论我们是从语言看文化，还是从文化看语言，或者是寻找二者之间的关系，我们始终都要坚持一种人道主义立场和不偏不倚的中立态度。不管我们研究的对象是处于原始的简陋状态，还是达到了美学意义上的艺术顶峰，我们作为参与者与观察者的双重身份始终不能改变，只有这样，才能使我们的研究尽可能地保持最大限度的客观性。客观性是我们的研究具有科学性和理论合理性的基石。

第三节　文化语言学与相关学科

一、文化语言学的接缘性

文化语言学是具有广泛接缘性的一门学科，它与所有学科都有不同程度的联系。文化语言学的这种广泛的接缘性，是由文化语言学本身的特质所决定的。

文化语言学是关于文化与语言的相互关系的科学，因此，它的研究对象就包括与语言相关的文化现象和与文化相关的语言现象。而文化现象涉及所有科学领域，语言现象又与这些科学领域中的文化现象都有或多或少的联系。因此，文化语言学也就同所有其他学科都发生了不同程度的联系。

　　文化是一个涵盖非常广泛的概念，它包括人类所有的社会教化、创造活动及其成果。人类全部科学活动和科学知识都是社会教化创造的产物，因此，所有科学，包括自然科学，本身就是一种文化现象。一切自然现象，如野生植物动物、自然山水风云等等，都是自然形成的，不是人为的产物，它们本身当然不是文化。可是，人们对于这些自然现象的理性认识、科学知识，如植物学、动物学、地理学、气象学等等，却不是自然形成的，而是人类长期的社会创造和教化的结果。美国著名人类学家怀特说："把具体的经验转化为人为的抽象之过程，或更精确地说，用概念来取代具体的感觉经验的行为——借用爱因斯坦的话说，概念乃是'人类智慧的自由创造'——不仅是无可避免的，而且恰恰是科学活动的实质所在。"[⑧]任何一门科学的概念体系、理论方法，都是人类智慧的创造。人们从别人那儿学到已有的知识，又在此基础上创造出新的知识，这些知识又会传授给别人，就是这样循环往复，各门科学知识才得以形成和发展。各种理论知识作用于人类改造自然的社会实践，就产生了各种技术方法，从而创造出物质文化。由此可见，科学技术是人类文化的重要组成部分，有人将其称为智能文化。没有这种智能文化，就不可能有物质文化。反过来看，所谓物质文化，实际上只是智能文化的一种表现形式。苏联学者凯尔·科瓦尔森说："由人类创造出来的任何物质事物毕竟首先是作为一种意识，一种人类精神创造力的产物而存在的。精神创造力是文化的一个必不可少的部分。马克思认为自然界并不生产机车、农业机械和铁道。所有这些都出自人类的手，是人的手和大脑的产物，体现了人类的知识、经验和创造力。"[⑨]显而易见，所有科学活动及其成果，都属于智能文化或物质文化，因此，所有自然科学都是文化现象。

总 论

  与自然科学相比，社会科学或者说人文科学与文化的关系就显得更为密切。这是因为，不仅社会科学或人文科学的知识体系本身是一种文化现象，而且这些学科的研究对象——社会现象，本身也都是文化现象。由于文化现象和社会现象密不可分，以致"在一些有重大影响的著作中，作者使用文化和社会这两个词时，相对讲，其含义几乎是没有什么区别的"[①]。照我们看来，文化现象和社会现象这两个概念所指对象并没有很大的不同，而只是观察的角度不同。就像正三角形，其三条边相等，其三个角也相等，等边和等角的观察角度不同，但都是正三角形的性质特征。文化现象和社会现象都具有超自然性，也都具有超个人性。对于同一种现象，从其超自然性的角度来看，可以说它是文化现象，而从其超个人性的角度来看，则可以说它是社会现象。但是任何社会现象，不仅具有超个人性，而且也具有超自然性。反过来，任何文化现象，不仅具有超自然性，而且具有超个人性。

  人类的所有社会活动和社会意识，都是社会教化创造的产物，不是自然现象，而是超自然现象。人的自然遗传现象不是社会现象，也不是文化现象。古人所谓"食、色，性也"，是说人的食欲、性欲是人的自然本性，是作为动物的自然人的遗传现象。这些现象本身不是社会现象，也不是文化现象。但是，人们满足食欲、性欲的方式，却要受到社会环境的制约与影响，是社会教化和社会创造的产物。因此，这种基本的生活方式既是社会现象，也是文化现象。

  但是，人的超自然现象不一定都是社会现象，也不一定都是文化现象。有些超自然现象可能是纯粹的个人现象，与社会环境没有什么关系。比如某人的一些行为方式，不是遗传得来的，也不是向别人学来的，而且也不对别人产生影响，这种行为就是纯粹的个人现象。如某人对某些食物特别喜爱或特别厌恶，走路时两足呈内"八"字形或外"八"字形，就可能是纯粹的个人好恶与习惯，与其他人无关。那么这类现象就不是社会现象，也不是文化现象。但如果这类好恶习惯成为一定社群的一种普遍现象，个人的好恶习惯是受他人影响形成的，或者对别人产生影响，社会对这种现象不是漠不关心，而是加以赞扬鼓励或贬抑制止,那么,这种现象就不是纯粹的个人现象,而是一种社会现象,也是一种文化现象。作为人类文化的个人创造,都不是纯粹的个人现象,无论是印刷术的发明,还是蒸汽机的诞生,无论是莎士比亚的戏剧,还是爱因斯坦的相对论,创造者所赖以创造的知识能力,都是从社会获得的,我们不能指望一个从小就生活在人类社会之外的人能有什么发明创造。而且更重要的是,个人的发明创造要对社会产生影响,才能实现其文化价值,成为人类文化的组成部分。如果个人的发明创造不为人知,湮没无闻,那么也不能成为一种文化。

总而言之,由于文化现象和社会现象都具有超自然性和超个人性,因此所有的文化现象都是社会现象,而且所有的社会现象都是文化现象,所谓制度文化(或称规范文化)和精神文化,实际上也是其他社会科学(或称人文科学)的研究对象。

另一方面,语言作为人类最重要的交际工具与思维工具,与上述各种文化现象都有十分紧密的联系,无论是属于自然科学领域的智能文化和物质文化,还是属于社会(人文)科学领域的制度文化和精神文化。

任何一门学科的知识体系的形成和表达,都离不开语言这一最重要的载体。现代语言学之父索绪尔曾经指出:"从心理方面看,思想离开了词的表达,只是一团没有定型的、模糊不清的浑然之物,哲学家和语言学家常一致承认,没有符号的帮助,我们就没法清楚地、坚实地区分两个观念。思想本身好像一团星云,其中没有必然划定的界限。预先确定的观念是没有的。在语言出现之前,一切都是模糊不清的。"[③]语言虽然不是思想的形成和表达的唯一工具,但却是最重要的工具。如数学家、物理学家、化学家等经常要用非语言符号、公式来思维和交际,但是这些符号公式都只是辅助性工具,只是语言的代用品,这些符号公式都是在自然语言的基础上产生的,无论是表达多么艰深的概念、定理的符号公式,最终都要通过自然语言来解释,一个只会说英语的数学家,不可能将一个不会说英语的小孩培养成数学家。没有自然语言的沟通,再聪明的人也无法了解那些符号公式的意义,何况

任何学科的系统理论知识,也不可能只用非语言符号公式,而不用自然语言来形成和表达。可见语言和所有科学知识体系都有十分紧密的联系。至于物质文化,至少是通过命名活动而与语言相关,而且物质文化的创造和传播,一般来说,也离不开语言这一最重要的思维工具和交际工具。因此,语言和所有自然科学都有密切关系。

不过,与语言关系更为密切的还是社会科学或人文科学,尤其是哲学、逻辑学、心理学、人类学、社会学、民族学、历史学、文学等等。哲学、逻辑学、心理学都要研究人的思维,而语言是思维最重要的工具,因此研究思维不能不研究语言。人类学、社会学、民族学都是研究人类的社会行为方式的,语言活动也是人类的一种重要行为方式,而且与人类其他行为方式有着非常密切的关系,因此,这些学科都不能不研究人类的语言。历史学是研究人类社会文化的历史发展的,其中包括语言的历史,而且人类的历史在很大程度上是靠语言记载传承的,因此历史学非常关心语言现象。至于文学,它本身就是以语言为载体的艺术,当然与语言关系非常密切。

由于上述学科都将语言现象纳入自己的研究范围,因此形成了一系列交叉性、综合性的语言学分支学科,如语言哲学、数理语言学、心理语言学、人类语言学、社会语言学、民族语言学、历史语言学、文学语言学等等。

综上所述,由于文化现象与所有科学领域都密切相关,尤其是与社会科学或人文科学的关系更为紧密,而语言又与这些文化现象都有密切联系,因此,作为研究语言与其他文化现象的相互关系的文化语言学,就与各门学科都有了接缘点,发生了不同程度的联系。特别是一些综合性语言学分支学科,如人类语言学、社会语言学、民族语言学等,它们与文化语言学在许多内容上是重合的,以致必须详加分辨,才能说明它们与文化语言学的关系。

二、人类语言学与文化语言学

人类语言学,又称语言人类学,是人类学与语言学的交叉学科。人类学家将它看作文化人类学的一个分支,语言学家则将它视为语言学的一个分支。它综合运用语言学和文化人类学的理论方法，研究人类语言和人类文化之间的相互关系。如果仅仅从上述简单的定义出发，就很难说人类语言学与文化语言学有什么区别。但从实际情况来看，人类语言学与文化语言学在研究对象、研究方法和研究内容等方面都有一些差别。

从研究对象上看，人类语言学的实际情况并不像它的名称和上述定义那样，包括人类所有语言社会，而是一般限于对没有文字的语言和文明前社会文化的研究。美国早期的人类语言学家，如鲍阿斯、萨丕尔、沃尔夫等，都是研究美洲印第安诸语言社会的，后来也研究非洲诸语言和马来—波利尼西亚诸语言。一般不包括对有文字记载的文明社会的语言和文化的研究。

文化语言学则不然，它不仅研究无文字和不发达社会的语言文化，而且包括有文字和发达社会的语言文化。具体地说，文化语言学的研究对象包括三个层次：1. 整个人类的语言和文化的一般关系；2. 一种类型的语言文化和另一种类型的语言文化的关系；3. 一种语言和一种文化的关系。根据研究对象的不同层次，文化语言学可分为三个分支：普通文化语言学、比较文化语言学和具体文化语言学（如汉语文化语言学或中国文化语言学）。

从研究方法上看，人类语言学主要运用人类学的实地参与考察法或称"本土方法"，深入到被研究的民族社会中去，参与当地人的活动，与他们交谈，进行实地调查和观察。此外，人类语言学家仿照语言学中的音位分析方法来分析亲属关系体系和植物分类体系等，这种方法后来发展成为语义学中的义素分析法。

相比之下，文化语言学则采取更加灵活多样的方法，除了人类语言学所使用的实地参与考察法，文化语言学还充分利用文字资料，借用社会学的填表调查法、抽样调查法、数学统计法，借用心理学常用的控制实验法，等等。很明显，文化语言学研究方法的发展，与它的研究对象的扩大有直接联系，因为这些研究方法都是适应研究有文字的发达社会的语言文化的需要而采用的。

总 论

在研究内容方面，人类语言学家主要从事下列研究工作：1. 记录、描写无文字语言的结构系统。2. 人类语言与动物"语言"的区别和人类语言的起源问题。3. 社会文化环境对语言的影响（主要是对词汇和语法范畴的影响）。4. 语言对思维和文化的影响。5. 语言类型和文化类型的对应关系。

文化语言学除了研究上述内容之外，大大地扩展了自己的课题，对人类语言和文化的各个方面的相互关系进行系统全面而深入的研究。主要是从两个角度观察，一是语言作为文化的载体和符号，如何反映文化的各个结构层次，包括物质层次、制度规范层次和心理精神层次；语言如何反映文化的发生和发展、传播和变迁等等，其中还包括文字和其他准语言符号如体态语等对文化的反映。此外，也包括语言对思维和文化的影响。这方面的内容可以说是在文化学的立场上，从语言文字等符号来看文化的，可以称为语言文化学。另一方面的内容，则是在语言学的立场上，把文化作为语言的环境，来看文化环境对语言的各方面的制约和影响。包括：文化对语言的结构系统及其功能的影响；文化对语言的发生和发展（包括种系的和个体的发生发展）、对语言的分化和统一、接触和融合等方面的影响。其中也包括对文字和其他准语言符号的影响。可以看出，文化语言学不仅包括了人类语言学研究的内容，而且有了广泛而深入的发展，系统全面地观察分析文化和语言的各个方面的相互关系。

经过上面的对比，不难看出，文化语言学对于人类语言学有一种继承发展关系。因此，说文化语言学是由早期人类语言学发展而来的是比较合适的。从某种意义上看，说文化语言学就是当代人类语言学也是可以的。不过，文化语言学这个名称比人类语言学的名称要好。因为"人类语言学"容易使人误解为是研究整个人类的语言的，从而误认为与"普通语言学"是同一门学科。即使理解为"人类学的语言学"，也容易使人理解为只是人类学的分支，也不好包括对一种文化和一种语言的关系的研究。如研究汉语与汉文化的关系的分支学科，就不大好说成"汉语人类语言学"或"中国人类语言学"，因为这种说法显得不伦不类。而"文化语言学"则与"社会语言学""心理语言学"等类似,一目了然,它的内容就是研究文化和语言的关系的,也就很容易处理如"汉语文化语言学"这类分支现象了。美国著名人类学家怀特等人曾强烈反对"人类学"这个术语,而主张称为"文化学"。他们的理由同样可以说明"文化语言学"比"人类语言学"的术语更为合适㉔。

三、社会语言学和文化语言学

社会语言学是20世纪60年代中期首先在美国兴起的一门学科,它是社会学和语言学的交叉学科,但在其形成和发展过程中,也深受人类学、心理学等学科特别是人类语言学的影响。除了语言学家和社会学家,许多人类学家、心理学家也是社会语言学界的重要人物。由于社会语言学者的学术背景不同,加上一些其他原因,对社会语言学的研究对象和任务问题,至今尚未取得一致意见。一般来说,社会语言学是研究语言和社会的相互关系的,其核心是研究语言变异和社会变异的相互关系,即在不同的社会环境下的说话人和言语共同体使用语言时的各种变异情况。

由于对社会语言学的性质范围等问题的意见分歧很大,加上社会和文化密不可分,因此,要从理论上说明社会语言学和文化语言学的关系是很困难的。从具体的论著来看,很多社会语言学论著都把语言和文化的关系纳入自己的范围,反之,许多人类语言学或文化语言学论著,也把语言与社会的关系纳入自己的范围。这一点和人类学与社会学之间的纠葛相类似。文化语言学和社会语言学都是处在发展过程之中,它们在发展中互相影响,以致有合流的趋势。在这种情况下,与其说二者的研究对象任务有什么不同,不如说二者的研究角度和侧重点有所不同。不过,站在文化语言学的立场上看,我们觉得文化语言学包含的内容比社会语言学更为广泛,在许多方面,文化语言学可以包容社会语言学。

首先,社会语言学主要是研究发达的复杂社会的语言状况的,而不大涉及文明前的简单社会的语言状况。这一点与文化语言学尤其是

其前期人类语言学明显不同，人类语言学与社会语言学恰恰相反，而文化语言学则是兼容并蓄。在这一点上，可以说文化语言学包容了社会语言学。

其二，社会语言学一般是以一个社会内部的言语共同体的语言状况为研究对象，而不大关心不同社会的语言状况的系统比较。而文化语言学除了研究一个社会内部的语言和文化的关系之外，还要研究比较不同社会的文化类型和语言类型的异同。

其三，社会语言学主要关心社会语言的现状，只是在说明语言的社会变异的前因后果时，才涉及它们的历史。而文化语言学不仅关心语言和文化的现状，而且非常关心，甚至可以说更重视语言和文化的历史发展过程。如关于词源、字源与文化史的关系，就是文化语言学的主要内容之一。

其四，"社会语言学优先考虑的是言语而不是语言，是功能而不是结构，是语境而不是信息本身，是语言的得体性而不是语言的任意性。"⑧简单地说，社会语言学主要关心的是言语交际方式的选择及其社会条件和社会意义，而不大关心语言结构体系本身。比如，社会语言学特别关心个人或言语共同体进行言语交际时，采用什么语言变体，是母语还是外语，是标准语还是方言，是正式语体还是非正式语体等等；在什么社会条件和言语背景下采用什么语言变体；以及使用某种语言变体时所体现出来的说话人的社会地位、身份、性别、年龄、性格、立场等社会意义。而各种语言变体的着眼点不在于它们是否构成独特的体系，而在于它们具有共同的社会分布，即具有共同的社会特征的人、共同的交际关系和言语背景等等。

文化语言学则对语言结构系统和言语交际行为两方面都给予同样的重视。文化语言学不仅可以包括语言变异和文化变异的相互关系，其中包括历史变异、社会变异、地域变异等，而且包括语言的结构系统与文化系统的相互关系。比如亲属称谓系统与婚姻家庭制度和观念的相互关系，时间、方位词语与时空视点的关系，语法结构类型与文化心态的关系等等，这些内容一般来说，不属于社会语言学范围，而属于文化语言学的范围。

其五,社会语言学把言语交际活动看作一种社会行为,重点研究言语行为规范与其他社会行为规范的相互关系,对于文化语言学来说,这些内容都属于语言与文化的制度层次和心理层次的相互关系。文化语言学不仅要研究上述内容,而且还研究语言与物质文化、智能文化的相互关系,比如通过语源、字源来了解古代物质文化和智能文化。如古汉语中"管"有"钥匙"之义,可知中国古代有用竹管制作钥匙的技术,反过来,通过古代用竹管制作钥匙的技术,可以发现"钢管"的"管"和"管理"的"管"之间的语义发展关系。又如民俗对事物的分类也可从语言文字中反映出来。如从"鳖""甲鱼"等名称,可以看出古代汉民族将这种爬行动物看作鱼类。这些现象显然应该属于文化语言学的范围,而不大好看作社会语言学的内容。

从以上五个方面来看,文化语言学似乎可以包容社会语言学。但是,现在也有不少社会语言学论著正在不断扩大社会语言学的范围,不仅包括一个社会的语言,而且扩大到不同社会的语言,不仅包括言语交际行为,而且包括语言结构系统与社会的关系,不仅关心社会语言的现状,而且也研究它们的历史发展状况。这样一来,使得社会语言学与文化语言学的大部分内容重合起来,甚至有合流的趋势。今后,文化语言学和社会语言学如何发展,如何分工,目前还很难预言。

四、民族语言学和文化语言学

民族语言学和文化语言学的关系也非常密切,有时甚至似乎只是名称问题。如吕叔湘先生为《中国大百科全书·语言文字》所写的专论《语言和语言研究》曾指出:"研究一个民族的语言还常常涉及这个民族的文化。例如从词语的来源(汉语则包括汉字的构造)看古代文化的遗迹;从地名和方言的分布看居民迁徙的踪迹;从人名看宗教和一般民间信仰;从亲属称谓看古代婚姻制度,等等。这可以称为文化语言学,有些学者称之为人类学语言学或民族学语言学。"⑧该书"语言学"条目中谈到"人类语言学、民族语言学"时说:"正如洪堡特所说,民族语言与民族文化有密不可分的关系。社会制度、宗教信仰、

总 论

职业、亲属关系等等会影响语言习惯；反之，语言对这些东西也有或多或少的影响。研究这些问题的是人类语言学（'人类学的语言学'的简称），它从人类学立场出发，用人类学原则来研究语言。人类语言学与社会语言学交叉，尤其与民族语言学交叉。但是民族语言学只研究民族类型、民族行为程式与人们的语言之间的关系，人类语言学还有个特殊任务，就是设法把那些没有文字的少数民族语言记录下来。"[20]

按吕叔湘先生的说法，文化语言学、人类语言学、民族语言学是异名同实的，而该书的"语言学"条目也只是说了人类语言学有一个特殊任务，其实这个任务也可以说属于民族语言学。比如我国1956年组织少数民族语言调查工作队到少数民族地区进行语言调查，当然属于民族语言学，但与人类语言学的调查内容也是类似的。

但是，实际上，民族语言学一般是指对少数民族语言和文化的研究，尤其是在中国。比如我国现在的《民族语文》杂志，就是民族语言学的专门杂志，它专门研究我国除汉语之外的少数民族语言文字状况及其与民族文化的关系。当然，在某些研究中，也会涉及与汉语和汉族文化的关系，但这只是外围问题，而不是民族语言学的主要任务。专门研究汉语的状况与汉族文化的关系的内容，一般没有纳入民族语言学的范围。

如果把民族语言学的范围限制在对少数民族语言文化的研究，那么，完全可以将民族语言学看作文化语言学的一个分支。因为除了研究的范围之外，在其他方面，如研究任务、目的、方法等，民族语言学和文化语言学基本上是一致的。如果把民族语言学的范围扩大到对任何民族的语言和文化的研究，那么，这就与文化语言学、人类语言学几乎是异名同实了。不过，即使是对民族语言学作广义的理解，应该说它与文化语言学还是不能划等号。因为民族语言学总是以民族的异同为出发点，研究不同民族的语言与文化的特点。语言、民族、文化三者之间虽然关系非常密切，但并不是一一对应的。有些语言是若干不同民族通用的，有些民族没有自己独特的语言，如中国境内的回族就没有独特的语言，而是通用汉语。另一方面，同一民族又可能使用两种甚至多种语言，如我国的瑶族一部分人使用瑶语支的勉话，一部分使用苗语支的布努话。而文化与民族的关系也是错综复杂的，有些文化类型与民族的联系并不十分紧密。"物质文化的种种基本形式，与其说是按民族界线划分的，不如说是按'经济文化类型'的界线划分的，各'经济文化类型'包括在类似的自然条件下从事相似经济的人群。"⑧所以文化语言学并非总是从民族特点上来研究语言与文化的关系，它还包括从地域的角度、生产部门的角度、职业的角度等多方面来研究语言，而这些显然是民族语言学所容纳不了的。从民族的角度来研究语言文化只是文化语言学的内容之一。所以即使对民族语言学作广义的理解，它仍应看作文化语言学的一个分支。

综上所述，文化语言学是一门具有广泛接缘性的综合性学科，文化语言学与各门科学都有不同程度的联系，因为各门科学的概念体系既是文化现象，也与语言相关。但是，比较起来，社会科学或人文科学与文化语言学的关系，比自然科学与文化语言学显得更为密切。因为这些社会科学和文化语言学有共同的研究对象和研究任务。

与文化语言学关系最为密切的，还要算人类语言学、社会语言学和民族语言学。文化语言学的内容有许多都是与这些学科重合的。文化语言学可以说是人类语言学的继承和发展，它既继承了早期人类语言学的基本性质和任务，同时扩大了研究范围，从而与社会语言学、民族语言学很难划清界限。可以说，文化语言学是具有最广泛的综合性的一门学科，它包括了早期人类语言学、社会语言学、民族语言中的内容，而后者则可看作文化语言学的分支。这些分支学科从不同的角度研究语言与文化的关系，完全可以纳入文化语言学的范围。

第四节 文化语言学与当今社会

本节讨论文化语言学的功用。文化语言学的功用主要体现在三个方面：一是语言学功用，二是文化学功用，三是社会功用。社会功用

总　论

有人喜欢称为社会现实意义。本节就是讨论其社会功用。在社会功用意义上，文化语言学是以语言为符号标志，研究人类文化之社会功能的一门科学。这门科学和现代人类学一样，并不是只把目光集中在未开化民族和语言的化石资料来构拟人类早期社会的原貌和寻找人类发展的历史足迹，而更重要的目标是通过语言文化的理论工具，从一个全新的角度，认识和分析人类当今，洞察和把握社会发展，预示和构拟文化未来。

进入20世纪以来，人类就以超越自然时空的手段和坚毅执着的热情，建构着无与伦比的人类文化系统（包括物质的和精神的），探索人类文化发展的规律，研究人类对环境的适应能力，预想"后工业"社会的状况以及西方文化与非西方文化接触带来的变化等等。与此同时，人类又从纷繁复杂的文化现象和文化因素中重新发现自己——既认识到人类创造的伟大，又反省着自身的局限性和特点。从这种时代潮流的特色出发，现在世界上把当今方兴未艾的文化热潮看作继欧洲"文艺复兴"以来的人的"第二次发现"，并认为，如果"第一次发现"带着雄赳赳的气概宣告了人的至高无上的地位，挣脱了神灵的枷锁的话，那么"第二次发现"则摆脱了宣言式的呼唤而更趋于客观的考察，更趋向于对自身进行清醒冷静的全面审视。文化语言学作为这种特定历史文化背景中的"文化现象"和"文化产物"，也必然带着它鲜明的时代特色和价值追求。因此，现代文化语言学既有雄视古今的磅礴气势，又有冷静客观的科学气质，同时也表现出改造社会、造福人类的强烈期望。

正因为如此，对于当今社会来讲，文化语言学的价值主要在于它的文化功用。下面我们从社会理解、文化思考以及人类未来三个方面探讨文化语言学对于当今社会的作用。

一、社会理解

现代社会早已告别自给自足的自然经济而走向了社会化乃至全球性的大生产，上古时代那种"鸡犬之声相闻，民至老死不相往来"的习俗早已成为历史的过去。在现代社会中，人们要想成功地进行学习，

· 43 ·

从事工作，组织生产，获取各种生活需要，无一不需要对其他人、其他集团、其他阶层、其他行业、其他国家，有一个尽可能充分的文化了解，而文化语言学正从一个方面给我们提供着进行这种了解的理论、途径和方法。

语言作为人类最重要的交际工具，对所有的使用者都是一视同仁的，每个社会成员都可以平等地使用它，拿它为自己服务。对于同一语言的使用者来说，由于他们所处的地域不同，他们所说的语言往往带有地域性的特点，这样就使语言产生了地域变体——地域方言。地域方言最突出的特点是语音不同，其次是词汇，语法差异相对来说最小。因此，我们可以通过口音而判别讲话者为何方人士，进而对其文化习惯有一个基本认识。

人们使用的虽然是同一语言，但由于各自的文化教育不同，所属阶层、集团、行业不同，年龄、性别、立场、观点不同，人们讲话往往在发音、选词、组句等方面也会有比较明显的差异，使语言产生社会变体——社会方言。不过这种方言没有地域方言那样区别明显和定形。尽管如此，这种社会差异还是给我们提供了人们对社会情况理解的一个途径。

美国社会语言学家拉波夫曾对纽约市上中等级的百货公司的职员进行语言发音和所属阶层的调查。他调查时让被调查者说出 fourth 这个词，统计不同阶层职员对词中 r 的发音情况。调查结果表明，不同的 r 发音实际上代表不同的社会阶层。发 r 音的上层和中层职员占的百分比相当大，分别为 62％和 51％，而下中层职员却只占 20％。因此，发 r 音成了上层职员的标志，不发 r 音成了下层职员的标志⑧。

在词语的使用上，不同来源、不同色彩的同义词也为语言社会变体的形成提供了条件，而对不同词语的选择却又往往反映着选用者不同的立场、观点、思想倾向和所属阶层。如在美国，一般人称"警察"为 policeman 或 officer，但居住在贫民区的男青年则用他们认为有蔑视附加意义的俚语词 cop，fuzz 或 the Man 指警察，从而表现他们与政府的对抗。无独有偶，在我国有些青年用"雷子"指警察。"雷子"是犯

罪团伙的黑话，意思大致为成功作案中的"地雷"。用"雷子"不用"警察"指警察，意含着他们对循规蹈矩和对我们某些管治行为的否定。

现在由于教育程度的提高，很多人既会方言又会标准语。而对于同一个人来说，究竟是使用方言还是使用标准语，与其社会角色有关。如一位方言区的女教师，在通常情况下，给学生上课时讲普通话，和邻居拉家常讲方言，和刚上幼儿园的孩子交谈说点儿语。这就是因为她在这三种环境中的社会角色不一样，分别是教师、乡亲和妈妈。不同角色讲不同的话，这种情况表明语言形式与社会角色具有对应性。但是这只是问题的一个方面，语言形式还有同社会角色错位性的另一面，并且错位性往往能给我们更多的社会启示。错位一般可有两类：逆反性错位和区分性错位。

逆反性错位最激烈的形式是集团、阶层或个人对社会现行规范和现行政策或社会现实不满而故意采取的一种针锋相对的语言立场。这种立场的采用是将社会对抗形式化。在美国有些青年不满现实，他们把标准英语看作现存制度的象征，因而他们故意使用俚语，以表明他们集团内部的联结和对现存制度、行为规范以及一切思想守旧、行为古板人的反对。

逆反性错位往往是以现行政体和制度为参照物，这种错位悖逆和反对的是现行制度和社会现实，因此阶层和社会实际情况不同，错位程度的表现也不一样，有的只表现为本阶层与政府不是一个文化团体，而是一个相对独立的政治力量。如英国东部诺里奇工人区的工人就不推崇标准英语语音，因而有方音的工人在放弃自己的方音后也不是去学标准语音，而是学当地工人阶级的方音，并且这种行为在工人中已成为一种不可阻挡的潮流。

不过，这种语言立场或语言意识有时是十分自觉的，有时是一种集团或阶层意识，其逆反性不是时时刻刻表现为个体的主观愿望，而是表现为集体的主观意志，并且不论个体讲话时的主观意思强烈与否，其客观效果总是保持着逆反的社会作用。逆反对于政府是一种集团分离、划清界限、势不两立的表现，而对于本集团则是一种联结和认同，是加强内部凝聚力，密切双方感情的手段。因此，地下组织或团伙总要先用密码暗号或黑话对话后方才进行下一步的交谈。小说电影戏剧等，往往不乏这方面的细节。认同也好，区分也好，其着眼点或参照对象都是讲话对方。因此，在讲话中，把自己和对方分离开来的错位就是一种区分性错位。区分因讲话人的选择或追求不同而不相同。如北京的女性在和自己年龄差不多的男性讲话时，常称对方为"您"而保持相互间的感情距离，从而显示不同于"亲爱者"的关系区别。北京十五到三十多岁有文化的妇女把舌面辅音［ts、ts'、s］的发音部位前移，发成一种近似于［tɕ、tɕ'、ɕ］的音，连中央电视台的女播音员往往也不例外（可是同年男性则不然），这种发音被称为"女国音"。"女国音"是这些妇女在讲话时选择的特定年龄段的性别区分。同样，北京的男性青少年说话时，轻声音节特别多，并常常把舌尖辅音发成卷舌元音。如把"反正"说得好像"反二"，把"保证"说得好像"保二"。在他们的随便语体中，语音也比较含混，而这种现象在同年女子中则很少见。如果女孩这样讲话，则被认为"粗鲁"或"有男孩子气"。

总的来说，不论是逆反性错位还是区分性错位，都是错位集团、阶层和个人独立自我意识的反映，是对自己所在社会角色的自我肯定和标榜，表现出一种角色自豪感和执着的性格。并且错位选择者往往也不会轻易流为其他集团的附庸，起码在形式上给人以这样的感觉。因此有人特别注重语言错位，尤其是在语言变体对立十分尖锐敏感的社会里。如在挪威，语言的使用往往跟社会不平等相关联。地主、官吏和商人总是讲标准语，其他人则讲本地方言。因此上层分子要体现自己的地位和教养，就要使用标准语，并且如果对方不是上层人，你使用标准语就是在有意显示自己与对方的差别。如果你用标准语跟农民讲话，那么他会认为你这样做是对他们阶层的文化不敬，并马上会与你格格不入。

虽然没有谁在那里作语言形式与社会文化联系的硬性规定，但社

总 论

会却在那里作一种不以个人意志为转移的约定,并且语言及其使用也总是毫不掩饰地反映着社会及其变化。亲属称谓历来受到人类学家的重视,它总是最直接地反映着文化制度及其人际关系。在我国,汉语的亲属称谓向来区别得很细很严,男女有别,长幼有序,十分重视血缘关系的远近,而且充分体现着以男性为主的封建礼教思想,显得妇女不论在社会上还是在家庭中的地位都是从属于男性的。如从北京对上一辈非亲属熟人使用的亲属称谓看,三十五岁以上的最普遍使用的是"大爷、大妈、大叔、大婶、姑、姨"。"大爷、大妈"用来称呼上一辈中比自己父母年长的熟人,"大叔、大婶"用来称呼上一辈中比自己父母年纪小的熟人。但是在这两对称谓中,"大妈"和"大婶"都是从属于"大爷"和"大叔"的,即只要她是大爷或大叔的妻子,不论其年龄是否比自己父母大或小,一律要依其丈夫年龄与自己父亲的年龄关系大小来称"大妈"或"大婶",即使大叔的妻子比自己母亲年长,也只能称"大婶"而不能称"大妈"。这种约定明显地体现着男尊女卑的社会文化关系。可是从三十岁以上的人对非亲属上一辈熟人的称呼看,过半数的人已把"大爷、大妈"和"大叔、大婶"改称为"伯伯、阿姨"和"叔叔、阿姨"了。这种改变,对于男性长辈来说,没有多大实质性的文化变化,但对于女性长辈来说,她们的称呼已不再从属于她们丈夫的年龄而是仅仅依据自己的辈分和性别了。这种女性长辈称呼的变化表明,现代中国妇女已由从属地位进入了独立地位。不仅如此,在很多城市,以前小孩对父亲的兄弟姐妹分别称"伯伯、叔叔"和"姑姑",对母亲的兄弟姐妹分别称"舅舅"和"姨妈",而现在的小孩则不分父亲还是母亲的兄弟姐妹,一律使用一组统称"伯伯、叔叔、阿姨",或者"伯伯、叔叔、姑姑"。这种从分到合的改变进一步反映出妇女在家庭中开始具有重要的地位。

不同的称呼,即对同一对象使用不同的语言符号的历史变化,反映着文化因素的历史变迁,而新的语言符号的产生则标志着新的文化社会现象的出现。如"拨乱反正""改革开放""市场经济"在中国的先后出现,分别反映着这样一些文化现象:中国人民的政治生活从一片混乱走向历史正轨,中国国策由"政治中心""闭关锁国"走向以经济建设为中心、拥抱世界,经济模式由主观占主导的计划经济走向客观受重视的市场经济为主体的经济。同样,"电子计算机""航天飞机""电冰箱""传真"等等,同步地反映着人类征服自然能力的新进展;而香港社会的"太空人"(太太不在家里而显得无所顾忌的男人)和"黑市夫人"(职业情妇)、"星期日寡妇"(黑市夫人的又称,即星期天"黑市"丈夫回去陪自己太太了),则标志着香港特定时间、空间和社会环境产生的新的文化社会现象。

不仅如此,有些实用学科和有关部门还从文化语言学中吸收一些新的识别手段。人们讲话,不仅话题、背景、角色之间有一定的文化模式,而且语调和声音的高低大小也是有规可循的。一个人讲话声音有高有低,这种声音的高低,讲话人是通过声带的松紧来控制的。把声带拉紧,声音就高,反之就低。通常人们讲话时感情平和,音高也保持在平常水准。如果说话人感情上不快、厌倦或失望,音高往往过低。如果一个姑娘放低声音对其同伴说:"随你的便吧!"那就可想而知这个姑娘心里不高兴。如果说话人很紧张或很激动,音高往往过高。如果是上面那个姑娘在房间里猝然尖叫,"老鼠!老鼠!"那么听话人就会从她提高的声音里听出她的惊慌。音重也有一定的规律。通常讲话一般轻重适宜,但如果为了达到某种目的,人们就会说得响些即加重,如集市贸易中招揽顾客的喊叫;为了达到某种目的,人们又会说得轻些,比如年轻男女谈恋爱的轻言细语,夫妇在公共场合发生口角。如果不是这样,那就往往是违反文化常规,其中也常常包含有别的意思。英国影片《阳光下的罪恶》里有一对年轻夫妇,男的叫帕特里克·瑞特芬,女的叫克里斯丁·瑞特芬,他们双双来到丹弗尼旅馆准备到附近旅游。可是有一天,他们却不顾家丑外扬,在房间里放大嗓音争吵起来,引得那些闲得无聊的人来看热闹:

夫:"克里斯丁,这个我不谈。"

妻:"好啊,你还不愿意谈。"

夫:"我说,克里斯丁,我一跟一个女人谈话,你就疑心我跟

总　论

她有什么关系。"

　　妻："是有吧，你把我摆在一边；整天陪着她，人家看了都在笑话我。"

　　夫："没人笑话你，是你多心。阿琳娜跟我不过是个好朋友。"

　　妻："我不相信。我们离开这儿吧。"

　　夫："这我做不到，来了就来了。你要是不喜欢……"

　　妻："是啊，我活该了……"

　　比利时侦探波洛也挤在看热闹的人们中间听得入神，但他凭借文化语言学的知识和职业敏感，从这一对夫妇反常的喧嚷中听出了不寻常的秘密，马上断定他俩是一对凶手。结果也真不出他之所料。

　　从以上我们看到，文化语言学的社会理解不仅为我们观察问题提供了新的视角，而且也加大了我们理解社会的深度和效率。

二、文化思考

　　在文化语言学中，文化思考是指对语言进行文化方面的研究和探索。这种思考包括两个方面的基本内容，一个内容是语言系统的文化思考，另一个是语言所指对象的文化思考。

　　语言系统的文化思考告诉我们，一方面语言是人类最重要的文化标志，是它把人类最后从动物界分离出来；另一方面语言又是文化的产物，不同的语言是不同的文化的造化，同一语言和不同语言的差异不仅本身就是文化的差异，而且这些差异都或松或紧地与不同的文化背景发生相应的联系，或者说语言差异说到底就是文化背景的差异。语言系统的文化思考不仅要弄清语言差异的内容和文化背景，而且要尽可能地揭示差异内容和差异背景之间的联系规律。语言系统方面的文化思考后面有专章专节讲到，这里不再赘述。

　　语言所指对象的文化思考是根据一套语言文化理解的模式对话言单位（词、短语、句子、句群和篇章）进行文化内容的探索。这种探索是文化语言学的重要任务，是文化语言学与经典语言学的重要区别。语言文化理解模式的基本内容包括所指对象的文化坐标定位、文化内涵剖析、文化外延扫描，以及文化运动特点和规律的展示等等。

下面我们用"改革"这个词来讨论这个问题。

首先，在文化系统坐标上，"改革"所指的对象是一种文化现象，就其实质又是文化更替的手段。人类文化虽然总是在以各种方式改变着自我的形式和内容，但在通常的情况下，文化一般是量的渐进，而改革则是使用外在力量使文化发生质的突变和飞跃。因此，"改革"是文化在外在作用下发生突变的手段。"改革"不同于"革命"。"革命"相对而言是以政权更迭为主要追求目标，其手段往往是武装斗争。"改革"一般不追求政权的质变，只求得文化内部的和谐统一和正常生气。一般讲来，"改革"以调整部分文化内容、最大限度地解放生产力为追求目标，不再提出更高的政权要求。因此，改革的阶段性结果是文化因素或文化形式的新旧更迭和交替。这种文化要素和形式的更迭与交替就是"改革"的基本文化内涵。

"改革"或曰"文化更替"的实现方式一般有三种：一是"自创"，即在原有基础上进行由量变到质变的升华，或者在原有文化系统内作新的选择和综合；二是"引进"，即搬用其他系统的文化；三是"融合"，即把甲文化和乙文化进行综合、选择和改进，或直接对其他文化进行改造。改革实现的这三种方式就是"改革"从一个角度显现的文化外延。如果我们只是对"改革"一词求得一个大致的了解，外延的揭示一般也可以止步于此。但是，如果我们要透彻理解"改革"并进行"改革"的话，那么我们还要知道这三种方式的适用对象和条件是不平衡的。从适用对象看，"引进"对物质文化和技术文化最富魅力，也最简便，但对深层文化就不怎么适用了。不过比较起来，即使是物质和技术文化的更迭，最理想的方式还是融合，因为融合不论对于更迭者还是对于人类文化的发展都具有更积极的意义。不论是从日本引进他国技术和产品还是从我国引进的情况看，都说明了这一点。不过，要采用融合方式并不那么简单，其一要有民族文化的自信心和对民族文化的透彻了解，其二要有选择改造的水平和能力，其三要有一整套的政策措施。因此，从整体文化效果看，最有成效的改革应是融合方式占优势的文化更替。

总　论

"改革"作为一种文化现象又具有自己的运动特点和规律。尽管"改革"本身并不是带有非分欲望的文化更替,但文化更替要受文化内部运动规律的制约,并且常常是牵一发而动全身。有时表面看来只是表层文化的微不足道的变迁,然而它却具有对原有文化(母型文化)体系及文化秩序灾难性的破坏力。如对澳大利亚的伊尔—约龙特人来说,石斧是他们主要的工具,也是神话的象征之一。这种石斧在他们那里是部落图腾与男性气质的象征,并且在伊尔—约龙特人的宇宙观中具有重要的地位。石斧是一年一度的部落正式集会中的重要贸易品,非常稀少,只有地位很高的人才有这种东西。可是,几十年前,一些好心的牧师们送给伊尔—约龙特人以铁斧,后来铁斧越来越多,连妇女孩子都有。这样一来,铁斧消除了人们对石斧的需求,石斧作为男性气质的象征也不复存在,再加上铁斧与部落图腾无关,所以伊尔—约龙特人以石斧贸易为重要目的的一年一度的部落集会减少了,部落的观念系统也开始瓦解,整个社会结构基础都被削弱以致开始动摇,可是代替旧秩序的东西又还未出现。这种局面是初始接受铁斧的伊尔—约龙特人所未曾意料到的。所以文化语言学提醒我们,人类发展到今天,人们已经从单一运用语言的逻辑思考、政治思考进入对语言文化的综合思考了。当我们的语言生活中出现一个"新词语"的时候,我们不能只是在词典里给它一个指示意义,还要在运用中给予它文化性质和文化功用的说明,当我们文化中出现一个新成员的时候,我们要充分估计它可能引起的文化系统的连锁反应,预变于未始,防患于未然。

"铁斧"在伊尔—约龙特人中出现是一种文化引进。"引进"是上述改革的第二种方式,以这种方式进入约龙特人部落的铁斧在其文化中发生作用是一步一步由表入里的,它遵循文化引进的运动规律。文化引进一般是表层——物质文化最先为其他文化所接受,其次是中层或心物的夹层(如制度、技术、理论、思想等等),第三是里层即文化心理状态(包括价值观念、思维方式、表达方式、信仰等等)。这是一个由物质表层到心物夹层再到心态里层的由"表"及"里"的过程。一般来讲,文化接触都会产生这样的三个阶段。很有意思的是,这种

· 51 ·

三层接受模式在中国近代史上刚好表现为三个历史时期：物质上技术上接受洋枪洋炮，"师夷之长技以制夷"的洋务时期；变革社会制度和政治制度的戊戌变法和辛亥革命时期；解决文化心理问题的五四新文化运动时期。从文化更替的难度看，这三个时期是不平衡的，并且越往后越难，这种难和易是由文化的性质决定的。就拿明末清初意大利传教士到中国传教的情况来说，当时意大利传教士利玛窦来到中国，他带来了钟表、呢绒、天文历法和宣传天主教，并希望这些都被中国人所接受。可是钟表一类最先被接受，天文历法经过十几年才被接受（尽管它超过了当时的中国天文理论）。而他最想宣传的天主教，即使放宽了许多尺度，由于接触到文化的心理层，其成效最小。和中国近代史上文化引进的三层三步模式相类似但又不尽相同，被伊尔—约龙特人接受的铁斧不是分别属于三种层次的文化，而是先后影响三个层次的文化，尽管它影响不同层次文化的阶段并不是同样明显，但过程是相同的，并且一旦它影响到文化的深层时，约龙特的文化危机就到来了。一种文化要想在文化接触和交流中推迟危机的到来或避免危机的产生，一方面最好是采用"融合"的改革方式，另一方面要注意发挥母型文化的主导控制作用。因为在改革中，一种文化因素的更替并不是孤立进行的，它往往受到其他文化因素的制约，尤其要得到母型文化的认可。因此，在很多情况下，人们宁肯蒙受损失而固守原有的文化。如在一个以制水罐为业的制陶区，有段时间旅行社劝几位有艺术爱好的姑娘生产烛台、小雕像和动物雕塑，这本是件好事。可是其中有个姑娘曾有过三个求婚者，但结果没能结成婚，原因就是那几个男孩的家长严肃考虑了这个姑娘的可靠性之后，放弃了原来的安排。这种挫折使这位心灵手巧的姑娘在 22 岁时作出了不再制作雕塑的决定，而决心和大家一样生产同样的水罐。后来当她生产出了头等质量的水罐而拿到集市上去出售时，公众舆论很快就改变了，并且很快她有了第四个求婚者并结了婚。从此，她却再也不做收入高得多的玩具和塑像了[⑧]。从这里我们不难看到，母型文化的力量是不可估量的。如果要使改革成功，首先要设法克服母型文化这个强大的阻力；如果要防止母

型文化的危机和有害文化的渗透，我们又要充分地利用母型文化这个法宝。因此，对母型文化功用的研究是改革成功必不可少的一个重要方面。

至此，我们说文化语言学语言所指对象的文化思考不仅给编撰文化词典提供着两条内容编写的语言模式，而且在某种意义上讲它给语言文化学提供了一个语言思考模式，这种模式在方法论上有它独有的理论价值。

三、人类未来

当今世界，文化发展很不平衡，语言模式和文化模式多种多样。在未来几十年、几百年乃至几千年，人类将怎样选择语言模式和文化模式，人类文化将怎样发展？这是进步的人类不能不十分关注的问题。

语言是人类与动物区别开来的重要文化特征，并且语言因民族和亚文化而异，语言的共性和差异反映着文化的异和同。如果把文化看作一个由若干要素构成的系统的话，那么语言这个要素是最难融合的一个要素。在文化中，最容易融合而趋同的文化要素是物质产品文化，如电视机、电冰箱、汽车、飞机、火车、发油、健美裤，等等。从整个文化史看都是如此，从不同语言词汇内容的构成看也可见一斑。不过，随着世界性文化交流的频繁，人类语言总的来说呈现着一种趋同的形势。尽管直到现在对未来人类共同语是什么语言还没有一个定型的为绝大多数学者所同意的见解，但对人类走向大同和语言走向共同这一点，在好多学者看来是有可能的，只是时间会比较遥远。

人类语言实现共同的道路一般来讲主要有两种：一是几种有交际市场的语言的融合；二是一种强有力语言对世界所有语言的取代，中间经过一个三五种语言并行的阶段。不过对于文化语言学来讲，最关心的是语言实现共同的文化基础，亦即客观条件。人类文化的发展是一条趋于单一文化的历史巨流，人类在与自然斗争和征服自然的过程中越来越多地享用共同的文化成果和作出相同的文化选择，并且这种共享和共选的绝大多数是人类晚近的成果，而晚近的成果又是建立在全社会乃至全世界共同合作互相依赖的基础上的。因此，从一方面看，这种趋同是好事，它有利于世界团结、和平和安定，但从另一方面看又潜伏着很多危险和威胁，因而这就引起了一些人类学家对单一性世界文化的忧虑和对多元性文化的推崇。

在一些人类学家看来，单一性世界文化不仅缺乏多样文化所具有的丰富性和多样性，因而是乏味的，更为严重的是，这种单一文化会导致人类适应能力的丧失，因而在将来可能有的危机面前，人类会变得完全无能为力。例如，假定地球上燃料供应到 21 世纪初将完全枯竭，那么生活在北方气候中依靠人工取暖房御寒的人就无法抵御寒冷，而燃油运输工具因缺油又不能发动，这时人类生存就面临危险，并有人种灭绝的可能。可是如果是处于现在多文化中的爱斯基摩人、拉普人和西伯利亚人，那么他们就会有生存下来，并把人类延续下去的希望。因此，保存世界上许多地区存在的多样文化，对人类未来将有十分重要的战略意义。

不过，就像语言的发展有两种选择一样，文化的发展也有两种选择。语言的一种选择是自然发展的多样性选择，不同的文化群体总是使语言产生多样性的变异；另一种选择是突出功用的单一性选择，共同的文化利益迫使语言走向高度统一，甚至像国际音标一样，一个形式指代一个对象，一个对象为一个形式所指代。语言就是在这种集团多样性和功能单一性两种选择的斗争中发展前进着的。同样，文化也是在单一性和多元性的选择的斗争中，发展和走向未来的。只是单一性是文化接触的自然选择，多样性是人类为生存和幸福而作的主观选择，并且这后一种选择带有某种理性的色彩，而为人类所共同追求。

语言走向共同、文化走向大同是就不同语言不同文化说的，而对于同一种语言来说，就是语言实现了统一，它的社会变体和地域变体还是存在的，尤其是为满足不同文体、不同风格、不同交际场合和交际对象的词汇，句子变体更会长期存在下去，并会更加丰富多彩。如果说人类语言在实现统一以前的"丰富"主要是种类的繁多的话，那么实现统一之后则是语言变体的复杂多样，即在一个体系内部呈现出多彩多姿的局面。如果从语音、词汇、语法、语用几个方面来看，语

总　　论

音应是尽可能统一和单一化的，词汇和句子会为满足语用而更加丰富多彩，语法规则将趋向简化，不断从综合走向分析，而语用规则将会日益增多以满足人们日益进化的表达需要。但也难说没有这种可能，即人类为了迁就和机器对话、和外星人对话（假若有外星人存在的话），将语用规则限制在基本够用的范围内，不致使其无限发展下去。不过，即使是无限发展也是有限的，因为太多人们也掌握不了，只是比较而言，语法规则将趋向简约，语用规则将趋向繁丰。但是反过来，如果一种思想只有一种表达模式，一种表达模式只能表达一种思想，那么不仅语言的系统成员将会恶性膨胀，而且人们将会觉得这种语言太僵死、太累赘、太单调乏味而最终抛弃它。这就是说，语言走向统一和统一后的发展有它自身的规律，人类只能按照这种规律促进它的发展，不能随心所欲地作出一些限制和硬性的规定。

同样，人类文化的发展也只能按其自身的规律发展，人们不能随意改变它，但是人们可以加速它的发展。由于语言是文化的一部分，语言接触就是文化接触，因此加强语言接触、实行多语教育，是加快人类文化走向大同的重要步骤。也正因为如此，进行第二语言学习和教学的意义远远超过了多掌握一种交际工具本身，它是人类为加速实现文化大同的战略努力。

总之，文化语言学不能只是通过语言勾勒人类历史过去的遗迹，而且应该并且更重要的是站在人类文化的高度认识和把握现在，从语言和文化的发展中预示和加速走向未来，这样，并且只有这样，文化语言学才是人类文化科学合理的和不可缺少的有机组成部分。

第五节　语言与文化关系研究小史

一、国内研究述要

（一）春秋战国时期

国内关于语言与文化关系的研究，早在春秋战国百家争鸣的诸子文化兴起阶段已见端倪。《论语》中，孔子就在不少地方论及语言与政事的关系，如：

  子路曰："卫君待子而为政，子将奚先？"子曰："必也正名乎？"子路曰："有是哉，子之迂也！奚其正？"子曰："……名不正则言不顺，言不顺则事不成，事不成则礼乐不兴，礼乐不兴则刑罚不中，刑罚不中则民无所措手足；故君予名之必可言也，言之必可行也。君子于其言，无所苟而已矣。"（《子路》）

从这段对话可以看出，孔子以纠正礼制上、名分上的用词不当并进而循名责实为首要之事。同章中，孔子还和鲁定公郑重地讨论了一言兴邦、一言丧邦的问题。其他如"邦有道，危言危行；邦无道，危行言孙"，讲了社会政治环境对言语行为的制约。从语言与文化关系角度看，孔子是把"正名"与"正政"结合起来考察的。

墨子在《墨经·经上》阐述了语言的交际功能和心理过程，指出"闻，耳之聪也。循所闻而得其义，心之察也。言，口之利也，执所言而意得见，心之辩也"。《说上》进一步指出语言的符号性、指称性："言也者，诸口能之出名者也。名若画虎也。言，谓也，言由名致也。"

荀子对语言社会性的论述，在他所处时代独树一帜。在《正名》里，他指出"名无固宜，约之以命，约定俗成谓之宜，异于约则谓之不宜。名无固实，约之以命实，约定俗成谓之实名"。他谈到了语言的民族性："散名之加于万物者，则从诸夏之成俗曲期，远方异俗之乡则因之而为通。"他认为有什么历史文化传统，生活在什么地方，就使用什么语言；他在《儒效》里说："居楚而楚，居越而越，居夏而夏。是非天性也，积靡使然也。"同一时期，老子、孟子、公孙龙等一批哲学家也就名实问题先后谈了自己的观点。其争鸣情形和亚里士多德时代的古希腊相当（详见本节第二部分）。无独有偶，古代中外的学者都是在这个问题上把哲学和语言学结合起来，对其加以考察。

散见于这一时期典籍里的某些记载，也侧面反映出其编撰者注意到了语言与文化的关系。如《左传·庄公二十八年》载楚令尹子元伐郑，入郑都外郭后，见内城城门大开，疑有伏兵，就"楚言而出"，说

"郑有人焉"。这表明那时一部分楚人除操楚言外，还能操郑人的夏言。军事上的保密要求使得子元改操楚言，还表明古人对双语人根据交际场景转换语码这一现象已有认识。至于"兑，悦也"（《易·说卦》）；"政者，正也"（《论语·颜渊》）；"征之为言正也"（《孟子·尽心下》）；"礼者，人之所履也"（《荀子·大略》）等，是从声音上探求词语意义来源而阐明其命名的文化意蕴，已开声训先河。而所谓形训如《左传·宣公十二年》载楚庄王言"止戈为武"，又《昭公元年》载秦医和说的"皿虫为蛊"更是结合汉字结构，以社会文化背景知识来解说语词含义。所以说，声训、形训，不仅其训释对象是民族的，这些方法本身也是有民族特征的。作为一种文化现象，它们是文化语言学十分关注的。正是这一点，使得传统语言学领域里的文化语言学研究不绝如缕。

成书于战国末年的《尔雅》，是我国的第一部百科词典。语言中的词汇是最能反映文化变化的，其中亲属称谓词语显示出各种文化结构的差异。《尔雅·释亲》收录了很多直系和旁系亲属的称谓。以直系为例，共计13代称谓，自身以上依次有父母、王父王母、曾祖父曾祖母、高祖父高祖母共四代，自身以下依次有子、孙、曾孙、玄孙、来孙、昆孙、仍孙、云孙共八代，反映了当时的封建宗法制度。尽管《尔雅》没有从语言与文化关系角度进一步探讨它，但这方面的材料，至今仍为文化语言学研究者所重视。

（二）两汉至明中叶时期

这一时期是以儒学为正宗的封建帝国文化阶段。它可以再分为三个小的阶段：两汉、魏晋至唐、宋至明中叶。

1. 两汉时期

由西汉今文经学大师编纂的《礼记》，收录了大量的社会方言语词。如《曲礼下》载："天子之妃曰后，诸侯曰夫人，大夫曰孺人，士曰妇，庶人曰妻。"记录了当时表示男人配偶义的亲属称谓的阶级阶层变体。而"夫人"在不同的交际场景又有不同的自称，"自称于天子，曰'老妇'；自称于诸侯，曰'寡小君'；自称于其君，曰'小童'"。《礼记》还记载了当时的禁忌语、宗祀用语，反映出封建礼教对汉代社会生活的束缚。

面对频繁的文化交流,西汉文学家、哲学家、语言文字学家扬雄的《方言》(全称《輏轩使者绝代语释别国方言》)对华夏的地域方言作了描写,是第一部方言词汇比较专著。书中用"通语、凡语、凡通语、通名、四方之通语"指当时通行于各地的标准变体,用某某之间通语指通行于较大区域的地域变体,用某通语指通行于较小区域的地域变体;还用"转语"指语音因时地不同而发生变化的词。《方言》不仅在语言(方言)选用上反映了汉代的语言生活,而且展现了汉代地区间的文化差异,如卷四"衣着"、卷五"蚕桑"、卷十"家畜"等。《方言》注重现实语言生活,注重语言的时代、地域变化,决定了它在语言与文化关系研究上具有重要价值。它以后的同类著作,也或多或少具有这样的价值。

东汉古文经学家、文字学家许慎的《说文解字》令人瞩目。他在《说文解字序》里说:"盖文字者,经艺之本,王政之始,前人所以垂后,后人所以识古。"已讲到文字(包括它所记录的语言)与文化的密切关系,语言文字的文化传递功能的重要。《说文解字》用六书来分析汉字的结构,讲述汉字形、音、义三方面的关系,提示了积淀在其中的华夏文化的某些特点。以六书而论,象形反映出华夏民族的物质文明,会意更借助于华夏民族的文化心理,指事等也都得力于民族文化底蕴。以个别字而论,其解说从字形出发,往往提示出文化特征,如:"家,居也。从宀。""姓,人所生也……因生以为姓,从生女。"前者反映出远古"家"的含义不是一般地指称夫妻子女等构成的社会单位,而是突出其房屋和家畜;后者反映了母系社会的群婚制。许慎子许冲《进〈说文解字〉表》说这本书"天地鬼神,山川草木,鸟兽昆虫,杂物奇怪,王制礼仪,世间奇事,莫不毕载",其中反映宗法制度、家族关系、经济贸易、宗教意识等的专名,就足以构成先秦至汉这一时期的文化史。

东汉末年今文经学家、训诂学家刘熙的《释名》试图以声训求语源,以使"有物以来,迄于近代""名号雅俗,各方多殊"(《释名·序》)

总　论

的问题得到解决。毋庸赘言，从整体看，认为每个词的语义内容和它的语音形式都有必然的内在联系，这是错误的。不过，如果是同源词，它们由于语音形式相同相近，并且常常以形体上有共同构件的汉字表示，而能使人产生联想。这种以音求义的方式，在有限范围内还是有一定意义的，体现了汉语汉字的文化特征。《释名》"叙述了不少有关名物、典章制度、风俗习惯的知识，在中国文化史上很大的价值"[⑪]。

汉代牵涉语言与文化关系研究的，还可以包括董仲舒这类哲学家的某些论述。董仲舒把声训提到了名实相关、天人相关的理论高度。他的《春秋繁露》以及纬书《春秋元命包》《春秋说题辞》等，都滥用声训的方法，在解说语词时，阐发封建观念，如："民者，瞑也"《春秋繁露》；"天之为言镇也"《春秋说题辞》。班固的《白虎通》在解释有关礼制的语词时，几乎全部运用这种方法。

2. 魏晋至唐时期

汉代中外文化交流频繁。在梵文字母影响下，反切代替了直音。三国时期魏国经学家孙炎在《尔雅音义》中首次采用了反切注音。该书虽然失传，但从他书所引用的百余条文字看，其法一以贯之，这是"中国语言学史上值得大书特书的一件大事"，证明"汉族人民善于吸收外来文化并结合汉语特点来为中国服务"[⑫]。

晋代文字学家、文学家郭璞在注《尔雅》《方言》时，以俗语释雅言，以今语释古语，显示了汉晋间语词的流变及晋代书面语与口语的差异。从注文看，郭璞已意识到语词在一定上下文中表现出来的社会文化意义，他称之为"随事为义"，例如《方言》卷一："延、永，长也，施于年者谓之延，施于众长谓之永。"郭璞注曰："各随事为义。"

西晋末年，十六国之乱后，由于不同民族杂居，不同语言接触，汉语新词语大量出现。据《魏书》载，从公元 401 年至 425 年，为记录新词，24 年间共造新字千余。北魏文字学家江式在《进〈古今文字〉表》中，针对"世易风移，文字改变"而致"谬错""失真"等情形，呈请北魏宣武帝派人辅助他编纂《古今文字》，"冀省百氏之观，而同文字之域"。江式要求文字必须适应文化发展而加以规范，这是很有见地的，特别是在当时北魏孝文皇帝已下诏"不得以北俗之语言于朝廷"的背景下。

南北朝时期，由于政治分裂，语言生活也出现复杂情况。一方面，北方汉族与少数民族杂居；另一方面，晋室又有一大批士大夫家族南渡。这除了造成汉字字体不一，还造成当时汉语语音的不正。北齐文学家颜之推十分重视这一点。在《颜氏家训·杂艺》中，他怅恨字体的不统一，并在《音辞》中谈及语音诸问题。他说："南方水土和柔，其音清举而切诣，失在浮浅，其辞多鄙俗；北方山川深厚，其音沉浊而钝钝，得其质直，其辞多古语。"他对语音、语用及人文地理间的复杂关系的推断，虽然失之简单化，但确实是对语言与文化关系进行探索的有价值的论述。他认为"南染吴越，北杂夷虏，皆有深弊"，确立标准音应该"共以帝王都邑，参校方俗，考核古今，为之折衷，权而量之，独金陵与洛下耳"。金陵是南朝首都，洛下是东汉、魏、西晋和北魏的首都，都是文化中心，应以这两处读书音为准。《音辞》还谈及社会方言与地域方言的复杂分布状况："易服而与之谈，南方士庶，数言可辨；隔垣而听其语，北方朝野，终日难分。"北方话在南方士庶里有较高的声望，而在北方朝野却体现不出这样的价值意义。以后，隋音韵学家陆法言与颜之推等共八人折衷金陵与洛下音，编成《切韵》，到宋代，它的增订本《广韵》成为国家考试标准。

唐代史学家刘知几在他的《史通·言语》中考察了语言风格与时代的依存关系，认为要用社会发展的观点去看待语言，语言必须近真。他说："天地长久，风俗无恒，后之视今，亦犹今之视昔；而作者怯书今语，勇效昔言，不亦惑乎？"从宏观上论及了语言与文化的关系。

隋唐佛教极盛。唐代密宗学僧、翻译家慧琳编了佛学词典《慧琳音义》，作者试图以教人训诂而使人入道成佛，把语言和宗教结合起来。与此相适应，《慧琳音义》着重解释梵语音译词，乃至常常多次译释，如"堵罗绵"（细棉絮）、"阿练若"（阿兰若，寂静处）从卷二至卷五，前者三见，后者两见，各次详略有别而要旨不殊。《慧琳音义》所载语词，反映了佛教文化对汉语的影响。

总　论

3. 宋至明中叶时期

南唐、北宋交叠年间的文字训诂学家徐锴在他的《说文解字系传》中，以特定文化观对《说文解字》的某些方面加以阐发。在《部叙》中，他以《周易·序卦传》来解说《说文解字》部首次序的先后。《通论》中，以封建伦理来说明诸如"君臣、父子"等语词的由来，如释"父"时，他写道："君子曰：鞭扑不可废于家，刑罚不可废于国。家人有严君焉，父母之谓也。故于文：彐举为丨父。彐者，手也；丨，杖也。举杖而威之也。"汉字是表意文字，它与文化的关系是在娘胎里就有的，如果不是为了宣扬封建文化，徐锴通过训释汉字来探讨汉文化或印证汉文化，仍是可取的。

宋代王安石的《字说》试图以同时代的文化背景材料解释汉字，他认为汉字"其声之抑扬、开塞、合散、出入，其形之横纵、曲直、斜正、上下、内外、左右，皆有义，皆本于自然，非人私智所能为也"⑬。其中"人为之谓伪"，"讼者，言之于公"可算其合理部分，这只要和《说文解字》中"伪也，诈也，从人为声""讼，争也，从言公声"比较一下，就可以看出。但是，以"虽或遐之，常暮而返"释"蝦蟆"，以及"波者，水之皮""诗为寺人之言"皆穿凿附会，近乎文字游戏。作为一个特例，《字说》的出现，昭示了文化对语言的辖制，表明了人们联系文化来研究语言的急切心理。虽然其方法从根本上说是错误的，但是，在少数正确的分析中，还是提示了汉字丰富的文化内涵。

元代音韵学家周德清的《中原音韵》，对汉民族共同语形成有很大影响。在《中原音韵·正语作词起例》里，他反对"泥古非今，不达时变"，指出"混一日久，四海同音，上自缙绅论治道及国语翻译、国家教授语言，下至讼庭理民，莫非中原之音"。在《中原音韵·自序》里又说"欲正言语，必宗中原之音"，推崇关（汉卿）、郑（光祖）、白（朴）、马（致远），说他们的剧作"韵共守自然之音，字能通天下之语"。就语言与社会文化的关系、民族共同语的形成、典范作品的社会文化意义，发表了有价值的意见。当代语言学家认为，他的《中原音韵》的语音系统，代表了普通话的历史源头⑭。

明中叶文学家杨慎的《俗言解字》在社会文化中探求俗语本源，条目虽然只五十二条，仍有一定价值，如释"跳出"："《魏晋仪注》：写表章别起行头者谓之跳出，今日台头。"

（三）明末至清中叶时期

这一时期是早期的启蒙文化对封建文化开始冲击的阶段。语言与文化关系的研究除有承前的一面外，还有启后的一面。

明末方以智的《通雅》是西方文化东渐之际成书的百科性著作。方以智在这本书中十分注意从社会文化角度考释语词。如《释诂·古隽》："与谚、邪许，举重唱呼也"；《官制·仕进》："觅举、梯媒，言关节也"。值得一提的是，方以智还作了拟订汉语拼音化字母的尝试，从适应社会文化发展的需要出发，提出了记录汉语的文字体系的形式之改革问题，成为近代语文新潮的先行者。

同期公安派文学家袁宏道为宣传其文学革新论，对语言与社会的关系作了论述。他在《雪涛阁集·叙》里说："夫古有古之时，今有今之时，袭古人语言之迹而冒以为古，是处严冬而袭夏之葛者也。"他十分重视口头文学这种文化现象，在《答李子髯》诗中曾指出："当代无文字，闾巷有真诗。"袁宏道不仅要求语言能适应当代文化的发展，并且还在百姓唇舌上去找寻这种语言，把它提炼为文学作品的语言。他用他的创作实践证明了这一点。

明末清初思想家、清代小学开山祖师顾炎武对于语言与文化关系研究的重要领域、文化语言学的一个重要部门——人名学，作了较全面地考察。顾炎武本人曾打算写一本《姓氏书》，书因故未成，有关论述已收进《日知录》卷二十三里。他说，"言姓者本于五帝，见于《春秋》者，得二十有二"，姓又分氏，如"孟氏、季氏、孙氏、宁氏、游氏、顾氏皆姬（姓）"，但"逢战国以下之人，以氏为姓，而五帝以来之姓亡矣"。顾炎武关于姓氏分合的研究，反映了从先秦到明末的社会情况和风俗习惯。顾炎武还对避讳问题进行过考察。

避讳学也是文化语言学的重要分支。清代史学家、考据家钱大昕

的《十驾斋养新录》对避讳作了探讨。通过对避讳义例的研究，他指出"宋人避轩辕字""孔子讳""避老子名字""禁人名寓僭窃"等史实，概括出避讳的方法有改字、空字、缺笔、改音等，涉及的名称有人姓、人名、年号、谥号、官名等。

文学家梁章钜的《称谓录》，不仅包括亲属称谓，还包括天子宗室、职官衙署乃至奴仆书役、三教九流的称谓。称谓词语是文化语言学重点研究的对象，常常反映出人类社会结构方式，显示出人际关系；不同的文化有不同的称谓系统。梁章钜的著述，使我们今天能清楚地看到封建中国的社会结构、宗族观念、等级观念等。

清代关于话言与文化关系研究成果卓著者，首推阮元。阮元善于从语言文字推求古代文化。他认为"文字通过语言而标指天地万物，给天地万物命名的正是有声语言""有声语言与天地万物的关系，正是推求语言文字与古代文化关系的前提"⑮。他从语言文字来看古代文艺、古代社会、古代思想。例如，他指出韵文先于散文产生，"以用韵比偶之法，错综其言"，才叫作"文"；因为古人多以口舌传事、口耳治事，"是必寡其词，协其音，以文其言，使人易于记忆，无能增改"⑯。他的《论语论仁论》《孟子论仁论》二文，指出夏商以前无"仁"字，"此字明是周人因'相人偶'之恒言而造为'仁'字"，"凡仁必于身所行者验之而始见，亦必有二人而仁乃见"，对儒家思想的核心"仁"作了合乎其本来面貌的解释。阮元是有意识地、较为系统地从语言文字上探索古代文化的第一人。

此外，明末李实的《蜀语》，张存绅的《雅俗稽言》，清代翟灏的《通俗篇》，钱大昕的《恒言录》，顾张思的《土风录》，郝懿行的《证俗文》，厉荃的《事物异名录》，胡文英的《吴下方言考》等《方言》派方言俗语词典，各对地域方言、社会方言作了记录、解说和考证，为后人研究当时的语言与文化关系准备了材料。

（四）鸦片战争到五四运动时期

这一时期是爱国思潮与西方殖民主义，资产阶级新学与封建旧学相抗争的旧民主主义文化阶段，语言与文化关系的研究也表现出这一特点。

马建忠以写出中国第一本系统的汉语语法著作而闻名于世,他也曾谈及语言与文化的关系。在《马氏文通·后序》中,他指出语言文字的文化传递功能对民族的凝聚作用。他说,"所以群今人之意者,则有话;所以群古今人之意者,则惟字"。他认为拉丁、希腊等国语言,虽有各自语法体系,"其大纲盖无不同",可以用西洋语法解说中国典籍,《马氏文通》一书,就是"因所同以同夫所不同者",帮助童蒙"循是以学文","由是而求西文所载之道,所明之理"。

经学家、校勘训诂学家、古文字学家孙诒让在研究古文字时,注意考一字之历史,征社会之演化,以古文字作为考古制、订古史的工具。他在《古籀拾遗·叙》里写道:"学者欲窥三代遗迹,舍金文奚取哉!"他的《籀文"车"字说》考释出上古的驷马车制,被人赞为"证之诗书,考之礼制,皆能遥契冥合"[①]。他的《契文举例》《名原》都注意了把古字考释与古史考证结合起来。这种方法,正是文化语言学常用的一种研究方向——投影法[②]。

近代民主主义革命家、思想家章炳麟的《新方言》,利用音韵学讲方言词汇以唤起民族自尊心,宣传旧民主主义革命。因此,语言学史于此书往往一笔带过,或不置一词。其实,这是他试图借助语言与文化的密切关系,以对语词意义的解说来影响人们的行为方式、对事物的看法。并且,他从时代、地域两方面的文化特征出发,结合语义语音说明方言词语的复杂演变,还是有可取的地方的。章炳麟还创"语根说",用语音演变的观点,考察语词音义迁衍的过程,借以研究词源、词族。

梁启超的《国文语原解》首次直接表明:通过综合研究语言文字演化及使用该语言文字的民族的思想与生活发展,考见这个民族社会文化的发展。在《国文语原解前记》中,他写道:"冥想先民生活之程度,进化之次第,考其思想变迁之迹象,而复按诸其表此思想之语言文字,泥然其若有爪印可寻也……",是对阮元、孙诒让等人研究活动的小结,是他们有关论著的理论概括。

总 论

(五) 五四运动至现在

五四运动前后的白话文运动及20世纪30年代的大众语运动是这一时期里再次影响深远的语言工程。白话文运动的倡导者提倡"言文一致",大众语运动倡导者要求"话文合一",都是从时代的社会文化发展需要出发,探索其载体——语言的最合时宜的书面表现形式。

自1924年北京大学成立"方言调查会"后,1928—1936年赵元任、丁声树等人的六次方言调查,以及1955年全国范围内的方言调查,在一定程度上揭示了方言和地方文化的关系。

这一阶段,通过古文字研究而进行的上古中国社会研究,硕果累累。其中郭沫若在联系社会发展史研究古文字方面独领风骚。例如他的力作《奴隶制时代》所载《释众(衆)》说:"卜辞'衆'字作日下三人形,……像多数人在太阳底下从事工作","殷末周初称从事耕种的农夫为'众'或'众人',正像农民在日下苦役形式"。又如《殷周青铜器铭文研究》中《释父》说:"父本斧之初字,古文……角手持一物之形。其所持之物,许书以为杖,近人罗振玉以为炬。案此实是石器时代之石斧也。古者男子均称父,盖谓以斧从事操作之人,与母之以乳从事抚育者为对。"郭沫若认为研究古文字要以马列主义为指导,他把古文字看作研究古代社会起源和发展的原始资料。唐兰、于省吾、胡厚宣、徐中舒以及近年来崭露头角的李学勤、裘锡圭、陈炜湛都有可观的成果。这些,也为汉语词源研究、汉藏语系语言比较研究打下了基础。联系社会文化进行研究,是我国古文字学家的优良传统。

以上主要是就语言学领域的某个方面而论,如果就专著而言,潘懋鼎《中国语原及其文化》(1947年致知书店出版)是上承梁启超语原之学,下启文化语言学的第一部论文集。其中《叙说》说:"欲回顾乎五千年来中华文化之发轫,'语原'尚矣;欲夷考乎五千年来中外文化之汇流,'语原'亦尚矣。顾文化之内容愈丰富,语原之背景亦愈复杂,凭科学人类思想作用与乎文化活动之出生、成长、发展、变迁之全程之最简捷而有味之方法也。"《本论》收有《初民"生"之想象与中国"姓"之民源(释姓)》等论文十篇。作者在"前记"里还表示打算写"中国词语及其文化"等。他开创了文化语言学研究的新途径。

几乎与潘书同时成书而出版稍后的罗常培的论述语言与文化关系的专著《语言与文化》(1950年北京大学印),从新的理论高度全面论述了语言与文化关系的诸方面,如他在该书"引言"里提出:

第一,从语词的语源和演变推溯过去文化的遗迹;第二,从造词心理看民族的文化程度;第三,从借字看文化的接触;第四,从地名看民族迁徙的遗迹;第五,从姓氏和别号看民族来源和宗教信仰;第六,从亲属称谓看婚姻制度。罗常培所提出的这些方面,几乎包括了文化语言学的全部重要研究对象;虽然,他主要是以词的涵义为着眼点。

十年内乱后,语言与文化关系的研究得到空前发展。1985年11月,陈建民在中国社会科学院研究生院语用系开设"文化语言学"课,首次提出"文化语言学"这一术语,并在学术报告、论文和专著中对它的性质作了界说。他认为文化语言学的语言观,重视从动态观察语言,研究其交际功能、变异形式,他概括出文化语言学的常用研究方法有"对比法""投影法""文化结构分析法""文化心理分析法"等。伍铁平发表了关于亲属称谓、颜色词语、语言与思维、语言与心理等一批以语言事实来说明语言与文化关系的极有分量的学术论文。吕叔湘也于1988年8月在《中国语文》发表了他1944年写的《南北朝人名与佛教》。

年轻一代的学者在这个领域更是活跃非常。周振鹤、游汝杰就境内方言与中国文化这一具体问题写出了专著《方言与中国文化》(1986年10月),胡奇光从文化中考察中国封建社会的语言文字学,写出了《中国小学史》(1987年11月)。注重研究汉语与中国文化相关性的申小龙,探讨了中国现代语言学的文化断裂、汉语的文化哲学等问题,其成果收入论文集《中国语言的结构与人文精神》;他的另一部文化语言学专著《中国句型文化》也已出版。游汝杰、余志鸿、申小龙等人还就语言与文化关系、文化语言学的内涵、文化语言学的研究方法等问题展开了讨论。这一切都表明,一门新的学科——文化语言学,在世界的东方,在有五千年文明的华夏文化沃土里,正成长起来。

总　论

二、国外研究述要

(一) 古印度、古希腊、古罗马

国外语言与文化关系的研究，可以上溯到古印度。古印度学者已感觉到语言和文化有某种关系。用古印度书面语——梵语写的婆罗门教经典《吠陀》，到公元前5世纪时，已和口语严重脱节。为了解释经典、传播教义，古代印度人建立了语言学。他们看到了语言在传递文化中的重要作用。当时，在吟诵取材于《吠陀》经的赞美诗《吠陀圣咏》时，他们选用了一字一音加重语气的特别语言形式来强调经文的语调重音，古代印度人认为，经文的宗教职能要凭借完美的语言形式表现。

古希腊学者热心研究的一些问题，也表现出他们对语言—文化关系的兴趣。大约从公元前5世纪开始，他们从哲学角度认识并试图解释诸如思维与词、事物与名称的关系等问题。对词的性质是"本质的"还是"约定的"这一问题，就有过一场百家争鸣。赫拉克利特认为"名"由事物本来性质决定，和它所指称事物紧密联系在一起，揭示了事物的实质。德谟克利特则认为用什么词表示什么事物并不是根据事物本身的性质，而是人们按照自己的习惯约定的。柏拉图在《对话录》里以苏格拉底的名义表示了带折衷色彩的意见。他既不同意词似乎总是反映了本质的说法，也不同意事物和其名称之间的联系好像是偶然的说法；认为词的声音同它所表示的概念之间最初存在着某种联系，如声音的象征意义、拟声法造词法等，之后，人们用这类原始词构成了大量的词，以致现在已经看不出它们的声音与意义的内在联系了；这时，词与事物的联系是社会传统约定的。亚里士多德则明确表示没有一个名称是按本质产生的。这场争鸣表明了语言在人类的最早和极其重要的文化行为即命名活动中的作用。柏拉图的《对话录》还谈及古希腊语中的外来词。双语问题也已提出，创立斯多葛学派的希腊思想家芝诺就是一个双语人，母语是闪米特语，希腊语是第二语言。古希腊早期学者还特别重视词源研究，致力于从一些词的形式追踪到其他一些词的形式，认为前者的意义可以通过后者得到解释，他们的追踪，是联系社会文化特征进行的。

稍后，古罗马的瓦罗在《论拉丁语》一书中，指出语言词汇的分化，在重要的文化领域更为明显。他举出 equus（公马）和 equa（母马）之所以有区分公母的不同形式，是因为这种区分对讲话人极其重要，而 corvus（乌鸦）没有表现性别差异的不同形式，是因为乌鸦的性别差异对讲话人无关紧要。瓦罗还谈到除了根据大多数人的习惯用法确定的形式外，还存在着个人变体，个人变体明显表现在诗歌的用语中。

（二）中世纪的欧洲、阿拉伯

欧洲的中世纪是长达千年之久的政治上的黑暗时期，语言与文化关系的研究不再像古希腊、古罗马那样呈现出生动活泼的百家争鸣局面。但是在西欧所有民族中都有影响的拉丁语，作为天主教教堂用语和学术研究用语，被认为是培养人们思维能力的学校。这就导致当时的人们用逻辑标准来确定语法的正确性，产生了思辨语法或称哲学语法。这种语法认为，各种不同的语言在意义上是相同的，区别只在于语音外壳。思辨语法认识到人类语言是人类共有的文化特征，但没有认识到语言有较大差异的民族，是生活在彼此有着部分差异的世界之中，各有其特殊文化传统。

中世纪宗教势力十分强大，教会要求各地的教士学习所在教区的语言或方言以传教。这样，一方面，他们搜集具有相同与不同文化传统的各种语言的材料，试图通过语言间的比较和分类，而最终沟通不同文化价值体系中的某些子系统。这类著述如1539年成书的《却而地语、叙利亚语、阿尔明尼亚语和其他十种语言导论》，1548年成书的《用一切语言文字注释的祈祷文》，1593年成书的《五十种语言的祈祷文》。另一方面，教会学者还企图寻找反映共同文化源的原始语，并且有人武断地判定希伯来语就是人类最早的语言。法国还有个传教士写了一本关于天堂语言的书，说上帝对亚当讲瑞典语，亚当回答上帝讲丹麦语，蛇对夏娃讲法语，试图用它们所操语言的不一致，表明上帝、亚当、蛇对事物看法的不同，这些语言自身的价值不同：不同的语言

总　论

代表了不同的文化。

　　这一时期的阿拉伯地区对阿拉伯语的研究倒是生气勃勃。公元8世纪后，阿拉伯地区学习阿拉伯语的人日益增多，于是学者们根据《古兰经》和圣训、古代诗歌及游牧民族口语，建立起较为缜密的语法体系，并有两个代表性学派——库法派和马士拉派。库法派十分重视阿拉伯语的特异现象，重视研究非典型部族以及频繁与异族接触的部族的语言，重视研究看似无权威性的史话及晚期诗歌，并且着重分析了《古兰经》中的特异词句。马士拉派则由于身处阿拉伯与外办广泛交际的商业中心库士拉城，特别注意维护阿拉伯语的纯洁性，并且推广它，以维系其文化传统。

（三）文艺复兴时期的欧洲

　　文艺复兴是欧洲中世纪到近代的分界线。这一时期，随着民族国家建立、爱国主义热情高涨，以及中央集权的需要，某个地方语言的变体应运而成为官方语言。当时的学者逐渐摆脱只重视拉丁语这一观念的束缚，开始对欧洲的语言进行研究。意大利诗人但丁就以提倡研究罗曼诸语言的口语来对抗书面的拉丁语；并且，他通过用意大利语地域变体写成的论著，促进人们把佛罗伦萨方言确立为意大利文学语言，以后又进而成为官方语言，满足了意大利社会文化发展的需要。这一时期，西班牙语、法语等与母语拉丁语之间的历史关系，通过观察分析语音变化得到了证实；学者们还提出，变化原因是民族交往带来的语言接触、语言混合以及同一文化系统内口语世代相传时发生的缓慢变化。

　　在当时的文化背景下，还有一些人萌发了改进甚至创制语言以适合时代需要的愿望。英国语言大师、哲学家培根就有集中已有语言的精华来创制理想语言的愿望。当时，英国和欧洲大陆相当一批学者在从事语言改进和语言规划工作。英国语音学派对于对外英语教学，对聋人言语教学及提倡"标准英语"等问题，都作了研究，以更好传播其文化。

　　法国哲学家孔狄亚克和卢梭讨论了人类语言的起源和早期发展，

他们认为语言起源于指别性和摹仿性的手势以及自然叫喊。由于手势作为交际信号效率太低，因此，有声成分在一定条件下在人类活动中占了首位。他们还认为咏唱是最早的文学形式，这与同时期我国学者阮元的看法不谋而合。1764年普鲁士科学院还就语言起源方面的问题征文并评奖。获奖者、德国哲学家赫尔德认为，语言和思维相互依存，所以各民族的思维模式和大众文化只能通过它们各自的语言才能正确地理解并加以研究。

德国哲学家莱布尼兹用地名、河流名作为根据，来说明语言扩散与居民迁徙的关系。现在，这已是文化语言学研究者常用的方法了。

（四）19世纪的欧洲

19世纪是国外语言与文化关系研究蓬勃开展的时期。该世纪初，历史比较语言学的代表人物德国语言学家、民俗学家格林把赫尔德有关各民族语言的个性及其与民族文化的密切联系的论述，用作确定语言的历史的尺度，而且进一步发展为"我们的语言就是我们的历史"。他自身姓氏的语音演变，被他看作日耳曼各民族的祖先坚持独立的一种表现。这个学派的另一个杰出代表，德国语言学家、哲学家洪堡特也把赫尔德的理论推向新的高度，认为一个民族的言语是一个民族的精神，而该民族的精神也就是他们的言语。语言间的差别不单因为语音不同而转移，还牵涉说话人对所处世界的解释和理解，所以操不同语言的人，实际上生活在某种程度不同的世界中，具有不同的思想体系。也是这个学派创始人的丹麦语言学家拉斯克认为要了解某些民族的起源以及他们在远古时代的亲缘关系，语言是最重要的工具。可以这样说，历史比较语言学已经预示了文化语言学的必然诞生。

德国语言学家孔恩创立了语言古生物学，把语言当历史文献研究，认为词和词义在一定程度上反映了民族古代的生活和文化。

马克思主义的创始人之一、德国哲学家恩格斯不仅发表了语言起源于劳动的著名观点，还和马克思一道，就社会、意识和语言相互关系，不同历史条件下语言的发展，物和名称，概念和词的关系，民族

总 论

语言和方言,语言和阶级,词源学等一系列问题,发表了精当的、指导性的论述。同时,他还进行了许多实际的研究,如在《家庭、私有制和国家的起源》一书中,就利用拉丁语词 famulus 的演变情形,说明初期家庭是由族长支配的、包括奴隶在内的非自由人的组织。

意大利语言学家阿斯科里提出语言底层说。例如,当不列颠群岛的凯尔特人为盎格鲁—撒克逊人征服后,凯尔特语就成了底层语言。凯尔特人采用了英语,可是保留着原有语言的许多习惯性东西,甚至在使用新语言的词汇时也保留着原有语言的发音方法和重音。他注意到了特殊情形下的语言与文化的关系,给通过底层语言观察底层文化的做法提供了理论根据。

此外,为了帮助操不同语言的人交流思想、传递文化,1887 年,波兰医生柴门霍夫创制了世界语 Esperanto。Esperanto 这个词源于拉丁语,意为"希望者",汉语里一种饶有兴味的译法是"爱世不难读"。所有这类通用语的创制,都表明人们对于不同语言间进行文化交流的渴望,表明了语言作为文化载体的重要作用广泛受到有识之士的重视。

(五) 20 世纪的欧美苏日

20 世纪初,语言与文化关系这一课题受到空前的青睐,众多语言学家把他们敏锐的目光投射到这个领域来。瑞士语言学家索绪尔把语言看成社会现象,说它是共时和历时的体系,且语言史和文化史总是交织在一起,彼此之间有相互关系。他认为民族的风俗习惯,常反映在语言里,很大程度上,构成民族的正是语言。索绪尔认为可以从语言推定人的文化行为的产生过程,但反对将某一民族的文化水平同他们语言的语法特点混为一谈[49]。索绪尔的学生、法国语言学家梅耶认为语言是文化的一部分,有什么样的文化,就有什么样的语言,"一种语言要能代表一种有权威的文化才能扩充,甚至语言的扩充完全依赖一种文化的权威"[50]。他十分注意词义变化等与社会因素的联系,并认为语音变化导源于说话人的心理机制。

美国人类学家、语言学家鲍阿斯致力于研究美洲印第安人的社会

· 71 ·

和语言，创立人类语言学。他的《种族、语言与文化》主要是研究语言与文化关系的，他认为每一种语言都有自己所受的文化影响。鲍阿斯要求学生在研究某个民族时，要熟练掌握该民族语言，用它作记录。他本人就懂得印第安语的十七种方言。同期，美国汉学家劳佛尔的《中国伊朗编》也是研究语言与文化关系的。

德国拉丁语族语言学家福斯列尔也撰写了《德国文化在德语发展中的反映》。

此后，美国语言学家关于语言与文化关系的研究，广泛深入地继续发展。萨丕尔在《语言论：言语研究导论》第十章里专章论述了语言与文化的关系。他说，文化可定义为"一个社会所做的和所想的是什么"，语言指的是"人具体地怎样思想"。他认为在很大程度上人受语言支配，现实世界在某种程度上是不自觉地建立在该社会的语言规范的基础上的。这显然是对洪堡特有关论述的发展。萨丕尔的学生沃尔夫在研究了印第安人的语言和文化后，把这种发展物化为关于语言和文化相互影响的假说，即萨丕尔—沃尔夫假说，简称沃尔夫假说。这种假说认为，说话人的语言通过语言系统中可能存在的语法范畴和语义类别，决定说话人的世界观；而语言系统是说话人同他的本族文化一起传承下来的，语言即文化。为此，他们采取了跨文化比较的研究方法来研究语言与文化关系。沃尔夫假说认为思维过程存在于语言形式中，这无可非议，但他对语言、思维和现实之间关系的理解，却过于偏颇。不过，即使如此，我们还是应该看到，正是萨丕尔和沃尔夫，充分注意到语言与文化的关系，使创立文化语言学成为一种可见的诱人追求。

同期的另一位美国语言学家布龙菲尔德，也有一些论述涉及语言与文化的关系。在《语言论》中，他论述了语音的改变"必然发生在某个文化中心"，"语义上特殊的词源和文化变迁的痕迹可以互相参证"，还用了三章的篇幅论述了语言系统中和文化相关的借用。

苏联学者也对语言与文化的关系进行了研究。例如马尔认为："在一种文化被另一种文化代替的过程中，语言的一种系统也被改变

为另一种系统。"㉛斯大林则认为这种看法是错的,没看到"文化和语言之间的差别,并且不懂得文化按其内容说是随着社会发展的每个新时期改变的,语言则在几个时期中基本上是不变的,同样地既服务于旧文化,也服务于新文化"㉜。20世纪70年代苏联出版了《语言与文化》,奠定了苏联语言国情学的基础,"语言国情学通过俄语本身介绍当代苏联生活中各种典型事物和现象,介绍苏联文化,跟文化语言学颇为相似"㉝。

一些人类学家也对语言与文化的关系作了研究。波兰出生的人类学家马林诺夫斯基说,人的"语言知识成熟就等于他在社会中及文化中地位的成熟。于是,语言是文化整体中的一部分,但是它并不是一个工具的体系,而是一套发音的风俗及精神文化的一部分"㉞。他认为要根据一定的文化来分析词的功能。人们把马氏等人的研究成果也归于人类语言学,萨丕尔、沃尔夫、鲍阿斯都被称为人类语言学家。法国人类学家列维-斯特劳斯认为,语言学和人类学有三个层次:第一层为一种语言和一种文化的关系,第二层为语言和文化的一般关系,第三层也是最重要的一层为人类学和语言学的关系。当代美国人类学家恩伯夫妇合著的《文化变异——现代文化人类学通论》第二部分第五章专门论及语言与文化关系,他们认为语言能反映出对应的文化,文化对语言的影响主要表现在生活中可见事物的名称上。日本石川荣吉主编的《现代文化人类学》的第五章《语言与文化》也论述了作为象征体系的语言、作为文化的语言和作为语言的文化等问题。

20世纪60年代兴起的社会语言学也关心语言与文化的关系。苏联社会语言学家什维策尔在他的《现代社会语言学》中谈到语言是文化的组成部分之一,是精神文化的一种现象,和其他各种文化现象不是同质关系。美国拉波夫一派的社会语言学家,特别注意区域社会文化和语言变体的关系,注意文化传统对双语人语言选用的制约。另一位社会语言学家海姆斯还主编出版了《文化和社会生活中的语言:语言学与人类学读本》。日本社会语言学家铃木孝夫也写出专著《语言与文化》;同期,日本米埃尔马书房和大修书店还先后出版了原版不同的译著《语言与文化》各一本。

语用学在研究跨文化言语交际时,也不可避免地要遇到语言与文化关系问题。它通过研究跨文化的相互作用,了解语义的处理过程,即语言怎样表情达意。如美国语用学家坦宁在《跨文化言语交际中的语用学》中就谈到,什么时间讲话、讲什么、速度和停顿、语调等八个方面都与文化有关。至于语用学在研究语用含义时,更是须臾不能脱离社会文化背景。

符号学把语言作为文化象征,认为它能规定思考方式,语言作为文化模式,以典型形式在自身中表现了文化内容。日本池上嘉彦的《符号学入门》,从这个角度论述了语言和文化的关系。

现代哲学解释学创始人、德国哲学大师伽达默尔提出的关于语言是人类拥有世界的唯一方式、世界通过语言表现自身、拥有语言就是拥有世界以及语言是解释学行为的决定因素的理论,更是为文化语言学的研究提供了新的哲学依据,拓展了新的方向与途径,有着重要的指导意义。

国外的研究当然不限于上述国家、上述学者的论述,也不限于上述的学科,由于我们研究不够,加之资料多是第二手、第三手的,本部分有明显的举例性质,不能反映出国外关于语言与文化关系研究的全貌。

三、中外关于语言与文化关系研究的同异

就本节内容而论,中外历史上关于语言与文化关系的研究,都发端于解释文化的需要,都具有附丽性、零散性,都只是关涉、触及、贴近而未能驻足于文化语言学。但二者又有差异。

(一)国内研究的特点

1. 注意历史文献。历代学者几乎都囿于典籍、简册、甲金,近代才稍近坊肆、唇舌。所以,历史上关涉语言与文化关系的研究大都是反思性的;同一时代的语言与文化的关系,只有少数学者触及,而且像扬雄的《方言》那样的著作也是不多的。

2. 限于国内材料。文化遗产的丰富加之封建制度下的闭关锁国及

落后经济的束缚,使得国内的研究者甘于钩沉提要,钻故纸堆。这样,往往只能看到汉语言与汉文化关系表现出的个性,看不到语言与文化关系表现出的共性。这种情况近年才有所改变。

3. 受记录汉语的汉字影响极大。汉字多数是能以形单独表义的,这样,谈到汉语与汉文化关系,自始至终就离不开汉字。汉字既是汉文化的载体,又是汉文化的组成部分(女书、道教字等特殊的汉字文化特色尤其明显),这一客观事实也决定了国内的研究在材料方面的丰富性、直观性。

4. 注意和人文科学结合。历代学者关于语言的研究,都富有人文性。受这一特点影响,国内历史上乃至近年对语言与文化关系的研究,总是结合着某一门或几门人文学科进行的,例如结合历史学、经学、文学、民族学、民俗学等。

从研究目的来看,国内研究求实用,是为了鉴古知今、通经致用;没有进行较高层次的概括,极少理论建树。国内历史上关涉语言与文化关系的研究成果并不少,而直接从语言与文化关系这一目标立论的,还只是"五四"以来的事。可喜的是,近年来我国关于文化语言学的理论研究,在世界上已逐渐进入先进行列。

(二)国外研究的特点

1. 注重社会现实,特别是不发达地区的社会现状。这常常使得其视野开阔,见解新颖。萨丕尔—沃尔夫假说就是在实地调查印第安人语言和文化以后提出的。

2. 注重口语,注重社会文化现状。这一点和前一点紧密相关,是实地调查的必然结果。

3. 注意和自然科学相结合。和国内比较,国外的研究更重视与统计学、地理学、声学、人类学、心理学等结合(当然,他们也注意和文化学、社会学等结合),讲究理性。

从研究目的看,国外的研究一般是学术性的。和国内比较,其虽没有积累丰富的材料,但有沃尔夫假说、文化人类学、人类语言学、哲学解释学等理论成果。

第六节 1988—1998年文化语言学的发展

一、综述

(一) 文化语言学的分期

1. 文化语言学的先导

20世纪50年代出版的《语言与文化》(罗常培,1950年北京大学出版部出版)是文化语言学的"开山之作",是文化语言学的先导。虽然自20世纪初起,就有一些西方的汉学家和国内的民族学家对语言与文化的关系进行过调查、研究,他们的语言研究中有文化学的因素,但是这些都是"因素",还没有自觉地把语言和文化真正结合起来进行研究。罗常培的《语言与文化》把过去零星的、不成系统的研究向前推进了一步,该书以词的涵义为突破口从理论的高度,比较全面地阐发了语言与文化的关系。该书在"引言"中明确指出要"给语言学和人类学的研究搭起一个桥梁来",这说明作者是在为中国语言学开辟一条"新路"。该书从六个方面探讨了语言与文化的关系,"第一次真正从语言角度相当全面地论述与文化的关系,堪称文化语言学当之无愧的定鼎之作"(潘文国,1994)。但是由于种种原因,此后的三十余年,很少有人涉足该领域,直到20世纪80年代。

2. 文化语言学的正式提出

20世纪80年代中国文化语言学不仅奇迹般地复苏,并且正式打出了"文化语言学"的旗号。1985年陈建民为中国社会科学院的研究生开设"文化语言学"的课程,这在国内是最早的。陈氏于1987年发表《文化语言学说略》,提出了他对文化语言学的构想。几乎与此同时,方言学家游汝杰也提出了建设文化语言学的设想。他与历史地理学者周振鹤合作,于1984—1986年间联名发表了五篇论文和一部专著《方言与中国文化》。特别是1985年周、游合作发表的同名论文《方言与中国文化》,是提及"文化语言学"名称的第一篇文献。出版于1986年的专著《方言与中国文化》,以其扎实的功底、丰富的材料和严谨的

总　论

作风为文化语言学的研究提供了一个从语言研究文化的范例。文化语言学在80年代中期正式提出来之后,得到了引人注目的发展,出现了一个又一个浪潮。

3. 文化语言学理论的基本形成

文化语言学通过一段时间的微调和积累之后,终于在1990年汇成大河。1990年,邢福义主编、周光庆副主编的《文化语言学》和申小龙的《中国文化语言学》几乎同时出版,标志着文化语言学理论的基本形成。《文化语言学》首次建构了一个比较完整的文化语言学的理论体系,它把语言与文化的关系概括为:"语言是文化的符号,文化是语言的管轨",倡导"从语言看文化,从文化看语言";并且明确指出:"文化语言学是研究语言和文化相互关系的科学。"该书也是国内出版的第一部文化语言学教材。《中国文化语言学》着力思考汉语的文化哲学问题,探讨了汉语的"人文性"和中国文化语言学的研究对象——语言的文化功能,指出文化语言学就是语言的本体科学,只有从文化语言学的角度才能直接把握汉语的本质特征和组织规律,并且提出了八种文化语言学的研究方法。

(二) 概貌

这十年正是文化语言学从正式提出到理论基本形成再到勃兴的时期。十年间,发表了近千篇论文,出版了近百部著作,在中华大地上兴起了一股股"文化语言学中国潮"。文化语言学的研究范围几乎涉及语言学研究的所有领域,包括文字、语音、词汇、语义、语法、修辞、方言、民俗以及跨文化交际、外语教学、对外汉语教学等等。一些阶段性的成果相继问世,游汝杰、周振鹤《方言与中国文化》(1986),陈建民《语言文化社会新探》(1988),申小龙《中国句型文化》(1988)和《中国文化语言学》(1990),邢福义主编《文化语言学》(1990),语用所主编《语言·社会·文化》(1991),申小龙、张汝伦主编《中国文化语言学丛书论集》(1991),申小龙主编《文化语言学丛书》(1991—1992),游汝杰《文化语言学引论》(1993),陈建民、谭志明主编《语言与文化多学科研究》(1993),宋永培、端木黎明《中国文化语言学辞典》(1993),邵敬敏主编《文化语言学中国潮》(1995),何九盈、胡双宝、张猛主编《汉字文化大观》(1995),戴昭铭《文化语言学导论》(1996) 等等。

在这一学术思潮推动下,相继成立了一些全国性或地区性的学会,如中国语言与文化学会(1990),中国民俗语言学会(1991年4月),北京市语言学会"语言与文化研究会"(1991年4月),等等。并且相继召开了一系列的全国性或地方性的学术研讨会,如1988年12月武汉地区首届"语言与文化"学术研讨会在华中师大召开,1988年8月全国"语言与文化"研讨会在大连举行,1991年12月第二届全国语言与文化学术研讨会在广州召开,1994年1月第三届全国文化语言学研讨会在哈尔滨举行,1995年12月第四届中国语言与文化研讨会在昆明、大理和丽江举行,1992年第三届社会语言学学术讨论会在西安召开。此外,还有中国语言文化学会的历届年会,1995年10月在北京召开"首届汉字文化国际学术研讨会",1996年5月在沈阳举行"首届语言与民俗国际学术研讨会",等等。有些刊物为了促进文化语言学的发展,相继开辟了与此有关的专栏,如《汉语学习》的"语言文化社会"专栏发表了近百篇论文,其他的还有《语文导报》《北方论丛》《语言教学与研究》《世界汉语教学》等,而且第一家以汉语和汉文化相结合为基本宗旨的国际性刊物《宏观语言学》也于1992年秋在英国创刊。所有这些学会、研讨会和刊物都极大地推动了文化语言学的发展。

文化语言学在中国的兴起还只有短短的十几年,但有关文化语言学的讨论却很激烈。我们认为这些论争主要是对语言与文化的关系和对汉语的本质特性的不同理解造成的。

要讨论语言与文化的关系,首先就必须对语言与文化这两个概念有一个明确的界说,也就是说,学者们的文化语言学观总是建立在一定的语言观和文化观之上的。申小龙认为,语言"规范着一个民族看待世界的样式,规范着一种文化的深层结构"[⑦],"有一种语言,就有一种对世界的'观点'","从语言中看到的客观世界已非纯粹的客观世界,而是经过特定的文化分类、组合,充盈着人的主体意识的世界"[⑧]。

所以，申氏提倡"文化认同"。邢福义等对语言作一种广义的理解，"包括了人类用于交际的所有手段"，对文化也持一种广义的理解，"为社会成员共同拥有的生活方式和为满足这些方式而共同创造的事事物物，以及基于这些方式而形成的心理和行为"。正是基于这样的理解，该书认为语言和文化的关系是："一、语言是文化的一个重要组成部分，属于制度文化层次；二、语言是记录文化的符号体系；三、语言与文化相互制约和影响。"戴昭铭认为"文化语言学"的"文化"的内涵是"精神形态和制度形态的文化"，并且认为文化具有"超自然性、符号性、整合性、可变性、民族性和区域性"，而"上述关于文化的基本性质，语言也都莫不具备，因此语言也是一种文化现象"。戴氏在谈到语言和文化之间的关系时指出："一方面，语言是人类文化的重要组成部分，是人类文化得以建构和传承的形式和手段；另一方面，文化又无时无地不对语言有制约作用和决定性影响。"也就是说，由于学者们的语言观和文化观不同，就会对语言与文化的关系产生不同的认识，对中国文化语言学的性质也就有了不同的看法。

对于汉语的独特性的不同认识，也是产生分歧的一个原因。有人指出，"如果说西方语言是一种严格受形态规定制约的'法'治语言，那么汉语则是没有形态制约的人治语言"，"集中到一点，就是汉语的'偏重心理，略于形式'，也就是它的独特的人文性"。在这种认识下，汉语的独特性就必然会被抬高到一个不恰当的位置，文化语言学也会被放在一个不适当的位置。如果既承认"语言共质性"起主导作用，同时又承认汉语与汉民族的哲学、艺术、文学、思维方式所具有的"文化通约性"也发挥了巨大的作用，那么就会认为中国语言学发展的方向是"多元型""渗透型""发散型"和"开放型"的。

对语言、文化、语言与文化的关系的不同理解，必然引起对文化语言学的对象、任务、性质和方法的不同看法，进而对中国现代语言学、文化语言学与别的语言学分支学科的关系都会有不同的观点。这样，学者们根据自己对文化语言学的理解、各自的学术背景、研究目的提出了一些不同的观点和方法，并由此形成了文化语言学的不同流派。

二、总论

(一) 文化语言学的对象、任务和性质

中国文化语言学的一个特点就是具有强烈的理论建设意识，先后建立了比较完整的理论框架的就有好几家。邢福义主编《文化语言学》(1990)对文化语言学的对象、任务和性质作了有益的探索。《文化语言学》在"总论"部分指出应研究如下一些问题：第一，语言与文化的对应关系；第二，语言对文化的影响；第三，怎样通过语言来研究文化；第四，文化对语言的影响；第五，怎样通过文化来研究语言。申小龙的《中国文化语言学》专门论述了中国文化语言学的对象——语言的文化功能。戴昭铭《文化语言学导论》也认为"文化语言学所要研究的是语言和文化的关系"，并明确指出文化语言学的研究对象是：语言作为文化符号的功能，语言和文化的"共变"关系，语言中民族精神和民族文化心理[⑰]。

对于文化语言学的任务，邢福义《文化语言学》指出："文化语言学除了学科建设需要研究的内容之外，还应包括诸如文化语言学研究的理论和方法，文化语言学研究的历史、现状和未来，文化语言学的地位和作用等。"[⑱]游汝杰《中国文化语言学刍议》认为文化语言学的目标是："(一)在中国文化背景中研究语言和方言；(二)把多种人文科学引进语言学；(三)把语言学引进别的人文学科。"[⑲]戴昭铭《文化语言学导论》认为"它所肩负的任务正是要从语言学角度从事建设中国新文化问题的研究"，同时，"要站在本体论的立场上，用民族文化的思维特征观照民族语言，概括出符合本民族语言特点的范畴体系，用以描述本民族语言的结构特征，从而全面揭示同民族文化特征相一致的民族语言的结构规律，建立起本体论上的汉语语言学新体系"[⑳]。

对于文化语言学的性质，有人认为文化语言学是"在新的历史条件下，基于对汉语特点的深刻反思和对中国文化的强烈认同而建立了一门新学科，又是一个包括社会语言学、民族语言学、心理语言学、语言民族学、语言人类学在内的大学科"[㉑]。邢福义《文化语言学》认为："文化语言学正是一种关系学科，它研究的是语言与文化之间的关

系。""本书的'文化语言学',其'文化'和'语言'是联合关系,准确的层次划分应是(文化+语言)学,其内涵是文化和语言的关系学,而不应理解为文化/语言学。"[72]戴昭铭《文化语言学导论》则指出:"文化语言学是语言学,文化语言学是解释性语言学,文化语言学是交叉性学科,文化语言学是语言学的分支学科。"[73]

(二)文化语言学的方法

游汝杰《中国文化语言学刍议》认为文化语言学的主要目标是:在中国文化背景中研究语言和方言;把多种人文科学引进语言学;把语言学引进别的人文学科。这其实也是一种方法论。邢福义《文化语言学》提到的方法有"实地参与考察""共层背景比较""整合外因分析"。陈建民《文化语言学说略》谈到的方法有"对比法""投影法""文化结构分析法""文化心理分析法"[74]。申小龙在《语言研究的文化学方法》(《语文导报》1986年9—10期)中专门讨论了文化语言学的五种研究方法:(1)文化认同法;(2)文化镜像法;(3)文化底层法;(4)文化耗散法;(5)文化比较法。申氏在《历史性的反拨:中国文化语言学》进一步总结为"文化认同的方法"和"文化参照的方法",并指出前者"较适用于与民族思维、民族心理相联系的语言学科",后者"较适用于与文化变迁、文化交融等社会历史现象有联系的语言学科"。他在《中国文化语言学》中以阐释语言的文化功能为目的,提出了八种方法:"文化镜像法""文化参照法""常态分析法""多元解析法""心理分析法""异文化范畴借鉴法""'从抽象上升到具体'的方法""传统阐释法"等,并将这八种方法划分为三个层次:"文化上认同的层次""语言事实本身解析的层次""语言研究传统的阐释的层次"[75]。戴昭铭《文化语言学导论》把文化语言学的方法分为总体方法和具体方法,总体方法是"语文的文化阐释法",它包括以下四个原则:"通过描写进行解释""宏观和微观兼顾""为语言的而不是为文化的研究""求异的而不是求同的研究";具体方法包括"文化符号解析法""文化思维认同法""文化背景考察法""文化差异比较法""文化心理揭示法"[76]。

(三) 文化语言学流派

文化语言学经过十多年的发展，已经形成了相当的规模和特色。根据研究者的理论主张、研究目的和具体研究成果，大体上可把国内的文化语言学分为三派：关系参照派、本体认同派、交际教学派①。

关系参照派的代表人物是游汝杰、邢福义和戴昭铭。游汝杰认为文化语言学"是语言学和文化学的交叉学科，它不仅在文化的背景中研究语言学，而且利用语言学知识研究文化学，或利用文化学知识研究语言学"。游氏在《文化语言学答疑》中进一步指出："文化语言学只研究语言的文化内涵，研究语言与文化的关系。"②游氏的语言研究实践也是如此，他与周振鹤合著的《方言与中国文化》就是通过语言研究文化，1988年发表的《宋姜白石词旁谱所见四声调型》就是通过文化研究语言。邢福义在《文化语言学》"序"中指出："本书偏重于从相互关系上阐述文化语言学。除了开头的总论部分讨论研究对象、研究方法、研究状况等通论性问题之外，书的本体部分包括上下两编。上编是从语言看文化，讲'语言——文化的符号'，讨论了从语言看文化的结构层次、从语言看文化的发生发展、从语言看文化的传播交流、语言对文化的影响等问题；下编是从文化看语言，讲'文化——语言的管轨'，讨论了文化对语言系统和语言观念的影响、文化对语言发生发展的影响、文化对语言接触和融合的影响、文化对文字和准语言的影响等问题。"该书也确实是按照"序"中所说的初步建立起了一个关系论派的理论体系。吕叔湘在《南北朝人名与佛教》的"题记"中写道："我所了解的文化语言学是说某一民族的某种文化现象在这个民族的语言里有所表现，或者倒过来说，某一民族的语言里有某种现象可以表示这个民族的文化的某一方面。"同时也指出："照这样理解的文化语言学当然是语言学的一个方面，是值得研究的。"③戴昭铭《文化语言学导论》与吕叔湘持相近的观点，认为文化语言学的目的是"研究语言而不是文化"，文化语言学"是语言学而不是文化学"，"是语言学扩展领域和变更方法而形成的语言学科，仍应归属语言学"④。何九盈等在为《汉字文化大观》写的绪言《简论汉字文化学》中写道："这门

总 论

学科的任务非常明确,一是阐明汉字作为一个符号系统、信息系统,它自身具有的文化意义,二是探讨汉字与中国文化的关系也就是从汉字入手研究中国文化,从文化学的角度研究汉字。"⑧由此可见,他们虽然都认为文化语言学应研究语言和文化的关系,都属于"关系派",但其具体的观点也是有区别的,如对文化语言学的学科性质,邢福义认为是关系学科,是"文化语言学加上语言文化学",而吕叔湘、戴昭铭却认为文化语言学就是语言学。文化语言学界的大多数人持关系论的主张。

本体认同派的代表人物是申小龙。申氏认为语言具有世界观和本体论的性质,本质上是一个民族的意义系统和价值系统,是一个民族的世界观。他反复强调人文性是语言的本质属性,指出汉语在表达和理解上重意会、重流动、重虚实、重具象,汉语句子的句读本体、逻辑铺排、意尽为界,都体现出浓郁的人文性。提出汉语语言规律的揭示应全面向中国文化认同。因为汉语的结构、精神与规律同汉民族文化的结构、精神与规律具有深层文化通约性,希冀通过对这种通约性的研究来揭示汉语的文化特征,从而提出"对汉语的本体论和研究方法提出前所未有的科学、系统的假设";并且希冀通过对汉语史和汉语学史的研究给其他学科的研究提供成果。申氏从哲学和文化心理学的角度入手,认为汉族人在"整体思维、散点透视、综合知解"的思维特点下,汉语语法的规律是"句读本体、逻辑铺排、意尽为界"。在他看来,西方语言是一种严格受形态规定制约的"法治"语言,而汉语是没有形态制约的"人治"语言。在表达功能的总原则的观照下,他采用"层次—视点"切分法分析句子的结构模式,对《左传》和《井》进行了穷尽性的研究,获得了关于汉语句型系统的新认识。申氏认为《马氏文通》以来的中国现代语言学是模仿西方语言学、脱离汉语本体、背离传统文化而形成的"文化断层",文化语言学的历史使命就是使汉语研究回归汉语本体,使中国语言学实现由科学型向人文型的转折。

交际教学派的代表人物是陈建民、胡文仲、张占一等。这一派主

· 83 ·

要是对外汉语教学界和外语教学界的语言学工作者,强调在语言的研究和教学中要注意交际特别是跨文化交际的重要性,研究的目的是解决交际和教学中的文化问题。陈建民在《文化语言学说略》中指出:"文化语言学联系语言的交际功能,极力把语言看做一种社会现象和文化现象。"认为文化语言学的语言观突出表现在"重视语言的交际价值""重视语言的变异形式""从动态的角度观察语言"。陈建民认为"语言与文化的研究属于社会语言学范畴",认为"社会语言学"的内部"还可以派生出一些带有边缘、交叉性质的学科,例如,偏重于从文化背景出发,解释当前和历史上一些语言现象的学科是文化语言学"[⑧]。陈建民的文化语言学研究紧密结合社会交际,发表了一系列关于社会交际方面的论著。胡文仲主要研究跨文化交际,先后出版《跨文化交际与英语学习》(上海译文出版社,1988)、《跨文化交际学选读》(湖南教育出版社,1990)和《文化与交际》(外语教学与研究出版社,1994)以及一系列相关论文。张占一把文化分为"交际文化"和"知识文化",认为"知识文化"指的是"那种两个文化背景不同的人进行交际时,不直接影响准确传递信息的语言和非语言的文化因素","交际文化"指的是"那种两个文化背景不同的人进行交际时,直接影响信息准确传递(即引起偏差或误解)的语言和非语言的文化因素"[⑨]。

三、分论

(一)语音

在语言的诸要素中,一般都认为语音与文化的关系最浅,所以这方面的文章不是很多,以史有为的研究最有特色。史有为先后发表《汉语文化语音学虚实谈》(1992)、《续〈汉语文化语音学虚实谈〉》(1994)、《再续〈汉语文化语音学虚实谈〉》(1995)等,认为"从文化视角观察并研究语音,或从语言视角观察并研究文化,应该是文化语音学的本质与任务"。他进而探讨了汉语音节结构的文化价值和汉语音节构造对其他文化的影响,指出"语音构造是整个语言文化在形式上的生长点","汉语的音节、汉语的声调在语言文化中是最有意义的","汉语汉字在形式上甚至可以说是一种声韵调文化及其衍生"[⑩]。同时,

他也承认"语音的作用是一种有限的非确定性的作用,是有选择性的,带有偶然性的"。金天相《句子的音节组合及其文化内涵》(1996)从音节的数目、音节声调调配和在对外汉语教学中的意义三个方面探讨了句子的音节组合的文化内涵。对语音的研究主要集中在谐音上,如赵金铭《谐音与文化》(1987)、姜书利《谐音与民俗的关系》(1990)、苏金智《谐音与民俗》(1991)、马文忠《大同民俗与谐音》(1993)等;也有的结合音韵学进行研究,如李启文《论音韵学的人文因素》(1990)、李葆嘉《论汉语音韵研究的传统方法与文化学方法》(1992)、《论文化研究中的音韵导入》(1996)等。虞万里、杨蓉蓉《避讳与古音研究》(1991)则考察了与避讳有关的种种语音现象,揭示了语音演变的历史地域观。

(二)词汇和词义

词汇方面的研究历来是文化语言学的研究重点,学者们在这方面投入了相当的精力,也取得了相当的成果。词汇的研究离不开词义的考察,学者们往往把这两者结合起来进行研究。这方面的研究以宋永培、周光庆、苏新春、常敬宇为代表。宋永培的词汇学研究以《说文》为突破口,认为《说文》的词义系统的内容是以表述"尧遭洪水"到"亡新居摄"的上古史实及先秦"一生万物,万物合一"的文化观念,并力图在此基础上阐释中国文化词汇学的基本特征。在他看来,文化词汇学是"紧密结合中国一定时期的文化背景,主要通过汉语词义的系统与贯通来探求汉语词汇、词义的特点与规律的科学",因此强调"文化与词义的系统贯通"⑧。周光庆的词汇学研究以"语言与文化'共变'"为理论背景,从词汇的发展、演变中探求文化的物质、制度和心理等结构层次,特别是对心理层次的探讨,颇见功力。他认为"语言是文化的模式",从古汉语词源结构中分析了古文化的思维方式、价值系统和伦理观念;从汉语词义引申中分析了古代价值系统、思维方式和古代的审美意识等等。苏新春的词汇学研究以"文化认同"为理论背景,强调词汇研究中"词义"与"人文"的导入。在语言结构与人文意义方面,主张以"参照"为手段,以"认同"为目的;在词义与词形方面，主张由形及义，相互参证。常敬宇的词汇研究，把文化词语和文化意义结合起来进行研究，自成系统。其专著《汉语词汇与文化》一大特色就是以汉民族的诸文化因素为纲对汉语词汇进行文化分类，并论述其构词特点，阐述其文化内涵。此外，杨琳《汉语词汇与华夏文化》考察了方位词的文化内涵、词义的文化阐释和词汇发展的文化动因等，特别是后者颇为深入，分别考察了"从单音节到复音节"、"从特指到泛指"以及"从泛指到特指"。这一时期还有大量的论文发表，如王德春《汉语新词语的社会文化背景》（1990）、刘云泉《色彩、色彩词与社会文化心理》（1991）、许德楠《词语的文化内涵与信息性的若干关系》（1992）、孙曼均《从京都流行语看当前大众的一些心理倾向》（1995）、周燕语《汉语"海"字及相关词语的文化性》（1997）等等，都显示了各自的特色与成果。

（三）专名

专名的研究，伴随着文化语言学发展的整个历程。罗常培《语言与文化》就有"从地名看民族迁徙的痕迹"和"从姓氏和别号看民族来源和宗教信仰"两章，游汝杰、周振鹤《方言与中国文化》也有一章"从地名透视文化内涵"。邢福义主编《文化语言学》有一节专门论述了"专门用语中的文化发展轨迹"，包括礼仪、姓名、地名三个方面。近些年来，关于专名的研究蔚然成风。(1) 人名：吕叔湘《南北朝人名与佛教》（1988）资料丰富，论证严谨，堪称这方面研究的典范。王建华《人名与文化》（1988）是其专著《文化的镜像——人名》（1990）的浓缩，认为"人名与文化共生""人名与文化共变""人名是文化的载体和镜像""人名与文化互相影响、互相作用"等。此外，郑宝倩《华夏人名与华夏文化》(1991)，《人名结构与社会历史文化的关系》（1992），柳金殿、孟建安《人名与社会文化》（1994），楼光庆《从姓名看社会和文化》(1994)，张书岩《我国古代的改姓问题》(1995)等也颇有价值，常敬宇的专著《汉语词汇与文化》(1995)也有一章专门谈"汉族人的姓名与文化"。(2) 地名：张清常在地名研究方面论著颇丰，专著《胡同及其他——社会语言学的探索》(1990)、《北京街巷

总 论

名称史话——社会语言学的再探索》(1995)和论文《北京街巷名称中的14个方位词》(1996)、《北京街巷改名的历史经验》(1997)相继发表,以其广泛而深入的研究,展示了一幅北京街巷名称的风俗画卷,给人以多方面的启示。方位词的研究成为人们关注的焦点,很多学者从不同的角度研究方位词,揭示方位词的文化内涵,先后发表的文章有:竟成《漫谈汉语的方位概念》(1988)、范庆华《"东、西、南、北"及其文化内涵》(1991)、方经民《汉语前后方位参照和汉族人的时空观》(1992)、陈满华《"东"、"西"与"east"、"west"》、张德鑫《方位词的文化考察》(1996)、周晓陆《释东、南、西、北与中:兼说子、午》(1996)等等,常敬宇的专著《汉语词汇与文化》(1995)也有一章专门谈"地名文化",杨琳的专著《汉语词汇与华夏文化》(1996)也有一章专门谈"方位词的文化蕴涵"。(3)店名:这方面的论文数量不多,但篇篇都有分量。邵敬敏《上海店名文化心理分析》(1990)认为店名一般由四个部分组成,重点分析了区别名、行业名与通名。此外,左思民《上海市区店名与商业功能相关的社会性类差》(1990)和刘宁生《关于店名的综合研究——商业语言心理研究之一》(1991)的研究也有特色。(4)数字:这方面的研究以张德鑫为代表。张德鑫先后发表了《数字吉凶象征的中外不同文化审美因素窥探》(1991)、《汉语中的"十三"》(1992)、《"十二"探微》(1992)、《谈尚五》(1993)、《"零"与"○"》(1993)、《"三十六、七十二、一○八"阐释》(1994)、《"二"话》(1994)、《数字"七"的文化内涵》(1995)、《说"八"》(1995)、《道"四"》(1997)等一系列研究"数字文化"的论文。基本形成了一个数字文化的系统。此外,戴昭铭《"数"在中国传统文化中的符号功能》(1989)、《数字"五"的文化符号功能》(1990),苏金智《数与民族文化》(1990)、《数的灵物崇拜》(1991),张清常《汉语的15个数词》(1990),刘丹青《数字的数学意义和文化意义》(一)(二)(三)(四)(1991—1992),唐建《说"○"》(1994),吕朋林《大数的名称及其他——语言与文化杂谈之一》(1994),卢绍昌《汉语与数字文化》(1995),范克春《神秘的文化符号"九"》(1996)等

· 87 ·

的加盟使得近几年的数字研究颇为突出。

(四) 语法

从文化语言学的角度研究语法以申小龙为代表。申小龙《中国句型文化》(1988)、《中国文化语言学》(1990)和《当代中国语法学》(1995)是其语法研究的代表作。申氏的语法研究与其文化语言学观一脉相承。认为语言与其他文化现象具有深层通约性,而汉语又是人文性很强的语言,所有对汉语语法的研究应"贯彻文化语言学以中国文化和中国语文传统为本位的方法论思想,贯彻民族语言作为一个民族的世界观的本体论思想"。申氏语法研究的一大特点就是给语法学以"终极关怀",从哲学和文化心理学的角度入手,认为在汉族人"整体思维、散点透视、综合知解"的思维特点下,汉语语法的总的规律是"句读本位、逻辑铺排、意尽为界",强调汉语心理视点的散点视、非主谓视和双域视,指出汉语表达中的"弹性实体、流块建构、神摄方法"的主体意识。在语法分析的原则上强调以语义和功能作为分析和综合的基本依据,强调"尊重语感",提倡"文化认同""功能体认"和"综合分析"的方法。在表达功能的总原则下,采用"层次—视点"切分法分析判定句子结构模式,对《左传》和《井》进行了穷尽性的分类描写,得出关于汉语句型系统的新的认识。此外,萧国政、吴振国《汉语的语法特点和汉民族心态》(1989)从"汉语语法的意合性和汉人思维的领悟性""汉语语法的简约性和汉人俭朴实用的价值观""汉语语法的灵活性和汉人思维的辩证性"三个方面论证了汉语语法与汉民族文化心态的关系。还有沈锡伦《心理与价值观:汉语表达中的制约因素》(1990)、《从形式和意义谈汉语的意会特点》(1990)、苏宝荣《古汉语特殊词序与原始思维心态》(1990)、常敬宇《汉语文化对汉语语法特点的影响》(1992)、黄永红与岳立静《汉语语法特点与汉民族文化关系的几点思考》(1996)等论文也在努力把汉语语法研究同汉人的思维和文化心理特点联系起来。

(五) 方言与民俗

游汝杰、周振鹤合著的《方言与中国文化》,标示着方言与文化的

总　论

研究从一开始起点就较高。方言与民俗方面的研究以游汝杰、曲彦斌为代表。游氏自发表《方言与中国文化》之后，接连又发表了一系列关于方言文化的文章。游氏《宋姜白石词旁谱所见四声调型》（1988）从音乐学出发利用姜白石词旁谱拟测宋代湖北一带方言的四声调型，《汉语方言微观演变的文化背景》（1993）则从"文化交流""文化浪潮的遗迹""趋新的语言心理""人口的变异和方言接触""造成语音规律例外的文化原因"五个方面探讨了方言微观演变的文化背景。民俗语言学的研究近年来得到了迅猛的发展，曲彦斌在这方面论著颇丰。曲氏先后发表《副语言习俗》（1988）、《民间秘密语与民族文化》（1988）、《隐语行话与民间文化》（1990）、《民间流行习语与地域文化》（1992）、《宗教与民俗语言文化》（1992）、《民俗语言学新论》（1992）等论文，先后出版《副语言习俗》（1988）、《民俗语言学》（1989）、《中国民间秘密语》（1990）、《中国隐语行话》（1992）、《中国民俗语言学》（1996）等著作，特别是《民俗语言学》和《中国民俗语言学》资料丰富，范围几乎涉及民俗语言学的所有领域，并且基本构建了民俗语言学的理论框架。曲氏认为民俗语言学是"以民俗语言和民俗语言现象为研究对象的科学"，认为民俗语言学具有双向性、多源性、综合性、应用性和社会性。曲氏指出语言和民俗之间的关系是"共同的双向涵化运动过程"，所以"民俗语言学既从民俗学视点研究语言问题，亦从语言方面探讨民俗学问题，重点在于两者涵化的产物民俗语言文化"。方言与民俗方面的研究主要集中在对方言民俗词语的研究。温端政《方言与民俗》（1988）探讨了山西方言词语与民俗的关系，在方言和民俗的关系上强调先有某种民俗，然后才产生与之相联系的方言词语。侯精一《平遥方言民俗词汇》（1995）以材料之丰富、分类之恰当令人赞赏。戴昭铭《中国东北的婚丧习俗和民俗词语》（1996）考察了东北地区婚嫁和丧葬习俗中的民俗词语，文章认为民俗词语"对于民俗有固化作用"，其专著《文化语言学导论》中也有一章专门讨论"语言和民俗"。林伦伦的潮汕方言词汇研究比较系统，先后发表《潮汕方言谚语的文化内涵》（1990）、《潮汕方言的外来词及其文化背景》（1993）、

《"过番"文化与潮汕方言词的关系》(1996)等论文。也有一些论文从方言来看方言区的某种文化特征,如潘家懿、李小平《山西的羊文化》(1993)从六个方面论述了山西的"羊文化圈",潘家懿《广东潮汕闽方言区的糜文化和茶文化》(1995)展示了潮汕闽方言区的饮食文化。

(六)文字

邢福义主编《文化语言学》从"文字的媒介作用"和"文字的兴替透露出古代文化传播的消息"两个方面探讨了文字在文化传播中的作用,还探讨了古文字与古文化的关系、文字起源和发展的文化背景。这方面的研究以何九盈为代表。何九盈、胡双宝、张猛《中国汉字文化大观》(1995)及其先期发表的绪论《简论汉字文化学》(1990)代表了他们的主要观点。作者在绪论《简论汉字文化学》中指出,《汉字文化大观》是"建立汉字文化学的一项基础工程","力图吸收最新研究成果,系统地、科学地向人们展示汉字的文化功能、价值及其在文化史上的崇高地位"。他们确实在努力建立汉字文化学的理论体系,提出了相关的理论、概念模式和方法。认为"汉字文化学是一门独立的学科","某一种具体文字又自有特殊的发展规律……探寻这些规律,促进汉字文化的发展,是汉字文化学的理论课题";提出了一些研究方法,"以字考史是汉字文化学的原料基地……汉字文化学要求全面发挥汉字的信息功能,系统地(而不是零碎地)考察汉字与中国文化的关系。汉字文化学根据研究对象的不同,或采用经验方法,或采用历史方法,或采用结构方法"[⑧]。该书按照从文化看汉字和从汉字看文化把全书分为上下两编,比较全面地展示了汉字文化的方方面面。张玉金对汉字文化的研究比较有特色,先后发表了《论传统思维方式对汉字的影响》(1989)、《论心理层次的文化对汉字的影响》(1989)、《方块汉字和方形文化》(1991)、《形声字文化》(1991)等论文,阐述了他对汉字文化研究的看法。他把文化分为物质文化、制度文化和精神文化三个层次,认为在这三个层次的每一层都蕴涵着文化心理的表层、中层和深层结构;并且根据自己对汉字文化的研究,以揭示文化心理为指归，提出了汉字研究的文化社会法、文化人类法、文化环境法。王宁《汉字与文化》（1991）指出汉字与文化的关系问题应以汉字字形及其系统作为研究中心，认为"汉字与文化"实际上属于文化项之间的相互关系范畴，论文以烹食文化为例来说明汉字与文化的关系，该文认为汉字携带文化信息主要有五种方式：（一）汉字的原始构形理据；（二）汉字形体发展演变的脉络；（三）个体字的存亡史；（四）汉字分化孳乳的轨迹；（五）汉字的构形表义系统。此外，近些年来，相继出版了一些研究汉字文化的专著，如臧克和《汉语文字与审美心理》（1990）、吴长安《文化的透视——汉字论衡》（1991）、李万春《汉字与民俗》（1992）、刘志诚《汉字与华夏文化》（1992）、曹先擢《汉字文化漫笔》（1992）、刘志基《汉字文化学简论》（1994）等，从不同的角度将汉字与文化的研究推向了新的高度。还有一些论文相继发表，如刁晏斌《从汉字分析看先民心理特点：以女部字为例》（1990）、孙雍长《汉字构形的思维模式》（1990）、詹绪佐《汉字与中国文化的意象创造特征》（1990）、张公瑾《文字的文化属性》（1991）、李玲璞《殷墟卜辞与史前民族文化心态》（1991）、葛中华《汉字与汉文化——从汉字的形体结构管窥中国文化》（1991）、邱璇《"女书"中蕴含的文化意义》（1993）、白振有《羊·羊部字·羊文化》（1996）等等，在不同的领域里取得了新的成绩。

（七）语言接触与融合

邢福义主编、周光庆副主编《文化语言学》从历史的、民族的和语言的三个方面探讨了语言接触的文化背景；从物质的、制度的和心理的三个层面探讨了语言融合的文化背景；并从四个方面探讨了"借词译词——文化交流的记录"。这方面的研究以史有为、梁晓虹为代表。史有为发表了《外来词：两种语言文化的融合》（1991）等一系列论文并出版一本专著《异文化的使者——外来词》（1991），该书收三千余条外来词，从文化交流的角度展示了汉族与其他民族的文化交往，认为异族语言是汉语形成的重要因素，提出外来词对汉语词内整合模式产生影响的观点，并将汉语词内整合模式分为聚性、散性两大类。

此外，陈建民《从语言接触看中国大陆的封闭性文化》（1989）、卢卓群《语言接触的文化背景》（1990）、陈榴《汉语外来语与汉民族文化心理》（1990）、王铁昆《汉语新外来语的文化心理透视》（1993）等也对语言的接触进行了探讨。近些年来，关于佛教对汉语的影响成为研究的热门。梁晓虹发表《佛教对汉语词汇的影响》（1990）、《汉魏六朝译经对汉语词汇双音化的影响》（1991）、《佛经与近代汉语口语》（1992）、《佛教与汉语》（1992）等论文并出版了一本专著《佛教词语的构造与汉语词汇的发展》（1994），她对佛教对汉语的影响，特别是对汉语的词汇的影响研究得颇为出色。她不仅对佛教词语的构造进行分类，而且还从理论高度探讨"佛教词语的创造带来汉语词汇发展的历史性转折"。此外，中国佛教文化研究所出版的《俗语佛源》对汉语中的佛源俗语进行了整理，沈锡伦《佛教文化：对于一种文化源的探索》、《从魏晋以后汉语句式的变化看佛教文化的影响》（1989）也就佛教对汉语的影响进行了探索。

（八）交际与教学

围绕跨文化交际、外语教学和对外汉语教学中的文化因素，文化语言学的研究又开辟了一个新的领域。

在交际研究方面，陈建民着力最多。他于 1989 年出版的《语言文化社会新探》一书中有一章专门谈"称谓"，探讨了亲属称谓和社交称谓在言语交际中体现的社会文化观念以及所受的文化习俗制约。《现代汉语称谓的缺环与泛化问题》（《汉语学习》1990 年 1 期）进一步对诸如"夫妻之间的称呼"等七个问题进行了探讨。《语言与文化面面观》（《文化与交际》，胡文仲主编）从七个方面讨论了语言文字与制度文化和观念文化的关系：汉语的礼俗词语反映汉民族的礼俗文化和现实的社会生活（其下又分问候语、自谦语、祝福语、致谢语、恭维话、称谓语、吉祥语、禁忌语、角色用语等）；汉语里某些词语反映汉人的思想观念；有些汉语汉字现象反映汉人的思维方式与思维习惯；有些汉语现象反映社会生活的变革和人们价值观的改变；有些汉语现象反映汉民族的民俗心理；有些语言现象反映出当地的风土人情；有些汉语现象反映汉民族

总 论

强烈的民族感情。此外,陈建民还研究社会对语言的影响,如《在香港社区文化融入下的中国大陆文化变异》探讨了香港社区文化的融入是如何引发中国大陆的文化变异的;《改革开放以来中国大陆的词汇变异》则从社会语言学的角度探讨了词汇的社会变异。邓炎昌、刘润清的《语言与文化——英汉语言文化对比》一书从日常谈话、委婉语和禁忌语、言语变体、身势语等方面探讨了英语国家中的人与中国人之间的文化差异。胡文仲主编《文化与交际》一书着重讨论文化与交际的关系,讨论文化对于交际过程的影响等,论文涉及"文化因素与外语教学""语言与文化""非语言交际与文化""翻译与文化""语用与文化"等。

称谓是学者们着力较多,研究得也比较充分的一个方面。有的从交际的角度着眼,如上面所举的陈建民《现代汉语称谓的缺环与泛化问题》(1990),其他如李晋荃《人际关系与称呼语》(1990)、祝畹瑾《汉语称呼研究》(1990)、崔山《谈汉语亲属称谓的社会称呼法》(1990)、岳长顺《"同志"及其文化内涵》(1990)、姚亚平《〈红楼〉社会中的汉语人际称呼系统》(1990)、李明洁《泛尊称选用在社会转型背景下的解释》(1996)、司珂腾与祝畹瑾《"同志"在中国——语言变化对日常会话的影响》(1994)、郭熙《当前社会称谓缺环小议》(1997);有的从称谓与文化的关系着眼,如郑春苗《舅姑甥侄称谓中国古代婚俗》(1988)、陈月明《现代汉语称谓系统与称谓规则》(1990)、《现代汉语亲属称谓系统以及文化印记》(1990)、《现代汉语社交称谓系统以及文化印记》(1992)、吴慧颖《拟亲属称谓与文化心理的共变》(1993)、熊焰《汉语亲属称谓词构词理据中的文化意义》(1996)、李明洁《称谓的文化含义——从"太太"的文化含义谈起》(1996)等;还有的从其他角度对汉语称谓系统进行研究,如周前方《方位称谓词的语言文化分析》(1995)、毕继万《汉英社会称谓的差异》(1997)、王火《满族称谓漫谈》(1996)、吴宏伟《土族语的亲属称谓》(1997)等。此外,有些专著也专门探讨了称谓问题,如陈建民《语言文化社会新探》专门有一章"称谓",讨论亲属称谓和社交称谓在交际中体现的文化观念和所受到的文化制约,邢福义《文化语言学》下编第一章第一节有一部分专门探讨"称谓语的文化背景",戴昭铭《文化语言学导论》第十二章"称谓与文化",等等。

除了称谓之外,学者们着力较多的还有问候语、招呼语、介绍语、告别语、禁忌语、委婉语等礼俗词语。胡明扬《问候语的文化心理背景》(1987)给这方面的研究提供了一个范例。毕继万在这方面的研究颇有特色,他在《语文建设》上连续发表《汉英招呼语的差异》《汉英寒暄的差异》《汉英介绍语的差异》《汉英告别语的差异》等文章,并且翻译《"沉默"的语用功能和文化内涵》,他从语言对比的角度探讨了汉英之间的礼俗词语的文化差异及其内涵。此外,还有束定芳《现代汉语中的委婉用语》(1989)、万惠洲《中国之礼的语言与文化透视》(1993)、赵起《语言的双重约束与单项突出》(1993)、朱玲《祝颂语的文化成因和文化功能》(1995)、孙汝建《委婉的社会心理分析》(1996)等,常敬宇的专著《汉语词汇与文化》(1995)中有一章专门谈"礼俗词语",包括"祝福语(吉祥语)""尊称语及称谓语""自谦语""道谢语"和"道歉语"等,都显现了各自的特色。

还有的学者从其他方面探讨了交际中的文化因素,如易洪川《影响提问的社会文化因素》(1993)从提问的角度入手探讨了影响提问的主要社会因素:说话人 S 与听话人 H 的社会关系、对 S 问句话题的社会认可度、S 提问的社交目的等。

近些年来,学者们围绕语言教学中的文化因素和文化教学实践进行了一系列富有成效的探索。对于对外汉语教学中的文化教学绝大部分论文认为应围绕语言教学这个中心展开,学者们从文化因素着眼对语言文化的结合教学提出了不同的主张,主要有"文化揭示说""文化导入说"和"国俗语义学",其中影响较大的是"文化揭示说"和"文化导入说"。"文化揭示说"强调对外汉语教学中应揭示汉语语言中隐含的交际文化因素,其理论核心是交际文化理论。张占一在 1983 年从功能的角度提出了"知识文化"和"交际文化"两个概念,但没有作深入的研究。赵贤州《文化差异与文化导入论略》(1989)首先响应这

总 论

一区分,并作了界定。随即张占一《试议交际文化和知识文化》(1990)又全面地、系统地阐述了自己的观点,把这两种文化定性为语言教学中的文化因素。"交际文化"对学术界产生了很大的影响,同时也引起了一些争议。周思源《"交际文化"质疑》(1992)从分类学、语用主体的趋同心理和语义范畴等方面,对这一分法表示质疑。董树人《也谈对外汉语教学中的文化教学——兼及〈说汉语谈文化〉》(1995)也认为"交际文化""这一名目的设立有无必要仍是值得商榷的事,叫它'文化差异'就足够了"。张占一《交际文化琐谈》(1992)仍坚持其观点,赵贤州《关于文化导入的再思考》(1992)也表示赞同。其他一些学者也开展了对"交际文化"的研究。吕必松《华语教学讲习》(1992)把"交际文化"分为"语言交际文化"和"非语言交际文化"。孟子敏《交际文化与对外汉语教学》(1992)对交际文化重新界定并把它也分为"语言交际文化"和"非语言交际文化"以及所属的许多子项目。特别是林国立《〈交际文化〉编写指导思想》(1993)从教材编写的角度把交际文化的内容放在观念、词汇、言语、风俗、联想、行为和体态语中对交际文化界定得更加明晰。

赵贤州《文化差异与文化导入论略》(1989)提出了"文化导入说",并举例性地列举了12个方面,他在《关于文化导入的再思考》(1992)进一步指出导入时要遵循"阶段性、适度性、规范性和科学性"原则。魏春木、卞觉非《基础汉语教学阶段文化导入内容新探》(1992)以文化为本位探讨了基础汉语教学阶段文化导入时文化项目的划分原则和范围,并从文化功能的角度把导入的文化内容分为文化行为项目和文化心理项目及其所属的114个子项目。陈光磊《语言教学中的文化导入》(1992)则以语言为本位把文化导入分为"语义文化、语构文化和语用文化",主张以语用文化为重心,以语义文化、语构文化为两翼进行文化导入,并进一步提出文化导入的四种方法,即"直接阐释法、交互融合法、交际实践法和异同比较法"。胡明扬《对外汉语教学中的文化因素》(1993)指出,应"在语言教学过程中注入和语言密切有关的文化内容",并从词汇、表达方式和语言习惯等方面列举了6种最有可能直接影响语言的学习和使用的文化因素。也有一些论文对"文化导入说"持不同意见。李润新《谈谈第二语言教学与第二文化教学》(1993)认为"导入说""还有不够准确反映汉语教学和中国文化教学固有的内在关系的地方",认为"导入说""把语言和文化看成似乎是没有固定的内在联系的两个东西,不去人为地'导入'或'融合',两者是没有关系的"。张英《论对外汉语文化教学》(1994)也认为"'导入'或'引入'这样的概念,客观上似乎给人这样的印象,文化是被'加'进去的"。

"语言国情学"是20世纪60年代末苏联学者提出的关于语言与文化关系研究的理论。1991年王德春结合我国外语教学的实际,将它引进并加以发展,称为"国俗语义学"。该理论重点研究词汇的文化内涵,这一类文章还不少,其中王德春着力最多。王德春发表《国俗语义学和"汉语国俗词典"》(1992)、《国俗语义学论略》(1993),并编写了第一部《汉语国俗语词典》。其他还有何寅《语言国情学与对外汉语教学》(1992)、祝康济《国情语言学与对外汉语教学》(1991)等。

也有一些学者从另外的角度对语言教学中的文化因素进行了分类。梅立崇《试谈陈述性文化知识和程序性文化知识》(1994)以认知科学的理论为基点,从跨文化交际的角度把文化分为"陈述性文化知识"和"程序性文化知识"。认为前者属静态范畴,后者属动态范畴,是"由陈述性文化知识转化而来的一种文化能力",这种转化一般经历三个阶段:前接受阶段、接受阶段和后接受阶段,从而揭示了文化能力的获得所经历的动态过程。葛中华《文化考察的新视角:语言文化与超语言文化》(1994)从语义学的角度把对外汉语教学中的文化因素分为"语言文化"和"超语言文化"。前者指"语言基本词汇或表达中所包含的文化意义",后者指"语言在其运用过程中所表达的文化意义",包括言语文化、情景文化、伴随语言手段、用于表意的符号和图画等,其主要内容是专业文化。林国立《对外汉语教学中文化因素的定性、定位与定量问题刍议》(1996)则从定位、定性与定量三个方面讨论了对外汉语教学中的文化因素。"定位"主要是"如何认识语言与文化、

语言与文化因素、文化因素与其他诸因素的关系","定性"主要是指"它有哪些本质特征","定量"指"从语言教学的需要出发的一个实践性问题",这篇论文对廓清关于文化因素的模糊认识具有较高的价值。

此外,还有一些学者从文化教学的总体设计、教学原则、教学大纲、教材编写等方面进行文化教学实践,而这些实践活动反过来可以检验文化教学方法的得当与否。

另外,从文化语言学的角度研究修辞、民族语文、翻译、语言对比等方面的问题,也有不少成果发表,但总的说来这些方面的研究还比较薄弱。

四、结语

总之,十年来,文化语言学研究取得了长足的进步。文化语言学不仅"在中国也确定地成为了一种抹不去的现实",而且以其独特的研究视角和丰硕的研究成果得到了绝大多数学者的认可,在语言学界站稳了脚跟。但是,由于学者们的文化观、语言观不尽相同,所以对文化语言学的理解也不尽相同,使得这门学科从一问世就产生了分歧。而且文化语言学的每一个方面的发展也不平衡,有些方面研究得比较多,如词汇特别是专名的研究,还有交际方面的研究;有些方面还没有得到应有的、充分的研究,如修辞、民族语文等;有些方面的研究看似轰轰烈烈,其实是"雷声大,雨点小",如语法等。即使是所谓的"研究得比较多"的方面,也多是一些分散的、不成系统的研究。尤其值得注意的是,在文化语言学的研究中,还夹杂着一些立异之心、浮泛之论、偏颇之辞,影响了文化语言学的健康发展。为了文化语言学的健康发展,不应忙于建学派、扯大旗、创理论,而忘了语言学研究的对象——语言事实,不然,就会使文化语言学在整个语言学界产生不良影响。胡明扬在谈国内的宏观语言学研究(包括文化与语言关系的研究)时指出:"(我国的宏观语言学研究)还很少采用比较科学严密的研究方法,多数人还习惯于使用传统的思辨和举例的方式来研究问题和阐述自己的观点,不少关键性的术语是未经明确界定的,不少论点是无法验证的,结果是很难开展严肃认真的学术讨论,这样也就障碍了研究工作的深入和健康发展。"⑩这大体符合文化语言学研究的实际。因此,我们呼唤成系统的、穷尽性的具体研究,呼唤与实践相结合的文化语言学理论。

注释:

①1950年北京大学印刷,1989年语文出版社再版。

②第一次是发生在古希腊时期的关于词的性质是"本质的"还是"约定的"争论,第二次是发生在斯多葛学派和亚历山大里亚学派之间的关于语言有无严格规律的争论。详情见康德拉绍夫《语言学说史》第二章,武汉大学出版社1985年版。

③关于洪堡特的语言学思想,可参看姚小平《洪堡特——人文研究和语言研究》,外语教学与研究出版社1995年版。

④参看李洁《莱奥·魏斯格贝尔的语言理论及其内容相关语法》,《国外语言学》1988年第2期。

⑤关于中外的研究,详见本书《总论》第五节《语言与文化关系研究小史》。

⑥参看庄锡昌等编《多维视野中的文化理论》中的田汝康"序",浙江人民出版社1987年版。

⑦转引自威廉·A. 哈维兰《当代人类学》(王铭铭等译)241页,上海人民出版社1987年版。

⑧威廉·A. 哈维兰《当代人类学》(王铭铭等译)242页,上海人民出版社1987年版。

⑨转引自庄锡昌等编《多维视野中的文化理论》378页,浙江人民出版社1987年版。

⑩同上。

⑪同上,372页。

⑫同上,117页。

⑬参看黄弗同主编《理论语言学基础》48页,华中师范大学出版社1988年版。

⑭同上。

⑮朱骏声在《说文通训定声》中说:"古者货贝而宝龟,周太公立九府圜法,乃有泉;至秦废贝行钱。"

⑯参看周振鹤、游汝杰《方言与中国文化》156—158页,上海人民出版社

 总　论

1986年版。

⑰同上，204—205页。

⑱参看胡明扬《语言与语言学》，湖北教育出版社1985年版。

⑲参看庄锡昌等编《多维视野中的文化理论》139页，浙江人民出版社1987年版。

⑳长沙话里"虎""腐"同音。

㉑参看周振鹤、游汝杰《方言与中国文化》204—205页，上海人民出版社1986年版。

㉒参看庞朴《文化的民族性与时代性》37—38页，中国和平出版社1988年版。

㉓参看周光庆《古汉语词源结构中的文化心理》，《华中师范大学学报》1989年第4期。

㉔参看［美］威廉·A. 哈维兰《当代人类学》（王铭铭等译）241页，上海人民出版社1987年版。

㉕见摩尔根《古代社会》著者序45页，商务印书馆1971年版。

㉖见《马克思恩格斯全集》第20卷575页，人民出版社1973年版。

㉗见《马克思恩格斯全集》第20卷25页，人民出版社1973年版。

㉘见［苏］什维策尔《现代社会语言学》（卫志强译）49—50页，北京大学出版社1987年版。

㉙参看萧国政、吴振国《汉语法特点和汉民族心态》，《华中师范大学学报》1989年第4期。

㉚［美］怀特《文化科学》（曹锦清等译）8页，浙江人民出版社1988年版。

㉛［苏］凯尔·科瓦尔森《社会和文化》，载《当代国外文化学研究》，143页，中央民族学院出版社1986年版。

㉜同上，142页。

㉝［瑞士］索绪尔《普通语言学教程》（高名凯译）157页，商务印书馆，1982年版。

㉞参看怀特《文化科学》（曹锦清等译）376、387—393页，浙江人民出版社1988年版。

㉟［美］尤金·奈达《关于社会语言学》，载祝畹瑾编《社会语言学译文集》18页，北京大学出版社1985年版。

㊱见《中国大百科全书·语言文字》，中国大百科全书出版社1988年版。

㊲同上，485—486 页。

㊳引自［苏］B. N. 科兹洛夫《民族与文化》，载《当代国外文化学研究》，211 页。

㊴可参看祝畹瑾编《社会语言学译文集》120—148 页。

㊵参看［美］威廉・A. 哈维兰《当代人类学》（王铭铭等译）565—566 页，上海人民出版社 1986 年版。

㊶王力《中国语言学史》50 页，山西人民出版社 1981 年版。

㊷同上，58 页。

㊸王安石《字说・自序》，见《文献通考》卷一百九十《经籍》十七。

㊹唐作藩《〈中原音韵〉是普通话语音系统的历史源头》（上），《文字改革》1985 上第 5 期。

㊺胡奇光《中国小学史》301—306 页，上海人民出版社 1987 年版。

㊻阮元《揅经室集》第三集卷二《文言说》。

㊼朱芳圃《孙诒让年谱》。

㊽陈建民《文化语言学说略》，《语文导报》1987 上第 6 期。

㊾参看㉝，43—46 页，311—312 页。

㊿梅耶《历史语言学中的比较方法》（岑麒祥译）16 页，科学出版社。

(51)转引自［苏］康拉德绍夫《语言学说史》（杨余森译）243 页，武汉大学出版社 1985 年版。

(52)斯大林《马克思主义和语言学问题》（李立三等译）14 页，人民出版社 1964 年版。

(53)同㊽。

(54)马林诺夫斯基《文化论》（费孝通译）7 页，中国民间文艺出版社 1981 年版。

(55)可参看罗常培《语言与文化》第一章“引言”1、2 页，语文出版社 1989 年版。

(56)参看潘文国《中国的语言和文化研究综观》，载邵敬敏主编《文化语言学中国潮》278 页，语文出版社 1995 年版。

(57)参看申小龙《语言人文科学统一的基础与纽带——“文化语言学”总序》，《汉语学习》1990 年第 5 期。

(58)参看申小龙《中国文化语言学》111 页，吉林教育出版社 1990 年版。

(59)可参看申小龙《历史的反拨：中国文化语言学》，《学习与探索》1987 年第

3 期；《汉语人文精神论》385 页，辽宁教育出版社 1990 年版。

(60)可参看邢福义主编《文化语言学》7、8 页，湖北教育出版社 1990 年版。

(61)同上，“总论”16 页。

(62)可参看戴昭铭《文化语言学导论》第一章 6—10 页，语文出版社 1996 年版。

(63)同上，14 页。

(64)可参看申小龙《论汉语的文化特征与文化语言学方法》，《汉语学习》1988 年第 2 期。

(65)参看申小龙《历史性的反拨：中国文化语言学》，《学习与探索》1987 年第 3 期。

(66)可参看邵敬敏《关于中国文化语言学的反思》，《语言文字应用》1992 年第 2 朝。

(67)同(62)，25 页。

(68)同(60)，5 页。

(69)参看游汝杰《中国文化语言学刍议》，《语言·社会·文化》，语文出版社 1991 年版。

(70)同(62)，30—34 页。

(71)同(64)。

(72)同(60)，4、5 页。

(73)同(62)，34—39 页。

(74)刊于《语文导报》1987 年第 6 期。

(75)可分别参看《语言研究的文化学方法》，《语文导报》1986 年 9—10 期；《历史性的反拨：中国文化语言学》，同(65)；《中国文化语言学》，同(58)。

(76)可参看《文化语言学导论》，同(62)，40—81 页。

(77)关于文化语言学流派的划分，参考了邵敬敏《说中国文化语言学的三大流派》（《汉语学习》1991 年第 2 期）和戴昭铭《文化语言学的由来、现状和前途》（《语文建设》1992 年第 8 期）两文的意见，谨致谢忱。

(78)分别参看《语言学与文化学》，《语文导报》1987 年 5—6 期；《文化语言学答疑》，《汉语学习》1989 年第 3 期。

(79)刊于《中国语文》1988 年第 4 期。

(80)同(62)，36 页。

(81)参看何九盈、胡双宝、张猛《简论汉字文化学》，《北京大学学报》1990 年第 6 期。

㉜可参看《文化语言学说略》,《语文导报》1987年第6期;《关于语言与文化研究的思考》,《汉语学习》1992年第4期。

㉝关于"交际文化",可参看张占一《谈谈汉语个别教学及其教材》,载黎天睦《现代外语教学——理论与实践》,北京语言学院出版社1987年版;《试议交际文化和知识文化》,《语言教学与研究》1990年第3期;《交际文化琐谈》,《语言教学与研究》1992年第4期。

㉞《汉语文化语音学虚实谈》、《续〈汉语文化语音学虚实谈〉》、《再续〈汉语文化语音学虚实谈〉》分别刊于《世界汉语教学》1992年第4期,1994年第2期,1995年第4期。此处引文可参看《汉语文化语音学虚实谈》。

㉟可参看宋永培《中国文化词汇学的基本特征》,《汉字文化》1990年第2期。

㊱可参看何九盈、胡双宝、张猛《简论汉字文化学》,同㉛。

㊲胡明扬《中国的宏观语言学》,刊《宏观语言学》1992年第1期,126页。

主要参考文献:

[1] 胡明扬. 语言与语言学 [M]. 武汉:湖北教育出版社,1985.

[2] 黄弗同. 理论语言学基础 [M]. 武汉:华中师范大学出版社,1988.

[3] 李洁. 莱奥·魏斯格贝尔的语言理论及其内容相关语法 [J]. 国外语言学,1988 (2).

[4] 罗常培. 语言与文化 [M]. 北京:语文出版社,1989.

[5] 姚小平. 洪堡特:人文研究和语言研究 [M]. 北京:外语教学与研究出版社,1995.

[6] 周振鹤,游汝杰. 方言与中国文化 [M]. 上海:上海人民出版社,1986.

[7] 庄锡昌,等. 多维视野中的文化理论 [M]. 杭州:浙江人民出版社,1987.

[8] 康德拉绍夫. 语言学说史 [M]. 杨余森,译. 武汉:武汉大学出版社,1985.

[9] 威廉·A. 哈维兰. 当代人类学 [M]. 王铭铭,等译. 上海:上海人民出版社,1987.

[10] 摩尔根. 古代社会 [M]. 北京:商务印书馆,1971.

[11] 列维·希留尔. 原始思维 [M]. 北京:商务印书馆,1987.

[12] C. 恩伯,M. 恩伯. 文化的变异:现代文化人类学通论 [M]. 杜杉杉,译. 沈阳:辽宁人民出版社,1988.

[13] 怀特. 文化科学 [M]. 曹锦清, 等译. 杭州: 浙江人民出版社, 1988.

[14] 石川吉荣. 现代文化人类学 [M]. 周星, 等译. 北京: 中国国际广播出版社, 1998.

[15] 冯利, 覃光广. 当代国外文化学研究 [M]. 北京: 中央民族学院出版社, 1986.

[16] 什维策尔. 现代社会语言学 [M]. 卫志强, 译. 北京: 北京出版社, 1987.

[17] 祝畹瑾. 社会语言学译文集 [M]. 北京: 北京大学出版社, 1985.

[18] 陈松岑. 社会语言学导论 [M]. 北京: 北京大学出版社, 1985.

[19] 中国大百科全书: 语言文字 [M]. 中国大百科全书出版社, 1988.

[20] 岑麒祥. 语言学史概要 [M]. 北京: 科学出版社, 1958.

[21] 王力. 中国语言学史 [M]. 太原: 山西人民出版社, 1981.

[22] 戴昭铭. 文化语言学导论 [M]. 北京: 语文出版社, 1996.

[23] 卢伟. 对外汉语教学中的文化因素研究述评 [J]. 世界汉语教学, 1996 (2).

[24] 潘文国. 中国的语言和文化研究综观 [M] // 胡文仲. 文化与交际. 北京: 外语教学与研究出版社, 1994.

[25] 潘文国. 从一滴水看大潮: 读十年来《汉语学习》上有关语言与文化研究的论文 [J]. 汉语学习, 1995 (5).

[26] 宋永培, 端木黎明. 中国文化语言学辞典 [M]. 成都: 四川人民出版社, 1993.

[27] 邵敬敏. 说中国文化语言学的三大流派 [J]. 汉语学习, 1991 (2).

[28] 邵敬敏. 文化语言学中国潮 [M]. 北京: 语文出版社, 1995.

[29] 申小龙. 中国文化语言学 [M]. 长春: 吉林教育出版社, 1990.

[30] 邢福义. 文化语言学 [M]. 武汉: 湖北教育出版社, 1990.

[31] 张书杰. 八十年代以来对外汉语教学中的文化问题研究述评 [M] // 周思源. 对外汉语教学与文化. 北京: 北京语言学院出版社, 1997.

上 编
语言——文化的符号

上编　语言——文化的符号

第一章　从语言看文化的结构层次

英国著名文化人类学家怀特曾经在《文化科学》一书中指出："所有的文化都基本上依赖符号，尤其是依赖发音清晰的语言而产生并永存"，"因此，文化是依靠超体质语境的符号表达出来的事物和事件"。事实已经证明，语言以最典型的形式在自身中表现了文化活动，是文化的表达符号。

如果我们进一步把文化看作立体的系统，看作人类的活动方式以及由人类活动所创造的，并经社会认知的全部产物的系统，并进而揭示其结构层次，具体地考察它的表层——物质层次，亦即人改造自然界的活动方式及其全部产物；分析它的中层——风俗制度层次，亦即人改造社会的活动方式及其全部产物；探讨它的里层——心理层次，亦即人改造主观世界的活动方式及其全部产物，那么，我们就会发现，文化的各个层面都在语言这具多棱镜中留下了自己的身影，显现出自己的结构。

第一节　语言棱镜中的文化物质层次

文化的物质层次是人改造自然界的活动方式及其全部产物，它所反映的是人与自然的关系。在文化系统与外部环境相互联系相互作用的过程中，文化物质层次具有获取功能与创造功能，在文化系统内部与其他文化层次的关系中，它发挥着能量输出的作用。因此，文化物质层次又是文化系统不断发展的基础和动力。

在改造自然界的活动过程中，人类总是根据自己的认识、需要和兴趣将现实物理世界加以分类，并赋予意义，给以名称，以便超越现实的物理世界，摆脱现实的时空限制，交流经验，积累经验，认识和把握新的事物，进而建构起比现实物理世界更为丰富多彩的文化世界。于是，人类不再生活在一个单纯的物理世界之中，而是生活在一个以符号为表现形式的文化世界之中。各种符号，特别是语言的词汇系统，正是现实世界和人生经验的分类的标志，是文化世界的构架和组成部分，或者用德国哲学家恩斯特·卡西尔《人论》中的话来说："它们是织成符号之网的不同丝线，是人类经验的交织之网。"因此，我们有理由在这里说：语言，主要是它的词汇，是人类编织文化世界，当然包括其物质层次的丝线；从语言棱镜，主要是它的词汇系统中，可以观察到文化物质层次的种种景象。正是在这个意义上，我们赞赏英国著名科学家贝尔纳在《历史上的科学》中阐述的观点："语言是现今仍然活着的古代遗物。"

研究语言应该是研究各期各地物质文化的一些残存遗产的基本补充工作。研究语言并研究物质文化残迹，再加上目前存在的原始民族来作证，就应该能提供古代社会生活的某些图景。

一、从汉语看古代农牧生产的进步

农牧业是栽培农作物和役养牲畜的生产事业。在古代中国半封闭的温带大陆型社会地理环境中，由采集业以及狩猎业演变而来的农业最早得到发展。"神农作树五谷淇山之阳，九州之民乃知谷食"的传说，追记了农业的诞生。从此，中国初民开创了能动地改造大自然，使之为自己服务的伟大历程。农业的产生，又使劳动得以分工，从而为科学和艺术的产生和发展创造了先决条件。如果如恩格斯所说："农业是整个古代世界的决定性生产部门"，那么，在中国，农业生产活动是形成古代文化及其鲜明特征的关键性因素。

早在七千年前的新石器时代，中国先民就开始了对农作物的栽培。学者们对语言化石和考古发掘的研究已经证明，在中原地区，他们培养出了"粟"和"黍"两类粮食作物；在西南地区，他们培养出了"稻"类作物。后来，栽培稻或由广西经华中和华东北上进入长江流

上编　语言——文化的符号

域，或从云南、四川北上进入黄河流域。经过夏、商两代长足发展，到了西周、东周时代，农作物的栽培技术已有了很大进步，品种已经大大增加。单就指称农作物品种的名词来看，《诗经》中就有：

　　谷类：禾、谷、稷、黍、秬、秠、粟、粱、穈、芑、麦、来、年、稻、秫

　　豆类：菽艺、荏菽、藿

　　麻类：麻、苴、纻

应该指出的是，上列指称谷类作物的名词在意义上并不是处于同一平面的。"禾""谷"是各种谷物的总称或泛称，如《七月》："九月筑场圃，十月纳禾稼"；《大田》："厥有谷，既庭且硕"。"秬""秠"是黍类的两个品种，"稷"又是不黏的黍，"粱"、"穈"和"芑"则是粟类的三个品种。很显然，这些名词组成了一个具有三个层次的小小的系统。从这里我们可以看到当时农人对诸多品种的农作物（特别是谷类农作物）培育之精、辨识之细。更加值得注意的是，《七月》有云："黍稷重穋，禾麻菽麦"；《閟宫》有云："黍稷重穋，植稚菽麦。"根据《毛传》的解释："后熟曰重，先熟曰穋。"由此可见，《诗经》中出现了"穋""重""植""稚"这一类词足以说明东周时期的农人已经懂得哪一类种子应当早播，哪一类种子应当迟播；哪一类是早熟种，哪一类是迟熟种；已经具有农作物品种的概念和选择良种的观念。

有了这样良好的开端，再经过从战国到两晋近九百年的开拓性经营和民族间的广泛交流，中国古代农业又有了巨大的发展，农业商品生产和专业生产持续处于当时世界的先进行列。到了公元6世纪30年代，一部比较系统地总结黄河中下游地区农业科学技术的专著《齐民要术》问世了。作者贾思勰以他特有的敏锐眼光，在这部对中国古代社会经济的发展产生过重要作用的伟大著作里，收录了流传在农人口语中许多指称各种农作物的专用名词，分门别类，详加解释，从一个侧面显示出上古农业发展的状况和古人文化世界的一些情形。

为了便于进行比较，我们先将《齐民要术》中记载的民间口语里的指称各种粮食作物的名词摘要摘录或整理在下面，然后作些分析

说明：

谷（粟）类：①朱谷、高居黄、刘猪獬、道憨黄……续命黄、百日粮……——此十四种早熟，耐旱，熟早免虫；②今堕车、下马看、百群羊、悬蛇赤尾、罢虎黄、雀尼泰……——此二十四种，穗皆有毛，耐风，免雀暴；③宝珠黄、俗得白、张邻黄……钩千黄、张蚁白、耿虎黄、都奴赤、茄卢黄……——此三十八种，单秆大谷；④竹叶青、石抑谷、水黑谷、忽泥青、冲天棒、雉子青……——此十种晚熟，耐水，有虫灾则尽矣。

黍穄类：鸳鸯黍、白蛮黍、半夏黍、驴皮穄。
梁秫类：黄梁、谷秫、桑根秫、天㭘秫。
大豆类：白大豆、黑大豆、长梢、牛践。
小豆类：绿豆、赤豆、白豆。
大小麦类：落麦、春种秥麦。
水稻类：黄瓮稻、黄陆稻、青稗稻、豫章青稻、尾紫稻、青杖稻、飞蜻稻、赤甲稻、乌陵稻、大香稻、小香稻、白地稻、菰灰稻——一年再熟。
胡麻类：白胡麻、八稜胡麻。

在书中《种谷第三》篇首里，作者特意告诉人们："按今世粟名，多以人姓字为名目，亦有观形立名，亦有会义为名，聊复载之云耳。"我们由此可以想见：第一，这是经过作者广泛收集，细心整理之后产生出来的一份指称种种粮食作物的名词词表，其中品类之繁多，分类之科学，使现代农学家们也为之惊叹；第二，这许多名词都是由农民群众创造并传播的，它们是古汉语中新鲜的、富有生命力的口语词汇；第三，这许多名词或"观形立名"，或"会义为名"，大都各自有其命名的"理据"。对于它们各自指称的粮食作物来说，或者保存了它们的培育者的姓名，或者表现了它们的种种特性。所以，我们不妨说，这份自成系统的名词词表不仅是当时粮食作物品种的分类清单，而且是当时农民已经具备了相当先进的农业科学技术，因而重视并能够进行

上编 语言——文化的符号

农作物品种的培育和选择的忠实记录。如果把这份忠实记录与西汉的农书《氾胜之书》、东汉时期崔寔撰写的农书《四民月令》中记载的粮食作物品种分类细细比较，我们就可以进一步看到这期间中国农业不断发展的一个侧影。

在古代农业史的研究中，茶的起源和传播一直是中外学者感兴趣的话题。而要真正对这个问题提供明确的答案，还必须借助古汉语词汇学研究。

宋人魏了翁在《邛州先茶记》中曾经认为："茶之始，其字为荼，如春秋书齐荼，汉志书荼陵之类，陆（德明）颜（师古）诸人虽已转入茶音而未敢辄易字文也。若《尔雅》，若《本草》就从艹从余，而徐鼎臣训荼犹曰即今之茶也。惟自陆羽《茶经》、卢同《茶歌》、赵赞《茶禁》以后，则遂易荼为茶。"这一看法曾经有人怀疑，但我们认为是可信的。这是因为：第一，从语音形式上看，"荼""茶"二词在上古时期既是定母双声，又是鱼部叠韵，具备作为同源词的语音条件；第二，从文献记录中看，陆羽的《茶经》确实已经证明，茶"其名一曰荼，二曰梗"，而《尔雅·释木》又早已记载："槚，苦荼"；第三，从古代学者的考释看，晋代著名学者郭璞在《尔雅注》中具体指出："（槚）树小如栀子，冬生叶，可煮作羹饮。今呼早采者为荼，晚取者为茗，蜀人名之苦荼。"

在上述多方面证据的基础上我们可以相信，《茶经》中的"茶"，就是《尔雅》中的"槚"和"苦荼"，也即是《周礼》中讲述的"掌荼"的"荼"。我国作为茶的故乡，早在战国时代就已经开始种茶和饮茶。并逐渐形成风气，以至到了东汉时代，伟大医学家华佗就能够在《食论》中总结出"苦荼久食益意思"的功效。到唐代，被民间祀为茶神的陆羽就可以在《茶经》中总结出煮茶之水来自"山水上，江水中，井水下"，煮茶之火"用炭，次用劲薪"的经验。

种茶、饮茶在汉族中蔚为风气以后，很快流传到国内许多少数民族中间，并且在那里逐渐风行起来。"茶"这个词，满语读作 tsai，蒙语读 tʃzz，哈萨克语称为 xay，吉尔吉斯语称为 tsay，早期维吾尔语叫作 tʃai。显然，这些民族语言中指称茶的名词的语音形式都是借自古代汉语，都是饮茶习惯传播开来的重要证据。后来，茶叶和饮茶习惯又陆续通过陆路和海路两条不同的路线流传到国外，在东西方许多国家中流行起来，这从"茶"这个词在外语中的两类不同读音可以找到线索。凡是从陆路去的，如俄罗斯、阿拉伯、波斯、罗马尼亚、土耳其，都读成清擦音或塞擦音声母，即来源于中国北方话的 tsʰ-；凡是从海路去的，如荷兰、英国、法国、德国，都读作清塞音声母 t-，即来源于中国福建沿海地区茶园的闽南话 t-。读音的不同，反映了借入的时间和途径不同。

畜牧生产在古代经济中更是占有相当重要的地位。畜牧生产的发展和技术的进步，很大程度上表现在牲畜品种的不断增加，分类的日趋精细上。因此，通观古今汉语词汇的发展，特别是其中指称牲畜品种的名词的变化，我们可以观察到中国畜牧生产的发展和它在人们观念世界中的位置的不断变化的种种状况。

早在商代，商人就素有畜牧的传统，并以此而著称；畜牧就是商王所经常关心的大事之一，并把"王省牛"的活动著于卜辞之中。从卜辞中保存的牲畜名称和有关情况来看，那时不仅马、牛、羊、鸡、犬、豕"六畜"俱全，而且数量也是相当惊人的。特别值得注意的是，根据徐中舒主编的《汉语古文字字形表》的记载，甲骨文中已有几个记录指称各种马的名称之从"马"的字："駃、騽、駧。"这说明当时人们已经能够根据马的特性对马进行初步的分类，并创造出相应的名词。从这里我们可以窥见那时畜牧生产之一斑。

为了对中国古文化的畜牧生产部分有一个较为清晰的认识，有必要追踪历史前进的足迹，进一步从主要牲畜的品种和分类的角度考察春秋战国时期的畜牧生产状况。在这方面，《尔雅》一书为我们提供了可靠的材料。《尔雅》成书于战国末年，它既是我国第一部词义分类词典，也是春秋战国时期名物释义的汇编，"正名命物"是它的主要宗旨之一。因此，分析《尔雅》一书收录的有关名词，从中观察当时主要牲畜的品种和分类，是考察春秋战国时期畜牧生产的有效方法之一。

上编 语言——文化的符号

古代汉民族役养的主要牲畜是马、牛、羊、鸡、犬、豕,古人谓之"六畜"。《尔雅·释畜》篇所记录和解释的,正是"六畜"的各种名称,共计109个。其中各种马的名称51个,各种牛的名称18个,各种羊的名称11个,各种犬的名称10个,各种鸡的名称6个,各种猪的名称13个。对于这109个专门名词,我们可以参照有关历史资料从以下几个方面进行分析:

第一,从这109个专门名词的总数和马、牛等各类专门名词的数目来看,较之有商一代和西周时代,无疑都是大大增加了。这符合畜牧生产的发展规律和民族思维的进步规律,它标志着在主要牲畜的品种和分类方面,古代畜牧业已经取得了很大的进步,并且在社会生活中发挥着越来越重要的作用。

第二,从这109个专门名词的分类数目来看,是马类最多,牛类次之,豕类又次之。大家知道,春秋战国时期,诸侯各国交往日益扩大,战争十分频繁,马在交通和战争中起着越来越重要的作用;另一方面,各国诸侯又奖励耕织,新兴地主阶级更是注意发展生产,牛耕和铁器逐渐普及开来,牛在农业生产中成为人的亲密伙伴。《尔雅》中"六畜"名称的分类数目,正反映出在当时的政治生活和经济生活中,马的役养有着头等重要的意义,牛的役养则占有仅次于马的地位。

第三,也许更加值得注意的是,从意义类别来看,《尔雅》保存的有关"六畜"的各种名词,显然是春秋战国时代汉族先民从自己的生活方式出发,根据"六畜"与自己的关系来判断其价值,然后编入文化世界的结果。例如,根据性能和作用,人们不仅把马分为良马和一般的马两类,而且又进一步把良马分为六种,并"赋予意义",分别给以"駥蹄""盗骊"等六个名称。根据毛的颜色的不同以及由此形成的斑纹,人们又把马分为三十二类,并创造出相应的32个名词:后右足白的叫"骧",毛色有红有白的叫"駁",毛色苍白相杂的叫"騅",毛色浅黑间白的叫"駰",等等。

从文化人类学的观点来看,正如卡西尔在《人论》中指出的,"分类是人类言语的基本特性之一。命名活动本身即依赖于分类的过程"。

而"每一种分类都是被特殊的需要所决定和支配的。并且显然地,这些需要是根据人们社会文化生活的不同条件而变换着的",因此,"人类言语总是符合于并相应于一定的人类生活形式的"。《尔雅》的忠实记录表明,春秋战国时期人们对马、牛等"六畜"观察如此之细,分类如此之详,命名如此之精,由此产生的专用名词如此之多,正是由他们在社会文化生活中产生的"特殊的需要所决定和支配的",因而也就从一个角度反映出当时畜牧生产的发达和它在汉民族社会经济中的地位,反映出当时人们的生活方式、思维特征和兴趣之所在,进而显现出当时文化社会的框架。

然而,人们的"需要是根据人们社会文化生活的不同条件而变换着的",因此,"被特殊的需要所决定和支配的"分类活动、命名活动也是随之而不断变换着的。春秋战国时期,汉族先民对"六畜"品种本来已经有了如此精心的培育,如此细致的分类,如此丰富的经验,因而产生了如此繁多的专用名词,可是,经过了两千多年的演进,现代汉语词汇系统中有关"六畜"的品类的专用名词不是大大增加了,而是大大减少了。从社科院语言研究所编写的《现代汉语词典》和傅兴岭、陈章焕主编的《常用构词字典》所收录的词汇来看,指称各种马的名词只有"儿马""口马""骏马""劣马"等寥寥7个;指称各种牛的名词只有"黄牛""水牛""菜牛""耕牛"等寥寥9个,而且都是不成系统的。

汉语词汇中有关"六畜"品种的专用名词大大减少的原因是什么呢?它又说明了什么呢?我们认为,这主要应该从两方面看:第一,就畜牧生产本身而言,它在两千多年的历史进程中尽管是在不断发展,但是就它在社会经济中所占有的相对地位而言,却是在逐渐下降,而不是在逐渐上升。到了现代,随着工业的兴起,畜牧生产在社会经济中所占的比重就更是远不如春秋战国时期,一般人对它的"特殊需要"也就随之相对减弱。因此,一般人特别是城镇居民,对"六畜"的观察和分类就不再是那么精细了,对古已有之的有关"六畜"的品种的许多专用名词也就不再那么有兴趣,那么熟悉了。第二,文化人类学的研究表明，在远古文明中，人们对事物具体的和特殊的方面的兴趣必然占有优势，因而他们常常对同一类事物按照不同的颜色、形体、性能等等，一一给以不同的特称，而缺少概括一类事物的统称（类名），这就是学者们所谓的"原始语言"。《尔雅》关于"六畜"的各种名称中，就残存着"原始语言"的遗迹。随着社会形态和思维能力的不断进步，到了近代、现代，人们逐渐消除了"原始语言"的影响，而越来越习惯于用修饰语加类名的表示方法指称各种事物，因此那些特称也就慢慢被人遗忘了。例如，人们可以说，"这是一种腹下有旋毛的良马"，而不会记得这种马的特称"宜乘"。由此可见，从汉语词汇中关于"六畜"的专用名词大大减少这一语言现象里，我们仍然可以寻觅到文化变迁的足迹。

二、从汉语看古代丝织生产的发展

历史进入新石器时代不久（公元前50世纪左右），我国先民就创造出世界古代史上所特有的丝织技术。从那以后，一直到南北朝时期（公元6世纪左右），我国都是世界上唯一的养蚕、缫丝、织绸的国家。

公元前45年，在世界的西方，以其铁腕改变了希腊—罗马历史进程的罗马共和国独裁者凯撒，曾经特意穿上用中国丝绸缝制的长袍在罗马大剧场欣然亮相，激起一片惊叹之声，并被认为是奢侈之极。可是到后来，罗马男女贵族都竞相穿着绸衫，以至于当时的著名学者普林尼，一位对西欧精神文明发展产生过重要影响的人物，萌发了研究中国丝绸的浓厚兴趣。他在《博物志》中津津有味地写道："赛里丝国（按：即中国）以树林中出产的丝闻名于世。这种细丝生在树上，先用水浸，再加以梳理，织成缯帛。罗马仕女用制衣料，穿着后光耀夺目。（丝绸）运输贯穿世界，实极艰巨。"这些事实足以从一个角度说明，中国古文化中的丝织技术及其产品在世界古文化的交流融合中有着何等深远的影响。

然而，最能说明中国古文化中丝织生产的发达及其对世界各民族的深远影响的，除了考古所发掘出来的有关遗物以外，还是各种"语言化石"。

根据前辈学者的研究，甲骨卜辞中有不少记录蚕桑丝帛的字和表示丝织事宜的词。如"桑"字，像生长着许多柔软细枝的低杆桑；"蚕"字，像蠕动着的蚕虫。甲骨文中的"丝"字有"糸""絲"等三种形体，其中从"糸"的字就有 81 个，从"絲"的字也有 16 个，总共多达 100 个[①]，这表明当时人们已经开始对蚕丝生产过程进行分解，对丝束进行分类，蚕丝业已经关涉社会生活的各个方面。此外甲骨文中还有"帛"字，是表示素缯的。素缯的产生，标志着织绸技术又有了显著的提高。在这里应该特别提到的是，现代著名学者闻一多先生对卜辞中的"桑"的意义和用法有过具体而深入的研究。他在分析了大量卜辞例句之后着重指出：卜辞中的"桑"主要有四种意义和用法，一是作名词用，表示桑木；二是作名词用，表示桑林；三是作名词用，指称地名和人名；四是作动词用，指称采桑活动。"桑"指桑林，可以说明当时养蚕活动的规模已经相当的大；"桑"作地名、人名，可以说明蚕桑生产在人们价值观念中已经占有重要位置。所有这些单字，都从不同的角度生动地记录了商代蚕丝生产的各个侧面和各种产品，从中可以看到，蚕丝业在当时已经相当普遍，十分重要，它所关系和影响到的，不仅是那个时代的社会分工和经济生活，还有当时人们的价值观念。

除上述许多单字以外，甲骨卜辞中还有两个词语很值得我们注意：一是短语"省于蚕"反复使用，说明当时商王十分重视省察蚕事，亦即重视蚕丝生产在社会经济中的地位。一是名词"蚕示"，也就是当时人们崇拜的神灵之一。从卜辞看，人们把它与商王上甲并祭，祭祀时必用三牛，并时常向它求"年"，说明蚕丝事业与农业一样，也是一年的收成之一。

经过西周的进一步积累，到了春秋战国时代，中国的蚕桑丝织业又有了很大的发展。其中突出的表现是：丝织品的品种日益丰富多样，名目繁盛；并且人们已能按照织品的粗细、厚薄、疏密、织纹和生熟来进行分类，给以名称，从而创造新词。

陈维稷主编的《中国纺织科学技术史》曾经把《诗经》《周礼》

上编 语言——文化的符号

《列子》《战国策》等多种文献中出现的指称各种丝织品的名词收集起来，参考汉代以后的学者对这些名词的注释，加以综合分析，从中探求这一时期丝织品的种类及其所包含的科学技术。据他们研究，这一时期指称各种丝织品的名词有"帛""缯""素""练""绡""纱""纺""縠""缟""纨""绨""罗""绮""锦"等等。其中"帛"和"缯"是丝织品的总称，"素"是未经精练的生丝织品的总称，"练"是经过精练的熟丝织品的总称。再往下分类，"绡"是轻薄的平纹生丝织物；"纱"是平纹组织而又最轻、最薄的人丝织品；"纺"是比"纱"的经、纬略粗因而更为紧实的平纹织品；"縠"是平纹的熟丝织品；"缟"是细密素白的生丝平纹织物；"纨"是细腻有光泽的素白丝织品；"绨"是厚实有光泽的平纹染色丝织品；"罗"是采用绞经组织的丝织品；"绮"是在平纹底上起斜纹花的丝织品；"锦"是以彩色丝织成的有花纹的织品，而"锦"又可分为"贝锦""重锦""束锦""玉锦"等类别。

在上述基础之上，我们还应该进一步运用现代语言学的眼光，从两个方面对这些指称各种丝织品的名词进行观察分析。一方面，可以着眼于它们的"内部形式"，探讨其得名之由。于是我们发现，这些名词的"内部形式"里，各有其生产技术含义。例如《释名》指出的："练，烂也，煮使委烂也"；"绮，欹也，其文欹邪不顺经纬之纵横也"；"纨，焕也，细泽有光焕焕然也"；"绨，似螆虫之色绿而泽也"。"练"的"内部形式"是"煮使委烂"，这一命名显然包含了对生产技术的总结。另一方面，可以着眼于它们的"语义特征"，探讨其词义关系。于是我们发现，这些名词的意义在一个共同概念的支配下分属不同的层次，共同组成了一个语义场。在这同一语义场中，它们的意义互相依存、互相限制。例如，"帛"是"素"和"练"的上位词，"素"和"练"是"帛"的下位词，而没有"素"就无所谓"练"，没有"练"也就无所谓"素"。再综合这两方面观察分析的结果，我们就不难推想到春秋战国时期丝织生产技术先进，工艺细致，产品种类层次多样、数量丰富的特点，看到当时的人们自觉不自觉地通过命名活动对丝织生产这一特点的认真而自豪的总结。

发展到唐宋时代，随着纺、织、染、整工艺和技术的进一步完善化，丝织物的组织和结构也趋向于齐备，品种也更加丰富多彩，因而指称各类丝织物的名词也就更加琳琅满目。如果把这些名词略加诠释，集中起来，分类排列，我们就仿佛走进了中国古文化博物馆丝织品陈列室，只觉得目不暇接，美不胜收。

据《浙江丝绸史》称，宋代两浙路上贡的"纱"就有"素纱""天净纱""三法纱""暗花纱""粟地纱""茸纱"等名贵产品。据《山堂肆考》记载，"绡"就有"龙绡""绛绡""紫绡""云雾绡"等名目。据《康熙金华府志》记载，宋代对金华府征收的"贡罗"就有"孔雀罗""瓜子罗""菊花罗""春满园罗""室相花罗"等品种。据《筠轩清閟录》的收录，在宋代汉语词汇中，仅是指称绫的各种图案花纹的名词就有"碧鸾者、白鸾者、皂鸾者、皂大花者、碧花者、姜牙者、云鸾者、樗蒲者、大花者、杂花盘雕者、涛头水波纹者、仙纹者、重莲者、双雁者、方棋者、龟子者、方縠纹者、枣花者、鉴花者、迭胜者、白毛者、回文花者、白鹭者"[2]。这许许多多新名词涌现出来加入汉语词汇系统，是古文化物质层次中丝织业产品种类不断增加、生产技术不断进步的生动写照。

随着丝织业的不断发展，我国上古时期的丝绸染色工艺也逐渐发达起来。不但许多表示颜色的字，如"红、绿、紫、绛、绀、绯、缁、缇"等等，都是以"系"为形符的形声字，而且据《周礼·天官》记载，周代有专门职掌"染丝帛"的"染人"，很注意染色技术的研究。

这里选取两个小小的互相联系的语义场：一是《尔雅·释器》记录的染绛色丝绸的步骤："一染谓之縓，再染谓之赪，三染谓之纁"；一是《周礼·冬官》叙写的染缁色丝绸的过程："三入为纁，五入为緅，七入为缁。"在这个颜色词系统内，词汇数量如此丰富，词义差别如此细微，不能不使人惊叹。仔细观察这两个语义场中的各个词义，然后加以比较、综合，我们可以清晰地看到一条由浅红色（縓），而大红色（赪），而绛红色（纁），而深青透红的颜色（緅），而黑色（缁）

上编　语言——文化的符号

的渐次加深的色谱，从而推知周代染色技术的发达。

到了东汉时代，颜料、染料以及印染技术的进展，使纺织品的色彩更为丰富。因而东汉杰出的语言学家许慎的《说文解字》也就能够描绘出一个由 31 种颜色组成的色彩更为斑斓的色谱。

很显然，《说文解字》所展示的纺织品颜色词词汇系统，反映了汉代染色色谱的拓展，从而显示出我国上古时期纺织品染色工艺的巨大进步。

古代中国独步世界的发达的丝织生产及其绚丽多姿的丝织品，对东西方各国的古代文明都产生了巨大的影响，一些民族的古代语言中的借词表明，中国很早以来就在东半球赢得了"产绮之国"的美称。据沈福伟《中西文化交流史》的研究，在公元前 5 世纪到 3 世纪，古波斯人称中国为"支尼"，古印度人称中国为"支那"，古希腊人称中国为"赛里斯"，都分别是古汉语中的名词"绮"的对音。"所以波斯人中有锦、绢、绸、绫等名称，而无可与绮相当的字；梵文中锦、绢、绫、绣、丝各有专名，而无绮。绮、绫相仿，而传入这些国家的词都是先有绮，后有绫，由此也可推测，'支那'得名实由于'绮'。"这一研究结果可以说明，在这几大古文明的创造者眼里，"支那""支尼""赛里斯"的名称是与丝、绢的生产和输出分不开的，中国是世界东方的伟大的"绮"国。

第二节　语言棱镜中的文化制度层次

文化的制度层次，是人改造社会的活动方式及其全部产物，即在社会生活中形成的制度、风俗以及相关的理论、规范等等，它所反映的是人与人的关系。文化制度层次的主要功能是对文化系统内部各部分进行协调。因此，它是文化系统不断发展的关键要素。

人与人的关系体现在交际之中。交际是人类最古老的活动之一，是社会关系得以构成的必要条件，是形成人的社会性即人的本质属性的基本前提。正是在逐步发展的交际活动中，人类不断地总结经验，积累经验，实行各种社会分工，扮演各自的社会角色，并进而组织起最复杂的共同体——社会，建立起一套具有规范性或强制性的较为稳定的社会文化惯例——风俗和制度。

美国社会学家伦德堡在《社会学》一书中说："交际可以定义为通过符号的中介而传达意义。"这种作为中介的符号，主要就是语言。"正是语言使得人在社团中的存在成为可能；而只有在社会中，在与'你'的关系之中，人的主体性才能称自己为'我'。"③

对于人类来说，语言不仅是进行交际、组织社会的最重要的纽带，而且是创建风俗制度、表现风俗制度的最重要的工具。因为风俗制度的模式必须首先借助语言媒介才能得以规划，所以，从语言棱镜，主要是它的词汇系统中，我们可以观察到文化制度层次的种种情景。

一、词汇系统显示的婚姻形式

婚姻形式是人类两性关系的社会组织形式。在一定的婚姻形式的基础上，形成一定的亲属关系。亲属关系是社会关系的基本典范，它反映在亲属制度中，记录在亲属称谓词语里。所以，"亲属并不基于天然关系，而基于婚姻；并不基于虚想，而基于事实。每一种亲属制在其使用期间都是既合乎逻辑，也合乎实况的制度。它们所提供的证据价值极多，也最富于启发性。亲属制度以最明白的方式直接准确地反映了古代社会的情况"④。将近一个世纪以来，通过语言中的亲属称谓词语研究以亲属关系为基础的社会组织形态及其发展轨迹，一直是文化人类学的主题。

这一主题是由美国著名文化人类学家摩尔根在他的被恩格斯誉为"在原始历史的研究万面开辟了一个新的时代"的伟大著作《古代社会》中开创的。现在，我们首先根据摩尔根提供的方法和材料，分析一下古代夏威夷人的亲属称谓词语所显示的婚姻形式和社会组织形态。在古代夏威夷人的亲属称谓词语中，有这样几组特别值得注意：

① [Wäheena]，意为"我的妻"，而所指范围则包括：

我的妻子

我的大姨、小姨（妻的姊妹）

上编　语言——文化的符号

我的嫂子、弟妇（亲弟兄的妻子）

我的父亲的兄弟的儿子的妻子

我的父亲的姊妹的儿子的妻子

我的母亲的兄弟的儿子的妻子

我的母亲的姊妹的儿子的妻子

② [Käna]，意为"我的夫"，而所指范围则包括：

我的丈夫

我的大伯子、小叔子（夫的兄弟）

我的姊夫、妹夫（姊妹之夫）

③ [käikǔwäheena]，男子呼，意为"我的姊妹"，包括：

我的姊妹

我的父亲的兄弟的女儿

我的父亲的姊妹的女儿

我的母亲的兄弟的女儿

我的母亲的姊妹的女儿

我的祖父的兄弟的孙女

我的祖父的姊妹的孙女

我的外祖母的兄弟的孙女

我的外祖母的姊妹的孙女

④ [käikunäna]，女子呼，意为"我的兄弟"，包括：

我的兄弟

⑤ [pǔnalǔä]，即"普那路亚"，意为"我亲昵的伴侣"，包括：

我的姻兄弟（妻的姊妹之夫）

我的妯娌（夫的兄弟之妻）

⑥ [käikoakä]，即"开考埃卡"，所指范围包括：

我的内兄弟（妻的兄弟）

我的大姑子、小姑子（夫的姊妹）

我的嫂子、弟妇（女子呼，兄弟之妻）

把以上几组称谓词语的意义亦即各自指称的范围加以分析比较，

很容易看到这样几种语言现象:第一,"我的妻"包括三项内容:我的妻(可以理解为主妻,指一个女子);我的妻子的姊妹和我所有的兄弟、嫡堂兄弟、表兄弟的妻子;但不包括任何一个"我的姊妹"。第二"我的夫"也包括三项内容:我的夫(可以理解为主夫,指一个男子)、我的丈夫的兄弟和我所有的姊妹的丈夫;但不包括"我的兄弟"。第三,对于男子来说,在"我的妻"这个范围之内,我的主妻与主妻的姊妹,既是互为姊妹,又是互为妯娌,关系特别亲密,因而她们互称"普那路亚";对于女子来说,在"我的夫"这个范畴里,我的主夫与主夫的兄弟,既是互为兄弟,又是互为姻兄弟,关系非同一般,因而他们互称"普那路亚"。第四,对于男子一方来说,"我的妻"的"普那路亚"们与我的姊妹们少了一层妯娌关系,因而他们互称"开考埃卡";对于女子一方来说,"我的夫"的"普那路亚"们与我的兄弟们也少了一层姻兄弟关系,因而以"开考埃卡"相称。

透过上述几种奇特的语言现象又可以进一步观察到,古代夏威夷人的婚姻形式主要是一种族外群婚,即所谓"普那路亚"婚姻,而不是血缘婚姻[5]。这种婚姻形式至少有如下几个引人注意的特点:一是在一定范围内同辈男女共为夫妻;二是禁止同胞的和旁系的兄弟姊妹(嫡堂兄弟姊妹、亲表兄弟姊妹)之间的婚姻关系;三是男子在一群妻子之中有一位主妻,女子在一群丈夫之中有一位主夫。这种婚姻形式显然是氏族公社解体而向母系公社或父系公社过渡以后继续残留下来的一种氏族社会的群婚的遗迹,其中并且已经孕育出了对偶婚的新婚姻形式。毫无疑问,古代夏威夷人的这种婚姻形态是与他们的既定生产方式相适应、相一致的,因而也就成为历史学家们判断他们处于何种社会形态和历史阶段的主要依据之一。

在摩尔根以后,文化人类学有了很大的发展,各国学者不断地开拓新的领域,提出新的理论,使文化语言学的方法逐渐趋于成熟。所有这些,都给了中国学者以很大的启示和促进。半个世纪以来,我国不断地有学者从事这方面的研究,取得了一些可喜的成绩。现在,我们以前人的和今人的有关学术成果为基础,结合自己的点滴心得,着

上编　语言——文化的符号

重从分析上古汉语文字词汇现象入手，追寻上古的婚姻形式和社会组织，并进而探讨中国特有的家族制度的发展轨迹。

尽管自汉代以来，儒家之徒总在编撰远古婚姻制度的严整系统，以为"古者天子后立六宫、三夫人、九嫔、二十七世妇、八十一御妻，以听天下之内治，以明章妇顺，故天下内和而家理"（《礼记·昏义》)，并且极力使人相信，似乎自古以来就是"妇人有三从之义，无专用（丧服）之道"。但是，只要运用文化语言学的方法，从"语言化石"的考释中，我们还是可以清楚地看到华夏民族在原始社会后期盛行过族外群婚的婚姻形式的踪影。

族外群婚，是在有婚姻联盟关系的氏族（或胞族）之间，不同氏族（或胞族）的同辈男女共为夫妻的婚姻形式。在这种婚姻形式之下，"亲族"中的子女可以确知其母而不能确知其父。我国远古传说中的简狄吞玄鸟之卵而生契，姜嫄履大人之迹而生稷的故事，都是这种婚姻形式的曲折反映。而更为直接反映这种婚姻曾经盛行的，则是上古汉语中的一些文字词汇现象。

根据《尔雅·释亲》和《仪礼·丧服》这类专门性的著作记载，上古时代华夏男子对兄弟的儿子一律称作"晜弟之子"，这显然不是专门的称谓词。虽然这两部书中也都有"侄（姪）"字，如《尔雅·释亲》："女子谓晜弟之子为姪"，《仪礼·丧服》："谓吾姑者吾谓之侄"，但非常明显的是，这个"侄（姪）"只是女子对兄弟之子的称谓，而不是男子对兄弟之子的称谓。这正如唐代学者贾公彦解释的："谓吾姑者吾谓之侄者，名唯对姑生称，若对世叔唯得言晜弟之子，不得侄名也。"应该说，父亲的兄弟和兄弟的儿女，两者关系是极普遍、极其亲近的，可是，为什么一直到了文明昌盛、礼制兴隆的周代，男子对于兄弟的儿女竟然还没有一个专门的称谓呢？这一语言现象正是远古族外群婚习俗的遗迹。在族外群婚的习俗中，一群母亲所生的儿女都是一群父亲的儿女。"民知其母而不知其父"，因此既无后世意义上的"伯父""叔父"之别，又无后世意义上的亲子、侄子之分。爸爸们和儿女们只好都分别用"伯、仲、叔、季"或"甲、乙、丙、丁"标号

· 123 ·

来区别长幼。这就是东汉经学大师郑玄在《仪礼注》中指出的:"伯仲叔季,长幼之称",也就是商王武丁称他的父辈为父甲、父乙、父丙、父丁、父戊、父己的来由。那时,"伯父""叔父"或"父甲""父丙"意思是大爸、三爸;"仲子""季子"或"×乙""×丁"意思是二儿、四儿。在这种情况下,没有"侄儿""侄女"一类的称谓词是很自然的。当婚姻形式演变为对偶婚以后,因为有财产和权力的传承问题,亲子与侄子需要区别了,而且已经区别了,但侄子在称谓词上却无所承袭,只好不厌其烦地叫作"昆弟之子"了。

在知其母而不知其父的情况下,初民在原始思维的启示下采用一种与自己的社会生活密切相关的动物、植物或无生物,作为本氏族的始祖和象征性名称,加以崇拜,借以保持全体氏族成员的共同世系和团结精神,并与其他氏族相区别,这就产生了图腾,"姓"也相伴而生了。

"姓"是汉族词汇中最古老的成员之一。关于它的词源结构和它的书写形式所包含的文化意义,《说文解字》中有过很好的阐发:"姓,人所生也。古之神圣人,母感天而生子,故称天子。因生以为姓,从女从生,生亦声。""姓"是"生"的派生词。因为是群婚,只知其母而不知其父,所以有"感天而生子"的传说,有"因生以为姓"的方法,而"姓"字也就具有从"女"、从"生"的形体。这既是"姓"的词源结构和书写形式所蕴含的文化意义,也是族外群婚存在的"语言化石"。正因为如此,我们汉族最古老的姓氏,如"姬、姜、姚、姒"等等,其字形结构才都是从"女"的。

原始社会后期,族外群婚的婚姻形式是随着生产方式的发展而不断地演变的。其中最重要的变化就是恩格斯在《家庭、私有制和国家的起源》一书中着重指出的:原始氏族成员由男从女居转变为女从男居,这是"人类所经历的最急进的革命之一"。这一革命性的转变,也积淀在古汉语的一些词汇之中。

所谓男从女居,是指由采集业发展出农业,并使农业成为主要的物质生产部门,因而妇女就在整个物质生产领域里居于主导地位的背景下,妻子常常把婚盟氏族里作为丈夫的男人们拉到自己的公社里来

上编　语言——文化的符号

一起生产生活，而形成丈夫们"出嫁"的情况。上古汉语中"出"和"侄"这一对称谓词正是男从女居情形的写照。《尔雅·释亲》云："男子谓姊妹之子为出"，"女子谓昆弟之子为侄"。因为既是族外群婚，又是男从女居，对于男子来说，其姊妹之子必然要离开自己的氏族，"出嫁"到对方的氏族，所以称之为"出"；对于女子来说，其兄弟"出嫁"到对方氏族，与对方氏族女子所生之子，必然要"嫁"到自己氏族中来，所以称之为"侄"，侄者，至也。如果不是男从女居，"出"和"侄"的称谓的"命名之意"就都是不可理解的。"出"作为亲属称谓词，在春秋战国时期的古籍中偶尔还能见到，如《左传·襄公二十五年》："桓公之乱，蔡人欲立其出。"而"侄"作为亲属称谓词，则一直沿用到现代。

随着农业生产的发展，男子逐渐成为其中的主要劳动力，因而在物质生产的社会结构中居于主导地位，婚姻制度也发生了相应的革命，男从女居慢慢转变为女从男居，而掠夺婚就是这个转变中的一种过渡形式。这一过渡形式的存在以及这一革命性转变的完成，不仅在我国上古文献中留下了记载，如《周易·屯》："屯如，邅如，乘马班如。匪寇，婚媾"，而且在汉语的一些古老词汇及其书符号中也刻下了印迹，例如，"娶"，《说文》云："娶，取妇也，从女，取声。"其实，就词而言，"娶"与"取"本来就是同一个词；就字而言，"取"与"娶"则为古今字。而"取"又是从又、从耳，本义为"捕取"。以女子为妻而名之曰"取妇"，显然有掠夺婚的遗意。"婚"，《说文》曰："婚，妇家也。礼：娶妇以昏时。从女、从昏，昏亦声。"但用历史的眼光看，"婚"本作"昏"，原指日暮，由于远古"娶妇以昏时"，才引申出结婚一义。如《左传》一则称"如旧昏媾"，再则曰"新昏于卫"。从词的角度看，"婚"与"昏"本来就是同一个词；从字的角度看，"昏"与"婚"则为古今字，民俗学的研究早已证明，"娶妇以昏时"的风俗正是掠夺婚在民俗上的遗迹。经过了一番惊心动魄的过渡之后，妇女终于不得不从男而居了，动词"嫁"就是一个证据。"嫁"与"家"同源，而其字形则是从女、从家，家亦声。许慎释为"女适人"。《白虎

· 125 ·

通》的解说更加详明:"嫁者,家也,妇人外成以出适人为家。"

"嫁"的词义以及词源结构和字形结构都清楚地表明,这时已经必须是女子"出适人"方得为"家"了。与此相关的还有一个名词"姻"。《说文》云:"姻,婿家也。女子之所因,故曰姻。从女、因,因亦声。"段玉裁注曰:"因者,就也。"婿家之所以名之曰"姻",是因为它是"女子之所因"。可见女子已必须从夫而居并以为依靠了。

族外群婚的婚姻形式在我国远古时代流行了一个相当长的历史时期。直到西周时代,乃至春秋时代,虽然对偶婚(一夫多妻)、专偶婚(一夫一妻)的婚姻形式已经盛行,家族制度也已成熟,但族外群婚的遗风仍然没有绝迹,只不过在宗法社会中与对偶婚、专偶婚制相结合,产生了与新的社会条件相适应的两种变体:一是由不同氏族的一群兄弟与一群姊妹共为夫妻演变为姊妹共事一夫即娣媵制;一是由氏族之间的以群婚为内容的婚姻联盟演变为家族之间表兄弟与表姊妹交互缔姻即交表婚,这从当时汉语的词汇中也可以看得清楚。

"娣"和"媵"在两周时代都是常用词,《诗经》《春秋》《左传》《国语》等典籍中屡屡用到。关于"娣",《尔雅·释亲》指明:"女子同出,谓先生为姒,后生为娣";郭璞注云,同出"为俱嫁事一夫"。而《说文解字》则谓:"娣,女弟也"。表面上,《尔雅》与《说文》的解释很有些不同,但实际上是完全一致的:未嫁之前,"娣"是指女弟(妹妹);已嫁之后,"娣"是指女弟而从姊"俱嫁事一夫"者。这正是当时姊妹"俱嫁事一夫"的婚姻形态的反映。与"娣"密切相关的是"媵",关于它的含义,《公羊传·庄公十九年》有过最为明白的解释:"媵者何?诸侯娶一周,则二周往媵之,以侄娣从。"在这里,"侄(姪)"指的是"兄之女"。正如顾颉刚先生在《由"烝""报"等婚姻方式看社会制度的变迁》中强调指出的:"娣随着姊,侄随着姑,嫁给一个丈夫,是古代群婚制的遗留和当时的一夫多妻制在奴隶制社会中的结合。"

作为族外群婚遗留的交表婚的普遍存在,主要表现在古代汉语几个称谓词的词义中。上古时期大量的文献资料表明:当时丈夫对妻子的父母、妻子对丈夫的父母，都是称作"舅""姑"。如《国语·鲁语下》："商闻之曰：古之嫁者，不及舅姑，谓之不幸。夫妇学于舅姑者，礼也。"《礼记·坊记》："昏（婚）礼，婿亲迎，见于舅姑，舅姑承子以授婿。"这种称谓何以如此奇特呢？原来，乙族的姐妹们与甲族的兄弟们结婚，作为他们的儿子和女儿，称母亲们的兄弟们为舅，称父亲们的姐妹们为姑。姑姑们按例都要和乙族的舅舅们结婚。将来，作为儿子，按例也要与乙族舅姑们的女儿结婚。作为女儿，按例也要与乙族舅姑们的儿子结婚。所以，不论舅舅们、姑姑们是否结婚，也无论儿子们和女儿们是否结婚，儿子们和女儿们对舅舅们和姑姑们的称谓都可以前后一致，不作变更，没有另立称谓的必要。只是到了后来，专偶婚姻普遍实行，宗法组织日益严密，为了区别内外亲疏，丈夫对妻子的父母的称谓才加上一个"外"字，这就是《尔雅·释亲》所记录的："妇称夫之父曰舅，称夫之母曰姑"；"妻之父为外舅，妻之母为外姑"。

与"舅""姑"相对的称谓词是"甥"。据芮逸夫在《释甥之称谓》①一文中的综合考察，"甥"在先秦时代可以称呼七种亲属，其中最为奇特因而最引人注意的是：

称妻之晜弟为甥是由己身娶姑姑之女为妻而来；称姊妹之夫为甥是由己身的姊妹嫁姑之子为妻而来；称舅之子为甥是由己身娶舅之女为妻或己身的姊妹嫁舅舅为妻而来；称女之夫为甥是由己身之女嫁姊妹之子为妻而来。我想四者都是在交表婚姻制下改变的称谓。

芮文的材料和结论都是可信的。就其本义而言，"舅谓姊妹之子为甥，甥，亦生也。出配他男而生，故其制字，男旁作生也"（《释名》）。后来，"甥"的指称范围逐渐扩大，乃至包括上述四者，正是交表婚极为普遍的证据。

二、词汇系统标识的社会组织

宗法制是中国古代社会独特的社会组织，是三千年来的中国社会结构的基本细胞。整个中国封建社会的生产方式、阶级关系和上层建筑，无不受到它的制约和影响，它的稳定性和顽固性是中国封建社会形成、发展并长期延续的重要原因。所以，关于宗法制的考察分析，历来都是我国古代史特别是上古史研究中的一个重大课题。

然而，宗法制起源于何时的问题却困扰着一百多年来的中国学术界。传统的源于西周说既难以成为定论，后出的起于商末说又不足以服人。直到最近几年，一些学者开始运用文化语言学的方法，从文字词汇的角度进行探讨，才使这一研究取得了新的重要进展[①]。现在人们可以相信，中国古代宗法制植根于原始的父系公社家长制血缘组织，到了商代后期，就已开始萌发出幼芽。其主要标志是：在商代后期，传子之制已经确立，立长立嫡之法开始实行，嫡庶观念初步形成。这些在商代文字词汇中都可以找到可靠的证据。

在商代卜辞中，有一个与后世的"嫡"有渊源关系的常用词"帝"。从语义的角度看，它的主要意义，一是表示至上神，如《库》770："帝弗左（佐）王"；一是指称商王已死去的父王，如《库》985"乙巳卜；其示帝"。这两个意义是紧密联系的，因为按照商人的思维方式和宗教、政治观念，商王正是由于他是上帝的嫡系后代，才有统治天下的权力，所以卜辞中的"帝"往往既是至上神，又是宗祖神。而在"帝"的第二个意义上又有一点特别值得注意：商王只将死去的父王称为"帝"，对旁系先王却从不给以"帝"的称号。例如第三期卜辞中屡见"帝甲"之称，却不见称祖庚为"帝庚"的。由此可见，商王对先王已作了比较严格的直系与旁系的区分，这显然是受嫡庶观念指导的。从语音的角度看，人们又可以联想到，"帝"与"嫡"在上古时期是同音的，都是端母、锡韵、入声。从字形的角度看，"嫡（適）"是从"啻"声的，"啻"又是从"帝"声的。因此，裘锡圭的下述结论是可信的："商王用来称呼死去的父王的'帝'这个词，跟见于金文的'帝考'的'帝'和见于典籍的'嫡庶'的'嫡'，显然是关系极为密切的亲属词。也可以说，这种'帝'字就是'嫡'字的前身。"

在商代词汇系统中，与"帝"相对的词是"介"。卜辞里常见带"介"字的亲属称谓，如"介子、介兄、介父、介母、介祖"等等。从卜辞上下文语言环境观察这些"介"字的意义，很容易使人联想起古书中常常将次卿称为"介卿"，将副使称为"介"；联想起《礼记·曾

上编　语言——文化的符号

子问》中称庶子为介子："曾子问曰：'宗子为士，庶子为大夫，其祭也如之何？'孔子曰：'以上牲祭于宗子之家，祝曰，孝子某为介子某荐其常事。'"《礼记·内则》中称冢子以外诸子之妇为介妇："介妇请于冢妇。"再进一步比较分析，就可以清楚地看到，卜辞称谓词中的"介"，就是古书中"介卿"的"介"；《礼记》中"介子""介妇"的"介"，其意义与当时的"帝"相对，与后世的"庶"相近。商人所说的"帝"与"介"，相当于周人所说的"嫡"与"庶"，所表达的都是重要的宗法观念。这是在甲骨文时代宗法制已具雏形的一个证据。

更能说明问题的是以"示"为核心的一个小小的词汇系统。大家知道，"示"，甲骨文像神主牌之形。商王称立于宗庙的先王的神主为"示"，安放"示"的处所就是"宗"，亦即后世所称的"宗庙"。从卜辞中可以看出，在商人的观念里，"示"被按照一定的标准划分为若干类别，并因此而形成了几对意义相对的词语：有"大示"与"小示"，如《契》6："大示卯一牛，小示卯唯羊"；有"元示"与"它示"，如《怀特》898："贞三元示五羊，它示三羊"；有"上示"与"下示"，如《前》7.32.4："讯用自上示"，《粹》79："下示讯牛"。分类是人类语言的基本特性之一，命名活动本身即依赖于分类的过程。而人们的每一种分类都是被特殊的需要所决定和支配的，都是在文化社会的框架内进行的。所以，通过商代汉语以"示"为核心的一个小小的词汇系统所代表的分类，我们可以探讨商人在这方面的观念模式和特殊需要。据杨升南的研究，卜辞中的"元示"同于"大示"，是指有子继位为王的直系先王；"它示"同于"小示"，是指旁系先王；"下示"是指未曾即位为王的诸王之兄弟行。因此，"大示""小示""下示"实际上将受祭的王室男性成员分成了三个系统。其中礼数最隆的是对直系先王的"大示"，而"小示"的礼数与"大示"相差甚远，有时甚至与"下示"相当。这就清楚地表明，商人对"示"的分类，是由对直系旁系成员的不同的祭祀仪式的需要所决定的；而对直系旁系成员的不同的祭祀仪式的需要，又是由财产和权力的继承的需要所决定的。总之，在商代，诸王中直系旁系的区别是非常突出的。这种十分突出的区别，正是宗法制初具规模的反映。

宗法制的基本组织单位是家族。在家族中,族长亦即宗子的职位原则上是由现任者的儿子一代代地继承下去,下一任族长就是现任族长的儿子。因此在周代,人们常常称族长为"子",从而使名词"子"的意义有了引申。如《左传·哀公二十七年》:"知伯曰:恶而无勇,何以为子?对曰:以能忍耻,庶无害赵宗乎?"与此相类似的是,古代美洲玛雅人指称贵族的名词,其本义也是"父母亲的儿子",古代欧洲罗马人指称贵族的名词,其本义也是"父亲的(后代)"。不同地域不同民族的这种相似的语言现象,说明在血缘纽带还起很大作用的阶级社会初期,确切的父系血统对世袭贵族具有重大的意义。从这一认识出发,学者们反观商代卜辞,发现在商代,就跟周代一样,也普遍存在着称族长为"子"的现象。例如第一期卜辞中的"子渔""子画"等等,以及铜器铭文中的"子画""子臭"等等。与"子"相对的是"小子",是商人对小宗之长的称呼。这从商代晚期的铜器铭文中可以得到证明。据裘锡圭考释,有好几件晚商冀族青铜器,都是"小子"由于受到"子"的赏赐而铸作的。如:"甲寅,子赏小子省贝五朋。省扬君赏,用作父己宝彝。"(代13·38卣)西周铜器铭文和《尚书》里,也屡见"小子"之称。如《尚书·酒诰》:"文王诰教小子有正有事";《尚书·多士》:"尔小子乃兴,从尔迁。"对此,近人曾星笠在《尚书正读》中都正确地解释为"同姓小宗"。这也可从旁证实"小子"是指称小宗之长的。与"子"相关的是"多子",是商人指称诸多族长的,如《逸周书·商誓》:"尔多子其人。"从"子""小子""多子"相互对立、相互联系的词义关系中,学者们可以看到,商王跟周王一样,也是天下之大宗,商王跟多子族族长们即"小子"们的关系,在实质上就是大宗与小宗的关系。这就进一步说明,商代的宗法制已开始形成了。

武王克商以后,周王在接收了商王的全部疆土和民众的同时,也接受了略具雏形的宗法制度,并且根据新的社会需要,加以创造性的改造,使之趋于严整,趋于成熟,成为王朝全部上层建筑的一根重要

上编 语言——文化的符号

支柱,体现出周代社会的结构特点。因此,要正确理解周代社会的性质,先要理解周代宗法制的特点;而要理解周代宗法制的特点,首先综合分析一下从不同的角度以切分的方式反映了宗法制的一系列词汇的意义及其相互关联,无疑是有重要作用的。

"宗",本义是祖庙,后从本义引申出祖先一义,如《左传·成公三年》:"使嗣宗职。"从祖先一义又引申出家族和本源二义,前者如《左传·昭公三年》:"胖之宗十一族",后者如《国语·晋语四》:"礼宾矜穷,礼之宗也"。后来,从家族一义又引申出归向和尊崇二义,前者如《尚书·禹贡》:"江、汉朝宗于海",后者如《诗·大雅·公刘》:"君之宗之"。古汉语词汇学理论已经证明,词义引申,是词从基础义出发、沿着它的特点所决定的方向,按照各民族文化心理,不断地产生出新义的运动。"没有人的联想,就不能使词孳生出新的意义,而人的联想作为一种心理活动不但受民族文化的制约,而且也从一个角度反映出民族文化的某种形态。"⑧因此,仔细分析"宗"的词义引申的轨迹,可以窥见宗法制的基本组织单位家族的某些特点。比如,在父权社会里,"宗"由本义祖庙引申出祖先一义,又由祖先一义引申出家族一义,有力地说明了家族是以血缘关系为纽带,以祭祀活动为形式的。又如,"宗"由祖先一义引申出本源一义,由家族一义引申出归向和尊崇二义,清楚地显示出宗法制的家族成员对祖先的尊崇心理、取法意识以及对家族的归向心理。

"嫡"和"庶"是在意义上相互依存而又相互对立的两个词。"嫡",渊源于"帝",主要有"正"的意思,而"正"既有直义,又有君长义。"庶",《尔雅·释诂》释为"众",因而又有平民的意思,如《左传·昭公三十二年》:"三后之姓,于今为庶。"在宗法制度的框架中,贵族男子的正妻称为"嫡",正妻以外其他妻妾名之曰"庶"。正妻所生的儿子叫"嫡子",又可以省称为"嫡";嫡子中年长者曰"嫡长子"。因为他要承继大宗,为族人兄弟所共尊所以又称"宗子"。正妻以外的其他妻妾所生的儿子都叫"庶子",有时又可以省称为"庶"。庶子虽然是父亲的庶妻生的,但必须称父亲的嫡妻为"嫡母",而称自

· 131 ·

己的生母和父亲的其他庶妻为"庶母"。由此可见,"嫡"与"庶"两个词以两分法的方式反映了贵族家庭直系亲属的相互关系,而它们的词义所附带的相对的评价意义,总会使人联想起直系与旁系、贵与贱的分别。事实上,严格地划清"嫡"与"庶"的界限,并进而以此为基础确立"立嫡以长,不以贤,立子以贵不以长"的继承宗统的原则,正是中国古代宗法制的最本质的特点。同是直系亲属,为什么要人为地划清"嫡"与"庶"的界限,定下不同的名分,并由此确立这样的继统原则呢?或者说,"嫡""庶"二词的意义上相互对立说明了什么呢?对此,《吕氏春秋·慎势》作了很明白的回答:

故先王立法,立天子,不使诸侯疑焉;立诸侯,不使大夫疑焉;立嫡子,不使庶孽疑焉。疑生争,争生乱。是故诸侯失位则天下乱;大夫无等则朝廷乱;妻妾不分则家室乱;嫡庶无别则宗族乱。

这正如王国维说的,"有传子之法,而嫡庶之法亦与之俱生"。区分"嫡""庶",确立宗法,就是为了一方面用自然血统关系来确定人们的社会关系,另一方面又用自然血缘关系增加家族的凝聚力,从而实行嫡长子继承土地和权力的原则,防止各等级的贵族们之间对于爵位、财产的争夺,以保持政权的巩固和社会的稳定。

第三节　语言棱镜中的文化心理层次

文化的心理层次是人改造主观世界的活动方式及其全部产物,包括价值观念、思维方式、审美趣味、道德情操等等。它所反映的,是人与自身的关系。在整个文化系统中,心理层次维持着系统内外信息能量的输入和转换,具有认知与价值定向的功能。因此,它对文化系统的不断发展起着重要的指导作用。

从某种意义上说,语言符号本身就是人改造主观世界的产物之一,处于文化的心理层次。但从人创造并发展文化的过程来看,语言符号又在主体与客体的相互作用中起着双重的作用。从客体方面看,它使

上编　语言——文化的符号

一定事物以符号的形式进入主体的文化世界之中，成为其中的组成部分，使客体的信息作为一定的符号的意义而转化为主体的心理状态；从主体方面看，它则使主体通过一定的有意义的符号系统去观念地掌握外在客体信息与主体心理之间相互转化、变换，充当着主体观念地把握客体的中介。因此，正如法国著名生理学家贝尔纳强调指出的："语言是洞察人类心智的最好的窗口。"⑧这突出地表现在人类的命名活动中，体现在语言的词的词源结构里。因为，在社会发展到一定的阶段之后，人类总是特别注意在已有的初级文明的基础上，不断地从自己的否定愚昧、发展文化的需要出发，根据自己对新事物的特征的认识和评价，选取和创造一些最能说明新事物性状特征和功能特征的词来指称它们，从而使它们以符号的形式进入自己的文化世界，给它们规定各自在文化系统中的位置，使自我的文化世界更加丰富、更加完善。词的取义法则和词源结构，相当于汉代语言学家刘熙所提出的"名之于实，各有义类"的"义类"，正是用作命名根据的事物的性状特征或功能特征在词里的表现。通过对一种民族语言的词的词源结构的考察，人们可以比较清晰地看到该民族的文化的诸多侧面，特别是处于文化结构深层的文化心理。从这一基本认识出发，我们在这一节里试图分析若干古汉语词的词源结构，从中探寻中国古文化的文化心理状态。

一、从词源结构看古文化的思维方式

思维方式是相对定型化的、显现出来的社会理性活动的思维样式、思维结构。从文化学的意义上说，它具有简洁化、习俗化和思维惯性的特点，并且广泛地渗透在人们的生活、情感和行为方式等各种领域。在反映已知的、捕捉未知的命名活动中，思维方式的作用虽然常常是不自觉的，然而却又是非常重要的。因此，我们可以从古汉语的词的词源结构中窥探到古文化的思维方式及其特点。

训诂学的研究成果表明：由于人的顶部叫作"颠"，因而"山顶谓之巅，木顶谓之槙"，"颠""巅""槙"语音相同，其词源结构是处于物体的顶部；由于人的目上毛叫作"眉"，因而"屋梠谓之楣，水隒谓之湄","眉""楣""湄"语音相同,其词源结构是濒临某一空明处;由于人的口的边缘叫作"唇",因而"水涯谓之漘,屋宇谓之宸","辰""漘""宸"语音极近(神禅旁纽,文部叠韵),其词源结构是空明处的边缘。乍看起来,这种命名方式是非常奇怪的:为什么人的头顶叫作"颠",而与之不同性质的自然对象"山顶"也要同样叫作"巅"?目上毛与水隒应该说是毫无关联的,为什么会有相同的名称?如果透过它们的词源结构,仔细分析一下先民对诸如山顶、水隒、屋宇之类的事物的命名过程,我们就不难看到他们的思维方式在这里所起到的重要作用和所表现出来的鲜明特点:第一,先民是从表象上、整体上把握反映的对象,并把感觉材料加工成为类化意象的。对于人顶、山顶、木顶等等,先民习惯于把它们看做是和谐的统一,并着眼于它们在事物整体中所处的部位,因而能够得到大致相同的意象。第二,先民常常把山顶、木顶、水隒、水涯之类的自然对象与人体引为"同类",似乎人与它们真的能够"合一",能够"互渗",从而使这些自然对象人格化。这样一来,他们就更加便于得到对它们的大致相同的意象。第三,先民习惯于类比。他们在以已知事物的特征来说明未知事物的特征的过程中,往往根据反映对象在"象"上的某种相似性(比如人顶和木顶都处于物体的顶部),对得到的各种意象粗略地进行分类整理,从而揭示出反映对象在"象"上的某种共同特征,于是以此作为给事物命名的根据。究其实,他们是根据有限的经验,通过命名来重新组织或完善文化世界,为无限的事物寻找原因,提供证明。由以上的分析可以知道,"处于物体的顶部""濒临某一空明处""空明处的边缘"之类的词源结构的形成,"巅""槙""漘""宸""楣""湄"之类的名称的产生,都是先民的直观思维的产物,这种思维方式的主要特点,是具有类比性和整体性。

先民直观思维的"整体",是天、地、人物的和谐统一;它的类比,则常常在事物的表象上进行,以由经验观察所提供的事物外表、性状上某一方面的共同特征而不是本质和发展规律方面的共同特征为分类的依据。在当时的命名活动中,这种思维方式演化为创造新词的

上编　语言——文化的符号

主要法则。透过古汉语许多词的词源结构，我们都可以看到这种思维方式的某些特点。比如清代训诂学家王念孙在《广雅疏证》中指出的："凡物之小者谓之儿，婴儿谓之倪，鹿子谓之麛，小蝉谓之蜺，老人齿落更生细齿谓之齯，义并同也"；"赤云气谓之霞、赤玉谓之瑕、马赤白杂毛谓之騢，其义一也"；"䰰与侏儒，语之转也。故短谓之侏儒，又谓之䰰；梁上短柱谓之楶，又谓之侏儒；蜘蛛谓之蝃，又谓之侏儒……盖凡物形之短者，其命名即相似，故屡变其物而不易其名也"。无论"婴儿""鹿子""小蝉"与"细齿"之间，"赤云""赤玉"与"赤马"之间，矮人"短柱"与"蜘蛛"之间，构造怎样不同，性质如何迥异，发展规律有多大的差别，但是经过先民经验观察的结果，它们或者都是"物之小者"，或者都是赤色的，或者都是"物形之短者"，在外表和性状上有共同的特征，因而可以类比，可以给予相同的意义，命以相同的名称，这就是他们的思维方式和命名法则。

　　直观思维作为一种思维方式，当然有其推理的手段。但直观思维的推理是运用生活的亲身感受、实践的直接体验以及传统的习惯观念而展开的，是用事物的外在联系而进行的。这种推理手段也常常反映在古汉语词的词源结构之中。比如《广雅疏证》中所揭示的："凡物之锐者，皆有小义。小谓之纤，故利亦谓之銛，锤属亦谓之銛……小谓之锐，故兵芒亦谓之锐……小谓之眇，故木末亦谓之杪，禾芒亦谓之秒。是凡物之锐者，皆与小同义也。""凡聚与众义相近，故聚谓之蒐，犹众谓之蒐也，聚谓之都，犹众谓之诸也。"为什么表示细小的"纤"和表示锐利的"銛"、表示兵芒的"锐"，表示细小的"眇"（实际上还有"藐"）跟表示禾芒的"秒"、表示木末的"杪"分别是同源词而有共同的词源结构呢？因为在先民看来，"凡物之锐者，皆与小同义也"，是可以类比的。那么，"小"又何以会与"锐"有同义关系呢？因为先民凭借生活中的亲身感受和实践中的直接体验已经知道："凡物之锐者"，其体积和接触面积必然很小，反过来说，体积和接触面积很小的物体大都会很尖锐。直观思维的推理手段完全可以找到"锐"与"小"的外部联系。运用同样的分析方法，我们从"蒐"与"搜"、"都"与

"诸"这些分别有同源关系的词的词源结构中，不难看到先民从聚现象推论到众多的现象并以类比的方法把二者统一起来给予大致相同的名称的思维方法及其特点。

中国古代的思维方式，与具有以人为中心的致思趋向、同政治伦理紧密相联的理论特点的中国古代哲学，是互为基础、互相影响的。在思维方式方面，常常显现出偏重从主体的需要而不是从客体本身去反映客体，因此具有寓事实认识于价值评判之中的特征。这在古汉语词的词源结构中也有深刻的反映。即以《广雅疏证》一下"好也"条中的几个词为例："嫽，好也，……鈔，犹小也。凡小与好义相近，是金之类者谓之鈔，亦谓之镣"；"摇悦为喜，故人之美好可喜者，谓之姚娧矣"；绰约为好貌，"凡好与柔义相近，故柔貌亦谓之绰约"。透过"鈔""镣""姚""娧"等词的词源结构，我们看到了：古人对于某些金属，不是从它的性质上去反映而是从"美"的角度即满足人的需要的角度去反映，然后把得到的意象蕴含在词源结构中；对于美好的体态，却又是从"可喜"的角度亦即满足心理需要的角度去反映，然后赋予意义，给以名称。至于所谓"凡好与柔义相近"，更显然是寓事实认识于价值评判之中。

二、从词源结构看古文化的价值系统

沿着命名活动反映出中国古代思想方式的寓事实认识于价值评判之中的特征这一文化语言现象所指示的方向，继续深入考察分析，又可以从古汉语词源结构里看到古文化的价值系统及其特征。价值系统是人们从主体的需要和客体能否满足以及如何满足主体需要的角度，对各种物质、精神现象和人们行为的评价。它与思维方式紧密相联，都处于文化结构的里层中。了解价值系统则有助于理解文化的本质特点。

张光直先生曾经在《考古学专题六讲》中推测说："中国古代文明的一个重大观念是把世界分成不同的层次"，其中主要的是天地神人，"中国古代许多仪式、宗教思想和行为的很重要的任务，就是在这种世界的不同层次之间进行沟通。进行沟通的人物就是中国古代的巫、觋。……

上编　语言——文化的符号

这是中国古代文明最主要的一个特征"。我们发现，一些有关祭祀的名称所显现的词源结构，可以从一个角度来证实这一推测的正确性。首先看祭祀活动的总名"祭"。《广雅·释》："祭，荐也。""祭""荐"音近（精母双声，元月对转）同源，"祭"取义于"荐"，而"荐"是进献的意思。向诸神进献贡品，当然是为了沟通情感。再看几个专门性祭祀的名称。"蜡"，是古人在年终十二月举行的一种庆祝农业丰收的盛大谢神祭祀。《礼记·郊特性》："蜡也者，索也，岁十二月，合祭万物而索飨之也。"郑玄注云："索谓求索也……飨者，祭其神也，万物有功加于民者，神使为之也，祭之以报焉。"可见，祭名为"蜡"，取义于"索"（求），"蜡""索"音近（铎部叠韵，崇心旁纽双声）同源。求索万物之神而祭之，目的也是在于联络神、人感情。"袝"，是古代天子诸侯和大夫将出时对祖先的一种祭祀。《说文解字》指出："袝，告祭也。"段玉裁、朱骏声都引用《礼记·曾子问》"诸侯适天子，必告于祖，奠于祢"的记载以证成之，朱氏还强调说："袝，从示从告会意，告亦声。"由此可以推知，祭名为"袝"，取义于"告"，"袝""告"同音同源。告于祖先，是在神、人之间交流信息。又如"庙"，是古代天子、诸侯和大夫祭祀祖先的处所。《礼记·祭法》有云："天下有王，分地建国，置都立邑，设庙祧坛墠而祭之。"郑玄注曰："庙之言貌也。宗庙者，先祖之尊也。"《左传·桓公二年》正义也引《白虎通义》云："宗者，尊也；庙者，貌也，像先祖之尊貌。"何休在《公羊传·桓公二年》的注中说得更为明确："庙之为言貌也，思想仪貌而事之。"祭所称"庙"，取义于"貌"，"庙""貌"音近（明母双声，宵药对转）同源。身临祭祖之所，思想祖先仪容，正是孔子所说的"祭神如神在"，其意义在人与神的感情交流。再如，祭祀中有一个共同性的活动是"祝"。据《尚书·无逸》疏云："以言告神谓之祝。""祝"与"呪"（咒）为同源词（见王力《同源字典》），呪的意义是报告。在祭祀中要"以言告神"，再一次说明了祭祀的意义在于沟通神、人的思想感情。

但是，如果变换一个角度对祭祀的名称进行观察分析，我们就可以理解：古人既是把祭祀看作沟通神与人的手段，并且常常把这种特性反映到祭祀活动的名称的词源结构之中，那么，他们对祭祀行为的价值评判也就清楚地在词源结构中表现出来了。在中国古人的心目中，祭祀并不是引导人们去玄想宇宙如何形成，诸神是怎样创造世界的，而是诱使诸神降福于自己，其意义是世俗的、实在的。由此可见，先民对祭祀的评判，实际上是强调了它对于人的用处和人对于它的希望，这种关于祭祀的价值观念充满了实用理性的色彩。为了进一步证明古汉语词源结构反映出了先民关于祭祀的价值观念具有实用理性的特点，不妨再举两个例子："禖"，是"祈子之祭"。正如朱骏声在《说文通训定声》中指出的："高禖之禖，以腜为义也。"而"腜"又是妇女怀孕的意思。可见，祭名为"禖"，取义于"腜"，"禖"与"腜"同音同源，"怀孕为腜，因而求子之祭亦名腜"（王力语）。祭神为了祈子，可谓目的明确，意义实在。"禳"，是祈求解除灾祸的祭祀。《说文解字》："禳，磔禳祀，除疠殃也。"徐锴曰："禳之为言攘也。"祭名称"禳"，取义于"攘"（除去），王力先生在《同源字典》中也是把"禳"与"攘"视为同源词的。关于"禳"祭的价值，古人希望它并判断它能为自己解除灾祸，其中表现出来的实用理性是很明显的。

　　关于中国古文化深层结构中的实用理性，著名哲学家李泽厚先生在《试谈中国的智慧》中提出："先秦名家为寻求当时社会大变动的前景出路而授徒立说，使得商周巫史文化中解放出来的理性，没有走向闲暇从容的抽象思辨之路（如希腊），也没有沉入厌弃人世的追求解脱之途（如印度），而是执着人间世道的实用探求。"但是，实用理性如果可以理解为对事物与人的一种肯定关系即事物对人的实际用处和人对事物的希望和需要的强调，可以理解为以人和人的需求作为衡量、评判事物的价值的尺度，那么，根据分析古汉语的词源结构得来的材料，我们认为，有一点似乎应该予以补充说明：在商周巫史文化特别是其中的价值系统中，也常常可以看到实用理性精神在熠熠发光。这不仅如上所述，典型地反映在有关祭祀活动的名称的词源结构中，而且在其他的词的词源结构中也可以时时看到。比如"舞"，是一种以有

上编　语言——文化的符号

节奏的动作为主要表现手段的艺术形式，可是它的得名却是取义于"巫"。《说文解字》："巫，祝也。女能事无形，以舞降神者也。""巫"是沟通神、人的人物，"舞"则是巫降神娱神的重要手段，所以二者得以同音同源（见《同源字典》）。名词"舞"的词源结构中表现出了它降神祈福的功能特征，也就是说，在先民看来，"舞"这种艺术形式的主要价值在于它对人的实际用处和人对它的热烈希望。"芍药"，是一种能开出大而美丽的花朵的多年生草本植物，古代青年男女常常用它来表达爱情，《诗经·郑风·溱洧》就展现过这种美丽的画面。然而王念孙在《读书杂志·汉书》中告诉人们："芍药之言适历也。适历，均调也。……均调谓之适历，声转则为勺药。"原来，先民在评价芍药并给予名称的时候，着眼处不在它的观赏价值，而在它的实用价值：均调身体，镇痛通经。又如"史"，在上古汉语中它既指史官，又指史书。中外学者已经公认，中华民族的历史意识兴起最早，历史学发达最早，这是中国文化的重要特征之一。因此，在中国文化系统中，"史"有着显赫的地位。然而，要真正理解先民历史意识的基本特点和古代历史学较早发达的主要原因，还有必要分析一下"史"的得名之由。《说文解字》："史，记事者也。"《礼记·玉藻》："动则左史书之，言则右史书之。"沿着这些线索，前辈学者王国维、杨树达、王力等人作了深入的探讨，他们的研究结果表明："史"之得名，取义于"事"，"史""事"音近（山床旁纽，之部叠韵）同源。透过名词"史"的词源结构，不但可以看到中国古代史学是起源于原始记事的，而且能够知道，在上古时代人们的观念中，"史"的主要作用和价值正在于记事。中国古人历来奉行"前事不忘，后事之师"的信条，深认历史是"资治通鉴"，要"究天人之际，通古今之变，成一家之言"，就必须重视长久地、系统地考察和估量事事物物。这就是古人关于"史"的基本价值观念，也是中国古代史学发达的一个原因。从这里，我们仍然可以看到蕴含在里面的实用理性精神。与"事"同源的还有"士"。《说文解字》："士，事也。"段玉裁注云："士事叠韵。引申之，凡能事其事者称士。"班固在《白虎通》中说："士者，事也，任事之称也。"后来，吴承仕、杨树达等人又作了进一步的研究，认为士之言事，"士，古以称男子，事谓耕作也"。与"士"相关的又有吴承仕提到过的"男"。从字形上看，男"从田从力，言男用力于田也"（《说文》）；从词源上看，"男"从"农"得名，正如王力先生《同源字典》指出的："农业时代，男子是主要劳动人，故男农同源。"由此可见，远古时代男子被称为"士"或"男"，都是由于他们主要从事于农业。先民能舍弃原始崇拜，以劳动分工这种毫无宗教玄想色彩而又直接关系自身生存、社会发展的现象作为划分人的类别和评估男人的依据，确确实实地透露出他们价值观念中的实用理性精神。

再推开一步说，就如许多学者都已看到的那样，中国原始氏族社会以血缘关系为基础而形成的制度、风习、观念、意识在商代、周代以至以后的漫长的历史时期里一直大量地被保存着和沿袭着。正因为商周巫史文化中已经包含着可贵的实用理性精神，先秦诸子特别是儒家才有所继承，而这种实用理性一旦挣脱宗教观念的牢笼，经过先秦诸子的继承和发扬，就可以构成一种性格——思维模式，积淀在传统文化的深层结构中。

三、从词源结构看古文化的伦理观念

两千多年前，儒学大师孟子曾经强调："国之本在家"；"圣人，人伦之至也"（《孟子·离娄》）。在今天看来，这两句话实际高度地概括出了中国古代文化社会结构的两个最为重要而又互为表里的内容：中国古代社会结构的核心内容是几千年少有变化的宗族制度；中国古代文化系统的特征是居于首要地位的伦理观念。因为作为文化心理的伦理观念必然会渗透到人们的认知活动和命名活动之中，所以先民的伦理观念及其特点在古汉语词的词源结构中有着生动的反映。

首先应该考察的是"伦"。在上古汉语中，"伦"的常用意义是指人与人的关系，对这一意义最有影响的阐释是《孟子·滕文公上》所谓的："饱食暖衣逸居而无教，则近于禽兽。圣人有忧之，使契为司徒，教以人伦：父子有亲，君臣有义，夫妇有别，长幼有叙，朋友有信。""伦"与"人"组合成"人伦"。"人伦"是中国古代文化规定的

上编　语言——文化的符号

做人的根本法则，亦即人与人之间的总的道德规范。不但孟子讲过："今居中国，去人伦，无君子，如之何其可也！"《告子下》连管子也郑重申述："背人伦而禽兽行，十年而灭。"（《管子·八观》）可是，人与人的关系为什么要称为"伦"呢？段玉裁在《说文解字注》中认为："伦""论"皆以"仑"会意，而"仑"本来有次弟、条理的意思。刘师培在《小学发微补》中进一步指出："仑字本系静词，隐含分析、条理之义。上古之时，只有仑字。就言语而言，则加言而作论，就人事而言，则加人而作伦，……是论伦等字，皆系名词，实由仑字之义引申也。"他们的研究证明，人与人的关系称"伦"，是"仑"引申分化的结果，"伦"与"仑"同音同源。由于"仑"有分析、次序、条理的意义，因而来源于它并以它为素材构成的新词"伦"，不仅有类、辈、次序、条理、顺从、秩序等意义（见《广雅疏证》《经籍纂诂》），而且在人与人的关系这一意义中也隐含着次序、顺从的评价意义——这恰恰流露出中国古代伦理观念中所蕴含着的基本精神。仔细分析"伦"的词源结构，并参阅西周以降社会所发生的剧烈变化，我们仿佛看到：中国古代的社会伦理观念开始挣脱宗教意识体系的牢笼而以直接的探讨人与人的关系的现实形式出现。但由于氏族社会的那种人与人之间的血缘亲属关系保存下来又直接与阶段、等级的关系结合在一起，因而"人伦"成为安排或理顺人与人的等级关系的规范，把每一个人都固定在严密而复杂的方格里，使之承担规定的义务，致力群体的凝聚，牺牲个人的自由，泯灭独立的人格，"从心所欲不逾矩"，从而使社会政治的秩序趋于稳定。

在中国古代，"五伦"之首是"父子有亲"，两千多年来一直又有"百善孝为先"和"移孝作忠"等说法，可见在传统文化的伦理思想里，"孝"的观念有着特殊重要的地位。《广雅》曰："孝，畜也。"王念孙疏证云："《礼记正义》引《援神契》云：天子之孝曰就，诸侯曰度，大夫曰誉，士曰究，庶人曰畜，分之则五，总之曰畜，皆是畜养，但功有大小耳。《孝经正义》引《援神契》云：庶人行孝曰畜，言能躬耕力农，以畜其德而养其亲也。孝畜古同声，故孝训为畜，畜亦训为孝。"根据王念孙的意思不难推知,"孝"得名于"畜",二者音近(晓母双声,幽觉对转)同源。再从《周礼·大司乐》"养父母曰孝"的议论来看,这个意见应该是能够成立的。这样,从"孝"的词源结构中,我们可以理解在古人的"孝"的观念中最基本、最原始、最核心的内容就是畜养父母。从文化史的角度分析,"孝"的观念的这种特点,与它的起源有着直接的关系。据沈善洪等《中国伦理学说史》的考察,在西周早期,孝的观念已经产生和流行,它基于两个条件:一是由血缘而产生的"亲亲"关系,这是人类一种古老的感情,氏族社会依靠它来维持;一是个体家庭经济的形成,以及与此相联系的家庭中权利与义务关系的出现。现在有理由认为:孝的观念的起源,决定了孝的观念的特点;而孝的观念的特点,又决定了"孝"的名称的来源。所有这一切,又都是在"孝"的词源结构中有所反映的。

再看汉语亲属称谓中的"嫂"和"弟"。哥哥的妻子何以称为"嫂"?《释名·释亲属》的回答是:"嫂,叟也。叟,老者称也。"贾公彦在《仪礼注疏》中进一步说:"名兄妻为嫂者,尊严之称。……嫂犹叟也。叟,老人称也。"王力先生《同源字典》将"叟""嫂"列为同源词,并说:"叟、嫂古读当是同音,后来分化为苏后、苏老二切。""嫂"得名于"叟",因为年龄稍长(实际上是因为哥哥年龄稍长)而得到了"尊严之称"。毫无疑问,尊敬嫂嫂是为了顺从长兄。同父母而年纪比自己小的男子何以称"弟"?《释名·释亲属》解释说:"弟,弟(第)也,相次弟而生也。"《白虎通义》说得更为明白:"弟者,悌也,心顺行笃也。"可知,"弟"得名于"弟"(次弟),其词源结构中反映的不只是同胞男性年龄的不同,而且更为重要的是地位的差别。只要联想起古代的宗法制度特别是其中的立长制度,我们对于这"次弟"二字和"心顺行笃"四字就会有比较深刻的理解。与"弟"同源的还有"悌"。"悌"得名于"弟",颜师古在《汉书·惠帝纪》注中对它作了准确的解释:"能以顺道事其兄也。"所以《孝经》有云:"教民礼顺,莫善于悌。""悌"的词源结构中反映了"弟"的"心顺行笃"的特点,而"弟"的词源结构中又有着地位较低的特点。所以,"嫂"和

"弟"的词源结构都已表明,在中国古代,尽管是同一个家庭的成员,而且又是同一对父母的子女,彼此称谓却要因为年龄的不同而有尊卑之别,稍有历史知识的人都知道,中国古代称谓的尊卑之别,准确而又深刻地反映出了人们在实际社会生活中的等级差异,其中浸透了古代伦理思想的基本精神。与"嫂,叟也"相映成趣的是,英文的嫂嫂却写作 sister-in-law,其词源结构是"在法律条文中规定了的姐姐"。中国古代从人与人的关系实际是年龄、尊卑的角度看待嫂嫂,并以此为根据给以名称,而英国古代则以法律的眼光从婚姻关系的角度看待嫂嫂,并以此为根据给以名称,这不是很生动地反映了中国文化和英国文化的一个重要差别吗?

众所周知,从氏族公社遗留下来,并在商周、两汉得到发展的宗法传统和伦理观念,使中国古文化归于以"求善"为目标的"伦理型",各种精神文明无不染上"伦理"的色彩。以至到后来,"修身—齐家—治国—平天下"成为以儒家为代表的士大夫所神往和遵循的思维模式、行为模式和理想模式,"治天下观于家"几乎成为他们的口头禅。所以,在中国古文化系统里,"家"是"国"的根本,"伦常"是"治道"的基础,教育观、文化观以及政治观都是伦理观念的投射。这种文化特征在古汉语词的词源结构里也有所反映。比如,"辟雍"是西周时代为贵族子弟设立的大学。史学家班固在《白虎通》里对这个名称的来源作了分析:"辟者璧也,像璧圆,以法天也;雍者壅之以水,像教化流行也。辟之言积也,积天下之道德;雍之言壅也,天下之仪则;故谓之辟雍也。"在"辟雍"一词的词源结构里,反映出了周代学校的职能和统治阶级的教育观:"积天下之道德"为"天下之仪则",使"教化流行""天下大治"——这分明是"伦理型"的教育观。又如"政",其基本意义是政治、政务。政治家、思想家孔子对"政"的名称和实质作过有益的探索,认为:"政者,正也。子帅以正,孰敢不正?""政者,正也。君为正,则百姓从政矣!"《释名·释言语》从词源学角度进一步作了肯定:"政,正也,下所取正也。"东汉名儒郑玄在《周礼·夏官》注中也说:"政,正也,所以正不正者也。"所以,

"政"得名于"正","政""正"同音同源。因为在当时的人们心目中,"政"的特点就在于已身"正",然后以道德感化天下,"则百姓从政矣"。由"政"的词源结构再作进一步的考察,我们已经看到,氏族社会中长老们依靠榜样力量和道德感召来团结、调动全社会的遗风,在商周社会产生了深远的影响,因而使那个时代人们的政治观念大受伦理观念的浸润,形成了一种"伦理型"的政治观。

注释:

① 参看胡厚宣《殷代的蚕桑和丝织》,载《文物》1972 年第 11 期。

② 转引自陈维稷《中国纺织科学技术史》第三编第七章。

③ 卡西尔《语言与神话》,82 页,生活·读书·新知三联书店 1988 年版。

④ 摩尔根《古代社会》,391 页,商务印书馆 1981 年版。

⑤ 这一看法参考了蔡俊生《人类社会的形成和原始社会形态》(中国科学出版社 1988 年版)第一章中的有关意见,而与摩尔根本人的结论有很大的不同。

⑥ 载《历史语言研究所集刊》第十六本。

⑦ 参看裘锡圭《关于商代的宗族组织与贵族和平民两个阶级的初步研究》,《文史》第十七辑,1983 年;林沄《从子卜辞试论商代家族形态》,《古文字研究》第一辑;杨升南《从殷墟卜辞中的"示"、"宗"说到商代的宗法制度》,载《中国史研究》1985 年第 3 期。下面关于商代宗法制已具雏形的论述,主要是以这三篇文章的学术成果为基础的。

⑧ 参看周光庆《古汉语词汇学简论》,161 页,华中师范大学出版社 1989 年版。

⑨ 转引自伍铁平《从语言学的领先地位谈到它在方法论上对哲学研究的意义》,载《北京大学学报》1988 年第 3 期。

主要参考文献:

[1] 十三经注疏 [M]. 北京:中华书局,1980.

[2] 郝懿行. 尔雅义疏 [M]. 北京:北京中国书店,1982.

[3] 段玉裁. 说文解字注 [M]. 上海:上海古籍出版社,1981.

[4] 王念孙. 广雅疏证 [M]. 北京:中华书局,1983.

[5] 王先谦. 释名疏证补 [M]. 上海:上海古籍出版社,1984.

［6］徐中舒. 汉语古文字字形表［M］. 成都：四川人民出版社，1981.

［7］王力. 同源字典［M］. 北京：商务印书馆，1982.

［8］摩尔根. 古代社会［M］. 杨东莼，等译. 北京：商务印书馆，1971.

［9］卡西尔. 人论［M］. 甘阳，译. 上海：上海译文出版社，1985.

［10］张光直. 考古专题六讲［M］. 北京：文物出版社，1986.

［11］池上嘉彦. 符号学入门［M］. 张晓云，译. 北京：国际文化出版公司，1985.

［12］列维-布留尔. 原始思维［M］. 丁由，译. 北京：商务印书馆，1987.

第二章　从语言看文化的发展轨迹

第一节　古文字与古代文化

文化人类学的研究表明，人之所以会超越动物界并沿着自己创造的文化所指引的方向不断发展和进步，很大程度上是由于人能创造并使用符号；能通过语言和文字总结经验、延续经验，将传统体现在可传授的文献之中，使自己与他人、与祖先、与后代联结在一起，从而得以改造自然、发展自身、组成社会、创造和更新文化，形成历史和传统的意识。所以语言及其书写符号系统——文字的产生，在古文化发生发展过程中有着特殊的意义，探讨古文字与古文化的多种关系，也就成为我们面临的一个重要而复杂的课题。

一、文字的产生树立了古文化的界碑

早在1877年，美国著名人类学家摩尔根就在《古代社会》一书中，把"文字的使用"作为野蛮社会与文明社会的界碑，并强调指出："文字的使用是文明伊始的一个最准确的标志"，"没有文字记载就没有历史，也就没有文明"。后来，许多人类学家和考古学家，例如英国的丹尼尔在《最初的文明》中，又进一步提出以文字的使用、人口五千以上的城市的出现和复杂的礼仪中心的形成作为文明社会的三大标志。随着研究的日益深入，现代文化人类学家已经公认：文字的产生和使用，是古文化发生发展过程中的界碑，是区分野蛮社会与文明社会的一个重要标准。

作为人类用来记录语言、进行交际的约定俗成的可见符号系统，

上编　语言——文化的符号

文字的产生和使用为什么能够成为古文化的界碑，对古文化的发生发展起着如此重要的作用呢？

首先，我们都知道，世界上一些最古老的文字，古苏美尔字、古埃及字、古汉字，不仅都是从原始记事图画、契刻中产生出来的表意文字，而且都是在各自的新石器时代末期和青铜器时代早期这一大致相同的社会文化条件下产生的；它们各自的系统化过程，都分别与各自的奴隶制国家的产生相联系，这就表明，文字的产生是人类历史进入文明社会的标志，是古文化变迁的界碑。

文字的产生之所以能够促使人类脱离蒙昧、跨入文明的门槛，而成为古文化变迁的界碑，还可以从文字产生以后所起的巨大实际作用中得到说明。

文字的重要社会作用首先表现在它突破了语言在时间上的局限，使言语得以长久保存，因而也就使社会群体的记忆飞跃性地增长，异代人们之间的交际成为可能。这样一来，群体世世代代都可以高效率地学习并利用祖祖辈辈积累起来的丰富知识和宝贵经验，把前人创造的文化成果变成后人生活实践的基础和发展文化的起点。从这个意义上说，文字的使用大大有助于民族文化的不断传承、不断创造、不断发展，有助于社会全面地摆脱野蛮状态，进入文明时期。我国汉代卓越的文字学家许慎在《说文解字·叙》中对文字的这一重要社会作用进行了深入的分析和高度的概括："盖文字者，经艺之本，王政之始，前人所以垂后，后人所以识古，故曰本立而道生，知天下之至啧而不可乱也。"这表明那个时代的人们已经认识到，有了文字，前人才能所以垂后，后人才能所以识古，"本"才可以立，"道"才可以生，人类才能从蒙昧社会上升到文明社会，从而开创"王政之始"。而英国现代著名的人类学家马林诺夫斯基有一段话也可以从另一个角度启发我们进一步认识文字使用的深远意义："人类的进步，为人类希望、利益、知识和信仰的新远景打开了大门。在这里，文化符号性的一面——将传统体现在可传授的课文中的力量，述说过去的事件、奇迹和成就等故事的力量，计划、预见和预言的力量——成了发明新设备、计划新

· 147 ·

行动、使目的与动机成熟的媒介。"①

　　文字的重要社会作用同时还表现在它突破了语言在空间上的局限,使言语得以传到远处,因而也就使社会群体的活动范围和交往范围飞跃性地增大,异地人们之间的交际成为可能,真所谓"开篇玩古,则千载共明;削简传今,则万里对面"(庾肩吾《书品》)。这样一来,群体内部人际间的社会联系、群体与群体之间的社会联系就日益密切,信息交流日益扩大,复杂的、立体的社会组织有了成立的基础;经常性的、大规模的群体社会活动有了进行的条件;广泛的、多种类、多层次的文化交流有了更为实用的媒介。值得指出的是,世界上最早产生的几种古文字,特别是古汉字,都是表意文字体系,因而具有"超方言"的特点。这一特点在古时期使它在突破语言空间限制、增加群体间的社会联系方面更加增强了它的功能。从上述意义上说,文字的发明和使用有助于社会生产力的组织和提高、国家组织的建立和加强、文化科学知识的交流和发展,因而也就是有助于社会全面摆脱野蛮状态而进入文明时期。两千多年以前,我国秦始皇在国家刚刚统一、百废待举的紧张情况下,鉴于战国时期"七国田畴异亩,车涂异轨,律令异法,衣冠异制,言语异声,文字异形"有碍于政策法令的推行、文化知识的传播、新兴政权的巩固,立即着手进行"书同文"的伟大改革,实施以整齐的小篆为全国的标准文字,以简易的隶书为全民的通用文字方针,断然"罢其与秦文不合者",应该说是表现了他对文字的重要社会作用的深切感受和在政治文化上的卓越见识。后来许慎提出文字的产生为"王政之始"的论点,可以说是对秦始皇统一文字的实践活动的深刻总结。

　　如果仔细分析一下古苏美尔字、古埃及字、古汉字这类最古老的文字系统中的表意字的形体结构,并进而根据表意字的性质探求其中所蕴含的先民的特定社会文化背景及其心理状态(具体分析详下),我们又会看到,古文字在上古时代的重要社会作用还常常表现在,它以形表意,传达出丰富的深层文化讯息,给人以直观刺激,因而在记录语言的同时又常常在一定的条件下能引导读者回顾时代的文化景观,诱发读者有关文化的种种联想,唤起读者刚刚形成的传统意识,从而

上编　语言——文化的符号

起着某种潜移默化的作用，并为传递文化、创造文化增加一些推动力量。正因为如此，所以中国古人常常在谈话中或文章中借分析汉字的形体结构来传递、领会或说明积淀在字形中的生活经验、人生哲理和文化心态。例如《左传·昭公元年》载："晋侯求医于秦，秦伯使医和视之，曰：'疾不可为也。是谓：近女室，疾如蛊，非鬼非食，惑以丧志。'""赵孟曰：'何谓蛊？'对曰：'淫溺惑乱之所生也，于文，皿虫为蛊。'"秦医和就是借分析"蛊"字的形体结构，说明了其中蕴含的迷惑女色必然丧失心志的人生哲理。又如韩非子强调的"古者仓颉之作书也，自环者谓之私，背私谓之公。公私之相背也，乃仓颉固以知之矣。今以为同利者，不察之患也"。这就是借分析"公""私"两字的形体演说"公私之相背"的道理。

　　对于汉字来说，它的这种诱发联想活动、唤起传统意识从而对人潜移默化的功能，又得到了进一步的强化和发展，以至于对于汉民族心理结构的凝结起着非常关键的作用。

　　此外，文字的重要社会作用还表现在它记录语言，使语言有了书面语言这一新的存在形式，使语言获得书面的存在形式，这对于促进语言的发展、提高语言的效用有着十分重要的意义：第一，它增进了语言的抽象化程度和作为思维形态表达形式的能力，从一个角度推动了民族的直观思维向概念思维转化，从而有助于一个民族思维能力的不断进步。第二，它促进了语言词汇的积累和更新、语言成分的加工和锤炼、语言表达方式的增加和改进，从一个角度推动语言向丰富、精密、规范的方向发展，并形成富于表现力的文学语言，使文学艺术得以发展并趋于成熟。中国人只要读一读《诗经》《楚辞》《左传》《史记》，浏览一下汉语中的丰富多彩的成语，就不难理解这一点。第三，它拓展了语言的应用范围，使之形成历史的和科学的文献，从一个角度提高了民族文化水平，增强了民族的历史观念、传统意识和聚合能力，而所有这些，又都大大有利于一个民族的文化心理趋于健全、思维能力逐步提高、思维方式不断更新、认识结构日渐完善。黑格尔在《历史哲学》一书中曾经不无感慨地说："中国'历史作家'的层出不穷，继续不断，实为任何民族所不及！"我们完全可以把这句话理解为对汉字在汉民族文化发展中的巨大作用的赞扬。关于文字使语言获得书面语的存在形式这一重要的社会作用，我们既可以间接地从过去汉族学子认为"汉字神圣，一点一画无非地义天经、圣贤遗意"，因而时时在以"敬惜字纸"相劝诫的心理状态和行为方式中得到印证，又可以直接地从一直没有文字的民族与有历史悠久的文字的民族在认知结构、思维方式、文化心理等方面的比较中得到反证。

以上多方面的分析足以说明：文字产生以后在人类历史上有着巨大而深远的社会作用。它从不同的角度促使文化发生深刻的变革、有了不断的进步，推动社会全面摆脱野蛮状态而进入文明时期。从这个意义上说，它也为古文化的发展树立了界碑，也是历史进入文明社会的一个重要标志。

二、文字的形体反映了古文化的演进

古苏美尔字、古埃及字、古汉字等世界上最古老的文字都主要是由图画演变而来的、以象形字为基础逐步发展起来的表意文字体系。纵观这些古文字体系中的表意字，可以发现它们记录语言中的词大致有三种方式：一是象物方式，即对于指称对象是"物"的词。表意字就以其形体表现该实物的形体特征，从而体现词的意义内容，记录该词。如古苏美尔文字中的"山""弓""矢"等字，古埃及文字中的"口""水""房"等字，古汉字中的"人""目""羊"等字。二是象事方式，即对于指称对象是"事"的词。表意字往往以其由独体字为字素组成的复合形体，从字素意义间关联上和组合的形象上，表现该词所指称的行为、运动或过程的方式、特征，从而体现词的意义内容，记录该词。如古苏美尔文字中的"生产"即从字素"鸟"和字素"卵"的意义的关联上和组合形象上表现生产这一行为的特征；古埃及文字中的"作战"即以字素"盾""矛"和"双手"的组合，表现作战这一行为的方式；古汉字中的"牧"即从字素"牛"和字素"攴"的意义关联和组合形象上，表现放牧这一行为方式和特征。三是象意方式，即指称对象是"意"（事物的性状特征、人类的情感意识等）的词。表

上编　语言——文化的符号

意字主要以其由独体字为字素组成的复合体,运用想象、象征、比喻、示现和联想等各种方式,从字素的意义关联和组合形象上,表现事物的性状特征和人类的情感意识,从而体现词的意义内容,记录该词。如古苏美尔文字中的"凶恶"即以字素"目"和字素"犬"的意义关联和组合形象上表现凶恶这一性状特征;古埃及文字中的"黑暗"即以字素"夜幕"和字素"星"的组合形象表现黑暗的特征;古汉字中的"媚"即以字素"女"和字素"眉"的组合形象表现娇媚这一性状特征;又如汉字中的"明"即运用想象,以"日"与"月"共照中天的组合形象来表现光明、明亮的特征。

认真分析古苏美尔字、古埃及字和古汉字中的表意字的三种主要写词方式,我们又可以进一步了解到,这许许多多类型各异的表意字所表达出来的意义,实际上往往有两个层次:一层是表达一般的概念意义,即词的指称意义;一层是蕴含其中的先民关于词所指称的事物的认识、评价以及由此引起的联想,亦即先民特定的社会文化背景和心理。例如古汉字中的"畏",首先,它表达了词的指称意义,感到害怕的心理状态;其次,这个字的甲骨文形体"从鬼手持棍",因为在先民看来,"鬼而持棍,可畏孰甚"(罗振玉语),很明显,"畏"字的形体结构中蕴含着先民关于"鬼"的观念。又如古埃及文字用鳄鱼图像表示"贪婪"这一概念意义,似乎与古汉字"惏"(从心,林声)及其异体"婪"(从女,林声)形成对照,表现了两个民族的先民对"贪婪"的认识角度以及由此引起的联想的差异。

所以,我们有理由认为,古文字形体,特别是相关的古文字形体,可以从不同的角度反映古代文化发生发展的种种景观,我们应该通过分析其形体结构探讨古文化在发生发展过程中显示出来的某些特征,从而发挥文化语言学的应有作用。

下面我们主要以古汉字为例,对其形体结构联系分析,尝试着寻求其中蕴含的古文化发生发展的种种迹象。

(一)古文字反映的上古物质生产方式的进步

物质生产,包括人们为满足生存发展需要而改造自然的能力,人

· 151 ·

们改造自然、进行创造发明的劳动过程,人们物质生产活动的具体产物,以及它的不断进步,是古文化发生发展的基础和具体表现。古文字反映的上古物质生产的进步,主要集中在以下几个方面:

1. 狩猎活动——畜牧业

最近十多年来,许多人类学家和考古学家都先后指出:人首次成为占统治地位的物种,是作为狩猎者;猎取大型动物,是人和人类文化借以确立起来的决定性因素。这种在人类文化形成过程中起着决定作用的活动方式,在古汉字的形体结构中有着许多方面的反映。

从甲骨文有关的字的形体结构来看。商代田猎的方式主要有:"逐",其字像一野猪或野鹿在前面奔逃,一猎人在后面急追之形。另据卜辞记载,当时有用猎犬追逐猎物的,也有用田车追逐猎物的。"射",其字形像张弓搭箭之形状。据卜辞记载,当时所射者如豕、鹿等,也皆所逐的对象。"陷",其字形像豕、鹿之类的野兽陷入阱中。《周易·井》所谓"旧井无禽"就是这种狩猎方式的文献证据。"毕",其字形像捕鸟之有柄网。据《殷墟卜辞综述》,卜辞有云:"允毕三百又四十八",一次捕获竟至348头之多,可见这种捕猎方式有其良好的效用。"罗",其字形像张网捕鸟,其方式与"毕"相近,成语"网开一面"就是这种捕狩方式的记录。甲骨文的"渔"字有多种形体,表明商代捕鱼或以钓竿,或以鱼网,或以双手,其方式是多种多样的。而殷墟出土的鱼骨,经过鉴别已经确定的有黄颡鱼、鲤鱼、青鱼、赤眼鳟、草鱼等多种,两相参照,我们不难窥见商代捕渔业之一斑。

由狩猎业进一步发展,就产生了畜牧业。商代的畜牧业可以从几方面得到讯息:一是祭祀所用之牺牲多为家畜;二是殷墟出土的有殉葬的车和马;三是甲骨文字及形体结构有明显的体现。如"狩"字从犬,说明犬为家畜,已用于狩猎。"牢"字,其义为牛、羊之圈。其字形或从宀从牛,或从宀从羊,或从宀从马,像牛、羊、马等在圈中畜养之形,说明牛、羊、马皆为家畜。"牧"字,其形体从牛从攴或从羊从攴,像人持鞭放牧牛、羊之情景,所显示的意义是不言而喻的。甲骨文的最有这方面的典型意义并且最能说明饲养家畜已在商代经济观

上编　语言——文化的符号

念中占有重要地位的也许是"为"字和"家"字。"为"字形体结构正如罗振玉指出的："从爪从象。意古者役象以助劳。其事或在服牛乘马之前。"考古学的发现，早已证实了罗氏的分析和推测。值得留意的是，稍后，"为"的常用意义即演变为"做"。但大家知道，在上古汉语中"为"的这一意义使用范围非常广泛，这个语言现象似乎透露出一个消息："为"这一个行动方式在先民的观念中有着特殊的位置。在商周时代，"家"字最常用的意义是家庭、家族。而其字则是从宀从豕，像屋内养猪之情状。如果仅从字形状来分析，它至少表明屋内养猪在商代已经非常普遍、非常重要，以至于人们以有猪为有家的标志。如果再联系到考古学者早已发现古墓中有以猪殉葬的事实来看，我们可以从"家"字的形体推测养猪业在商代社会经济和殷人经济中占有引人注目的地位。

2. 采集活动——农业

在人类的幼年时期，狩猎业常常不能保证获取所需要的足够的食品，因此采集业就成为能使生活稳定的基础，在当时的经济生活中起着重大的作用，所以我们不难想到采集生产方式在古文字形体结构中留下了痕迹。其中最典型的例子当然是"采"字，正如罗振玉在《增订殷墟书契考释》中指出的，"采"字的甲骨文形体"像取果于木之形，故从爪果，或省果从木。取果为采，引申而为樵采及凡采择字"。《诗经·大雅·桑柔》"捋采其刘"即用其摘取果实的本义。在"采"字的形体中，可以看见初民采集活动的情景。

新石器时期，在采集时期，在采集业的发展中孕育出了最早的农业。到了社会经济已经相当发达的商代，农业已成为当时重要的生产部门。根据卜辞受年的地名来看，有商、中商、雀、蜀、犬、盂、若、庞、邢、羊、拿、羽、虞、龙圉等等，说明商代农业区的范围作用非常之大，奠定了中国"以农立国"的基础。因此，农业生产在古汉字形体结构中有着充分的反映。即以表现农业生产的工具和方式的古汉字而论，金文和《说文》中都有"耒"字，字形像"手耕曲木"的一种生产方式，据陈梦家先生在《殷墟卜辞综述》中考释，它是"一种

· 153 ·

手耕所用的曲木，用木端的尖锐部分刺地"。其"上部的变化较少，是揉木为之，往用即用树干，并利用分叉的小干为耒端"。下部则变化很大，或者维持歧头而改为铁，或者改变耒端为一头，形成后来的"耜"。商代甲骨文中有"耤"字，字形像人手持耒柄，足踏耒端而耕作之形；有"犁"字，字形像牛拉犁而行；有"农"字，字形像人手持蜃（介壳类的蛤蚌）器除草；又有"辱"字，孳乳为"耨"等字形像人手持蜃操作。陈梦家先生解释说："起初当是天然蚌壳磨利其弧形而凸出的长缘，手握其脊而耨之。"蚌刃器具在龙山文化和殷代文化遗址中多有发现。甲骨文中又有"叠"字，字形像三人协力蹠耒而耕。陈梦家《殷墟卜辞综述》以为，卜辞的耕田在十一月，当是种麦。耕者是众人而由王命令之"。将这一类字联系分析，再证之以殷代文化遗址中的考古发现，证之以《淮南子》主术篇和记论篇所谓的"一人蹠耒而耕""古者剡耜而耕，摩蜃而耨"就可以清楚知道商代农业生产的几种常用工具和耕作方式。此外，甲骨文中还有"田"字，字形像疆畎纵横之状；有"洪"字，字形像汲井灌溉之形；有"利"字，字形像以刀割禾。分析了这些字的形体之后，人们对于商代农业生产工具和方式自然会有更加直接而全面的认识。

农业生产在商代社会经济中有着十分突出的地位。甲骨卜辞中记载有一种登尝之礼，简称为"登"，如"登禾"等等。而"登"字的形体则像双手捧着一具盛满米粒的器皿敬呈的样子。据《礼记·月令》解释，所谓"登尝"就是把新收获的谷物首先进献于寝庙以便请祖先尝新，从这里我们可以看到商人对农业收成的重视和对新获谷物的珍惜的程度。尤其值得注意的是甲骨文的"年"字。"年"的本义为收成，卜辞中常有"求年"的记载和"受年"的记录，《说文》中也有"年，谷孰也"的解释，而"年"字的形体结构则是从人负禾。自盘庚迁都以后，随着农业的逐步发展，"年"引申出收获季节的意义；后来又由收获季节的意义引申为物候年的名称；到了商末周初，"年"又被用来指称一个历法年。很明显，从"年"字的形体结构和以"年"为岁名的事实中，透露出了商周时代已为农业社会，商周先民对农业特

上编　语言——文化的符号

别关心和重视的消息。所有这些,不都是商周时代农业文化发生发展的种种迹象吗?

(二)古文字反映的上古风俗制度的变化

风俗制度,是一套或者具有规范性或者具有强制性的较为稳定的社会文化惯例。它的形成和演进,起着对古文化系统内部各部分进行协调的作用,是古文化发生发展的重要标志。古文字反映的上古风俗制度的变化主要是以下几个方面:

1. 巫术礼仪的分化

自从传说中的天地交通被断绝之后,巫术礼仪活动是先民试图与超自然的神灵进行交际而作出的最大努力。在中国远古时代,巫术礼仪活动最重要的组成部分是祭祀。而祭祀是初民在产生了万物有灵和人有灵魂的观念之后,为建立和保持良好关系而呈献供品向神灵或祖先行礼以表达敬畏、追念之情的仪式。甲骨文中有一系列的字以其形体结构展现了先民祭祀活动的情景。例如:"示"字,其甲骨文形体像初民为死去的先人制作的神主牌;"祭"字,或从手从肉,或从手从肉从示,像手持牲肉置于神主牌前以祀神。"祝",既是"祭主赞词者"(《说文》),又是专事祭礼的官员,如《〈殷墟文字〉甲编》:"乙巳王贞启乎祝曰……"而其字形则是从兄从示,像人跪在神主前祈祷。"沉"字,从牛从水,像牛沉于水中之形;"埋"字,形体像掘地及泉而置以牛之形状。根据《周礼·春官·大宗伯》"以狸(同埋)沉祭山林川泽"等记载,可知上古"沉""埋"字都是以牺牲祭奠山川林泽的仪式。以上这类甲骨文字的形体结构犹如一组生动的示意图,使我们大致了解到先民祭祀活动的最基本的方式,及其以乞求恩眷为主旨,以有生命或能象征生命的东西为供品的本质特征。

在远古时代,以祭祀为重要组成部分的巫术礼仪活动,是一系列行为组成的系统,就其情节意义而言,它凝聚着先民强烈的情感、思想、信仰和期望,影响着部落或国家的大小事务,是当时最大的"政治";就其活动方式而言,它糅合了后世的歌、舞、剧、画、神话、咒语而成为混沌的统一体,是当时最感人的"综合艺术"。它们既是巫术礼仪，又是原始歌舞。

到后世，两者才逐渐分化，前者成为"礼"——政刑典章，后者便是"乐"——文学艺术。

这一分化过程，在古文字形体中可以找到痕迹。

在西周时代，"礼"的意义内容包括礼仪、典章、政刑。这是人所共知的。但考察"礼"字的甲骨文形体结构并对它的本义及其演变轨迹作出合理的解释，却是几代学者努力的目标。王国维在《释礼》中根据殷墟卜辞确定"豊"上所从之玨为玉，进而认为古人最初"行礼以玉"，因此"豊"当为会意字，意即"盛玉以奉神人之器"，其后才分化孳乳为"醴""礼"二字。近年来，郑杰祥又在王说基础上进一步指出："礼"字甲骨文形体皆从玨从壴（鼓），像"人在鼓乐声中以玉来祭享天地鬼神之状"[②]。由此可见"礼"字的甲骨文形体足以从一个角度证明：西周时代的"礼"——典章制度，是从夏商时代的"礼"——巫术礼仪中分化演变而来的。还有"舞"。从词源的角度看，"舞"与"巫"为同源词；从字形的角度看，其甲骨文形体像人双手执牛尾而婆娑起舞；综合起来看，"舞"原是灵巫手执牛尾跳舞以娱神，是巫术礼仪活动的组成部分或符号标记。舞蹈艺术从巫术礼仪活动中分化出来以后，"舞"才作为这种艺术形式的名称。由此可见，"舞"字的甲骨文形体也可以从一个角度证明：后世的"舞"——一种艺术形式，是从商代的"舞"——巫事礼仪活动的一部分演变而来的。

2. 首领形象的嬗变

在我国上古时代，部族和国家的首领人物可以称"后"，如《周易》："以后施命诰四方"；称"君"，如《尚书·大禹谟》："奄有四海，为天下君"；称"王"，如《荀子·王霸》："故百王之法不同"；称"皇"，如《庄子·天运》："余浯汝三皇五帝治天下。"这是人所共知的，但如果对这几个字的形体结构联系分析，就可以看到一个意味深长的有趣现象。"后"字的甲骨文形体是从母从子，正如王国维说的："像产子之形"，与"育""毓"为同一字，产子之行为为"后"，产子之母亲亦为"后"，在母系氏族公社里，生育了本氏族子孙的高祖母，

上编　语言——文化的符号

一般也就成为该氏族的首领,其名称也叫"后",只是这种首领的形象往往也就是母亲的形象。到了阶级社会里,国家首领也有沿袭"后"的名称的。"君"字的甲骨文形体,据陈初生《金文常用字典》解释:"上部为以手持杵之形。"下部当然是口发号之形。如果此说不误,那么"君"字的形体所表现的是一个在劳作中发号的人的形象,这符合原始社会部族首领的职能。关于"王"字的甲骨文形体,学者们有许多不同的解释。其中吴其昌的分析较为合理,吴氏全面分析了四类三十五字,认为"王字本大斧也",字形"宛肖斧状","古之王者皆以威力征服天下,遂骄然自大,以为在诸侯之上,而称王,以王之本义为斧,王者用以征服天下,故引申之凡征服天下者称王"③。他的这一解释与《尚书·牧誓》中周武王"左杆黄钺,古秉白旄以麾"而誓师的形象是相合的。至于"皇"字,按照朱芳圃在《殷周文字释丛》中的解释,它本是"煌"的本字,其字形下部是灯的初文,上部像灯光四射之状,有辉煌、广大的意思。以皇称呼国家首领,显然是在用象征的手法进行歌颂,表现出了一种趋于成熟的观念。有了以上的具体分析,我们只要再将这四个字排列起来:后—君—王—皇,从字形所表现出来的形象方面进行比较,似乎就可以从首领形象的嬗变中看到由"后"而"君"、而"王",由"王"而"皇"的演进过程,隐约地感受到社会发展的轨迹、历史前进的步履,进而找到阶级分化、国家起源的线索。

(三)古文字反映的审美意识的起源

日本的中国学学者笠原仲二在《古代中国人的美意识》一书中,也曾讨论过古汉字中"美"字的形成及其"原初的意义"。他根据《说文解字》中的"美,甘也。从羊大"的解释,提出"美"字所包含的"最原初的意识"的内容是:"第一,视觉的。对于羊的肥胖强壮的姿态感受。第二,味觉的。对于羊肉肥厚多油的官能性的感受。第三,触觉的。期待羊毛羊皮作为防寒必需品,从而产生一种舒适感。第四,从经济的角度。预想那种羊具有高度的经济价值即交换价值,从而产生一种喜悦感。"他进而由此断定:"中国人最原初的美意识是起源于味觉美的感受性。"笠原仲二首先抓住"美"字,从字形结构和"原初意义"两方面分析，以期从一个角度探测到"中国人原初的美意识"，方法是有启示意义的，然而结论却是值得商榷的。

甲骨学的研究表明，"美"字甲骨文是象形字，像人头戴羽毛装饰而起舞的情态，并不是从羊从大的会意字。作为象形字，"美"字形体所摹写的对象以及所含有的超越摹写对象的符号意义已经显示出，先民是以装饰为美，以舞人为美，开始了对美的形式的自发追求：他们的审美意识的直接源头之一是舞蹈。众所周知，歌、舞、剧、画以及文学等艺术形式，在远古时代是完全糅合在巫术礼仪活动的混沌统一体中的，它们的每一个节奏，都凝聚着先民强烈的思想、感情和期望。在这个意义上说："中国人最初的美意识"间接起源于巫术活动。

跟"美"相类似的还有"喜"字，甲骨文形体像置鼓于架上，它表明鼓的雄壮乐音也成为先民的审美对象，引起他们的美感，使他们闻鼓乐则"喜"。"乐"字，甲骨文形体"从丝附木上，琴瑟之象也"（罗振玉语），它表明琴的优美乐音同样也是先民的审美对象，引起他们的美感，使他们以抚琴为"乐"。"吴"字，即"古虞字"（阮元语），与"娱"通，甲骨文形体从口从夨，正如蒋善国在《汉字形体学》中指出的："夨"像人舞时把脑袋向左右倾屈着，就是《周礼·乐师》所说的"人舞"；夨加口为吴，吴是"歌且舞"的意思，它表明歌舞声姿引起了先民的美感；"吴"字加"女"则为"娱"，强调审美对象是边歌边舞的女子；"吴"字加"虍"则为"虞"，强调审美对象是头戴虎头面具跳舞的雄壮男子。上述这类音乐歌舞，当时也都植根于远古时代的巫术活动，只是后来才各自取得了独立的品格和不同的发展道路，娱神的功能逐渐减弱，审美的功能日益加强，演变为种种艺术形式。这也同样表明中国人最初的美意识间接起源于巫术活动。

很多事实证明，先民审美意识的起源是多元的、多途径的。与上述"美""乐"等字相映成趣的有"好"字。许慎在《说文解字》中指出："好，美也，从女、子。"段玉裁在注中又作了进一步的阐发："好，本谓女子，引申为凡美之称。""本谓女子"，之所以又能"引申为凡美之称"，这显然是由于人们，特别是男子的审美意识在起作用——人的审美眼光开始转向自身了。女子为美，美好者则人皆爱好之，因此"好"又用为动词，读上声，表示喜爱的意思。"媚"字，《说文解字》解释为"说（悦）"，《毛诗训诂传》解释为"爱"。李孝定先生在《甲骨文字集释》中对其甲骨文形体作了确切的解说："女之美莫如目，故契文特于女首著一大目又并其眉而象之。"这充分说明，"媚"字的形成，是由女子的姿态引起的美感先在词的内部形式之中，后在字的形体结构中表现的结果。上面对"好""媚"等字的分析表明，先民的审美意识也起源于对异性的爱慕，起源于对人体美的自觉。

当然，我们并不否认"味觉美的感受性"也是"中国人最初的美意识"的来源之一。这仅从"甘"字的形体结构中就可以得到证据。对于"甘"字，许慎作了初步的分析，认为："甘，美也。从口含一，道也。"段玉裁作了进一步的补充，指出"甘为五味之一，而五味之可口皆曰甘"，"食物不定，而道则一，所谓味道之腴也"。他们的分析，基本上符合"甘"字的甲骨文形体和它在上古文献中表现出来的意义。以"味道之腴"为美，正是审美意识也起源于味觉美的表现。

第二节　语言的分化融合反映着文化及其发展

语言是文化的载体，人类社会发展不同时期的文化会在语言中留下自己的印迹。本节将从语言的分化和融合来看文化及其发展变化。

一、语言的地域变异与文化

语言的地域变异又叫地域方言，它是语言分化的表现形式之一。在人类社会发展的过程中，由于人口的迁徙、疆域的扩大、社会的解体、经济联系的松弛、异族间的接触等原因，以前共同使用的语言会在各地逐渐形成具有地方特色的地域变异。从世界范围来看，语言的地域变异是一种普遍现象。

语言的地域变异主要是根据语言在地域上的差别来划分的，不同的地方文化往往会在各地的方言中打下自己的烙印。同时，语言的地域变异又是一种历史现象，其中记载着大量的历史文化事实。因此，它是用来考察文化及其发展变化的宝贵材料。

在物质文化方面,我们可以根据各地对同类事物用词的多寡来分析物质文化在地域上的分布状况。一般说来,某一物质出产地的人们对这一物质的细微差别格外敏感,因而就会造出各种不同的词来给以称呼。例如在我国山西,对煤的名称分得很细:粉状煤叫"煤",块状煤叫"炭",块状无烟煤叫"笨炭",块状有烟煤叫"希炭",块状焦炭叫"蓝炭",大块状煤叫"炭块",碎煤块叫"炭块块",煤核儿叫"撂炭",等等。而在我国的南方,对煤的称呼较少,山西对煤的各种称呼在南方一般都叫"煤"或者"煤炭"。以上对煤的称呼一多一寡的现象表明,山西是我国的产煤基地,南方却不是。同理,南方有"柑""橘""橙"之分,北方则统称为"橘";沿江沿海地区对各种鱼有不同的叫法,而在其他许多地区却统称为"鱼"。这说明,柑橘主要产于南方,鱼主要产于沿江沿海一带。可见,词汇在各地方言中简繁不一的现象为考察物质文化在地域上的分布状况提供了一定的依据。

又如,从特指义派生出泛指义,往往表明特指的语源义具有较深厚的文化基础。比方说,同是"粉末"这一泛指义,在南方方言中多用本义为米粉的"粉"派生而成,在北方方言中则多用本义为麦面的"面"来表示,如"胡椒粉—胡椒面""五香粉—五香面""药粉—药面""白粉—白面(海洛因)",等等。通过对这些词中的"粉""面"进行文化求源,便可推断出:大米主要产于南方,是南方人的主食;小麦主要产于北方,是北方人的主食。

如果对有些方言词的特点作细致的观察和分析,还能弄清楚某些事物的来源问题。例如,以前人们对玉米的来源问题发表过不同的看法,有人认为它是我国的土产,有人认为它是从国外引进的。玉米在各地的叫法较多,有"老玉米""玉茭""玉麦""黍麦""红须麦""棒子""包谷""包米""珍珠米"等等。从这些叫法中难以看出玉米究竟是土产还是舶来。但进一步的调查发现,在厦门话中常把玉米叫作"番大麦"。"番大麦"中的"番"字表明,这种农作物应该是从外国引进的,因为某词以"番""洋""胡"之类的字眼起头是它所指称的事

上编　语言——文化的符号

物从外国输入的重要标志。玉米来源于外国的语言学推断也得到了现代农史学研究成果的进一步证实。现代农史学的调查表明，玉米原产于南美，经两条不同的路线传入我国。一是15世纪末葡萄牙人将它带到爪哇，再于16世纪初辗转而来；二是由阿拉伯人中转经西班牙、麦加、中亚而输入我国。

再从制度文化上看，人类改造社会的全部产物，包括各种制度、风俗习惯、人际关系，以及与之相关的各种理论和规范等等，大都会在各地方言中有所反映。例如对媳妇的称呼，北方一般叫"媳妇"，南方却有些地方叫"新妇"。顾名思义，"新妇"是指"（家里）新来的妇人"。这个概念反映出汉族妻到夫家落户的婚姻制度。对"新妇"一词作历史的考察还会发现，妻到夫家落户的婚制在我国由来已久，现有文献为证："郁骄淫轻躁，多行无礼。郁父伟谓阿（阿指赵阿，即周郁之妻）曰：'新妇贤者女，当以道匡夫。'"（《后汉书·周郁妻传》）周郁的父亲在这里称儿媳为"新妇"，由此可知，妻子入丈夫家的婚姻制度在我国已有很长的历史了。

上面以语言的地域变异为材料对文化的物质层次和制度层次作了简单的观察和分析，现在来看看文化的心理层次。

由于各地居民在造词之初对同一事物有着不同的理据和心理联想，所以在不同的方言中就有了一些同义异名现象。例如向日葵在汉语各地方言中就有不同的叫法，河北唐山叫"日头转"，承德叫"朝阳转"，任邱叫"望天葵"；山东济南叫"朝阳花"，昌乐叫"向阳花"，莒县叫"转日葵"，栖霞叫"转日莲"；湖南邵阳叫"盘头瓜子"；等等。这些不同的名称会使人们对向日葵这种植物的特征产生不同的心理联想。例如山东栖霞人最初说"转日莲"时会联想到向日葵随着太阳转和形似莲花的特征，湖南邵阳人最初说"盘头瓜子"时会联想到向日葵的圆盘形特点和它的果实可以拿来食用的特点。再看几个类似的例子：北京人说的"小偷儿"，西安人叫"贼娃子"，成都人叫"偷儿"，昆明人叫"毛贼"，合肥人叫"贼"，苏州人叫"贼骨头"，广州人叫"鼠摸"，厦门人叫"贼仔"，潮州人叫"鼠贼仔"；甘薯，北京叫"白薯"，

· 161 ·

洛阳叫"红薯",成都叫"红苕",东北叫"地瓜",上海叫"山芋",贵阳叫"番薯";妻子,济南话称"老婆",广州话称"女人",福州话称"老妈",南昌话称"女客",长沙话称"堂客",苏州话称"家主婆";北京人说的"纽扣"和"纽门",武汉人叫"扣子"和"扣眼",广州人叫"纽公"和"纽婆",等等。

异国也有类似情况。英语的两大地域变异——英国英语和美国英语——就存在着这种现象。例如,英国英语把手电筒叫作 torch,美国英语把它叫作 flashlight。英国英语的手电筒是从原来表示"火炬""火把"的 torch 引申而来的,因而最初会使人们产生手电筒形似火炬、火把的心理联想;而美国英语的手电筒是由 flash(闪耀)和 light(光)合成的,因而不会使人有火炬、火把方面的心理联想。

在各种语言的地域变异中,同义异名是普遍存在的现象,从这类现象中可以看出各地的用词特点以及各地居民造词之初在心理联想上的差异。

二、语言的社会变异与文化

语言的社会变异或称社会方言,是语言分化的又一种表现形式。它指的是不同的阶级、阶层、职业、年龄、性别在运用语言时所出现的语音、词汇、语法、语体变异的总和。从文化语言学的角度上看,分析语言的社会变异主要有两方面的作用:一是确定说话人的地位、职业、年龄、性别;二是确定交际双方之间的人际关系。

一般说来,一个人的地位、职业、年龄、性别往往会在自己的言语中有所表现。例如在美国,如果有人管小型汽车叫 beetle,管带有可折叠顶棚的汽车叫 rag top 或 pneumonia job,管摩托车叫 horse 或 misery machine,那他无疑是美国的交通警察,因为这些都是美国交通警察的行话。在英美,如果有人在说话时用了 aquamarine(蓝绿色)、beige(米色)、ecru(淡褐色)、lavender(淡紫色)、mauve(紫红色)等表示颜色的词和 adorable(极可爱)、charming(有魅力)、divine(极好)、lovely(可爱)、sweet(甜蜜)等形容词,那就一定是女性,因为男性一般不用这些"女性词"。在我国,如果有人把肉叫 [ka^{214} ka],

上编　语言——文化的符号

把吃奶叫"吃［ma⁵⁵ ma］",那他一定是小孩（当然,成人对儿童有时也使用这些"儿语"),因为成人之间从来不这么说。在北京,如果有人把特别有钱的人叫"大款儿""款爷",把跟女孩搞对象、讨好女孩或占女孩便宜的叫"喇密""嗅密""柳密",把未婚同居者叫"傍家儿",把玩弄女性的男人叫"柳爷""花匠""花老爷们",把只交男友但不与之结婚的女人叫"大喇""小喇""大洋马",那他一定是中青年人,而且很可能是受教育程度不高的中青年人。另据调查,在英国把午餐说成 lunch,把晚餐说成 dinner 的是上层阶级；把午餐说成 dinner,把晚餐说成 supper 的是非上层阶级。以上这些用语为考察不同的阶级、阶层、职业、年龄、性别提供了一定的依据。

在语音方面,不同的说话人也存在着一些差异。美国社会语言学家拉波夫在纽约的三家商店考察过［r］的发音状况。他的统计结果是：在低级商店里发［r］音的人占调查对象的20％,中级商店里占50％,高级商店里占60％以上。他的调查表明,发不发［r］音以及发［r］音的多少与说话人的阶层有关,阶层的高低与发［r］音的多少是成正比的。当然,在中下层人士中也有把［r］音发得很多的现象,但这是他们有意想从发音上抬高自己身份的表现。在我国的首都北京,现在的中青年女性中有所谓的"女国音",如她们常把［tɕ, tɕʻ, ɕ］发成近似于［ts, tsʻ, s］的音："学习"听起来像是［suɛ³⁵ si³⁵］,"星期"听起来像是［siŋ⁵⁵ tsʻi⁵⁵］,"姐姐"听起来像是［tsiɛ²¹⁴ tsiɛ］。

在语法方面也有类似的情况。例如讲英语的女性比男性更爱使用附加问句,她们常把 Tom is clever 说成 Tom is clever, isn't he? 又如,美国的下层人士（如黑人和从事非技术性劳动的白种工人）常在动词的过去时和单数第三人称现在时的词末不加词尾-ed 和-s,他们经常把 She worked hard 和 She works hard 说成 She work hard。他们还经常使用双重否定句,爱把标准英语中的 I can't do anything 和 I can do nothing 说成 I can't do nothing。另据调查,我国 2～3 岁的儿童在使用反复问句时存在着一些成人语言中所没有的格式,如"妈妈,我好不好孩子？""大家都高兴不高呀？"可见,语法方面的特点也是衡量说话人的年龄、性别、身份等的重要凭证。

从以上例证中可以看出，语言的社会变异为鉴别说话人的地位、职业、年龄、性别提供了宝贵的材料。不仅如此，语言的社会变异还是人们用来考察人际关系的重要依据。

由于人类生活的复杂多样性，人与人之间的关系也是相当复杂的，有父子母子关系、兄弟姐妹关系、夫妻关系、恋人关系、师生关系、主仆关系、同志关系、朋友关系等等。这些纷繁众多的关系可简单地归为两大类：一类是一致关系或称平等关系；一类是权势关系，即尊卑关系或上下级关系。为了叙述的方便起见，这儿把语言的社会变异也相应地分为两种形式，一种叫客气形式，一种叫随便形式。这样，我们就可以通过这两种语言变异形式来考察说话人和听话人之间的两类性质不同的关系。先看一对英语例子：

① a. Open the door.

  b. Could you possibly open the door?

说这两句话的目的都是让对方把门打开，但两句话中却蕴含着两种不同的关系。前一句采用的是随便形式，它表明交际双方的关系很随便，因而是一致关系；后一句采用的是客气形式，它表明交际双方是权势关系，即说话人是晚辈或是下级，听话人是长辈或是上级。现就汉语再举两对类似的例子：

② a. 喝茶吧。（一致关系）

  b. 请用茶。（权势关系）

③ a. 把那本字典递给我。（一致关系）

  b. 劳驾您把那本字典递给我行吗？（权势关系）

不仅句法平面上有客气形式和随便形式之分，而且词汇平面上也存在着这两种形式，如汉语的"您"和"你"，俄语的вы和ты，法语的vous和tu，德语的Sie和Du，西班牙语的usted和tu。古拉丁语、古英语、现代意大利语等许多语言中也有这两种形式。可见，词汇方面的客气形式和随便形式也可作为区分权势关系和一致关系的依据。

除以上情况之外，我们还可以根据语言的客气形式和随便形式的

上编 语言——文化的符号

变化来看人际关系的变化。例如，在印度原来的印地语和哥吉拉蒂语里，妻对夫、幼对长要用客气形式，而今天印度家庭成员之间相互都用随便形式。这说明印度原有的尊卑关系现已发生了变化。

三、语言的融合与文化

与语言的分化不同，融合是指语言在相互接触时一种语言同化另一种语言的过程。在语言融合中，哪种语言能够成为胜利者，并不取决于使用这一语言的民族在政治上是否处于统治地位，而主要取决于该民族的经济、文化发展状况，人口的多少，以及语言本身丰富和完善的程度。例如在汉民族的历史发展过程中，曾多次被一些经济、文化比较落后的民族所统治，但由于汉族在很多方面处于优势地位，因而在语言融合中汉语总是被其他民族所采用而成为胜利者。

值得一提的是，一种语言同化另一种语言后，在它的系统中常含有被同化语言遗留下来的某些成分，这些遗留下来的成分叫作底层语言成分。对底层语言成分的研究具有十分重要的意义，它有助于揭示文化史上被掩盖着的大量事实。现略举几例。

英国在历史上，曾多次遭受外族人的入侵。例如在 8 世纪，居住在挪威、瑞典和丹麦的北欧人大规模侵犯英伦三岛。在几百年的统治中，他们没能同化盎格鲁-撒克逊人，反倒被盎格鲁-撒克逊人所同化，他们的语言也随之被英语同化了。可是北欧语则在英语中遗留下了一些底层语言成分。如名词有 bank（岸）、bull（公牛）、calf（小牛）、egg（蛋）、haven（港口）、husband（丈夫）、knife（刀）、leg（腿）、root（根）、skirt（裙）、sky（天空）、window（窗）等等；动词有 call（喊）、cast（投掷）、crawl（爬）、dazzle（耀眼）、die（死）、glitter（闪光）、happen（发生）、hit（打）、lift（举）、scare（怕）、slip（滑）、take（拿）等等；形容词有 flat（平）、happy（高兴）、ill（病）、low（低）、odd（奇特）、tight（紧）、ugly（丑）、wrong（错）等等；代词有 both（二者）、same（该人，该物）、their（他们的）、them（他们［宾格］）、they（他们）等等；副词有 aloft（高高地）、athwart（横贯）、seemly（合适地）等等；还有连词 though（虽然）、介词 fro（=from，从）和 till（直到……为止）等等。此外，英语中有 600 多个以-by 结尾的地名，约 300 个以-thorp（e）结尾的地名，约 300 个以-thwaite 结尾的地名，约 100 个以-toft 结尾的地名，以及许多以-son 结尾的人名，这些都是北欧语留下的遗迹。英语中这些源于北欧语的底层词为研究古北欧文化及其对英国文化的影响，为研究北欧人与盎格鲁-撒克逊人的接触史提供了极为珍贵的线索。同时，英语中遗留下的北欧语地名还是考察北欧人在占领英国后的居住地的重要依据。据统计，在英国约有 1400 个地名源于北欧语，约克郡和林肯郡的北欧语地名最多。这两个郡的某些地区 75% 的地名源于北欧语。由此可知，现在的林肯郡和约克郡是当时北欧人入侵后的主要聚居地。

我国自古就是一个多民族的国家，民族迁徙十分频繁，民族杂居现象极为普遍，因此，不少民族的语言都在汉语中留下了底层语言成分。例如，长江以南在秦汉以前是古百越民族的居住地，有不少古越语成分至今还保留在吴、闽、粤几个南方语区的方言之中，如在上海郊区的金山、奉贤、嘉定、川沙、南汇、松江一带，在浙南的庆元、景宁、青田、文成、永嘉、仙居、缙云、永康一带，在海南的海口、文昌一带，还保留着古越语的两个喉塞音［ʔb］和［ʔd］。另外，在浙南和闽北的一些方言中，现在还用古越语的底层词"奶"来称呼母亲，如：

温州	福州	福安	福鼎	建瓯	建阳
$a^7 na^1$	$nouŋ^6 nɛ^3$	$nɛ^3$	$a^1 nɛ^1$	nai^3	nai^3

南方还有一些其他地方的方言中也保留着古越语的底层语言成分。通过对南方各地保留古越语成分的地理分布状况进行细致的考察，就能弄清楚古百越民族在迁徙之前的大致活动范围。

又如，在 1616 年努尔哈赤称汗建国之前，由于汉人和满人长期杂居，汉语在东北早已居于优势地位。顺治元年（1644 年）入主中原之后，由于汉族发达的经济、文化以及人口的众多，满人不得不学习汉语和汉俗，进而不得不放弃自己的民俗和语言，逐渐走上了与汉族、汉语融合的道路。虽然汉语在融合的过程中成为胜利者，但在清时的

上编　语言——文化的符号

汉语中却保留了一些满语底层词，如：

阿玛（父亲）　　　　　　阿尼伊鸦（年）
艾杭（箭靶）　　　　　　谙达/安达/俺达（朋友）
包衣/包衣阿哈（奴仆）　　布库（摔跤，摔跤者）
布特哈（渔猎）　　　　　多尔吉（内部）
多罗（礼节，道理）　　　额娘（母亲）
噶钮（怪异）　　　　　　噶山（乡村）
归法剌（杏，杏仁）　　　哈儿温（天鹅）
哈番（官吏）　　　　　　忽非（壶，陶瓷小瓶）
忽舒（野核桃）　　　　　精奇（富态，胖［褒义］）
克食（天子之恩）　　　　拉林（爽快）
玛法（祖父，祖先）　　　嬷（乳母）
尼满/亦麻/呢满/伊瞒（山羊）　萨满/萨摩（萨满教的男巫）
申革（鼠）　　　　　　　申纳剌（丧服）
失儿哈（獐）　　　　　　失里（铜）
失里希（胆脏）　　　　　失塞里（傍晚）
失失黑（褥子）　　　　　双吉（鼻梁）
塔拉（干酪）　　　　　　乌拉/乌喇/吴喇（江，城，部落）
乌珠（头脑，第一）　　　兀鲁脉（针）
伊尔根（百姓，平民）　　喳（表示应诺，相当于"是"）

汉语中的这些满语底层词，是满汉人民接触交往的重要历史证据。此外，通过对清时汉语中"谙版（大臣）""敖尔布（八旗里的二等兵）""贝勒/多罗贝勒（王，诸侯；其位次于亲王、郡王）""贝子/固山贝子（王，诸侯；其位次于贝勒）""笔帖式（书记官，文书）""额真/厄真（天子，君主）""固山（旗；八旗军事单位，下辖甲喇、牛录等）""固山昂邦（都统）""甲喇（八旗军事草位，在固山之下，牛录之上）""甲喇章京（参领）""梅勒章京（副统领，副都统）""牛录（由百人编成的军事单位）""牛录章京（佐领）"等满语底层词的分析，还可了解到清朝政府和军队的一些建制情况。可见，底层语言成分在文化研

· 167 ·

方面具有相当大的参考价值。

总括以上几方面的内容，不难看出，文化在语言的分化和融合中留下的印迹是比较明显的，我们可以通过语言分化和融合中的各种语言事实来对文化的各个方面进行考察、分析和研究。当然，并不是每一种语言事实都有它的文化含义，但是确有不少语言事实能够反映出（或由它推断出）文化的面貌及其发展过程。因此可以说，语言是研究文化及其发展的重要材料，虽然它不是唯一的材料。

第三节　专门用语中的文化发展轨迹

任何一种语言的词汇中，都有反映特定社会文化内容的专门用语。本节讨论这种专门用语对社会文化发展的反映。

一、专门用语的文化特征

专门用语是词语中反映特定对象的一类词语，主要包括专有名称和专门术语。专门用语有着明确的特指性或与普通词语不同的特定含义，每个词语都有特定的内涵和外延。如人名、地名等专有名称，都是某一特定对象的代号，从逻辑的角度来说，都表示单独概念，其特指性是很明显的。某些特定学科领域或职业行业的专门术语，具有与普通词语不同的特殊含义，这也是一种特指性。如"三牲""八拜""九献""中庸""仁"等反映伦理、礼仪文化的词语，都具有明显的特指性，如"三牲"便是特指古代用于祭祀的牛、羊、猪，"中庸"特指儒家所提倡的对人处事不偏不倚、无过无不及的政治哲学思想。

专门用语具有鲜明的民族性，每个民族都不可避免地会把某种独特的文化因素融入自己的专门用语中，从而在专门用语中形成一种特殊的"世界观"。如人名，汉族是姓在前，名在后，而许多别的民族如阿拉伯、日耳曼等则恰恰相反，而且阿拉伯人还在名姓中间冠上父名或祖父名，如曾任埃及总统的穆罕默德·胡尼斯·穆巴拉克，穆罕默德是他的名，胡尼斯是他的父名，穆巴拉克是他的姓。我国彝族、怒

族、哈尼族等很多民族也有类似的连名制。如云南景洪县基诺族的父子连名制世系是：姐右—右保—保姐—巴保姐—姐约—约八—八撒—撒姐—姐白腊—白腊约—约子……④ 而汉族的下辈不仅不能用父名、祖父名的字，而且连同音字也不能用。如果下辈的名同上辈的名同字或同音，就是犯讳，被认为是对上辈的冒犯。不同民族的人名有不同的构成规则，就充分反映了不同民族的不同文化传统。

专门用语是深深地扎根于民族文化的沃土中的。文化是人类创造的不同形态的特质所构成的复合体，它制约着语言的产生和发展。专门用语是语言的重要组成部分，它的发生发展无疑也受到文化模式的制约。可以说，一定的专门用语总是一定文化背景下的产物。既然专门用语负载着文化的内涵，那么，我们就可以把专门用语当作文化化石，并通过这些化石去考察不同民族、不同区域的文化特征，文化的分化和融合，去探寻文化的孕育、发生、发展乃至于消亡的整个发展历程。

专门用语有着极其丰富的内容，本节只摘取一二，以见一斑。

二、姓名

我国是世界上人口最多的国家，也是姓名最丰富的国家之一，仅姓氏就超过了八千个⑤。它的丰富和古老，无疑象征着一个国家的历史文化的悠久。姓名制度的沿革也从一个侧面折射出文化发展的历程。

（一）从姓氏看文化的发展

作为语言中的一种特殊专门用语，姓氏的主要作用是标明人们之间的特定社会关系的。姓和氏本来有很大不同，但后来二者合流。在姓和氏有别的时代，姓主要是血缘关系的标志，而氏并不是纯血缘关系的标志，而主要是别贵贱的。正如郑樵所云："三代之前，姓氏分而为二，男子称氏，妇人称姓，氏所以别贵贱……姓所以别婚姻……氏同姓不同者婚姻可通，姓同氏不同者婚姻不可通，三代之后姓氏合而为一。"(郑樵《通志·氏族略》) 这清楚地说明姓氏从古到今并非一成不变，其间有一个发展的过程。据大量史料分析得出，姓氏大致可分为三个阶段，即孕育阶段、旧制阶段和新制阶段。从这三个阶段可以透视出一些文化发展的痕迹。

第一阶段,夏代以前。这时已有了原始部落,而原始部落需要有一个名称来标志自己区别于他人。这名称便是姓氏的滥觞。

在夏代以前,中国历史上已经出现了许多军事力量相当强大,统治地域相当广阔的部落或部落联盟。这些部落各有其不同的始祖,如黄帝、炎帝、共工、太昊、祝融之类。这些始祖的名字成了部落的代号,也就是原始的"姓"。但这种"姓"与今人的姓氏制度显然不同,它并不标志纯血缘关系,不是家族的代号。这在其他民族中也可得到印证,摩尔根说:"我们祖先萨克逊人直到被诺曼人征服时,还只有个人的名字,而没有代表家族的姓氏。"(摩尔根《古代社会》)

由此可以说明夏代以前的先民不注重血缘关系的联盟,自然也就没有形成以家庭为社会细胞的宗族关系,更没有形成稳定的世袭君主制。

第二阶段,夏初到周代。此阶段已有了姓氏制度,大量的史料可以证实这一点。如《国语·晋语四》说:"凡黄帝之子二十五宗,其得姓者十四人,为十二姓,姬、酉、祁、己、滕、箴、任、荀、僖、姞、儇、依是也。唯青阳与苍林氏同于黄帝,故皆为姬姓。"又,"青阳、方雷氏之甥也。夷鼓、彤鱼氏之甥也。其同生而异姓者,四母之子,别为十二姓"。

此时的姓虽在第一阶段的基础上有了重大的发展,即姓起标示血缘关系的作用,但同后来的姓相比仍有区别。它还不是纯父姓制度,而是随父姓和随母姓兼而有之。从这不难看出,夏代已出现了一夫多妻的父权制度,至少其酋长是多妻的。因此,黄帝之子二十五宗出自不同母系,凡母系不同者即不同姓。同母即同姓。《说文解字》对姓的解释是"人所生也",指的就是出自不同的母系。古代许多姓氏字多从女旁也反映了这一点,如古姓就有姜、姚、姞、妫、始、姒、妊、娀等。

《国语·周语下》记灵王太子晋之言,谓大禹治水安民有功,于是"皇天嘉之,祚以天下,赐姓曰姒,氏曰有夏"。同时,四岳因为辅佐大禹有功,皇天亦"祚四岳国,命以侯伯,赐姓曰姜,氏曰有吕"。这

上编 语言——文化的符号

就清楚地说明姓氏在这时已有了贵贱之分，赐姓是上升为贵族的标志，用赐姓来表彰忠臣勇士或示爱宠妃臣仆成为古代姓氏制度的一种传统。

在这一阶段还出现了氏。氏是姓的分支。氏之所以从姓分化出来，很大程度上取决于别贵贱的需要。

氏的本义，就是《左传·隐公八年》所说的"胙之土命之氏"。它有九种来源，具体为：以号为氏者，如唐、虞、夏、殷；以谥为氏者，如戴、武、宣、穆；以爵为氏者，如王、公、侯、伯；以国为氏者，如鲁、齐、宋、卫；以官为氏者，如司马、司空；以字为氏者，如伯、仲、叔、季；以居为氏者，如城、郭、园、地；以事为氏者，如巫、卜、陶、匠；以职为氏者，如三乌、五鹿、白马、青牛。它不是血缘关系而是地域、职官、特殊技能等的标志，因而它可以随客观条件的变化而变化，晋国的士会既以其世官"士"为氏，又以采邑"范"为氏，又以其另一个采邑"随"为氏，所以士会又叫范会、随会；荀林父既以采邑荀为氏，又以其官职"中行"为氏叫，中行桓子，便是例证。

由于命氏的来源大致相同，随着每个贵族之下的支族越来越多，于是便出现了许多雷同的氏称，为了避免混乱，到了春秋中期以后，出现大量的复氏，如孔子七十二弟子中就有二十三个复氏：端木、颛孙、公冶、南宫、漆雕、公伯、司马、公西、巫马、公孙、公祖、壤驷、公良、公夏、奚容、公肩等。

由此可知，氏是与宗法制度联系在一起的，因为宗法制度是由原始的父系家长制血缘组织经过变化和扩大而成。氏则是由嫡妾制度演绎出的一整套分封宗法制度的具体体现，是作为一种手段为维护贵族统治服务的。

第三阶段，即从三代后直到今天。此阶段姓氏合而为一，每一个宗族采用一个固定的姓，凡属该宗族的成员，子孙万代永远使用这个共同的姓，除非特殊情况，否则不能改变。它是血缘关系的标志，是一种新的姓氏制度。

新制度的姓大都是由氏继承下来的，我国长期使用的《百家姓》

所收 468 个姓，其中绝大多数来自氏，如复姓"颛孙、端木""巫马、公西""漆雕、乐正""壤驷、公良"等便是春秋末年出现的复氏。这说明当时既注重宗族关系，又强调姓氏的高低贵贱区分。姓氏的高低决定了一个人的社会荣誉、仕宦前途、婚姻关系等。社会上和政治上的显要地位为少数世家大族所把持，只有这些家族中的成员方能在史册留名。因此，人们历来重视姓氏的位置，唐张鷟的《朝野佥载》还记了这样一段故事：

    后魏孝文帝定四姓，陇西李氏大姓，恐不入，星夜乘鸣驰，倍程至洛。时四姓已定讫，故至今谓之"驰李"焉。

这清楚地表明当时盛行的门阀制度已到了登峰造极的地步，这种重姓氏的习俗对后世有着深远的影响，历代的世袭制、"同姓不婚"、避讳，以及修家谱都是这一习俗影响的结果。

  不过，从唐代安史之乱以后，对姓氏远没有以往那么重视，姓氏仅仅是标志家族的符号。如元和年间，宰相李吉甫命林宝撰《元和姓纂》的时候就不再计较姓氏的排列次序，而是按韵编排的。尤其是到了现代，姓氏已不再具有从前那样严格的固定性，随父姓或随母姓都行。人们出于种种不同的需要还可以随意改变姓氏，家族无权干涉。甚至出现姓和名合一的现象，例如许多作家长期使用一个笔名，笔名可能是一个词，很难区别哪为姓，哪为名。这个笔名可以使用到老，以至于人们根本忘记了他的真名实姓，如"茅盾""艾芜""白刃"即是。这些事实证明，封建大家族已经解体，几千年来以男性为家族中心的观念正在日益消亡，一切在姓氏上面的复杂的社会内涵已逐渐消亡。

  (二) 从名字看文化的发展

  名是个人的符号。名即"明"的意思，用于区别不同的人。《说文解字》："名，自命也，从口从夕。夕者，冥也。冥不相见，故以口自名。"如果说姓氏是家族的公名的话，那么人名便是个人的私名了。

  人是文化的生物，作为人的符号不能不带有各个不同的历史时代、各个不同民族的文化色彩，不能不从一个侧面反映出文化的嬗变。

上编　语言——文化的符号

古人对于名字，并不像我们今天这样仅仅认为是一个人的符号，而认为名字与生命有着实际的和实质的关联。基于这种认识，古人取名字，不但慎之又慎，而且还要举行种种仪式。《礼记·内则》说："（子生）三月之末择日……命士以下皆漱浣，男女夙兴，沐浴衣服，具视朔食……妻抱子出自房……姆先相曰'母某取用是日，祗见孺子'。……父执子之右手，咳而名之，妻对曰记有成，遂左还授师，子师偏告诸妇诸母名……夫告宰名，宰偏告诸男名，书曰某年某月某日某生，而藏之。宰名闾史，闾史书为二，其一藏之闾府，其一藏诸州史，州史献诸州伯，州伯命藏诸州府。"

这是取乳名的仪式。待到成年取名时，其仪式更加隆重。如广西象州花蓝瑶族，男子到十五岁时，父母须为之举行隆重的称为"度戒"的仪式。时间自三个晚上至五个晚上不等。通常在阴历十一月、十二月举行。届时在家中预搭一两层之床，下面设置鼓与剑，上卧"度戒"之男子。"度戒"开始时，男子即不能茹荤、食油、饮酒，只能吃白饭，终日卧在床上。到晚上，则请人教以歌舞及巫师应有的知识与技能。原来头上团成之髻，须改梳成成年人正式之髻。到最后一晚上，男系村人与亲属均来宴会，该男子要在宾客前跳一段舞，尔后是宾客群舞⑥。

取名如此讲究就反映出古人"名也者，其人之魂也，其人之生命所系也"的观念。这一观念对人名的发展影响极大，很多由人名反映出的文化现象，都与此有着直接或间接的联系，是这一观念的演变和发展。

既然人与名是紧紧相连的，而人是有等级之别的，那么，名与地位也就紧紧相连了。这联系就表现在避讳上。避讳就是为了维护封建文化的等级制，在遇到君主或尊者的名字时，不能直接说出，在发现自己的名字与君主或尊者的名字相同时，就要回避更改。如明末有个人名叫宋一鹤，有一次，他要去参见湖广总督杨嗣昌，因为杨嗣昌的父亲名鹤，为了避讳，他便在名帖上将自己的名字改为宋一鸟⑦。这避讳上所反映的等级制就是人名即人魂之所在的发展。又如五代时有个

· 173 ·

姓石名昂的人，此人读书好学，不求仕进，节度使符习非常赞赏他的品行和才能，叫他当了临淄令。后来，符习入朝，翌年杨彦朗当了他的上司。一次，石昂因公来见杨彦朗。杨的亲信左右以杨彦朗的家讳是石，便将石昂的姓改为右。石昂非常不满，急趋于庭，责备杨彦朗说："内侍奈何以私害公？昂姓石，非右也。"昂即辞官而去⑧。杨彦朗的亲信左右要改石为右是为了避杨彦朗的家讳，石昂宁可辞官而不改姓是出于维护祖辈和自我的尊严。这要改和不愿改就鲜明地反映出汉民族特有的文化心理。

这一等级文化还反映在过去的家谱中。家谱是用来标明辈分的，目的是序长幼、明贵贱。它规定好了辈分的名号，某家族的成员，按顺序取其中属于自己辈分的名号作为名字的构成成分。如某家族的辈分名号是"……科启锡光、祥开家国……"，这个家族的某人如是"祥"字辈，便取"祥"构成如"祥福""祥松""祥银""祥宗"之类的名字。用家谱的形式将人编成号，排成队，组成一个个人际关系的等级序列，这也反映出宗族、忠孝文化影响的深度。

命名取义是历来的传统。人们认为名字不仅代表人的名誉和人格，还代表人的理想和福音，取得好，可以消病灭灾，可以人丁兴旺，可以飞黄腾达，可以光宗耀祖。这一传统自然与人名即人命的观念一脉相承。

由于人名用字往往寄托着长辈对子女的美好愿望，汉族人口众多，而反映美好愿望的词语有限，就造成了大量重名现象。如仅沈阳市一地，就有三千个以上的人分别叫"王伟""李杰"。男性取名为"斌""俊""武""刚""强""龙""虎""鹏"，女性取名为"花""芳""香""艳""丽""霞""梅""兰""菊""芝"的，也到处可见。从这重名的意向可以分析出汉族人希望男性英俊伟岸、文武双全，女性如花似玉、纯洁可爱的共同的审美价值观念。

传统是有历史继承性的，而且在继承中又有变化。在命名取义上，取什么义会随着时代的变化而变化，因为每个时代都有每个时代的时尚，都有每个时代的文化特征。虽然不是每个名字都能与时代的文化

上编　语言——文化的符号

特征相吻合，但在总的倾向上，从作为名字的词出现的频率上可以看出一定的文化痕迹。

据《史记·殷本纪》提供的资料可以看出，殷代的帝王都以天干为名，如武丁崩，子祖庚立，祖庚崩，弟祖甲立。祖甲崩，子廪辛立。廪辛崩，弟庚丁立。庚丁崩，子武乙立。武乙为雷震死，子太丁立，太丁崩，子帝乙立……天干就是甲、乙、丙、丁、戊、己、庚、辛、壬、癸。过去用它们分别代表十个太阳，夏商以天干为名，反映了他们对太阳神的信仰。

社会发展到周秦，周秦人名沿殷俗之旧，仍袭用干支，不过旧的东西进入新的年代，总要有些新的变化，这变化便是配合阴阳刚柔，五行生剋。秦代彝器铭辞有苏公子殷："苏公子癸父甲"，是苏公子甲，字癸父。癸，水也，柔日也；甲，木也，刚日也。（古人以天干次序奇数者为刚，偶数者为柔。）名癸字甲，取木生于水，又刚柔相济。阴阳最初是指自然现象，向日为阳，背日为阴。五行指金、木、水、火、土五种物质。古代思想家以这五种物质说明世界万物的起源和多样性的统一。它们的出现，是对以往天人关系迷茫认识的一次冲击，使天成为物质性的宇宙而与神拉开了距离。

周秦普遍以干支配合阴阳五行为名，就说明此时阴阳五行的观念很流行，也说明当时已产生了自然物资的"物"的观念。

这种"物"的观念经过唯心主义的改造，后来阴阳发展成中国哲学中最早出现的最重要的阴阳学说，五行又发展成指仁、义、礼、智、信，成为儒家文化的纲领。在儒家文化占统治地位的情况下，人们把它作为自己的精神支柱，作为自己的道德标准，并把表现这种思想观念的词命之以名，以明示父母等命名者的希望或取名者本人的追求，如汉代的杨修字德祖，司马徽字德操，程普字德谋，诸葛铨字德林，张飞字翼德，徐源字德渊……光宗耀祖是儒家所提倡的，因而，史书所记的人名好多都含此义。如光祖、述祖、则祖、继祖、兴祖、绍祖，胤宗、继宗、敬宗、耀宗、孝宗、显宗，继先、耀先、孝先、嗣先等等。

随着社会的发展，儒家文化今已渐渐淡化，但类似上述的命名取向仍有一定市场，可见，儒家文化的影响何其之深！

中国文化富有吸收性，历史上由国外输入的文化也在中国人名上留下了痕迹，其中佛教文化和西方文化的影响尤为突出。

佛教在中国流行近两千年，对中国的传统文化产生了极大的影响，单从当时人的命名用字上就可看出它的影响是多么广泛而深入。

著名语言学家吕叔湘先生《南北朝人名与佛教》一文分列四十一条分析了与佛教有关系的主要见于正史纪传中的人名，"表明家世信仰和社会风尚"。下面摘录一条以资印证。

> 罗汉　宋有王罗汉（宋书77柳元景传，又95索虏传），梁有黄罗汉（北齐书32王琳传），魏杨津字罗汉（魏书58），又有吕罗汉（又51），薛罗汉（又61薛安都传）。案罗汉全音是阿罗汉arhan（arhat），有"杀贼"（贼指妨害修行的东西），"无生"、"应供"等不同释义，是小乘佛教修行的最高成果。⑨

西方文化对人名的影响主要表现在维新思潮时期。清末，中国面临被瓜分灭国的危机，当时一些知识分子忧国忧民，渴望有什么灵丹妙药来"救死扶伤"。当他们读了严复译的英国著名的生物学家赫胥黎的《天演论》时，感到耳目一新，以为为拯救中国找到了一剂药方，于是他们很快就接受。他们的第一反响就是改名以寓志，把书中的"物竞天择，适者生存"一类口号的字用作自己的名字，如陈炯明字竞存，秋瑾字竞雄，胡适还在《四十自述》"在上海（一）"中记述了他改名的经过：

> 我在学堂里的名字是胡洪骍。有一天的早晨，我请我二哥代我想一个表字。二哥一面洗脸，一面说，"就用'物竞天择，适者生存'的'适'字，好不好？"我很高兴，就用"适之"二字。后来我发表文字，偶然用"胡适"作笔名，直到考试留美官费时我才正式用"胡适"的名字。

这"胡适"的名字，就是他受西方文化影响留下的"纪念品"。

新文化运动中，左翼作家蒋光赤、实验主义教育家陶行知、唯美作家邵洵美，这些名字也各有受西方思潮冲击的痕迹。

上编　语言——文化的符号

三、地名

(一) 地名对文化现象的反映

地名也是一种社会现象，是人类交往和生产斗争的产物，是人们根据自己的观察、认识和需要，对具有特定方位、范围及形态特征的地理实体给以共同约定的语言文字的代号。

地名一般由专名和通名两部分组成，如"武圣路""日月潭""武汉市"。"武圣""日月""武汉"是专名，特指某一地理实体并用以区分同类他物的专用词；"路""潭""市"是通名，它概括某种地物的共性，起定性的作用。不管是通名还是专名，都与文化水乳交融，尤其是具有相同或相近的词所构成的地名群，更能集中地反映出某民族或某地域长期或某个时代所具有的文化景观、民族心态。下面分别举例。

在中原地区即山东西南部、河南东部、安徽西北部，地名多带通名"集"，形成"集"的地名群。如山东的辛集、柳林集、曹马集、沙土集、独山集、齐五集，安徽的兴隆集、沙河集，河南的谷熟集、高辛集、杜集、顺和集、杨集、陈官集、马桥集等。集者，农村集市所在也，因某村有集市便称"×集"或"××集"。而四川人称到集市上买卖东西为"赶场"，而四川盆地称为"××场"的地名比较多见，形成独具特色的"场"地名群。这与中原地区人称到集市买卖东西为"赶集"而形成"集"的地名群相似。这类现象反映出这些地区集市贸易比较发达，在人们的生活中占有重要地位。据有关人士考证，"集"的地名群是唐代中叶出现的，而唐代中叶正是经济发展、商业发达的时代。

我国是龙的故乡，对龙有着浓厚的感情，在漫长的历史长河中，形成中华民族特有的龙文化。这在地名中也有反映，专名中含有"龙"字的地名，仅河北省就有363处，其中县名2个，村名278个，山名14个，河名9个，洞泉名21个[⑩]。这些含有"龙"字的地名有着不同的来历和含义，归纳起来大致有：①以龙象征封建帝王，如唐代的龙兴寺、龙兴观、龙华店，意在显示帝业大兴；②以龙表示"山势起伏的脉络"，如武安青龙山、迁安龙山、井陉五龙山、涉县黄龙垴等；

③依佛教《华严经》和道教《太上洞渊请雨龙王经》中的传说，取龙王掌云布雨，龙人河海之意，如潴龙河、龙王河、青龙河、九龙河、龙潭、龙洼、龙塘、龙泉、黑龙洞等。河北最早见诸文献记载的"龙"地名是战国时期的封龙（今元氏县北）、龙邑（今曲阳县西南）和龙兑（今满城县东北）。"龙"地名数量之多、遍布之广、历史之久，反映出我国广大民众对龙的特别崇敬和爱戴。

地名比较稳定，保持久远，是独特的历史文献，为我们研究历史文化提供了极其珍贵的史料，可称为文化化石。这些反映文化的地名化石从横的方面来看，既可以揭示同一平面上的文化分布，又可以反映出不同民族、不同地域的文化特征；从纵的方面来看，既可以透视出各个民族不同时代的文化变迁，又可以反映出民族迁徙的情况。

（二）从地名看文化的发展

词汇是语言中跟时代跟得最紧的，它最敏感地记述社会发展变化所出现的情况，地名是词汇中的专门用语，虽然比较稳定，但由于所有的地名不是一次命定，而是在历史发展过程中分期产生的，因而，不同时代命定的地名自然会打上不同时代的烙印。加上，有少量已命定的地名由于跟某个时代的政治、思想、民族心理鲜明冲突也有改名的情况，这改名也无疑留下某一时代的痕迹。

下面将从通名和专名两个方面粗线条式地叙述如下：

通名中就含有行政区划的单位。我国的行政区划从夏代的"方国"始。据《礼记·礼运》篇载："今（夏启）大道既隐，天下为家，……礼义以为纪……以设制度，以立田里……"至今已有近四千年的历史。在这漫长的历史长河中，行政区划大致经历了三个时期，即奴隶制国家萌芽阶段，封建国家行政区划不断演变阶段，新中国行政区划不断完善阶段。

奴隶制社会时期是我国行政区划的萌芽阶段，行政区划很不完善，只有零星的"昆吾国""鲁公""晋侯""郑伯"之称，尚无全国范围统一的政区划分。

到了封建社会秦始皇统一全国以后，全国才有了统一的行政区划。

上编　语言——文化的符号

从统一全国、实行郡县制，至今已有两千年。其间经历了十几个朝代，几乎每个朝代都对行政区划进行过调整，但较大规模地调整、革新行政区划只有几次。第一次是，西晋时期增设州制，实行州—郡—县制；第二次是，隋朝裁撤诸郡，以州统县；第三次是，唐朝改州为道制，首创方镇，还仿汉西域都护府建制建立府制；第四次是，宋代首创路制、年制，宋代也有府，但隶属于路；第五次是，元代首创行省，简称省。此外，还有低一些层次的行政区划的名称，如"乡"是秦代地方基层行政单位；"亭""聚"等是汉代地方基层行政单位；"集"等是唐代村级单位的通名；"铺"在宋代是指邮递驿站。这些不同时代的建制以不同地名中的通名作为标志，标志着我国具有传统舆地文化，也显示着地名的某些时代特征，如见到关东道、河东道、岭南道、淮南道等便可知它是唐代的行政区划，看到卫辉路、广平路、广德路、元江路、木连路便可知它是元朝的行政建制。

　　接着谈谈专名发展的大致脉络。古人，特别是原始人，活动天地较小，思维内容比较贫乏，因此，在给一地命名时，多注重当地有限范围里某些特征，即地形、植被之类，如北京的前身蓟城就是以当地的蓟山命名的。待有了地形地貌特征的地名以后，便依山傍水，在地形地貌特征的地名上冠上方位词，如江苏省的淮阴市，《水经注》："淮水左岸，即淮阴也。""阴，水之南山之北也。"再如上海社科院1987年编撰的《文化辞典·舆地篇》所列的条目：关东、关西、江东、江表、关外、江右、山东、西疆等都是以山水为基点再冠以方位的。这些具有方位标志的地名，有的是就一个很小的特征来说，如湖北汉川市的"汈东"就是以该县所辖的汈汊湖为基点；有的是就一个比较大的特征来说的，如湖北汉阳就是以汉江为基点的；有的是就全国来说的，如北京、南京等。无论大小都说明中华民族很早就有了方位概念，对空间有了一个宏观的把握。这类地名具有鲜明的标识性，因而也具有极强的稳定性。

　　历史的发展也必然会带来新的认识、新的观念。这新的认识和观念在地名中也有反映。如辽宁、惠宁、抚宁、伊宁、长安、永安、红

· 179 ·

安、安陆、安庆、安东、安平、康平等含有"宁""安""平"的地名遍布全国。这反映出由于战争、瘟疫、水灾等天灾人祸给人类带来莫大的痛苦,乃至于给人类以致命打击,为了避免天灾人祸的发生,人类在与自然搏斗的同时,也希望长治久安的心态。

又如北京南郊的一些村庄名——隆盛庄、富源庄、笃庆堂、信义庄、太白楼、万聚庄、南宫村……一看到这些文雅的地名,就知道此地名产生于人们的审美情趣得到很大提高的年代。从这些富有文采的地名中也可透视出当时当地人希望发达、讲究信义的心理。

类似情况在改名中也有反映,如将"狗尾巴胡同"改为"高义伯胡同",将"光屁股山"改为"太阳山"等将不雅的地名雅化的地名便表明随着社会的发展进步,人们对高尚情趣的追求。

到了新中国,人民以崭新的姿态屹立在世界的东方,并以新的思想、新的观念来感知世界、认定世界。这些在地名中也有所体现,这里仅以唐山市的地名为例加以说明:新唐山是在地震废墟上建起来的,它的地名除了极少数还沿用原名外,绝大多数均以新名命之,这些新名把唐山人民的美好愿望、崇高的情操融了进去。如东矿区有模范楼、拥军里等;新区有文明里、育才里等;路南区有友谊里、建国里等;路北区有曙光楼、富强楼、红星里、团结里等。这些地名如同社会主义新中国一样充满生机。

四、礼仪

礼仪指婚丧祭祀等礼的制度。中国古称礼制之邦,最重视礼。所谓"礼仪三百,威仪三千"(《礼记·中庸》),就是最好的概括。我国古代文献中就有许多礼仪的记载。集礼之大成的礼书就有"三礼",即《周礼》《仪礼》《礼记》,还有散见于《史记》和"十通"等文献的。朱星先生在《古代文化基本知识》(天津人民出版社1982年版)一书中根据《四库全书简明目录》所作统计指出:从"三礼"到历代统治者所编礼书和礼书研究,共有一百四十八部、二千二百八十三卷。这些礼书都是儒家的经典。它从一个侧面反映出占封建社会文化主体地位的儒家文化的伦理观,集中记载了奴隶社会和封建社会的典章制度和各

上编　语言——文化的符号

种礼节。而这些伦理观、典章制度和各种礼节又较多地浓缩在一些有特定内涵的专门用语中，尤其是有关礼仪的内容大多有专门词语来标示。通过这些专门用语，可以透视出汉民族礼制文化的发展情况。

从礼（禮）字的结构上可以看出，礼最初是表现祭祀的。《说文》说："履也。所以事神致福也。从示，从豐。"示是神主牌，豐是乐器上放置双玉，即在鼓乐声中以玉器来祭神。要祭祀就有一套仪式，就是"礼仪"。而最初的祭祀是原始先民在对大自然无能为力的情况下所给予的一种精神寄托，旨在通过祭祀之类的巫术活动达到人界与神界的沟通，从而达到控制自然、利用自然的目的。到了奴隶社会，特别是它的末期，由于阶级矛盾日益尖锐，各种斗争越来越激烈，统治阶级为了加强自己的统治地位，于是将原来存在于先民间、具有极大影响的祭天地的巫术引来为己所用。他们认为天在监察一切，而天又是站在统治阶级一边的，统治阶级是代表天在人间行使意志，祈求老天保佑就是祈求名为天子的皇上的保佑。基于这种认识，他们便极力地丰富祭祀的内容，宣传巫术文化，并使之制度化。例如，祭祀分祭和祀，祭又分大祭、中祭、小祭。大祭是天子举行的，中祭对象是"四望"、先公等，小祭对象为山林川泽、风师、雨师。另外祭还分许多名目如"禘""望""烝""袷""旅""尝""郊""社""礿"等即是。

从这一大串自成系统的表示祭祀的专门用语中，可以清楚地看出奴隶社会和封建社会的祭祀礼在原始社会的基础上有了重大的发展，发生了根本性的变化，一个突出的变化就是将祭祀等级化。同为祭，却分大、中、小三个等级，大祭专为祭祀昊天、上帝、先王，行祭时需用五斋三酒，可增添三次酒，即"大祭三贰"；中祭专为祭祀"四望"、山川、先公，行祭时可增添二次酒，即"中祭再贰"；小祭为山川山泽、风雨师之祭，行祭时可增添一次酒，即"小祭壹贰"。《大戴礼记》中说得更明确："王者天太祖，诸侯不敢怀，大夫、士有常宗，所以别贵始，德之本也。郊止天子，社止诸侯，道及士大夫，所以别尊卑。尊者，事尊；卑者，事卑。宜钜者，钜；宜小者，小也。故有天下者，事七世。有国者，事五世；有五乘之地者，事三世；有三乘之地

· 181 ·

者，事二世；待年而食者，不得立宗庙。"《大戴礼记·礼三本》篇）

"礼"这样强调"以别贵始"，其目的是"别尊卑"，达到"尊者，事尊；卑者，事卑"。地位等级的差别，决定了祭祀等级的差别。祭天的"郊祀"只能由天子来祭；祭地的"社祀"则到诸侯为止；"道"这种除丧服的祭，也只到士大夫为止。至于"待年而食者"，连祭祖宗的"宗庙"都不能立，就更没有资格参加任何祭祀了。这根本不是什么"致其敬于鬼神"，分明是用作统治人民的工具。

由这种分尊卑、明贵贱的祭天地、祭社稷、祭宗庙的礼仪扩大而为凶、吉、军、宾、嘉等礼，这些礼都有一套仪式。所谓五礼，就成了一套"礼制"。以五礼之中的嘉礼来说吧，古代为喜庆相欢之事所举行的礼叫嘉礼，它包括"脤膰之礼""婚冠之礼""贺庆之礼""宾射礼""乡射礼""饮食礼"等，这些礼有些还可分出更小的礼，而且对每一种礼都作了特别的规定。如"诞生礼"，据《礼记》记载，生了男孩，则在门左设一木弓，用以象征男子之阳刚，左为天道所尊，标志生男尊贵；生了女孩，则在门右设一佩巾，象征女子之阴柔，右为地道所尊，表卑顺。其还规定诞生三日举行此礼，名曰做"三朝"。由此不难看出，这时的"礼"不但有尊卑之分，而且还有男女之别。一个人来到人间之时，本是一切不知、一切不晓，然而，"礼"却给他作了再清楚不过的尊卑界定。可见封建社会的"礼"，负载着多么丰富的社会内涵！

后来，在此基础上，"礼"又发展成为与法分行的一种维护统治阶级政权的上层建筑，并把它当作修身—齐家—治国的准则。《礼记》中的《礼运》《礼器》《曾子问》《哀公问》《大学》《学记》等篇都对此作了深刻而又明确的阐述。《礼器》说："礼也者，合于天时，设于地则，顺于鬼神，合于人心，理万事者也。"荀子说："人无礼则不生，事无礼则不成，国无礼则不宁。"这些都说明了"礼"在古代社会生活与政治生活中的重要地位。

随着封建社会的解体，封建意识的淡化，大量反映古代礼仪的专门用语已成为词语化石而不被今人所使用。

上编 语言——文化的符号

综上所述，专门用语的产生和流传受到一定文化模式的制约。不同民族、不同区域的文化特征，以及文化的融合与分化，也都可以在专门用语中得到充分的体现。中国古代社会中曾经用过的一套完整的礼仪用语，以及汉人姓氏、名字的使用，充分体现了儒家的中庸思想和等级文化的观念。而作为特有文化形态的地理名词，则给我们探讨区域文化提供了有利的条件。

第四节　准语言的文化渗透

一、准语言及其文化特征

狭义的语言是人类最重要的交际工具，这种工具也有一些不足之处，所以，我们还需要其他一些辅助性语言：准语言，或称副语言。准语言是除了狭义语言之外的其他辅助性交际符号。准语言内部可从不同角度分类。如果从其形式来看，准语言可以分为听觉的、视觉的和触觉的三类[①]。如果从准语言的功能来看，准语言可以分为依附性准语言和独立性准语言两类。依附性准语言是建立在狭义语言的基础上的交际符号，一般可以准确地转换为狭义语言，是狭义语言的代用品。如各种人工语言（如计算机程序语言、数学语言、国际辅助语、电报代码等）、图表公式、科学符号、旗语灯语、交通信号、商品标志、比赛信号标志等等。这类交际符号的意义一般来说最终是通过狭义语言来理解或解释的。独立性准语言是不依附于狭义语言而独立存在的交际手段，一般不能准确转换为狭义语言。如体态语（包括日常体态语和艺术体态语，如戏曲、舞蹈、影视等表演艺术体态语）、美术、音乐、服饰等等。这类交际手段的意义一般来说不必甚至无法通过狭义语言来理解或解释。

准语言和狭义的语言一样，也是人们交流思想感情的工具或手段。一方面，准语言作为人类交际工具的地位不如狭义语言那么重要。因为无论哪一种准语言，其适用范围都不如狭义语言广泛，或者表达内容不如狭义语言丰富明确，或者不能脱离狭义语言而独立使用。另一方面，无论哪一种准语言，都有狭义语言所没有的特殊作用，可以弥补狭义语言的不足。这也正是各种准语言得以生存的原因。如各种人工语言、图表公式等比狭义语言更加简明精确。旗语灯语可以克服有声语言在空气中传递容易损耗、受干扰的局限，更适用于轮船航行时的相互交际，如此等等。至于独立性准语言，本质上是无法用狭义语言取代的，具有特殊交际功能的交际手段。这些准语言在人类交际中也发挥着重要的作用。国外甚至有人发现，交际时，有65％的"社会含义"是通过准语言传递的。

准语言本身是一种文化现象，是一种社会习俗，属于制度文化。准语言的文化特征表现在以下几个方面。

首先，从准语言的产生来看，准语言是由一定的社会成员约定俗成的，而不是纯自然现象。所有依附性准语言都是人为约定的，这一点十分明显，不必多说。至于独立性准语言，如体态语，其社会约定性需要进一步说明，因为这类准语言中某些成分似乎表现出某种先天自然性，使得人们对其社会约定性产生怀疑。如表示人的喜怒哀乐的感情的某些体态语如面部表情，在一定程度上是人的本能的反应，具有一定的先天自然性和人类普遍性。但是即使是这类体态语，也具有社会约定性。因为人的某种面部表情与某种思想感情之间并不完全是自然的联系，而常常会有表里不一的现象。人毕竟是理性动物，人们能够用理智来控制自己的感情，虽然内心激动万分，但可以在表面上装作若无其事；内心非常痛苦，表面上却强作欢颜。由此可见，虽然某种面部表情与某种思想感情之间就其原始状态来说，有某种程度上的自然联系，但这种联系一旦成为某种社会习惯，就具有了社会约定性，人们可以根据这种社会约定性来控制自己的表情，传递自己想传递的信息，而隐藏自己真正的思想感情。如果某种面部表情与某种思想感情是纯自然的联系，就不可能出现这种表里不一的现象。

其次，从准语言的发展来看，准语言的发展要受到社会环境的制约，受到其他文化现象的影响。这一点从人类个体的准语言的发展可以看得很清楚。例如，哭是人类最先形成和使用的一种准语言，婴儿

上编　语言——文化的符号

一出娘胎，就用哭来宣告自己的诞生，表现自己由于生存环境的变化而产生的不适应的痛苦。婴儿在没有形成和掌握其他交际手段之时，只能用哭来表示自己几乎所有的愿望和情绪，也就是说，哭是初生婴儿唯一的交际手段。以后随着身体各部分的逐步发育，其慢慢形成和掌握了其他交际手段，如笑和其他面部表情，手势和其他体态，从牙牙学语到逐步掌握有声语言，诸如此类。儿童逐步发展出来的各种交际手段，虽然就其产生之初来说可能是出于自然本能，但是这些交际手段能够逐步固定下来，成为社会通用的交际符号，则是社会环境选择和强化的结果。如果个人的某种交际手段不能被社会所选择和强化，就不能成为社会通用的交际手段。例如初生婴儿的哭是表示各种愿望的唯一可能的手段，对于社会来说，这也是唯一可能的选择，哭作为婴儿表达各种愿望的交际手段不断得到强化，成为婴儿与社会交际的符号。然而随着儿童的成长，逐步发展出其他交际手段之后，哭作为表达某些愿望的交际手段不再为社会所选择，也不再得到社会的强化，因而就会丧失某些交际功能。例如一个已经会说话的孩子，再用哭表示要大小便，就不会为社会所接受和选择，也不会得到社会的强化，只会得到社会的抑制。因为对于会说话的孩子来说，社会已经选择了被认为更合适的手段。例如，用说话来表达要大小便的愿望，从而取代了哭的这种交际功能。由此可以看出，哭作为一种准语言，其交际功能的变化也要受到社会的制约和其他文化现象（包括狭义语言）的影响。

再次，从准语言的功能来看，准语言同狭义的语言一样，不仅是一种交际工具，也是一种文化的载体或符号，以各种方式反映着一定民族、地区、时代的文化风貌。如各种人工语言、图表公式、科学符号、旗语灯语、交通信号、商品标志、比赛信号标志等依附性准语言，都是科学技术、行为规范等文化现象的载体和表现形式，而且这些准语言一般具有国际通用性，则反映了国际文化交流的时代文化风貌。体态语尤其是礼仪性体态语，本身就是人们的社会行为规范及其相应的精神文化尤其是表演艺术的主要表现形式，充分反映了一定民族、地区、时代的制度文化和精神文化风貌。至于美术、音乐、服饰等准语言，本身就是重要的制度文化和精神文化——民俗和艺术的重要载体和表现形式。这类准语言的民族特色，就是民族文化特色的主要表现形式，而其中具有国际通行性的部分，如油画、交响乐、西服、领带等，则是国际文化交流标志和文化的时代特征。

最后，从准语言的实际运用来看，准语言的运用也要受到社会文化环境的制约和影响。不同的年龄、性别、职业、地位、文化程度、信仰等社会身份的差异，不同的民族、地区，不同的时代，不同的交际场合等社会文化环境因素，对准语言的运用有明显的制约和影响。比如儿童、少女常用扭身、摆手、跺脚、摇头等一套体态来撒娇，人们会觉得天真可爱；如果一个老太婆或一个大老爷们用这种体态，人们只会觉得恶心或者滑稽。又如老师和学生在路上相遇，老师可以用点头向学生打招呼或回应，学生则不可以用点头来向老师打招呼或回应。中国古代人常用叩拜、打拱作揖、万福等作为见面或告别的礼仪，而不用身体接触的握手、拥抱甚至吻等体态语，而其他一些民族以及中国现代人则恰好相反，而拥抱和吻在中国现代人中的使用还有许多限制，一般只用于关系特别亲密的亲友之间，或用于国际族际间的交往。又如在法庭上，证人必须用"是"或"不是"之类的有声语言明确回答问题，而不能仅仅用点头或摇头这种体态语表示肯定或否定。至于美术、音乐、服饰等准语言的民族、时代等方面的文化制约和影响，更是十分明显了。

准语言不仅本身就是一种社会文化现象，是一种文化的载体或符号，在其形成、发展和运用中受到其他社会文化因素的制约和影响，而且准语言也渗透到其他文化类型之中，对其他文化类型也产生了重要影响。以下以体态语、绘画语言、音乐语言为例，对此作进一步说明。

二、体态语的文化渗透

体态语是通过人的面部表情、手势乃至于身体姿态来传情达意的符号。对这种符号，有的叫态势语或身势语，有的叫手势语，有的叫

上编 语言——文化的符号

动作语，最通行的说法是体态语。体态语虽是一种古老的语言，但把它作为一门学科认真研究，却是 20 世纪 60 年代才开始的。研究体态语的学科，一般称为身动学。

体态语伴随着人类的发生发展，忠实地服务于人类生产、生活的各种交际活动，它对人类的进化、社会的进步、文化的演变无疑起着重要的推动作用。

人类最早的交际工具应该是体态语。一般认为，人类有近三百万年的历史，而有声语言的历史只有五万年左右。在有声语言产生之前的漫长历史时期内，人类的主要交际工具是体态语。就人类个体来说，最先产生的交际手段也是体态语。原始先民之所以选择体态语作为交际工具，是因为体态语具有具体可感的形象性，而具体可感的形象性是与原始人的表象思维相辅相成的。原始人在劳动生活中把一个个想法外化为具体可感的体态，反映到对方的表象思维中形成某种共感、共识，并通过共感、共识来协调行动，以求步调一致，用集体的力量去战胜恶劣的环境，去获得更多的劳动成果，以满足生存和发展的需要。在人类最初的狩猎活动中，在稍后的农业活动中，体态语对创造狩猎文化、农业文化起着不容忽视的作用。体态语帮助原始人统一行动方式、组织狩猎活动、总结劳动经验，并把这些方式、经验一代代地传下去，这样便逐渐形成了一定的文化模式。

在用体态语来统一行动、总结经验，利用集体智慧和力量去改造自然、创造文化的同时，人类也在不断完善自身。随着狩猎生产的缓慢发展，工具创造的逐渐复杂化，人类的双手变得日益灵活，脑容量逐步增长，行动思维和体态语交际活动不断改善着人类的心理结构。这一切，都在无形中为人类艺术活动的发生积累着必不可少的主体条件。

直接源于日常交际的体态语的舞蹈是众多艺术文化的开路先锋。因为动作是思维的早期形态，是心理活动最早的外在媒介，又是最为简便易行的交往手段，所以，最早的艺术形式就自然是以有节奏的动作为主要表现手段的舞蹈了。

舞蹈是形体动作的艺术，是用人体的动作构成的艺术语言。无论是原始人用以消祸祛灾、祈求祥瑞的功利性的舞蹈，还是现代人主要用于抒情、娱乐、审美性的舞蹈，都主要是凭借人的形体动作来表现生活。在舞蹈艺术中，形象的塑造，思想感情的表达，都要通过舞蹈词汇——形体动作来实现，离开了它，也就失去了舞蹈艺术。

  舞蹈动作就是体态语，但不是一般的交际体态语，是经过加工锤炼，使之艺术化了的体态语。特别是一些程式化的舞蹈词汇如中国民族舞中的"探海""卧鱼"等，古典芭蕾舞中的"迎风展翅""单腿旋转"等，是在日常交际体态语的基础之上的重大的发展。对于与舞蹈相邻的其他艺术如哑剧、戏曲、电影、电视等表演艺术而言，体态语都是它们的重要组成部分，离开了体态语就没有表演艺术了。

  体态语以及由体态语构成的舞蹈艺术，在原始时代都是一种动态、暂时性、非物化的文化，不可能以客体的形体永久保存下去。伴随着人类的进化，在心理结构、手的灵巧等条件基本具备的条件下，一种企图把视觉所见的图像作用于物体使之物化的表意方式便产生了。这种表义方式便是绘画与雕塑。而这两种艺术也是以体态语作为画家审美感知、认识和鉴赏的重要对象。因此，体态语也直接地影响到绘画与雕塑。这种影响不仅表现在人物体态直接为绘画与雕塑提供素材，成为画家的"模特"，如《龙凤人物图》《御龙图》等古画大都是以人体的动作作为对象的，而且更重要的是身体的灵活动作，尤其是手势的熟练动作为创造绘画文化提供了主体条件。"正是由于人经常通过手势比划出一个事物的轮廓线来描述该事物的形状，才使得用手创造的艺术形象大部分是以轮廓线的形式出现；也正是上述原因，才使得用轮廓线表现事物成了适应人类心理状态的最简单、最习惯的表现技巧。当然在画面上涂满色彩，成为一事物创造模型，或塑造一座雕像时进行的活动，也有可能产生所希望的形状，但它们自身都不是对这一事物的客观形状的模仿。因此，它们在视觉艺术中所起的作用，比起轮廓线所起的作用，就更为间接一些，描画轮廓线的活动，在它的开始阶段就已经与模仿性的手势相差无几了。"[12]

  体态语是以象征性的手势比划出事物的形象，这就为通过手把形

上编　语言——文化的符号

象物化到客体上打下了坚实的基础。然而，在从动作向创造物化形象的转化中，发生根本性的变革的不是模仿的对象，而是模仿所凭借的表现形式。由体态语向空间造型——绘画雕塑发展的飞跃，为文化信息的永久性和积累开辟了广阔的前景。其直接的结果，便是使行动思维终于摆脱了体态表意的局限，把思维的外壳从身体活动转向心理表象，为更为抽象化的语词概念思维的发生奠定了必要的基础。具有开放性、能产性、双向交流性、抽象性等基本特征的有声语言与体态是紧密联系在一起的，无论是有声语言在创造之初，还是在有声语言运用的任何一个横截面上，体态语都给予了直接影响。表现最突出的是有声语言中的词语和文字的构造，有好多是源于体态语的。如汉语中的词语，表象征性的有"闭目塞听""摩拳擦掌""交头接耳"等；表说明性的有"指手画脚""戟指怒目"等；表情感表露的有"嗤之以鼻""垂头丧气""拍手称快"等。

汉字的构成与体态语也有联系。例如，"友"按其古代图形是表现伸出的两手，许多数目字就是摹拟用手指计算的体态。

如上所述可以证实：体态语是文化圈中许多门类的衍生基础，对文化的发生发展起着举足轻重的作用。

三、绘画语言的文化渗透

绘画语言是通过形象来表意的，色彩和线条是它的词汇，作者的思想情感通过它们宣泄出来。用绘画的词汇——色彩、线条构图成画，其形象是具体可感的，不必经过语言的中介，只要凭视觉感官就可直接看到，并受到其感染。所以，绘画作品的艺术形象具有直观性和具体性特点。美术作品的形象，都固定在一定的物质材料上，这就使绘画作品的形象具有一种永固性的特点。绘画语言的这些特点对其他的文化的发生发展起着重要的作用。

绘画是一种古老的语言，它能使主体的愿望外化为可感知的物质实体形式，并传之久远。这种语言是在生产力非常低下、人类对自己生存的环境无能为力的荒古时代，出于表现、宣传前宗教文化巫术以求控制自然的需要发展起来的，是一种符合原始人思维的具有具体性、直观性的功利性语言。随着野蛮向文明的发展，人与自然的逐步分化，进化中的人们，在思维日益精细的情况下，逐渐意识到用象征性的图画难以适应表达思想、交流感情的需要，十分渴望一种既有可传授性又有简易性的书写形式出现，在主体条件已经具备的情况下，于是，符合当时要求的一种形式——文字便产生了。不过，它不是凭空构造的，而是在绘画的土壤中萌发出来的。玛雅人、古埃及人和我国云南纳西族的图形文字，古美索不达米亚各民族的楔形文字以及以象形为基础的古汉字等就透露出文字脱胎于绘画的信息。如方国瑜教授对纳西图形文字的解释是："（纳西图形文字）是用图像的方法写成，以一字像一物或一事，或一意，但与图画之惟妙惟肖求其美感不同，而是用简单笔划粗具事、物、意的轮廓来表达。"⑬

在这些图形文字、象形文字、楔形文字的基础之上，逐渐发展成高度抽象的与客体事物没有直接联系的书写符号，成为文化传承的主要工具，可以说，没有文字，文化就得不到很好的继承和发展。可见，文字对人类的进步起着何等重要的作用，然而，文字的起源和发展得力于绘画语言的积累和引导。

文字的产生取代了绘画语言的交际性职能，绘画语言便在审美意识的指导下，摆脱了宗教文化的桎梏，由专施交际的功利性过渡到审美性、娱乐性。这一过渡，在人类进步史上是一伟大的飞跃，它不仅自身拓宽了表现领域，多角度、多层次地表现社会生活，而且为产生或发展其姐妹文化打下了坚实的基础。

由源于绘画的文字而发展起来的书法就直接受益于绘画语言。前人所说的"书画同源"，"把中国书法当做一种抽象画，也许最能解释其中的特征"（林语堂语），就是极有力的证明。

中国绘画的历史十分悠久，为人类文明作出了重大贡献。在它几千年的发展过程中，不仅产生了如星汉灿烂的许许多多杰出的画家和优秀的作品，而且形成了自己独特的绘画的风格和审美情趣，而这些独特的风格和审美情趣对书法的影响是极其明显的。例如，中国绘画不像西洋传统绘画那样注意解剖学，不强调由于物体凸凹而产生的明

上编　语言——文化的符号

暗光彩变化，而着意于笔墨的勾勒、皴擦、点染，以求表达对象本体的"骨"和"肉"。中国书法是靠墨笔和线条来表现的，只是通过浓淡、刚柔、粗细刻画出疾徐轻重的动态感、韵律感和节奏感，并通过这种动态、韵律和节奏的统一，显现主体的某种情感。

中国绘画讲究位置的章法布局，画面虚实的巧妙运用，人、物与空间融合一体，以求无穷无尽的"气韵生动"。中国书法也特别注意布局，因为书法一般是用墨笔在白纸上或直行或横行的书写，如果不注意字与字的结构布局，杂乱无章地拼凑在一起，就会破坏书法的艺术美，也就不成其为艺术了。正因为如此，书法强调字的大小、粗细、刚柔以及字与字、行与行之间要符合人的整体构思，创造某种意境。如《史晨》《礼器》等碑刻，横行之间距离较宽、直行的间隔较窄，字形较扁而带波挑，看起来就像一排排连翩飞翔的大雁。

布局的作用在行书、草书中更显得突出。行草书法更需要讲究字与字、行与行、黑与白、大与小、正与斜等因素之间的顾盼与呼应，揖让与补救。真正做到"计白以当黑"，让写的字与空白组成一个有机的整体，使人看到"黑处是字，白处也是字"。

中国画重神似而轻形似，不仅要表现绘画对象的"神"，更主要的是要求通过客观对象表现画的主观感情。所谓"以形写神"，"形神兼备"的绘画理论就是这一观念的概括。这一观念也运用到书法之中，使文字不再只是记事表意的工具，而成了文人士大夫们的寄情寓意之物。胡小石在《书艺略论》中写道，"凡用笔作出之线条，必须有血肉、有感情"，强调的就是书法形象的表意抒情的作用。

绘画长于造型，但形象都固定于一定的物质材料上，致使绘画在反映事物的历史发展和动态方面、表现故事情节方面受到了一定的局限，这不能不说是绘画语言的一大缺陷。但是，人毕竟是改造自然、改造自我的能手，当他发现某一现有的事物有了缺陷时，便会想方设法去弥补它、改造它，使之更趋完善，或者在原有的基础上创造出新的事物。植根于绘画语言的动画艺术的产生和发展，就是人类在绘画的基础上创新的成功范例。

四、音乐语言的文化渗透

音乐语言主要是通过声音的运动来体现感情的,旋律、节奏、和声和调式都是它的表现手段,作者通过它们构成艺术形象来反映社会生活、抒发内心的情感。

纵观整个音乐史,我们很清楚地看到,无论什么时代、什么阶级以及任何一个音乐作品都反映着客观现实并给予现实以影响,它和人的一切社会活动是紧密相联的,不同时代的社会现象、不同阶级的政治状况无不在各个相应时期的音乐中得到反映。例如,在原始社会,原始音乐本来是人向神进行诉说的一种语言;到了奴隶社会,音乐语言则是宣传礼制、维护贵族统治的工具。更重要的是,音乐语言在它几千年的发展过程中,形成了自己的特点和风格,而这些特点和风格对其他文化,尤其是同它构成网络关系的文化产生了积极的影响。

首先,是对人类最重要的交际工具——语言的影响。音乐和语言都诉诸人的听觉,都是在时间中展开,因而,联系自然是很密切的,互相影响也是显而易见的。但是,究竟是语言先于音乐,还是音乐先于语言,世界上历来有两种相反的意见。不过,现代的人类学方面的大量材料越来越支持音乐先于语言的观点。材料之一:不管哪一种未开化的民族,都有其某种形式的音乐,可见音乐出自人类的发声本能,如锡兰的维达人和中部非洲的俾格米人以一种特别的低声歌唱来传达消息。此外,音乐语言的模仿性特征也可以作为旁证:无论是原始音乐还是现代音乐都有其模仿性。如《十面埋伏》就是通过对金声、鼓声、剑弩声等的模仿,表现了古战场上千军万马冲锋陷阵之势。甚至还有人偏激地认为音乐就是起源于模仿,而这种模仿的形象性特征正是符合原始初民的表象思维的。所以,郭沫若在说明了"言"与"音"同源以后说:"原始人之音乐即原始之言语,于远方传令每藉乐器之音以藏事,故大箫之言亦可转为言语之言。"⑬既然语言在音乐之后产生,那么,音乐语言对语言的产生的影响怎么说都是不过分的。

在语言的发展进程中,音乐语言对语言的发展也是不容忽视的。音乐语言构成的音乐形象的声音,是一种有组织的、有规律的、和谐

上编　语言——文化的符号

的音响，强调的是旋律优美、节奏和谐，唱起来轻松自如，听起来赏心悦耳。音乐语言这种审美要求对语言也产生了积极的影响。例如，汉语词语的内部发展规律之一便是由单音节词占优势向双音节词占优势发展。表现之一是单音古词双音化，如习——学习、言——语言等；表现之二是四音节词语往往用简称的办法回缩到双音节形式，如文化教育——文教，基本建设——基建等；表现之三是产生出的大量新词是双音节的，如导弹、官倒等。这种词语双音节化的一个很重要的原因就是显示语言的整齐和谐的美感，给人以悦耳的感觉，也符合汉民族使用语言的习惯和心理。

其次，以语言为工具形象地反映客观现实的文学也在音乐语言身上吸取了有益的东西，表现最为突出的是诗歌。

诗是最有音乐性的艺术，而音乐性在相当的程度上表现在诗的押韵、节奏感、韵律美上。诗的语言要在朗诵时顺口流畅、欣赏时悦耳动听，要富有抑扬顿挫、起伏跌宕的韵律美和流畅回环的音乐感。如郭小川的《林区三唱》之一：

三伏天下雨哟，
雷对雷；
朱仙镇交战哟，
锤对锤；
今儿晚上哟，
咱们杯对杯！
……
酗酒作乐的
是浪荡鬼；
醉酒哭天的
是窝囊废；
饮酒赞前程的
是咱们社会主义新人这一辈！
财主醉了，

因为心黑；
衙役醉了，
因为受贿；
咱们就是醉了，
也只因为生活的酒太浓太美！
——《祝酒歌》

这首诗脍炙人口，主要原因之一是它节奏明快、韵脚和谐，有如行云流水，自然流畅，给人以音乐之美。

另外，音乐性这个因素还表现在长于抒情上，而诗是以抒情为特征的，不管是抒情诗，还是叙事诗，都以感情作为它的生命，并以诗情去感人肺腑，荡人心魄。例如郭沫若《女神》中的代表作《凤凰涅槃》，这首诗借凤凰在除夕将近的时候"集香木自焚"，象征着旧世界、旧中国、旧我及旧的一切的毁灭，歌颂毁灭之后的新生。诗人以不可遏抑的激情，借凤之口痛快淋漓地诅咒了整个旧世界。诗中的词语，无论是"浓血污秽""悲哀充塞""群魔跳梁"，还是"屠场""囚牢""地狱"等，都无一例外地浸透了作者的愤恨之情。

音乐语言长于抒发感情的特点不仅对诗有重要影响，而且对其他许多文化现象也有影响，而影响最为直接的是与它构成网络关系的如戏曲、电影、电视等表演艺术，它不仅是这些表演艺术的组成部分，而且给演职人员以感情熏陶。我国表演艺术家赵丹经常通过音乐的熏陶来塑造艺术形象，已在艺术界传为佳话。

准语言是在人类有声语言之外的一种重要的辅助交际工具，它与一定的社会文化背景密切地结合。通过准语言这种特殊的表达方式，我们可以看出不同民族、不同社会所表现的不同的文化特征。但某些准语言的表现形态，如体态语、绘画、音乐等，与特定文化的关系就显得较为复杂，它们既反映了民族文化的特点，又表现了人类文化的共有特征。

注释：

①转引自庄锡昌等编《多维视野中的文化理论》序，浙江人民出版社 1987 年版。

上编　语言——文化的符号

②郑杰祥《神礼·玉》，载《华夏文明》第一集，北京大学出版社 1987 年版。
③转引自王延林《常用古文字字典》，上海书画出版社 1987 年版。
④《云南少数民族》528 页，云南人民出版社 1983 年版。
⑤胡尧《中国姓氏寻根》1 页，上海文化出版社 1987 年版。
⑥转引自周国荣《姓名说》，《文史哲》1985 年第 1 期。
⑦徐一青、张鹤佩《姓名趣谈》58 页，上海文化出版社 1987 年版。
⑧同上，111 页。
⑨见《中国语文》1988 年第 4 期。
⑩据 1981 年版《河北省地图集》统计。
⑪参看本书总论部分第一节"二、语言与文化的关系"部分。
⑫鲁道夫·阿恩海姆《艺术与视知觉》，中国社会科学出版社 1984 年版。
⑬转引自陈原《社会语言学》168 页，学林出版社 1983 年版。
⑭转引自蒋孔阳《先秦音乐美学思想论稿》7 页，人民文学出版社 1986 年版。

主要参考文献：

[1] 伊斯特林. 文字的产生和发展 [M]. 左少兴，译. 北京：北京大学出版社，1987.

[2] 王延林. 常用古文字字典 [M]. 上海：上海书画出版社，1987.

[3] 周振鹤，游汝杰. 方言与中国文化 [M]. 上海：上海人民出版社，1986.

[4] 祝畹瑾. 社会语言学译文集 [M]. 北京：北京大学出版社，1985.

[5] 黄弗同. 理论语言学基础 [M]. 武汉：华中师范大学出版社，1988.

[6] 秦秀白. 英语简史 [M]. 长沙：湖南教育出版社，1983.

[7] 徐一青，张鹤仙. 姓名趣谈 [M]. 上海：上海文艺出版社，1987.

[8] 萧遥天. 中国人名的研究 [M]. 北京：国际文化出版公司，1987.

[9] 朱星. 古代文化基本知识 [M]. 天津：天津人民出版社，1982.

[10] 俞建章，叶舒宪. 符号：语言与艺术 [M]. 上海：上海人民出版社，1988.

[11] 蒋孔阳. 先秦音乐美学思想论稿 [M]. 北京：人民文学出版社，1986.

[12] 何新. 艺术现象的符号：文化学阐释 [M]. 北京：人民文学出版社，1987.

[13] 陈恩泉. 双语双方言（三）[M]. 香港：汉学出版社，1994.

[14] 余志鸿. 现代语言学：理论建设的新思考 [M]. 北京：语文出版社，1994.

第三章　语言在文化传播交流中的作用

第一节　语言——文化传播的媒介

文化传播交流必须借助一定的媒介手段。几千年来，人类尝试过各种方式，新的媒介手段在现代信息社会更是层出不穷。但在所有的媒介工具中，只有人类语言才是最重要、最方便的，是任何一种媒介方式所不能替代的。

一、文化传播

我们所说的文化传播，不是指社会成员之间的个人接触，而是指人类的群体交往。从历史上看，文化传播交流有文化的横向传播和文化的纵向传播。文化的横向传播，指在同一历史时期平面上，各个民族、各个地区、各个国家之间的信息交流。这种交流通常发生在同一时间平面上，是共时的，是人类文化相互交流、相互融合的一种重要方式。文化的纵向传播，是指各个部落、各个民族、各种文化社团内部对某一文化遗产的世代相传。这种交流方式能够保持某一文化社团的特点，是这一文化社团得以独立存在的重要方式。纵向的文化交流是历时的，它不受时间的约束。只要某一文化社团需要，这种交流方式就会超越时间的限制，无限地延续下去。

我们应该把人类集团内部和集团之间的文化传播交流与那些具有交际性质以及不具有交际性质的其他人类社会集团行为相比较，这样才能更好地看出语言符号作为媒介本体的自身特质，以及人类集团在

上编　语言——文化的符号

文化传播交流中对语言媒介的特殊需求。这里最直接、最便捷的方法，就是将文化传播交流与人类有史以来就进行着的物质交换作一比较。文化传播交流和物质交换的不同主要体现在以下三个方面：

1. 文化传播交流往往能使双方受益；而物质交换的结果，有时则带来一方的失去和另一方的获取。文化交流的最终目的是能在对方的心理、思想或行为上复制出一个基本类同的东西。输出的一方不会因之受损，输入的一方也有选择的自由。交流的结果能够使双方得到补充和满足。从一定意义上说，在人类的初始阶段，人们更愿意接受和频繁进行的应该是文化间的相互传播，而不是物质的交换。

2. 文化传播交流是一种比物质交换更广泛、更普遍、更重要的行为，它深入到不同形态的各个社会和社会的各个层面，是一个社会和社会团体赖以生存和发展的重要手段。一个尚处在原始状态的社会集团，各个成员之间可以没有交换，也不必为个人设立遗产，但是这个社会集团的正常运行却不可能没有各个成员之间的相互协作和密切交往。正是这种持续不间断的协作和交往，社团的各个成员才能将自己从生活中积累的知识、情感和经验传交给他人，并同时从其他人那里获得具有一定文化形态的价值观念。这种依赖文化传播交流而得以存在的文化观念，规范了社会各成员之间的行为，进而保证社会集团各种机制的正常运行，维系社团的生存和发展。文化传播交流在当今时代更是渗透到社会各个层面，是现代社会和现代社会集团须臾不可缺少的一种生存手段。

3. 文化交流的内容，体现了人类智慧的结晶，是人类精神文化的体现，它是无形的、抽象的，具有极端的复杂性；而任何社会形态中的物质交换，都是具体的、有形的和可视的。文化传播和交流所包含的内容，其抽象性和复杂性在现代社会已经达到如此的高度，以至于任何有形的物体都不能替代。它只有靠人类的思维和思维能力才能够理解和把握。文化传播是人类特有的专利。应该认为，与物质交换相比，文化的传播和交流是在更高层次和形式上进行的一种更高级、更深刻的社会行为，它也是人类社会生活中普遍存在的一种最基本的需求。

文化传播交流既然是在更高层次上进行的一种社会行为，它就需要有这样一种媒介去适合自己的需要：这种媒介既能表现具体的、感性的事物，又要有能超越它们的能力，去表现抽象的概念；它既能进入人类思维，又能被外部世界感知；它不是纯主体的，也不是纯客体的；它是无形的，又要是有价的；它要有新鲜的活力，又要有复制的功能；它要简单明确，人人能懂会用，又要细致精巧，适于表达复杂微妙的情感等等。这些要求是相互矛盾而又相互包容的。迄今为止，能够适合这些要求的唯一合适的入选者，就是人类自身的语言。人类语言符号系统所具有的种种特性，决定了只有它才是文化传播交流中的最佳媒介。

二、语言是文化传播交流的最佳媒介

人类语言符号系统之所以能成为文化传播交流的最佳媒介，主要是由它自身所具有的可感性、能指性、可操作性等性质决定的。

（一）语言的可感性

语言的可感性，主要是指语言的物理声学性质，即在语言交际中以语音流为主要中介的刺激性反应。

人类语言有多种信道，但其中最方便、最基本的还是语音。因为人类都有一套大致相同的发音器官和完善的耳听系统。每个正常人都能够依据肺部和喉咙的功能使空气振动，创造出传递信息的声音。人类的耳听系统能够帮助人们在四面八方的噪声中，清晰地辨别出来自某一方面的特定语音。人类这种与生俱来的本能，使得每一个人都有说话和听话的能力。而人类建立在从听力系统向述说系统转换基础上的特有的语言模仿能力，又使得每一个人都能够复述出他自己已经理解了的来自外部的任何一种语音。这就保证了语言学习的广泛使用成为可能。

在人体因素之外，语音本身所具有的种种特性，也能满足人类交际的特殊需要。语音作为语言的物质外壳，它没有重量，不占空间，不但能够刺激人的大脑，引起反应，还能够迅速消失，不留痕迹。语音的这些特点，在交际中具有极其重要的意义。首先，单个语音信号

上编 语言——文化的符号

占有时间的短暂性特点,能使连续发出的声音呈线形性结构。这种线形性结构与人类思维的渐进性同轨,因而便于操作。说者不必预先准备好了再说,可以边想边说;听者亦可在接受一连串语音的同时,边听边处理这些信号。其次,语言的音响性特点,不但能够引起别人的注意,也能够刺激说话者本身。说话者对自己语音的及时反馈,在思维和言语行为上都是十分重要的。心理语言学研究的结果表明:在大多数情况下,言语行为的产生,并不是预先设计和安排好的。一个人在讲话过程中,能不能听到自己的话语,往往会直接影响到发音人言语表达的流利性。韦伯斯特(Webster)等人作过这样一种延缓听觉反馈的试验:采用一种特殊的隔声装置,使说话人在开口讲话之后,不能立即听到自己发出的语音,而是在一阵短暂的间隔之后,才让他听到。结果,本来谈吐流畅的人就会显得结结巴巴,言语过程一再受阻,表达过程显得十分困难[1]。这个实验充分证明了语言的可感性特点对思维(言语交际行为的内在化表现)和言语交际行为的影响和作用。

(二)语言的能指性

语言的能指性,是指语言符号对来自客体的各种信息内容的指称和替代。

我们能听到发音清晰的声音,但这并不是说者的目的。说者对听者的交谈,是要听者能根据听到的语音去建立意义,即在某种语音信号的刺激下想到它所代表的客体事物的表象或内容。只有语音与语义密切结合的语言,才能真正担负起语言传播交流的职责。语音符号与客体信息内容的关系,是一种标志与被标志、能指与所指的关系。音义的结合是约定俗成的,这种约定俗成的关系我们称为"编码"。编码严格,能指与所指之间的关系就稳定,语音符号所表达的信息内容就明确和确定。编码模糊,能指与所指之间的关系就会随着使用者的意图而发生变化,语音符号所表达的概念的界限就是模糊的。如"玫瑰花"这个词在爱情诗中使用时,它所表达的意义就会超越正常交际语言中人们对它的限定,突出表示男女之间的友情。严格的编码,适用于表达严谨的科学思想。模糊的编码,可以满足人们日常交际和文学

· 199 ·

表达中的某种需要。语音符号编码的约定性特征，给人类提供了一个不断命名的机会，任何一种新生事物都有条件在语言符号系统中取得自己的指代符号。因此任何一种语言系统都是开放的。但是一旦语言符号与它所指的对象之间建立了某种编码关系之后，它们就会取得相对的稳定性。具有稳定性的语言符号才是一种有价值、有意义的指称。人类仅凭自己的感官（第一信号系统）是很难理解那个具有时空四维结构的无限的外部物理世界的，只有通过语言符号（第二信号系统）这种有价值的指称，人类才能在自己有限的大脑中去包容、蕴含无限的外部世界。

语言符号的指称性功能，第一次使人类能在不改变客观现实存在的前提下，去采取、获取、加工、处理那些来自外部的信息内容；并且使人类能不受时间、地点和环境的限制，去谈论那些远离自身以外的各种事物。这种指称性符号的最终作用，是使人类逐渐地从情感、印象和直接行动中超脱出来，进入联想和思考阶段，形成抽象概念，展开复杂的判断和推理，日益深入地认识客体世界。可见，我们只有在语言的帮助下，才能获得经验以外的信息，才能分享他人的经验和体会，才能与他人交流思想和情感。语言符号的广泛应用，给人类文化的传播和交流带来了明显的符号性特征。

（三）语言的可操作性

语言的可操作性，是指人类运动着的思维对客体在概念上的把握，以及再现这一概念的表达功能。

语言符号的可操作性，不但体现在它与人类思维同轨的线形性特征，而且还表现在它具有适合于思维活动和交际活动所需要的创造性及能产性特征。我们面对的世界，每天都有新鲜丰富的信息内容产生。人类不但需要在已知符号的基础上对客体进行各种分析归纳综合演绎活动，而且还要不断地创造出新的语言符号去捕捉和表现它们。同时，用新鲜的话语去表达旧有事物，也是文化交流中的一种特殊需要。因而，人类在文化传播和交流中所需要的媒介符号，就不能是一个处于封闭状态下的凝固性结构。它必须是易于掌握而又富于变化的；它具

上编 语言——文化的符号

有某种规则性,同时又有着高度的灵活性;它必须有无限创造活力,能够不断进行分离、组合、解构、建构。这样性质的一种媒介符号才能适应不断变化中的文化内容的需求。

人类语言之所以能适合文化传播交流的这种需求,是因为语言本身具有一种层级式的累迭结构特点。正是这种结构特征赋予语言有规则的、可操作的创造性活力。语言各要素在语言结构中并不是处在同一个平面上,而是分为不同的层级。语言层级结构的底层是音素。音素是语言结构的基础。但是音素中还可再分为元音和辅音两大类。元音和辅音结合构成音节(有声调的语言还要加上声调,如汉语)。在大多数语言中,音节本身还不能表达完整的意义,它只有和最小的意义单位语素结合起来才能构成词。词按一定的规则构成词组。词组可以灵活地组成句子。不同的句子又组成表达不同中心的段落。几个段落联合起来,才成为表达不同思想的篇章。语言的层级性结构有两个重要特点:1. 语言的各个层面都是可分解的。虽然在语言交际中,人们能够明显感觉到的语言基本单位只是词,但是只要交际需要,人们就可以对词进行分离。用比词更小的单位音素来组成新的音节,或用不同的音节组成新的词。语言这种灵活组合的方式可以用来表现任何新鲜事物。2. 以音素为基础的语言,其各个层面都有在数量上不断激增的扇形特征。尽管任何一种语言的基础单位——音素都是十分有限的,但在此基础上所形成的词,却有成千上万个。比如,汉语普通话只有21个声母、35个韵母和4个调类。但《现代汉语词典》中所收的词就有56000余个。如果一个词有10种不同的搭配方法,那么《现代汉语词典》中的56000余个词就会有56000^{10}种用法。按这些词构成的词组或短句的最短音长来推算,一个人一辈子也说不完或听不完这些句子。更不必说在不同词组的基础上组成的不同句子,或在不同句子的基础上组成的不同段落和篇章了。一句话,词的数量再大,也是可数的。但是由词构成的词组,或由词组构成的句子就难以统计了。然而,人们只要掌握了一定数量的词,就可以根据组词造句的规则去生成表现无限意思的句子了。这就是语言为什么能够适应文化传播需求的原因。

语言的可感性、能指性和可操作性，是人类语言的三个最重要的基本特性。语言的其他一些特性，如可学习性、线条性、换位性、任意性、可变性、生成性、模式性、不变性、二重性、稳定性等等，都是在此基础上产生的。语言符号的这些特性是其他任何一种符号系统所不具备的。准语言和其他符号系统也可以用来传递某种文化信息。如从不同时代的房屋建筑中可以看出当时的社会生产发展水平及社会的文化观念、时俗、风尚，以及审美观念等等。可以起类似作用的还有宗教、礼仪、婚姻、体姿、服饰、游戏、音乐、舞蹈、绘画、雕塑、膳食等等。但这些符号仅限于社会或美学的范畴，不能反映人们对外部世界的全部认识。它们具体的、感性的形式（有些还粗笨或琐碎），不能准确地表达人类抽象的理性思维。况且，这些符号与它们所代表的文化观念缺少固定不变的联系，编码的混乱使得对于同一种符号，不同文化社团的人可能作出不同的理解；即使是同一文化社团的人，也会在不同经验和不同心境的影响下，作出不同的解释。那些经过人类加工的符号系统，如手势语、旗语、信号灯等，虽然编码严格，但是它们都是在人类语言的基础上产生的，使用的范围极其有限，因此根本不能与语言相比。我们完全有理由说，只有语言才是人类文化传播交流中最自然、最方便、最经济、最高效的媒介工具。

三、语言对文化的适应性

作为一种传播交流的工具，人类语言对不断变化中的文化内容的可适应性，也是值得注意的。这主要表现在以下两个方面：一是语言本身已经具备了充分条件去适应文化传播内容的变化；二是语言随着文化传播交流范围的变化而自动进行的内部调整。

最初产生的人类语言，词汇相当贫乏，语法结构也十分简单。人类在依靠这样的语言传递文化和思想时，要加上诸如手势、姿态、表情等相当多的辅助成分。但语言的基本特质仍然在这些语言中存在。最原始的语言也与现代发达的成熟的语言一样，本身就具备了各种条件去适应文化内容变化发展的需要。到现在为止，语言学家还没有发现有哪一种语言不能适应文化交流的需要。最典型的事例是美国印第

上编　语言——文化的符号

安人语言在适应现代社会生活表达需要时所迅速产生的变化。这种情况在我国部分民族中也得到了体现。美国语言学家萨丕尔说："有关语言的一般现象中，最叫人注意的无过于它的普遍性。某个部落是否有足以称为宗教或艺术的东西，那是可以争论的。但是就我们所知，没有一个民族没有充分发展的语言。最落后的南非布须曼人用丰富的符号系统的形式来说话，实质上完全可以和有教养的法国人的言语相比。"②这个论断是完全可以相信的。可见，人类语言并没有高低优劣之分，哪一民族的语言都能适应文化传播交流的需要。

　　语言也不是一成不变的。旧有语言的分化、新语言的产生和特定语言的消亡，是语言变化发展的一个重要方面。这些变化不是语言本身的因素造成的，文化传播交流的规模、程度、范围等因素的变化，是产生语言变化发展的主要原因。文化传播和交流的中断，能够促使语言分化并导致新的语言子系统的产生。原先使用同一种语言的文化集团，由于四散分居形成文化隔绝之后，往往会分化成不同的文化社团。如果其在与外界隔绝的情况下独立发展，就会在比较短的时期内产生一种相当完备并具有独立特点的语言。尽管作为始祖语言的某些特点仍旧会在不同程度上保存在各个子系语言中，但由于文化内容的不同，各子系语言内部演进的规律也不会完全相同。它们各自朝着适应自己文化内容的方向发展，最后形成具有不同特征的亲属语言。如13世纪时期蒙古民族都使用同一种蒙古语。在成吉思汗的蒙古帝国建立以后，大批蒙古人连年征战，出征欧、亚两洲的广大地区，并在这些地区定居下来。蒙古帝国衰落后，分布在各地的蒙古族人因此相互隔绝，逐渐产生了文化上的差异。这种情况反映在语言上，就是蒙古语的剧烈分化。我们今天所看到的蒙古语，就有中国内蒙古自治区和蒙古人民共和国的蒙古语、新疆的土族语、黑龙江和内蒙古的达斡尔语、甘肃的东乡语、阿富汗的莫戈勒语、俄罗斯的布里亚特蒙古语等，这些语言的语音、词汇、语法结构都有很大的差异，可以说原来统一的蒙古语已经分化成了几种独立的语言③。

　　不同文化的密切接触和相互融合，则会促使语言的消亡。如5世纪时，北方的少数民族鲜卑人在统一了中国北方地区以后，建立了北魏政权，为了更好地进行统治，主动放弃了自己民族的语言，采用这一地区广大人民所用的汉语。类似的情况如古代西欧的高卢人，在罗马人侵入之后也主动放弃了自己原先使用的凯尔特语，采用罗马人的拉丁语。语言变化发展的规律证明，有着不同语言的文化集团密切交往时，在政治、经济和文化上占优势的社团语言，往往会取代处于劣势地位的社团语言。如果在一个共同的文化圈内并存着两种或两种以上的语言，在文化交流中就会带来种种不便。于是就会形成一种语言被另一种语言替代的情况。

在当代社会中，随着交通和通信技术的发展，地区和地区、国家和国家间的距离愈益缩短，文化的接触与交流比人类历史上的任何一个时期都更频繁、更经常、更不可缺少。在这一形势下，人类社会希望创造出一种全体成员都能理解和使用的、全球性的传播交流媒介。1879年施莱尔创制了沃拉普克语，1887年柴门霍夫创制了世界语，1908年佩亚诺创制了新创语。这些全球通用语言的创制、推广以及所受到的欢迎，充分反映了人类对一个统一的文化传播媒介的需求和渴望。但由于这些语言不是以自然语言为基础，没有一个以此为母语的民族存在，所以不能得到普遍应用。在当代社会，英语得到广泛的应用是其他民族语言所不能比拟的。现代的国际文化交流中，英语是一个不可缺少的十分重要的媒介手段。各个国家和民族都愿意将自己的文化翻译成英语传播到其他国家和民族中去，同时也往往借助这一媒介手段来获取其他国家的文化信息。这就使得英语迅速地蔓延到全世界的各个角落，地位变得愈来愈重要，在人类的这一历史阶段中，英语正在成为一种全球性的文化传播媒介。

四、新的语言媒介的产生

人类的自然语言是文化传播的重要媒介。随着现代科学技术的发展，当自然语言不能适应现代文化的信息传播方式或文化传播载体的需要时，人们就会对它进行改造，以至于在有限的领域中探索用一种新的人工媒介来代替它。

上编　语言——文化的符号

现代语言通信技术和电子计算机网络已经在许多方面承担了文化传播交流的任务。现代通信技术是在机器的帮助下，对语言信息进行输入、传递、加工、输出等处理，从而实现对自然语言的自动翻译和文化信息的远距离转换和传输。电子计算机是在人机交际中，用数字化的快速运算来处理非数值的自然语言符号，以实现文化信息的自动检索和人机对话等任务。这两种文化传播方式，都建立在机器处理语言信息的基础上，它大大改变了文化传播的载体。机器传媒载体的变化，使文化传播交流中所受到的口耳交际的局限性被大大突破，人的部分语言功能被机器替代。这种转变促使了新的语言媒介——机器语言的产生。

现代使用的机器语言主要包括：用于现代通信技术的通信电码语；用于多语种机器翻译的机器媒介语；用于电子计算机操作识别的计算机指令语言、汇编语言和程序设计语言。除了通信电码语外，后两种机器语言的共同特点是：1. 它们的符号形式和它们所代表的意义之间，有着单一确定的相互对应关系，能够表示精确的含义。如汉语中"长"这个字可以表示：①"两点之间的距离大"；②"长度"；③"长处"；④"对某事做得特别好"等等义项。机器语言对这个自然词要分别用四个不同的符号来代替，每个符号只代表一个义项，不表示其他更多的意义。如用数码 21 来表示义项①，用 38 来表示义项②等等。这种做法适合准确严格地完成自然词语的机器对译。2. 它们都采用了精密科学的方法，对自然语言在语法、语义两个方面都做到了形式化的对应处理。语言形式化就是按照一般规则尽可能明确地建立语言中的形式关系，其目的是便于机器识别语言，其结果能够有效地克服自然语言在语法结构上的松散性，加大了语言承载的信息量，提高了表达上的精确性、明晰性。3. 它们对语言事实进行了高度抽象化的概括，建立了语言模式，以克服自然语言形式复杂多变、语法结构与逻辑结构之间缺乏一致性的缺点，从而十分简明地表述文化信息中某些精密内容和复杂关系。

所有机器语言中，计算机程序设计语言（又称"数理语言"）的产

· 205 ·

生，是人工语言形式发展的最典型代表。程序设计语言是计算机的高级语言，它能够控制计算机操作，以便进行人机对话。这种语言系统用数学方法在对自然语言进行严格分析，再加以定量化、形式化处理后，建立起有关语言的数学模型。数理语言系统不仅有抽象的数学公式，还有字母表、词汇表，以及语法结构和语义解释。与其他机器语言相比，程序设计语言更接近人类自然语言。在一定意义上说，程序设计语言既是对自然语言的改造，也是机器语言向自然语言回归的标志。由于程序设计语言企图适用于包括自然科学和人类社会生活在内的一切文化领域，因此它能够作为一种纯粹的交际媒介而存在。人们希望这种在数学和自然语言的基础上产生的新型语言，能够得到广泛应用，成为世界上人人都能懂得，全世界都可以共同享用的文化传播媒介。这就要求机器语言一定要以人的自然语言为基础，并极力向自然语言回归。当然，机器语言的出现和应用，是有一定条件限制的，它们必须能够在各种机器上使用。机器语言即使发展到一个很高的阶段，也不能完全取代人类的自然语言。但可以从中看出，机器语言的出现从另一个侧面反映了作为媒介工具的语言，在变化着的文化内容及文化载体中，有着很强的适应性和广阔的发展前景。

第二节　文字——文化传播的辅佐

在文化传播的初级阶段，人们就发现口头语言由于受到时间和空间的限制，不能完全和完善地尽到文化传播交流的职责。因此远古时代的人们曾经尝试用各种实物形式替代语言，终于因它的粗笨和表意模糊而未能成功。直至人类创制出能够记录自然语言的工具——文字之后，才有了一个辅佐语言进行文化交流的最佳媒介。文字的广泛应用，标志着人类社会文化传播媒介由听觉符号系统向视觉符号系统的转变。这种转变并没有取消和削弱语言的作用，反而增强和改善了语言在文化交流中的作用，对文化传播产生了极其重要的影响。作为一种辅佐语言交际的工具，文字的特殊媒介功用主要表现在以下几个方面：

上编　语言——文化的符号

一、超越时空的限制

文字的应用，打破了时间和空间对有声语言的限制，远方的信息可以相互沟通，前人的经验也得以保留。文字符号的这一作用，从横向和纵向两个方面，扩充了文化传播交流的范围，对人类文化的延续和发展具有极其重要的意义。因为人类文化不是那种只要求于片时片刻之中存在的东西，它有顽强扩张和延续的愿望，要求在尽可能大的范围内流布，并且能够世世代代地流传下去。人类社会的发展，主要是建立在每一个社会成员个人发展的基础上的，但社会成员的个人发展并非天生，如果在一个封闭的环境中，想仅凭个人的天赋和后天努力是无法实现的。每一个社会成员在其成长和发展的全部过程中，必须和他的先辈、他周围的同伴以及远方的同伴取得密切联系，他们必须充分利用同时期人们的知识和前代人的经验积累，才能避免事事亲历的局限性。在文化不断发展的过程中，这种文化的学习和接受，单凭有声语言是远远不够的。人的有声语言只是一次性的行为，接受对象也极其有限。能够书写下来的文字才具有永久保存和广泛流传的价值。作为视觉语言符号的文字，它本身所具备的稳定性特点，使得它能被写在一个固体的物件（在纸张之前，人们用以记载文字的物体，有树皮、木板、羊皮、龟甲兽骨及青铜器皿等）上，易于从此地传送到彼地；又易于长期保存，从一个时代流传到另一个时代。语言，只有在文字的帮助下，才能更好地发挥它促进文化交流传播的作用。

二、促使语言精密化

文字的应用，是促进语言发展的一个重要因素。口语交流阶段，由于话语场景的提示，语言的词汇和结构都要相对的简单些。说者往往可以借助自己的表情、姿态、手势、语调等，使听者理解自己话语的内容和话语以外的含义；他还可以针对信息接收者的反应，不断重复、补充和修改自己的讲话。在这种情形下，说话人不必也没时间细心准备自己的语言。假如文化传播和交流长期停留在面对面的话语情景下，人类语言是不能得到迅速发展的。而用文字交流，信息发送者和信息接收者彼此隔绝，话语交际中有助于表达的其他种种手段都用不上了，这就给语言表达提出了一个更高的要求。信息发送和接收双方都要同时学会正确地运用和理解词语，也必须习惯于在有条理的、严密的逻辑语法的表达中进行交流。与此同时，书写的语言又给这种习惯提供了实现的可能性。当语言只是靠声波负载时，它是一个看不见、摸不着的东西，极易消失，不好捉摸。可是，一旦使用文字把这种不断流动的语言固定下来时，它就成了一种看得见的、稳定的、不易流失的东西了。人们可以在一张羊皮纸上对此细加琢磨，进行反复的修改和推敲。随着文字记载内容的不断增多，语言就会变得愈来愈精密，愈来愈丰富，会很快摆脱它最初的那种简单、贫乏、简短的表现形式，而最终成为今天这种具有丰富词汇和严密结构的交际媒介了。可以肯定地说，文字应用之后，书面语言和口头语言在准确化、精密化以及表达形式丰富化诸方面，都得到了人类过去几十万年所不能得到的长足进步。

三、解放信息发送者和接收者

文字的应用，解放了信息发送者和接收者双方，从而创造了有利于文化传播、文化发展的种种条件。口耳述说是一种直接交际行为，说者和听者都必须在一个狭小的空间内出现，他们必须在近距离范围内，面对面才能完成彼此间的交际和交流。在整个述说过程中，说者和听者都必须留心倾听和大声演讲，他们没有更多的时间作安静的独立思考，他们都不能享受真正意义上的完全思想自由。这种状况大大限制了人们的思维能力和信息的有效交流。当负载思想的语言可以用文字符号书写在一个利于携带、便于保存的物件上时，这就大大解放了信息发送者和接收者。一个能够利用文字写作的人，他就不必在规定时间内十分焦虑地等待信息接收者出现，并急急忙忙地表达自己的意见。现在他可以选择一个合适的时间，面对一张树皮或一块羊皮，安静地理清自己的思路，尽情表述，畅所欲言。这种信息传播方式有利于信息发送者系统而有条理地总结自己的经验，在文化积累上有着明显的积极意义。相应地，对于接收者来说，信息传递方式的改变，意味着他不必在规定场合与有限时间内情愿或不情愿地接受来自某一

上编　语言——文化的符号

特定方向的信息。他可以花较长的时间，准备更多的资料，并在一个宽裕的时间内，有选择地集中查阅来自不同方面的、对自己真正有用的各种信息。文字的应用，不仅提高了信息传递的效率，解放了发送者和接收者，也利于专门知识的积累，在专门技能和专门学科的发展上起了一定的推动作用。

四、改变文化传播方式

文字的应用，彻底改变了文化传播交流的方式。文字产生之后，就以无比强大的力量慢慢地渗透到人类社会生活的各个方面。现在，阅读和写作已经成为人类自觉的文化习惯。在到处都是纸张、报刊、书籍的情况下，人类凭直接接触才能交换信息的方式退缩到极次要的地位。人们置身于文字的海洋，在阅读中接受文化传统和文化熏陶，在写作中传递信息和知识。文字在很大程度上代替了话语，利用文字的间接交际行为成了文化交流的主要形式。尽管在现代社会中，收音机、录音机、广播、电视、电影、VCD 和电话的广泛应用，大大限制和取代了文字在某些方面的作用，人们创制文字时的最初愿望受到了有力冲击，过去那种文字神圣无可替代的观念已经有所衰退。但文字的重要性依然没有减弱，阅读和写作仍旧是现代社会中的一个重要的方面。应当认识到，人类在过去漫长年代培养起来的文字习惯，已经深深地影响并改变了人类的思维方式，文字已经成为语言的第二代码，与思维发生了密切联系。谁也不能否认，在听到一个语音，又同时看到记录这个语音的字形时，印象要深刻得多。因此，人们更愿意以阅读和笔录的方式来学习知识，接受文化。读物给人类带来的另一个好处是，在特定时间内，人们从它上面所获得的信息量，要比耳听时多得多。随时翻阅的读物，不受传播载体的限制，便于标记和摘抄。这些都是不能用其他媒介所替代的。

五、超越语音之上的特殊效应

文字符号具有某种超越语音的特殊表达效应。人们能够在不知道或不能准确知道某一语言发音的情况下，凭借文字的形体符号接受特殊形式的文化信息。现代对消亡民族古文字考释的结果就是一个极有

· 209 ·

说服力的例子。如生活在公元前5世纪的古波斯人,他们语言的实际情况如何,已经完全不可能知道了。但古波斯人在其首都波夕坡里宫殿和贝希斯敦岩石上留下了用楔形文字刻写的铭文。依据专家对这些铭文考据的结果,人们可以知道古波斯人在这些文字中表达的内容,进而推断古波斯人当时的文化状况。在中国文化语言学的研究中,人们通对古汉字形体的分析研究,也发现了许多未被文字记录下来的远古时期的社会文化状况。

如果两种完全不同的语言,使用了同一种文字符号,那么这种文字也能够以形体相同的条件,促进不同民族间的文化交流。如日语和汉语是没有亲属关系的两种语言,它们各自有自己的基本词汇和语法结构。但2世纪时,日本人就借用中国的汉字去书写他们的语言。这些借用的汉字,有的用训读的方法直接念成了日语的音,有的仍按汉语的读音但在日语的语音系统中发生了音读的变化。这些汉字连同它们所表示的意义已经在日语中扎根,日本人也早已把它们看作自己本国的东西了。后来日本在吸收西洋文化时翻译了大量的词语,就是用这些汉字的形式表示的。如江户时期出现的"医学""化学""物理学""植物学"等词。明治以后,日本人还用汉字记录了一些新产生的词语,如"强化""扬弃""公园"等等。这些词语在日语中的读音与在汉语中当然是不同的。但当中国人接受西洋文化时,就直接利用了日本人用汉字创制的这些词,意义也基本或完全相同,只是依照自己民族的读音改读罢了。

六、准语言创制应用的基础

文字不但对自然语言有用,对准语言也有很大的辅助功用。我国聋哑人的手势语就是在汉语拼音字母符号的指式表达方式的配合下,才实现信息传递功能的。1963年,我国公布了"汉语手指字母",有基本指式30个。1974年又增加了26个指式。这种指式语主要是用右手表声母,左手表韵母,两手配合,同时发出汉语手指音节。它与聋哑人手势语配合,表示一些抽象的概念。如手势语中,用指尖在太阳穴旁微微转几下,表示"想"。但在这个手势语之前,先打出了一些指式

字母,如加用"S",就表示"思想";加用"K",就表示"空想";加用"M",就表示"梦想";加用"L",就表示"理想"。假如没有以汉语拼音字母为基础的指式符号,光凭手势语,是没有办法表达这些抽象词语的。有时,文字甚至还是某些准语言得以成立的基础。如海军采用的信号通信手段主要是灯光和手旗。手旗通信是从各种不同角度变换手旗部位来完成的。灯光通信是按照莫尔斯电码符号发出的长短闪光来传递信号的。手旗信号和灯光信号是两种"语言表达"能力较强的通信手段。它们也都要依赖视觉语言文字的字母符号才能实现。其基本做法是:给每一个字母符号规定一个相应的手旗部位和灯光信号,然后再通过手旗部位的变换和灯光闪烁把这些字母符号传递出去。这些字母连缀成语后,就完成了"语言表达"。我国海军通信信号的媒介是汉语拼音字母,而国际通用的是英文字母。它们都建立在文字的基础上。

七、视觉语言促进科学进步

在文化传播交流的进程中,文字的作用也随着文化内容的变化发展而得到不断的增强。在不少文化领域,文字给人类提供了有声语言所不能替代的服务。在文字的基础上产生,或受文字启发而创制的科学符号及机器语言的应用,就是很好的例子。科学符号的创立与文字有密切关系。在自然科学中,由于研究对象的特殊性,不仅要求有高度的抽象性,而且必须建立在严密的推理和简明精确的语言形式上。在这些科学领域中,如果采用自然语言来表达,那一定是累赘繁琐,有时简直会无法陈述的。因此,自然科学中必须要用一些与自然语言无关的科学术语或科学符号,直接表示科学概念。如:

$$\sqrt{4a^4} = 2a^2$$

或者 $H_2O_2 \rightarrow 2H^+ + O_2 + 2e^-$

这些科学符号本身就是一些视觉形象的编码,它们反映的都是那些十分丰富的概念内容。若是没有文字应用的先导,就很难想象,人类的思维能力和认识能力能够达到如此高的程度。在不少学科中,有的科学符号就是文字拼写形式的首写字母。如生物学中,通用符号 TF 来自 transfer factor(转移因子);P 来自 parent(亲本);Ag 来自

antigen（抗原）。物理学中，通用符号 W 来自 Watt（瓦特）；V 来自 Volt（伏特）；A 来自 Ampere（安培）等等。这些都是科学与文字直接联系的证明。

所有的机器语言也都是建立在文字符号基础上的。为了实现人机对话，让机器服从人的指令，就必须采用一种形式化的机器语言。在这种形式语言中，语法和语义上的区别，都是用视觉符号形式表示的。如有一种逻辑语义分析的语义形式化方法，它是用这种形式来表示母女关系的：

$$MN (Y, Z) \equiv \overline{N} (Y) \cdot \overline{N} (Z), \exists (X) \cdot SH (X, Y, Z)$$

大写字母 $\overline{N}$ 表示女人，SH 表示双亲和小孩的关系，MN 表示母女关系。如果有女人 Y、女人 Z，再设有一个 X，并说明 Z 是 X 和 Y 的孩子，电子计算机就会判断出 Y、Z 是母女关系。可见，没有文字这种能够赖以相互区别的视觉语言的帮助，计算机是不可能具有语义辨识能力的。

八、文字兴替与古代文化信息

在远古时代文化线索中断的情况下，也可以利用一种古文字的流传、借用和消失，来推断古代各民族之间的相互交往。任何一种文字符号的创制和文字体系的形成，都经历过一个漫长的历史过程。远古时期，不是每一个民族都会去创制适合自己民族语言的文字。在各民族各部落的频繁交往中，这一民族借用那一民族的文字，是时常发生的。依据某种古文字流传和借用情况，可以发现古代各民族间的文化传播交流的线索。如楔形文字是公元前四千年生活在两河流域的苏美尔人创立的。楔形文字创制后，就向两河流域传播。当时的赫梯人、埃兰人、腓尼基人和波斯人都采用过楔形文字来表达自己的语言。尽管同一楔形文字在不同地区和不同民族中的用法和读音不是完全相同的，甚至有很大差异，但它们字形上的一致性，仍然可以给我们提供这些民族之间文化借用、文化交往的线索。

一种古文字的消失和废弃，也可反映古代各民族间的文化交往情景。如古埃及的象形字创制在公元前三千年左右。但在公元前 332 年

上编　语言——文化的符号

以后，由于古希腊人、古罗马人的相继入侵，古老的埃及象形文字就受到了希腊文字和拉丁文字的排斥，使用的人越来越少。到了639年阿拉伯人统治埃及时，古埃及的象形文字就完全废弃了。可见，没有外来文字的入侵，也许就不会有古埃及文字的消亡。著名的复活节岛文字，至今还没有得到很好的释读。但学者们的一致意见是，外来居民的到来和外来文化的侵入，是这种文字遭到废弃的主要原因。

尽管文字在文化的传播和交流中有以上种种作用，但文字毕竟是一种辅助语言的交际工具，它绝对不能代替人类的自然语言。所以，文字的重要性远不能与语言相比。一个处在初级阶段的人类社会和社团，可以没有文字，但是不能没有语言。语言才是决定这个社会生存和发展的决定性因素。世界上只有语言而没有文字的民族远比有文字的民族要多，所以语言是人类最重要的交际工具。

第三节　词语借用——文化交流的记录

词语借用④是一种广泛的语言—文化现象。从表层来看，词语借用在文化交流中起到了传递文化信息的作用；而深一层来看，各个时代、各个不同社会之间文化交流的各种各样的媒介和方式及形形色色的内容都会在词语借用中留下生动的记录。

一、词语借用是文化交流媒介的记录

不同文化主体间相互交流的媒介和方式是多种多样的。考察词语借用的情况，可以比较清晰地看到不同的文化相互交流的媒介和方式。

文学艺术是文化交流的直接媒介。语言中关于文学艺术的借词是不同文化主体间文学艺术交流活动的真实记录。隋、唐两朝胡乐盛行，唐代盛行的乐舞及其乐曲的名称如"乞寒泼胡""柘枝"等都是向西域学习和借用的⑤，它们正是当时这一文化交流活动的记录。像汉语的"商籁体"（十四行诗，借自英语）、英语的 lay（短抒情诗，借自法语）、印度尼西亚语的 Potehi（布袋戏，借自汉语闽南方言）等借用词语则显示了各民族间文化传播的情景。

思想传播无疑必须直接凭借语言表达,也就直接地在语言接触和词语借用中刻下了自身的痕迹。印度佛教思想对中国文化的影响是众所周知的事实。有人估计,源于佛教的成语几乎占了汉语史上外来成语的90%以上⑥,这一情景鲜明地表现了佛教思想的传播是中外文化交流的一个重要途径。通过进一步的考察,还可以看到汉语中的外来词语多数源于梵语(如"般若"),而另一些则源于巴利语(如"涅槃")或西域语言(如"佛")⑦,从这一语言现象可以明确地看出佛教思想向中国传播的具体途径。而一些亚洲国家语言中的许多佛教词语又是借自汉语,如缅甸语中的"南无""罗汉""佛爷",印度尼西亚语中的 posat(菩萨)、huisio(和尚)等。这分明显示出佛教思想经由中国向这些国家辗转传播的历史事实。

战争往往也会促成文化交流。1253年忽必烈征灭地处云南一带的大理国后,元朝与缅甸之间曾有三次大战。现在缅甸语称中国人为"德卢"(Ta-ruk)或"德由"(Ta-yuk)。据缅甸学者考证,这一称呼即产生于元缅战争时,是蒙古语"达鲁噶"亦即"达鲁花赤"(长官)的对音。清代乾隆朝时,清、缅之间亦有两次战争。清军战败后大批中国官兵、民夫、战俘溃散、流落、羁留于缅甸并逐渐定居。他们给缅甸带去了不少中国文化,缅甸语中一些关于船舶、蔬菜、果木的词语就是这一时期由汉语借入的,其中有些直接由汉语音译,有些附有"ta-yuk"这一构词成分。我们从这些借用词语中,可以追踪到当年战争促成文化交流的情景。

词语借用还记录着民族迁徙所形成的文化交流。从春秋时代开始,中原、江南地区的汉人不断迁徙到两广地区,与当地的一些民族频繁接触,并进行了广泛的文化交流。这些活动同样在词语借用中留下了自己的记录。例如广东话常称人为"佬",有"大佬""细佬""外江佬""客家佬"等说法,这个"佬"即借自壮语。考察缅甸语、泰语、菲律宾语、印度尼西亚语、马来语,可以发现大量的汉语借词。据有关资料,泰语从汉语借用的词汇量,估计每千字在300个以上;菲律宾他加禄语词汇中，约有2%可能来自汉语。这些词语分别借自汉语官话和闽、粤的各种地方方言，十分明确地记录下了中国移民的来源和流向以及文化交流的不同媒介和方式。

词语借用也刻下了民族征服的痕迹。在英国北部和东部地区，现在约有1400个村、镇名称来自斯堪的纳维亚语；在约克郡等地，75%的地名来自丹麦语；英语地名中toft（地产）、beck（小河，溪）、gill（深谷）等成分也都是借自古丹麦语。这种广泛的词语借用现象是从8世纪开始的斯堪的纳维亚人入侵英国所带来的文化交流的结果。从11世纪初叶开始的"诺曼底人的征服"，使英国在三百多年的时间内沦于异族统治之下，盎格鲁—撒克逊文化深受法兰西文化的影响，法语词语不断渗入英语。据统计，仅在1250年至1400年的150年内，就有约1万个法语词语进入英语词汇，其中75%还一直沿用至今。英语中大量存在的斯堪的纳维亚语和法语借用词语，共同记录了民族征服所形成的文化交流现象。

二、词语借用是物质文化交流的记录

词语借用不仅从宏观上记录了文化交流的各种媒介和方式，而且还从微观上记录下了各个层次的文化即物质文化、制度文化和心理文化交流的具体内容。

处于文化结构表层的物质文化是人改造自然的产物。在不同社会相互交往的历史活动中，词语借用记录下了具有独特文化色彩的物质产品及有关技术相互交流的信息。

珍禽异兽最容易显现异域特色，它们或作为官、私馈赠的礼品，或作为商业贸易的奇货，在文化交流中具有独特的功能。狮（汉字古作"师"）产于非洲和亚洲西部，常常作为具有独特异域文化色彩的物产输入中国。《汉书·西域传》《后汉书·西域传》《后汉书·顺帝纪》《洛阳伽蓝记》等著作曾有乌弋、疏勒、波斯、条支、安息等国出产或向中国"献"狮子的记述，《后汉书·班超传》更有以狮子为聘礼的记载："初月氏尝助汉击车师有功。是岁贡奉珍宝、符拔、师子，因求汉公主。"据研究，汉语中的"狮（师）"系借自东伊兰语，或伊兰、波斯语等等，分明记录了狮子这一异兽的外邦特色。其他如"骆驼（橐驼、驼）"借自匈奴语，"哈巴（狗）"借自蒙古语，"八哥"借自阿拉伯语。汉语中的这些借词都是异域文化物产输入中国的明确记录。

词语借用也记录了异地的植物品种和农作物相互交流的情况。汉语中的"茉莉"一词系借自叙利亚语，"耶悉茗"（素馨花）借自阿拉伯语，正好印证了晋代嵇含《南方草木状》的"皆胡人自西国移植于南海"之说。在唐代段成式《酉阳杂俎》一书中已有记载的"窟莽"（椰枣树）和"齐暾果"（油橄榄），其名分别借自波斯语，这也是对它们的文化来源的最好记录。至于"菩提树""阎浮树"等佛教圣树的译名则充分显示了它们所表示的植物的外来文化特色。一些亚洲语言中的汉语借词同样也记录了从中国传入的植物和农作物的信息。例如印度尼西亚语中的 pecai（白菜）、kucai（韭菜），尼泊尔语中的 lechee（荔枝），波斯语中的 darcheenee（肉桂，dar "木或树皮" ＋cheenee "中国的"）等。

在印度尼西亚，华侨、土生华人和印度尼西亚人民数百年来友好相处，日常生活相互影响。印度尼西亚语和汉语（主要是闽南方言）都有大量的借词记录了他们相互之间广泛交流日常生活用品的情景。例如印度尼西亚语中的 cawan（茶碗）、sosi（锁匙，钥匙）等即借自汉语；而汉语闽南方言中的"洞葛"（手杖）、"雪文"（肥皂）则是借自印度尼西亚语。此外，土耳其语中的 bez（白布）系借自汉语，汉语中的"哔叽"借自英语，英语中的 chair（椅子）借自法语。这些借用词语都表明了不同民族间日用品交流的情况。

在欧洲的英语、德语、法语、俄语、意大利语、西班牙语等语言中，表示"糖"和"冰糖"的单词都是借自印度的吠陀语和古典梵文或巴利文，表明欧洲的糖是从印度传入的。中国也曾向印度学习过制糖技术[①]。但在印地文中有一个单词 cini（中国的），意思是"白糖"，这说明印度也从中国学习过炼制白糖的方法，或者从中国输入白糖[②]。

中国唐代发明的火药曾经影响了世界历史的进程。大约在八九世纪，与火药生产密切相关的中国制硝技术传至伊朗，伊朗人因而称硝

上编　语言——文化的符号

为"中国盐"。13世纪前期，硝及其提纯技术经伊朗引进阿拉伯世界，并称为"中国雪"。在梵文表示"钢"的许多词语中，cinaja的意思是"中国生"，表明中国的钢早已传入了古印度[1]。

词语借用也记录了国外的科学技术传入中国的情况。据《元史·天文志》载，穆斯林天文学家扎马鲁丁曾携来并在中国制造"西域仪象"，其中的"苦来亦阿儿子"即借自阿拉伯语（"苦来亦"意为"范围"，"阿儿子"意为"地"），《元史·天文志》汉译为"地理志"，就是现今所说的地球仪。至于世界各国间科技物质成果相互交流的情景，词语借用中也留下了记录，如英语中的 apparatus（仪器）、pendulum（钟摆）、lens（透镜）系借自拉丁语，ointment（药膏）、alloy（合金）借自法语，autostrada（高速公路）借自意大利语，pill（口服避孕药）、sputnik（人造卫星）分别借自美国英语和俄语。

三、词语借用是制度文化交流的记录

制度文化是文化结构的中层，它包括在社会生活中形成的制度、风俗和人际关系以及相关的理论、规范等等。这些内容在词语借用中也留下了形形色色的记录。

姓名有着鲜明的制度文化特征，一个民族的姓名结构往往蕴含着丰富的风俗、习惯、思想意识内容，并且同样会在民族交往中得以流传，在词语借用中得到体现。中国是世界上最早实行全民有姓的国家之一，而日本和朝鲜则分别在1875年和1909年之后才实现了人必有姓，并且开始时都是采用汉字姓氏，其中朝鲜人很多是直接以中国汉人的姓氏为自己的姓氏。日本人也有以中国的秦、徐、陈、王诸姓为姓氏的。越南人的姓氏则全从中国移植，而女子之姓又从中国旧习多带"氏"字，如"阮氏（萍）"。我国唐代则有人以印度佛教借词作为名字，如著名诗人王维，字摩诘，而"维摩诘"源于梵文，是佛教经典中所说的一位著名的大乘居士的名字。明朝末年，天主教深入宫廷，受洗入教者多达五百余人，并从天主教习俗改名，如永历帝嫡母王太后名烈纳，生母马太后名玛利亚，永历后名亚纳，其子名当定。这些姓名借词显然是外国宗教文化影响的记录。在近现代，国外一些深谙

中国文化的汉学家常常精心推敲，将自己的姓名改译为表音兼表意的汉姓、汉名，以承载中国文化的韵味，如"高本汉""马伯乐""霍福民"等，这在近世已成定例。

亲属称谓、社交称呼同民族的文化传统、社会人员结构有着密切的联系，是制度文化的一项内容。不同民族、社会的交往导致了亲属称谓、社交称呼的交流，并在词语借用中留下了记录。从菲律宾语和印度尼西亚语中的汉语借词可以看出，由于华侨的影响，这两个国家都吸收了不少汉族的亲属称谓和社交称呼，如菲律宾语中的 sango（三哥）、kuya（姑爷）和印度尼西亚语中的 nyonya（娘囝，夫人）、sioca（小姐）等。同样，当地华人社会所使用的闽南方言也吸收了一些菲律宾语、印度尼西亚语的有关借词，如借自菲律宾语的"阿冒"（老板）、"巴礼"（神父）和借自印度尼西亚语的"大端"（长官）、"域兰那"（区长，郡长）、"耶沙"（检察官）等。

当然，词语借用时也不可避免地会借入某些表现落后的甚至腐朽的制度文化现象的词语，如汉语中的沙文主义（借自英语，源于法语）、英语中的 fascism（法西斯，借自意大利语）、Nazi（纳粹，借自德语），印度尼西亚语中的 papui（卜卦，借自汉语闽南方言）、baktau（鸨母，借自汉语闽南方言）等等。不过，语言毕竟只是一种交际工具，它并不等同于客观对象本身。一个民族可以引进形形色色的表现世界各国各种制度文化的词语，而这个民族对这些制度如何取舍，那就不是词语借用所能决定的了。

四、词语借用是心理文化交流的记录

文化结构的深层是心理文化，它包括人们的社会心理、价值取向、伦理观念、思维方式和审美情趣等等。这种深层文化的交流在词语借用中也刻下了印痕。

词语借用的对象、范围和流向首先就强烈地体现出一定社会的价值取向和人们的心理意识。从一世纪时开始的罗马人征服英格兰的时期，胜利者罗马人视当地的凯尔特人为"低贱者"，这一观念直接导致了对凯尔特语的排斥，以致今日英语中很少保留着凯尔特语的词汇成

上编　语言——文化的符号

分。在诺曼底人征服英国时期，观念的变更明显地影响着英语吸收法语词汇的进程。大致在1250年以前，处于统治地位的外族征服者诺曼底人认为英语是"粗陋"的，上层社会普遍只说法语，这时法语词汇较少渗入英语。到13世纪中叶，由于英国统治阶级摆脱法国控制的意识和斗争的加强，也由于一直使用英语的广大农奴、市民及其他劳动人民政治地位的提高，"法语被视为官方语言的理论基础和心理基础也随之不存在了"①。这时，统治英国的法国贵族后裔逐渐转用英语进行交际；同时或者由于交际的需要，或者出于维护旧时风尚的心理，他们又常常借用法语词汇。在这种复杂的社会意识和社会心理的交相作用之下，终于使得大量的法语词汇进入了英语。

人们对词语借用的不同观念、不同评价更是直接地记录着不同的文化心态。我国学术界曾长期困惑于像"经济""民主""手续"这一类从日文中连字形带字意照搬过来的词语究竟算不算外来词；各种理论纷然杂陈，各自都有着特定的文化心理基础。英语中外来词占了80%以上，其中法语借词又占大多数；可是当代许多英语词汇进入法语后，不少法国人包括法国政府却担心法语不再能保持其纯洁性。与此同时，一些英国知识界人士也在惊呼美国英语"污染"了英国英语，要抵制美国英语的影响，以维护英国英语的"纯正"及其"正宗地位"。这些形形色色的由词语借用引起的语言纯洁化运动都不是单纯的语言问题，其中都包含着复杂的民族心理因素。

词语借用的方式可以反映和表现一个民族的心理。汉语词的语音结构以单音节和双音节为主，多音节的较少，同时汉字是一种意音文字，使用汉字的人们习惯于它所表示的词语和构词成分是有理据的；所以长期以来汉语借用外族词语的方式以意译为主。这既是由汉语言文字的特点决定的，也是汉民族语言文字习惯和心态的反映。早在东汉末年，一些来自西域的佛经翻译名家就比较注意"改'胡音'为汉意，也就是用意译取代音译"，例如"把《摩诃般若波罗蜜经》意译为《大明度无极经》"等。有些译者甚至还将佛学名词比附为道家的概念，或者干脆运用道家的术语，以迎合魏晋之世的玄谈之风。近世一些译者即使在采用音译方式时,也有意运用"音译兼寓意"的方法以适应汉族人民的语言心理,如"幽默"、"味美思"(一种白葡萄酒)、"乌托邦"等。

  一些具体的词语借用现象无疑也记录了心理文化交流的内容。10 至 11 世纪的一位穆斯林学者撒阿利比在其《珍闻谐趣之书》中曾指出:"阿拉伯人习惯于把一切精美的或制作奇巧的器皿,不管真正的原产地为何地,都称为'中国的'。直到今天,驰名的一些形制的盘碟仍然被叫作'中国'。"这段记述生动地表现了阿拉伯民族对中国文化的推崇心理。而在俄国成语中,却把无法理解或难懂的东西称为"中国文书";17 世纪时,一些欧洲的耶稣会会士则咒骂日语为"魔鬼的语言",认为这种语言是专门用来挫败他们在日本的传教努力的。这从一定侧面反映了印欧语系的民族对汉语和日语的畏难心理。在德语中,Konfuzius(孔夫子)与 konfusius(糊涂虫)曾经常常被谐音混用,这与 19 世纪一些西方学者所坚持的欧洲中心论的文化偏见是有关联的。其实,当时中国的上层统治阶层也正持着一种中国中心论。他们不了解世界形势,不通各国国情。这在那时中国关于欧洲各国、各民族的译名呈现一片混乱的情况中有着充分的反映,例如当时或将西方人统称为"拂郎机",或认为"拂郎机"是靠近马六甲的一个国家,或称葡萄牙人为"佛郎机",或称西班牙人为"佛郎机",或将"佛郎机"与"法兰西"混淆。又如清人汪康年曾记载:通商初,万尚书青黎云:"天下哪有如许国度!想来只是两三国,今日称'英吉利',明日又称'意大利',后日又称'瑞典',以欺中国而已!"又满人某曰:"西人许多不实。即如英、吉、利,应是三国;现在只有英国来,吉国、利国从未来过。"[12] 不过,在当代我们也可以从英语的 chin-chin(请、请)和汉语的"拜拜"(再见)这样一些本来不需要借用的借词中感受到不同民族对于加强接触和加深了解所持有的新的肯定的态度[13]。

注释:

  ① 转引自桂诗春《应用语言学》122 页,湖南教育出版社 1988 年版。

上编 语言——文化的符号

②［美］爱德华·萨丕尔《语言论》（陆卓元译）19页，商务印书馆1985年版。

③转引自倪明亮《人类语言纵横谈》96页，中信出版社1990年版。

④本节所说的词语借用是指一种语言从别种语言吸收词语的现象，其中，意译词不看做是词语借用。又，本节中外语原词的书写形式，根据资料来源，有的用外语原形，有的用拉丁字母转写形式，但不予一一说明。

⑤参看范文澜《中国通史》第四册445—447页，人民出版社1978年版。

⑥方立天《中国佛教与传统文化》343页，上海人民出版社1988年版。

⑦据季羡林先生考证，汉语中的"佛"这个名词的成立实先于"佛陀"，"佛陀"一词系译自梵文，而"佛"则是译自吐火罗文，或龟兹文，或焉耆文。转引自马祖毅《中国翻译简史》15页，中国对外翻译出版公司1984年版。

⑧参看《新唐书》卷二二一上《西域传·摩揭陀传》、《续高僧传》卷四《京大慈恩寺释玄奘传》。

⑨参看季羡林《漫议"糖史"》，原载《环球》1997年第6期，转引自《新华文摘》1997年第8期。

⑩周一良主编《中外文化交流史》，河南人民出版社1987年版。

⑪秦秀白《英语简史》，湖南教育出版社1983年版。

⑫见醒醉生《庄谐选录》卷三，转引自钱锺书《七缀集》123页，上海古籍出版社1985年版。

⑬关于英语中chin-chin的用法，可参看罗常培《语言与文化》49页，语文出版社1989年版。

主要参考文献：

[1] 布龙菲尔德. 语言论 [M]. 袁家骅等，译. 北京：商务印书馆，1980.

[2] 皮埃尔·吉罗. 符号学概论 [M]. 怀宇，译. 成都：四川人民出版社，1988.

[3] 桂诗春. 应用语言学 [M]. 长沙：湖南教育出版社，1988.

[4] 王德春. 现代语言学研究 [M]. 福州：福建人民出版社，1983.

[5] 欧阳康. 论语言符号系统的特性及在社会认识系统中的中介功能 [J]. 陕西师范大学学报，1988（2）.

[6] 爱德华·萨丕尔. 语言论 [M]. 陆卓元，译. 北京：商务印书馆，1985.

[7] 罗常培. 语言与文化 [M]. 北京：语文出版社，1989.

[8] 陈原. 社会语言学 [M]. 上海：学林出版社，1983.

[9] 陈松岑. 社会语言学导论 [M]. 北京：北京大学出版社，1985.

[10] 刘正琰，等. 汉语外来词词典 [M]. 上海：上海辞书出版社，1984.

[11] 周一良. 中外文化交流史 [M]. 郑州：河南人民出版社，1987.

[12] 秦秀白. 英语简史 [M]. 长沙：湖南教育出版社，1983.

[13] 马祖毅. 中国翻译简史 [M]. 北京：中国对外翻译出版公司，1984.

上编　语言——文化的符号

第四章　语言对文化的影响

第一节　语言与文化世界

语言对文化的影响的一个重要表现，就是它对文化世界的影响。语言在文化世界的建构、传承以及文化世界相互碰撞交流等方面，发挥着难以替代的作用。

一、文化世界

人类的身体生活在客观世界（包括自然界和人类社会）里，但心灵却生活在文化世界中。人类发展的整个历程，是认识世界和能动改造世界的历程。人类所认识到的世界称为文化世界。文化世界是客观世界在人脑中的反映。人们在社会生活中通过各种联系手段，沟通各自对客观世界的认识，从而逐步形成一个民族、一个社区对客观世界的整体认识，构成某一民族、某一社区的文化世界，并作为一种文化传统留给后代。因此，文化世界不是个人对客观世界的反映，而是一个民族、一个社区对客观世界的反映。

文化世界不可能是客观世界的精确复制。客观世界在不断发展变化，空间和时间具有无限性，人们不可能把在无限的空间和时间中无限发展变化的客观世界精确复制。人类的认识能力有限，生活阅历有限，观察世界的角度、方法和工具也会受到传统、心理和科学发展的诸多限制，从主体方面来看，人类也不可能把客观世界精确复制。正是上述主客观两个方面的原因，使文化世界同客观世界之间存在着各种复杂的差异。文化世界来自对客观世界的认识，但两者并不等同。

人类所认识的世界只可能是文化世界,因此说人类的身体生活在客观世界里,但心灵却生活在文化世界中。

不同民族、不同时代、不同地区人们的生活环境、社会风尚、历史传统、科学水平有诸多差异,因此他们在对客观世界的认识上也必然有诸多差异,从而形成不同的文化世界。比如汉民族传统上常把事物分为阴阳两性:人、动物、植物的花等,雄性为阳,雌性为阴;天为阳,地为阴;太阳为阳,月亮为阴;山南为阳,山北为阴;水北为阳,水南为阴。甚至连社会等级也用阴阳框之。但是在俄罗斯民族和德意志民族中,常把事物分为阴性、阳性和中性。而且某一事物属某一性也有差异,比如"冬天"在俄语中是阴性,在德语中是阳性;"房子"在俄语中是阳性,在德语中是中性;"钢笔"在俄语中是中性,在德语中是阴性。更有趣的是,德语中的"妇女""少女"都是中性名词,"太阳"是阴性名词。从性的划分可以看出不同民族的文化世界的差异。

早在春秋战国时期就有了"中国"一词。当时"诸夏"居住在黄河流域及其附近的一些地区,四方是少数民族居住区。"中国"原指诸夏居住的地方,后来成了国家的名称。在古人的文化世界中,中国处于天地之中央,正如宋代石介的《中国论》所云:"天处乎上,地处乎下,居天地之中者曰中国,居天地之偏者曰四夷。"明代万历年间,意大利传教士利玛窦在中国看到一张这样的地图:大明帝国的十五个省被画在地图中间,四周是海,海中有若干小岛,填写着当时中国人听说的一些国家的名字。这些小岛总面积加起来还不如中国最小的省份的面积。当利玛窦展示出有经纬线、赤道、回归线的地图时,中国士大夫们看到中国的面积竟如此之小,且偏居东方一隅,竟认为是"以其邪说惑世"。今天人们大概都可以接受中国不在地的中央而在东方一隅的看法。不同时代对中国地理位置的看法,反映出古今文化世界的差异。

再如,关于日食和月食这种天文现象,大家都知道是太阳、地球和月亮这三个天体运行的结果,古人却不这么看。《周礼》说,日食是

阴侵阳，月食是阳侵阴。日食表明大臣侵犯了国君，月食表明国君太暴虐。《左传》曾讲过日食、月食的解救办法：国君要避开正殿，废止宴乐；国民要奔走祷告，击鼓献币；太师代表大臣自责。民间则认为是天狗吃了太阳或月亮，解救办法是击锣敲盆以吓走天狗。对日食、月食这种天文现象的看法，反映了古今文化世界的变化。

不同地区也有不同的文化传统。比如北方婚礼传统上要在上午举行，北方人相信一天中上午阳气最盛，最为吉利；而南方婚礼多在下午或晚上举行。我国大多数地区都严格区分蚊子和苍蝇，而湖北襄阳、宜昌两地则把两者通称为蚊子，归为一类。在北方冰、雪绝不相混，而广东、福建一带却常常冰、雪不分，把冰棍叫作雪糕。这反映了文化世界的地区性差异。当然文化世界的地区性差异（或称亚文化差异）没有时代差异大，而时代差异又没有民族差异大。

二、语言与文化世界的建构

（一）语言在建构文化世界中的作用

文化世界的建构，理论上讲需要两个必要条件：一、对客观世界有了一定的认识；二、这种认识得到传播交流。对客观世界的认识，主要表现为人们在实践活动中所进行的一系列思维过程。当把思维过程的成果用一定的物质形式固定下来，并在某一社团中进行传播交流，便形成了某社团对于世界的集体认识，亦即形成了该社团的文化世界。要认识语言在建构文化世界中的作用，就必须考察语言与思维的关系，考察语言在巩固和传播思维成果中的作用。

1. 语言是思维的最重要的工具

思维是一种高级精神活动，任何精神活动都必须凭借一定物质才能进行，因此思维也必须使用一定的物质工具。过去，不少人认为思维只有抽象思维，而思维的工具只有语言，因此曾经得出语言与思维不可分离的结论。美国行为主义的代表人物华生把这种结论简练地概括为：语言是出声的思维，思维是无声的语言。

但是，思维过程中也确实存在不用语言的思维现象，比如科学巨匠爱因斯坦在给数学家雅克·哈达马德的信中说："在我的思维机构中，书面或口头的文字思维不起任何作用。作为思想元素的心理的东西是一些记号和有一定明晰程度的意象，它们可以由我'随意地'再生组合……上述的这些元素就我来说是视觉的，有时也有动觉的。通用的文字或其他记号只有在第二阶段才能很费劲地找出来。此时上述的联结活动已经充分建立，而且可以随意地再生出来。"① 篮球运动员能以最合适的速度、力量和动作把球投入篮中，棋坛大师可以在一两秒内就在众多可能性中走出最佳的一步棋。这些都说明思维并不只是凭借语言。

正是有这种思维现象的存在，于是有人就不承认语言是思维的工具，甚至还极端地认为语言干扰纯正的思维。贝克莱在《人类知识原理》一书中宣称："我不论考察任何观念，都要努力来观察赤裸裸的观念，而且要努力把因经常使用而与它们常相关联的那些名称摆脱于我的思想之外。"德国哲学家杜林说得更直接："谁要是只能通过语言来思维，那么他就永远不懂得什么是抽象的纯粹的思维。"② 这两种针锋相对的看法都有偏颇之处。

当代科学把人类的思维分为三种类型：技术思维、形象思维和概念思维。技术思维是依靠各种直观动作等作为工具的思维，运动员在球场上的竞争，机修工在维修机械时的思考，机械工程师面对设计图纸、构造模型时的构想等，都属于技术思维。形象思维是凭借表象进行的思维，如文学创作，艺术家的绘画、音乐、舞蹈设计，电影大师的蒙太奇剪接等，用的都主要是形象思维。概念思维又叫抽象思维、逻辑思维，它凭借概念来进行判断、推理。由于概念主要是以语言的形式存在着，因此概念思维的工具主要是语言。

当然，对思维的如上分类，只是一种理想化的分类。一般人的正常思维，往往不是单型思维，而是多种思维类型交替、混合使用。文艺创作虽然主要使用形象思维，但也不可能不用概念思维。机械工程师在工作时主要进行技术思维，但也不可避免地要使用形象思维和概念思维。当然，当进行概念思维时，也常渗进技术思维和形象思维的成分。正是思维具有如此的复杂性，因此，不能说思维可以不凭借语

上编　语言——文化的符号

言，也不能说思维只可以使用语言③。

苏联科学家巴甫洛夫经过大量试验证明，人与动物的最大不同是人具有第二信号系统，可以通过语言来进行思维。因此他说人是词的动物。一般认为，一些高级动物也有思维的萌芽，但主要是低级的技术思维和形象思维，而没有概念思维。人类的技术思维和形象思维是不能同动物相提并论的。人类进行最多的思维是概念思维，人类最重要的思维也是概念思维。因此，尽管计算机程序语言、公式、符号、技术思维语言、拼图语言、音乐语言、舞蹈语言、绘画语言、蒙太奇语言等都可以充当思维工具，但只有自然语言才是最重要的思维工具，其他思维工具无法同它相比。

用于思维的语言也许同人们平时用于交际的语言有所不同，但这种用于思维的语言（内部语言）必然是用于交际的语言（外部语言）的内化。当人们长时间思考问题时，常觉得喉部干燥，这说明思维时发音器官也在作小幅度的运动。科学家在人的发音器官的敏感部位装上电极，要求被试用默算和口算两种方式作算术题。研究发现，默算时的电波图形同口算时的电波图形非常相似，说明默算时也在使用口算时的语言。儿童语言学家发现幼儿常常一边玩玩具，一边自言自语，这种自言自语正是幼儿用于思考的语言。幼儿还不善于沉思默想，常常用外部语言来思维。等幼儿的思维能力和语言能力达到一定水平时，这种用于思维的外部语言便内化为内部语言。内化需要一个过程，一旦这一过程完成，儿童就学会了沉思默想，自言自语的现象便大为减少④。成年人虽然主要用内部语言思维，但在解决非常棘手的难题时，也往往会发出声音，使用外部语言。许多断断续续的梦话，也是内部语言的外现。这些事实表明，内部语言同外部语言具有相同的品格，人类在进行概念思维时也在使用语言。

2. 语言是巩固和传播思维成果的最重要的物质形式

正如思维不能凭空进行一样，思维的成果——思想，也不可能赤裸裸地存在，它必须附着于一定的物质形式。语言是思维的最重要的工具，语言也是固定思想最重要的物质形式，虽然语言并不是固定思

· 227 ·

想的唯一物质形式。思想通过语言的固定，才具有可以感知的物质形式。因此语言可以使思想物质化。

语言在思想物质化的过程中，还使思想进一步明晰化。当一种概念没有找到表现它的合适的语言形式时，还是模糊的。甚至图表、公式、符号这些物质形式，只有通过语言这种"元语言"的解释，也才能清晰明朗。因此，语言不仅赋予思想以物质形式，而且还帮助思想的最后形成和完善。"只可意会，不可言传"的思想说到底仍是一种模模糊糊的思想。

物质化了的思想才可以进行传播交流，从而使个人的思想成为集体的财富，为全社会所共享。作为传播交流思想的媒体可以是手势、号角、符号、音乐、图画、舞蹈等等，但这些媒体都具有一定的局限性，其交际广度和深度都难以同语言相比。大文豪罗曼·罗兰曾经指出："而音乐，虽然人家认为是普遍的语言，究竟不是普遍的，应当拿文字来作一张弓，才能把音乐射到大众的心里去。"⑤

既然语言是思维的最重要的工具，是巩固和传播思维成果的最重要的物质形式，那么，语言在文化世界的建构中就起着异乎寻常的作用。德国语言学家魏斯格贝尔继承和发展了洪堡特的语言学思想，认为语言的本质是一种精神塑造力，是一种把世界转变为精神财富的力量。因此应该把语言作为形成文化的力量来研究，语言是创造人类文化的必要条件，并且是形成文化成果的参与者⑥。

（二）前语言文化世界

人类大约已有三百万年的历史，而有声语言到晚期智人时期才有可能产生。晚期智人属旧石器时代的晚期，晚期智人之后，人类很快进入新石器时代，社会突然间加快了前进步伐，这同语言的产生一定很有关系。因为语言这种高级的交际工具把异时异地人的智慧积累了起来，从而大大促进了生产力的发展⑦。

大量的研究表明，语言大约只有四五万年的历史。在语言产生之前人们也需要交际工具，这种交际工具可能是手势、动作、表情和比动物的叫声复杂些的声音。这种原始的交际工具勉强可以满足当时社

上编　语言——文化的符号

会的交际需要。语言就是从原始的叫声发展而来的。

在语言产生之前，人们也在能动地认识世界，而且逐渐地积累这种认识。因此，那时也应该有自己的文化世界。这种文化世界可称为"前语言文化世界"。与之相对，语言产生后的文化世界称为"语言文化世界"。可以想见，前语言文化世界是一种极为原始的低级的文化世界。当时人的思维，是凭借情景、手势、动作、表情、呼叫等进行的思维，思维的水平相当低下，思维的成果也只能靠这些物质形式来巩固和传播，所以当时的思想也十分模糊粗疏，传播交流也极为有限。正因如此，前语言文化世界根本无法同语言文化世界相比。本书所谈及的文化世界，主要是指语言文化世界。也只有这样，前面关于语言在文化世界建构中的作用的论述才是正确的，在前语言文化世界中当然无法谈及当时还没有产生的语言的作用。

三、语言与文化世界的传承

语言是文化的符号，建构起来的文化世界大都储存在语言之中，因此大致可以说，文化世界就是一个概念系统。后代人通过学习前代人的语言，也就同时学习了前代人的文化世界。文化世界主要是通过语言传承给后人的。

每种语言都反映着一定的文化世界所刻画的"世界图景"。比如夜晚的星空，群星闪烁，人们对群星的认识的重要表现之一，就是把它们划分为不同的星座。在德语中，有大熊星座、小熊星座、金牛星座、天蝎星座、双子星座、牧夫星座等等。而古希腊则把星座分为48个，并且都按希腊神话中的形象命名。我国早在公元3世纪就已把星空划分为283个星座。诸如此类的划分，同星体之间的物理联系相去甚远，不属于一个星系的星体被人们的认识拉扯到了一块。因此古代的星座所描绘的世界图景，完全是一种人为的划分，是人们对星空的感性认识的条理化。其实，古希腊人、古日耳曼人和古代中国人所看到的星空大致是相同的，但是却划分为不同的星座，表现为不同的世界图景。这种现象可以作为人们对客观世界的切分的人为性的一个证据。

当后人学习语言时，也就把该语言记录的文化世界接受下来，亦即把不同文化所描绘的不同图景接受下来。就此而言，不同语言代表着不同的世界图景，并强制后代以此世界图景来看待世界。也正是在此意义上我们可以把文化世界称为"语言世界"。

人们在不断地认识世界，不断地发展自己的文化世界。在认识世界的活动中，不可避免地要受到语言的巨大影响。首先是从语言中继承了祖先的文化世界，这个文化世界就像一张网一样，人们随时随地地带着这张网来罩盖客观世界，当对世界有了一种新的认识之后，人们总是企图将这种新认识装进这张网里。比如对自然界的生物用界、门、纲、目、科、属、种分类，这种分类系统就是一张网，当发现了一种新的生物时，总是要极力把它填进已有的分类系统中。正如美国的语言学家沃尔夫所言："我们都按自己本族语所规定的框架去解剖大自然。我们在自然现象中分辨出来的范畴和种类，并不是因为它们用眼睛瞪着每一个观察者，才被发现在那里。恰恰相反，展示给我们的世界是个万花筒，是变化无穷的印象，必须由我们的大脑去组织这些印象，主要是用大脑中的语言系统去组织。"⑧

人民不仅接受了前辈的语言文化世界，而且还被强制性地接受前辈的思维工具——语言来进行思维。工具和产品是有关联的，某种工具适应于生产某种产品，而可能不适应于生产另一种产品，正如木工的锯子、斧头和刨子各有用途一样。不同的语言携带着不同的文化世界，当运用不同的语言进行思维时，就必然受到不同语言的制约，因此语言影响着人们对于世界的认识。

比如光谱对于人来说，其感知应该说是相同的，生理学已经证明人类对于光的感知在神经生理方面没有多少差异。但不同的语言对光谱的切分却有很大差异。汉语把光谱切分为赤、橙、黄、绿、青、蓝、紫七段，英语则切分为 red、orange、yellow、green、blue、purple 六段，有的语言切分为五段，有的语言切分为三段甚至两段。即使切分段数相同或相近的语言，各段的起止点也有差别。比如英语的 red 比汉语的"赤"范围窄，英语的 purple 比汉语的"紫"范围宽。这就是说，有些汉语认为是红色或蓝色的，英语都认为是 purple。当某种语言没

上编　语言——文化的符号

有某颜色词时，人们对该颜色的认识就会发生一定困难。比如利比里亚的巴萨语（Bassa），只把基本颜色分为暖色（zīza）和冷色（hui），zīza 包括红、橙、黄三色，hui 包括绿、蓝、紫三色。可以想见，使用巴萨语的人很难像汉族人那样去细致地区分不同的颜色①。当然，我们并不是说使用巴萨语的人不能通过教育分辨出各种颜色，但辨认起来具有相当的困难也是事实。这种情况表明语言影响人们对于客观世界的认识。

再如，美洲的因纽特语，用 15 个名词来表示不同形态或下落到不同地点的雪，阿拉伯半岛的贝督因人对于各种各样的骆驼都有不同的叫法，泰国北部的甸族，对于不同生长期的稻子和不同加工过程的稻谷都赋以不同的名称，英语表示不同类型的小偷竟有 32 个词，我国古代对牛的分类极为精细，从公母、大小、年龄、毛色、毛长、角的形态、体态、功能以及肉食风味等不同的角度来命名，有关表示牛的词竟多达 30 多个。而对于当代汉族人来说，要把雪、骆驼、稻、小偷、牛等区分得如此精细是相当困难的。这种情况必然对思维及思维的结果有所影响。当然，因纽特人虽然用 15 个名词来表示各种各样的雪，却没有"雪"这个概括性词语，这也必然影响到因纽特人对雪的本质认识，影响到他们的抽象概括能力。

思维要想突破原有语言的限制，就必须在思维时增添新的语言成分，比如一些新的词汇和语法成分，从而去适应新的思维和新的认识。这样，语言就不断地丰富和发展起来，人类的认识能力也就不断地得到提高，人类的文化世界也就有了新的发展。如果不增加新的语言成分，人类的思维和认识就只能在原有的文化世界中徘徊。比如操巴萨语的人要认识红、橙、黄这些颜色，而不是只停留在暖色的思维水平上，他们就必须添加表示红、橙、黄的新词语。

综上所述，文化世界是通过语言强制性地"遗传"给后代的。语言不仅把某文化特有的世界图景传给后代，而且还把前代人观察世界的方法、角度以及思维的工具传给后代，从而影响到后代对于世界的认知和思维。由此可见语言在文化世界传承中所起的重要作用。

四、语言与文化世界的碰撞

在人类历史上,有的文化世界是独立存在和传承的,起码在一定的历史时期是独立存在和传承的,而有的文化世界则是同其他文化世界不断发生碰撞而相互影响发展的。而且尤以后者最为常见,特别是近现代民族与民族、国家与国家、地区与地区之间的交往日趋频繁,文化世界之间的相互碰撞影响也越来越剧烈。

汉语文化世界就是在同许多文化世界的激烈碰撞中发展起来的。自夏至秦,以黄河流域为中心的夏文化就同"四夷"文化发生了广泛的接触。汉代及汉代以后,除少数民族的文化之外,西域文化和印度的佛教文化曾对汉文化产生过较大影响。吕叔湘先生曾经研究过南北朝时期以佛教词语作名字的现象,从当时的命名用字上就可以看出佛教文化对汉文化的深刻影响[⑩]。明代以后,西洋文化、北洋文化和东洋文化都对而且现在仍对汉文化有影响。在几千年的文化碰撞之中,汉文化也对其他文化发生了而且仍在发生着深刻巨大的影响。

文化世界的接触当以语言接触为先导。德国语言学家洪堡特说:"人从自身中造出语言,而通过同一种行为他也把自己束缚在语言之中;每一种语言都在它所隶属的民族周围设下一个圈子,人只有同时跨进另一种语言的圈子,才有可能从原先的圈子里走出来。"[⑪]文化世界的接触,就是不同"圈子"的交或并。这种交或并,只有通过语言的接触甚至融合才能实现。因为语言是文化世界的记录,只有掌握了他族的语言,才能了解他族的文化。当然这是就社团的总体而言,就一个人来说,他可以通过翻译介绍的文章来了解,而不一定要掌握他族语言,但是,既然有翻译有介绍,社团之间就一定得有掌握对方语言的人。其实语言与语言的翻译很难达到准确,有些语言成分甚至是不可翻译的。因此,要准确了解他族文化,归根到底还是要掌握他族的语言。比如汉语中的"礼""义"和英语中的"费厄波赖",是很难对译成他种语言的。

不同文化世界的碰撞,是促进文化快速发展的重要因素。如果一个文化圈子闭关自守,"鸡犬之声相闻",却"老死不相往来",那么这

上编　语言——文化的符号

种文化圈子肯定发展缓慢,甚至衰微灭亡。由此可见语言在文化世界发展中所起的不可替代的作用。

总而言之,由于语言是人类最重要的思维工具和交际工具,由于语言记录着整个文化世界,因此,它是文化世界建构的最必要的条件,是文化世界传承和发展的带有决定意义的因素,是文化世界相互碰撞影响的先导。语言与文化世界的关系极为密切,语言对文化世界的影响怎么强调都不为过分。

第二节　语言所形成的特殊文化

语言是人有别于一般动物的重要标志。法国启蒙思想家卢梭在1746年的论文《论语言的起源》中提出"人是语言动物"的命题。恩格斯在《自然辩证法》里说,首先是劳动,然后是语言,一起成了从猿转化到人的最主要推动力。人有了语言这个工具后,才成了"有文化的动物"。而文字更是人类从蒙昧时代走向文明时代的界碑。

不过,某种形态的传统文化的形成有着很复杂的原因和条件,我们不能简单地归之于语言文字,特别是物质文化和制度文化,它们的形成,更多的是受地域条件、自然条件、社会条件的制约。即使在我们认为是由语言文字形成的传统文化中,它们也不是单纯决定于语言文字的性质和特点,甚至在它们的形成过程中,语言文字只起着间接的作用,更多的是因为人们的意识、思维、观念上的成分在起决定性作用,而语言文字不过充当了一个符号、载体而已。当然,离开了语言文字的存在和介入,这些文化形态的形成是根本无从谈起的。

语言文字能形成某些传统文化是跟语言文字的性质有根本联系的。语言是形式和意义的有机结合体,是一个具有能产性、模糊性、随机性的符号系统。这就为形成一些特定的传统文化提供了必要和充分的物质基础。如声响(语言)系统的简约严整,指称(语义)系统的多向歧义,语法系统的各种组合,都给各民族的人民用来形成其带有民族特色的传统文化提供了条件。正如英国语言学家帕默尔所说:"语言

· 233 ·

忠实反映了一个民族的全部历史和文化,忠实反映了它的各种游戏和娱乐、各种信仰和偏见。"⑫语言有民族性的一面及超民族性的一面,文化也自然有民族性的一面及超民族性的一面。

我们这里所说的特殊传统文化,是指跟语言有直接关系的文化形态,如语言禁忌、文学艺术、语文游戏等。它们经由语言而形成,也随着语言的变化而变化。

一、语言禁忌和宗教

(一) 语言禁忌

这种传统文化的形成是直接与语言有关的。语言这个工具本来是人类在漫长的岁月里自觉或不自觉地创造出来的,但创造这个工具的人类自己却长期没把它看成是人为的东西,而是把它视为"天赐之物",把语言和文字看成是某位神祇或文化英雄创造的,因而对语言文字便产生了一种迷信的看法,以为语言文字有一种超自然的魔力,对它感到神秘,感到畏惧。相信咒语能置敌人于死地,念动真言就能腾云驾雾,刀枪不入。日常生活中称名道物谨慎小心,唯恐触犯神灵,招来灾患;或者给一些平凡的事物涂上喜庆的色彩,取得心理上的满足。神话意义上的语词精神被抬高到无尚的地位。当然这种传统文化是明显受时代及人类意识水平的制约的,当人们试图凭借巫术语词来征服自然、改造社会的一切希望都已落空的时候,人们会以不同的眼光来看待语言与实在的关系了。语言禁忌这种传统文化在开化民族里逐渐衰落是很自然的,但它在世界上各民族文化中留下了很深的痕迹,至今仍能在各种语言中看到它的踪迹,即使在最开化的民族里仍不可能消除,有时还会以新的面貌出现。

语言禁忌中最能表现民族特色和地域特色的是谐音式禁忌。语音与意义本来是任意约定的,没有什么自然的内在联系。而任何一种语言的语音系统总是很简单的,不可避免地会出现同一语音形式表示几种不同意义的情况。这就为语言魔力的施展提供了机会,许多禁忌语都是由谐音联想而产生出来的。日本人探视病人喜送鲜花,但忌送带根的花,因"根"与"睡"在日语里谐音,怕使病人联想到永远卧床

上编　语言——文化的符号

不起。跟病人或病人家属交谈忌说数字"四",因为它与"死"同音。所以日本医院里也没有四楼和四号。还有利用谐音讨取吉利的情况,如旅店主人在应考当天给住店的考生吃熟猪蹄这个习俗,就反映了这样一种心理:愿这场考试能碰上"熟题",得心应手。广州、香港一带凡带"八"字的电话号码和汽车号码都特别走俏,因"八"在粤方言里与"发"谐音,大家希望用上这个号码,交上好运,早日发财,多多发财,而别的地方的人们对"八"字原来并没有如此浓厚的兴趣,现在受经济发展状况的影响,也很自然地产生了一种同样的心理需求。

(二) 宗教

宗教是禁忌的高级文化形态,它广泛而久远地影响了人类生活,是人类对世界的认识未能摆脱迷信观念的束缚,敬畏神灵的威力而产生并一直延续下来的一种特殊文化。宗教一词的语源(英文为religion,源于拉丁文 religio,意为人与神的关系和结合。汉语"宗教"一词借自日语),就显出宗教的本质。早期人类崇拜祖先,崇拜动物,崇拜自然,也崇拜语言文字。各种宗教也就在这种敬畏气氛中形成和系统化了。基督教《圣经》新约中的约翰福音一开始就说:"In the beginning was the word"(太初有道)。若直译即"最初的是语言(词)"。接下来说:"所有的东西都是由语言制造的;生命存在于语言之中。人不仅是靠面包来生存,也靠神所说的每一句话来生活。"伊斯兰教里的贝克塔希派认为:表现真主形象的是人的脸部,作为人的标记的是语言,而语言又是以阿拉伯文的 28 个字母来表达的,这些字母包含了关于真主、人类和永恒的一切神秘。宗教是靠着对语言的崇拜和利用而得以形成和发展的。语言的象征性在宗教的传布和衍化中起着很大的作用。

对语言神力的敬畏,很多宗教的信条和戒律都有所反映。佛教的五戒十善业中,特别着重语业,强调要修口业,不妄言,不虚言,不两名(不搬弄是非)、不绮语(不说废话和淫靡之语),否则会坠入地狱,口不能言,永世不得超生。佛教净土宗尊重阿弥陀佛的神力,只要信徒们反复念"南无阿弥陀佛"就可得到佑护,死后也能把自己的灵魂引入西方极乐世界。道教的法术则靠咒语和符箓来施展,咒语是

· 235 ·

将神力以密码的形式附着在规定的口头语言上,而符箓则是将神力以符号的形式附着在规定的文字图形上,道士们把语言文字弄得乌烟瘴气,千奇百怪。但归根结底,还是语言文字给这些法术的形成提供了基础。所以说,如果没有语言文字,宗教是没法建立的。而宗教一旦建立,又对语言文字的使用规定了很多清规戒律,给人类语言蒙上一层神秘虚幻的面纱。

至于说到宗教的传播和扩展,那就更是离不开语言文字的辅佐。虽然某些教派口头上说传道不依靠语言文字(如禅宗提倡心性本净,佛性本有,觉悟不假外求,不读书不礼佛,不立文字,以心传心等),实际上任何一个宗教的发展都离不开语言文字。而且每当一个宗教发生变革时,在语言问题上也相应会有很大的变动。当然,宗教语言是一种经过改造加工的语言变体,笃信神灵的人在祈祷、颂赞及礼拜中会使用特殊的语调、词语或句法,用大量的类比、隐喻和寓言来表达自己对神、上帝、佛祖、真主等的敬仰和领会。宗教语言和神话一样,是人类传统文化中最难用纯粹逻辑来分析的。无法从逻辑角度判定宗教语言的真假值,无法从语义、语法角度判定宗教语言的合理性。但宗教语言的确能有效地表达深厚的宗教感情,能宣扬宗教道德,引发信教者团结互助的愿望,在上帝的面前感到心灵的纯洁、平静、谐和。

传教士是受过专门语言训练的,现代意义的大学是从中世纪的神学院演变而来的。世界上最古老的大学如巴黎大学、牛津大学最初都是培养牧师和僧侣的。学校有专门课程,培养学生使用记述基督圣训的语言,即上帝推荐的拉丁语、希腊语和希伯来语。而伊斯兰教则以阿拉伯语为真主的语言,教徒们念诵经典必须操阿拉伯语。一方面是宗教语言的严格化、圣洁化,另一方面为了扩大宗教的影响,使没文化的下层人民皈依教化,接受教义,在传教语言上力求通俗化、生动化。成语"天花乱坠""顽石点头"就体现了宗教语言的感人一面。唐代变文是用通俗言辞讲述佛经故事、宣扬佛教经义的文学样式,寓教于乐,不仅收到一定的宣传效果,还对当时的社会风俗和文学艺术产生了巨大的影响。欧洲宗教改革运动中,新教提倡用世俗的民族语言

上编 语言——文化的符号

讲道,以取代过去的拉丁语、希腊语。新教的传教士写了大量小册子,文字浅显易懂,形式多种多样。很快获得了广大群众的支持,形成与天主教、东正教相抗衡的一大教派。

二、文学艺术

从某种意义上说,语言本身就是一门艺术,但从严格意义上说,艺术是个别化的才能体现,不像语言那样是每个正常人都能掌握都能运用的工具。按通常的分类,艺术从表现手段和方式上可分为表演艺术,如音乐、舞蹈;造型艺术,如绘画、摄影;语言艺术,如小说、诗歌;综合艺术,如戏剧、电影等。小说诗歌等是由语言直接形成的艺术,即文学。在综合艺术中,语言的因素也占十分重要的地位。如戏剧、戏曲编写时对语言的锤炼推敲,更重要的是演员现场表演时对语言的灵活运用,这往往决定了一部戏是否拥有广大的观众,能否在社会上流传开来。戏曲语言是直接由日常生活语言提炼出来,结合诗词歌谣等手法以达到性格化、动作化、抒情性、音乐性的高度统一。要完成塑造形象的任务需要两个转化,一是把诗歌和说唱的语言程式转化为戏曲的语言程式,这主要由编剧者实现;一是把书面文学语言转化为舞台语言,这全由演员来办。因戏曲不像诗文可反复吟诵品味,而听戏的人多为文化不高甚至是没文化的人,所以戏曲语言首先要浅显,要采用民间口语,切忌过分典雅艰涩。由于舞台表演及音乐配合上的限制,戏曲语言很讲究用字精炼,词义稳定,句式平整。演唱中对演员的基本要求是吐字清晰。艺谚有"吐字不清,犹如钝刀杀人""念字千斤重,听者自动容"等说法。而中国文字(汉字)的特征(象形、结构复杂多变)也使书写成了一门艺术,即大家都熟悉的书法。下面我们选取有代表性的诗歌来看一下语言是如何形成特殊的传统文化的。

诗最初依赖于语言的表述,最终又必然超越这种表述。诗歌是一种特殊的语言运用方式,没有别的文学样式比诗更能说明文学在形式上依靠语言了。无论是哪一种语言,在形式上都能呈现出整齐的美、抑扬的美和回环的美,这些都是音乐美的表现。诗歌就是一种在形式上达到高度和谐的语言。20世纪初俄国出现的影响较大的文学批评流派——形式主义,强调文字、形式和写作技巧,强调艺术作品的自主性以及文学语言特别是诗的语言与其他语言的区别。在语言运用上偏离常轨:通过打破习俗和惯例,诗人超越了寻常的语言方式,读者则从陈词滥调的俗套中解放出来,从中领悟到新的东西。诗的暗喻是语义偏离的一种类型,使读者的注意力从信息的可意译的内容(讲的是什么)转移到信息本身(怎样讲的)。看语言形成艺术也自然要看语言形式所能够表现出来的力量。这语言形式在语音、词语和语法形态上都有制约某个民族语言艺术的特点。就如恩格斯年轻时所做的比喻那样:"荷马的洪亮的语言好像是大海翻腾的波涛。罗马语言是威武的凯撒向军队的讲话。年轻的意大利语言温柔而优雅。西班牙语言好像大风高傲地从绿叶茂盛的树巅掠过。法兰西语言宛如一条小河、湍湍地流去,不停地冲洗着顽强的石头。英国古老的语言是强壮的武士遗迹,经过风吹雨打,已经长满了野草。而德国语言就像喧哗的波浪,拍打在气候美好的珊瑚礁上。"[13]艺术家只要能充分利用本民族语言的形式美资源,就会创造出风格独具的艺术品来。当然,各种语言在形式上也有千差万别,有的元音悦耳,有的声调铿锵,有的形态丰富,有的结构灵活。很难说有哪种特定的民族语言在形式上具备完美无缺的性质。但任何一种语言在外形上总给使用它来创造民族艺术的人以一种暗中的补偿,帮助他找到用武之地。中国诗人除了有声语言的音乐形式美可资利用外,还有一种使用拼音文字的诗人所不具备的资源,即汉字的具象及抽象美。

(一) 诗歌的声律

诗是讲究节奏、讲究韵律的语言艺术。诗人利用自然语言的物理性质,精心安排,求得听觉上抑扬顿挫之美和回环往复之美。汉语有声调的高低,传统诗律中的平仄格式就是在形式上求和谐的途径。印欧语言不像汉语有声调之分,但有强弱音之分,有长短之分、高低音之分。欧洲诗律中的抑扬格就是靠着这些区别建立了很繁密的体系,如所谓抑扬格、扬抑格、抑抑扬格、扬抑抑格等。即使是像惠特曼的自由诗,也离不开诗律的基本形象模式。诗歌要合辙押韵更是一般人

上编　语言——文化的符号

的常识，俗陋如《红楼梦》中的呆霸王也能哼几句"薛蟠体"诗。押韵的实质就是为了呈现一种回环的美，和音乐中的再现手法是相同的。欧洲所说的韵脚（rhyme）还和节奏有密切关系，韵脚的功用在于显示诗行所造成的节奏已经完成了一个阶段。很显然，韵语的大量出现，在没有文字记载或文化教育水平很低的时候，是为了方便记忆，如古代中国的童蒙教材《三字经》《百家姓》就采取了韵语形式。但作为一种艺术手段，韵语也的确能增加作品的表现力，调动读者的审美意识。

（二）诗的语汇

对一般文学语汇的要求是准确、精炼、生动，而诗的语汇除去高标准地达到这些要求之外，还有独特的要求，这与诗人所要表达的内容和所凭借的形式有关。诗这种艺术作品对语汇的要求最常见的是多义性，如象征（中国古典诗中以"子规"象征悲伤，以"阳关"象征别离；西方诗歌中以"玫瑰花"象征爱情，以"十字架"象征人间苦难），如暗示、如双关、如婉转。诗的语言还具跳跃性，这是由于诗应当高度精炼，以最少的语言概括最深广的内容，更主要的还是由于诗人的思维与认识的高速流动所致，也是建立在诗人与读者之间某种默契之上的。诗的语言还需有极强的可感性，如色彩感、立体感、具象感等。

诗人常常为"吟安一个字，捻断数茎须"，为了追求意境的新奇高远和诗句的脱俗惊人，历代诗人留下了很多炼字炼句的实例。汉语"推敲"一词就是一个脍炙人口的例子。由于有了大诗人的创造，或者由于后代诗人在清新风格上所下功夫不够，偏重于依靠前人的用语，诗歌语言渐渐形成了一些套语，如英语里的有些词只是诗歌里才用的，如eftsoons，即 soon after（不久之后）；prithee，即 I pray you（我恳求你）；rime，即 hoarfrost（白霜）。编得较详细的词典通常会注明某词是诗歌特殊用语。中国也早有这种传统，由朝廷出面编纂一些专供作诗押韵、查找对偶词语和典故套语的特种工具书，如《初学记》《艺文类聚》《佩文韵府》等。历代谈修辞的著作里也有不少讲到诗词用语的。如宋代沈义父说："炼句下语，最是紧要。如说桃不可直说破桃，须用'红雨'、'刘

· 239 ·

郎'等字。如咏柳不可直说破柳，须用'章台'、'灞岸'等字。又用事如曰'银钩空满'，便是书字了，不必更说书字。'玉筯双垂'，便是泪了，不必更说泪。"[14]

（三）诗的语法

英国诗人柯尔律治有这么两个公式：散文＝安排得最好的语词；诗＝安排得最好最好的语词。诗人的意思是诗的语法（组词成句、合句为段的方式）既规范又灵活，既繁复又简约，它能充分满足抒发情感表达玄想的需要。雅各布逊用以识别诗学功能的语言学标准的著名定义是："诗学功能将同义原则从选择轴投射到组合轴上。"他在《语法的诗与诗的语法》一书中有一段不同凡响的论述：

> 对一首诗中纷繁复杂的词类和句法结构的选择、分布和相互关系，进行任何不带偏见的、专注的、透彻的、全面的描述，结果一定会使分析者本人也感到惊讶，他将看见那些不曾预料的、醒目的匀称和反匀称，那些平衡的结构，那些别具效果的同义形式和突出反差的累积，最后，他还会从诗中运用的全部词句结构所受到的严格限制中，窥见出种种已被省略的东西，正是这些被抹去的部分，反而能使我们逐步了解在那已经形成的诗作中各成分之间巧妙的相互作用。

当然，真正伟大的诗不会严重脱离和违反语言的基本语法格局，但从语法学的角度来看，诗歌语法也有一些特殊之处，常见的有省略、词序移动、词性转变等。如杜甫的《秋兴》中有两句："香稻啄余鹦鹉粒，碧梧栖老凤凰枝。"这里面"鹦鹉""凤凰"才是主语，"香稻""碧梧"是宾语的一部分。按常规应是"鹦鹉啄余香稻粒，凤凰栖老碧梧枝"。这种"诗的破格"（poetic license），或是为了合韵律，或纯是为了显得突兀，都给人一种特别的感受。

三、语文游戏

游戏行为是从低等动物到人都会有的，而语言游戏则肯定是只有人才会有的一种超出交际之上的机能，人的游戏上升到一定水平就成了艺术。实际上要在艺术与游戏间划出明显的界限是不可能的。语文

上编　语言——文化的符号

游戏，顾名思义，就是以语言文字为中介的各种娱乐活动。它贯串于各民族各个时代的生活之中，使人们在闲暇之时增添兴味，享受语言带给人们的乐趣。我们还能在一些语言游戏里看到有艺术欣赏价值的形式。

（一）谜语

谜语是任何民族都可能会有的一种游戏。只要参与游戏者有共同的或类似的生活体验和文化修养，就都能从中获得成功。中国谜语有着悠久深远的传统，早在两千多年前就记载有谜语的雏形——廋辞。演变至今，有各种格式的谜语几十种。由于汉字的特点，字谜更是占了十分突出的地位，几乎是任何一个汉字都可以被巧思的人设计出一个谜语来。在西方报纸上甚至有一个专门的栏目定期刊登纵横填字字谜（cross-word puzzle），国内读者所能看见的英文报刊也有这种专栏会让人有欣悦之感。这种字谜当然与汉字字谜在形式上有根本的不同。

（二）绕口令

这是游戏者故意利用相同元音、相同辅音或相近的字词编成的一段话，使人说起来容易拗口，显得好笑。除了游戏外，还可用于治疗打呃、口齿不清的毛病。牙科医生还让病人念绕口令来试试假牙装得是否合槽。《吉尼斯世界纪录大全》还收有一条最难念的绕口令：The sixth sick sheik's sixth sheep's sick（第六个酋长的第六只羊病了）。中国古代文人有故意借汉语双声叠韵来做绕口令式的游戏诗的。如苏轼的《戏作切语竹诗》："隐约安幽奥，萧骚雪薮西。交加工结构，茂密渺冥迷。引叶油云远，攒丛聚旌齐。……"陆龟蒙的《叠韵山中吟》："琼英轻明生，石脉滴沥碧。玄铅仙偏怜，白帻客亦惜。"至于汉语口语中的绕口令更是俯拾即是，用于汉语普通话教学训练的习题中常有一些对方言地区的学生特别有效的绕口令。从事相声表演的演员则以说好绕口令为基本功之一。

（三）回文

回文是以文字的相关排列为形式，以中间某个字为中轴，得到词序回环往复之旨趣的游戏。有回文词、回文词组、回文句和回文诗。

当然回文词是语言里天然就有的,但有爱好者刻意去寻找出来,比较哪个最长最有趣。至于回文句、回文诗就是游戏者的创作了。汉语汉字有着制作回文的特别便利的条件。历代流传下来的回文诗不胜枚举。最为著名的是苻秦时窦滔妻苏蕙的《璇玑图》。英语里有一句回文:Madam I'm Adam(夫人,我是亚当)。有人戏称这句话是人类第一句回文,因为这是人类始祖在跟人类的始祖母夏娃说话。不过,像英语这样的语言,不可能设计出汉文回文诗这种登峰造极的游戏形式来的。

(四)俏皮话

是由语言的同音异义或双关联想在特定场合所形成的一种谐谑现象,有的已经成了熟语,如汉语中的谐音歇后语:孔夫子搬家——尽是书(输);绱鞋不用锥子——针(真)好。英语中的 witticism,日语的"洒落"(秀句)也都是这种类型的语言游戏。有人为了把年代、电话号码或别的枯燥数码变成易记住的一段话,往往采取这种方式。如把圆周率 3.1415926……说成"山顶一寺一壶酒和肉……"。

(五)对联

对联是中国特有的传统文化,只有汉语汉字的整齐划一及汉字书写艺术的结合才会产生这种文化样式。和律诗的写作一样,对联在字数、平仄、对偶、语意上都有特别的要求,而更突出的一点就是对仗。如广东虎门的对联:"烟锁池塘柳;炮镇海城楼。"撇开意境不谈,此联构思的巧妙在于把中国流行的五行"金木水火土"嵌到里面去了。

语言文字所形成的传统文化是多种多样的,这些传统文化有的已成明日黄花,如语言禁忌,随着人类认识世界的能力的提高,已不会像原始人类那样看待语言,但既然形成了传统就仍然会在现代文明中留下痕迹,只不过改变了形式而已;有的传统文化则会长久存留下去,只要语言不消亡,它们也是不会消亡的,如艺术和语言游戏,人们不会丧失娱乐的要求,而只会随着闲暇时间的增多而寻求更多的娱乐。语言文字能形成贯串人类社会各个历史时期的传统文化并成为历史的延伸,语言文字还将形成新时代的文化样式,丰富人们的精神生活。

上编　语言——文化的符号

第三节　语言与社会文化变迁

人类的社会文化处于持续变迁的过程之中。某一形态的社会文化创造出来，经数代人的努力走向兴盛，传播开去，渐渐地趋向衰落，又有新的社会文化形态产生，取代旧事物。这种盛而又衰、衰而又盛、循环往复的变迁方式体现了人类社会和自然界一样有着新陈代谢这一宇宙间的普遍规律。语言作为人类文化的一个组成部分，自然也在变化着，而语言对人类整个社会文化的变迁有很大的促进作用，当然有时也抑制了某个民族的文化变迁。语言与社会文化变迁更直接的关系则是忠实地全面地记录反映文化变迁的线索和走向、实质和形式。

一、社会文化变迁

（一）文化变迁的含义

"文化变迁"是西方近代文化史上经常使用的一个概念，在不同的时期、不同的学者笔下有着不同的表述。20世纪二次大战前后，世界局势剧烈变化，人类社会高速发展。人们对社会文化变迁的研究比以前更深入、更广泛，各种理论层出不穷。有人从心理学角度着眼将人类文化变迁看作不同民族认识和忘却个体心理的过程；有人则以文化适应理论来解释文化变迁；还有人以科学技术的眼光把文化变迁看作由少许能量的应用到大批能量的应用，由低级能量的开发到高级能量的开发这样一个转化过程，等等。概括地说，凡文化内容的增加或减少引起某个文化体系的结构、模式和风格的变化，都应看作文化变迁。

文化变迁与社会变迁是两个容易混淆的概念，实际上不少学者的表述中也不作区分。要说有区别的话，前者指文化环境诸现象的变化，后者主要指社会环境诸现象的变化，如社会关系、社会群体及社会生活的变化，等等。一般地说，社会变迁引起文化变迁，文化变迁反映社会变迁。但在整个人文现象中，有的现象既是文化环境中的内容，又是社会环境中的参数，如组织形式和文物制度等。不容易截然分开。

所以在这里我们采用融合到一起的办法，合称之为"社会文化变迁"。

（二）社会文化变迁的分类

可以从不同角度给社会文化变迁分类。如从某一文化群体的意愿着眼可分为自愿性变迁和强制性变迁；从变迁范围的大小可分为有限变迁和无限变迁；从变迁时间的延续期看可分为短期变迁与长期变迁；按照量变与质变的辩证法原则，我们还可以把它分为社会文化渐变和社会文化突变。

社会文化渐变是一种缓慢的变化，多是文化特质上的、风格上的变化，人们对这些变迁习焉不察，短期内大多数人不会明显感觉到，更不会引起心理上的震撼。这里面又分自然变迁和计划变迁两类。前者是某文化群体内无意识、不自觉的文化增长积累过程，变迁方向及结果无人也无法加以控制。人类文化变迁大都属于这一类。就像瓦特发明蒸汽机、爱因斯坦建立相对论，他们的行动产生了他们自己也无法想象的结果，一个是近代工业化的实现，一个是开辟了原子时代。有计划的变迁是人们自觉地有步骤地发展或改造文化环境的行为方式，计划达到的目标有大有小，但都不根本触动文化制度和基本模式，否则便成了文化革命。现在常见的移风易俗都事先做过周密安排，随着人类社会的高度组织化，有计划的变迁将会越来越多。实际上自然变迁与计划变迁的区分也是相对的，自然变迁内部也会有计划性的因素，而计划变迁过程中有时会出现预想不到的情况，打破设计者的安排。

社会文化突变是一种非常态的剧烈变化过程，是一种质的飞跃，主要体现在文化制度和基本模式上的变化，人们常称之为"文化革命"。如欧洲的文艺复兴、宗教改革、启蒙运动等，以及中国的五四运动，都是社会文化突变的著名例子。这种变迁必然在风俗、观念、伦理、道德、哲学、文学、艺术诸领域引起十分巨大的变动。这是一种深层的、内在的结构性变化，触及大众的灵魂，在一个甚至几个时代的人们思想行为上留下很深的烙印。如果这种变迁是有进步意义的，它会推动人类社会加快前进步伐；如果这种变迁是落后、反动的，那它带给人类的必然是一场灾难、浩劫。但无论进步也好，反动也好，

在文化革命时期,人类在感情上、物质上都要付出沉重的代价,做出痛苦的牺牲。所以,社会文化的突变在发生的次数上是远远不及社会文化的渐变。

(三)社会文化变迁的原因

社会文化变迁的原因是很复杂的,很早就有人力图找到变迁的动力所在。进入近代社会后,人们加强了对社会文化变迁原因的探究。这里简要列举几种理论。一种是生物因素说,以英国的斯宾塞为代表,认为社会文化是一个有机体,其变迁进化是一个生物有机过程。这种理论走向极端便成了种族主义和社会达尔文主义,即把种族的体质优劣看成文化变迁的根本原因。另一种是地理环境因素说,以德国的拉策尔为代表,他认为政治集团的大小、社会组织的形式及人民的精神面貌无不由地理环境决定,种族的差异是由气候、食物、土质、水文等自然环境造成的。再一种是心理因素说,在19世纪末较为盛行。其中还有不同的学派,如美国的沃德认为人类本能欲望决定文化变迁,法国的塔尔德认为心理刺激模仿是文化变迁的原因,德国的齐美尔认为心理交互作用使文化客观化。此外还有工艺发展因素说,即把科学发明、技术进步看作社会文化变迁的根本原因,英国的贝尔纳,美国的怀特、斯图尔特都有这方面的论述。

马克思、恩格斯对社会文化变迁的原因作过科学的阐述,他们说:"一切社会变迁和政治变革的终极原因,不应在人们的头脑中、在人们对永恒的真理和正义的日益增进的认识中寻找,而应在生产方式和交换方式的变革中去寻找;不应在有关的时代哲学中去寻找,而应在有关时代的经济学中去寻找。"⑮当然,马克思主义的唯物史观也并不是"经济决定论"。说一切社会文化变迁要根据生产关系的一定历史结构才能理解,这并不是一种空洞的抽象或刻板的对立两极。恰恰相反,任何社会文化变迁的各种因素都是相反相成的、交互作用的。经济是基础,但其他因素如科学技术、政治、法律以及人们头脑中的传统观念等都在起着很大的作用。

二、语言对社会文化变迁的影响

语言及其书写符号是人类社会文化发展进化的产物,是人在生理心理素质发展到一定水平时才出现的文化现象。它源于并包含于人类的整个社会文化形态中，但它又以自己的性能影响着社会文化诸多方面的变迁。特别是书面文字及印刷术对于社会文化的延续传播所起到的重要作用更是不可低估。尽管这样说，我们并不主张语言文字是社会文化变迁的主要或唯一推动力，那样，我们就成了语言拜物主义者或语言魔力的信徒了。

　　语言对社会文化变迁的影响大致有两种，一种是促进变迁的进程，一种是抑制和消解变迁的进程。这两种影响不好说促进的就有积极意义，抑制的就有消极意义。应该从社会文化变迁本身对人类进步具有什么影响来看这个问题。

　　下面我们主要从文化传播这个角度来看语言的影响。

　　任何一种民族语言在形式上都能自成体系，但任何一种语言又不是自给自足的，就和任何一种民族文化不是自给自足的一样。文化的传播交流离不开语言，语言作为文化的载体，成为不同民族文化相互之间影响的中介。欧洲文艺复兴运动中，新思想新文化的传播就不得不借助语言的力量。如英国的思想家介绍欧洲大陆作家的作品和古希腊、罗马的作品给本国读者，翻译时无法找到英语对等词，而这些词所表示的概念是人文主义思想的关键。为了保持原来的风貌，避免以词害意，他们就大量借用拉丁语词、希腊语词及其他民族语言的语词，并仿造了一批新词，俗称"学究用语"，从而大大丰富了英语的表现力，使英国文化能迅速向前发展。宗教，特别是世界性宗教的传播更是离不开语言的桥梁作用，如果没有各种宗教经典的众多译本，就不会有宗教文化的传播了。即使伊斯兰教宣称他们传播教义是依靠火与剑而不是靠语言，但实际上《可兰经》的各种译本还是不断出现。由于非穆斯林们为了了解阿拉伯文化首先翻译了《可兰经》（欧洲历经劫难，古希腊、罗马文化中很多东西幸赖阿拉伯典籍保存下来，文艺复兴时就曾从阿拉伯文转述了许多东西），各种译本混乱不一致之处在所难免。教会只得妥协作出规定：只有译文与阿拉伯文并排刊印才可被通过。英国17世纪颁布的钦定英语《圣经》译本和德国宗教改革家马丁·

上编　语言——文化的符号

路德的德文《圣经》译本给两国的语言和文化留下了很深的印记。海涅说："路德创造了德语，这是由于他翻译了《圣经》而完成的。"⑯

"五四"新文化运动在某种意义上可以说是中国的文艺复兴和思想启蒙运动，给中国的社会文化带来很大的冲击，而冲击中国数千年封建传统的就是两个词语："科学"和"民主"。这两个词如同两面旗帜，在中国现代社会文化史上熠熠生辉。"五四"新文化运动的一个重要内容是语言（主要是书面语言）的革新。自12世纪以来，一方面是文言文占据统治地位，书面语以文言文为正统语体；另一方面，用白话写成的文学作品（小说、戏曲）不断涌现，在民间及士大夫阶层拥有广大的读者。19世纪末的社会改革家如黄遵宪、裘廷梁、陈荣衮就提出了"言文一致"的主张，但没引起很大的反响。"五四"新文化运动的倡导者们高举反对文言文、提倡白话文的旗帜，正是由于他们看清了旧的表达方式阻碍了中华民族社会文化向更高形式的进化。胡适在《文学改良刍议》里提出八条建议：做文章必须言之有物，不摹仿古人，讲求文法，不作无病呻吟，务去滥调套语，不用典，不讲对仗，不避俗字俗语。钱玄同则更为激进，他说："欲废孔学，不可不先废汉文；欲驱除一般人之幼稚、野蛮、顽固的思想，尤不可不先废汉文。"而维护封建礼教的旧文人林纾在给蔡元培的公开信中说："……若尽废古书，行用土语为文字，则都下引车卖浆之徒所操之语，按之皆有文法，不类闽广人为无文法之啁啾，据此则凡京津之稗贩，均可用为教授矣。"⑰以现在的眼光来看七十年前的争论，虽然新文化人有其过激一面，旧文化人有其清醒一面，但几十年的事实说明，白话文已完全取代了文言文，它给中国的文化变迁施加了自己的影响。文言文仍在一定场合发挥着作用，并为白话文提供养料，它在汉民族文化传统里是消除不尽的，尽管它已是明日黄花了。

语言上偶然产生的联想也可能抑制某项社会文化变迁的进展，这里可举两个有趣的例子。"纳粹"运动是20世纪人类社会变迁史上一个臭名昭著的运动，其思想文化基础是种族主义情绪和极端民族主义、反理性的浪漫主义大杂烩，发源于德国，在北欧一些国家也盛极一时。

但"纳粹"(Nazi)这个词在瑞典语里碰巧与"小猪"(Nasser)相像,使得纳粹运动在瑞典难以开展。有一次瑞典的纳粹领袖枪杀了一名自己的拥护者,想以此谋取大众的支持。事情内幕揭露后,弄巧成拙,反惹得一场哄笑。当时斯德哥尔摩流传一则谜语:世界上最现代化的屠宰场在什么地方?谜底是:在斯德哥尔摩,因为这里的小猪们自相残杀。再一个是美国军衔制里的小纠葛。美国军队里原有元帅军衔的,第一任总统华盛顿曾获此衔,后一直没人荣获。第二次世界大战结束后,美国打算授予一批功勋卓著的军事统帅以此衔。当时任三军参谋长的马歇尔(Marshall)是当然的人选。英语里"元帅"(Marshal)恰好与马歇尔的姓同音。想到念 Marshal Marshall 终觉别扭,经考虑再三,取消了这一打算。所以现在美军最高军衔是五星上将(最高一级上将),没有元帅。

至于意识形态领域里的纠纷争执,更能反映语词带给人类社会的烦恼。人们尤其是知识分子头脑中产生了无穷无尽的思想,有的系统分明,有的体系驳杂,但都歧异异呈。而这些思想观念的载体就是语言。是思想搅乱了语言,还是语言传达不了思想?哲学家对此众说纷纭。许多哲学家认为把语言问题弄清了,也就把哲学问题弄清了。不同的人使用同一词语,各自对意义的理解相差很大,同一个人在不同的时间使用同一词语,意义相差也可能很大,一些圆滑政客在使用词语时的反复无常更是令人咋舌。说话人和听话人仿佛既是语言的主人又是语言的奴隶,各自戴上有色眼镜,驾驭着语言,又受语言支配,在语言的海洋里混战。有人说:"当语义学真正发展到成熟的时候,但愿上帝来帮助那些演说家、雄辩家、预言家、宣传家、希特勒之流、教条主义者、哲学家和神学家。到那时候,人们将会看清他们施展魔力以迷惑人心的那个奇境究竟是什么东西。"[13]

三、语言对社会文化变迁的反映

语言是随着人类社会的产生而产生,随着人类社会的发展而发展的。人类社会文化变迁是人们生产实践、社会生活的过程与结果的统一体。按唯物主义反映论的观点说,语言这个认识思维的工具总是客

上编 语言——文化的符号

观世界的映像,它依赖于人类社会文化的实质内容,像一面镜子一样,记录出社会文化的现实及变迁图景。某一个社会群体的生产力发展,文化形态的变异,政治经济制度的变革,无不在语言中留下影像,而这些影像更多地分布在语汇方面。因为某社群若是经历了某次社会文化变迁,首先是表现新概念的词语大量出现,特别是名词和形容词大量出现。这些词语和它们所代表的概念是引发下一次社会文化变迁的重要因素,更是反映当前社会文化变迁的晴雨表。这些词语的频繁使用以及围绕这些词产生的争论确实能令观察历史的人领略到时代风云的变幻和时代大潮的激荡。比如欧洲中世纪思想界和社会上充斥的词语是"圣宠""道成肉身""圣餐"等;到18世纪则高唱"启蒙""进步"的曲调;19世纪谈论的是"工业化""科学的未来";20世纪则有"文明""民主""和平"的主题。中国近现代某些词语的出现同样反映了中国社会文化的巨大变迁,"五四"时期文化界冲破封建传统的罗网,打出了"科学"与"民主"两面旗帜,揭开了新的历史篇章。社会文化的变迁总会或多或少地引起语音和语法的变化,但词汇是语言对社会文化变迁的直接的显性的反映,语音语法是间接的隐性的反映。下面我们主要从词汇的角度观察语言是如何反映社会文化变迁的。

一个民族的词汇系统集中反映了他们所处的自然环境、社会文化环境、经济发展水平及对客观世界的认识取向。但是,现代社会文化凭借大规模的传播已将全球各种形态的文化汇集到一起,已经很难找到没有混合过的单一文化。从世界潮流来看,社会文化的变迁是如此巨大,以致很多民族语言的词汇系统也随之有了这样一种趋势:外来词大量借入,科技术语迅猛增加,文化词语广泛使用。

(一)外来词的借入

一种民族文化若长期维持自给自足的状态是不可能向前发展的。很多情况下也不允许一个民族自身保持孤立状态,会有外族文化强制传入。随着不同文化之间的接触,语言的接触便不可避免,大量的新事物、新概念有时就要用外来语来传达。英语民族近三百年来不断向外扩张,接触了各种形态的民族文化,既吸收了别的民族语言中的大量词汇,也向别的语言输出了很多词语。日语在引进新概念新词语的早期是基本采取意译方式的,现在则基本用音译方式了。汉语则与日本的趋势正好相反,"五四"时期报刊上常用的是音译词,随后都改用了意译。如"德律风"改为"电话","德谟克拉西"改为"民主"。本书有专门章节论述外来词的问题,可以参看。

(二) 科技术语的增加

科技术语并非是近期才有的现象。人类从产生科学时起就有了科技术语。古希腊的哲学术语、克里特岛上的商业用语都应算科技术语。然而科技术语的迅猛增加及广泛传播则是一个新现象,特别是在工业化国家或科学技术发源国所使用的语言中更为突出。自20世纪30年代以来,科技术语高速增加,在某些语言(如英、德、俄语)的全部词汇里,术语在数量上已占优势,尽管日常用量不大。国际间成立了各种组织,召开了同议题的讨论会,有系统地开展了术语收集、分类、标准化和传播交流的工作。术语已成了20世纪的社会文化特征之一。语言所反映的就是科学理论的惊人进展及工艺技术的花样翻新。科学理论的探讨需要大量单义的术语,这是不同学科专家进行交流的基本条件。现代科学的跨学科倾向要求术语标准化,现代科学的专业化倾向又要求术语的创新,因为造出一个新词就意味着撒下了讨论研究的种子。工业生产为人类提供了许多新产品、新工具、新能源等,常令人应接不暇,甚至使人不知所措。有人到商店买海绵(sponge),店员拿来一块多孔状的橡皮产品。顾客说不对,店员说:这个是海绵,您要的也许是天然海绵(natural sponge)。顾客恼怒地说:是不是以后要把一切东西都区分出"天然的"和"人工的"才行呢?术语能渗入社会文化各阶层中与现代宣传工具的作用是分不开的,广播、电视里的科普节目、广告节目使人们能强烈感受到科学技术的进展。

(三) 文化词的广泛使用

文化词指的是人文学科的学者及思想家、政治家们为了建立和宣扬自己的思想观念体系而创造的新词。和科技术语不一样,它们常常引起争论,意见分歧之大非一般词语可比,很多难以达成一致看法,

但它们又应该算作一种术语。各个时代各个民族都有杰出的学者、思想家创造新词语或接过旧形式赋予新的解释,特别是在变革时期到来的前夜,某些激进的革命家以一些新词、新口号揭示革命思想,鼓动人们奋起,改变旧秩序。文化词语的广泛使用则表示一场革新运动已在进行,证实了文化内容和风格的内在变异。从另一个意义上看,则说明了文化教养的提高和文化风尚的显扬。欧洲16世纪下半叶宗教改革以后,英语中出现了大量以 self(自)为词冠的词:self-control(自我监督)、self-conscious(自虑)、self-regard(自尊)等等。这是那个时代的人们冲破神学压抑的表现,是思维的私向化和把个人内在世界看得重于外在世界在语词上的反映。18世纪末到19世纪,有这么一些词在英语里成了常用词,它们是:工业、民主、阶级、艺术、文化,其他还有自然法、宪法、自由、公民等。这些词的政治文化色彩十分浓厚,它们的频繁使用正反映了这一时期大不列颠帝国政治思想的活跃、经济生产的蓬勃发展和文学艺术的繁荣。法国大革命造就了"政变""无裤党""公社""左派""右派"等词;俄国十月革命也产生了"杜马""苏维埃""集体农庄""契卡"等词。这些词所反映的社会文化变迁在现代每一个有历史感的人心里都会产生回音。

语言本身是一种社会文化现象,人类社会文化的变迁就意味着语言的变迁。语言又是一种独特的社会文化现象,它受制于人类的整个社会文化,也反作用于社会文化,这种作用一是表现在语言是维持社会的纽带,保存文化的载体,再就是表现在语言能反映和影响社会文化变迁。一部语言变迁史实际上可看成人类社会文化变迁史的缩影,特别是表达概念的词汇系统的变迁更能看出一个民族一个国家的政治、经济、文化、艺术等领域的变迁。

注释:

①转引自克雷奇等《心理学纲要》上册210页,文化教育出版社,1980年版。
②见恩格斯《反杜林论》85页,人民出版社,1956年版。
③参看李宇明主编《理论语言学教程》14—15页,华中师范大学出版社,1997年版。

④关于儿童自言自语的现象,详见李宇明《儿童语言的发展》250—255 页,华中师范大学出版社 1995 年版。

⑤转引自戚雨村主编《语言学引论》26 页,上海外语教育出版社,1985 年版。

⑥关于魏斯格贝尔的语言观,详见李洁《莱奥·魏斯格贝尔的语言理论及其内容相关语法》,《国外语言学》1988 年第 2 期。

⑦参看黄弗同主编《理论语言学基础》104—105 页,华中师范大学出版社,1988 年版。

⑧这段话出自沃尔夫 1940 年发表的《科学与语言学》一文,转引自刘润清《西方语言学流派》181 页,外语教学与研究出版社,1995 年版。也有人把这段话译作:"我们研究自然界是按照我们本族语为我们指出的方向来研究的。从现象世界中分离出来的范畴和形式,我们并没有把它们当做这些现象中的一种显而易见的东西。恰恰相反,呈现在我们面前的世界是千变万化的印象的洪流。这些印象正是由我们的意识所组织起来的,这种组织工具主要是借助于铭刻在我们意识中的语言体系来进行的。"

⑨关于颜色词问题,详见姚小平《基本颜色词理论述评——兼论汉语基本颜色词的演变史》,《外语教学与研究》1988 年第 1 期。也可参看刘润清《西方语言学流派》184 页,外语教学与研究出版社,1995 年版。

⑩吕叔湘《南北朝人名与佛教》,《中国语文》1988 年第 4 期。

⑪洪堡特《论人类语言结构的差异及其对人类精神发展的影响》,胡明扬主编《西方语言学名著选读》46 页,中国人民大学出版社,1988 年版。

⑫帕默尔《语言学概论》(李荣等译)139 页,商务印书馆 1983 年版。

⑬恩格斯《致威·格勒伯》,转引自张志公主编《现代汉语》下册 6—7 页,人民教育出版社 1982 年版。

⑭沈义父《乐府指迷》,转引自郑奠、谭全基编《古汉语修辞学资料汇编》296 页,商务印书馆 1980 年版。

⑮恩格斯《社会主义从空想到科学的发展》,载《马克思恩格斯选集》第三卷 424—425 页,人民出版社 1972 年版。

⑯海涅《论德国宗教和哲学的历史》,《海涅选集》238 页,人民文学出版社 1983 年版。

⑰关于文言文与白话文之争的细节,参看《文学运动史料选》第一册,上海教育出版社 1979 年版。

⑱切斯《词的威力》，转引自［英］利奇《语义学》（李瑞华等译）81页，上海外语教育出版社1987年版。

主要参考文献：

[1] 胡明扬. 西方语言学名著选读［M］. 北京：中国人民大学出版社，1988.

[2] 黄弗同. 理论语言学基础［M］. 武汉：华中师范大学出版社，1988.

[3] 李洁. 莱奥·魏斯格贝尔的语言理论及其内容相关语法［J］. 国外语言学，1988（2）.

[4] 李宇明. 儿童语言的发展［M］. 武汉：华中师范大学出版社，1995.

[5] 李宇明. 理论语言学教程［M］. 武汉：华中师范大学出版社，1997.

[6] 刘润清. 西方语言学流派［M］. 北京：外语教学与研究出版社，1995.

[7] 吕叔湘. 南北朝人名与佛教［J］. 中国语文，1988（4）.

[8] 戚雨村. 语言学引论［M］. 上海：上海外语教育出版社，1985.

[9] 姚小平. 基本颜色词理论述评：兼论汉语基本颜色词的演变史［J］. 外语教学与研究，1988（1）.

中　编
文化——语言的管轨

中编 文化——语言的管轨

第一章 文化对语言系统和语言观念的影响

第一节 文化对语法的影响

语法,有两个含义,一个是指语言规则,一个是指语法学。因此文化对语法的影响,包括对语法规则和语法学的影响两个方面。语法规则,在不同的时期和学派那里,它有不同的内涵和外延。从现在比较开放的视角来看,语法规则包括词语、句子和篇章的构成、理解和表达的法则。语法规则是人类长期抽象思维的成果和社团约定。作为抽象思维的成果,它具有极大的人类共性;作为社团约定,它具有民族、区域和团体的个性。因而,文化对语法的影响,可主要从以下几方面来观察:(一)人类文化对其语言语法产生、发展和变化的总体性影响;(二)不同社团使用语言的语法差异所反映出的人类文化特征。

一、文化对语法的总体性影响

从总体上看,几乎可以说人类的文化和人类语言的语法是同时产生的。文化的发展特点和语法的发展特点,有着某种程度的相似性。文化对语法的总体影响,可能很大程度上表现为它们之间的相似性。

人类早期最能反映文化的可能是部落的标志——图腾。从中国的情况看,随着文化的演进,民族的融合,这种图腾文化标,渐渐消逝了,代之以文化无标,或者少标(服饰、国旗等也应算一种文化标)。人类语言的语法也有相似的历史表现,形态十分发达的印欧语,总体走向是形态越来越趋简化,从形态繁标走向语法约标和无标。比如英语的第二人称代词 you 原来主格单数为 thou，宾格为 thee，主格复数为 ye，而在现代英语里合成了 1 种形式（you）了。罗伯特·麦克拉姆等在谈到中古英语时写道："诺曼底人征服英国时，古英语大多数屈折形式（即词尾变化）已在口头语言中消失……古英语发生的最为重要的简化或许就是词尾形式的消失。"[①] 同样，被有些汉学家看作汉语的一种形态的声调，也是显现出从多到少的发展趋势。一般认为，现代汉语的方言是古汉语的历史投射，或者说现代汉语方言的声调在某种程度上反映着古代汉语的状况。我们知道现代汉语方言的情况是，有的方言声调有 5 个、6 个，广西玉林方言多到 10 个，但是代表现代汉语共同语的汉语普通话却只有 4 个声调，算上轻声也只 5 个。这种情况明显表现出形式标志从繁趋约的发展趋势。

到了近代，随着殖民主义者的入侵他国和征服世界，文化接触几乎是以一种强制的方式，把一种文化和一种语言强加给别的国家和别的民族。但是，由于文化的排他性和语言的排他性是十分顽固的，最后其文化、语言接触和较量的结果，是殖民者文化和语言的妥协——形成一种洋泾浜语和克里奥尔语（creole）。简单地说，洋泾浜语几乎是用母语的语法说一种外语，克里奥尔语则是用大大简化和异化了的外语语法讲的外语。一般认为，洋泾浜语是一种临时性的语言，而克里奥尔语被看作一种新型的语言，这种语言的使用者，不仅用它作口头交际，还以之作书面语，书写官方文件并且把它作为母语传授。克里奥尔语的语法，是文化接触和语法妥协的表现。就是说，不论一种语言的推行是强制的还是自愿的，最后的结果常常是以文化妥协和语法妥协为结局。这和殖民主义者的文化推行一样，在他们推行的产品文化、科学文化、制度文化和信仰文化中，他们是非常希望把他们的信仰文化乃至制度文化，传给已经或将要被他们占领的国家及其人民的。但是他们越希望推行的，对方接受起来越困难；他们越强硬，对方接受越难。后来，为了使对方接受，推行者不得不放宽很多要求。所以，可以说，解放前，中国人民和其他殖民地半殖民地的人民大众，所说英语的语法，和他们所信奉的洋教、所实行的某种制度一样，都

中编 文化——语言的管轨

是两种文化、两种语法妥协的产物。

文化妥协和语法妥协,经过较为漫长的历史演变,其结果是一种新的文化模式和语法系统的诞生。这种妥协的文化和妥协的语法,从另一个角度看,是一种中和文化与中和语法,或者说是几种文化和几种语言的融合(因为妥协是双方的)。

如果从语法种类和文化种类的角度看,文化融合和语法中和,是文化发展带来了人类文化和语言语法的增容。不仅两种大文化大语言之间,就是次文化和方言共同语之间,也是如此。就拿疑问句句式来看,在袁家骅等的《汉语方言概要》(文字改革出版社1989年第2版第55页)列出的汉语疑问句式中,"V 不 V?""A 不 A?"是普通话的句式,"V 不?""A 不?"是方言句式②:

  普通话 是不是? 好不好?
  云贵   是不?   好不?

可是到了现在,在很多人的"普通话"语感里,它们几乎全都是可以接受的普通话句式了。如范继淹《是非问句的句法形式》所列的普通话动词问句句式就包括"V 不"这种形式③:

  a. 你买不买 b. 你买不? c. 你买吗?
  a. 他来不来? b. 他来不? c. 他来吗?

(该文没有讨论形容词构成的问句)

不过,从文化和语言接触的包容性来看,两种语言和次语言使用者共享的语法系统,其包容性不是均等的,往往是弱势的一方包容强势的一方,而不是相反。在人们的直觉里,好像很多时候是在外国生活的殖民者能接受殖民地的文化,而殖民地人民不太能接受殖民者的文化。同样,方言区操普通话的人,在语言上是处于一种弱势,因而其"语法系统"往往会大于北京人的普通话系统。比如:非北京人操普通话可能会说"你吃不吃饭?""你吃饭不吃饭?"这两种句式,而北京人可能只说后一种。

文化对语法学的影响,是把它越来越具有的包容性和越来越丰富的特色,投射到语法学的各个方面。从语法的内涵和外延看,20 世纪初，它还主要限于词语屈折变化的狭义形态，因此在这个意义上汉语被认为"没有语法"；接着，形态越来越不发达的英语，在语法学中较先把语法扩展到句法，在这个意义上，汉语有语法了，70年代以前的一些汉语语法书，常常是把语法定义为"组词成句的规则"；最近一二十年来，语法概念的丰富和差异简直让人激奋：如一个时期的结构主义，其语法是语言的结构规则，而乔姆斯基的转换生成语法，则又是人脑中世代遗传的一套言语生成能力。在中国，语法学的主流，是不断地扩大着语法规则的内容，语法由词、短语（词组）、句子的构成规则，扩大到句群直至篇章的结构规则和使用规则。当然有的汉语语法学研究，还涉及投射在语言结构中的交际规则和信息传递规则的探索。汉语语法学的语法分析，也由50—60年代的用逻辑、形态、词类、结构关系分析句子、修改病句，发展到用结构层次、语义关系、语用价值、交际传息功能，来解释句子的语形构成、语形和语义的对应关系、句子容纳信息和释放信息的规则等等。汉语语法学体系，也在经历了30—60年代黎锦熙为代表的"词本位"、70—80年代朱德熙为代表的"词组本位"的一统体系阶段，进入邢福义提出"小句中枢"、徐通锵提出"字本位"、马希文提出"语素本位"的多元体系纷呈的探索争鸣阶段。与此同时，各具特色的语法研究也得到较快的发展。

　　总的来说，从以上一些个方面看，文化对语法的总体性制约，体现为文化和语法较深层次上的一种特征相似性。

二、多种语言的语法所反映的人类文化异同

　　多种语言的语法差异所反映的文化差异，是不同文化对语言语法的局部影响或具体组成部分的影响。在这方面，有时不同语言的语法反映着文化的共性，有时则是反映出文化的个性。这里的多种语言，既包括不同种族的语言，也包括一种语言的方言。因而其"种"有的是逻辑上的"属"。为了讨论文化的方便，我们可以在不同层次上给语言分"种"划"属"。

　　英语和汉语分属印欧语和汉藏语两大体系，但是两种语言的语法，

中编　文化——语言的管轨

在体现男女身份的表达上，有着惊人的相似之处。比如英语有好些表女人身份的词是在表男人相同身份的词上面加一些词缀（如：神 god～女神 goddess，皇帝 emperor～女皇帝 empress，男主人 host～女主人 hostess，英雄 hero～女英雄 heroine），汉语也有好些表女人身份的词，也是在表男性相同身份的词语的基础上，加上"女"字或相当的词语。例如：他是一个司机｜她是一个女司机；他是一个作家｜她是一个女作家；他是一个英雄｜她是一个巾帼英雄。但是称说男人一般不说出"男"字。

在语法学里，一般称带有表示区别的多出部分的语言形式，为"有标"或"有标式"，没有带的为"无标"或"无标式"。无标一般是在生活中占文化主导地位的，如我们吃的肉通常是猪肉，单说"肉"时，一般就是指猪肉，即猪肉可以是无标的。但是说"牛肉""鸡肉""兔子肉"时，其"牛""鸡""兔子"一定不能少，必须是有标的。就是说，用无标表主、表众、表常用，用有标表少、表从、表不常用，是语言的语法共性。这种共性是文化主从、众寡观念的一种折射和反映。男女身份词的有标和无标，是由于人类进入农业社会以来，妇女在生产中的社会地位一直在男人之下，这种人类社会发展的共同特点，造成了人类社会共同的文化心理：男人是社会生活的中心，因而反映到语言上就是表男性的词成了同类词语的构成基础。反过来，如果一个地方的一种身份是女的占绝大多数，其职一般是由女的担当的，偶尔有个男的充当了某"职"，其"男"字就是必现的。如"保姆～男保姆""护士～男护士""媒婆～男媒婆"等。这时，女性身份就成为无标的，男性身份就变为用有标形式来构成的有标式了。

接触过英语和汉语的人，或比较过英语和汉语的人，可能有一种感受是共同的：汉语和英语有些句子成分的语序是倒过来的。例如：当我们说到年、月、日的时候，当我们说到国家、省、市、区、街、门栋和某个人的时候，汉语都是从大到小，最大的放在最前面或最上面，而英语则完全相反。这是不同语言语法反映的思维文化差异。

同样，当我们说"教堂的医院"的时候，这个医院是属于教堂的；

当我们说"医院的教堂"时，则这个教堂是属于医院的。可英语相同的语序其表达的所属关系，却刚好和汉语相反。1988年美籍学者戴浩一列举了许多事实说明"汉语语法的基本手法仿佛是按照某些具体的概念原则把句法单位编织在一起"，"把动词作为中心参照点，按时间顺序来排列跟动词有语义联系的成分"，"它的顺序跟思维之流完全自然合拍"④。例如：

  汉语 他从旧金山坐长途汽车经过芝加哥到纽约。
  英语 He came to New York from San Francisco through Chicago by greyhound bus.
  （他来纽约 从旧金山 经过芝加哥 坐长途汽车）

很显然，上面所举的英语句子，从时间先后看，英语的语序是看不出与逻辑的联系的。或者说，英语的语序有与逻辑不一致的纯语言结构顺序。

  把上述几种语法现象综合起来，是否可以说，汉语的语序，是逻辑事理的顺序，这种语序的选择，可能与汉文化"尊天理、重长幼"的文化心态有关，汉语的语法好像是在把逻辑事理看作一种天理，语法跟着天理走；英语语序可能与他们的文化"尊后天地位、重主仆关系"的社会价值观有关，语言结构的主从，被看作后天地位尊卑的一种类型。

  从事对外汉语教学的老师们经常爱讲这样一个笑话：某留学生汉语学得相当好，一天他对一位中国姑娘说："你很漂亮。"姑娘友好地说："哪里哪里。"可是这位留学生一听可紧张了，一紧张母语就出来了："every where, every where."（每一个地方都很漂亮。）这种笑话的产生，从一方面看，是留学生不懂"哪里哪里"的非疑问用法。很可能他学汉语时，老师一般只教了与外语肯否对应的应答和回答；从另一方面看，是留学生不了解汉民族文化所致，因为中国人听到赞扬是用谦虚的方式应答，否则就会被看作比较轻浮。不仅如此，就是肯定和否定的简单应答，汉语和英语也不尽一样，其差异主要表现在对否定问句所问内容的肯定上。例如：

中编　文化——语言的管轨

　　汉语　你不是从美国来的？
　　　　　对，我不是。
　　英语　Aren't you from America?
　　　　　No, I'm not. （不，我不是）

同样的信息内容，汉语是用"肯定"（对）＋"间接引用"回答，英语是用"否定"（No）＋"间接引用"构成。如果纯从语言看，两种语言的简答方式都由两部分构成：（1）前导性的总说简答（是、不，Yes、No）；（2）后续性的具体回答（细说）。就其前导性的简答看，英语的肯否是跟着细说（的语法形式）走，是"据后"决定答句"形式"的"定形"性回答，后面是肯定形式，总答用 Yes，后面是否定形式，总答式用 No；而汉语的总说，则其肯否是跟着细说的性质走的定"性"回答，即细说句是肯定对方的讲法的，用"是"，否定对方讲法的用"不"。在这个意义上，我们可以说，英语是崇"法"的遵"形"语法，汉语是尚"理"的守"意"语法。

　　从文化的角度看，肯否回答和对赞扬的应答，都涉及应答的肯否问题：在受到赞扬时，英语常常是用谢谢来回答，是一种礼貌的肯定；而汉语则是以谦虚来对待，属于一种文化否定。同样，上面的前导性简答，汉语用肯定的，英语用的是否定。即两种语言是用相反的语法方式，表达了相同的语言交际功能，并且在各自的语言里都表现出出色的"服务"功能。为什么会有这种情况呢？问题的答案也可能只能从文化中来找：可能是英语文化是大写己方 I（我），汉语文化是大写对方（你和他人）。因为英语回答赞扬，是站在自己的角度，简答句也是采取标明自己答句语法性质的形式，而汉语受到赞扬时则是怕对方和他方有失落感，是通过否定或贬低的方式，使自己屈居他人之下，求得大家心理的平衡。总之汉语母语者的语法思维方式是以对方为中心的，对问句的回答，其简答句也是以对方为中心，针对对方问句所阐述的命题，来进行肯否的评判的。

　　从很多情况来看，语法差异是跟着文化走的，但是并不一定是跟着语言的区划走的。比如我国在种植上有一个传统的特点：南方是以种稻为主，北方是以种麦为主，因而就形成了跨越方言的稻文化区和麦文化区。两个不同文化区的人，在制造粉末状物质的词语时，他们都是站在各自文化的角度，选用了其认为最传"形"的语素构成相关词语（词语的构造，一般是跨越词汇和语法两个平面），如稻文化区的人是用"粉"（"米粉"一词的词根）来构成下面的词：胡椒粉、药粉、白粉（海洛因）；而麦文化区的人却是用"面"（"麦面"一词的词根）来构成这几个词：胡椒面儿、药面儿、白面儿⑤。我们知道，在我国稻文化区和麦文化区与方言区划是不对应的：北方方言的一部分是麦文化区，而北方方言的西南官话区和下江官话区以及吴方言区、赣方言区、湘方言区、闽方言区、粤方言区，都属稻文化区。这就是说，文化差异有跨语言区划的一面，或者说，文化差异和语言区划有错位的一面。

第二节 文化对语音的影响

我国清代声韵学家潘耒在《类音》中说："声音之出于喉吻，宜若无古今之殊，而风会迁流，潜移默转，有莫知其然而然者。"语言是个变动不居的东西，构成语言的各个要素，都处在不断流转变动中，语音当然也不例外。就汉语的情形说，古代汉语和现代汉语之间差别最大的是语音。方言反映历史，现代汉语方言之间也是语音的差别最大。现代汉语方言在语音上的巨大差异，也从一个侧面反映出汉语在历史发展中语音的巨大变化。别的语言也有同样的情形。帕默尔说："从阿尔弗列德到莎士比亚这五个世纪当中，英语变得太厉害，所以对外行讲，说盎格鲁-撒克逊语是今天讲的英语的直系祖先，或者说任何语言在父子相传的几代之间，性质变得这么厉害，那似乎是不可信的。"⑥现代英国人、美国人看六百年以前的诗人乔叟的诗，据说有点像看外国诗。

那么，文化对语音的发展变化有怎样的影响呢？

文化对语音的影响，最常见的是由于借词的关系使语音系统发生

中编　文化——语言的管轨

某些变化。大家知道，我国是一个多民族的国家，汉族人数最多，而且政治、经济、文化都处于发达地位，各族人民长期密切交往，向汉语借词便是一种古已有之的、非常普遍的语言接触现象，新中国成立以后，尤为突出。大量借词，常常引起少数民族语言语音、词汇、语法三个层面的变化。反映在语音上主要是增加新的音位和音节。例如：广西侗语原来没有 tj、thj、ts、ts^h、f 和 w 这些音，由于从汉语中借入了 tjen^{1}jan^4（电影）、thjaːu^{1}wu^4（跳舞）、tsan^{1}tshe^2（政策）、fa^{2}tsan^4（发展）、wjan^{1}toŋ^1（运动）等一系列新词，在侗语中就出现了这些新的音位[7]。云南的佤、哈尼、傈僳等语言的方言土语中的唇齿音 f，也是向汉语借词的结果。海南黎语各方言中，大多数原来没有带 i、u 介音的韵母，由于吸收汉语借词，分别增加了数目不等的带 i、u 介音的韵母。其中侾方言侾炎土语增加最多，计有 iau、iam、jaŋ、iak、iaʔ、ie、ioŋ、iok、uai、uan、uaŋ、uat、uak 13 个[8]。也有因借词增加了声调的。广西壮语中的 33、31、55、35 四个声调，就是因新借词才出现的[9]。借词还可以影响到一个语言语音结合的内部关系。苗语贵州养蒿话的清送气音声母 p^h、ts^h、t^h、tb^h、k^h 和清擦音声母 h 原来都不与高平调和低降调结合，由于借入了汉语的"普选""调查""讨论""红旗""考试""合作社"等大量新词，在语音系统中就出现了 p^{h}u^{33}、ts^{h}a^{31}、t^{h}au^{55}、tb^{h}i^{31}、k^{h}au^{55}、ho^{31} 等音节结构[10]。

　　日语也有这样的情况。中国古代文化曾经对日本发生过巨大影响，包括文学艺术、科技、建筑、服饰、宗教、历法和风俗习惯等领域。随着文化的传播，汉语词汇源源不断进入日语，大大地改变了日语词汇的面貌。日本人管汉语借词叫"汉语"，管日语固有词叫"和语"。据日本国立国语研究所 1972 年对几十种杂志使用词汇的统计，"汉语"占 47%，"和语"只占 36%（其余为别的外来语和混种语词）。日本国语的一般辞典中"汉语"词目可能超过半数[11]。大量的汉语借词使日语语音结构发生了变化。现代日语的所谓"拨音"[12]和"促音"就是由于向汉语借词产生的。日语里面的"拨音"是由于从汉语借入-n 韵尾和-m 韵尾的字才出现的。"促音"是现代日语里面的一种音节类型，发音类似我国有些方言的入声。"促音"也是原来日语里面没有的，它的产生，有的日本学者认为是模仿汉语入声发音的结果，"促音"起初也只见于"汉语"，后来在"和语"里面也出现了。

不论是国内少数民族语言或日语因汉语借词引起的种种语音变化，都清楚地说明了语音同文化并不是毫不相干的。

如果对少数民族共同语的形成及其标准音的确定这个问题加以考察，将会进一步从宏观上看出文化因素对语音的重要作用。

民族共同语是一个民族共同使用的语言，是全民语言的最高形式。它是在某一地方方言的基础上发展起来的。然而，它的基础方言的选择和标准音的确立，则完全是社会、文化历史发展的结果。这样的例子很多。

意大利民族共同语，是以"中世纪最后的一位诗人，同时又是新时代的最初的一位诗人"但丁为标志开始建立的。但丁的时代，按照恩格斯的概括，正是"封建中世纪的终结和现代资本主义纪元开端"的时代。早在12世纪以后，由于十字军东征，消耗了不少封建主的力量，打开了对近东的贸易通道，沟通了意大利与东方的文化交流，加之又具有优越的地理环境，因此意大利北部和中部各城市出现了空前的繁荣和发展，威尼斯、热内亚、佛罗伦萨等城市更是成为东西贸易的枢纽。在新兴城市内部，商业、手工业和银行信贷业十分活跃，瓦解了国内自然经济，破坏了封建农奴制度，形成了很有生气的城市共和国。到14世纪初叶，许多城市共和国涌现出了大量的手工业大作坊和马克思称赞的"混成的工场手工业"，逐步产生了资本主义生产关系。其中佛罗伦萨作为意大利北部最大的手工业中心，又是资本主义生产关系发展最为典型的城市，较早成为初期的资产阶级城市共和国。

在意大利封建社会内部孕育出的资本主义幼芽，是新兴的力量，它生机勃勃，一开始就同束缚它的旧的封建生产关系产生了深刻的矛盾，从矛盾的实际发展中，当时新兴的资产阶级很快认识到：教会是封建统治的反动中心的精神支柱，是僧权俗权结合的顽固堡垒。

首先代表资产阶级向封建主义和神学体系勇敢挑战的，是以佛罗

中编 文化——语言的管轨

伦萨文坛"三杰"但丁、彼特拉克、薄伽丘为代表的优秀人文主义者。他们首次提出"人学"和"神学"两个对立概念,大力提倡发扬人的自由意志和个性自由,恢复理性的尊严和思维的价值。他们还从发展资本主义需要出发,四处奔走,倡导建立统一的意大利民族国家,并因此而认识到变革书面语言,建立统一标准的民族语言的必要性和重要性。为此,但丁撰写了语言专著《宴会》和《论俗语》,明确指出"语言之于思想是必要的工具",为了建立起统一的民族国家,首先必须抛弃如"斜晖将逝"、已经僵化的拉丁语"文言",努力"猎取一种较为合适的俗语,一种光辉的意大利语"作为基础方言加以提炼,从而建立起"光辉的""中枢的""宏伟的"统一的意大利国语。这正如缪朗山教授在《西方文艺理论史纲》中分析的:"世俗政权的上升、民族国家的建立、民族意识的觉醒,必然要把建立统一标准的民族语言问题提到日程上,那是合乎人民大众的要求的。"

在这一思想指导下,但丁逐一检查了意大利各地区的方言,认为:"从各处方言中间我们可以识别出我们所猎寻的俗语(按:民族共同语),它的香气在每个城邦中,但它的巢穴却不在任何一个城邦中。"根据当时意大利社会文化条件,他终于选中了托斯卡纳方言(包括佛罗伦萨语),并用来在流放期间写作他那具有跨时代特征的伟大著作《神曲》,获得了巨大的成功。"当时,无论法学家还是执政官,无论政治家还是生意人,都喜欢用意大利语——美妙的俗语已经普及整个意大利——写诗作赋,赞美爱情,并把《神曲》《新生》《诗句集》视为典范","就连驴夫也能吟哦但丁的诗句"[13]。因此,布克哈特在《意大利文艺复兴时期的文化》一书中特别强调:"自然,没有别的作品像但丁的伟大诗篇那样对于这一目的(按:建立民族共同语)作了如此多的贡献。托斯卡纳方言成了新的民族语言的基础。"但丁的伟大理论和实践,启发了一批批人文主义作家和学者,其中最具有代表性的是薄伽丘。他不但在"但丁诗篇公开讲座"上阐述但丁为建立民族共同语所作出的贡献,而且坚持用"不登大雅之堂的佛罗伦萨的方言"写作光辉的巨著《十日谈》。在他们的坚持不懈的倡导和示范之下,意大利国语终于挟着时代的风雷而建立起来了。

由此可以知道，正是14世纪初叶佛罗伦萨在意大利资本主义进程中的领先地位。正是以但丁、彼特拉克、薄伽丘等伟大的人文主义思想家为代表的资产阶级新兴文化发展的强大力量，使托斯卡纳方言在全意大利方言中取得了特殊的地位，成为共同语的基础方言，而该方言区的首府佛罗伦萨的语音成为意大利民族共同语的标准音，并形成了意大利语语音系统的基本面貌。

我国汉民族共同语的初步形成和不断发展，经历了几个漫长的历史时期，考察汉民族共同语及其标准音的轨迹，我们可以更加清楚地看到文化对语音系统的重要影响。

早在春秋战国时期，虽然当时一方面在汉语内部存在着严重的方言歧义，君子"居楚而楚，居越而越，居夏而夏"（《荀子·儒效》），另一方面在汉语外部存在着与亲属部族语言的差别，"诸戎饮食衣服，不与华同，贽币不通，言语不达"（《左传·襄公十四年》）；但是，由此生产的进步，商业的发达，列国之间交通频繁往来密切，有了产生民族共同语的迫切需要和基本条件，汉民族共同语也就顺应时代的要求而初步形成了，这就是"雅言"。

"雅言"就是"夏言"，"诸夏"之言，原本是汉语在中原地区的方言。根据史书记载，夏朝八次迁都，商朝五次迁都，地点主要都在现在河南、山东境内；周朝自成王开始，就选定洛阳为东都，苦心经营，名曰"成周"。（《史记·卷三十三》何休曰："名为成周者，周道始成，王所都也。"）使之成为诸侯朝会、四方人贡、商贾辐辏的"天下之中"。可见自古以来，中原地区就是我国政治、经济、文化的中心，对于其他地区有着强大的优越地位和吸引力。到了"春秋时代，黄河流域的国家统称诸夏"，诸夏的经济、文化已经发展到了相当高的程度。"当时是列国争霸的时期，由于战争的频繁，生产的发达，商业的兴盛，各地人民的往来增剧，邻近国家的语言会更接近，至少周、郑、曹、许、宋、鲁、卫、齐这一广袤地区有了区域的共同语。这一区域共同语到了战国时期就发展成为黄河流域以至长江流域的共同语了。这种共同语就是汉

中编 文化——语言的管轨

代以后发展为全民共同语的基础。"⑭《诗经》包括十五国诗歌和大小雅等篇章,分部地域辽阔,而其中用韵却无明显不同;即使是《楚辞》的用韵,也与之非常相近,这都是先秦时期确有共同语及其正音存在并通行很广的最好证明。人们不会忘记,《论语·述而》还特为郑重记载:"子所雅言,诗、书、执礼,皆雅言也。"何晏《论语集解》引郑玄注曰:"读先王典法,必正言其音然后义会。故不可有所讳。"这说明,像孔子这样的大师,平时讲话固然可能使用方言,但在诵读《诗经》《尚书》和行礼的时候,却一定是运用"雅言"的标准音的。

初步形成的民族共同语,促进了各国的交流,加强了民族的团结,密切了民众的交往,在当时的士人心目中有着崇高的地位。农家的导师许行讲话时使用楚地方言,竟被孟子讥讽为"南蛮鴃舌之人"。汉代应劭《风俗通义·声音》在解释"雅言"的得名时明确指出:"雅之为言正也。"可见,当时的共同语之所以被称为"雅言",是因为人们认为它是"正"的(正统的、规范的、雅驯的),而与之相对的其他方言,则是不正的,有时是要被轻视的。这些都从一个角度反映了当时人们的社会心理和"雅言"对各方言在语音上的影响。也正因为如此,这个"雅言"的规范准则一直贯穿两汉时代,成为那个时代的"通语"。

从东晋到南北朝时期,一方面国家分裂,一方面民族融合;政治、军事上南北对峙,互争正统,因此在共同语标准音的采用上,也出现了南北之争。以至"音韵蜂出,各有土风,递相非笑"。即便是韵书,也是"各有乖互,江东取韵与河北复殊"。最后不得不由一批学者出来顺应时势,认真讨论,在读书音的基础上,"共以帝王都邑,参校方俗,考核古今,为之折衷。摧而量之,独金陵(音)与洛下(音)耳"⑮。从当时"共以帝王都邑"作基础"为之折衷"的过程中,我们清楚地看到了文化因素对于选择共同语标准音以及语音的演变的重要影响。

在北魏朝廷上,围绕着确定"正音"即共同语问题,孝文帝拓跋宏与他的王公大臣曾展开过一场态度严肃而意义深远的争论。孝文帝具有敏锐的历史眼光和坚毅的改革精神。在位期间,他反复强调鲜卑人学习汉族文化,力图以"汉化"推动"文治",并且在政治实践的摸索中获得了对确立和推广共同语的可贵认识。他毅然决定"断诸北语(指北方少数民族语言),一从正音",以促进民族融合、语言融合和文化发展。这不仅表明了孝文帝作为一个有作为的政治家的远见卓识,而且证明了社会文化因素在确立共同语及其标准音中的重要作用。

经历了四百年的南北分裂之后,中国终于又重新统一了。隋代以长安为西京,以洛阳为东都;唐代定都长安;宋代建都于开封,中国的政治、文化中心仍在北方。当时商业繁荣,交通发达,驿路贯通于全国各地,士人商贾蚁聚于京城。正是这样的社会、文化因素,促进了北方方言的发展,进一步确立并稳定了北方方言作为民族共同语的基础方言的地位。元初范梈《木天禁语》对此有过总结:"东夷西戎,南蛮北狄,四方偏气语,不相通晓,互相憎恶。惟中原汉音,四方可以通行。四方之人,皆喜于习说,盖中原天地之中。得气之正,声音散布各能相入,是以诗中宜用中原之韵。"中唐时代,在北方方言的基础上形成了一种接近口语而与"文言"对立的书面语言,即白话。用白话写作的禅宗语录、变文、话本小说和通俗词文流传全国,深入民间,往往使"愚夫冶妇乐闻其说。听者填咽寺舍"(《因话录》),因而大大加速了以北方方言为基础的共同语及其标准音在全国各地的推广和对各个方言的渗透。自公元1153年迁都北京以来的八百年间,北京一直是元、明、清三代王朝的京都(明初有35年建都金陵),因而成为我国政治、经济和文化的中心。"滇南车马,纵贯辽阳;岭徼宦商,衡游蓟北。"(《天工开物·卷序》)由于政治、经济的集中,北京话的影响逐渐显著,地位日益重要,汉语的中心也随之转移到北京地区,元代著名音韵学家周德清首先认识到了这个转移的态势,认为"混一日久,四海同音,上自缙绅讲论治道,及国语翻译,国学教授言语;下至讼庭理民,莫非中原之音"。因此,他明确提出:"欲作乐府,必正言语;欲正言语,必宗中原之音。"(《中原音韵·自序》)据研究,他所谓的"中原之音",正是以大都(北京)为主的北方口语音系,也即是他的名著《中原音韵》的语言基础。距《中原音韵》52年之后,即明太祖洪武八年

中编 文化——语言的管轨

(公元1375年),乐韶凤等人奉命编写《洪武正韵》,也同《中原音韵》一样,坚持以"中原雅声"作为正音标准,朱元璋是安徽人,《正韵》的编者不少是南方人,当时的京都又在南京,可他们却同样推崇"中原雅声"。早在14世纪的时候,以北京语音为标准音、以北方话为基础方言的汉族共同语就已开始形成,"五方之人皆能通解"。因而得到了社会的普遍承认,并在以后的继续发展中,成为现代普通话的历史源头。从那以后,一方面,北京话作为官府的通用语言传播到了全国各地,发展成为"官话","官话"又逐渐成为各方言区之间共同使用的交际工具;另一方面,白话文学作品,特别是代表当时文学发展趋势和最高水平的元曲、明清小说,也更多地接受了北京话的影响,同时又为传播这一共同语标准音充当了最佳媒介。

以上对我国汉民族共同语及其标准音初步形成和不断发展的历程的回顾虽然是粗略的,但是,社会文化因素在确立共同语标准音过程中的作用却是历历可见的。几千年来,我国文化即有延绵不绝、高峰迭起的特点,为世界上所仅见;又有经常出现民族大融合、文化大融合的特点,为各国人所瞩目。正是中国文化的这些特点,使得汉民族共同语早在春秋战国时期就已具雏形,并且选择了"中原雅音"为标准音。经过近三千年的不断的发展演变,终于发展成为今天的现代汉语普通话。国家正式确定以北京语音为标准音。从这一角度可以看出,文化对民族语言语音系统的影响是极其深远的。至于文化因素在推广标准音中的重要作用,只要看看我国解放后推广汉语普通话标准音的速度之快,成效之大,便可见一斑了,在此从略不述。

第三节 文化对语用的影响

语用,是指语言的具体运用。作为现代语言学的一个分支学科,语用学研究语言和使用者之间的关系。语用总是在一定的语境中进行的,人们如何进行言语表达,如何在特定的语境中理解言语,这些都不可避免地要受到文化的影响。

· 271 ·

一、交际双方及其关系对言语表达的制约作用

言语交际的主体是人。作为社会的成员，人必然具有各种社会特征，如身份地位、职业经历、思想性格、修养爱好、性别、年龄、社会心理等等。这些社会特征都会在不同程度上制约着语言的运用。

从说写者一方来说。说写者从可接受的同义语言形式中作出选择时，也会反映出他的社会特征，是城里人还是乡里人，是教师还是医生，社会地位是尊是卑，道德修养是高是低，生性温和还是脾气暴躁，待人诚恳还是对人虚伪。正是这些社会特征决定了说写者对于言语形式的选择。

如20世纪80年代有人曾对上海几家较大、较有特色的国营商店，就营业员对"同志，您要些什么？""走好！""别客气！""没关系！"之类礼貌语言的使用情况，作了一个调查。结果表明，老年店员使用礼貌语言比较普遍。他们在接待顾客时，一般都能笑脸相迎，主动发问，而青年店员则较少使用礼貌语言。他们中的不少人对顾客表现出厌烦情绪，爱理不理，问而不答，有时甚至出语伤人。调查者认为，两代店员的这种差异，与他们的工作经历、职业道德和文化教养等有关。老年店员工作时间长，经验丰富，长期的实践使他们深知礼貌语言对于服务工作的重要性。青年店员相反，他们工作不久，缺少经验，也未能完全树立正确的职业道德观。再者，"老年店员在解放前由于竞争的需要在礼貌待客方面有良好的素养"，新中国成立初期良好的社会风尚更加强了他们的礼貌服务意识；"而青年店员的文化教养、道德品质结构正在建构时，恰逢十年动乱"[15]。

最能集中体现说写者的社会特征对语用的影响的，还是作家个人的言语风格。作家个人言语风格的形成固然要受时代条件、社会环境、描写对象等客观因素的影响，但在更大程度上还是受作家的个人经历、政治观点、文化修养等主观因素的制约。我国古人所谓"文如其人"，法国布封所谓"风格就是人格"（《风格论》），说的就是作家的个性（即其社会特征）决定他的言语风格。作家个性不同，言语风格必然各异。正如刘勰所说，"才有庸俊，气有刚柔，学有深浅，习有雅郑，并性情

中编　文化——语言的管轨

所铄，陶染所凝，是以笔区云谲，文苑波诡者矣"（《文心雕龙·体性》）。

我们就拿赵树理和冰心作一比较。赵树理长期生活在北方农村，熟悉农民的文化风尚和艺术爱好，主张文艺要大众化。反映在创作上，他完全用北方农民的口语写作，不但人物语言是农民的口语，就是作者的叙述语言也完全口语化。他的语言质朴平易，生动活泼，所以周扬称他是"一位具有新颖独创的大众风格的人民艺术家"。而冰心则是一位典型的"书生"作家。她幼年时代就大量阅读中国古典作品，后又留学美国，广泛接触欧美文学，具有较高的文学修养。所以她作品的语言既发挥了白话文流利晓畅的特点，又承袭了文言文凝炼简洁的优点，还吸收了欧美文学活泼清新的长处，形成她自然、典雅、独具一格的"冰心体"。

其次，从听读者一方来说。同样，每一个听读者都有其独具的社会特征，和与此相应的对于言语的理解力和容受力。影响到语言运用，就是要求说写者要根据听读者不同的社会特征，选择他们所能理解并乐于接受的言语形式。李燕杰同志的演讲很受听众的欢迎，其中一个成功的秘诀就是，他能够根据不同职业的听众来组织言语。如，他作演讲时，就很注意运用不同的开场白。在医院，他用一首即兴诗开头："每当我想起病中时光，白衣战士就引起我深情的遐想，他们入情的话，心灵的美和那圣洁的心，给我以生活的勇气和前进的力量。"在对民警演讲时，他是用一个设问句开头："我一上台就发现一个秘密，十亿人谁有权在帽子上戴上中华人民共和国的国徽呢？你们，人民的警察！"由于他针对职业不同的听众选择了不同的开场白，表达了对他们职业的充分理解和热情赞颂，所以使听众产生了强烈的情感共鸣，演讲取得了良好的效果。

不同阶层的人，所受的文化教养不同，对言语的理解力必然也有差异。对文化教养较高的上层知识分子讲话，就不妨书面语色彩浓些，可以选用一些典雅的词语和文言书面语句式，而对较少或没有接受过学校教育的普通群众讲话，就应该用家常口语体，选用口语句式和通俗词语了。不然就可能是无的放矢，达不到交际的目的。明代赵南星

《笑赞》曾记载过这样一个故事:

  一秀才买柴。曰:"荷薪者过来。"卖柴者因"过来"二字明白,担到面前。问曰:"其价几何?"因"价"字明白,说了价钱。

  秀才曰:"外实而内虚,烟多而焰少,请损之。"卖柴者不知说甚,荷担而去了。

秀才不懂得听者是一个缺乏文化的普通卖柴者,说话文气十足,叫人难以理解,结果才导致了交际的失败。

  从交际双方的相互关系来看。言语交际双方——说写者和听读者在交际活动中扮演的角色是不一样的,双方会形成各种不同的关系。各种角色之间的关系可以概括为最基本的两种:权势关系和平等关系。按美国心理学家罗杰·布朗的说法是:"如果一个人能控制另一个人的行动,他对后者就具有权势。"⑫交际双方关系不同,对言语形式的选择也会产生影响。一般说来,如果交际者处于权势关系之中,双方地位不等,关系疏远,因而容易采用比较正式的语体;如果交际者处于平等关系之中,双方地位平等,关系比较亲近,就可能采用比较随便的语体。

  例如,在许多语言中,单数第二人称代词有通称和尊称两种形式。人们调查发现,交际一方选用何种形式指称对方,受双方在交际中所处关系的制约。一般说来,当双方处于权势关系中,权势较低的一方指称权势较高的一方往往选用尊称形式,反之,权势较高的一方指称权势较低的一方,往往选用通称形式。这种代词的使用规则,汉语也同样存在。在现代汉语普通话里,晚辈称长辈要用尊称形式"您",反之则用通称形式"你",而平辈之间是以"你"互称。说话人有时有意地违背这种使用规则,这往往是因为说话人对听话人的感情或态度有了变化。曹禺的《雷雨》中有这样一段对话:

  鲁贵 这可一句瞎话也没有。

  四凤 那我实实在在地告诉您,我也没有钱。(说完就要拿起药碗)

  鲁贵 (着急)凤儿,你这孩子是什么心思,你可是我的亲

中编　文化——语言的管轨

生孩子。

四凤　亲生的女儿也不能见天见地替您老人家还赌账啊！

鲁贵　（严重地）孩子，你可放明白点，你妈疼你，只在嘴上，我可是把你的什么要紧的事情，都放在心上。

四凤　（明白他有所指）您又要说什么？

鲁贵　（四面望了一望，逼近四凤）我说，大少爷常跟我提起你，大少爷，他说——

四凤　（管不住自己）大少爷！大少爷！你疯了！——我走了，太太就要叫我呢。

交际的双方鲁贵和四凤是父女——权势关系，所以鲁贵对四凤用"你"，四凤对父亲开始用"您"，但到后来，当父亲为了要钱，竟拿她和周萍的暧昧关系来进行要挟时，就改称"你"了，表示了对父亲的生气、轻视和厌恶。

称谓词的使用也受交际关系的制约。平辈之间、群众之间、朋友之间，可以互称名字。但晚辈对长辈，群众对干部，则要用亲属称谓（如大爷、大妈、伯伯、伯母之类），或以"姓＋官衔"（如张主任、王处长、李部长之类）称呼。美国人"父亲可以称儿子 Jim，然而除非他是超出一般的'开通'，他不会期望儿子用 Jack 来回敬自己。在美国南部不存在用以区分白人和黑人的代词，但不平等的称呼规则却是存在的。白人习惯对黑人使用名字，却要求对方称他为'某某先生'。在美国和欧洲，任何一组权势不等的双方，例如，顾客与招待员、老师与学生、父亲与儿子、雇主与雇员之间，都有非相互的称呼使用规范"[⑬]。

二、言语形式对于社会政治环境的适应

言语交际是人类在特定的社会环境中所进行的一种社会活动。既然是一种社会活动，它必然要受到社会政治的影响。一方面，一定的社会政治可以对它所赖以表现的言语形式明确地提出某种要求；另一方面，在反映一定社会的政治生活时，语言的运用也总是自觉或不自觉地与当时的政治环境相适应。我国封建社会不同时期文学语言的时代风格的形成，就是一个明证。

汉初以来，社会趋于安定。于是统治阶级要求歌功颂德，粉饰太平，这样就形成了以汉赋为代表的追求辞采的藻饰文风。逮及齐梁，社会政局不定，统治阶级生活淫靡，反映在文学语言上，单纯追求形式，"俪采百字之偶，争价一句之奇，情必极貌以写物，辞必穷力而追新"（《文心雕龙·明诗》）。结果形成了以骈文和宫体诗为代表的华而不实的浮靡文风。此后的初唐盛唐、南宋北宋，各有不同的文风，而明清两代的八股文风，正是封建社会走向没落的鲜明写照。所以《毛诗·序》中说，"治世之音安以乐""乱世之音怨以怒""亡国之音哀以思"。《文心雕龙·时序》也说，"文变染乎世情，兴废系乎时序"。从广义上理解，这些议论也说明了语言运用与社会政治生活的密切关系。

再看"文革"时期语言使用情况。"文革"时期，受极左思潮和现代迷信的影响，人们心中充满了革命激情，口里充满了"革命"字眼，并把领袖的言论作为立言之本。不要说是在公众场合或正式文字里，就连写家书、"情"书，也要拿出一种革命的情调。请看一位年满三十尚未成家的姐姐给她弟弟的一封回信：

二弟：

有关我的终身大事，现答复如下：

我知道，人总是要结婚的，但结婚的意义有不同，中国古时候有个文学家叫秦少游的说过，"两情若是久长时，又岂在朝朝暮暮！"因而，我和大刘同志只见过一面，后来他给我来过许多信，可是因为忙，仅回过他一封信，还不知他收到没有。对于他的痴情，我是很感动的。现在你们都夸他，可见他的精神感人之深。

记得我在给大刘的那封信中写道：

"我们应当相信组织，我们应该相信对方，这是两条最基本的道理。如果怀疑这两条道理，那就什么事情都谈不成了。"

我还对他说：

"理想和事业是你我的生命，我们两个人务必充分注意，万万不可粗心大意。"

"恋爱、婚姻、家庭的道理千条万绪，归根结底，就是一句

中编　文化——语言的管轨

话：'共同革命'！"

（沙垩农《潜移默化》）

整封信几乎都是仿拟"毛主席语录"而成。由此可见，当时的政治生活对人们语言运用的影响是多么深刻。

"文革"时期语言的另一面，是人民群众看透了祸国殃民的"四人帮"，要表达对他们的刻骨之恨，但又慑其淫威，不敢直言，于是不得不采取含蓄委婉的言语形式。我们翻读一下产生于"四五"运动的《天安门诗抄》，就会发现有很多诗作是运用双关、镶嵌等修辞方式写成的。如：

　　黄浦江上有座桥，江桥腐朽已动摇。
　　江桥摇，眼看要垮掉；
　　请指示，是拆还是烧？

（《向总理请示》）

诗中，作者巧妙地运用谐音双关（"江桥摇"谐指江青、张春桥、姚文元）和借物托喻的修辞方式，抒发了对"四人帮"的满腔怒火。又如：

　　迟睡早起为人民，群众爱您您爱民。
　　早期立下雄心志，晚年仍为革命奔。
　　得享今天亿人敬，"完全彻底"誉忠魂。

（《藏头诗》之三）

作者把"迟群早晚得完"天衣无缝地嵌在诗中，表现了对"四人帮"爪牙的无比愤恨。很明显，这些诗作者不直抒胸臆，而通过双关、镶嵌等方式来表达感情，是受到当时恶劣政治环境的制约。

三、从委婉、敬谦词语看社会心理对语言运用的影响

社会心理是人类在历史中积淀而成的社会思想意识，其形成与一定的社会制度及其统治思想，与人们对于客观世界的认知水平等有直接关系。

我国经历了长期的封建社会，宗法制度在中国延续了几千年，等级秩序严格、尊卑长幼有别的宗法思想，以及儒家为维护封建宗法制而提出的孝、悌、忠、信的道德礼教，也在中国统治了几千年，成为人们一种根深蒂固的社会心理，并深刻地影响着语言的运用。如避讳

的产生，委婉语的出现，敬谦词的使用，都是这种社会心理作用的结果。

陈垣在《史记举例序》中说："凡文字上不得直书当代君主或所尊之名，必须用其他方法以避之，是谓之避讳。"如秦始皇姓嬴名政，为避君主之名，就将"政"字改读平声，连同音的"正"字也读平声，甚至还改"正月"为"端月"。此为"公讳"。又如司马迁父亲名谈，为避所尊之名，在所著《史记》里不用"谈"字，当写《季布传》提到赵谈这个人物时，就把赵谈改为"赵同"。此为"私讳"。避讳起源于周，流行于两汉，盛行与隋唐，而宋元尤为严格。自周朝至元代，避讳之风日益加剧，这正说明了封建宗法思想的日益强化，封建专制统治的日益加深。

跟避讳有关是委婉语。由于要回避某些词语和事物，所以当人们不得不提及它们时，就用委婉的方式来表达。如人们都忌讳"病""死"，认为这是很不吉利的字眼。但作为一种生理现象，又难免要提及，于是就出现了很多关于它们的委婉说法。就说"病"字，在古代，"天子有疾称不豫，诸侯称负兹，大夫称犬马，士称负薪"[⑬]。从天子到士，等级森严，若有错称，就是大逆不道。在封建社会里，皇帝被认为是天子，代表神的意志，具有至高无上的尊严。不但其"病"要以"不豫"言之，就是通常向他陈词进谏，也要格外委婉，言辞动听，若有失言，就可能招致杀身之祸。

从客观效果看，委婉语有时能在一定程度上减轻言语的刺激性，避免语言的粗俗，或顾全对方的面子，或讲求斗争的策略。例如"性"，总是以各种委婉的方式来表达，什么"男女关系""作风问题""房事"等等，就连与"性"有关的生理现象，也要委婉一番，把"怀孕"说成是"有喜""有了"，把"月经"称为"好事""例假"。

委婉语在外国也很常见。尤其是西方上层社会，为了显示高雅，表明身份，竟把"月经"称为"我处在抑郁的日子"，把"上厕所"说成是"我去洗了洗手"，把"擤鼻涕"说成是"我使用了一下手帕"。更有意思的是，当他们说到不光彩的、讨厌的"性病"时，总说成是

中编　文化——语言的管轨

外国来的。"英国人说这是'西班牙痘',法国人称这是'尼亚波利特病',推到意大利去了,东欧人说这是'法国病'——推回法国去。"⑳

　　长期的封建宗法思想和儒家道德礼教的统治,还造就了中国人崇尚谦让的民族心理。他们由对君主的顺从、对亲属长辈的恭敬,扩大到对一般社会成员的尊重,把"谦以待人,虚以接物"作为为人处世的信条,视为一种崇高的美德。表现在言语上,对自己总是有意贬低,而对别人却是极力夸奖,即使是遇上内心不能苟同的意见,有时也要装出几分表面的"大度",表示某种程度的理解。总之,他们在言语交际中是以礼貌、谦虚为原则,并通过"让己受损,使人获益"的方式来表示对人的最大礼貌和尊敬。比如,司马迁把自己要向任安陈述的意见说成是"固陋"(《报任少卿书》),王安石把司马光对自己推行新法的诽谤、诬蔑说成是"蒙教"(《答司马谏议书》)。这种言辞谦让之风一直传承至今,一个突出的表现是,在作完报告或演讲后,报告人或演讲者常要加上一个谦虚的尾巴;书面上,著作者也常在前言或后记中写上一段谦虚的文字。

　　中国人的谦让、礼貌还突出地表现在谦词和敬词的使用上。过去的口语和书面语中,有一套带有宗法意识的礼节性谦称词和敬称词。如把自己谦称为"愚""仆""臣""妾""鄙人""不佞""不才""弟子""小生""下官""门下",把别人尊称为"君""公""子""卿""阁下""足下""先生"。由此连及家属,称自己的妻子是"内人""山妻""荆妇",自己的儿女是"小儿""小女";称别人的妻子是"令室""德配""邑君",别人的儿女是"令郎""令嗣""令爱"。而且由人及物,谦称就在前面冠以"寒""敝"之类带有贬义的字眼,如"寒舍""敝姓";敬称就在前面冠以"尊""贵"之类带有褒义的字眼,如"尊意""贵体"。

　　与中国人的崇尚谦让迥然不同,西方人自信、坦率,既不贬低自己,也不恭维别人,实事求是。如果一位英国女学生受到老师的赞赏:"你的功课很不错!"或者一位美国雇员受到雇主的表扬:"你工作得很出色!"那他们一定会高兴地回声说"谢谢!"毫不客气地领受老师的赞赏和雇主的表扬。因为在他们的观念里，既然作出了成绩，就应该骄傲。

这里，还顺便值得一提的是，生人见面，中国人一般是互问姓名，表明对对方的关心，以示礼貌和尊重，而不习惯于自我介绍，因为那样有目中无人、自我炫耀之嫌，是不谦虚、欠礼貌的表现。《西厢记》中的张生在见到崔莺莺的侍女红娘后便自我介绍道："小生姓张名珙，字君瑞，本贯西洛人也，年方二十三岁，正月十七日子时建生，并不曾娶妻……"这番自我介绍固然有其特殊缘故（张生对莺莺一见钟情，想通过红娘把自己的情况告诉莺莺），但毕竟有悖于中国常情，叫人觉得好笑，所以红娘当即就把张生奚落了一顿。西方人相反，他们的自我意识很强，处处要显示自我价值，与生人见面，他们往往是主动自我介绍。在他们看来，不这样就会被认为是你架子大，不易接近，或者是你缺乏自信，连自己的姓名、职业都没有勇气告诉别人。

四、文学及其发展与言语表达手段的形成

文学是通过语言来塑造艺术形象、反映社会生活的，是语言的艺术，与语言运用的关系自然是很密切的，文学形式的发展往往要相应地引起语言运用的变化。事实上，有很多言语表达手段就是在文学的发展过程中形成的。诗歌语言由字调的自由走向对平仄的讲究，就是一个典型例子。

诗歌就其原始形式而言，本是词（诗）调（歌）相伴的。班固《汉书·艺文志》说："《书》曰：'诗言志，歌咏言。'故哀乐之心感而歌咏之声发。诵其言谓之'诗'，咏其声谓之'歌'。"所谓"言"就是歌词，所谓"声"就是乐调。我国最早的见于文字记载的诗是《诗经》。《诗经》里的诗大都是可歌的，《史记》就有"诗三百篇，孔子皆弦歌之"的记载。

汉代的乐府本来就是由乐师、文人组成的掌管音乐诗歌的官署，负责收集民歌，制新词，谱新调。最初的乐府（诗）也是词、调相伴的，只是后来，制词的文人不再与谱调的乐师合作，而独立去做不用乐调的诗，这样就使乐府词、调分离，至齐、梁时代发展成为一种独

中编　文化——语言的管轨

立的文人诗体。但音乐性是诗的生命。诗在词、调相伴时期，其音乐性由调来表现，当转入词调分离、有词无调的时期之后，其音乐性已无外在依附，因此只得由词本身来体现了。而在这时，由于声韵学的发展，周颙发现了汉语的四声，于是沈约就把周颙的四声说用于诗歌语言，提出著名的声律论："夫五色相宜，八音协畅，由乎玄黄律吕，各适物宜。欲使宫羽相变，低昂互节，若前有浮声，则后须切响，一简之内，音韵尽殊，两句之中，轻重悉异。"（《宋书·卷六十七》）要求在诗歌中高低轻重不同的字音互相间隔使用，使音节错综和谐，即后世所谓的调和平仄。这种调和平仄的方式，到了唐代进一步发展，就形成了近体诗的平仄律。它要求平仄在本句中交替，在对句中相对，在邻句中相粘，通过字调平仄有规律的使用，来加强诗歌的节奏感和音乐美。可见，汉语平仄律的出现是诗歌发展的结果，是适应诗歌音乐性要求的产物。诗歌的讲究平仄也影响到散文，骈文就是一个极端。现代散文虽然可以不管平仄，但语言艺术家总是把平仄相间作为一种表达手段，来造成语音的抑扬美。老舍先生曾说："即使是散文，平仄的排列也还该讲究。'张三李四'好听，'张三王八'就不好听。前者是二平二仄，有起有落；后者是四字皆平，缺乏抑扬。四个字尚且如此，那么连说几句就更该好好安排一下了。"（《对话浅论》）

再说"叠现"这一新兴的修辞方式，也是伴随着电影文学和现代小说的发展而兴起的。人们当感情激动，触景生情，回忆往事，憧憬未来的时候，或在梦境、昏迷之中，眼前常常重叠或交替出现一系列画面、一连串形象，这在电影艺术里叫"叠印"，在文学作品中则以简缩的、跳跃式的、整齐的形象化句式连续出现，这就是"叠现"②。例如：

战争的残酷，行军的艰苦，转移，撤退，暂时的失利，牺牲，流血，负伤，饥馑，化装进城，宪兵的钢盔和闪亮的刺刀尖，碉堡的阴森森的眼睛，"剿匪总司令"的布告，三整三查的紧张空气，一次又一次的检讨，在中国共产党人付出了人类所能付出的最大的代价以后，解放军摧枯拉朽，坦克、骑兵、炮兵与红绸舞、腰鼓队、秧歌队一起行进。

这是王蒙中篇小说《蝴蝶》中的一段。这段描写，犹如一个个电影镜头，向我们"叠现"了一幅幅人物所亲历的往昔生活的形象画面，展示了人物丰富复杂、流动跳跃的思想意识。这种表达手段，这种言语组织的形式，在以前的小说作品中是很少见到的，从中我们可以明显地看出电影文学和现代小说的印记。

　　我国是一个具有几千年文学传统的文明古国，有着极其丰富而宝贵的文学遗产。且不说诗经、楚辞、唐诗、宋词这些人类优秀的诗歌精品，单是明清小说，就不乏矗立于世界文学之林的杰作。像《三国演义》《水浒传》《西游记》《金瓶梅》《红楼梦》等，里面的许多人物和故事几乎是家喻户晓，人们都乐于讲论它们，并常用它们来阐明道理，或喻指现实人、事，因此也形成了许多意蕴丰富、妙趣横生的歇后语。这里我们仅抄录有关"猪八戒"和"武大郎"的部分歇后语[②]：

　　猪八戒背媳妇——叫悟空给骗了
　　猪八戒上城墙——倒打一耙
　　猪八戒下凡——没个人模样
　　猪八戒进了女儿国——看花了眼
　　猪八戒听天书——一窍不通
　　猪八戒吃西瓜——心里想不着大家
　　猪八戒吃面条——粗中有细
　　猪八戒投胎——图热闹
　　猪八戒结亲——一个高兴一个哭
　　猪八戒耍钉耙——有两下子
　　猪八戒卖凉粉——人丑名堂多
　　猪八戒看唱本——假斯文
　　猪八戒照镜子——里外不是人
　　猪八戒的嘴巴——就知道吃喝
　　猪八戒演讲——大嘴说大话
　　猪八戒调戏白骨精——自上圈套
　　武大郎唱曲子——从来没听过这个调儿

中编　文化——语言的管轨

　　武大郎吃药——吃也死不吃也死

　　武大郎捉奸——有心无力

　　武大郎捉奸——反送了性命

　　武大郎的身子——不够尺寸

　　武大郎招亲——凶多吉少

　　武大郎卖乌龟——什么人配什么货

　　武大郎卖烧饼——晚出早归

　　武大郎放风筝——出手不高

　　武大郎上墙头——上不去下不来

这些歇后语生动形象，诙谐幽默，为人们所喜闻乐见。由此也可见一斑：文学对于语用的影响是何等广泛，何等深刻。

五、影响语言运用的居住区域、物质生产诸因素

　　不同的民族有不同的居住区域和地理环境，有不同的物质生产和经济生活，因而他们对于同一客观事物也就可能产生不同的主观感受，并由此而形成不同的审美观点。这些自然也会影响到语言的运用。

　　比如，西风吹来，给东方地区带来的是花木的萧条，秋天的肃杀，但在西欧国家，是西风唤醒了昏睡的残冬，迎来明媚的春光，给万物带来了勃勃生机。区域不同的东西方民族自然就对"西风"各有一番感受。因此，我们的作品总是用"西风"来比喻腐朽衰败的事物，借以表达作者心境的凄凉；而英国诗人雪莱在《西风颂》中则是把"西风"当作春天的使者大加赞颂，借以抒发自己豪迈、奔放的革命情怀。

　　这方面的例子，我们还可以举出很多：比喻坚强不屈，汉语常用"青松"，英语却用"栎树"；比喻事物涌现，汉语用"雨后春笋"，俄语则用"雨后蘑菇"。有位到过坦桑尼亚的同志还谈到过这样两个很有意思的例子："咱们中国人讲人家胆子小，常说'连树叶掉下来也怕砸坏了脑袋'。可是我到坦桑尼亚一看，椰子树啊，几丈高。叶子一米多长，重量一二十斤。那掉下来不砸坏脑袋才怪呢！这个比喻在那个地方就用不上。形容人家顽固，就是'花岗石的脑袋'，到那里也用不上。那里的花岗石一碰到水就化掉了。"⑫这两个例子形象地说明，地理

条件不同，用以取譬的事物是不一样的。

我们再来看看人类的物质生产、经济生活对于语言运用的影响。以"爱情"为例。"爱情"是古今中外为人们所极力表现的一个永恒的主题，人们总是用自以为美好的、珍贵的事物去比喻它，赞美它。但是不同的国度、不同的民族由于其物质生产、经济生活不同，用来作比的事物也就表现出明显的差异。有人曾以此为题作过比较分析，指出：我国是一个古老的农业大国，而且还是世界上最早从事丝绸生产的国家，早在四五千年前的新石器时代，我们的祖先就从事养蚕和抽丝织绸了。历史悠久的丝绸生产，培养了我国人民对桑、蚕、丝、绸的深厚感情，这自然要影响到语言的运用。反映在爱情诗词上，人们乐于选用"桑""蚕""丝""绸"作为喻体，来讴歌真挚、忠贞的爱情。这从历代诗作中可以找到很多这样的用例。如南朝乐府《作蚕丝》："春蚕不应老，昼夜常怀丝。何惜微躯尽，缠绵自有时。"全诗以春蚕自喻，并以"丝"谐"思"，表明自己对爱情的执着。而西方国家商品经济较为发达，看重资财，因此它们的作品中常用货币或贵重物品来比喻爱情。如英国作家柯林斯在《白衣女人》中写道："我把全部的感情像金币般倾倒在她脚下。"把爱的感情比作"金币"②。

遇上熟人，人们总喜欢打个招呼，说声"你好"或"Hello"之类，表示问候。这种问候语本身并不传达什么新的信息，但它具有一种礼仪功能，问候的事实本身表明问候人对对方的友好、礼貌和尊重。使我们感兴趣的是，不同的民族，在问候语的话题选择上有很大的差异。中国人喜欢谈吃饭，见面就问"你吃饭了吗？"；而英国人见面打招呼则往往是谈天气，如"今天天气真糟糕，你说呢？""昨天夜里刮了一场大风，不是吗？""看起来是要下雨了，你不这样想吗？"在今天看来，这种话题的不同似乎只是因为民族习惯的相异，但从发生学的角度来看，当初中国人把"吃饭"作为问候语的话题，显然是当时经济生活的一种反映，说明在当时的社会里，人民生活艰苦，吃饱肚子颇不容易，问声"你吃饭了吗？"就是对你最大的关心。从下面的这则材料中，我们还隐约可以看出这种反映的始发情形：

中编 文化——语言的管轨

  河南的南阳、驻马店，山东的菏泽，安徽的肖县，江苏的徐州等一些地方用"喝汤没有"作为晚饭前后遇见熟人的问候语。为什么会出现这样的表达方式呢？传说元代南阳王为搜刮粮食，下令要老百姓每日三餐改为二餐，后来有个人偷偷烧了晚饭，却被元兵发现了，他谎称是烧汤喝。从此以后，"喝汤"指"吃晚饭"这种说法便传开来了，并且衍变为以"喝汤没有"作晚饭前后的问候语。⑮

至于英国人见面谈"天气"，则与其地理环境有关。英国是一岛国，天气多变，给人们的生活带来一些不便，所以英国人对它自然有关切的兴趣⑯。

  这里我们还想说明一点，即使是在同一民族内部，居住区域、物质生产等的差异也可能带来语用上的区别。就拿歇后语来说，汉语的歇后语有很多是在全国范围内通用的（如前所列），但也有一些带有一定的地域性，其形成与特定的物质生产相联系，比如，皖北阜阳、宿县一带出产"黑碗"和"蒜臼子"。"黑碗"是颜色稍稍带黑的一种粗碗，"蒜臼子"是用来捣蒜泥的陶器，它们都是在同一个窑里烧出来的，所以那一带就流传这样一句歇后语："黑碗蒜臼子——一窑货"，比喻都是坏人。而其他地区的人却不知"黑碗""蒜臼子"为何物，因而对这个歇后语也就不大理解，他们一般是用"一丘之貉"来表达与之相应的意思⑰。

  以上我们通过具体实例说明了文化对语用的影响。事实上，无论是从起影响作用的文化方面看，还是从语用所受影响的方面看，都远远不止以上所述的那些。最后我们还想强调指出。文化总是表现为一定民族的文化，民族文化的差异也必然会带来民族语言在运用上的差异。因此，我们要真正掌握一种民族语言，达到正确使用和准确理解的程度，除了要掌握这种语言本身的发展历史和结构系统外，还要了解这个民族的发展历史、宗教信仰、政治制度、伦理道德、社会心理、风俗习惯、文学遗产，以及物质生产、经济生活、居住区域、地理环

· 285 ·

境等。否则，就可能因为民族文化的对立而导致语用的失误。

第四节　文化对语言观念的影响

　　语言与社会息息相关，人们必然会对不同的语言、不同的语言变体、语言的各种职能等，自觉不自觉地形成一定的认识。产生不同的态度、情感和审美情趣。关于语言的认识、态度、情感和审美情趣，总称语言观念。

　　语言观念是精神文化的一部分，是文化观念在语言问题上的具体体现。虽然文化社团并不一定把自己的语言观念全部像法律条文一样形成典章，告白天下，但一定会通过各种或隐或现的方式表现出来。例如，古有所谓"南蛮鴃舌"之说，鴃即杜鹃，泛指鸟，把"南蛮"与鴃等并提，显然表现出对南方方言及南方少数民族语言的鄙视态度。再如，我国古代从未产生过严格意义的正字法，但却有正字、俗字之分。自秦以下，编纂蒙书、字典，镌刻石经，以及唐代兴起的字样之学，都发挥了正字的作用。这些正字工作所表现出来的原则是：重视雅正，排斥俗字。这体现了几千年来汉族人的文字观念。

　　作为精神文化的语言观念，必然要受到其他文化部门的影响。语言观念的形成都可以从文化的角度得到解释，具有丰富的文化内涵。比如我国古代南方经济比较落后，文化不发达，北方则一直是政治、经济和文化的中心，因此形成了北方人对南方人的歧视，并进而将这种歧视迁移到对待南方人的语言和方言上。就语言本身而论，南方的语言和方言并不比北方话难听或落后，没有可歧视的理由。再如，我国封建制度长达一两千年，厚古薄今、尊上卑下成了根深蒂固的传统。俗字多为后起之字，行于民间，难登大雅之堂，因此受到轻视。与此相对，新中国成立之后人们的思想观念发生了很大改变，人民做了国家主人，那些流行民间的俗字，凡是有积极作用的都获得了正字的资格，新时代的文字观念发生了重大变化。

　　语言观念包括哪些内容，尚不清楚，也鲜见这方面的研究。本书

中编 文化——语言的管轨

从语言地位、语言感情、语言魔力、语言美感、交际规范五个方面,来考察文化对语言观念的影响。

一、语言地位

语言地位是指语言或语言变体在某社团成员心目中的权威程度。有些语言或语言变体对于某社团成员来说,可能具有较大的权威性,是有威望的语言或方言;而另一些语言或语言变体可能不具权威性或具有较小的权威性,是没有威望或威望较低的语言或方言。就本质而言,语言或语言变体不应有地位高下之分。但因各种各样因素的影响而造成了不同民族、地区、社团的社会地位不平等,从而也造成了语言地位的不平等;或者虽然在法律或惯例上规定了平等权利,而事实上仍存在着地位的不平等。

美国在立国之前并没有一个统一的民族,说英语和说其他语言的人先后来到这个新世界,使美国成为民族和语言的大熔炉。在这些移民中,说英语的占主导地位,说其他语言的人到了美国便分散在这个英语世界中。所以现在美国虽然在法律上承认各民族语言一律平等,但英语在实际上却身居高位,其他民族的语言只能位居其次,在家庭或其他一些特殊场合才得以使用。再如新加坡这个多民族国家,20 世纪 60 年代独立,华人占 76% 以上,马来人占 15%,印度人、巴基斯坦人、斯里兰卡人合占 7%,英裔居民不到 2%。但因新加坡长期以来都是英国的殖民地,至今仍是英联邦成员,英语在新加坡诸语言中具有特殊地位。新加坡独立之后,仍将英语列为官方工作语言。

在我国封建社会中,汉语一直占据着较高地位,外族语受到一定程度的歧视,有时连外族统治者也自动放弃本族语而学习汉语。南北朝时的北魏政权为鲜卑人所建,但魏孝文帝却明令要"断诸北语(鲜卑语),一从正音(汉语)"。满族建立的清王朝,也令八旗子弟学习汉语,现在满族中只有 0.1% 的还会讲满语①。这两个例子极端地表明汉语在华夏文化圈中具有较高文化地位。自清末以来,西洋语言特别是英语在我国的地位迅速提高。曹禺著名剧作《日出》中有一个人物叫张乔治,讲话总是夹带洋文,一开口就是 Hello、Goodbye、OK。眼下有些时髦青年喜欢穿印有拉丁字母的服装，太阳镜上贴的带有洋文的标签也不抹去。一些商品、店堂喜欢用洋文命名。这些都是西洋语言在我国的社会地位的典型写照。鸦片战争，帝国主义列强用大炮轰断了锁国之链，炸开了闭关之门，使中国人看到西方在经济、文化和科学技术等方面已经遥遥领先。一批忧国之士倾力引进西学以求振国强民；一批洋奴崇拜在西洋人脚下，醉心于西方的文明。在这两种力量的作用下，中国人的传统文化心态在慢慢改变，旧有的语言观念也在慢慢改变，从而带来了西洋语言地位的提高。

语言如此，语言的地域变体、社会变体、语体变体亦如此。我国是一个方言极为复杂的国家，在诸多方言中，北方方言的地位显然高于其他方言。在汉语标准语形成之前，北方方言一直代行标准语的作用；在标准语形成之时和形成之后，北方方言一直处于基础方言的地位。在语言的社会变体中，文化层次较高的人所使用的社会方言往往具有较高的社会地位，而被人瞧不起的"下九流"的行话或是黑社会的黑话则没有什么社会地位。

书面语和口语是最重要的两种语体变体。从发生学的角度考察，书面语是在口语的基础上产生的，口语是第一性的，书面语是第二性的；从使用范围上考察，口语的运用远比书面语广泛、经常和方便。依理说口语应比书面语的地位高，但我国历来是重视书面语而轻视口语。常人一提到学习语言，首先想到的便是学习书面语。在我国悠久的小学传统中，除汉代扬雄的《方言》及以后偶尔见到的文章论著之外，几乎都是研究书面语的。时至今日，对汉语口语的研究还相当有限，对其规律还知之甚少。"五四"之前，书面语（文言文）一直占据统治地位，白话文难入大雅之堂，哪怕是文言文同口语脱节到几乎是两种语言的程度，也仍如此。这一系列的现象足以说明书面语的地位。

重书面语而轻视口语的语言观念，首先来自文字崇拜。书面语的物质载体是文字，而文字过去都认为为圣人所造。圣人所造的文字自然不可亵渎，甚至连字纸也须敬惜。其次，书面语只有通过学习才能掌握，在教育很不发达的古代，书面语掌握在达官贵人和秀才书生手

中编　文化——语言的管轨

中,与寻常百姓无缘。古代的科举制度,更使书面语成了中举进士的敲门砖,更增加了书面语的社会地位。而口语似乎是一种与生俱来的本能,虽然它是书面语的基础,是使用最广泛的交际工具,然而却没有什么社会地位。

以上论述可知,语言和语言变体具有不同的社会地位,这种社会地位是由使用该语言和语言变体的人的社会地位决定的,是语言观念的一种深刻反映,是文化影响语言观念的一个侧面。

二、语言感情

人们对语言和语言变体所具有的或爱或憎感情,称为语言感情。语言感情是语言观念的重要组成部分。同乡在外地邂逅用家乡话攀谈,同胞在异国相见说上一阵民族语,都会倍感亲切。同农民说话多用一些农民词汇,同艺人交谈多用一些艺人行话,交际气氛会十分融洽。而对于被压迫的民族或社团来说,压迫者的语言常常会给他们带来憎恶,这便是语言感情的作用。

热爱祖国、热爱民族、热爱家乡是具有普遍意义的社会规范。语言与祖国、民族并不完全一一对等。比如英语,现在既不是英国一国的国语,也不是英吉利民族的族语,而是多个国家、多个民族所使用的语言。在多民族国家中,一个国家有几种乃至十几种语言。我国有六十余种民族语言;加拿大的国语是英语和法语;比利时的国语是法语和弗莱明语;瑞士的国语是法语、德语、意大利语和罗曼语;人口仅有1750万的罗马尼亚,竟使用着罗马尼亚语、匈牙利语、德语、乌克兰语、洛马尼语、俄语、塞尔维亚—克罗地亚语、伊地修语、鞑靼语、斯洛伐克语、土耳其语、保加利亚语、捷克语、希腊语、阿尔明尼亚语等15种以上的语言。有时一个民族也可能分讲不同的语言,如我国的瑶族就分讲三种语言:有70％左右的瑶族人讲属于苗瑶语族瑶语支的勉语,自称"布努"的瑶族人讲属于苗瑶语族苗语支的布努语,自称"拉珈"的瑶族人讲属于壮侗语族侗水语支的拉珈语[②]。有些民族实行双语制或多语制,如畲族人都会讲畲语和汉语。有些民族则没有自己的民族语,如回族。

尽管语言同国家、民族的关系如此错综纷繁，绝大多数语言仍是国家和民族的标志。人生下来就开始学习父母语，并同该语言建立起深厚的感情，甚至终身不易。客家人离开中原南迁客居，但"宁丢祖宗田，不丢祖宗言"。华侨漂洋过海，但多数仍讲着家乡话，以表明自己是龙的传人、炎黄子孙。新加坡同我国是不同的国家，但新加坡的华人对汉语（华语）却具有同我们一样的感情。

热爱家乡的感情也表现在对于家乡话的热爱上。外出多年的人回到家乡不再说家乡话，常会被人耻笑。而"少小离家老大回"的人"乡音未改"，就会赢得乡人的特别尊重。在我国，四川人不大说普通话是出了名的，四川是天府之国，境内有名山大川。地灵人亦杰，历代都涌现出不少政治家、文学家。因此四川人常为自己的家乡而感到自豪。这种乡土之情使四川人以说川话为荣。

当祖国、民族、家乡遭到外族的侵略或压迫时，这种感情会表现得更为强烈。法国小说家都德的《最后一课》，写德军入侵法国，禁止在学校用法语授课，引起了法国人巨大的民族义愤。日本军国主义侵略我国之时，大家不仅抵制日货，举刀奋起，而且对日语也特别憎恶，对那些会说汉语而偏讲日语的人，则认为是一种汉奸行径。语言感情其实就是乡土感情、民族感情在语言上的反映。乡土感情、民族感情是文化长期积淀的结果，因此，语言感情也是文化影响的结果。

三、语言魔力

在很多文化社团中，并不认为语言只是人类社会的交际工具，而是认为语言有一种超人的魔力，人们可以用它同神怪动物对话，并可以祈福祛邪、役驭万物。上古时代的祭祀仪式中，各种祈年求雨祭告天地山川的祝辞，江湖术士的咒符，宗教活动中向上帝的忏悔，莫不都是人同神鬼怪异的交际。在加拿大的渥太华印第安人的一些部落里，渔家都有"鱼讲道"，每逢捕鱼季节，鱼讲道就会以最感人的语调劝告鱼儿，恳求它们出现，进入网中。并鼓励鱼儿鼓起勇气，不要害怕，因为它们要碰到从来不烧鱼骨头的朋友。据说通过鱼讲道的一番劝告，渔民就可以捕到大量的鱼①。

中编 文化——语言的管轨

既然语言能通神达怪，那么就可以借助神怪的力量来佑福驱灾，役驭万物，甚至连神明也得听从调遣。古代信奉犹太教的人，很害怕名叫沙布里里的妖怪，他们为了阻止沙布里里释放魔法，便念"沙布里里，布里里，里里，里"。妖怪的名字越念越短，这就意味着妖怪的魔力越来越小。新南威尔士的土著人当狩猎时发现了野兽的足迹，他们就一路上对着足迹讲话。猎人按照顺序列举足的各部位，接着数到它的腿，在转到它的背。当猎人叫到动物的脊背时，这动物就会发呆，成了易于捕捉的猎物④。阿拉伯的《天方夜谭》中有一个叫阿里巴巴的人物，他口念"芝麻，开门啰"，于是藏有珠宝的石扉便豁然洞开。在我国传统的志怪小说中，如《西游记》《封神演义》之类，许多仙人魔怪都有一些法宝，或是瓶子，或是袋子，或是葫芦，只要叫一下对手的名字，对手便会应声装进法宝之中，连会七十二般变化有着大闹天宫的赫赫英雄史的孙悟空，也吃了不少这类法宝的苦头。但他也常念咒语唤来山神土地询问事由，由此可见语言魔力之大。

语言既然有如此之魔力，那么说话就不能掉以轻心，要有许多禁忌。在印第安人那里，渔猎时严禁说出要捕猎的动物的名字，如果不小心说漏了嘴，神就会告诉野兽和鱼，说人们正在捕捉它们，于是野兽和鱼就会逃跑。他们还非常忌讳别人叫自己的名字。他们认为，名字是他幸福和力量的源泉，每叫一次名字，他本人就受到一次损失，因此总是千方百计地不让人知道他的真名，就是挚友之间也相互保密。妻子也避讳叫丈夫的名字，甚至与丈夫名字同音的字也要避讳。

我国传统习俗中也忌讳乳名。《礼记·内则》说，孩子生下三个月之后，父亲为孩子取名，然后写明"某年某月某日某生，而藏之"。但中国人忌讳乳名的原因是法术崇拜。李惠颜在《广州市民间禁忌语之初步研究》中曾经指出："保护乳名，否则有仇人将乳名施用巫术。据民间传说，巫术的性能可以由人的乳名、生日、年月时日而施术以置人于死。所以乳名不能直呼。"⑤《太平御览》引《妖乱志》说，吕用制作了一个桐木偶人，偶人的背上刻着高骈的姓名等。高骈便神不知鬼不觉地为吕用所挟制，吕用仿佛得到了神助一般⑥。

古代人除了名之外，还有字，字是不忌讳的。取字大概也是为了保护名的缘故。

封建帝王自称天子，其地位至高无上，他们对自己的名字更是讳莫如深；老百姓怕帝王如同怕鬼神，因此也不敢说他们的名字。自秦以下，历代都对君主名字严加忌讳。秦始皇名嬴政，为忌"政"而把"正月"改为"端月"。《汉书》为避汉高祖刘邦之讳，凡"邦"皆改为"国"。唐代为避太宗李世民之讳，把"世"改为"代"，把"民"改为"人"。到了清代，登峰造极。有一个主考官在一次科举考试中，曾出了一道八股文考题，题名取自《诗·商颂·玄鸟》篇中的一句："维民所止。"出这种题目也是慎之又慎了，但仍招来了杀身之祸。因为"维""止"二字正是"雍""正"二字的下半部，这不是要砍下雍正皇帝的脑壳吗？当然雍正皇帝并没有因"维""止"二字而身首异处，主考官大人却为此脑袋搬了家。

当然，崇信语言魔力的也不光是统治者，在一定的时期，民间不同的行业、不同的地区有不同的语言忌讳。船家忌讳"沉""帆""住"等字眼，怕船沉、船翻（帆）、船停（住），甚至把姓陈的也说成姓"安"。商人最怕折本，故广东把猪舌、牛舌改说成"猪利""牛利"，四川把二者叫"猪招财""牛招财"，河南叫"猪赚头""牛赚头"。北方旧戏班忌说"老鼠""刺猬""蛇""黄鼠狼""狐狸"，而称它们为"灰八爷""白王爷""柳七爷""黄大爷""大仙爷"；更忌说"散""伞"，因为散班对戏班来说无疑是一场大灾难。江浙一带蚕农多，养蚕最怕"瘟"，故把温度计说成"寒暑表"。江南水乡盛产鱼类，吃鱼不能把鱼翻过来，把鱼的下半部要剩下来，为的是"剩有余"这个彩头。河南人盖房子最理想的是用枣木作脊，榆木作梁，杏木作门，也是要图的"早积余粮幸门开"这个吉利。

由此可见，哪些词有魔力，哪些话有魔力，同民族、时代、地区、职业的文化风俗等密不可分，语言魔力这种观念是受文化因素制约的。在过去的农村，常可见到"天皇皇，地皇皇，我家有个夜哭郎，行路君子念三遍，一觉睡到大天亮"的招贴，以此来治小孩失眠夜啼；这

中编　文化——语言的管轨

种招贴今天已很难见到了。随着科学文化的发展，文化观念、语言观念也在不断改变，语言的魔力在逐渐消减，或者是改换成另外的方式。例如过去的许多禁忌现在变成了吉利话、礼貌语或詈骂语。

四、语言美感

美是客观事物在人们头脑中的一种反映形式，是人类的一种高级的精神活动。语言不仅是人类交流思想情感的工具，而且也是一种审美客体。什么样的语言形式、语言风格是美的，什么样的语言形式、语言风格是不美的，这种对于语言的美学评价，表现出人们关于语言美方面的观念。

语言美感同其他美感一样，是一种文化长期积淀的结果，有着深厚悠久的社会心理基础，因而不可避免地要受到文化的影响。比如对偶是我们民族喜闻乐见的一种语言形式。从意义上看，对偶有正对、反对和串对⑥；从形式上看，对偶上下两句词类对应相同，句法格式一致；从使用范围上看，诗歌、散文、口号、格言、楹联等都非常喜爱使用这种形式；从历史上看，从甲骨卜辞一直到今天，都被广泛采用。因此，这种实对实、虚对虚、天对地、东对西的语言形式，反映着汉族人的审美偏爱。对偶所反映的美是一种高度的对称美，汉族人欣赏对称美有着悠久的历史传统。在西方语言中，很难找到对偶这样的语言形式，即使见到这样的语言形式，也唤不起他们的特殊美感。这并不是说西方人欣赏不了对称美，但因文化传统的不同，他们确实难以达到我们民族欣赏对称美的程度。西方的建筑，如希腊神殿、伊斯兰建筑、哥特式教堂等，都追求高耸入云、指向神秘的上苍；西方的园林，多给人以流动美，而不是刻意追求对称。西方人常追求冒险和刺激，这同我们的平衡、中庸、稳定的心态也形成极大的反差。正是由于这种深刻的文化差异，才产生了对偶语言形式的审美差异。当然，这同东西方语言上的差异也有关系。西方语言是一种以词为单位的多音节语言，难以像汉语这种以语素为单位的单音节语言较自由地构成对偶，西洋句法也没有汉语的句法弹性大，不易造成各种语序的句法格式。但是，语言差异只是末，而不是本，因为他们若有着强烈的对称审美欲望，便会逐渐创造出这种语言形式。可为旁证的是，西方语言也有回文：

1. A man, a plan, a cenal-panama.
2. Able was I ere I say Elba.
3. Madam, I'm Adam.⑱

但是，西方语言并没有能产生苏伯玉妻的《盘中诗》和苏惠的《璇玑图》，西方修辞著作中也不设回文修辞格。

时代的变迁带来文化的变迁，语言美感也会随时代和文化的变迁而发生变化。这种变化最典型的体现在时代语言风格的差异上。比如汉代产生了《子虚》《上林》《两都》《两京》之类的皇皇大赋，汉赋极力铺陈，包括宇宙，总揽人物，堆砌辞藻，重复啰嗦，拙笨而呆板，后人曾讥讽为类书、字典。然而这种语言风格却体现了汉代人的语言美学观念，是汉代特殊的文化背景造成的。汉代是经过春秋争雄、秦末战火长期动乱之后的中国空前高度统一、繁荣强大的时代，肯定、歌颂和玩味自然环境、山岳江川、宫殿阁亭、百事百物成了时代风尚，对世界的直接征服和胜利，使人们把见到的、听到的乃至想到的统统摄入赋中，从而形成了汉赋特有的时代风尚，表现了汉代人特有的语言美感。

魏晋南北朝之时，风格大变，开始讲究文辞的华美，"俪采百字之偶，争价一句之奇"，创四声八病之说，极力追求形式美，再也看不到汉赋的气韵。这种语言美感是在当时人性的觉醒这一时代洪流中产生的。从建安风骨、正始之音，一直到陶渊明的自挽歌，都回荡者富贵无常、人生易老的悲凉音调，到处可以听到"对酒当歌，人生几何"（曹操）、"人生若尘露，天道邈悠悠"（阮籍）、"人生安得长"（陆机）之类的叹惜。这种看似颓废、悲观、消极的感叹，其实深藏着对于人生、生命的强烈恋求。人们认识到外在的功业乃至生命都是有限有尽的，只有内在的精神才是永垂不朽的。为追求人的不朽便追求文章的不朽，于是便精心炼字，工整对句，追求形式上的尽善尽美，因此便形成了大别于汉赋的语言风格，体现出魏晋南北朝时代人们的语言美感。

中编 文化——语言的管轨

中国以诗歌著称，唐代诗歌是中国诗歌的巅峰。唐诗重韵律，体现了唐代重视语言的音乐美这一语言美感。唐代传入了各种异国曲调和胡乐、胡舞，再融合传统的雅乐、古乐，形成了前无古人的歌舞高潮。书法中的狂草是无声的歌、静止的舞。诗与歌舞也是融合在一起的。"琵琶起舞换新声，总是关山旧别情"，就是诗与歌舞浑然一体的典型写照。当时"宫掖所传，梨园子弟所歌，旗亭所唱，边将所进，率当时名士所为绝句"，也表明诗与歌舞的密切关系。正是这种诗与歌舞的密切关系，使诗歌受到歌舞的强大影响，形成重视韵律的形式美感，构成了唐代的语言审美特质。

从以上论述可以看到，语言美感同文化紧密关联，什么样的形式和风格美，什么样的形式和风格不美，不仅是语言问题，更是文化问题，是文化观念在语言问题上的美学体现。

五、交际规范

每一个民族和社团，在运用语言进行交际时都有一些公认的规则范式。遵从这些规则范式进行交际，人们就认为是正确的、得体的；否则就是不正确不得体的，就会带来误会或麻烦。这种公认的交际规范，体现着语言使用方面的观念。

不同的民族和社团，往往有不同的交际规范。有人曾经在美国的加利福尼亚对中国留美学生的英文作文进行过一个调查研究，结果认为中国留学生的作文即使在句法结构和用词上没有什么大问题，但却存在着"重点不突出"和"欠黏着性"的缺陷。这种"缺陷"是两种语言的辞章结构模式的差异造成的。

一般说来，英语的段落发展呈典型的直线型，往往先陈述段落的中心意思，然后分点说明；或按细节的重要性展开段落。较次要的细节放在前面，重要的细节放在结尾；或按时空顺序展开段落；或按一般到具体、具体到一般的顺序展开段落。汉语的段落发展则往往呈螺旋形，以反复而又发展的形式对一种意思展开论述。比如有一篇文章，先说党员可以分为种种类型，然后对每一类党员进行扼要的阐述，此后又回过头来详细讨论其中第二类党员。这种螺旋形的段落发展结构，常使英语族人大惑不解：为什么一个话题论述完毕又回过来重复讨论？中国人在用英语进行写作时，因受母语辞章结构的影响，而使英语族人认为有"缺陷"，不合交际规范。

这种情况也出现在其他语言中。比如闪一含语族诸语言，它们的段落往往呈平行性发展。在西班牙语及其他一些拉丁语中。其段落发展中往往掺杂进一些离题的枝节。俄语也有此种现象。这些语言的段落结构方式同英语的直线型和汉语的螺旋型又有所不同。

各种语言的特殊段落发展方式，是受不同文化的特殊思维方式决定的。比如英语族人习惯于发现性思维，思维进程沿着事物的发生顺序和逻辑顺序递进，因此便有直线型的表述。汉族习惯于"环形"思维，先总揽全貌，得到结论，然后再反复证明这一结论，因此有螺旋形的表述。这种思维和表达方式也许在八股文中表现得更为明显。八股文由破题、承题、起讲、入手、起股、中股、后股和束股八个部分组成。八股文的破题先讲主题的重要性，接下来的承题、起讲和入手对主题的各个方面展开论述，起股和中股进一步发挥，最后，后股和束股又对主题进行总结性论述。八股文的螺旋形进展正是汉族人的思维和表达方式的极端。

在礼貌表达上，汉语同英语也有较大差异。逢年过节客人带来礼物，汉族人总爱说"带礼物干什么"；给客人端上饭菜，主人总是说"没什么好吃的"。这样说符合汉族人的交际规范，显示出主人有教养有礼貌。但同样的场合对说英语的美国人讲，可能会被认为失礼，他们可能误解为对礼物不喜欢或不欢迎客人在这吃饭。在这类场合，美国人的做法往往是当面打开礼品，并赞美一番，吃饭时则往往是让客人自便，或者谈点大家都感兴趣的事情。美国人的这种做法有时汉族人也可能接受不了。称赞礼物好未免有"贪心"之嫌，也许会被误解为是一个暗示：下次来还要带礼物。说英语的人总是把"谢谢""对不起"挂在嘴上，在汉族人看来没有什么可以道谢、道歉的，他们也是"谢谢""对不起"。对此，汉人常会产生油滑虚伪之感。而汉族人"吃饭了吗？""上哪儿去？"是最常用的问候套话，这在英美人听来也不大

中编　文化——语言的管轨

舒服、不大习惯，常会觉得莫名其妙，或是被误解为干涉他人私事。

东方人见了上司常爱说"我工作没做好"，或"才疏学浅，能力不足"之类的话表示谦虚。如果西方人对上司这样说，则有被解雇的危险，上司会真认为你没才能、不称职。有一位留英的中国学生初见导师，谦虚地说自己成绩不好，望多指教。这在中国人看来很得体，但他的导师却对他大失所望。后来导师发现这位学生的程度并不差，于是惊奇地问这位学生见面时怎么不说实话。这种交际规范的差异，反映出在礼貌、谦虚等表达方式上的差异。汉族人乃至东方人，常常通过自贬或扬他两种形式来表示礼貌或谦虚，而英美人及其他西方人则一般不用自贬的方式来表示礼貌和谦虚。礼貌和谦虚的表达方式差异，根子仍在文化上。

以上从语言地位、语言感情、语言魔力、语言美感和交际规范五个方面，论述了文化对语言观念的影响。总而言之，语言观念是文化观念在语言及其应用诸方面的具体体现，它的形成、发展、变迁和差异，都受到文化因素的制约，都可以从文化的角度给以阐释，文化对于语言观念的影响是巨大的。

注释：

①罗伯特·麦克拉姆等著《英语的故事》（秦秀白等译）87页，暨南大学出版社1990年版。

②袁家骅等《汉语方言概要》55页，文字改革出版社1989年第2版。

③范继淹《是非问句的句法形式》，《语法研究和探索（2）》89页，北京大学出版社1984年版。

④戴浩一《时间顺序和汉语的语序》，《国外语言学》1988年第1期。

⑤参看刘丹青《科学精神：中国文化语言学的紧迫课题》，邵敬敏主编《文化语言学中国潮》103页，语文出版社1995年版。

⑥帕默尔《语言学概论》（李荣等译）73页，商务印书馆1983年版。

⑦梁敏《侗语简志》民族出版社1980年版。

⑧欧阳觉亚、郑贴青《黎语简志》1980年版。

⑨韦庆稳、覃国生《壮语简志》1980年版。
⑩王辅世主编《苗语简志》1985年版。
⑪石定果《从日语中的"汉语"词汇看汉语对日语的影响》,《语言研究》1983年第1期。
⑫以下据[日]望月八十吉《中国语与日本语》(先生馆)"音声编"。
⑬马里奥·托比诺《但丁传》174页,上海译文出版社1984年版。
⑭周祖谟《汉语发展的历史》,《周祖谟语言文史论集》,浙江古籍出版社1988年版。
⑮《颜氏家训·音辞篇》,上海古籍出版社1980年版。
⑯曾忆安、王岩森《上海国营商店营业员使用礼貌语言的调查》,《修辞学习》1986年3期。
⑰罗杰·布朗、阿伯特·吉尔曼《表示权势和同等关系的代词》,见祝畹瑾编《社会语言学译文集》,北京大学出版社1985年版。
⑱同上。
⑲杨树达《中国修辞学》,上海古籍出版社1983年版。
⑳陈原《社会语言学》,学林出版社1983年版。
㉑张德明《新兴的修辞手法"叠现"》,《修辞和修辞教学》,上海教育出版社1985年版。
㉒录自李兴望、闵彦文《歇后语大全》(修订本),甘肃人民出版社1984年版。
㉓吴士文、冯凭《修辞语法学》,吉林教育出版社1985年版。
㉔潘肖珏《爱情作品中比喻的民族性形成初探》,《修辞学习》1987年第5期。
㉕林文金《文化·语言·修辞》,《修辞学习》1989年第3期。
㉖Hellen Oatey《问候与敲开交谈之门》,《修辞学习》1989年第2期。
㉗谭永祥《歇后语新论》,山东教育出版社1984年版。
㉘见周庆生《中国双语人口构成》,第五届双语双方言研讨会(国际)论文,1997年。
㉙见中央民族学院少数民族语言研究所编《中国少数民族语言》,四川人民出版社1987年版。
㉚参看列维-布留尔《原始思维》,232—233页,商务印书馆,1987年版;詹·乔·弗雷泽《金枝》下,755页,中国民间文艺出版社1987年版。
㉛参看列维-布留尔《原始思维》226—227页,商务印书馆,1987年版。

中编　文化——语言的管轨

㉜转引自赵建伟《人世的"禁区"》104页,陕西人民教育出版社1988年版。

㉝同上,107—108页,陕西人民教育出版社1988年版。

㉞杨耐思、蔡富有《避讳》,于根元等《语言的故事》,东方出版社1994年版。

㉟王伯熙《"清风"、"明月"断头诗》,于根元等《语言的故事》,东方出版社1994年版。

㊱周振鹤、游汝杰《方言与中国文化》(上海人民出版社1986年版,203页)也有一些关于"舌"的材料,可参看。

㊲对偶又称俪辞、对仗。对偶有许多方式,如《文心雕龙·俪辞篇》把对偶分为言对、事对、正对、反对四种,《诗苑类格》说唐代的上官仪总结出六种对偶方式,日本人遍照金刚的《文镜秘府论》甚至把对偶分为29种。见汪国胜等《汉语辞格大全》125页,广西教育出版社1993年版。

㊳出处失记,盼知者相告,将不胜感谢。

主要参考文献:

[1] 陈松岑. 社会语言学导论[M]. 北京:北京大学出版社,1985.

[2] 陈原. 社会语言学[M]. 上海:学林出版社,1983.

[3] 何自然. 语用学概论[M]. 长沙:湖南教育出版社,1988.

[4] 刘焕辉. 言语交际学[M]. 南昌:江西教育出版社,1986.

[5] 吴礼权. 试论委婉辞格的历史文化背景[J]. 修辞学习,1987(6).

[6] 张志公. 现代汉语:下册[M]. 北京:人民教育出版社,1985.

[7] 朱光潜. 诗论[M]//朱光潜美学文集:第2卷. 上海:上海文艺出版社,1982.

[8] 詹·乔·弗雷泽. 金枝[M]. 徐育新,等译. 北京:中国民间文艺出版社,1987.

[9] 列维-布留尔. 原始思维[M]. 丁由,译. 北京:商务印书馆,1987.

[10] 汪国胜,等. 汉语辞格大全[M]. 桂林:广西教育出版社,1993.

[11] 于根元,等. 语言的故事[M]. 北京:东方出版社,1994.

[12] 赵建伟. 人世的"禁区"[M]. 西安:陕西人民教育出版社,1988.

[13] 中央民族学院少数民族语言研究所. 中国少数民族语言[M]. 成都:四川人民出版社,1987.

[14] 周庆生. 中国双语人口构成[C]. 第五届双语双方言研讨会(国际)论文,1997.

[15] 祝畹瑾. 社会语言学译文集[M]. 北京:北京大学出版社,1985.

第二章　文化对语言发生发展的影响

第一节　文化对原始语言的影响

一、劳动与人类起源

(一) 劳动是区别人与动物的根本所在

当今世界,恐怕很少有人怀疑人是从古猿进化来的,也没有谁会因为自己的祖先曾是猿类而感到耻辱。但是,这并不意味着人类的起源问题已完满解决。在探究语言的起源时,自然要涉及人类的起源,不可避免要碰到诸如"人类思维的产生""人类社会的形成""人与动物的根本区别"等等难题。

有人以为人与动物的根本区别在于有无交流思想的语言,也有人说在于人类有其他动物所没有的思想(即思想活动)。语言和思维的确是人类所特有的,但它们是不是最初把人与动物分离开来的特征呢?这得从个体人的出现谈起。

地球随着第三纪中期世界范围的造山运动,气候和地形都发生了巨大变化,特别是气候变得越来越干燥,致使一些地方的森林逐渐凋萎消失,取而代之的则是茫茫无际的草原。古猿中的一部分为了适应变化了的环境,被迫从树上下到地面生活。

下地后的古猿面临着双重困难:一是获取食物的困难,一是防敌害侵袭的困难。为了克服困难,维持生存,古猿改变了它们的活动方式,变爬行为直立行走,变身体的直接获取食物为利用工具间接地获取。而这种利用外物(包括天然工具和稍加修整的工具)的活动正好

中编 文化——语言的管轨

弥补了失去树居优势的缺陷,也恰恰是这种活动自觉不自觉地促使了它们与动物界的脱离。这种使用工具的活动经历了从偶然到经常,又从经常到必然的漫长过程。

我们必须明白,刚形成的人不是以群体的方式出现的,而是以个体生存于动物群体中。目前,人们一般认为从猿到人经历了两次大的飞跃,其中第一次是指这种个体的人从动物中脱离出来,即从物种关系上,人与动物脱离。显然,这种个体人的时期尚不具备语言产生的各种条件,它们所进行的只是使用工具、制造工具的简单劳动。正是从这一点出发,恩格斯在《劳动在从猿到人转变过程中的作用》中深刻地阐明了劳动对人类产生的重要性。劳动"是整个人类生活的第一基本条件,而且达到这样的程度,以致我们在某种意义上不得不说:劳动创造了人本身"。他还指出:"人类社会区别于猿群的特征又是什么呢?是劳动。"[①]显而易见,劳动活动先于思维和语言的发生。所以,我们说以制造工具开始的劳动才是区别人与动物的根本所在。

(二)劳动在语言产生中的作用

是劳动活动最终把人与动物分离开来。同样,也是劳动活动促使了语言的产生。

1. 人类的劳动活动决定了语言的需要

形成中的人虽然利用天然工具或偶尔也制造工具进行劳动,但单个的人仍不能十分有效地达到猎取和防御的目的,往往仍要通过群体的力量来进行合作劳动,以维持十分低下的生活水平。

低下的生产力、险恶的自然环境,决定了他们只能采取群居的生活方式,而这种群居形式又使得他们不得不彼此依赖、互相协作、共同劳动。集体从事的捕猎活动需要协调步伐,而抵御猛兽的侵袭更需要协同作战以保存自身。总之,人类十分需要一种有效的工具来统一他们的行为,这种工具要既能传达彼此的信息,又不妨碍劳动的进行;既要畅行于白天黑夜,又能不受山水的阻隔。显然,载有意义的声音是最为理想的物质体。另外,猿人同自然界斗争的经验,认识事物的成果都需要靠语言凝固下来以传给他人。只有这样,才能使人类的劳动持续下去，不断前进。这一切都表明人类的劳动极需要语言。

2. 人类的劳动活动为语言的产生提供了可能性

尽管初期猿人或者说形成中的人都非常需要语言，但仅有需要是不能产生语言的。因此，我们还得考察语言产生的可能性。

(1) 语言的声音材料基础

语言不是一种生理现象，但它需要生理条件作为它的基础，因为语言的物质外壳是声音。如果没有完善的发音器官，语言的产生只能是一种美好的愿望。

劳动伴随着人类的每一次进步，也正是这种不懈的劳动促成了人的发音器官的发展和完善。

第一，人要能讲话，首先必须有充足的原动力。人是靠肺的活动供给发音的气流的。劳动带来的身体直立、手足分工使得人的活动量越来越大，结果必然使肺活量增大，肺部由窄变宽，由小变大，这就为发多音节的语言提供了足够的动力。

第二，发出声音，不仅要有充足的原动力，还要有完备的共鸣腔。在劳动过程中，嘴的一部分扯咬的功能被手代替，使得猿人十分向前突出的颌部慢慢地向后收缩。下颌骨由古猿"V"形变成人类的"U"形，这使得口腔发生了很大变化，对发音的存气十分有利。另外，由于人类利用、保存自然火和制造火种的能力提高，使得人的食物的种类、食用方式有了改进，牙齿的撕裂作用明显下降，原先犬牙交错的牙齿逐渐变得又小又密。这就为发音时提供了比较理想的控制气流的装置。

第三，声带是发音的重要器官。在劳动的推动下，人的声带部分也发生了重大变化。上下肢的分工使人从猿的偶尔的直立行走变为经常的定型的直立行走，改变了声道的角度。人们通过对半直立的猿的声道的测定，发现它们呈弛缓的弓形，声道角度很大，即便是到了早期智人时代的尼安德特人，声道的角度也还较大，发出音节仍很困难。但到了更新世的晚期智人的山顶洞人、法国的克鲁马农人，声道角度就明显减小，"无论是头部垂直、脑量及与语言有关的口腔、颌骨下颌

中编 文化——语言的管轨

都与现代人没有什么差别"[2]。这种变化使得口腔的水平位置与咽腔到声带的垂直位置构成直角,这种角度有助于发音时构成复杂多样的阻碍、控制气流,发出多种多样的声音。

另外,发音器官的重要组成部分还有舌头。人们对现有化石资料的研究发现,猿还没有颏棘,早期猿人只有少量颏棘,晚期猿人的颏棘也并不发达。但到了智人阶段晚期,颏棘就比较发达了。颏棘的从无到有,从小到大,使得舌头越来越灵活,发音能力也就愈来愈强。

上述情况表明,人类发音器官的变化与人体的变化密切相关,而人的形体的变化则是在不断劳动的过程中实现的,人的发音器官的不断完善,为语言的产生打下了生理方面的基础。

(2) 语言的意义要素基础

任何语言成分都是由声音和意义两方面构成的。如果没有意义要素作为它的内核,那么这种不代表任何意义的声音就只能是一种自然现象。所以我们在讨论了语言的声音材料基础之后,还将进一步讨论它的意义要素基础。

语言中的意义要素来自思维。现代科学研究表明,人类思维的产生和发展与人类的劳动密切相关。这表现在:一方面,手足的分工,使得手的活动增加,广泛地与客观事物接触,工具的制造和使用,进一步扩大和延长了人的感官。由于经常地使用工具或者用手作用于自然环境,导致了猿人对客观事物及其规律的一些简单的朦胧的认识。比如,猿人长期地用天然工具对大自然进行作用,特别是与凶猛野兽的搏斗,感觉到了天然工具的巨大威力:既可以用来猎取食物,又可以用来抵御敌害。因此,就可在头脑中形成这样的简单认识:手和棍棒、石块的关系;棍棒、石块和对象的关系。另一方面,手足分工的结果,必然导致大脑的发展:第一,人类祖先——猿类本身就有一些前思维活动。大量的研究资料表明,与人类有近缘关系的黑猩猩不仅能利用天然工具,而且能粗糙地修整天然工具;不仅能简单地进行模仿活动,而且能进行比较复杂的心理活动[3]。随着人类活动的日益增加,其脑型和脑容量也在长足地进步,在人脑中,特别是一些与手的活动有关的区域变化更大,这是人脑的进化与劳动相关的有力证据。第二,由于劳动的出现、工具的改进和复杂化,初期的人类开始获得多种多样的食物——从植物到动物,从生食到熟食,这种多样化的食物为人类大脑的发育提供了丰富的营养。

劳动带来的视野的开阔,感官的扩大,大脑的发展和完善,导致了思维活动的产生。思维活动的结果,通过外化则可成为语言的意义要素,这样,语言的产生才有了可能。

二、思维与语言的产生

思维与语言的关系问题是一个非常棘手的问题,有人认为语言先于思维,最典型的是工具论,即思维离不开语言。也有人认为思维先于语言,思维经历了从简单、具体到复杂、抽象的过程,语言是思维的工具,但不是唯一的工具,而语言的产生需要有思维活动抽绎出来的意义要素,如果没有这一点,语言就不可能产生。我们以为后一种说法较接近事实。下面,我们将讨论几个与思维和语言密切相关的问题。

(一) 思维的材料基础与语言的材料基础

1. 语言的材料基础

这里必须首先说明,语言的基础与语言的材料基础是两个不同的概念。目前,人们一般以为基本词汇和语法结构是语言的基础,这是就语言内部的几个要素间的关系而言的。我们这里讨论的材料基础则是指构成语言符号的材料是什么。

如果从语言符号的构成看,声音无疑也可以看成是一种物质材料,但从符号与其所代表的现实现象的关系看,意义材料的重要性是显而易见的。如果舍弃意义材料的桥梁作用,则声音与现实现象之间建立不起任何联系,之所以如此,是因为意义要素深深地打上了人的活动的烙印。也就是说,符号中的意义要素是通过人的心理认识活动对"自然现象"加工、改造后得来的。比如"rén"和"能制造工具并使用工具进行劳动的高等动物"结合成"人"的符号,其中的意义要素即是通过人的主观认识活动对所有的人的本质特征概括后的抽象产物。

中编　文化——语言的管轨

由此可以说明语言的材料基础来源于人的主观认识活动对现实的反映。没有人对现实的认识活动，不可能产生语言的材料。

2. 思维的材料基础

这里所要讨论的思维的材料基础是指在思维活动中，思维的材料来源问题。

对于人类认识过程中的感觉、知觉、表象等现象是否属于思维范畴的认识，学术界争论不休，意见很不统一。但对于思维能否离开这些现象而进行的看法，大家的观点则是一致的，即思维离不开感知觉、表象等材料基础。

诚然，思维过程中的概念、判断、推理反映着思维这一心理活动的重要特征，但是，如果没有感知觉与外部环境的接触为思维活动提供"材料"，那思维活动的高级形式即会成为无源之水而干涸。如果是追溯思维产生的源头的话，这种感知觉的材料则显得更为重要。

要解决好感知觉、表象在思维活动中的材料作用，关键在于弄清这种感性材料的来源和获取的方式。一般而言，感觉、知觉是不能离开客观对象的刺激而存在的，都得通过人的感知觉器官与外界对象的"接触"而获得。如果没有人的眼、耳、鼻、舌、皮肤直接作用于外在事物，人不仅不能获得感知觉、表象等感性材料，而且也积淀不下"记忆"，更产生不了概念，当然也就无所谓判断、推理了。

从历史的角度看，感知觉、表象是思维的初级阶段；从思维的过程看，感知觉、表象则是思维活动的初级层次。总之，无论是从历时的还是从共时的角度看，思维活动都得以感知觉所获得的材料为基础。即使是居于思维的高级层次的概念、判断、推理也并非直接源于外在世界，而是来源于人的实践和意识的提炼，感性材料则是在实践中导源于感官与外在世界的相互作用。

3. 思维的材料基础是第一性的，语言的材料基础是第二性的

思维的感性材料和理性材料的性质虽不尽相同，但它们又不是互相分离的。它们可以在实践的基础上统一起来，即它们都是在实践活动的基础上形成的。感性材料是人类思维活动的开端和基础，来源于

· 305 ·

感官与外在世界的相互作用。而语言的材料基础则是直接建立在人类思维活动的成果之上的。没有思维活动的成果作为语言符号的意义内容，语言即会失去其材料基础而不复存在。所以，从这个角度说，思维的材料基础是第一性的，而语言的材料基础则是第二性的。

（二）思维的相对独体性的语言的绝对群体性

一般而言，思维活动过程可以相对独立地进行和完成。也就是说，在某一具体过程中，可以单独由一个人来完成，这表明没有听觉语言介入，思维活动和过程仍然能够进行和完成，其效果、水平如何，那是另外一个问题。正因为如此，语言中常用一些词语来反映这种现象，如"静思默想""独立思考"等。当然，这并不是说，思维活动的全部都可以离开社会群体而进行和存在。

语言则不同，从一开始，它即是社会的产物。有代表意义的声音产生、发出，就意味着有它的发出者和接受者。从严格意义上讲，发出有意义声音的目的都是让人听到，当然，有时不一定有人听到，但它毕竟反映了人在主观上对语言的要求。也就是说，无论是从目的、结果，还是从运动过程上看，语言都存在着绝对的社会群体性，不可能在一个人身上完成一个过程。尽管语言中也有"自言自语"的现象，但那毕竟属于一种不正常现象，或者说，这种现象不过是语言社会群体性在特殊场合的表现：没有对象或者苦于言于他人的结果。

考察人类的产生过程，则是先有个体，后有群体。显然，思维产生的条件先出现，而语言产生的条件要后出现。这为思维活动先于语言活动的产生提供了更多的可能性。

（三）思维与语言是"被反映着的事物"与其符号的关系

1. 思维可以凭借多种材料进行，不取决于材料的质地，而在于有无材料

随着儿童思维活动和聋哑人思维活动研究的展开和深入，人们越来越清楚地发现，人类的思维活动具有明显的凭借多种材料工具进行的特征。思维活动能否产生和进行，关键在于有无材料工具，而不在于材料工具的质地如何。但进行的效果、水平如何则取决于材料的质地。

中编　文化——语言的管轨

(1) 皮亚杰的发生认识论

瑞士心理学家皮亚杰在研究儿童思维活动的基础上，结合思维的种系发生、语言与思维的个体产生和发展趋势、聋哑儿童和盲童与正常儿童的比较研究，发现到了七岁年龄（包括没有语言的聋哑儿童），儿童就会出现具体运算的逻辑思维，并且他认为逻辑运算的发生比语言、言语的发生要早。他说："我们在幼儿的动作和协调中的确发现有逻辑结构，那么就不能说，逻辑结构来自语言。"④ 在他看来，"知识是从行动、行动的协调，而不是从对象本身抽绎出来的"⑤。"逻辑的根源必须从动作（包括言语动作）的一般协调中去探索。"⑥ 这是有一定根据的。

(2) 聋哑人的思维

关于聋哑人的思维问题，长期以来一直是人们非常关注的问题。多数普通语言学学者在强调语言是思维工具的同时，也指出了聋哑人仍能凭借语言以外的工具进行思维。譬如近年出版的较有影响的《语言学纲要》就说："抽象思维总得以某种物质的形式作为依托，只是不如声音那样方便、有效。没有任何依托的'赤裸裸'的思维是不存在的。"⑦

美国著名的聋哑盲学者海伦·凯勒是典型的例子。她一岁半即丧失视力、听力和言语能力，但她从七岁起，在她的教师沙莉文小姐的教育下，通过14年的刻苦学习而一举考上了哈佛大学的拉德克利女子学院，后来成为具有很高文化修养的著名作家和教育家。显然，海伦·凯勒不可能通过声音材料掌握语言，也不可能通过视觉的材料来建立符号系统，而是通过盲文（触觉等）来建立自己的符号体系的。这与通过声音建立起来的语言符号相比较，不同处在于：一为声音（听觉）材料，一为触觉材料，然而，其效用却是一样的。也就是说，这个符号体系中，不管其材料如何，只要这种材料已经和意义结合代表了一定的事物，并且形成了一个体系，那这种材料即可作为思维的工具。

2. 语言中的词与客观事物的几种关系

上面，我们讨论了思维不全依赖于语言的事实，或者说思维的能

307

否进行取决于有无材料,而不是材料的质地。下面,我们将讨论几个有趣的语言依赖于思维的问题。

(1) 思维活动是联结词语与客体的桥梁

从客观事物到语言中的词经历了这样两个过程:首先,客观事物通过人的各种感觉器官的感知作用,形成感性材料,这种材料再经过大脑的作用而形成具有抽象意义的概念。然后这个抽象意义的概念被外化作语言中词语的意义,意义和声音的结合,即形成代表客体的符号。其中意义是联结符号与客观事物的桥梁。舍弃意义,则无法找到客体与词的联结点。正因为如此,词的意义与客体有着必然的联系,而词的声音则与客体没有必然的联系。因为客体与词的声音没有必然联系,所以形成了世界上众多的语言,因为客体与词的意义有着必然联系,所以世界上各民族的思维规律是一样的,可以通过意义与客体的联系来翻译理解不同民族的语言。从客体到思维,再从思维到语言,经历了从物质到精神,再从精神到物质的辩证发展过程。我们既不能混淆这两个过程,也不能割裂这两个过程。没有第一个过程的发生,就不可能有第二个过程的发生,语言过程是以思维过程为前提的,思维活动的成果是语言的直接源头。

(2) 思维的虚假概念导致了词语与客体的空位关系

因思维活动是一种在客观物质基础上进行的理性活动,直接导源于客观世界的感性材料要被大脑进行加工,其结果就必然打上主观的烙印,不可避免地要产生一些反映现实中并不存在的虚假现象的概念。比如鬼、上帝、神、真主等词语,在客体中都找不到与之对应的实体。

这种现象从另一方面说明,词语所反映的只是思维活动的成果,而不是现实客体本身。

(3) 思维认识水平的相对有限性决定了语言中的词语所反映的只是客体的一部分

一方面,由于思维活动是一种发明创造活动,致使客观事物没有相应的客体与语言中的词语相对应;另一方面,又由于现实体是一个无穷大且处在不断变化中的值,人的思维活动始终达不到这个极限,

中编 文化——语言的管轨

这又导致无数的客体没有词语来代表。我们语言中的词语只代表着某时某地现实事物中有限的一部分，这一部分又恰恰是思维活动认识了的，而那些没有被认识或者说根本没有接触过的事物是不可能成为语言内容的。层出不穷的新事物、新概念的出现是最好的例证。拿"原子"来说，在人未认识它以前，它本来就客观存在，但只有被人类认识以后，它才成为语言的成分。

如果上面的论述能够成立，那么可以清楚地看到：思维与语言的关系是"被反映的事物"与其符号的关系。人们常说的"语言是表达思想的工具""语言是思想的直接现实"即是这个意思。

三、群体文化与产生

如果说在从猿到人的进化过程中第一次飞跃是制造工具的出现，造就了个体的人，把人与动物从物种关系上分离开来的话，那么，第二次飞跃则是群体的形成，造就了社会的人，把人与动物从群体关系上分离开来，创造了人类的群体文化。

（一）从猿群到原始人类群体

人类的祖先古猿是一种群居性很强的动物。它们所表现出来的这种群体关系是血缘关系，所从事的活动主要是为生存而进行的觅食活动。显而易见，它还不是具有社会意义的原始人类群体，马克思、恩格斯称之为"群"，列宁称之为"使用棍棒的猿猴群"，以区别于人类所特有的社会群体。但是，我们决不能忽视这种猿类的群体性在从猿到人转化过程中的作用。

使用天然工具以及制造工具的活动，最初都是在个别的或者部分的古猿身上偶然发生的，但由于是在古猿群中发生的，它就必然会影响周围的同类，使它逐渐成为一种经常的必不可少的群体活动。如果没有古猿群体作为前提条件，这种在个别古猿身上发生的偶然现象将永远以某些动物个体的偶然活动的方式出现，劳动即不会成为一种特有的社会活动。

当古猿群中的个体达到一定量的时候，就会出现新的群体关系的萌芽，这种新的群体关系的萌芽即是人类社会的萌芽。这种萌芽状态的人类结成的小群社会带有明显的动物痕迹,群体之间彼此独立,过着流动的生活,但它毕竟克服了初期个体人的不稳定因素,避免了重蹈动物式生活的覆辙,组成了人类的最早群体形式。到了晚期智人阶段,人类的群体才完全摆脱了动物状态,进入了氏族社会。

(二)原始群体文化与语言的产生

我们在"劳动与人类的起源"中谈了劳动对语言产生的生理基础和意义要素基础的作用和影响,但这些前提条件只是语言产生的必要条件。语言要产生,还得有社会条件。

1. 肉体与工具的牢固结合,铸就了人类的社会性

建立在"社会本能"基础上的血缘关系很不牢固。这些社会本能主要表现在自发的以群体联合力量和集体行动来弥补个体自卫能力的不足上。古猿的这种群体力量和集体行动还不是真正的劳动,充其量也只能是一种前劳动。已获得的成果极易丢失。比如它们和"工具"的关系只是一种眼前的利用关系,当它们完成了某次活动后马上会抛弃掉,不会把原有的工具保存到下一次活动,更不会对旧有工具进行改造创新,这是它们与人类的显著差别。人不仅能使用和制造工具,更重要的是他们会保存已获得的工具成果,进而在旧工具的基础上改造、创新出新工具。从这个意义上讲,人类的劳动是建立在稳定的肉体与工具的结合之上的。也正是这种肉体与工具的牢固结合,才推动了人类的向前发展,形成了人类的社会性。

2. 人类的社会群体性与语言的产生

如上所述,人类祖先的生活方式是群体形式,个体人的出现离不开猿群的群体环境。真正的人形成以后,自然又组成了自己新的群体。可见群体性与人类的关系是多么重要,群体环境伴随着人类的自始至终。

普通语言学告诉我们,社会性特征是语言最根本的特征。既然如此,那么人类的群体性环境对语言的产生有些什么影响呢?

第一,人类的社会性环境决定了语言的需要和可能。一方面,肉体与工具结合的协作劳动,既密切了人与自然的关系,又增加了群体

中编　文化——语言的管轨

中人与人的联系，丰富了主观意识，增大了相互交流的信息量，急切地需要有一种合适的工具来统一他们的行动和思想，交换他们彼此对事物的见解和看法。另一方面，语言最简单的过程也必须具备两个条件：一是说话人运用语言来表达自己的意思，二是听话人通过语言来接受理解说话人所表达的意思。语言的每一个活动都是在群体中进行的。从这个方面来说，人类的社会性环境又为语言的产生提供了可能。

第二，人类的群体意志决定了语言中语音和语义结合的规则。语言符号的声音和意义没有必然的联系，某一声音和某一意义之所以结合，完全凭人类的集体意志主观地加以约定、认可。比如，汉语"书"这个符号是由声音"shū"和意义"成本的著作"结合而成的，它并不意味着"shū"和"成本的著作"有先天的必然的联系，实际上"成本的著作"也可以用其他声音来表示。这从不同的语言看得尤为清楚，英语就用［buk］这样的声音来表示，俄语、日语、西班牙语等都用不同的声音来表示。所以不同，皆因为一定的社会集团按照各自的社会习惯、主观意志约定的。一旦约定以后，某一集团的所有人都得按照其集团意志来使用其结果。讲汉语的人就得用"shū"来代表成本的著作，而讲英语的人就得用［buk］。不仅意义的结合是如此，就是语法规则也是社会集团意志的产物，世界上之所以有众多的语言类型，即是不同的社会集团约定俗成的结果，语言被深刻地打下了民族文化的烙印。

综上所述，可以得出这样一些结论：人类社会导源于动物界的群体性，肉体与工具结合的劳动铸就了人类的社会本质，人类这种社会性的诞生和发展为语言提供了社会方面的必要条件。也正是人类的这种属性和其他条件一起促成了语言的萌芽和产生。

第二节　文化对儿童语言习得的影响

从学习方式上看，语言学习有三种基本类型：(1) 语言习得 (language acquisition)；(2) 语言学得 (language learning)；(3) 语言康复 (language rehabilitation)。⑧语言习得是学习者在自然语言环境中自然地获得语言；语言学得是学习者通过课堂等教学方式获得语言；语言康复是聋哑人、失语病人、无喉人、弱智者等通过克服严重的语言学习障碍而获得语言或重建语言。

婴儿呱呱坠地便开始了五彩缤纷的人生历程。在他踏上人生历程之后首先要学习语言。儿童一开始所学习的语言称为第一语言。第一语言一般都是本族语，或称为母语。第一语言学习以习得或习得为主的方式进行。有些儿童除学习第一语言之外，还可能学习第二语言。这里主要讨论文化对儿童第一语言习得的影响。

一、语言习得与文化的关系

儿童语言习得是心理语言学、心理学和语言教学研究的重要课题之一。语言学习同文化有着千丝万缕的联系，受到文化的或直接或间接的影响。婴儿问世，除在遗传机制上具有发展为人的规定性之外，其他方面几乎与动物差不多。儿童的发育过程其实是一个由动物不断向人演化的过程，或者说是一个社会化的过程。在社会化过程中，儿童首先要学习人类已有的文化，长成之后再去创造新的文化。

在社会化过程中，就文化学习而言，语言习得起着关键性的作用。这是因为：

（1）语言本身就是人类创造的一种最优秀的文化，是人区别于动物的一个重要标志。大量科学研究表明，动物界虽然也有自己的交际系统，能够运用体势、声音和气味等传递信息，但是"动物语言"同人类语言有本质差异，难以相提并论。

（2）语言是人类文化的一种记录符号，几百万年来人类所创造的文化，大都保存在人类语言之中。学习语言不单是掌握一种交际工具，而且也是在学习人类的文化。

（3）语言是社团对内认同的标记和维系的纽带，掌握社团语言或方言，是成为该社团成员的一种重要资格。儿童习得语言的过程，本身就是一个学习文化和获取社团资格的过程，是社会化的必由之路。

现在人们大都承认儿童习得语言有一种先天能力。除大脑有严重

中编 文化——语言的管轨

语言学习障碍、听力损失特别严重或发音器官有严重病变畸异的儿童之外，都可以在成人看来是"毫不费力"地获得第一语言。再聪明的动物都难以做到这一点。据说在一些国家举办的鹦鹉朗诵比赛中，荣获冠军的一只鹦鹉可以一口气背 18 首诗。虽"叹为听止"，但鹦鹉只不过是学舌而已，并不理解语意。⑨20 世纪 30 年代美国的凯洛克夫妇把黑猩猩古娃（Gua）同他们十个月的男孩一起抚养，教授黑猩猩人类语言，但古娃却连一句也学不会。20 世纪 50 年代，美国的海斯夫妇精心教黑猩猩 Viki 学习人类语言，但六年时间也收效甚微。⑩后来科学家用符号语言来教黑猩猩学话，发现这种高级动物有那么一点语言能力，是动物界的"语言天才"，但其语言能力仍难以同人类相比。

尽管人类有习得语言的先天能力，但要真正习得语言还离不开后天的语言环境。人类已发现了 30 多个由野兽抚养的人类孩子，这些"兽孩"都没有人类的语言，甚至后来精心教习也难以奏效。⑪美国有一个名叫基尼的女孩，从小被继父幽禁在一个与世隔绝的小屋里，不许人同她说话。基尼 13 岁被人发现解救出来时还没能掌握语言。⑫这些事实表明，人类学习第一语言必须依赖后天的语言环境。

当前，关于儿童语言习得的理论很多⑬，但不管是行为主义的模仿说、乔姆斯基的先天能力说，还是皮亚杰的认知说，都承认后天语言环境在儿童语言习得中具有重要作用。模仿说认为，儿童是通过对成人语言的模仿来获得语言的，后天环境中的语言是儿童模仿的蓝本。先天能力说认为，儿童有一种与生俱来的先天的语言获得装置，这种装置通过对后天听到的语言进行能动的加工处理，抽象概括出语言规律，从而习得语言。认知说认为，儿童习得语言是一个不断建构的过程，这种建构也是以儿童听到的后天语言为基础的。可见，这些学说虽然争论纷然，甚至针锋相对，但都承认没有后天语言环境所提供的语言参与，儿童是难以习得语言的。

后天语言环境是由文化因素参与并受到各种文化因素制约的，从广义上来看，语言环境其实也可以看作一种文化环境。不同的文化社团对于语言的态度，对于儿童习得语言的态度，以及对于合格的社会成员的看法，都会对儿童习得语言的环境发生各种微妙的影响，影响着儿童的语言习得。加之儿童要习得的语言，本身就是一种社团文化的积淀，是社团文化的一种体现、一种记录、一种标志。因此，文化对儿童语言习得也必然有密切的关系，发生着深刻的影响。不同的文化符号、文化观念及文化传统，制约着儿童习得语言的方式、重点及速度。下面从四个方面讨论文化对儿童语言习得的影响。

二、文化符号对儿童语言习得的影响

语言是文化的符号，不同的语言是不同的民族或种族的文化的符号，不同方言是某民族不同方言区或社区的文化符号。在同一语言或方言中，不同的语言单位、语言单位的组合方式和使用方式等等，也可能具有不同的文化内涵，反映着不同形式的文化积淀。不同语言或方言的习得难度，同一语言或方言不同语言现象的习得难度及顺序，是不相同或不很相同或很不相同的，这必然影响着儿童习得语言的速度和特点。

比如对于复数表达方式的习得，由于不同民族语言有较大的不同，所以习得的速度也有惊人的差异。汉语复数的表达方式比较灵活简单：其一，许多名词的单复数可以采取同一形式，其后不必加"们"；其二，人称代词系统中，单数形式加"们"就可以表示复数，规则一致简明[14]；其三，谓词不需要因单复数而发生形态变化。因此，说汉语的儿童习得复数表达方式较早，一般来说在两岁多至三岁时就已基本掌握。相比而言，英语的复数表达方式就比较复杂，不仅名词要有词尾变化，而且谓词也要有词尾变化；变化规则有时不很一致。如代词的单复数词根往往不同，名词的复数有时不加"-s"。因此，说英语的儿童往往六岁时才能掌握复数表示法，在习得过程中还往往出现过分概括的现象，如把不规则的复数名词规则化，说成 foots、mans、mouses[15]等。在土耳其语中，复数的表示方法更为复杂，以致说土耳其语的儿童到了十四五岁才能掌握。[16]这比说汉语的儿童晚十一二年，比说英语的儿童晚八九年。

在我国北方方言区中，两个邻近的方言点往往会有这种情况：除

中编 文化——语言的管轨

了平舌音和翘舌音的分混之外，语音的其他方面几乎没有什么差别。翘舌音因其发音的特点而使其习得难度远大于平舌音。平舌音儿童大约在近三岁时就已掌握，而翘舌音约到四岁半至五岁才能掌握。[17]因此，在平舌音和翘舌音相分的方言点，儿童在四五岁时才能习得该方言点的语音；而在平舌音和翘舌音相混且发成平舌音的方言点，儿童在近三岁时就习得了该方言点的语音。有的研究也指出，法语中的 r 颤音是一个较难习得的音，儿童在五岁时还不能掌握它，而是用 [l] 代替它。

据观察，汉族儿童在语言习得过程中较少出现语法"错误"[18]。汉语属于孤立语，缺乏严格意义上的形态变化。不管是构词还是造句，语义都是优先考虑的因素，而语法的制约较为灵活宽松，具有较大的弹性。这种语法特点是汉族儿童语言习得时语法"错误"出现较少的重要原因。

然而，说印欧语的儿童在语言习得的过程中，相对而言出现的语法"错误"较多。同汉语比较，印欧语最显著的特点是富于形态变化，在构词和造句时，不仅要考虑语义因素，而且在语法上也有严格的要求，性、数、格、人称、时、体、级等的词形变化较为复杂，并有许多不规则形式，这就给儿童的语言习得带来较多的困难。例如习得英语的儿童受偏向性习得策略[19]的影响，常把不规则动词的过去时态通过类推规则化，出现 comed、hided、breaked、goed、doed[20]等成人语言中所没有的形式。前面提到的关于对复数形式的过分概括也属于这类"错误"。再如，俄语的第四格，阴性名词后加-y，中性名词后加-o，阴性名词中的动物名词后加-a，阳性名词中的非动物名词无词尾变化，是一个零形式。但是，说俄语的儿童在两岁左右开始习得名词第四格时，常用-y 作为所有第四格的词尾，把它规则化。[21]汉语与印欧语在语法上的不同特点，使说汉语的儿童同说印欧语的儿童在语法习得中出现的"错误率"上有较大差异，形成不同的习得特点。[22]

语言类型学研究表明，不同语言中存在着许多各种语言共有的普遍现象，而且也都有各自的特殊现象。著名语言学家雅可布逊在《儿童语言、失语症和语音普遍现象》这一"经典性"著作中指出,儿童先习得的是全人类语言中共有的音,然后才是他们本族语中所特有的音。[23] 著名心理语言学家斯洛宾对比了14个主要语系的约40种语言的儿童习得情况,发现如下规律:

(1) 后置的语法形式比前置的语法形式更早习得;

(2) 无标记语言成分比有标记语言成分更早习得;

(3) 语义成分同语法形式之间越是遵循一一对应原则的越早习得;

(4) 不同屈折形式表示同一语义功能的,儿童倾向于用一致屈折形式代替其他屈折形式,形成过度概括;

(5) 语义上前后一致的语法规则习得较早,而且不会有显著的错误。[24]

雅可布逊和斯洛宾的说法也为后来的许多研究所证实。从理论上说,儿童语言习得受制于两个重要因素:(1) 认知的复杂程度;(2) 语言形式的复杂程度。各民族儿童的认知能力的发展基本上是相同的,实际上制约儿童语言习得的主要是语言形式的复杂程度。各种语言的普遍现象和特殊现象的多少不同,特殊现象也各有各的特殊,各种语言关于斯洛宾所提及的五个方面的情况也有重大差异,因此各种语言(包括方言)以及语言中的各要素的复杂程度有所不同。这就造成了习得不同语言的儿童在习得过程中形成不同的特点,遵循不同的习得方式和习得顺序,对某一语言现象乃至某种语言在习得的速度上出现或大或小的差异。这就是文化符号对儿童语言习得的影响。

三、语言观念对儿童语言习得的影响

语言观念是指人们对语言的认识、态度、情感和审美情趣等有关语言的一系列态度和看法。语言观念是文化观念在语言方面的具体体现,任何一种语言观念都含有丰富的文化内涵,受制于诸多文化因素。[25]

《颜氏家训·教子第二》载:"齐朝有一士大夫,尝谓吾曰:'我有一儿,年已十七,颇晓书疏,教其鲜卑语及弹琵琶,稍欲通解,以此伏事公卿,无不宠爱,亦要事也。'吾时俛而不答。异哉,此人之教子

中编 文化——语言的管轨

也!若由此业,自致卿相,亦不愿汝曹为之。"⑱齐朝某士大夫教子习胡语,为事公卿,把学习统治阶级的语言看作升官的捷径。而颜之推对此不齿,是把"习胡语"同民族感情联系在一起。某士大夫同颜之推在对待胡语的态度上大相径庭,绝不只是个语言观念问题,还表现出对待异族统治者的态度。

美国心理学家兰伯特曾经用配对变语的试验方法来测试人们的语言感情。加拿大是个多语国家,一部分人讲英语,他们是英语世界的后裔;一部分人讲法语,他们是法语世界的后裔。兰伯特让一个既懂英语又懂法语的人用两种语言朗读同一内容的材料,制成录音放给不同的人听,要求听者根据录音来对朗读者的品格、特征进行评价。当听者是讲英语的人时,他们对用英语朗读的人评价较高,而对用法语朗读的人评价较低。⑲我们知道,人们听到的录音是同一个人用两种语言朗读的同一内容的材料,而且根据朗读录音能否对一个人的品格、特征作出评价也很难说。表面上看,这是对待英语和法语两种语言的评价,其实是说英语的人对说法语的人有一种歧视态度。语言感情之中注入了深刻的文化内涵。

语言观念对于儿童语言习得常常发生重要而往往被人忽视的影响。有人曾经研究过汉族儿童和撒尼族儿童在习得形容词方面的差异。⑳研究发现撒尼族儿童很少使用贬义词,如"狡猾""讨厌""笨"等。原因是撒尼人热情,讲礼貌,重团结,自尊心强,很少使用贬义词来评价别人,听话人也因自尊心强而难以接受他人的贬义评价。这种特殊的民族心理形成了他们特殊的对待贬义词的态度,从而影响了儿童对贬义词的习得。撒尼族儿童对"乖"这个词的习得远晚于汉族儿童。汉族人在传统上不大鼓励孩子的创造性,因宗法观念的影响而总希望孩子温顺听话,故常用"乖不乖"来评价孩子。而撒尼人注重孩子的能力和行为,他们表扬孩子不像汉族人常用"乖"这个词,而是用"猴"(本事大)、"得"(很好,很行)等词语。因不同的文化观念所形成的不同语言观念和语言使用习惯,导致了汉族儿童和撒尼族儿童在这些词语习得上的差异。

在对待语言的态度上，汉族人有一个根深蒂固影响至今的传统观念：重视书面语，轻视口语。读书诵经可明道知礼，赋诗作文可中举进士。汉朝规定，能背九千字经文的儿童可当史官；唐代科举考试设有"童子科"。《新唐书·选举志上》规定："十岁以下能通一经及《学经》《论语》，卷诵文十，通者予官；通七，予出身。"宋代专设"念书童子科"，考读书诵经。因此历代社会对孩子都特别重视书面语教育，而轻视口语教育。

这种重书面语轻口语的语言观念和教子观念，必然对儿童的语言习得带来很多影响。古今充满神采怪环的神童，都是书面语习得中的佼佼者，而鲜见口语习得的佼佼者，就是这种影响的典型写照。如李白"五岁读六甲"，白居易五岁会作诗，王勃六岁善辞文，宋代仲永五岁能"指物作诗立就"，清末梁启超四岁精通四书。今天的"神童"也多是以识字多少来衡量，如四川万县小罗翔，两岁三个月识字1400以上，能读300多字一篇的文章；沈阳的吴大江三岁识字3000，会查字典，背诵近百首古诗；舟山的朱焱两岁时识字3000以上。

然而西方有较早的"说话"传统。在古希腊时代由于民主政治的需要，演讲便受到重视，亚里士多德的《修辞学》便是专讲演讲术的。古罗马时代的昆体良著有《演说学原理》。在中世纪，演说被列为七艺之一。18世纪坎普贝尔的《演说学讲义》被许多国家当作课堂说话训练的教材。[②]法国母亲在嫁女儿时常爱说："我的女儿没有什么嫁妆，可她会一口标准的法语。"这些都说明西方人比较重视口语训练。这种语言观念使得西方儿童在习得语言时，也把口语作为一个习得的重点。比如英语世界最权威的两本词典之一——韦氏英语词典的编纂者韦伯斯特，一降生就同时学习英语、法语、德语和北欧语，很小的时候就能用四种语言流利会话。19世纪德国"神童"小卡尔·威特在五岁时已掌握三万口语词。据说革命导师恩格斯在上中学前就开始学习英语、法语和希伯来语等，他一生学过六七十种语言，能说二十种，精通十几种。[③]由于我们同西方对待口语的态度不同，从而导致了我国儿童和西方儿童在语言习得上的一些差异。

中编　文化——语言的管轨

四、性别角色对儿童语言习得的影响

所有人都在人生舞台上扮演着一定的角色，其中以男女性别角色最为显著。任何文化社会，不管是古代还是现代，不管是中国还是外国，不管是原始的还是文明的，不管是母权制的还是父权制的，无不为性别角色提出一系列性别文化规范，即"男人应该怎样""女人应该怎么样"的要求。性别角色的社会文化规范，不仅与男女不同的生理特征以及由此推演出来的社会特征相联系，而且也是文化发展演变积淀的产物。前者形成各种文化对性别角色规范的共性，后者导致各种文化对性别角色规范的差异。从文化的角度看，不仅要重视共性，而且更要重视差异。

婴儿刚生下来，虽然已经存在着男女生物性方面的差异，但并没有社会性方面的差异。个体在不断社会化的过程中，依照社会文化规范，逐渐进行角色认同，将自己的行为纳入文化社会规范的轨道，从而形成一系列性别角色的社会性差异。

男女性别角色的差异体现在社会生活的各个方面，当然也表现在语言上。社会语言学家在许多语言中都发现了男女语言的差异。比如在美国的一些方言中，女性所发的元音比男性更趋于极端，即高元音舌位比男性更高，低元音舌位比男性更低。在蒙古语的一个方言中，女性使用的元音比男性更靠前。北京所谓的"女国音"也是性别语言的体现。女性用语比男性文雅，富于情感，而且讲话比男性更注意使用有声望的标准语，也是具有普遍意义的现象。

性别角色必然影响到儿童的语言习得。父母和社会对于男女儿童的角色希求不同，对男孩和女孩的谈话有不少差异。一般说来，父母对男孩的谈话较粗放，斥责、威胁的语句较多，而对女孩的谈话较温和，常用商量、开导的语气。例如：

a．你是不是故意跳的？那么高为什么要跳？不怕摔死？

b．唉，那不能拿！那妈妈打人的呢！你讲个故事，讲个故事妈妈给你拿，好不好？③

a 句是母亲对男孩的谈话，b 句是母亲对女孩的谈话，其风格大相

· 319 ·

径庭。这无疑会对男女儿童的语言发展产生不同的影响,因为这种谈话语言也是儿童在习得过程中所要学习的语言。儿童在进行角色认同时,也在语言方面进行认同,这种认同会受到父母和社会的鼓励或抑制。性别角色常会对儿童的语言习得发生较大的影响。

女孩在语言上比男孩发展得快,是性别角色影响儿童语言习得的一个重要方面。女孩开始讲话比男孩平均早两至四个月,而且这种言语能力的领先一直保持到青春前期。汉族儿童在反复问句和是非问句的习得上存在着较显著的性别差异。据研究,在一岁半至两岁时,女孩对反复问句理解的平均水平高出男孩13%以上;而在反复问句和是非问句的发展上,女孩比男孩要提前半岁到一岁。其原因在于女孩比男孩更乐于同人交往,三四岁的女孩几乎要花25%的时间与人交往,这种交往对于语言习得是极有利的。此外,女孩在干一件事之前往往要先向成人请示,而男孩则不然。因此,女孩在语言习得上呈现出领先趋势。

现代汉语中的"吧"问句是一种疑问程度较低的是非问,这种问句有时根本不表疑问,而是表示一种礼貌的请求、建议或商量。女孩大约在两岁时就开始习得了"吧"问句,而且使用频率很高;而我们跟踪调查的一个男孩,到三岁时才开始习得"吧"问句。原因在于"吧"问句较为适应女孩的性别角色,而不大适应男孩的性别角色。[①]这在成人中也有类似的情况,男人使用"吧"问句远远少于女人。而且,主谓之间的停顿处,女人一般加入"吧",而男人一般加入"呀"及其变体,主谓之间的"吧"几乎可以看作为女人所专用。

据观察,女孩较多地使用礼貌语言,较多地使用形容词来对人或事物进行感情型评价;而男孩则较少使用礼貌语言,较多使用动词来进行祈使或描述。这与女性讲求文雅、富于感情而男性较为粗放、重视行为有一定关系,是性别角色早期分化在儿童语言习得上的表现,初步显示出男孩的阳刚之气和女孩的阴柔之美。

以上情况表明,性别角色对儿童的语言习得有着重要的影响,影响最大的是儿童习得语言的速度和与性别角色关系密切的语言现象。

中编　文化——语言的管轨

五、文化环境对儿童语言习得的影响

任何孩子都是在特定的文化环境中生活、在特定的文化环境中习得语言的。文化环境是由物质的和精神的、家庭的和社会的诸多因素交叉复合形成的。这些因素包括家庭成员的文化素质、宗教信仰、生活条件、地区与民族特点、时代背景等等。不同的文化环境对于儿童的语言习得有着一定的影响。

家庭、社会的文化素质以及幼儿园对教育的重视程度，对儿童语言习得的影响很大。在文化程度较低的家庭中，儿童一般只习得方言，而在文化程度较高的家庭中，儿童一般是习得普通话，或是方言和普通话同时习得。一般家庭儿童只习得一种语言，而家庭成员中有专门从事外语教学、研究的人或有懂外语的人时，他们的儿童则往往也同时习得外语。著名儿童教育家陈鹤琴先生的儿子一鸣，就是同时习得汉语、英语的。

云南撒尼族人生活在山区，文化教育比较落后，部分儿童六岁才能进幼儿园，因此，撒尼族儿童在语言习得的速度上就要比汉族儿童慢。比如形容词的掌握，撒尼族儿童与汉族儿童相比，其习得水平大致落后一年[⑪]。有人在研究儿童使用量词的情况时也发现，同年龄的不同幼儿班级，凡教师比较重视量词教学的，幼儿量词就较丰富，其错误较少；反之，则量词掌握少，其运用量词的错误率也较高[⑫]。

不同的生活环境对儿童的语言习得也有影响。比如撒尼族人由于生活在山区，撒尼族儿童对于"陡"这个词的掌握一般比汉族城市儿童早。四川、湖南以爱吃辣椒而闻名，这两个地区的儿童对"辣"的掌握要比其他地区的儿童早一年至一年半[⑬]。因为生活环境不同，儿童对于某些词的意义的体验就不同，而且某些词在成人语言中出现的频率也不相同，所以会给儿童的语言习得带来差异。

由于社会的发展和人们对儿童进行早期教育的重视，儿童的心理、智力和语言的发展在不断加快。比如对"因为"一词的掌握，过去有人研究认为，儿童进入小学时还不能较好掌握，后来有人发现儿童在五六岁时出现了"因为"[⑭]。然而现在教育较好的儿童在三四岁时就会

使用"因为"。此外,现在幼儿园儿童说话大量使用关联词语的现象,也是为许多家长和幼儿教师所见惯的事实。随着民族文化素质的提高和对儿童语言习得的重视,这一趋势会变得越来越明显。

总之,儿童语言习得不仅受制于儿童先天的语言学习能力,而且也不可避免地受到后天文化的影响。不同的语言或方言,以及语言、方言中某些要素的习得难度不同,各民族、各地区、各时代乃至各家庭的语言观念不同,儿童的性别角色不同,儿童生活和习得语言的文化环境不同,都会给儿童的语言习得带来各种各样的影响,使儿童在习得速度、习得方式、习得重点等方面出现或大或小的差异,形成不同的语言习得特点。重视并认真研究文化因素对儿童语言习得的影响,并在此基础上采取一些行之有效的措施,对于儿童语言习得的促进是极有好处的。

第三节　文化对语言的地域变异的影响

语言的地域变异是指同一种语言在不同地区所产生的变化和差异。这种变异的结果在通常情况下就是方言。世界上每种语言都因其分布在不同地域而形成种种"地域性变体"——方言。所不同的是,有的语言中方言复杂,各方言之间的差别往往比较大,如现代汉语,在统一的民族共同语之下,可以分为官话、晋语、吴语、徽语、赣语、湘语、闽语、粤语、平话、客家话10种方言。⑫有的语言则不那么复杂,方言之间的差别也不大,如现代俄语的北部方言和南部方言就是这样。俄语的诸方言在语法构造和基本词汇上相互间非常接近。

值得注意的是:世界上绝大多数语言的区域性变体,都是由同一个民族的人们所使用,并分布在一个国家之内;只有极个别的语言的区域性变体是跨越国界,分布在不同的国家,并由不同的民族所使用。例如现代英语,已成为世界通行的国际语,它的区域性变体已分布在欧洲、北美洲、澳洲和非洲的六个国家,形成了英国英语、美国英语、

中编　文化——语言的管轨

加拿大英语、澳大利亚英语、新西兰英语和南非英语。这些以英语为母语的国家，都有自己的标准英语，如标准英国英语、标准美国英语、标准澳大利亚英语，等等。而这些国家除了其标准英语之外，又各有自己的地方变体。⑧这是特殊的全球性的文化背景作用于英语的结果。

每一种语言的地域变异都有其自身的特点和内部发展规律，同时也都与一定的文化背景相联系。这里所说的文化背景，包括地理环境、地方习俗、文化传统、人们的观念形态等等。清代学者李光庭说："言语不同，系乎水土，亦由习俗。如齐之邱盖，楚之夥颐，固是方言。若前人诗中之遮莫、底事、尽教、那得，词中之抵多少、破不刺、兀的不、也么哥，或为发语，或为语助，皆然也。"⑨他说的话是有一定的道理的。语言的语音、词汇和语法三个要素所产生的地域变异，都程度不同地受到文化背景的影响。为了叙述的方便，下面我们将从词汇、语音、语法三个方面分别阐述文化对语言的地域变异的影响。

一、文化对词汇的地域变异的影响

词汇是语言中相当活跃的要素。一种语言的地域差异常常在词汇中明显地表现出来。例如现代汉语基本词汇中的常用词"爸爸"，在各方言中，就分别称作爸、爸爸、伯、伯伯、爹、爹爹、爷、老子、父亲、阿伯、阿叔、阿大、阿爸、阿父、阿哥、阿爷、阿爹、阿玛、达、大、大大、老父、老伯、老豆、奶公、伯爷、爷子、爷爷、依爹、依爷、叔、郎罢等等；常见的农作物"玉米"，在各方言中分别说成玉米、玉黍、玉蜀、黍玉、稻黍、玉榴、玉豆、玉包、老玉米、玉麦、玉茭儿、玉茭得、玉茭子、玉豆、玉高粱、苞谷、苞米、珍珠米、粟米、包粟、包粟米、包罗粟、珍珠粟、棒子、棒头、六谷子、玉蜀秫、麦穗、番麦、番大麦、苞芦、仙麦、大蜀黍、薏米仁、游天炮等等；形容人的外貌"美"，在不同方言中分别说成好看、漂亮、标致、体面、排场、俊、帅、雅、水、水灵、乖、精、精干、受看、好瞧、俏、俊俏、齐整、不丑、袭人、吸人、秀溜、抻抖、登独、冠冕、魁梧、好样、心疼、客气、有味、卓佳、靓、好生、四称等等。方言词汇的这些差异与文化的关系主要表现在以下几个方面。

· 323 ·

首先，因为各地的地理环境（包括地貌、地势、水文、气候、人们的居住条件、物质生活环境等）的不同而引起方言词语的差异。这一点在各地地名用字上表现得相当明显。例如福建南部丘陵地区，有不少村镇的名字都带"厝"字，如厦门郊区的村名有黄厝、何厝、曾厝、吕厝、孙厝、叶厝等，漳平有上厝、上祖厝、下豆厝、下面厝、马厝、内厝、中坂厝、杜厝、杨厝、垄口厝等，诏安有新唐厝、周厝、田厝、新厝、林厝等。"厝"本来是一种石头，在闽南方言中，"厝"却作"房屋"解。这样闽南话将用石头建造房屋的村庄用"厝"来命名也就是很自然的了。在湖北省地处鄂西山地和江汉平原交错地段的宜昌市，境内多山，这种客观存在决定了人们的意识，宜昌市村镇的名字有许多是与"山"有关的字，如垭、坪、坡、岩、岗、岭、塮等等。据我们不完全的统计，宜昌市的村镇叫"××垭"的有240多个，叫"××坪"的有210多个，叫"××坡"的有160多个。这些小地名都体现了当地地形的特点。湖北西南部恩施土家族苗族自治州境内更是群山环绕，层峦叠嶂，但也有一些大大小小的河流与平地，那里的地名叫"××坪""××坝"的特别多。如恩施有王家坪、姚家坪、四家坪、风箱坪等一二十个"坪"，有蒿坝、龙洞坝、高桥坝、龙杨坝等约30个"坝"。原来在很久以前，恩施一带的老百姓，就把连山有水的小块平地叫"坝"，靠山无水的小块平地叫"坪"。在平原或沿海地区，是很少这样取名的。

语言中有一种在民间口头上流传的，总结生活和斗争经验的，含有判断、教训、劝告性质的谚语。谚语特点之一是具有地方性。特别是关于农业生产和气象的谚语，更是因地而异，这种相异之处，跟各地气候、水土等条件密切相关。如我国南方的谚语说"清明断雪，谷雨断霜"，北方则说"清明不断雪，谷雨不断霜"；江南一带说"清明前，好种棉，谷雨后，种瓜豆"，山西则说"谷雨前，不种棉，谷雨后，快种豆"；华北另外一些地方的说法却是"清明早，立夏迟，谷雨种棉正当时"。由于我国南方气候暖和，越往北气候越寒冷，所以南方的农业季节比北方要早一些，于是南方和北方在农谚中表现出某些不

中编 文化——语言的管轨

同的甚至完全对立的说法。

其次，由于人们观念上、心理上和习俗上的不同而使方言词语具有独特的意义和用法，或产生外地所没有特别的地方词语。

语言的运用与人们的文化心理密切相关。作为语言的地域变体的方言，其词语的运用在一定程度上受到人们某种观念的制约。如普通话中"姐姐"一词，在各方言中分别称为姐、阿姐、大姐、家姐、依姐、姊、阿姊、大姊、家姊、阿家、阿大、家、姊仔。而湖北咸宁地区的一些农村，人们却将"姐姐"叫作"哥"，将性别都改了。四川东部的巫山一带也有类似情形，如对父亲的妹妹，无论已婚或未婚的，都叫"幺爸"，如果谁家的祖父去世了，他家的孙子、孙女便称祖母为"爷"。湖南衡阳话本来称最小的儿子为"满崽"，但年纪小的女儿也可称"满崽"，甚至对孙女、外孙女表示疼爱、亲昵也可叫"满崽"。⑪这种将女性当作同辈男性来称呼的现象，以及将女孩叫作"守灶门的""掌锅铲把的""跳锅边舞的""赔钱的"，将男孩称为"读书的""上学的"等现象，都反映了我国农村和山区普遍存在的重男轻女、男尊女卑的旧的传统观念。在这些地方的老百姓看来，称"哥"比称"姐"，称"幺爸"比称"姑姑"，称"爷"比称"奶奶"，都显示出对被称呼对象的尊重。尽管这些不同寻常的称呼，有时造成交际的困难，引起人们的误解，但由于习惯势力和旧观念的束缚，这类方言词语的特别说法仍保留在农村居民的口语中。

有时候某一地方所出现的个别的独特词语与人们的独特心理有密切的关系。1957年以前，北京市还有有轨电车，由于这种电车在行驶时能发出"diāng diāng"的响声，北京的儿童和一些居民就将这种电车叫"diāng diāng 车"，但在正规的交际场合则仍然说"有轨电车"。又如东北农村，几十年以前时兴用胶轮车，后来人们把城里手推车的胶轮改做成用毛驴牵引的小车，并称它为"驴吉普"，这样就产生了一个中西合璧、半土半洋的新名词。⑫这种有东北地方特色的小毛驴车既跟外国传进中国的吉普车相提并论，又在"吉普"前加上个"驴"字，从而增添了乡土气息，表现了我国农民在生活方式发生急剧变化时特

· 325 ·

有的心理。

地方习俗不同也是造成方言词语差异的一个原因。我国汉族自古以来就有端午节,这个节日一直流传至今,它在各地的习俗大致相同,但也有些差异。各地对端午节的叫法也有所不同,如北京、沈阳、梅县、广州、厦门等地叫"五月节",福州叫"五月五",西安、成都叫"端阳",长沙、南昌叫"端午",苏州除叫"端午"外,也说"五月端午",温州则沿袭了古代的说法叫"重午日"(我国古代把每月五日叫作"午",把五月五日叫"重午",也说"端午日")。而在伟大的爱国诗人屈原的故乡——今湖北省秭归县,及其邻近的几个县市,对纪念屈原的节日——端阳节区分得特别细,有大端阳、中端阳、小端阳的分别。阴历五月初五是大端阳,是最隆重的端午节,五月十五日是中端阳,五月二十五日是小端阳。这些词语有着明显的地方性,是别的地方所没有的。

第三,由于人们对事物认识的差异而形成不同的方言词语。这首先表现在一些古老的词语中。例如"太阳""月亮""雷""电"等词,有些方言分别叫作"日头公""月娘""雷公""电母",这既反映了我国古代阴阳说影响之深远,也反映了方言区人民对于"日""月""雷""电"等事物或现象的高度崇敬。潮州话将"打闪"说成"阿公眨目"(即"阿公眨眼睛","阿公"指"祖父"),湖北京山一带方言将"地震"叫作"鳄鱼眨眼"或"鳄鱼翻身",这都反映了人们对于某些自然现象缺乏科学认识。缺少文化的老年人中,这类说法较多,现在这种说法已越来越少了。

再看下面的例子:

北京	沈阳	成都	武汉	苏州	广州	梅县	厦门
冰	冰	冰	冰	冰	雪	雪	霜
雪	雪	雪	雪	雪	雪	雪	雪
霜	霜	霜	霜	霜	霜	霜	霜
冰棍儿	冰果儿	冰糕	冰棒	棒冰	雪条	雪基	霜条

这些名词具有明显的地域性。在中国北方和长江流域地区,"冰""雪"

中编 文化——语言的管轨

"霜"分得一清二楚,但南方由于气候暖和,南方人特别是广东一带的居民在日常生活中很难看到"冰""雪"之类的东西,因而不能正确地区分它们。在广州、梅县等地,"冰"和"雪"不分,都说成"雪",在厦门一带,"冰"和"霜"不分,统统叫"霜",但"雪"都还叫"雪"。也是由于上述原因,"冰棍儿"在广州、梅县、厦门分别称作"雪条""雪基""霜条",而在东北官话、西南官话和吴语中,则分别称为"冰果儿""冰糕""冰棒""棒冰"等等,这些方言区"冰"与"雪""霜"等概念是区分得很清楚的,但在构词成分、语素顺序、是否儿化等方面,又各有自己的特点。这里应当指出的是,随着我国普通教育的发展和科学知识的传播,现代南方人对于"冰""雪""霜"早已有了正确的认识,但由于这些基本词在方言中有很强的稳固性,所以沿用至今而没有改变。

最近 20 年来,随着我国对外开放政策的推行,沿海开放城市,特别是广州,与国外和海外的贸易往来日益频繁,在这种背景下,作为粤方言代表的广州话从英语中吸收的外来词比旧中国作为通商口岸时还要多,如:"波"(球)、"菲林"(胶卷)、"的士"(出租汽车)、"巴士"(公共汽车)、"快把"(纤维)、"花臣"(花样)、"骨"(四分之一)等等,都是英语的音译词,这就使广州话增加了一些洋味儿。然而广州话吸收外来词跟香港话相比,则又少多了。有人估计,香港话中从英语借来的词比广州话的借词多几百个。这是多方面的原因造成的。从历史上看,香港在 100 年前被英国实行殖民统治后,特别抬高英语的地位;从经济上看,香港现在是世界上最大的贸易中心之一,各国在香港贸易通商也都用英语,英语对香港居民的影响是很大的。虽然在香港的中国人平时说广东话的最多,但近百年来香港上流社会和青年学生,在说广东话的过程中,常爱夹用英语的音译词。如:巴士、的士、菲林、恤衫(衬衣)、卡曲(短大衣)、芝士(奶酪)、忌廉(奶油)、卡士(角色)、士的(手杖)、镭射(激光)、甫士咭(明信片)、飞(票)、贴士(小费)、燕梳(保险)等等,其使用范围逐渐从人们的日常生活扩展到服务行业、商业、贸易、文化等领域。这样,香港话就成了现代汉语中"最洋化的方言"。有些人还往往以说几个外来词或讲几句英国话为荣,认为这样显得自己高贵、文雅、有派头。香港话之所以成为汉语中"最洋化的方言",是与长期形成的这种文化心理状态和社会风尚分不开的。

还有些词不是外来的,而是汉语中所固有的,但在大陆和香港仍然有所不同。例如:

北京	广州	香港
首 长	首 长	要 员
小孩儿	细佬仔	细佬哥
教 室	课 室	班 房
桌 上	枱	枱上便
能 干	呖	醒(目)
吃午饭	吃晏昼饭	食 晏

其中有的词在大陆上是一致的,而与香港话不同,如"首长"和"要员",有的词在大陆上比较接近,如"教室"与"课室",而与香港话的"班房"相去甚远,因为"班房"在大陆是"监牢"的意思。这类词在意义上的明显差异,与政治生活、社会制度的不同有着密切的关系。

二、文化对语音的地域变异的影响

语音是语言的物质外壳,一种语言的地域差异,总是得通过语音这一"物质外壳"表现出来。我们知道,现代汉语的方言是很复杂的,而汉语方言分歧最严重的正是语音。那么,文化对于语音的地域差异究竟有什么影响呢?

语音作为语言的物质外壳,虽然同意义紧密地结合在一起,但它本身不可能像词汇那样直接地、迅速地反映社会生活中政治、经济、文化等方面的发展、变化,同样地,也不能将某种方言的某一组声母、韵母或一个声调的具体变化简单地同社会生活联系起来。恩格斯早就指出:"要想把以前和现在的每一个德意志小国的存在,或高德意志语辅音的转换(这辅音上的转换把德国在地理上的,由苏台德到陶奴士的山脉所形成的障碍扩大形式上的分裂)的起源给以经济上的说明而

中编 文化——语言的管轨

不至于闹笑话,那是很困难的。"⑧恩格斯的这段话无疑是正确的,但不等于说,社会生活的变动(包括经济变革、人们观念的变化)对于语音的地域变异没有任何影响,只是这种影响不那么直接和明显而已。

文化对于语音的地域变异的影响大体表现在以下几个方面:

首先,由于移民而引起的方言的变异。移民是处在封建时代和半殖民地半封建时代的旧中国常常发生的一种社会现象。那时候穷人为了逃避战乱、灾荒和苛捐杂税,常常背井离乡,成群结队地迁移到外地去谋生。比如明清两代,湖北东北部黄冈地区的大批农民,迁移到鄂西北山区,在竹山、竹溪一带定居,自然也将鄂东北的"楚语"带到了那里。竹山、竹溪都是崇山峻岭,山高路险,交通闭塞,与外地交往极少,这样,移民从黄冈地区带去的方言便世世代代往下流传。直到今天,竹山、竹溪人还和黄冈地区的人一样,保留了"楚语"的最突出的一个特点,即将普通话的撮口呼韵母都念成〔ʯ〕类韵,如〔ʯ〕、〔ʯe〕、〔ʯa〕、〔ʯai〕、〔ʯei〕、〔ʯan〕、〔ʯən〕、〔ʯaŋ〕等等,像竹山话的雨＝汝〔ʯ^{35}〕,虚＝书〔sʯ^{44}〕,园＝援〔ʯan^{42}〕。但竹山、竹溪两县不是黄冈移民定居的地方,则仍然讲西南官话。由此可见,移民是造成同一地区方音差异的重要原因。

其次,国家政治、经济等方面的现行政策和发展状况影响着语音的变化。

早在20世纪50年代,中国共产党和人民政府为了促进国家的统一、人民的团结、社会的进步,便在全国范围内大力提倡和积极推广普通话,限制在公共场合使用方言。普通话的推广,教育事业的发展,在一定程度上促使汉语方音发生了变化。例如钟祥市位于湖北中部、汉江中游,新中国成立以后,钟祥的水陆交通日益发达,经济建设和文化教育事业不断发展,钟祥居民与外界的交往更加频繁,钟祥方音也发生了明显的变化。我们将1936年赵元任调查钟祥方言后所著的《钟祥方言记》与我们1983年、1988年到钟祥调查方言的调查报告相比较,发现前者所记的"文言音"和"白话音"(我们现在称作"文读音"和"白读音")就有明显的差异。下列字在20世纪30年代都有文读、白读两种不同读音：拍、贼、蜘、抖、藏、伸、闭、批、骑、架、掐、瞎、削、掉、劣、淹、雁、杏、输、肉、虹，但现在这些字已没有文读和白读的区别了。钟祥话中有些词或词中的语素，在新中国成立以后，读音逐渐发生变化，不少字的读音已由方音变为普通话语音。[④]

以上事例表明，国家在政治、经济、教育等方面的变化和普通话政策的推行，使方言的语音发生变化，逐渐向普通话靠拢。再从使用汉语的群众方面看，80年代以来，由于商品经济的发展，过去只知道在土地上耕作的农民，有些也开始经商。为了把生意做活，过去只会讲本地方言的农民也深切感到光说方言吃不开，于是便积极学习普通话。在学会说普通话后，生意便越做越活，越做越好了。

再次，由于人们观念和心理上的不同而对方音的变异产生不同的影响。

千百年来，我国人民，特别是农村和山区的人民，有一个传统的旧观念，即认为方言是祖祖辈辈流传下来的东西，不能改变，不能放弃。比如说客家话的客家人，分布在广东、广西、福建、台湾、江西、湖南、四川等省、自治区。他们多半住在山区，讲的是客家话。客家人内部的凝聚力很强，当客家人集体迁移到外地时，这个群体中的成员都得保持客家人固有的风俗习惯，特别是要继续说客家话。群体中的长辈更是明确地要求后辈遵守"宁卖祖宗的田，不卖祖宗的言"的祖训，不许说别的方言。客家的姑娘远嫁，回娘家必须说客家话；年轻人在外地工作，回家探亲也非说客家话不可，否则就被指责为"忘本"。正因为这种传统观念根深蒂固，所以几百年以前从北方迁徙到南方各地的客家人，所讲的客家话还保存一些共性。就语音方面来说，广东梅县、惠阳，福建永定和四川成都龙潭寺的客家话，古代的全浊声母字，不论原先是什么声调，今逢塞音、塞擦音时多读送气清音。[⑤]又如声调，分布在不同地方的客家话在古今声调演变上有两个共同点，即：一、有些古浊声母上声字今读阴平；二、多数客家话入声分为阴入、阳入两类，如广东梅县、福建永定、江西铜鼓等地客家话都是如

中编　文化——语言的管轨

此。⑱当然，各地的客家话也不可避免地都与它邻近的方言产生相互影响，因而各地客家方言之间彼此也存在一些差异。

人们头脑中那些不符合时代潮流的传统旧观念会使某些方言的发展变化比较缓慢，反过来，合乎时代潮流的新观念则可使某些方言加快发展变化的步伐。随着我国改革的深入和开放的扩大，许多方言区的人特别是知识分子和年轻人树立了新的语言观念，为了更好地适应形势的发展、交际的需要，也为了树立自己高雅的形象，求得自身更好的发展，很多人在各种公共场合，在与外地人交往时，都注意使用普通话。

历史发展到了今天，人们对于自己的方言抱什么态度，跟他们所处的生活环境、文化教养和心理状态有着密切的关系。一般说来，内地人民和沿海城市的人民，老年人与青年人在对待方言的态度方面有很大的不同。内地的县城和较大市镇的青年学生、年轻的机关干部，在与外地人接触时都愿意说普通话而不愿意讲方言，他们认为说普通话是文明和开通的表现，说方言则显得土气。这种观念促使他们改变自己的方言习惯，尽可能地向普通话靠拢。然而在广州、厦门这类沿海开放城市，由于经济发展迅速，人们的生活水平较高，这些城市的当地居民无形中产生了一种优越感，他们甚至认为自己操的方言也比别的方言、比普通话都好，常以说方言为荣，而看不起说普通话和说别种方言的人。在这种思想的支配下，他们对于推广普通话不热心、不积极，甚至阻碍推普工作的开展。与此同时，某些开放城市的方言影响日益扩大，以至于邻近地区的方言都在向大城市方言靠拢。例如澳门，由于与香港相连，并与香港交往密切，所以澳门话受香港话影响很大，同时也受到广州话很大的影响。100年前，澳门话只有6个声调，发展到现在，澳门话增加了阳去和中入两个调子，已有8个声调，比广州话只少1个。

三、文化对语法的地域变异的影响

如果说一种语言在词汇方面的地域差异最为明显，那么在语法方面的地域差异则不那么引人注意。但是若仔细加以考察，汉语方言语

· 331 ·

法也还是存在着一些地域的变异。

例如实词的形态变化。在词根上附加前缀或后缀,加前缀"阿""老"的,如广州话有"阿爸"(父亲)、"阿妈"(母亲)、"阿叔"(叔叔)、"阿婶"(婶婶)、"老公"(丈夫)、"老婆"(妻子)等等,闽南话中有"阿爸"(父亲)、"阿伯"(伯父)、"阿姆"(伯母)、"阿婆"(父母亲的舅母)、"阿舅"(舅舅)、"阿妗"(舅母)、"老阿公"(公公)、"老阿伯"(尊称老年的男子)、"老阿姆"(尊称老年的女子)等。还有的方言利用词语内部语音变化来表示语法意义,如厦门话人称代词的单数是:gua^{53}(我)、li^{53}(你)、i^{44}(伊,他),表示复数时则变为:gu(a)n^{54}(我们)、lin^{53}(你们)、in^{44}(伊们,他们)。

还有虚词运用上的差别,如表示时态的助词,方言的差异就很大。同样是表示动作的完成,湖南双峰话说"解"("今日他读解一本小说"),广州话用"咗"("小王去咗广州"),苏州话用"仔"("吃完仔饭"),等等。又如语气词,常常表现出各方言的地方色彩,如广州话,表示完成语气的有"咯""喇",表示肯定语气有"嘅",表示疑问语气的有"咩",表示提醒语气的有"嘛""咯嘛",表示揣测语气的有"啩""喇啩",表示祈使语气的有"啦",表示无所谓语气的有"之嘛",表示轻蔑语气的有"啫",等等。⑪

另外是语序的不同。例如普通话句子的格式通常是定语和状语在前,中心语在后,但是粤方言中却有中心语在前,状语在后的格式,如:"你食先,唔使客气。"("你先吃,甭客气。")"等一阵添,我就来喇。"("再等一会儿,我就来了。")"先""添"都是状语,却放在谓语"食"和动补短语"等一阵"之后,显得特别。再看句子中双宾语的位置,各方言也不尽一致,如:

  广州话:佢畀三本书我。
  潮州话:伊分我三本书。
  南昌话:他拿三本书到我。
  武汉话:他把三本书我。

普通话中,这句话说成:"他给我三本书。"谓语"给"的指人的

中编 文化——语言的管轨

宾语"我"在前,指物的宾语"书"在后,除了潮州话两个宾语的顺序同普通话一样外,广州话、南昌话、武汉话指人和指物的宾语的先后顺序与普通话都相反,此外,各方言所用的词语也有所不同。

另外,比较句、被动句等句式的结构,在各方言中也有某些差别,我们这里就不细说了。

上面我们简单地讲了语法的地域变异的一些表现,那么文化与语法的地域变异究竟有什么关系呢?

语法作为语言的结构规则,是人类思维长期抽象化的工作成果,它具有抽象性、概括性和稳固性等特点,一般说来,语法与社会的发展,与人们的文化生活没有直接的联系。但是社会的发展从总体上推动着语法的发展、变化。斯大林曾经指出:"工业和农业的不断发展,商业和运输业的不断发展,技术和科学的不断发展,要求语言用进行这些工作所必需的新词、新语来充实它的词汇。语言就直接反映这种需要,用新的词充实自己的词汇,并改进自己的语法构造。"⑧就汉语来看,情况也是这样。以下我们以汉语为例,谈谈文化对语法的地域变异所产生的影响。

首先,由于社会生活的变化和人们思想认识的发展,促使汉语及其地域性变体在句法结构上产生显著的变化。我国在五四运动前后,特别是五四运动以后,由于伟大的政治运动和思想文化运动,使中国社会生活发生了重大变化,各种新的自然科学和社会科学的学说、观点纷纷传入了中国,丰富了中国人的头脑,开阔了中国人的眼界,中国人民,首先是知识分子,思维日趋精密,对事物的认识日益深入,这样就逐渐推动着汉语及其地域性变体的语法向着更加细密的方向发展。

其次,由于中外经济和文化交流的加强,印欧语言对汉语的影响也增强,促使汉语普通话和方言出现了一些新的语法格式。例如在构词法方面增加了附加法,在语序方面与汉语固有的传统有所不同等等。

五四运动前后,我国为了吸收欧美的科学技术成果,便将欧美语言中由派生法构成的术语仿译成现代汉语,这样在现代汉语中便产生了一些能产的构词词缀。例如,相当于英语的-ize,-ization 等的"化",

相当于英语的-ty，-ness等的"性"，这些语素都变成了词缀，运用词根加词缀的构词法（即附加法）使现代汉语产生了大量的新词，在北方方言中，以"化""性"为后缀的词不断增加，如"规范化、标准化、现代化、知识化、专业化、自由化；党性、派性、阶级性、群众性、积极性、组织性、纪律性、革命性、科学性、计划性"等等，举不胜举。在南方方言中，以"阿""老"等为前缀的词，以"手""头"等为后缀的词越来越多，说明这些前缀和后缀的能产性是很强的。

第三，由于方言区人们的特殊习惯而形成的特别说法。例如在吴方言区，有些人常在单音节动词重叠后又带上补语，说成"洗洗干净""听听清楚""看看明白"，等等。外地人听了常常感到不顺耳，不习惯。因为普通话根本不这样说，这种说法也不合乎普通话的语法规范。但是在吴方言区，人们对这种说法却习以为常。这种特别的语法现象，具有鲜明的地域特征和很大的稳定性，要改变这种习惯也不是轻而易举的。

和这种情况相类似，在香港作家的作品中，在香港拍摄的电视剧中，常有"帮忙我""帮忙你"之类的说法，如香港作家张君默先生的中篇小说《模特儿之恋》中写道："好吧，阿帮，你以后如果有事，就不用回来帮忙我了。"这句话中的动词"帮忙"带了个宾语"我"，在普通话中是决不这样说的（普通话只说"帮助我"）。⑬在香港一带流行"帮忙我"一类的说法，这是香港方言的一种独特现象，这种独特的方言语法现象，也只能从当地言语习惯的稳定性方面去解释。

第四，与兄弟民族毗邻或杂居的地区的语言，由于在与别的民族的交往中受到别的民族语言的影响而产生某种新的方言语法特征。如分布在我国贵州、湖南、广西三省、区交界处的20多个县的侗语，分为南北两个方言，北部方言区与汉族地区相接，受汉语西南方言的影响很大，产生了不同于南部方言的特点。如南部方言说 le^{212}（书）$ja:u^{212}$（我）（即"我的书"），领属性的定语在中心语的后边；北部方言说 jau^{22}（我）tji^{33}（的）le^{22}（书）（"我的书"），领属性的定语在中心语的前边。又如在汉藏民族杂居的青海地区，汉语青海方言有些句子的语

中编 文化——语言的管轨

序与藏语语序相同。比如藏语 oŋ（毛）lə（驴）ta'u（你）xsəm（三）tel（赶），ŋe（我）zə（四）ndel（赶）（即"毛驴你赶三头，我赶四头"），宾语在动词谓语的前边。青海汉语方言也说"毛驴你三个赶上，我四个赶上"，宾语也在动词谓语的前边，这很明显是受到藏语的影响。

第四节 文化对语言的社会变异的影响

使用同一种语言的人也并非以同样方式说话。老人与年轻人不一样，男人与女人有着明显的差别，不同的职业或专业又各有各的行话和专业术语，还有黑话、儿语、礼貌语言、禁忌语言等等，这些都属于语言受制于文化结构所产生的社会变异。本节就这些变异中的三个方面来讨论文化在它们背后所起的作用或影响。

一、由精神文化整合而产生的文言和口语

人类的许多行为，诸如居室出入口的设计，衣服样式的选择，仪式程序的安排，一旦进入了文化，成为文化的象征和表现，就得严格地依从于一定的基础模式。我们可以假设，某一社会的财产继承、亲属范畴和生育理论，一直到它睡觉居室的选择等种种活动，都是一个文化前提的统一象征，从不同的角度表达了这个社会对人和宇宙的一个基本看法；这个前提给这些活动赋予了文化意义，把它们加以整合而作为自己的象征。而所有这些活动也因此而必须服从于这个前提。

文化的各个层面都把各种不同的活动整合为统一的网络。物质文化、制度风俗文化层面的整合主要针对具体的物质活动和风俗制度，一般不会牵连到语言。精神文化的整合由于缺乏具体的象征，结果把语言使用也纳入了它整合的范畴当中。牵涉到精神活动的语言要接受文化整合，在其他情况下使用的语言却不受影响，仍按语言的一般规律发展变化，两者逐渐产生了脱节。前者在有文字的社会一般都有规范的文字记录；后者大多只在口语中存在，因此，两者脱节在文明社会里大多都表现为言文分离。

欧洲的古拉丁语当作罗马帝国的行政管理的语言使用的时候，书面语和口语还保持着统一，尽管这两个方面都已经跟更早的时期大不一样。罗马帝国经济上和政治上解体之后，拉丁语的口语反映着各独立地区政治经济生活的不同和变化，逐渐变成了当代罗曼语族的各独立语言。但是，原罗马帝国广大地区在精神上仍然共同尊奉着帝国时代整合而成的前提模式；这一模式以拉丁语的书面语为象征（例如罗马天主教会就一直用书面语继承下来的拉丁语当正式用语）。作为原罗马帝国不同地区在宗教（其他精神活动都受它的统治）、哲学、文学及科学等精神活动中的共同用语，拉丁语书面语没有跟口语一样发展变化，仍以帝国时期的原貌与已经发展为罗曼语族的各种口语并存于各地区的各个社会，造成了欧洲中世纪的言文分离。

分布在欧亚非三大陆接壤地区的阿拉伯语也有同样的情形。它现在的口语依国家不同而无法沟通，但古典的阿拉伯书面语自7世纪以来并未发生过大的变化，不同国家受过教育的人用书面语可以顺利交流。古典阿拉伯语是《古兰经》所用的语言，《古兰经》是阿拉伯民族在7世纪经历一次最强烈的精神整合之后确立下来的精神活动模式；它的最后写定直接导致了阿拉伯书面语跟口语的分离。阿拉伯人不管谁的精神都必须忠诚于《古兰经》的准则；要表达自己的忠诚，一个最简捷最有效的办法是直截了当地效仿和追随《古兰经》所记录的真主语言。阿拉伯人认为，世界上只有真主的存在才是唯一的存在，因此只有真主所用的语言才是唯一的阿拉伯语。一个阿拉伯人会说他们中间的谁如何不懂阿拉伯语，其实后者的阿拉伯口语一点也不比前者逊色，不懂的只是因为"不识字"而没有学过的阿拉伯书面语。

阿拉伯穆斯林诵读《古兰经》必须用它7世纪最后写定时一模一样的古典书面语，这种书面语的其他使用还包括正式演讲、诗歌、报纸社论和新闻广播以及学校授课等等。用7世纪的语言来谈论当代的事情，肯定不如当代的口语来得明白易懂，浅近贴切；刚才还在用书面语演讲，接下来却不得不用口语来回答别人对演讲内容的提问；先念一段书面语的文章，还得用口语讨论其中的问题。大学课程用书面

中编 文化——语言的管轨

语正式讲授，而练习、解释和讨论却非口语不可；尤其是自然科学的课程，尽管有些国家禁止课堂使用口语，教师还是得花相当多时间以口语解释书本的文字。人们之所以愿意放弃从小就会、平常最熟悉的口语，换用一种长大后专门学习的陌生的语言形式来表达思想，让听众也换成专门的书面语来接受，目的只有一个，就是借助语言的包装把自己的内容认同于社会最高的精神文化模式；《古兰经》的口气是真主的口气，凡用真主口气说出来的思想都是离真主最近的思想，非此则不能为社会所容纳。

言文分离更典型的还有汉语曾经有过的情形，即分化出了一种只能目治而不能耳治，尽管读得出来别人却不能听懂的文言。不过，精神整合对汉语言文分离的因果关系由于不通过宗教这一外显行为作中介，反而比其他语言的情形更为隐蔽。

汉民族用于整合精神活动的大一统模式大约产生于汉代。汉武帝之前，各种锋芒的精神思想都还在胶着的状态之中。武帝即位后，马上着手精神统一，亲自对全国文士出题考试，最后"罢黜百家，独尊儒术"，由董仲舒将诸子百家和儒家各派统统综合于孔子和《公羊传》的名义之下，以此为统治思想和精神活动的模式。一时间，士人官吏纷纷集中追随儒家经典，例如公孙弘，本出身于狱吏，此时却因为《公羊传》而位跃王侯，成了丞相。

这一模式的确立对汉语的言文分离产生了重大影响，拿《史记》和《汉书》的语言来比较，不难窥其一斑。《史记》成书于"独尊儒术"还刚刚提出不久的时代，司马迁写书的材料有许多都是从广泛游历、结交朋友的实地调查得来的，写作的语言也仍然以明白好懂为第一原则。当他用到"石室金匮之书"的时候，通常都翻译成为变化之后的白话，如《尚书》"庶绩咸熙"在他笔下就成了"众官皆兴"；前代经典的语言在司马迁心目中还不成其为权威，作者并不好古，《史记》跟当时的口语还基本上保持着一致，到今天还被语言学家用作考察汉语当时的历史变化的依据。可是，不过一百多年，班固再写《汉书》时，语言的使用却大相径庭，后者宁可牺牲浅近明白也再不避古奥。这不到一百年的中间，汉民族的精神活动越来越统一于"独尊儒术"的模式之中，自汉武帝到汉成帝，儒家经博士的弟子竟达三千之多，师传讲学形成了家法，引经据典的风气遍及皇帝的诏书和吏人的奏牍。受它的影响，班固对语言的使用刻意仿古，跟他的同时代的口语拉开了不小的距离。《汉书》始出，就令当时人觉得诘诎难读，大为头疼，连时称通儒、博学多识的经学大师马融，也要通过班固之妹班昭的教授就读。《后汉书·列女传第七十四》有载："时《汉书》始出，多未能通者，同郡马融伏于阁下，从昭受读。"《汉书》自己行世也还不及百年，就须靠服虔、应劭等人注释音义才得以流传。《三国志·吴主五子传》载："（孙）权欲登读《汉书》，习知近代之事，以张昭有师法，重烦劳之，乃令休从昭受读，还以授登。"中间除史实已渐变久远之外，语言也不能不说是原因之一。

  儒家经学的精神模式后来又经历过不少的冲击和改造，整合能力不断增强。随之逐渐形成的文言也不断地取代汉语的其他变体。其中古文运动的古文对骈文的胜利是它一次最辉煌的胜利。两汉之后，喜欢闹点独立的文人才子们为逃避正统的精神模式，在文学语言上以形式争奇斗智，追求声韵对偶的和谐整齐，词藻的工整华丽，形成了骈词俪句的定式。但积极人世的知识分子终归要以齐家治国平天下为本，要求文学的语言整合于承载这种内容的经典的规范之中；中唐的韩愈、柳宗元等人，终于响亮地提出"文以载道""文道合一"，要以古文代替骈文。借古代经典的号召，汉语文学语言骈词俪句的定式被古代散文的语言规范取代，汉语文言的发展达到了它最后的一个高峰。

  古文对骈文的胜利离不开文言仿古，它所倡导的内容和准则都离不开用文言写下的大量文献。以文言为象征的精神整合模式在当时封建社会的成熟期正日在中天，强大的号召力和感染力为古文运动赢得了大批追随者。本来，古文八大家的"仿古"也提炼和吸收了不少他们那一时代的白话，而且一个时代的文学应该以一个时代的口语最有表现力；但当时作为白话代表的刍荛狂夫，都下引车卖浆者之徒的"闾里小知"，还不足以造成超越文言的声势。白话要登上文学殿堂（甚至于在所

中编　文化——语言的管轨

有精神领域都实现言文合一），只能是在以资产阶级为代表的平民聚集的力量足以抛弃封建精神文化，重建一个新的精神模式之后。唐宋时期这显然还不可能。

言文分离现象古今中外都很普遍。两者间"文"的书面语总被人们当成更好听、更适合表达重要思想的"正式"语言。实际上，它的使用违反了交际所要求的浅近明白的效率原则（不经一番钻研就看不懂是它唯一的美学效果），在结构上效法追随一个已经过时的规范，扭曲了语言的正常发展。这样一种语言变体之所以存在，都只是因为它象征着一个社会最高的精神整合模式。

二、由文化角色决定的男女语言差异

不少语言学家针对许多具体的男女差异提出过许多具体的解释。加勒比印第安语有很多男人独有的说法，女人能听懂，但永远不会跟男人一样说；女人也有男人不能使用的短语，男人用会受到嘲笑；听起来，会让人觉得似乎在使用不同的语言（其实只是一些词和短词的区别）。有人解释说，当地的居民原来属于一个叫阿拉瓦克的部落，这个部落后来被加勒比人所征服，消灭了它的全部男子，剩下来的女子跟加勒比人留下来的男子结了婚，两种语言混合成一种语言之后就产生了上述现象。西伯利亚楚克奇的妇女在词的两个元音之间经常多一个 n、t 之类的辅音，男性说 nitvaqeat，到了女性之口就会变成 nitvaqenat；对此有人的解释是妇女的语音比男子保守，元音间减少辅音比多出辅音更符合语言结构的发展规律，所以前者可能是男子的一种发展，而妇女则仍谨守着语言原来的特点。还有，叶斯丕森也曾经把非洲祖鲁语的男女区别解释为语言禁忌的结果；祖鲁人的妻子不许说出她公公及公公弟兄的名字，否则将被处死；公公的名字带了 z，媳妇对"水"这个词就得从 amanzi 改读为 amandabi，推而广及该社会的所有女人，就有男女相别的语音界限。

我们还可以对男女语言的其他具体差异再提出其他的不同解释，但这样的每一种解释只适合一种情况，移之于另一种情况就失去了说服力。假如拘泥于个别差异的直接起因，有许多差异现在仍提不出起因不说，更困难的是这许许多多的具体解释无法统一，对它们再也提不出一个更高的解释来。

排除单个差别的具体原因，将各种语言的男女差别综合加以比较，就可以看出其中一致的趋向：一个社会里的男女分工越固定，男人和女人的身份和区别越严格，他们之间的语言差异就越大，越明显。游牧社会、农耕社会语言的男女差异超过工业化社会，加勒比印第安语、非洲祖鲁语、西伯利亚的楚克奇语的情形都是现在所发现的最显著的区别；汉语文言里，妇女都自称"妾""奴""奴家"，与男性有别，而现代的汉语中妇女都跟男子一样毫不自谦地称"我""俺""咱们"。都是工业化的社会，日本妇女对社会的参与还是比不上英美，当今的日语恐怕是现代化社会里男女差别最为典型的语言。日语历史上传下来的大量"女房词"至今还大部分是女性的专利，妇女说话不仅避忌"下流"，甚至对许多食品和日用器具也专门创造了更为优雅的名称。日语语法有固定为女性或男性专用的人称代词、终助词和感叹词，例如女性称自己为"私"，对第二人称用"贵方"，男性第一人称是"仆"，称对方一般为"君"，互相间泾渭分明；学校的女教师或母亲跟小男孩说话如果用了"仆"，小男孩一定明白这指的是他自己，因为老师或妈妈不会自称为"仆"。日本语有风格鲜明的女性文体，她们尽量绕开日语里的"汉语"，使用比男性多得多的敬语（老夫老妻的日常对话也是妻子对丈夫的敬语比丈夫对妻子的多）。读日语小说作品，里面对话的人物光根据作家笔下的文字就可以判断性别。社会分工和社会地位对男女差异的影响往往通过社会文化角色发挥作用。就我们现在观察到的男女语言差异而言，它们都是在有阶级的以男性为主的社会里产生的，这种社会的文化给女性规定了一种服从被动型的角色，要求她们尽可能多地争取为别人所容纳；对男性则要求他们独立，向别人拿出主见和创造性来。

男女之间有许多语言差异直接服务于性别角色的不同内容。英语女性说话的一个特点是喜欢用表犹豫的疑问格式，陈述事情总爱用附加问句，避免直接的陈述句。她们不会光说"约翰在这儿"，总在后面

中编 文化——语言的管轨

加上"不是吗?";问一位主妇"晚饭什么时候好?"最可能的回答是"噢,六点钟左右吧!"文化角色的这种影响大概在一个人初学说话时就已经产生。我们调查过一男一女(代号为 T 和 D)两个儿童身上的汉语语气词"吧",他们的"吧"都产生于两岁前后的同一个年龄段,但使用的差别很大。女孩 D 的"吧"从一开始就有祈使和疑问两种用法,背完了唐诗问爸爸"好听吧?",穿上新衣服也要问"好看吧?";男孩 T 的"吧"产生后的一个很长时期都只有祈使一种用法,"吧"的疑问句一直到三岁半才出现。T 的父母不喜欢男孩知道了又不敢肯定,要请别人加以证实的语气,认为没有男子汉气概;是就"是",不是就"不是",不鼓励他"是吧?"的犹豫口气。T 的"吧"就是祈使句也受压抑,他的"我们来看书吧"肯定不如"我们来看书"直截了当更受欢迎,所以他的祈使句也都是在意愿得不到满足的恳求之下才加上"吧"的。性别角色的内容对语言的直接影响常常超出人们的意料。日本作家涩泽秀雄一次在一家旅馆闲聊时向女服务员问起这家旅馆曾经养过一只鳄鱼,服务员答话大概只想到顾客问的鳄鱼也应该属于顾客一方,所以对鳄鱼也用起敬语,没想到把鳄鱼和顾客划为同类一起尊敬,令顾客哭笑不得。

　　文化角色对于语言除直接的影响之外,还会通过一种微妙的"广告"作用引发出更广泛的男女语言差异。女性被动型的寻求为别人所容纳的文化心理结构,使得她们十分重视社会当中别人对自己的看法,努力地在容貌、仪态、衣着——自然免不了语言——等方面争取别人一个"好"印象,向社会推销自己。

　　一种语言里的男女差异不管是大是小,因为"广告"的作用,女性的一方总把自己向被社会认为更"好"的更符合规范的方向靠拢。下层阶级女性与同一阶层的男性相比较,前者对使用原本属于上层阶层,但更有社会威望的语言形式显得更为积极。底特律英语的否定有社会上层使用的标准的单一否定,也有流行在下层的像"I don't want none(我一个也不要)"这样的多重否定,调查得到不同阶层男性和女性使用多重否定的百分比如下:

	上中阶级	下中阶级	上工阶级	下工阶级
男性	0.0	32.4	40.0	90.1
女性	0.0	1.4	35.5	58.9

处于一个阶级下层（中产阶级下层、工人阶级下层）的妇女竭力避免使用多重否定，把自己与同一阶层的男子相区别，向更高阶层靠拢。用更有威望的语言形式来引起别人的注意，是女性自身的一种有意识或无意识的文化要求。英国诺里奇市对 tune 一词有标准的 [tuːn] 和非标准的 [tjuːn] 两种发音，调查者事先录下了调查对象对这个词的实际发音，然后让他们自报平时喜欢使用哪一种发音。将调查对象的实际发音和自报使用的发音相比较，发现那些实际上发了非标准音而又自报喜欢标准发音的，大多都是女性；也就是说，她们虽然不自觉地使用了非标准发音，但都认为自己应该用更有社会声望的标准发音。由于"广告"作用所产生的结果，使得一个社会的女性语言都是"好"的语言，调查印第安人部落的 kaosati 语言的人曾经询问过 kaosati 人自己对他们部落的男女语言区别有何评价，他们（特别是老人和男人）普遍认为，女人的语言比男人的"好"。日语许多区别本来就是历史上的仕女为了显示自身的优雅和智慧而创造出来的，到今天也甚至连些"男女同权论者"都认为语言的区别不能取消，因为女性的语言更加柔和流畅，更加悦耳动听。

男性的语言使用不存在这种"广告"现象，相反，他们往往认为所谓"粗俗"语言或下层阶级的语言最能表现他们对社会主流的独立和挑战精神，很能表现男子汉气概。西印度群岛有教师给说克里奥尔语的儿童教授标准英语，男女儿童的起始阶段进步都一样，但六个月后开始出现差别，女孩子对非标准动词短语的结构使用降到了 7.5% 以下，而男孩还在 29% 以上。教师观察到男孩经常以女孩子的声音模仿她们学到的英语标准形式，暗地里相互取乐；这些男孩子不存在与女孩的学习能力差异，而是不屑于追求这种别人强加的社会声望，他们把标准英语看作女孩子气的象征，敢于与之挑战，就显示了自己的独立性和创造性。

中编 文化——语言的管轨

归根到底,语言的男女差异是社会文化给男性和女性角色规定的不同象征。这种象征带有个人无法逃避的很大的强制性。特别是女性的语言,不仅是她们自身的"广告",还得接受社会的监督。一个衣着入时的窈窕淑女当街当众吐了几个"老子""他妈的",经常是漫画家笔下的讨伐对象,人们时常慨叹世风日下;但如果出自一个粗眉瞪眼的小伙子之口,虽然也不大典雅,却好像还可以承受,似乎这古已有之,见怪不怪了。语言既然是文化的一个象征,就总逃避不了它所象征的内容的制约。

三、由集团认同而保持的都市方言

毫无疑问,现代都市社会的语言远比古代的乡村社会统一,它没有乡村社会的地理间隔,人们生活的相互依赖和相互交往比过去任何时候都更为密切。不过,统一并非绝对一致,一个都市通行的一种语言底下,仍可以时时发现它还有不少社会方言。

我国许多都市的方言分歧都导源于它的居民从四面八方进入城市这一历史事实。上海起初真正的"上海话"应该是现在南市或徐家汇一带的老人的那一派别,这一带是最早上海县的治地,自辟为通商口岸开始,它涌进了大量的五方移民,语言也很快就"五方杂处":例如松江话(与起初的"上海话"最为接近,但也不完全相同)、宁波话、苏州话、苏北话等,从各地迁徙来的人都成了上海人,这些话最后都成了上海话。到今天,上海话有新派与老派的对立,在新派之前形成的老派,内部也不尽相同。如浦西老派、浦东老派等等,都是当初移民的结果。汉民族很重籍贯地望,新迁入都市的人轻易不肯放弃自己原来的方言,先在那里的居民很少能对他们发挥同化作用;相反,都市的扩大往往以大量新人口的涌入为条件,他们的经济政治地位也时常占有优势,反而把原来居民的语言压成了少数派。广州话 n-、l-不分(把 n-读成 l-),零声母跟后鼻音声相混这两个特点属于过去哪一年代的层次还不清楚,但它于今只保留在像越秀区这样的老城区的一部分人口中。随着广州市的不断扩大,新市区的新广州人没有"屈从"于老城区的压力,n-和 l-,零声母和后鼻音声母分得很清楚,这种区分今天成了广州话的主流;保持不分,成了一小部分人的特点。

在多民族国家中,都市方言分歧往往形成种族差异。南斯拉夫波斯尼亚首府萨拉热窝有它通行的塞尔维亚-克罗地亚语,但这个城市的三个种族,塞尔维亚人、克罗地亚人和穆斯林,在统一的语言下长期地保留着各自的语言特征,他们的种族意识使他们在语言通行的限度之内实行着不同的选择,毫不费力就可以给三个种族分别列出各自习惯使用的一长串词汇,人们很容易从说话推知对方所属的种族。在高度都市化的美国,它的英语以"白人英语"为代表,但"黑人英语"也是美国英语,至少是美国英语的一种方言。"黑""白"两种英语的倾向性差异广泛涉及语音、词汇和语法等各个方面。例如,很多黑人对 cart、cat 一类的词不发元音后的 r,经常把 thing 或 that 一类的词首辅音发成 t 或 d,this 发成 dis,等等;"黑人英语"第三人称单数现在时不加-s,时常直接用 he go,it come,she like 这样的形式;"白人英语"有系词的地方它没有系词,或者把系词 be 当"不变形式"使用。

集团认同是人类的基本文化需要,是在都市方言背后起作用的文化因素。来自不同地域或不同种族的人,在都市社会中组成了不同的集团,它们需要语言作为集团认同的手段和标记。都市的地域或种族集团往往渗入社会生活的很多方面,例如形成一定的社会阶层,垄断一个城市的某一行业。集团认同不仅是为了保证心理的平衡,而且还成了物质生活的一个保障。另一方面,都市生活可以急骤地削平地域或种族集团其他许多方面的特征,如服饰衣着之类,但语言的特征却不会在一朝一夕改变,语言的稳固性突出了它的集团认同中的作用,反过来也加强了都市方言的分歧。许多语言学家指出,如果不是语言特征一贯保持着它鉴别种族集团的功能,就不能想象会有萨拉热窝那样把它的方言分歧从很早的历史年代一直保持到今天的情形。

一个都市中的每一种方言,都是一个社会集团的标志。一些历史已经很长的都市和一些高度现代化的超级都市的一些地区,地域或种族的集团已经消融,它们的都市方言依附于从另外的角度组成的集团——例如社会阶层集团——而得以保持。例如英国的伯明翰、利物浦和诺里奇的"工人阶级方言"和"中产阶级方言",前者在伯明翰和利物浦的特征之一是辅音的舌根化色彩,在诺里奇的一个特征是高喉音,这些特征不构成音位区别,但它们承载了一定的社会文化意义,所以人们对它的敏感程度不亚于音位的区别。还有一些阶层方言在往往人们没有觉察的情况下悄悄地形成。美国语言学家拉波夫曾调查纽约人发不发 car、card、flour、flourth 之类的词的元音后面的 r,他选取高、中、低三家百货商店的店员作调查对象,到这些商店购物的顾客各来自不同的阶层,店员出于职业要求和其他原因,说话都得向到来的顾客看齐,因此这高、中、低三家商店的店员代表了社会不同阶层的语言特点。调查的结果:高档百货商店的店员对 r 使用最多,没有 r 的实例是 38%,中档商店店员没有 r 的实例是 49%,而低档商店的店员对 r 使用最少,没有 r 的实例高达 83%;证明纽约确实正在形成以 r 为特征的不同方言,把"元音后的 r"发出来是高阶层方言的倾向,去掉"元音后的 r"不发是社会低阶层方言的倾向。

都市语言之所以比乡村社会有更大的统一,一是因为都市的集团经常处于不断的变动之中,不容易形成稳固的集团,因此也不容易有稳固的方言;另一方面,都市生活的一体化,人与人频繁的接触交往,以及都市所提供的竞争机会,使人们对"标准"语言的追求更为容易和更加强烈,"标准"语言对非标准方言的影响远远大于传统的乡村社会。

但是,这两个因素都不足以抵消集团认同的作用。只要有都市集团的存在,就会有都市方言的存在。都市生活高节奏和高频率的变动在消除一些社会集团的同时,也不断地产生另外的集团,从而又有新的方言产生。我国几乎每一个城市的语言都有"老派""新派"的方言,它产生于都市生活严重削弱了传统家庭的社会基本单位的功能之后,按年龄区分的新兴集团。都市的家庭不再是社会基本生产单位,公共饮食和社会服务的发展也大大降低了家庭作为基本财产单位和消费单位的意义,统一的公共教育更是剥夺了家庭的大部分教育功能。

孩子在幼儿园，与同龄人的接触交往时间超过了家庭内部的时间。顺理成章，都市社会形成了以年龄区分的文化集团，特别是青少年集团；只有同龄人才会有共同的喜好、价值观和道德准则，所以许多都市的青少年都形成了与他们父母的"老派"不同的"新派"方言。

　　以标准、非标准而论，用经济政治地位较高的集团方言说话或写作确实会使人得到经济上、社会上和政治上的很多好处。不过，这种标准本身就是社会主流集团强加给非主流集团的主观文化标准；若以是否能满足交际需要衡量，标准语言和非标准方言都能满足集团内部的交际需要，非标准方言自身没有使它地位低下的因素，只因为使用这些方言的人地位低下，所以才被认为是低下的方言。对这种情况，那些得不到或不可能得到地位和好处的集团会起来抗拒和排斥。拉波夫走访一个15岁的黑人男孩，问他："假定有一个上帝，他是白皮肤的呢还是黑皮肤的？"孩子答道："他是白皮肤的，先生。""为什么呢？""为什么？我告诉你为什么？因为这儿的白人个个什么都有，你懂吗？可黑人什么也没有，你知道吗？你懂吗？所以——呃——这么安排；你知道干这种混蛋事情的上帝不会是一个黑皮肤的上帝。"孩子用地道的"黑人英语"说明他对主流文化的厌恶，它跟"白人英语"一样清晰而有效地操作假设和抽象概念，不存在什么"语言缺陷"。美国黑人不是"不会讲英语"，也不是没有能力"好好地说英语"，他们从自己的地位和集团认同的立场出发，不可能也不愿意好好地说像白人那样的英语，这种抗拒和排斥使低下的方言顶住了语言"标准"的同化。就是似乎没有那么大对抗性的集团之间，其实也都有互相抗拒和排斥。拉波夫对纽约市对于 r 的调查在证明 r 是社会高阶层的方言特征的同时，还得到一个很有趣的现象：他调查的高档商店以年轻店员对 r 使用最多，这符合年轻人积极追求新的有地位的语言特征的一般规律；低档商店的店员不论年轻与否，r 的使用都保持在符合他们商店地位的一个低水平上；中档商店非常特别，年纪大的店员对 r 的使用很多，年轻店员则与高档商店相反，越是年轻的店员对 r 的使用越少。中档商店的店员跟他们的顾客一样属于一个既可能往上爬也可以往下

中编 文化——语言的管轨

降的中间阶层：年纪大的店员往上爬有一定的资历的优势，比年轻人更有可能实现到高档商店去的愿望，所以他们更积极地接纳了高阶层集团的方言特点；跟他们相反，年轻人的资历使他们还不具备实现同一愿望的可能性，所以宁可向低阶层集团认同，也不愿意与高档商店里的同龄人走向一致，对 r 的使用采取了抗拒和排斥的态度。上海话解放之后有过很大变化，但内部各派的变化方向也不完全相同。例如 [E] 韵的分合，原来老派对"雷""来""兰"三个字的读法各不相同，或者"雷"与"来"相同，"兰"不相同；现在在繁华的中心区，如卢湾、南市、浦西、长宁、静安的中青年新派对三个字的读法都已完全相同，不再区分；但北部市区和浦东等苏北籍或其他居民相对集中区的中青年却拒绝这种发展，它们另有一个方向，"雷"不相同，"来"与"兰"相同。与此相类，大概是受普通话影响的缘故，上海话两个鼻化的前低元音和后低元音韵母现在正趋合并，青少年不加区分已成主流。但南市、卢湾和浦西一带的青少年最坚持"上海人"意识，还有不少人保留着这两个韵母的区分，其中南市南部和闸北的青少年合并程度最高。中心繁华地区的语言变化诚然代表着"道地的上海话"变化方向，但上海居民中的"非上海人"在变化中却自觉或不自觉地抗拒"道地的上海话"，其原因自然是集团内部的认同在起作用。

如果说都市的统一都还不能保证语言的完全一致，那么再没有什么其他的情形能使一个社会的语言会变得像乔姆斯基所说的那样"纯而又纯"了。语言不仅是社会的交际工具，而且也是一定社会文化的载体，后者对前者总在发挥着它的作用和影响。

注释：

①《自然辩证法》149、154 页，人民出版社 1955 年版。

②吴桂藩《论思维和语言的起源》，《中国社会科学》1981 年第 3 期，25—40 页。

③ [美] 珍妮·古多尔《黑猩猩在召唤》中译本，41—42、213、136—138、263、278—279、72、230 页，科学出版社 1980 年版。

④ [瑞士] 皮亚杰《发生认识论》，转引自《教育研究》1979 年第 5 期 87 页。

· 347 ·

⑤同④，转引自程伟礼《灰箱：意识的结构与功能》，366页，人民出版社1987年版。

⑥［瑞士］皮亚杰《儿童心理学》69页，转引自《灰箱：意识的结构与功能》。

⑦叶蜚声、徐通锵《语言学纲要》23页，北京大学出版社1981年版。

⑧关于语言学习类型的划分和对每种学习类型的看法，学术界意见还相当不一致。有人把语言习得限定为儿童的第一语言学习，把语言学习（即本书所说的语言学得）限定为第二语言、第三语言乃至第N语言的学习，而且很少把语言康复也算作一种语言学习类型的。有人也把第二语言学习称为第二语言习得。本书把语言学习看作上位概念，从学习方式上把语言学习分为三种类型。当然还有无其他的语言学习方式，从别的角度可以把语言学习分为哪些类型，还是值得进一步研究的学术课题。

⑨计永佑《语言学趣谈》，书目文献出版社1983年版。

⑩胡明扬《语言与语言学》17—19页，湖北教育出版社1985年版。

⑪王希杰《狼孩子》，于根元等编《语言的故事》，东方出版社1994年版。

⑫见陈平《美国语言心理学的一项新研究》，《国外语言学》1982年第3期。

⑬关于儿童语言习得的各种理论，详见李宇明《儿童语言的发展》第二章《儿童语言发展的基本理论》，华中师范大学出版社1995年版。

⑭参看李宇明《试论"们"在现代汉语人称代词中的类化作用》，《华中师院学报》（哲社版）1984年第1期。

⑮foot（脚）、man（人）、mouse（鼠）正确的复数形式是feet、men、mice。

⑯桂诗春《心理语言学》57页，上海外语教育出版社1985年版。

⑰雅可布逊在《儿童语言、失语症和语音普遍现象》中指出，人类的普遍语音现象儿童先习得，某具体语言中的特殊语音现象儿童后习得（详见下文）。平舌音（如［s］）在许多语言中都存在，而翘舌音（如［ʂ］）是汉语等一些语言中的特殊语音，因此儿童习得平舌音要早于翘舌音。但是，语音习得是受多种因素制约的，习得规律往往会因其他因素的影响而发生例外。南开大学石峰教授告知作者，他的儿子是首先习得［ʂ］的，原因可能是这位儿童听到"石"的机会比较多，家长也常教他发"石"这个音，输入频率造成了特殊的语音习得现象。

⑱一般所说的儿童语言"错误"，是站在目标语言的角度作出的判断。就儿童语言发展来说，他的错误多是成规律的，甚至是儿童语言发展中的必由之路，因此文中给"错误"二字加上引号。

中编　文化——语言的管轨

⑲偏向性策略是儿童习得语言的一种重要策略，它是指儿童在习得语言的某一阶段偏向于使用某种语言现象，或是对某种语言现象作出偏向性的理解。具体情况见李宇明《儿童习得语言的偏向性策略》，《华中师范大学学报》（哲社版），1991年第4期。此文并收入李宇明等《汉族儿童问句系统习得探微》，华中师范大学出版社1991年版。

⑳come（来）、hide（隐藏）、break（打破）、go（走）、do（做）等过去时的正确形式是came、hid、broke、went、did。儿童习得语言的这种过分概括现象，可参看桂诗春《心理语言学》54页，上海外语教育出版社1985年版。

㉑这一现象是美国心理语言学斯洛宾等人发现的。见桂诗春《心理语言学》54—55页，上海外语教育出版社1985年版。

㉒70年代兴起的功能语法认为汉语语法比英语等更接近客观现实，并且认为汉语语法很像儿童语言、混合语和洋泾浜语。（见戴浩一《以认知为基础的汉语功能语法刍议》211—222页，戴浩一、薛凤生主编《功能主义语汉语语法》，北京语言学院出版社1994年版。）从功能语法的角度来解释汉族儿童语法"错误"较少的现象，也不失为一条路子。

㉓参看伍铁平《雅可布逊〈儿童语言、失语症和语音普遍现象〉》，《国外语言学》1981年第3期。

㉔桂诗春《心理语言学》57—59页，上海外语教育出版社1985年版。

㉕关于语言观念及其与文化的关系，详见本书下编第一章第四节《文化对语言观念的影响》。

㉖王利器《颜氏家训集解》36页，上海古籍出版社1980年版。

㉗见祝畹瑾编《社会语言学译文集》267—269页，北京大学出版社1985年版。

㉘见朱曼殊主编《儿童语言发展研究》170—171页，华东师范大学出版社1986年版。

㉙参看张锐、朱家钰《说话训练》17页，内蒙古人民出版社1987年版。

㉚蔡富有《恩格斯会说多少种语言》，于根元等编《语言的故事》，东方出版社1994年版。

㉛见李宇明等《试论成人同儿童交际的语言特点》，《华中师范大学学报》1987年第6期。

㉜详见李宇明等《儿童反复问句和"吗""吧"问句发展的相互影响》，《中国语文》1991年第6期。

· 349 ·

㉝见朱曼殊主编《儿童语言发展研究》170—171页，华东师范大学出版社1986年版。

㉞见应厚昌等《四至七岁儿童掌握量词的特点》，朱曼殊主编《儿童语言发展研究》101—102页，华东师范大学出版社1986年版。

㉟见朱曼殊主编《儿童语言发展研究》169页，华东师范大学出版社1986年版。

㊱见李丹主编《儿童发展心理学》131页，华东师范大学出版社1987年版。

㊲见李荣《汉语方言的分区》，《方言》1989年第4期。

㊳见秦秀白主编《英语通论》198—499页、509页，华中师范大学出版社1988年版。

㊴李光庭《乡言解颐》30页，中华书局1982年版。

㊵见黄庭诚《闽语作房屋解的"厝"字》，《中国语言学报》第3期，商务印书馆1988年版。

㊶参看李永明《衡阳方言》，湖南人民出版社1989年版。

㊷见陈勤建《当代中国民俗学》148页，上海文艺出版社1988年版。

㊸《马克思主义经典作家论语言》16—17页，商务印书馆1959年版。

㊹参看刘兴策《钟祥方言的历史演变》，1997年7月曾在首届官话方言国际学术讨论会上报告了论文要点。

㊺见中国社会科学院和澳大利亚人文科学院联合主编《中国语言地图集》（中文版），香港朗文出版社1988年版。

㊻同上。

㊼参看袁家骅等《汉语方言概要》225—226页，文字改革出版社1983年版。

㊽斯大林《马克思主义和语言学问题》7页，人民出版社1971年版。

㊾参看邢福义《关于"帮忙我"之类的说法》，香港《普通话》1987年第1期。

主要参考文献：

[1] 陈平. 美国语言心理学的一项新研究 [J]. 上海：国外语言学，1982 (3).

[2] 桂诗春. 心理语言学 [M]. 上海：上海外语教育出版社，1985.

[3] 胡明扬. 语言与语言学 [M]. 武汉：湖北教育出版社，1985.

[4] 计永佑. 语言学趣谈 [M]. 北京：书目文献出版社，1983.

[5] 李丹. 儿童发展心理学 [M]. 上海：华东师范大学出版社，1986.

中编 文化——语言的管轨

［6］李宇明．汉族儿童问句系统习得探微［M］．武汉：华中师范大学出版社，1991．

［7］李宇明．儿童语言的发展［M］．武汉：华中师范大学出版社，1995．

［8］王利器．颜氏家训集解［M］．上海：上海古籍出版社，1980．

［9］伍铁平．雅可布逊：《儿童语言、失语症和语音普遍现象》［J］．国外语言学，1981（3）．

［10］于根元，等．语言的故事［M］．北京：东方出版社，1994．

［11］张锐，朱家钰．说话训练［M］．呼和浩特：内蒙古人民出版社，1987．

［12］朱曼殊．儿童语言发展研究［M］．上海：华东师范大学出版社，1986．

［13］祝畹瑾．社会语言学译文集［M］．北京：北京大学出版社，1985．

［14］陈原．社会语言学［M］．上海：学林出版社，1983．

［15］陈松岑．社会语言学导论［M］．北京：北京大学出版社，1985．

［16］程伟礼．灰箱：意识的结构与功能［M］．北京：人民出版社，1987．

［17］韩民青．人类论．北京：中国广播电视出版社，1988．

［18］卡西尔．人论［M］．甘阳，译．上海：上海译文出版社，1985．

［19］李光庭．乡言解颐［M］．北京：中华书局，1982．

［20］列维-布留尔．原始思维［M］．丁由，译．北京：商务印书馆，1987．

［21］秦秀白．英语通论［M］．武汉：华中师范大学出版社，1988．

［22］袁家骅，等．汉语方言概要［M］．北京：文字改革出版社，1983．

第三章　文化对语言接触和融合的影响

第一节　双语双方言的文化背景

世界上各个国家、各个民族的语言生活是多种多样的，但从语言的使用这一角度看，大体上可以分为单语现象和双语现象两大类型。

单语现象是指一个国家或一个民族就整体而言，只使用一种语言进行交际，这种现象通常称为单语现象。例如地中海的岛国马耳他，其居民就总体而言讲的是阿拉伯语的一个分支——马耳他语。这个岛国是一个单语集体。但这个岛上有不少居民还会说第二种语言——意大利语式英语，所以就这个国家的整体而言，属于单语现象，就它的一些居民和家庭来说，则存在着双语现象。可见单语现象并非绝对单一的。

所谓双语现象，是指同一言语集体中两种语言并存并用的现象。也就是一个国家、一个民族或一个地区中，同一个言语集体的成员，根据交际的需要交替使用两种语言这样一种情况。但某些国家或民族中，一个言语集体有三种或者更多的语言并存并用的情形，有的语言学著作称为"多语现象"，以便与"双语现象"相区别；多数语言学家仍将这种情况称为"双语现象"。在欧洲、美洲、亚洲和非洲的一些国家，早就存在着双语现象。如芬兰是芬兰语和瑞典语并用，巴拉圭是西班牙语和加拉尼语并用，肯尼亚以斯瓦希利语作法定的国语，而以英语作官方语言。在我国少数民族聚居的地方或少数民族与汉族杂居地区，双语现象也普遍地存在着。如新疆维吾尔族、蒙古族的许多人，

中编 文化——语言的管轨

除了讲自己的民族语言外,一般都会说汉语、柯尔克孜、塔塔尔等族除了讲自己的民族语言外,一般都会说汉语、维语,伊犁的锡伯族群众不但会讲锡伯语,而且几乎都会说汉语、维语、哈萨克语,等等。

所谓双方言现象,则是指"在许多语言社团中,一些人在不同的情况下使用同一种语言的两种或两种以上的变体"①。例如,在我国,有些人既会说广州话,又会说客家话,这当然是双方言现象;有更多的人是既会说汉民族共同语——普通话,又会说汉语的一种方言,这也属于双方言现象的范畴。国外有些语言学家认为:双方言现象也就是双语现象。我们认为二者之间关系密切,但并不是一回事。因为双方言是指同一种语言的两种地方变体,或一种语言的共同语和从属于它的某个方言,而双语则是指两种不同的语言。同双语现象一样,双方言现象在世界上广泛地存在着。这种现象也是就一个民族或一个地区的居民整体而言,并不是说其中每个居民都会说两种或更多的方言。当然,在全世界范围内,个人的和家庭的双语双方言现象相当普遍地、广泛地存在着,而整个国家或整个民族都操双语或双方言的现象则很少见。

语言是社会的产物。无论是不同民族之间的、不同家庭成员之间的或同一家庭成员之间的双语双方言现象,都是社会现象。这种双语双方言并存并用的情况人们又通常称作双语制。有不少著作都论述过双语双方言现象。例如傅利曼的《诺曼人征服英国简史》,阿儿博儿特·薄的《英语史》,都叙述了法国的诺曼人1066年征服英国后逐渐学会英语,从13世纪开始,全体诺曼人都兼通英、法两种语言,形成以英语为母语的双语制②。但是对这种语言现象的研究却是20世纪中叶才出现的。我国对这一问题的认真研究,严格地说是80年代才开始的。下面我们将分别探讨双语的文化背景和双方言的文化背景。

一、双语的文化背景

双语的文化背景是指双语现象产生的种种原因,包括政治、经济、历史、地理、民族意识等方面的原因,也就是一个社会的政治、经济、历史、地理、民族意识等方面的情况对形成和使用双语言所产生的影响。

双语现象的发展或衰退与一个国家、一个民族或一个地区的社会制度有着密切的关系。在封建主义国家或资本主义国家，统治阶级是压迫和歧视某些民族，特别是较落后的少数民族的，甚至企图人为地消灭某些被压迫的民族的语言，这种不平等的语言政策，严重地阻碍了民族语言的发展，妨碍了双语制的实行。在我国历史上，元代统治者曾凭借其政治上的特权，"直欲令天下臣民皆习蒙古语、通蒙古文"，妄图强迫被统治的汉族人放弃自己的语言。在多民族的社会主义国家则不是这样。例如新中国坚持大小民族一律平等（包括语言平等）、和睦相处的社会主义民族政策，就为推行双语制提供了可靠的政治上的保证。吉林省延边地区的双语情况很有代表性。19世纪中叶以后，朝鲜北部和南部的居民大批地迁入我国东北境内，延边地区很早就成为朝鲜族、汉族杂居的地区，朝鲜族居民一般都用母语和汉语两种语言。但在新中国成立以前，特别是日本帝国主义侵占我国东北时期，实行野蛮的殖民地奴化政策和扼杀民族语言的政策，强迫朝鲜族人民学习和使用日语，剥夺朝鲜族人民使用和发展自己的民族语言的权利，妄图以此来巩固其殖民统治。中华人民共和国成立以后，实行各民族语言平等的政策。延边朝鲜族自治区（后改为自治州）人民政府组织条例明确规定"以朝鲜文为行使职权的主要工具，并应同时采用通用的汉文"。这就从政策和法律上明确规定了朝鲜族自治州实行双语制，使朝鲜族人民重新获得了使用和发展本民族语言文字的权利。在这种语言政策的指引下，吉林省延边朝鲜族自治州双语人的比例很大，如延吉市、图们市及其附近地区，双语人约占61％，和龙县、龙井市以及晖春与安图的南部一带，双语人约占51％。这些双语人除了熟练使用自己的母语外，还能经常地用第二语言进行交际。在我国，少数民族自治地区以少数民族语言作为行使自治权利的主要工具，既充分体现了民族平等的原则，又保证了各兄弟民族语言和文化的不断发展和繁荣。实践证明，在我国的社会历史条件下，一个民族自然地由单语走向双语，是顺应历史发展规律的表现，也是民族兴旺发达的标志。

实行双语制也是发展各民族经济的需要，是加强各民族间互助合

中编　文化——语言的管轨

作的需要。列宁在《关于民族问题的批评意见》一文中指出："因为经济流通的需要，总是要迫使住在一个国家里的一些民族（当他们还愿意住在一起的时候）去学多数人用的一种语言。"由于历史的原因，汉族人民经济的发展通常快一些，少数民族为了赶上汉族，加快经济发展的步伐，就要求学习和使用我国"多数人用的一种语言"——汉语。比如延边朝鲜族自治州是朝鲜族大量聚居的地方，但朝鲜族的人数却少于汉民族的人数。朝鲜族人民在看用汉语文排印的科技和关于工农业生产的图书资料时，往往发生困难，甚至给工作、劳动造成损失，所以朝鲜族居民迫切地要求学好汉语文。

除了发展经济这一目的外，各民族之间的日常交际也要求他们学会母语以外的第二语言，特别是学会全国通用的现代汉语普通话。我国有些少数民族，人数虽少，但在民族内部却并存着两种完全不同的语言。如分布在甘肃省肃南裕固族自治县的康乐区、皇城区的东部裕固语，属阿尔泰语系蒙古语族，这种语言的语音系统比较复杂，词汇方面除蒙古语族同源词外，还有不少汉语借词、藏语借词、突厥语借词；分布在肃南裕固族自治县的大河区、明花区的西部裕固语，则属阿尔泰语系突厥语系东匈语支，它保存的古代语言特点较多，受汉语的影响也较深。分别住在自治县东部和西部的裕固人民，互相之间一般不能通话。类似裕固族的情况并不是绝无仅有。我国共有56个民族，而使用的语言竟达60多种[③]，可见一个民族内部两种甚至多种语言并存的情况并不少见，再加上汉族与少数民族杂居，少数民族与少数民族杂居的情况屡见不鲜，这就使得实行双语制在中国是势在必行了。

民族意识、民族心理对双语制的实行有着重要的影响。语言本来就是民族的特征之一，人们对于本民族语言的忠诚和热爱是民族意识和民族心理的一种具体表现。如果说汉族群众对于汉语有着深厚的感情的话，那么，少数民族对于自己的母语则表现出更为强烈的民族意识。例如少数民族的青年考上了外地的大学，或者参军，他们回乡度假或探亲时，如果对家里人或乡亲讲汉语而不讲自己的母语，不但会有群众说这样的青年人忘了本，就是家里人也会对他冷嘲热讽；如果他对乡亲父老讲本民族的语言,大家对他就会特别亲热。这类事例说明,少数民族作为一个言语集体,总是要求这个集体中的成员对于本民族和本民族的语言具有忠诚的感情,并且能够遵守言语集体的行为规范;对于不忠诚于本族语言的成员,就会施加这样或那样的压力,以促进他们改变对母语的态度。少数民族这种强烈的民族意识,是在少数民族中实行双语制的重要的条件。

如果说上面所讲的人们对母语的忠诚主要是情感在起作用的话,那么在不同的情况或不同的条件下,人们对母语的态度却是思想认识在起作用。操双语的人在与本民族语言集体和外族语言集体的长期接触过程中,很自然地会对两个言语集体的政治地位、经济发展状况、生活水平、文化教育水平等加以比较。当某民族从总体上在这些方面处于优势时,人们就会主动地积极地学习和使用母语以外的第二语言。例如广西都安县七百弄乡有些瑶族和壮族杂居的村庄,在瑶族人和壮族人通婚的家庭,夫妇和子女一般都讲壮语,不讲瑶族的布努语。因为壮族人民的经济地位和文化教育水平都高于瑶族群众,这样壮语在瑶族人心目中的地位也比布努语高一些。在这样的家庭中,瑶族成员通常说壮语,壮语便成了多民族家庭的通用语。瑶族小孩儿刚进小学时只会说布努语,但几年以后,很快就学会了汉语和壮语,因为瑶族经济和文化相对落后一些,生活水平较低,他们为了提高自己的地位,就积极学习壮语和汉语。有些瑶族学生的家长十分积极地鼓励子女学习汉语,因为他们希望子女升入中学,考到外地读大学,不学习汉语是不行的,少数民族中的青年人有些长期在外学习和工作,生活的领域比在家乡时广阔得多,接受的新事物、新观念多,在语言问题上,他们也改变了自己从前的价值观念和行为规范,建立起新的符合时代精神和适合现代生活需要的价值观念和行为规范。他们比父辈更懂得除了掌握母语外学会汉语的重要性。

二、双方言的文化背景

前面曾经提到,双方言也是世界上比较普遍存在的一种语言现象。在瑞士、希腊、荷兰、新加坡、中国等国家都有双方言现象。如瑞士

中编　文化——语言的管轨

有两种德语，一种是与德国本土上通用的标准德语基本相似的"高地德语"，是一种"高级变体"，通常用于课堂、会议、法庭等公共场合；另一种是与高地德语很不相同的"瑞士德语"，是一种"低级变体"，通常用于家庭和其他非正式场合。阿拉伯语在不同的民族或地区，也有一些不同的变体，其中低级变体是方言，高级变体是文学语言。在我国，双方言更是普遍存在的现象，在南方沿海城市，双方言现象更突出。比如深圳，就是普通话、粤方言和客家话并存并用。还有的地方是双语与双方言并存并用，如香港，是英语、粤方言、普通话同时使用④。

　　双方言现象同双语现象一样，也有其特定的文化背景。就是说，双方言现象是与特定的历史背景，与社会的政治、经济、文化、地理等方面的状况，与人们的思想感情都分不开的。

　　语言发展的历史状况和国家现行的语言政策，是产生和保持双方言现象的一个重要原因。我国汉语方言十分复杂，这是历史上形成的一个客观事实。新中国成立以后，党和政府一方面大力提倡、积极推广普通话，另一方面又明确提出决不人为地消灭方言，即承认汉语方言在一定范围内可以继续发挥其交际作用。这样，许多方言区的群众在公共场合，或与外地人交谈时用普通话，在家以及和乡亲交谈则用方言，两者互相补充，各得其所。

　　人们的交际环境（即社会环境）以及语言生活的实际需要，对于双方言现象的产生和发展也有较大影响。人总是生活在一定社会环境中，他所处的言语集体，他周围的人对共同语和方言的态度自然也影响到他对用语的选择和使用。在闽方言区的厦门和粤方言区的广州，居民说本地方言的习惯根深蒂固，厦门、广州等地的广播电台、电视台都用方言和普通话轮流播放节目，甚至以方言节目为主，普通话节目成了点缀，广州市的各路公共汽车，都用普通话和广州话接连报告车站名称，以便既为外地乘客服务，又为听不懂普通话的本地乘客服务。

　　人们的思想感情对于双方言的使用更是有着密不可分的关系。对于作为自己母语的方言的热爱，这是我国汉族人民和各族人民共同的思想感情。老年人这种感情尤其深厚。有的地方说："宁卖祖宗田，不卖祖宗言。"有的地方讲："宁卖祖宗的金，不卖祖宗的音。"这些话都反映了汉族人民对于祖祖辈辈流传下来的精神财富——方言的珍爱。在各方言区群众中，对于自己的方言最看重的莫过于广东人了。广东人在外地上大学，或出差到外地，见了同乡总爱在一起讲广东话以表亲热。这种感情是可以理解的，不必一概加以否定。但是，近几年来，有的较早开放的城市如广州市，由于经济发展迅速，人们的生活水平有较大提高，这样广州人无形中产生了某种优越感，认为广州什么都好，广州话似乎比普通话、比汉语各种方言都好听，说广州话似乎高人一等。事实上并不是这样。尽管《中华人民共和国宪法》第十九条明确规定"国家推广全国通用的普通话"，有些人却不理会这些，他们在各种场合都以说方言为荣。外地到广州的人去商店买东西，如果说普通话或说汉语别的方言，广州的售货员往往爱理不理的；相反地，如果顾客说的是广州话，售货员就客气多了。

此外，传统文化和家庭结构与双方言的使用也有较大的关系。从封建社会到现代，家庭一直是我国社会构成的基础，尽管现在的家庭不如封建时代大，但家庭成员之间的关系仍然体现了中国传统文化的某些特点。我国当代社会的家庭，常常因为家庭成员所说的方言不同，形成了双方言甚至多方言交错运用的情形。陈章太、陈建民同志曾对福建省顺昌县埔上闽南方言岛上的陈延年一家四代人的家庭用语进行了调查，陈延年的父亲说地道的闽南话，母亲说顺昌话，也会说闽南话；陈延年说闽南话，也说顺昌话和普通话，他的妻子说福州话，兼说闽南话和普通话；陈延年的三个儿子都会说闽南话、普通话，有的还会讲别的方言[5]。中国多数家庭的用语一般不会这么复杂，但使用双方言的家庭的确是屡见不鲜。只要现代汉语的方言还存在，只要家庭结构不解体，中国家庭生活中使用双方言的现象就会长期存在。正如有的语言工作者说："双语制最后的也是最坚强的堡垒是家庭。"[6]

总之，双语双方言作为一种社会现象，在我国和世界许多国家已

中编 文化——语言的管轨

经长期存在,并且会继续存在下去。在我们这样一个多民族的大国,为了加强各民族间在政治、经济、文化等方面的联系,促进各民族经济建设和文化教育的发展,为了促进国家的统一和民族的团结,就必须遵循民族平等和民族语言平等的原则,积极地推行双语制,既按照《中华人民共和国宪法》第四条的规定,切实保证"各民族都有使用和发展自己的语言文字的自由",尊重各兄弟民族使用和发展本民族语言的权利,又要遵照宪法中"国家推广全国通用的普通话"的规定,在全国各民族中积极推广和大力普及普通话。与此同时,还要在汉族人民中,主要是在少数民族地区工作的汉族干部和同少数民族杂居的汉族群众中提倡学习当地的少数民族语言。这样,在今后相当长的一个历史时期中,我国将持续地推行双语制,社会的语言生活将长期处于多元化状态。在汉语各方言区,既要大力提倡、积极普及普通话,又要允许方言区群众在非正式场合说自己的方言,但要限制方言的使用范围。从这个意义上说,实行双方言制也将是长期的。但是人民政府的有关部门、各条战线的同志,特别是语言工作者,要努力贯彻执行党和政府的语言文字政策,尽快地使普通话成为教学语言、工作语言、宣传语言、交际语言,成为各民族之间进行交际的共同语。再过若干年后,随着我国现代化建设的日益发展,随着人民文化教育水平的不断提高和思想观念的不断更新,我国的语言生活又将逐步地从双语双方言制走向单语制,全国人民都使用一种共同的语言,那当然是在遥远的未来了。

第二节 语言政策和语言规划的文化背景

第二次世界大战结束后,世界的社会文化图景大大改观,民族自治、民族独立运动风起云涌。语言作为民族的象征和标志,已成为各民族争取权益的一个重要方面。特别是多民族、多语言的国家面临如何制定语言政策,新兴的独立国家面临选择国家通用语的问题,一些受外族语言侵蚀的国家痛感维护本族语言纯洁的需要,语言政策和语言规划已被作为重要的政治问题提到这些国家的重要议事日程。因为语言政策和语言规划的制定,不仅关系到语言的健康发展,而且关系到民族团结、国家安定。因此,制定出合适的语言政策和语言规划受到政府和民间各团体的关注。这里要区别三个有关联又有不同的概念:群众的语文运动,政府的语文政策,学术的语文研究。群众运动或左或右,时起时落,激进的有宗教般狂热,守旧的带图腾式迷信,它是推进历史的动力。政府政策则要考虑当前可行性,重视策略,淡化理想,往往受政治偏见影响,它却因有权力作后盾便于执行。学术研究,是知识分子根据资料、事实,按理智作逻辑论证,排除情感和偏见,追求一种理想化的境界,得出的结论也许不合现实形势,"过早的真理不是真理",但历史终归要按规律前进的。

语言政策和语言规划的制定和推行通过国家权力来完成,已有一百多年的历史了。语言政策和语言规划在不同的国家和不同历史时期往往有不同的内容,这些内容的不同决定于当时当地的文化背景和政策、规划的制定人。不过说到底"制定人"对于语言政策和语言规划也是一种文化背景。因此,研究语言政策和语言规划的文化背景及其内容,不仅对于语言政策和语言规划的认识有积极意义,而且对于政策和规划的制定有文化决策的参与、指导价值。

一、语言政策与语言规划的文化因素

语言政策是"人们有意识地影响语言的功能作用,并在一定程度上影响语言结构发展的一套措施。国家、阶级、政党或任何社会团体社会派别实施的这些措施是为了实现它们的目的而执行的总政策的一部分"[①]。语言政策的制定者要根据社会各阶层大致同意的一些原则,考虑到社会文化背景的限制,运用已掌握的调查材料和理论依据,作出能适应社会文化发展需要的决策。

语言政策既可能是建设性的,也可能是破坏性的。建设性的语言政策以促进国家政治社会的稳定和谐,扩大语言在社会交际中的作用为目标。从现代各国语言政策的决策者的主观愿望来看,应该是都愿意取得建设性成果的。但有时是决策者们有另外的打算,或是总政策

中编 文化——语言的管轨

取向的关系,或者决策者们对文化背景的掌握不够全面,而制定出破坏性的语言政策。沙皇俄国及斯大林某个时期内的语言政策就属于大民族主义的语言政策,也就是列宁指斥过的"摧残他们(指俄国境内少数民族)的文化,限制他们语言的发展,使之愚昧无知,以及尽可能地使之俄罗斯化"的做法。南非的语言政策是种族隔离主义者们使所有非洲人再次部族化,成为分割的、孤立的种族集团以便于统治的总政策的一部分。他们鼓励有色人种使用自己的语言,而不允许他们接受南非荷兰语,特别是英语的教育。这样做的目的是使有色人种没机会提高社会地位,没机会阅读国际文献,从而与外界隔绝。

　　语言政策的类型,依据政策的颁布者可分为中央政府的语言政策和非中央政府的语言政策。前者规定的各项措施有法律效力,人人必须遵循;后者是地方政府或个别政党、社会派别实行的语言政策,约束力有限。例如,19世纪末的"盖尔同盟",因为要在爱尔兰民族解放运动中复兴盖尔语,并使之成为标准语而在其纲领中制定了相应的语言政策。这可以看做某个社会群体所实行的语言政策。语言政策的类型,若按某时某地语言使用的总格局可分为:单语国家的语言政策,如日本、挪威;多语国家的语言政策,如苏联、印度;对国外的语言政策以及一些国家联盟间的语言政策,如欧洲共同体、联合国的工作语言的选用。这些语言政策的制定和实施涉及更为复杂的文化背景,很多是跨民族跨国家的文化背景,如新加坡的语文教育遵守"四种语言源语"的传统,即英语、华语、马来语、泰米尔语地位平等,1955年新加坡议会决议:小学学习两种语文(民族语和英语),中学学习三种语文(再加一种民族语),英语是各民族相互交际和吸收西方科技文化的实用语言,民族语是继承传统文化的语言。随着西方文化背景的凸显,1987年,全国学校改为以英语为第一语言,以民族语为第二语言,原来的语文教育政策有向"单一语言源流(英语)"转化的趋势。

　　语言规划比语言政策的含义更宽,包含了对语言的任何有意识有目的的影响。语言政策多是指导性的方针大略,语言规划则是语言政策的具体化。它的一个重要内容是选择语言。在多民族杂居的国家,

· 361 ·

如何选取能使当地所有民族都接受的官方通用语言是一个十分棘手的问题。一些殖民地独立后为了避免纠纷，不用本国的民族语言，沿用宗主国的语言为官方语言，使之在国际社会交往中有一定的便利。在语言问题上采取协调措施也是一种语言规划。有共同文化背景和政治经济利益的几个国家或国家内不同民族之间，在语言问题上往往采取合作态度，以保证各自文化向着预期目标演进。如荷兰和比利时两国于1954年开始共同使用新的荷兰语正词法，1980年两国又签订条约成立荷兰语联盟。因比利时的佛兰芒语本是荷兰语的一个方言，这个联盟实际上使佛兰芒语进一步向标准荷兰语靠拢。中国境内一些少数民族在创制新文字或改造旧文字时，一般都按规划采用拉丁字母。这是为了与汉语拼音方案的字母体系保持一致，便于国内少数民族与主体民族间的语言合作和文化交流。随着新技术革命的到来，术语问题和语言信息处理问题也成了世界各国语言规划中的中心内容了。很多国家都有全国性的和国际性的术语专门委员会负责审理各学科的术语，使之系统化和标准化。用电子计算机加工处理自然语言和文字材料，实现不同语言间的自动翻译，使本国语言参加国际信息系统的交流，更是摆在各国语言文字工作者面前的艰巨任务。

以上大致介绍了在语言政策和语言规划中的文化因素，下面我们再具体地就民族共同语的确立，语言规范化及纯洁化，文化传播中的语言政策这几个方面来作进一步的讨论。

二、形成民族共同语的文化背景

民族共同语的形成是一个自然成长的过程，也是一个社会因素、文化因素起很大作用的过程。有些民族的民族共同语的形成并没经过官方和政府的推动，而是有着很深的政治经济文化背景。列宁在论述民族语言的形成时说过："在世界上，资本主义彻底战胜封建制度的时代，总是与民族运动相关联的。这种运动的经济基础是在于保证商品生产达到完全胜利，便必须使资产阶级夺得国内市场，必须使同一语言的人民所居住的地域用国家的形式团结起来，同时铲除阻碍这种语言发展及在文艺上巩固起来的一切障碍。语言是最重要的人类交际工

中编 文化——语言的管轨

具;语言统一及其无阻碍的发展,是保证商品周转能适应现代资本主义而真正自由广泛发展起来的最重要条件之一,是使居民自由广泛地划分为各个阶级的最重要条件之一。最后,是使市场与所有一切大小经济主义,卖主及买主密切联系起来的条件。"⑧所以,民族共同语是随着资本主义经济和文化的形成而形成的,是适应资本主义经济和文化的需要而发展的。

民族共同语是以某一方言为基础建立起来的。某一方言能成为全民族共同接受的标准语,不是因为某方言的内部形式,主要是外部力量起决定作用。世界上各种民族共同语形成的事实都说明了这一点。这种外部力量就是政治、经济、文学等文化的力量。意大利共同语的形成主要是借助于文学的力量。在意大利半岛没有实现统一之前,但丁、彼特拉克、薄伽丘等一批文艺复兴时代的文豪,就用托斯卡纳地区的通俗拉丁语创作了大量作品。经他们的倡议和实践,意大利语就在这一基础上形成了统一的语言。法语的基础方言是巴黎方言,巴黎是法国的政治经济文化中心。巴黎的资产者第三等级取得社会实力后,他们所说的巴黎话为王室接受(法国王室是法兰克人,说日耳曼语系的法兰克语),经过贵族和文人的加工润色,成了真正的共同语。英语共同语的形成是在产业革命之后。伦敦成为工业中心,容纳了许多外地迁入的居民。为了交际的需要,产生了标准语。这种标准语的语音不完全以伦敦方音为标准,而主要是以中产阶级社会(以公立学校为代表)的语音为基础,因为中产阶级在大工业社会阶层流动较大的状况中承上启下,颇具代表性,而公立学校培养出来的学生来自各阶层(不包括贵族),毕业后去向广阔,往上可进大学深造成为工商界及政界地位较高的人物,往下则接近工人和一般市民。这样一个阶层的文化素质及语言状况是有很大影响力的。

汉语共同语在2000多年前已有雏形,即地区性的共同语,如《论语》中所提到的"雅言"("子所雅言,诗、书、执礼,皆雅言也")就是中原地区通行的标准语。中国北方长期以来是政治文化中心,书面文学作品(特别是自唐宋以后的白话文学)多以北方话创作。官场交往多用北方话，因而使北方话有了"官话"的雅称。但中华民族的传统意识中安土重迁的观念特别重，尽管中国历史上有几次大的战乱引起人口大迁徙，但在以家族为社会基本单位，小农自然经济为主体经济的情况下，还不觉得有形成真正的民族共同语的需要。直到清朝崩溃前十年，世界大势已迫使中国不能再孤立下去。特别是受日本明治维新的启发，国家意识、民族意识迅速萌发，朝野已有人提出统一国语的问题。如京师大学堂（即今北京大学）总教习吴汝纶1902年到日本考察学政，看到日本推行国语的成绩，深受感动。回国后即主张推行以"京语"为标准的国语。1909年，资政院开会，议员江谦提出把"官话"正名为"国语"。1911年学部召开中央教育会议，通过《统一国语办法案》，成立国语调查总会，审定国语标准，编辑国语课本、国语辞典和方言对照表。民国成立后召开"临时教育会议"，决定先从统一汉字的读音做起。1916年，教育界人士组织"中华民国国语研究会"，掀起"国语运动"，得到各地教育界和其他行业人士的响应。几年后北洋政府教育部成立政府的专门机构"国语统一筹备会"，蔡元培、赵元任、黎锦熙、胡适、刘复、周作人等先后在机构里任职。这一切都反映出五四新文化运动前后全国政治文化形势给汉民族共同语标准化所给予的影响，没有那样一个国际国内形势，国语运动不会有那么大的声势。但也因为近一个世纪的衰落，中国的社会文化受旧传统的封锁太深，国语运动没能取得像欧洲资本主义国家和日本那样的成果。中华人民共和国成立后，为了维护国家统一，迎接文化建设和经济建设高潮的到来，又一次提出了汉民族共同语的问题。1955年召开全国文字改革会议和现代汉语规范问题学术会议，确定汉民族共同语——普通话——的标准，并下了严格的定义。在推广普通话方面，发布了很多政府指示，设立了工作委员会，制定了很多措施。全民性的推广普通话工作取得了很大成绩。台湾自甲午战争遭受日本殖民统治到1945年复归祖国，受日本统治约半个世纪。殖民者在那里曾强制推行日语，有些商人和职员都已使用日式姓名。抗战胜利后，面对这种局面，当时的国民党政府采取了强硬的推行国语政策。1949年国民

中编 文化——语言的管轨

党退据台湾后,大批外省人涌入台湾,执掌全岛军政大权的更非本地人。由于这一特殊的文化背景,当局除严禁使用日语外,还不准使用方言。从小学到各类大、中学校实行监督制度。40年过去,全岛的主流语言已是"国语"。这一语言政策的成功给行政管理、贸易和文化教育都带来极大便利。当然,这种强制性的推行国语政策也给本地人心理上投下了一些阴影。

三、语言规范化纯洁化的文化背景

语言规范化和语言纯洁化都是一种对待民族语言的积极态度。这种态度从好的一面说是为了使民族语言得到维护,避免语言污染和退化(语言非标准和无标准、生造语词、语法混乱等),防止过多的外来语侵袭,保证民族语言向健康方向发展。

语言规范化是在形成民族共同语之后必然面临的问题,或者说,规范化就是为了使民族共同语更加明确,更加一致。因为从总的趋势来看,语言处于不断变化之中,但相对来说,任何语言又都有一个稳定的时期。语言规范化则是制定语言政策和语言规划的人对语言变化和稳定性的综合评价和适当选择。

人类重视语言规范有悠久的历史传统,古代印度的巴尼尼所著梵语语法就是一例。古希腊拉丁语法学家也希望建立一套正确地用自己的语言写作和说话的永不改变的规范准则。他们那个时代的社会经济发展相对来说是很缓慢的,所以他们的准则还具有较长时间的典范价值。19世纪不少杰出的语言学家在认清语言变化规律之后,所追求的语言规范化已不是前科学时期的规范准则,它是一种新的文化背景下产生的有科学程序的活动。

英语经过文艺复兴运动,大量文人学者如乔叟、莎士比亚等人的创作实践对它有着深刻影响。到启蒙时代,又有一些作家学者在理性思想支配下纷纷建议纯化他们引以自豪又感到不满的英语。斯威夫特上书英格兰财务大臣说:"我们的语言极不完善,它每天遭到的讹用超过每天对它的改进。"一位非官方的公民约翰生博士吸取前人经验,编出了规范化著作《英语词典》,为英国人民所接受。美国独立后,由于移民、扩张、工业化等社会因素，美国英语迅即发展成不同于英国英语的区域性变体。美国城市化和流动性大等特点，要求地方用语让位于全民族共同的表达方式，经济的繁荣和教育的发达也为传播美国英语及规范创造了条件。一个非官方的公民韦伯斯特编出了一部堪与约翰生《英语词典》媲美的《美国英语词典》，为美国英语的规范化作出了贡献。

法国在17世纪时由黎塞留红衣主教主持建立了法兰西科学院，科学院的章程条例要求其成员尽可能精心勤奋地工作，制定出法语的规则，使法语能够满足艺术和科学的需要。由于法国国力的强盛，法兰西文化的辉煌灿烂，法语在很长一段时间里地位十分显赫，成为国际性语言。从1714年到1918年法语一直用于书写国际外交条约，欧洲很多国家的宫廷和上层社会以说法语为时尚，即使在与法国为敌的国家里也盛行法语。19世纪以后，法国的地位逐渐下降，法语的国际地位也随之让给英语，外交条约从以英法两种文字书写到只用英文书写。更有甚者，早期受惠于法语的英语开始向法语进攻，大量英语词汇涌入法语。报刊、广告、科学著作中常常使用英语词汇，以致有了"英式法语"一说。法语纯洁化者大声疾呼抵制外来语，也有人认为不同语言相互影响是正常的，于是在20世纪70年代爆发了一场大辩论。最后是法国政府出面干预，组成法兰西语言最高委员会。该委员会受全体议员委托，制定了十四项措施，包括改进法语教学，调查法语使用情况，成立专门机构帮助报刊、电台、电视台正确使用法语等。法语纯洁化运动不仅反对在法语中引进英语借词，也反对法国科学家用英文发表科学论文，反对法国人在和外国人的日常交往中使用英语。即使要引进英语词汇也要加以改造，使之在形式上法语化。

拉丁美洲的西班牙语，一面受美国英语的渗透，一面又受当地印第安语的影响。有人担心，长久下去，西班牙语会变成一种晦涩难懂的语言。所以前不久，西班牙和使用西班牙语的拉美国家的上百名学者召开会议，决定成立"西班牙语委员会"，专门解决西班牙语使用过程中的问题。

中编 文化——语言的管轨

　　与法语、西班牙语纯洁化运动相反，现代英美两国的政府和学者在语言问题上往往都持绝对自由的态度。这里有两个原因：一是20世纪后，英语的规范化运动已基本结束；二是因为19世纪以来英语在世界范围内处于上升时期，堪称语言暴发户，只有英语去"污染"其他语言，不会有别的语言来"污染"英语，所以使用英语的国家没有切肤之痛，能够唱些高调。其实，同是英语国家，也存在区域性变体相互影响的情况，英国人对美国英语涌入英国也颇有微词。

　　中国的语言规范问题和欧美国家的语言规范化和纯洁化有着很大的不同。汉语方言分歧的复杂性和书面语言的共同性是印欧诸语言难以比拟的。再者，法语也好，西班牙语也好，它们都已融入以西方为中心的世界文化潮流中，要求它们纯洁化的动机尽管强烈，但实际的文化变迁及语言变迁已使这种纯洁化运动显得力不从心了。而汉语文化在世界上自成体系，有着数千年历史，至今仍与西方文化遥遥相望。汉语及汉字是如此牢固地将全国及分散在世界各地的汉族人民联结在一起；所以，汉语的规范化有它的特殊性。《人民日报》1951年6月6日发表题为《正确地使用祖国的语言，为语言的纯洁和健康而斗争》的社论，拉开了全国解放后语言规范化的序幕。1955年，教育部和文字改革委员会召开"全国文字改革会议"，中国科学院召开"现代汉语规范问题学术会议"，标志着汉语规范化工作的大规模展开。语音方面确定了标准音，公布了审音方案；文字方面做了大量的整理工作，如减少笔画，精简字形；词汇方面根据必要性原则吸收了一定数量的方言词、古语词和外来词，以丰富现代汉语词汇系统；语法方面加强了口语调查及书面语分析等工作，制定了一套适于普及教学的语法体系。汉语的规范化工作既大有可为，又十分复杂。

　　四、文化传播与语言政策

　　文化传播与交流是人类社会一直存在的现象，在当今日益国际化的时代里，就显得更加频繁和常见。联合国教科文组织肯定与支持不同国家不同民族间的合作，在一份文件中说：对于所有民族和所有国家，合作既是权利也是义务，大家应该互相分享学问和知识。传播交流的媒介之一是语言，不同形态的文化之间传播交流首先是语言的传播交流。面对这种情况，如何在国家整体文化政策中制定一个相应的语言政策是十分重要的，这关系到一个国家的经济发展和国际地位。

例如，法国的语言纯洁化运动除了取守势的一面，还有扩大影响、恢复往日的地位的一面。1966年成立的"保卫和推广法语高级委员会"由国家总理任命，另外还有大大小小的官方和民间组织，如"法语国际委员会""法语联谊协会"。这些机构和组织积极宣传法国文化的高雅和法语的优美，招收成千上万的人学习法语，还在一些非法语的国家鼓动当地教育机构采用法语为第一外语。

英语取代法语的地位是殖民帝国大不列颠海外扩张及金元帝国美利坚新大陆崛起的结果。它如今是联合国几乎所有国际组织的工作语言，世界上四分之三的出版物是英文的。这种状况使英语国家在国际关系中得到好处，而英语国家则利用语言上的优势扩展其文化影响。成立于1918年的"英语民族联盟"有两个分支："英联邦英语联盟"和"合众国英语联盟"。它们有共同的文明根底，种族和精神的亲缘关系使它们紧密合作，执行略有差异的文化关系政策和语言政策。英国政府在1934年成立了"不列颠对外关系委员会"，通过各种渠道和活动，使英国民族的思想和生活在国外得到广泛宣传，其工作就是"英语以及英国艺术和科学的长期教学"。英国的对外英语教学主要偏重于书面语言和文学语言，英国广播公司的对外服务节目和广播英语节目将英国文化传送到世界各个角落。美国在传播文化方面更多的是依靠民间的积极性，在传教士、实业家、旅游者以及和平队、爱国志愿队把足迹踏遍全球之时，也就把美国文化和语言带到地球上每一个地方。美国的大众文化（如电影、流行歌曲）赢得了非英语世界数十亿的观众和听众。英语国家之一的澳大利亚，虽然有80%的人以英语为母语，但由于其贸易伙伴大多是非英语国家，为了在激烈的商业经济竞争中取得优势，除了保证英语的国家语言地位外，还制定了保存和发展其他语言资源的语言政策，以使澳大利亚的多元文化能在亚太地区独树一帜。澳大利亚第一任驻华大使费兹杰罗说："亚洲语言应是澳洲国家

语言政策的第一优先,因为这些语言与我们国家的利益,尤其与我们的经济利益有密切关系。"

汉语虽是世界上使用人口最多的语言,但由于历史所造成的政治、经济、文化上的因素,汉语的国际地位不能与英语相比。但近几年来,世界各地学习汉语的人逐渐增多,这是由于中国毕竟是有几千年文明史的国家,还因为中国实行改革开放重新焕发生机。中国政府抓住这个契机,十分重视汉语的对外传播。1985年在北京召开了第一届国际汉语教学讨论会,交流经验,提高汉语教学效率。这样做有助于中国文化的传播和汉语国际地位的提高。中国是一个多民族的国家,汉语还充当在国内传播较为先进的科学文化的工具,国家的民族语言政策,既维护使用本民族语言的权利,也鼓励少数民族尽早掌握汉语,以促进各民族的文化交流。

语言政策和语言规划的制定者是在有意识地引导语言向一定方向变化,但他们不能随心所欲地,也不是无缘无故地调整语言的变化方向,必定要在一定文化背景下作出选择。历史上成功的或失败的语言政策和语言规划都必然有其特定的文化背景。凡符合文化潮流的语言政策总会获得成功,背离文化潮流的语言政策难免失败。大致地说,有效率、适合性和可接受性是衡量语言政策和语言规划是否合乎文化潮流的标准。

第三节 语言成分借用的文化背景

人类社会的各种文化群体之间尽管有着各种各样的时空阻隔,以民族、国家、地域等等为区别特征的各个文化仍在种种条件下处于不可避免的相互接触中,从而不断地相互影响、相互交融。尤其在当今更为开放的世界环境中,即使某一个文化群体想自我封闭也挡不住其他文化的冲击。作为文化载体同样也是文化的表现之一的语言,当然也要在这种文化接触和交融的背景中受到影响。出于跨文化传播的需要,不同语言需要彼此吸收对方的某些成分,或同时被某些文化群体的成员根据不同交际环境来选择运用，或其中的某一种语言被另一种语言所替代，从而产生不同程度的语言融合。本节讨论不同语言间语言成分相互借用的文化背景问题。

  语言成分借用是语言融合过程中的一种现象，指发生接触的诸语言彼此借用吸收对方的语言成分。被借用的语言成分主要是词汇成分，语音与语法成分的相互吸收借用较少，而且多半是随着词汇借用而产生的。如随着众多的法语借词进入英语，英语语音中也就出现了三个冠首音 [v-]、[z-]、[dʒ]；布努语随着壮语借词的进入出现了 [-p]、[-t]、[-k] 等塞音韵尾。语法借用的例子如壮语"我的书"原来说成"saɯ^{24}（书）kou^{24}（我）"，定语在后。借用汉语相应的语法形式后，可以说"kou^{24}（我）ti^{33}（的）saɯ^{24}（书）"了，定语到了前面，而且还增加了一个结构助词 ti^{33}（的）[②]。

  文化是语言的管轨，语言成分借用的前提是不同文化间的接触和交流。不同文化的各个结构层面因素之间平行或交叉的种种复杂的相互关系所构成的文化背景，都可能对语言成分的借用起到促进或阻碍的作用。这些种种不同的文化背景所体现出的文化差异性及文明发展的程度，往往影响语言融合的方式和结果。不同的文化背景条件会导致不同形式的语言融合，它们有的表现为必要条件，有的则是充分条件。如两个或几个文化群体的成员杂居——不管是何种原因引起的——是语言替代形式的融合的必要条件，而不同文化间种种形式的接触，则都可以成为语言成分尤其是词汇成分借用形式的融合的充分条件。

一、语言成分借用的物质背景

  物质层面是文化结构中一个基础的层面。我们生活于其中的世界首先是一个物质的世界。世上的事物千千万万，要认识、指称它们，首先就得给它们命名，给它们各自一个符号代码，一些由人们创造出来或加以改进的事物更是在出现之初就已经被赋予了一个名称。命名活动使得物质世界在人类的认识中有序化、系统化了。由于各文化群体中的成员所接触到的事物不完全一样，再加上对事物的认识方式和

中编　文化——语言的管轨

程度也不尽相同，因而反映在各种语言中的物质世界就有着这样那样的差别，并不完全对应。但是随着各文化群体间物质文化的交流，好些为一种或几种文化所独有的事物连同它们的名称，传入到另一种或多种文化群体之中，由各种语言所反映的不同文化的物质世界因此得以互相补充而日臻完善。在这种物质层面的背景之下，代表不同文化的各语言之间就发生了以相互借用吸收对方成分为主的融合。这种相互借用吸收的对象主要是词汇。

所谓物质可根据其产生过程中是否具有人工因素分为两大类，一类是自然事物，在其产生过程与存在形式中完全没有人工因素参与，如山川湖海、雨雪雷电、野生动植物等等；一类是人们制作或改造过的事物，这类事物中有一些尽管其原料或原型也可能是自然事物，但其最后定型的过程中已加入了人工因素，如由野生植物培育发展而来的农作物和由野生动物驯养的家禽家畜等。当人们对某种自然物加以特别关注，或赋予某自然物同某地、某国、某民族有联系的某种特殊意义时，该自然物也就成为一种特殊的文化物了，如被某些民族或部族奉为图腾的某些动植物、作为日本象征的富士山等。

不同文化群体在物质文化方面的交流最易进行，这种交流历史久远而且范围广泛。因各种原因引起的物质文化交流就成为各语言间成分相互借用的宏大背景。

当某些文化群体的成员发现、接受或认识自己文化中没有而为其他某种地域文化中所独有的自然物时，自己的语言中没有表示此类事物名称的词语，往往就很自然地借用相应地域语言中的名称来指称该事物，并将这类名称吸收到自己的语言中而成为借词。如大袋鼠是大洋洲地区特有的动物，在某些场合甚至成为大洋洲文化的象征物，如同熊猫之于中国一样。欧洲人移民进入澳大利亚以后，第一次见到这种动物，当然不知道该如何指称，后来才按当地土著的口音创造出一个 kangaroo 来，这 kangaroo 所记录的声音就是当地土著对袋鼠的命名。也有人说 kangaroo 是当时说这个词的土著介绍自己的姓氏，还有人说这是土著回答说"不知道"[⑩]。不管怎么样，反正 kangaroo 是借当地土著的语音(而且以为这是他们对"大袋鼠"的命名)来构成"大袋鼠"这一词语的。澳大利亚甚至因此而获得了一个 Kangaroo Land 的别称。同样的情况,英语中 llama(美洲驼)、puma(美洲狮)、condor(南美秃鹰)等词源于印第安语的一种凯楚亚语。再如狮子,汉族人认识到这种动物是在汉代与西域的物质文化交流之中。《汉书·西域传》说:"(乌弋)有桃拔、师子、犀牛。"其中"师子"就是"狮子",其语源说法不一(其一说来自波斯语 ser),但其为汉语中的借词则是无疑的。相同的例子还有"骆驼"(源于匈奴语 dado)等。

地名所代表的地理实体应该也算作自然事物,但同时也是特定地域内的文化现象。地名一般都是首先发现或定居于该地的人命名的,其他地域文化中的成员要指称这个地方自然要借用当地人的名称读音。如内蒙古自治区首府呼和浩特就是一个蒙语地名,意为"青色的城",这说明最早定居于此的是蒙古族人民。其他如乌鲁木齐(维吾尔语)、哈尔滨(满语)、拉萨(藏语)等都是同类的例子。汉语借词重意译,但要涉及外国人名或地名时也不得不"名从主人"而采用音译。由于各语言在借用表达外地或外国地名时都严格遵从"名从主人"的原则,采用当地人的读音,以至有时因语言隔膜而发生误会的产物竟能成为一个国家的正式名称。如非洲国家"吉布提"的名称即由误会而来。从前有几个西方人到了当地,见一老人正在做饭,便问:"这是什么地方?"因语言不通,老人误以为是问"这是什么东西?",就回答说:"布提。""布提"在土著语言中就是"锅"。西方人没听清,又问了一次,老人大声回答:"吉布提!"意为"我的锅"。西方人以为此地名为吉布提,于是吉布提也就成为国名沿用了下来。还有几内亚、塞内加尔、加拿大之名也是因类似误会而来的[①]。

在人类改造自然的斗争中,各个文化群体都发明创造出不少事物、驯化培育了不少动植物,掌握和积累了很多科学技术知识。随着各文化群体间经济贸易的往来、科学技术的交流、交通运输的发展,这些事物和知识逐步为大多数文化群体所共享。这些事物的名称和反映这些知识的科学术语,也就在不同文化群体的语言之间相互被借用和吸

中编 文化——语言的管轨

收。各语言中都有不少这样的借词，折射出产生它们的物质文化背景。

英语中的 coach（四轮大马车）源于匈牙利语，这个词和一个叫 Kocs 的匈牙利村庄有关（cs＝ch），因为四轮大马车是在 Kocs 村发明并首先使用的。这是英语从别的语言借入的例子。还有一个由英语借出的例子是英语的 jumbo（巨型的），Jumbo 本为伦敦动物园一头逗人喜欢的大象的名字，后被用来表示某类东西中的巨大者。美国波音公司的"波音 747 喷气式客机"即名为 Boeing 747 Jumbo Jet，而且 Jumbo 这个词也就随着波音 747 客机"飞"到了世界各地。香港汉语中也吸收了这个词，译为"珍宝"，如一种大型的公共汽车就叫作"珍宝巴士"（jumbo bus）。"珍宝"这个词现在也传到了内地。

民以食为天，饮食文化是文化的其他方面所赖以生存发展的基础。饮食文化在各个文化中都占有很重要的位置，而且饮食文化也极易被其他文化所吸收，因此在各个语言中都有一些伴随其他群体的饮食文化而来的借词。典型的例子如汉语的"茶"，就随着中国的茶叶和饮茶习惯传到世界各地。而英语和大多数欧洲语言中表示"咖啡"的词都来源于阿拉伯语。英语中 hamburger（汉堡包）这种快餐食品的名称来自德语。原来汉堡（Hamburg）的厨师善于制作一种用碎牛肉煎成的圆饼，味道非常鲜美，称为 Hamburg steak 或 hamburger steak，简称 hamburg 或 hamburger。传入美国后大受欢迎，并被用来夹面包，美国人把这种面包也称为 hamburger。再比如英语中借自意大利语的 spaghetti（通心粉），借自汉语的 tofu（豆腐）、chowmei（炒面），借自荷兰语的 cruller（油煎饼）；法语中借自英语的 bifteck（牛排）；汉语从英语借入的色拉、三明治、威士忌，从满语中借入的萨其马等等。此类例子不胜枚举。

尽管世界是由许多国家组成的，但科学却没有国界，人类创造的科学文化知识为全人类所共有。世界范围的科学技术交流传播的大背景使得某些科技语由一种语言进入多种语言，为大多数文化群体所接受。如英语的 algebra（代数）源于阿拉伯语，al 是阿拉伯语的冠词。代数本发源于东方，当这种新的数学方法成为一门独立的数学分支时，阿拉伯人将其命名为 ilm al-jebrwa'lmuq abalah，意为"凭借方程式的简化和比较"。代数传入西方后，意大利人将这个名称简化为 algebra，英语也就沿用了这个名称。苏联曾在航天技术上领先于美国，这一事实反映在语言上就是英语的 sputnik（人造地球卫星）一词源于俄语。各种科技语像 algerba 和 sputnik 这样作为借词在各语言间相互被借用吸收的例子举不胜举，而且有好多都是根据其词形直接加以转写，读音亦极相似。这在印欧语系诸语言中尤其如此，使得很多科技术语都呈现一种国际化趋势，如弱函数，英语作 minorant，德语作 Minorante，法语作 minorante，俄语作 МИНОРаНТа，等等。在这种术语国际化趋势的影响下，甚至出现了"国际共通语"的概念。我国 1986 年出版了一本《国际共通语词典》，收有包括社会科学等在内的各学科词语（包括词组）13899 条，每条下列英、德、法、俄四种语言的词形。其"前言"还提到了国际共通语形成的文化背景"由于国际上政治、经济、科技、文化各方面的互相交流，互相引用外来语越来越多，变成了共通语。有些词汇，不仅四国相同，甚至五国、八国、更多的国家相同。这是客观的发展趋势。"⑫汉语由于汉字的限制，不可能按词形来直接转写使用拼音文字语言的术语，而且汉语还有重意译的倾向，不过有时还是照顾到术语的国际通用性而尽量采用音译，如好多以发明发现者名字命名的科技计量单位名称，像电压单位伏特（volt）、电阻单位欧姆（ohm）、放射性强度单位居里（curie）、一种能量单位开耳芬（kelvin）等等。但这与词形转写还是两回事。

　　由于科学技术的飞速发展和我国人民生活水平与文化科学素质的不断提高，汉语近年来吸收借词的方式出现了新的特点。如有些外来词特别是科技术语，开始以原形或缩写形式直接进入汉语，夹用于汉字字符之中。如随着电脑的逐步普及，一些电脑术语以英语原形或缩写形式被借入到汉语中，从 PC（personal computer，个人计算机）开始，直到硬件名称 CPU、ROM、RAM，以及不断出现的软件名称 Windows、Word、Office、DOS、WPS、FOX 等等。这里面一个很大的原因是电脑的界面与提示符等大多为英语显示，直接采用英语原词

中编　文化——语言的管轨

便于称说。其他例子如已经进入汉语口语的 VCD、KTV、MTV、CT，以及由记录译音的汉字"卡拉"加上缩写形式"OK"构成的"卡拉OK"等。还有一个现在运用频率很高的来自英语的动词 call，经常可以听到"有事 call 我""你的 call 机号是多少"的话语。在这类外来词越来越多的时候，甚而有利用外语词原形或缩写形式与汉语固有语素共同构词的现象，如 Basic 语言、C 语言、B 超、IC 卡等等，再如前面说到的 call 机（还可称 BB 机或 BP 机），以及相关的 call 台，《长江日报》还曾刊登过一则招聘 call 嫂的广告。除了物质文化交流的背景因素外，这类形式借词的出现还有着心理文化方面的背景因素。

二、语言成分借用的制度背景

制度层次处于文化的中层，主要体现在社会中人与人之间的关系，"尤其是社会的组织、结构、制度和社会文化或社会事实的关系上"[⑬]。社会的政治与组织结构、制度、民族、文化艺术、风俗习惯等等社会现象都是属于同一层面的。这一层面的文化背景最为复杂，在这种复杂的文化背景下，语言融合中的借用、双语、替代等形式都有可能产生。

由于战乱、灾害、垦戍、远征、殖民等等原因，历史上的民族迁徙和移民活动始终未断。民族迁徙和移民不论其原因如何，其结果都是造成了某些文化群体成员所处地域环境的变动，形成一种民族杂居的局面，这就增加了不同文化群体之间的接触。这种文化环境是导致语言融合的重要文化背景之一。在这种文化背景下，由于交际和对新的文化的适应的需要，语言的融合就成为不可避免的了，而且多半会形成双语现象以至语言替代，至少会由于产生接触的两种文化的种种差异而产生相当程度的借用现象。如现住甘肃的裕固族人民原住嘉峪关外，明代东迁入关后，与汉族人民交往日益密切，深受汉语语言文化的影响，除大多数裕固人都学会了使用汉语外，他们所使用的民族语言之一西部裕固语（属阿尔泰语系的突厥语族）中也吸收了大量的汉语借词。1957 年出版的苏联突厥学家马洛夫的《裕固语》中收词 5800 条，其中汉语借词有 657 个，约占总数的 11.3%[⑭]。

· 375 ·

人类社会由于国家、民族、地域等等因素的不同而分为大大小小的不同文化群体，这些群体各自有着不同的文化模式，在社会制度、民族心理、伦理道德、文学艺术、风俗习尚等等方面有着这样那样的差异。尽管文化模式不尽相同，各群体间的文化交流却一直以各种方式进行着。各种文化不断地互相认识，彼此交融。除了上面提到的种种文化背景及其对语言成分借用的影响外，政治上的交往和狭义的文化交流，使得各种表示社会制度、人文科学、文学艺术、体育娱乐、风俗习尚等等方面的借词，随着文化的传播而交互进入代表不同文化的各种语言之中。

我国境内有好多少数民族，原来与汉族的社会制度和组织模式有这样那样的不同。汉族人民在接触这些少数民族社会的同时，也吸收了好多这方面的借词，如郭巴（源自藏语［ko^{11} pa^{54}］）、阿郎（佤语［ɔlaŋ］）、纠码（哈尼语［dzy^{31} ma^{33}］）分别表示藏、佤、哈尼族的头人；达尔康（藏语［tar^{55} kʰaŋ^{55}］）是原西藏地方政府管理电报的机关，买僧（维吾尔语［məzin］）是新疆地区管理清真寺的宗教职业者等等。少数民族也向汉族借用了一些这方面的词语，如西部裕固语的［dotej］（道台）、［jaməm］（衙门）等。新中国成立后随着社会主义民族大家庭的建立和巩固，少数民族语言又从汉语借用了不少这方面的新词语，如壮语的［kə^{21} miŋ^{35}］（革命）、［taŋ^{55} jon^{31}］（党员）、仫佬语［kuŋ^{55} se^{35}］（公社）等。而且随着这些词汇成分的借入，还借入了某些语音成分，如壮族武鸣话原来没有央元音［ə］，从汉语借入了［kə^{21} miŋ^{35}］（革命）、［taːu^{35} tə^{21}］（道德）、［tə^{35} pe^{21}］（特别）等一系列新词之后，［ə］就进入一部分人的口语了。

意大利是文艺复兴的发源地，而作为伟大的文艺复兴文化的媒介，意大利语曾对西欧其他语言起过深刻的影响。与但丁、薄伽丘并称为文艺复兴时期的三颗"巨星"的意大利抒情诗人彼特拉克，首创了sonnetto这一诗体，后传入欧洲其他国家，多有所仿作及适合各语言的改进。作为这一史实在语言上的反映之一，就是英语中的sonnet是通过法语向意大利语吸收而来的。sonnet被介绍到中国时，音译为商

中编 文化——语言的管轨

籁或商籁体。再如西洋音乐也受到意大利的极大影响，很多音乐术语都出自于意大利语。16世纪末产生于意大利的近代西洋歌剧，意大利语称为 opera，法语转写为 opéra，英语转写为 opera。英语中的 sonata（奏鸣曲）、aria（咏叹调）、andante（行板）等好些音乐术语都来自意大利语。英语中反映艺术、体育、民俗等等的借词还有源于夏威夷语的 ukulele（尤克里里琴，流行于夏威夷等地的一种像吉他的四弦琴）、hula（草裙舞），源于汉语的 wushu（武术）、Ching Ming Festival（清明节）等。汉语中也有很多如迪斯科（英语 disco）、蒙太奇（法语 montage）、高尔夫（荷兰语 kolf）这样的借词，作为中外文化艺术交流传播的见证。

五四运动是我国一场伟大的反帝反封建运动，也是一场伟大的文化革命，五四新文化运动提倡的白话文运动对汉语书面语的发展产生过极大的影响。五四运动前后，在一些先进的知识分子向国外寻求救国强民的真理的文化背景下，大量的外来词涌进汉语，如托拉斯、布尔乔亚、乌托邦、苏维埃、逻辑、引擎，以及大量来自日语的借形词如政治、自由、文明、社会、立场、观点等。而且随着大量白话文翻译作品的出现，汉语在语法上也受到印欧语言的很大影响，如第三人称代词"他"分化为"他、她、它"；还出现了一些所谓欧化句法，如附加成分的复杂化，新兴的成分共用法如多动管一宾，新兴的成分省略法如记言法的省略，新兴的同位结构如"只有那岳麓山，好玩的岳麓山"等⑤。

在现代社会步入信息化时代的今天，随着通信手段的日益现代化和大众传播媒介传布的日益广泛，我们居住的这个星球正在日益变小，距离的遥远已经不再成为各种文化相互阻隔的主要障碍。负载着各种语言和图像的电波在空中穿行，有着同样丰富信息的各种印刷物在地面流通。在这种现代社会文化背景下，我们这个小小的地球村中，不同群体的文化很容易进行接触、彼此影响、相互语言成分借用。不同文化间的接触、影响、融合，自然要促进语言不同程度的融合。这种促进一方面表现在人们热情而自觉地进行外语学习，以创造使用双语的基础条件，从而更大量地接收信息。另一方面体现为通过大众传播媒介，语言间的相互影响更易于产生，而且这种影响的结果极易以很快的速度传播到使用某一语言的文化群体的大部分成员中去，从而产生不同语言间相互借用语言成分的现象，如美国英语本是在英国殖民者带到北美的17世纪时英国英语的基础上发展起来的，是英语的一种区域性变体，曾长期以英国英语为规范。但在第二次世界大战后，美国英语的地位随着美国的国际地位的提高而提高，美国英语反过来对英国英语产生日益扩大的影响，促使这种影响产生的另一个重要原因是战后美国大众传播媒介的迅速发展。美国英语词汇主要是通过影视、新闻媒介、旅游等渠道进入英国英语的。还有一个有趣的例子是英语中的bye-bye近年随着电影电视进入汉语，被音译为"拜拜"，并迅速传播开来。刘正琰、高名凯等编的《汉语外来语词典》没有收入"拜拜"，而"拜拜了您哪"听来已经是地地道道的北京话了。"拜拜"也已经被运用到了书面作品中，而且在特定的语境下还增加了"断绝交往"的意思。总之，大众传播媒介对促进加速语言融合的影响作用是不容忽视的。

三、语言成分借用的心理背景

人与其自身的关系体现为文化的第三个结构层面。在这个层面中，不同文化群体在历史发展中积淀而成的社会心理、价值取向、伦理观念、宗教信仰、思维方式和审美情趣等等都会构成种种文化背景，从而对语言成分借用产生影响。

统治者及上层人士的好尚往往影响人们的价值取向和审美情趣，所谓"楚王好细腰，国中多饿人"就形象地说明了这种影响作用。在这种心理背景下，统治者及上层人士所运用的某种语言或他们运用语言的某种特点会使人们趋之为荣，以之为雅，进而加以仿效，这样就会造成语言融合的某些现象，一个极好的例子就是中古时代法语对英语产生影响的事实及其文化背景。11世纪诺曼底人征服英国后，英国进入诺曼王朝时代，自此以后中古时期的英国国王多是诺曼底（法国之一部）公爵，与法国有千丝万缕的血统关系，因而自1066年至1399

中编 文化——语言的管轨

年三百多年间英国的国王都说法语,政界、法庭、军队、教育等领域也被说法语的诺曼底人控制,学校也用法语上课。贵族官吏等上层人士理所当然得使用法语,他们以自己是"高贵的"法国人后裔为荣,认为法语是高尚的语言,而英语则是粗陋的,只适合贫困农民等下层人士使用。因此,当时能否说一口流利的法语成了衡量人们社会地位和是否有教养等的重要标准。政治上的因素以及统治者的好尚,形成了一个促使法语在当时长期成为英国官方语言的理论基础和心理基础。由于这种特定的历史文化背景,到后来英语又开始确定其地位时,法语除了在英语的拼写、发音、语法结构等方面留下影响外,还给英语留下了大量的借词。仅在1250年至1400年这150年内,就有约一万个法语单词进入英语词汇,其中75%沿用至今。⑯

趋雅、求新、尚异的审美趣味和社会心态也会影响到人们的语言运用,这种趋势也成为语言成分借用的文化心理层面背景之一。所谓"雅"的标准,是以上层社会的好尚为雅,以受过教育的人的言行规范为雅,以代表较高文化的语言及其用法为雅。这些"雅"的标准都可能成为时尚,从而影响到语言的运用,如前述统治者及上层社会好尚对语言融合的影响。对舶来品的新奇感和尚异心理有时会使人们在吸收借词时宁愿选择音译形式,甚而放弃原有的意译词而改用音译词,或两种形式并用,以增强异域风味,如公共汽车、出租汽车的音译"巴士"(英语bus)、"的士"(英语taxi)本来只是在粤语区等沿海地区流行,而今却随着"南风"北上了。各地街头行驶的"的士"就不用说了,有意思的是一种小公共汽车,车身侧面标有其名称"小公共汽车",车尾却又大书"巴士"。"的士""巴士"之类已进入了文学作品的语言。再如laser本来已有"激光"的意译,后来却又出现音译的"镭射",现在是两种形式并用。

绝大部分单个汉字代表的是语素,有一定的意义。这种见字知意的特点使得汉族人在吸收借词时有一种有趣的文化心理,即使采用音译也尽量选用能大致表达原词意义的汉字,利用音兼意译和半音半意译的翻译方式,使外来词看起来好像汉语的固有词语,如借自俄语的

"拖拉机"（TPаKTOP）、借自英语的"乌托邦"（Utopia）、"维他命"（vitamine）、"霓虹灯"（neon lamp）、"保龄球"（bowling）、"绷带"（bandage）等等。或者对音译的借词望文生义，以至于清代甚至有人因"葡萄牙"的字面意义而诧异葡萄何以有牙。现代有一篇小说故意利用这一点，采用飞白的修辞手法，让小说中的人物说出"香港……那地方马不多，就一种巴拿马"的话语，以这种望文生义的误会现象来营造幽默效果。再如时下流行的饮料"可口可乐"（英语 coca-cola）、"百事可乐"（pepsi-cola）也是使译名所用的汉字尽量表达相关意义的例子。由此又产生出一种有趣的语言文化现象，就是根据音译词的字面意义进行仿用，如鲁迅的小说《高老夫子》的主人公姓高，名尔础，系仿俄国作家高尔基而成。国内一家公司所生产的饮料名"万事可乐"，明显表示出他们欲胜"百事可乐"一筹，还有的餐厅居然名为"迷尔"，立于"迷你餐厅""迷你发廊"之间。"迷你"是英语 mini-的音译，"微型的"之意，如一种超短裙名"迷你裙"（mini-skirt）。取"迷你"的字面意义，又用文言意味的"尔"去替换"你"，真可谓洋古结合，别出心裁，极大地满足了店主那种趋洋尚异，欲出风头，以奇语来吸引招揽顾客的心理。这也可以算作语言成分借用的一种特殊现象。

再如近代翻译外国人名，总要设法搞得像中国人的姓名模样，像高尔基、史太林（斯大林的曾译名）、陶思道（托尔斯泰的曾译名）等等。时至今日，港台对外国人名译音用字的有异于大陆的处理，显示了这种文化心理依然存在。如美国前总统里根，香港翻译为列根，台湾则译为雷根。再如英国首相撒切尔夫人，香港翻译为戴卓尔夫人，台湾翻译为柴契尔夫人，硬是选了一个似是而非的"戴"和"柴"作为译名的开头。如果进一步深究，为何这种文化心理独存于港台，恐怕还有更深层的心理因素的影响。另外，汉族人喜欢将外国人名简缩成单音节后再按汉语的习惯构成×氏、×翁、×公、×夫人、×先生、老×等格式，其中"×氏"用得最多，如叶氏、戈氏、卡氏、萨氏、内氏、海氏、萧氏、华氏等等。"老×"的形式也时有所用，如将阿根

中编 文化——语言的管轨

廷球星马拉多纳称为"老马",将俄国著名音乐家柴可夫斯基称为"老柴",俨然都是正宗的中国人。与此类似的一个有趣的词语是"老美",指的是"美国人",相当于"山姆大叔"。

除了望文生义一类文化心理以外,汉语语素多为单音而词语多为双音的现象在人们的语用上形成一种强大的习惯心理,加之语言的经济性原则要求人们运用尽可能少的词句来传达和表示尽可能多的信息,这样就形成一种求简的心理。在这种习惯性心理和求简心理的背景下,汉语中对外来词的借入和运用也体现出趋简的特点,这种特点表现在两个方面,一是在借入时就将多音节的词语简缩为单音节,比如"佛"(梵语 buddha)、作为单位的"米"(法语 mètre)和"打"(英语 dozen)。再比如化学家们翻译化学元素的名称,都是将拉丁语的多音节原词简缩为单音节,又根据见字知意的习惯和这些元素的性质造出一些新形声字来表示,如钡(baryum)、氖(neonum)、砷(arsenium)等。二是在运用时只取借词的某一个音节作为代表来构词或单独运用,如将"的士"简缩为"的",构成"打的""面的",以及"的哥"(出租车男司机)、"的姐"(出租车女司机)等,口语中甚至有"他现在上班经常'的'来'的'去了"的说法,意思是他上下班都是"打的"代步。将"巴士"简缩为"巴",构成"大巴、中巴、小巴、巴姐"等,还有一种专门跑长途的中巴为了标榜其快而自称"快巴"⑰。

改革开放以来,表现在语言中的汉人大陆文化自给自足的封闭心理有了很大转变,前述对外语原词、缩写词的运用,甚而利用外语词语原形、缩写形式或字母构词的现象都或多或少地说明了这种心理转变。在汉字的方块字符中夹用拉丁字母而并不觉得不协调,体现了在开放环境下人们对外来事物的宽容和为我所用的心态。权威的《现代汉语词典》在其修订本(商务印书馆 1996 年 7 月修订第 3 版)的词典正文中专门附有"西文字母开头的词语",收有"α射线、BP机、T恤衫、CT、KTV、UFO"等类型的借词及外语缩略语共 39 个,就是这种宽容心态的具体体现。

宗教信仰及其传播对语言融合也会产生影响。宗教信仰是一种精

· 381 ·

神现象，属于文化的心理层面，但宗教一旦形成后，都有自己的组织、仪式、习俗节日等等，从这个角度看又属于制度层面。为了叙述方便，这里把它作为文化心理层面的背景来考察。宗教文化是人类文化很重要的一个组成部分，它的强大凝聚力能使一种文化长久得以保持自己的特点，它的渗透力则极易使一种文化染上它的印痕。宗教教义及其典籍的传布、教规仪式的传授都是依靠语言来进行的，在这些往往是跨文化传播的活动中，常常可能涉及不止一种语言，因而不能不对这些语言之间的融合产生影响。比如神职人员中会出现双语使用者，他们在研习经典教义或进行宗教活动时可能要运用法定的宗教语言，如基督教所用的拉丁语，犹太教所用的希伯来语、伊斯兰教所用的阿拉伯语等。

宗教典籍在各文化群体间的翻译与传播，也不可避免地会在不同的语言之间产生成分借用等融合现象。如随着基督教的传入，古英语中借入了一些有关的拉丁语词，像 church（教堂）、angel（天使）、devil（恶魔）、bishop（主教）、missa（弥撒[曲]）等。由于佛教在中国的传播，自汉代起就开始了佛经的汉译，这使得梵语很早就对汉语产生了影响，很多佛教术语从梵语进入汉语，其中有些音译词进入了全民语言，如"佛""塔""菩萨""阎罗"等等，并流传至今。佛教在南北朝时曾大盛，从杜牧的诗句"南朝四百八十寺"可见当时崇佛盛况。当时人们的精神也深深渗入了佛教信仰的影响，这种影响的外化之一，就是不少人以佛教用语为名。很多通过佛经借自梵语的音译像菩提（bodhi）、罗汉（arhat）、弥陀（amita）等等，都作为人名见于正史[18]。再如维吾尔语和西部裕固语同属阿尔泰语系突厥语族，都是在回纥语的基础上形成的。它们都从其他语言吸收了不少借词，但所借用的语言却不尽相同。它们在发展过程中除了都受到汉语的影响以外，维吾尔语还受到波斯语、阿拉伯语、俄语的影响，西部裕固语则受到蒙古语、藏语的影响。这除了因为两族人民所处地域环境不同外，还因为他们处在不同的宗教文化背景下，维吾尔族信奉伊斯兰教，裕固族则信仰喇嘛教（藏传佛教）。

中编　文化——语言的管轨

　　文化背景对语言的融合的影响是双向的，并不总是起促进融合的作用，有时文化的某些因素也会产生阻挡、反对融合的作用。这种对语言融合的反对作用不管是通过什么形式反映出来，其动因都主要来自文化的心理层面背景，说具体一点则是来自人们对本民族及其一切标志的维护心理，来自人们从小逐步形成的对自己母语的特殊情感，也来自人们维护国家尊严等类政治上的考虑。其表现主要是反对本文化群体的语言被另一种语言同化替代。在外语成分太多地涌入本文化群体的语言，而又并非是本文化群体自愿吸收时，也会产生一种抵抗力。

　　由于语言的的确确蕴含着比象征一个民族文化更多的东西，在很大程度上，它保持了这一民族的文化特征、他们特别的思想方法和行为方式，因此人们通常认为，如果一个民族的语言为别的民族的语言所代替时，那么他们的文化也将被代替。语言相同意味着祖国、民族、故乡或宗教信仰等等文化概念的统一，因此以民族、地域等等为标志划分的文化群体及某些亚文化群体内部都有一种基于文化认同的语言认同心理。为了本群体的文化能有鲜明的标志独立于其他文化，人们极力要使本文化的语言与其他文化和亚文化的语言有所区别。为此他们竭力保持自己语言的规范与纯洁，在自己的语言受到侵蚀（这种侵蚀不同于主动借用，往往带有某种屈辱的意味）或被迫融合时，只要一有机会，他们就要设法清除本语言因受侵蚀而产生的影响，或恢复使用自己的民族语言。

　　正是基于这种心理动因，犹太人成功地使一种在口语中基本消亡近两千年，而只是作为宗教和学术语言使用的古老语言希伯来语在口语中得到复兴。再如土耳其语曾经致力于清除阿拉伯语的成分，而印度和缅甸则建立特别委员会，创造本地语以取代殖民时期渗透到他们语言中的英语词汇，都是这种文化心理背景反融合作用的产物。

　　我们分三个层面举例考察了语言成分借用的文化背景。三个层面对语言成分借用的影响都不是单一的、孤立的，因为文化结构本身是一个复杂的整体,其内部三个层面本身的多方位性及其交叉性的相互关系,使得他们互相连锁并支持其他方面的不同部分,使得文化这个复合体所显示的关系成为一种经过整合的关系。再加上不同文化间的交融作用,使得一些因素发生变化,其变量又影响其他因素,这种关系就更加复杂了。如物质层面的文化因素往往影响甚至决定其他层面的一些因素,而其他层面的因素也会对物质层面产生反作用。还有好多文化因素都是多面而非单面的,其不同方面的折光会在文化的不同层面产生投影,如前面曾提到宗教具有心理和制度的多层面性,其实由于宗教的传布及其仪式活动还需要一定的物质实体,因而它也在文化的物质层面留下了一些因它而生的物质实体,如各种宗教建筑、圣物法器等等。由于文化背景是复杂的,因此它的三个层面对语言成分借用的作用往往是复合的,而不只是一个层面或一个层面中的某一因素的单一作用。不过无论这三个层面的背景因素对语言成分借用的影响是单一还是复合的,这些文化因素总还是在由文化的三个层面所构成的时空背景的大框架中,对语言成分借用产生或促进、或阻止的作用的。

第四节 语言混合和语言替代的文化背景

人类进入了原始氏族社会,部落间的战争与斗争不断增加,原始的产品交换与贸易日趋频繁。天灾人祸迫使部落迁徙、杂居,而不同的氏族、部落间要进行种种交往,这便形成了原始社会语言接触的文化背景。这时的语言接触是一种不自觉的淳朴的接触。

自从人类社会产生了私有制,出现了国家,国家之间的交往成为国际事务的重要组成部分,从此,不同民族(氏族、部落)的语言接触进入了自觉的阶段。据古籍记载,我国夏朝时,周边的"四夷"有不断来访的[19]。到周代,设立了专门接待外国使节并负责通译传语工作的官员"象胥"[20]。春秋战国时期主要是华夏文化和夷狄文化的接触,这就带来了中原华夏和周边特别是北边和西北边少数民族的语言接触。

中编 文化——语言的管轨

学习他族语言也成了一些人的自觉行为。孔夫子的七十二贤人中就有两名狄人,一名叫狄黑,一名叫左人郢(白狄)②,孔子教学是用当时的普通话——雅言——进行的。孔子是怎样对这两名外族学生进行"对外汉语教学"的呢?我们看不到有关资料,可以作一点推测。"语言,本质上是一种文化现象","这就决定了对外汉语教学也是一种文化对比教学"②。孔子对中原华夏的农业文化与夷狄的游牧文化进行了比较,肯定了夷狄农业文化的先进性,指出"夷狄之有君,不如诸夏之亡也"(《论语·八佾》)③。两种语言的接触实质上是两种文化的接触。"对外汉语教学的宏观宗旨或客观效应就是传播中国文化。"④孔子正是把先进的华夏文化向周边传播。从《中国人名大辞典》上知道,狄黑是卫国人,左人郢是鲁国人,准确的说法应是"卫籍狄人""鲁籍白狄人"。可见在春秋时期,已有广泛的语言接触,并开始了第二语言的学习与教学。这都表明,人类社会出现了国家之后,语言接触进入了自觉的阶段。

从一些古代语言文献中,还可看到对语言接触的生动描写。战国以后,古人把北边和西北边少数民族统称为"胡"。胡人与汉人相处时,说汉语生硬别扭,变腔走调,汉人称为"胡言汉语"。"胡言汉语"作为一条成语被保留下来。后来演化成"胡言乱语"⑤。再如东汉末年,蔡文姬在战乱中被掳入胡地,在南匈奴过了12年,后被魏武帝用重金赎回。回汉后作《悲愤诗》,其中就有描写汉蒙语言接触的情况。诗云:"人似禽兮食臭腥,言兜离兮状窈停。""兜离"表明汉蒙之间语言难辨的样子。又曰"侏离",《后汉书·南蛮西南夷列传》有"语言侏离",亦表明语言接触时,双方难以辨清意思的样子。再如唐代诗人岑参《奉陪封大夫宴》诗中,讲到在节度使的宴会上,"座参殊俗语,乐杂异四方",即有说不同语言的人员在一起,并演奏着少数民族的音乐。这是语言接触的生动描写。从文献语料中可以得知,或是战乱流亡,或是杂居相处,或是民族事务,或是贸易往来,如此等等,造成了语言接触的文化背景。

语言接触(Language contact)"指说不同语言的人经常相遇所引起的语言上的互相影响。语言接触的特点有双语现象(Bilingualism)、

· 385 ·

借词（Borrowing）和语言演变（Linguistic change）。"⑱这一界说明确地概括了什么是语言接触和语言接触后由于语言的相互影响出现的三个特点。这三个特点都是在不同文化背景下的语言接触造成的，其中第三个特点"语言演变"似乎最为复杂，而在 Hartamann 和 Stork 的释义著作中又没有明确的讲解⑳。因此，在什么样的文化背景下出现语言接触而发生"语言演变"的特点，"语言演变"包括哪些具体内容（当然不同于前两个特点的内容），这便是本节要讨论的内容。

语言演变，我们认为，它包括语言混合和语言替代两个方面。这两个方面应是语言演变的结果——语言融合的具体表现形式。下面讨论语言混合和语言替代的文化背景，即产生这种语言现象的由来。文化背景，可分为物质层面的、制度层面的、心理层面的，同一个问题对这几个层面可能同时都有涉及，本节不再分这三个层面分别进行讨论。

一、语言混合的文化背景

语言混合，或者说"语言的混合"（mixing of language），指在语言频繁接触的地区，不同语言的语音、语法或词汇成分的混合㉑。语言混合表现的形式有三：语码混杂、皮钦语和克里奥尔语。

（一）语码混杂

使用一种语言时，夹杂有另一种语言的成分，这另一种语言成分多是词或短语，包括它们的语音形式。这与社会历史文化背景密切相关。不同民族的交融，可能直接插用他族的某些语言成分，造成语码混杂。据周振鹤、游汝杰《方言与中国文化》考察分析，上古社会，当时的楚地很可能有民族和语言的混合。他们分析屈原所作的《楚辞》，指出中间有不少成分明显地跟同时代的古汉语不同，举出了《楚辞》中常用的虚词"兮"用法很特别，跟《诗经》不同。这一点，廖序东《释"兮"及〈九歌〉句法结构的分析》一文也比较分析了《诗经》和《楚辞》使用"兮"的方式而把二者区分开来。（见《楚辞语法研究》语文出版社，1995年版）这是从语法和语用的角度去区分的。周、游二位从文化角度进行考察，《楚辞》用"兮"跟《诗经》截然不同，很多都不

中编　文化——语言的管轨

作叹词解。还提出《招魂》中有一个"些"字，用于句尾，可能表语气，也不见于《诗经》。他们举出现代彝族（古代南蛮一支，属上古羌族）巫师的咒词和彝民的歌词，每两句后都有"啊——梭——只"三个垫衬音节。他们认为"啊""梭"可能跟《楚辞》中的"兮""些"同源。而"兮"的古音"啊"[a]，已被闻一多、董同龢、李方桂、王力等众多学者的研究所证实。这个"兮""些"就是古羌语在《楚辞》中的语码混杂现象。周、游二位的文化考察，《楚辞》中混杂彝族巫歌语码，从冯天瑜的中国古文化研究中可得到佐证。冯天瑜、周积明说："楚人从南蛮和越族中吸收了悠扬的巫歌和想象力丰富的神话传说，造就了风格迥异于中原文化的楚文化。"（《中国古文化的奥秘》24 页）在民族交融的文化背景之下，有可能直接运用他族的某些语言成分，形成语码混杂。

外族入侵，外族与本族在军事、外务等方面的激烈碰撞，也带来了语言上的激烈碰撞，语码混杂成为常见语言现象。我国抗日战争时期，日本侵略者的入侵，日本鬼子与中国人语言接触时，就有这类情况。如知侠的著名长篇小说《铁道游击队》有这样一例：

王强看到鬼子检查过了，很机智的掏出顶好的香烟，从桌下边提出一瓶酒，笑着让鬼子：

"皇军辛苦大大的，米西！米西！"

为首的一个鬼子，向王强摆了摆手，搜索的眼光，和气了一下，就带着鬼子们走出去了。（140 页）

王强在说汉语时，里面就夹有日语语码"米西"。在反映抗日的影片中，我们可以听到日本侵略军说汉语时也有类似情况："八格哑鲁！你的统统的，杀掉！"

追溯到中国近代社会，鸦片战争以后，开始了中国与西方大规模的各种形式的语言接触。传说办洋务的著名人物李鸿章为了向洋大人用俄语或英语道谢，便在折扇背面写着谐音汉字"四包锡薄"（俄语 Cдпиасиьо）和"生发油买来卖去"（英语 Thank you very much）[②]，在说汉语时夹杂俄语、英语语码，对办洋务的李鸿章大人似有一点讽刺意味。

在殖民主义者侵占的地区、海岸、港湾,也不难见到语码混杂的现象。以香港为例,在小说、影视中常常出现。如阮朗《十年一觉香港梦》(广西人民出版社,1981年版)有一段文字:

……她一巴掌落在他大腿上,"你想,郭木森有什么可怕的呢?如果我抓到小纸团,上面有了'GO'字,我就去!""你曾经'去'过?""小儿科!"她干脆去摸他的脸:"不害臊!为什么我没'去'过?——你问陈慕初!"

这里混杂了英语语码"GO"(去)。在描写现代港人生活的影视片中常有这种现象。如1988年播出的《警花出更》中,说汉语时,就常夹杂英语语码,如说邀请朋友参加 party(聚会),郑顺华教官要张爱明当 leader(领头人),金志刚自称是 sergeant(巡警),警察们接受考核后,互相询问是否 pass(通过)等等,这都是特殊的文化背景造成的。

语码混杂是加合式混合语言,是说一种语言的人把另一种语言的词汇等语言成分直接夹杂其中,用以表达自己的意思。

(二)皮钦语

皮钦语(Pidgin languages)指在语言频繁接触的地区(如通商口岸、国境交界处等)语言间的互相影响而产生的一种混合语言。皮钦语的语法结构通常要依附于当地占统治地位的那种语言,而词汇往往是"外来的",并且也受到"本地的"那种占统治地位的语言的"侵蚀",形成一种形式简单的交际语言。

在世界历史的进程中,从哥伦布时代起,欧洲人在世界各地通商,并扩大他们的势力,在东方,在非洲,在美洲,在欧洲人到过或占为殖民地的地区,都要跟当地居民交往,为了让对方明白自己说话的意思,在语言上作些让步,简化自己的语言,纳入当地的一些语言成分,自己的语言变形了。当地人又学这种变形的语言与外来者进行交际。由于不同语言互相适应和改造而形成了这种特殊的语言现象。殖民者的侵略是产生这种特殊语言现象的社会历史文化背景①。

Pidgin(音译"皮钦")是外国人根据中国人发英语 Business(商

业、贸易）一词的讹音 Pidgin 而得名。Pidgin 的中国名称是"洋泾浜"，在中国指"洋泾浜英语"（Pidgin English）。洋泾浜是旧时上海的租界地名㉚。这里的中国人与洋人杂处，语言混杂，当地人用不规范的英语跟英美人交际，说出的英语像是当地语言的一种滑稽可笑的讹变，被讥称为"洋泾浜英语"。洋泾浜英语或洋泾浜语，也称"洋泾话"（见于晚清白话小说）。洋泾浜语主要是殖民主义的产物，有殖民者的地方就有洋泾浜语的现象。在向外殖民的时代，欧洲人开始跟土著居民发生接触，于是就有了葡萄牙语、西班牙语、法语和英语的洋泾浜变体了。

洋泾浜语的出现，是符合语言发展规律的，也是一种交际工具，而且有可能发展成一种民族语言。但由于它产生的社会历史文化背景的原因，这种语言常起着一种"标明地位"的作用，某个社会集团使用这种语言就显示其社会地位的低下。因此，有些国家和地区有人呼吁反对使用洋泾浜语。R. A. Hall 指出："尽管洋泾浜语言确实常常被当做种族歧视的手段，但这并不是它们的功能中的必要部分和本质成分。再说，即使采取极端的政策来'废除'某种语言能行得通的话，那也要有一个缓慢的、花钱很多的而且是极为困难的再教育过程。一个洋泾浜语言一旦克里奥尔化了，它就成了一种民族语言，就完全有权获得人们的尊重。"㉜

皮钦语或者洋泾浜语是组合式混合语言，是利用本地语的语法形式和外族语的词汇组合起来，成为一种形式简单的交际语言。

（三）克里奥尔语

克里奥尔语（Creole language）意译为"混合语"㉝。这种混合语是由洋泾浜语（Pidgin）发展而来的。在一个地区，如果人们完全用洋泾浜语来进行交际，本族语基本上不使用了，那么，他们的下一代就会把洋泾浜语作为母语来学习和运用了，洋泾浜语就会起到民族语言的作用。这时，洋泾浜语就会扩大词汇量，使语言结构严密，完善，规范化，并且有了自己的文字系统，形成了文学语言。这就是克里奥尔语言，或者说克里奥尔化语言。

如在前荷属爪哇等地的洋泾浜马来语，是一种广泛使用的贸易语言，叫作"市场马来语"，经过种种发展，成为新一代人使用的"印度尼西亚语"，形成印尼民族的交际语言。

还有海地、小安的列斯群岛等地使用的从法语派生出来的克里奥尔语言，南卡罗来纳州沿岸诸岛使用的以英语为基础的克里奥尔语即古拉语和西印度群岛的黑人英语，南非的南印荷兰语，等等。

克里奥尔语是融合式混合语言，它是在洋泾浜语基础上丰富、完善、规范化，成为一种民族的交际语言。

"语言混合"的这三种形式都是在特殊的文化背景下产生的，其文化背景通常是异族入侵、殖民、商业贸易、民族杂处，这便是语言接触的条件，由此才可能产生"语言混合"。把这三种语言混合的形式联系起来看，"语码混杂"是异族语言成分（主要是词汇成分）临时直接夹入本族语中混合使用。"皮钦语"有一定的结构形式（本族语的语法结构形式和外族语的词汇，发音有讹变）组合成一种形式简单的交际语言。"克里奥尔语"则把这种"组合"的语言加以发展，使之融合，并完善、规范，形成一种新的民族语言，这是真正的 Creole language（混合语）。它们的发生、发展，是和社会历史文化背景紧密地联系在一起的。

二、语言替代的文化背景

语言替代是指一种语言成为"胜利者"，取代了其他语言而成为不同民族间的交际工具。"失败者"语言也会在"胜利者"语言中留下一些痕迹。语言替代是语言接触中典型的语言融合现象，它不同于融合式混合语言——克里奥尔语。

战争、殖民、移民现象、民族杂居，这些大约是异族入侵、部族迁徙以及自然灾害、垦戍等原因造成的。由此，不同文化群体之间的接触必然产生，这就成为语言替代的社会历史文化背景。

语言，本质上是一种文化现象。语言替代，实质上是文化的认同，是"语言胜利者"通过语言替代在文化上来同化对方，用先进的高势能文化替代落后的低势能文化[③]。语言替代的文化背景更能看出这一点。

中编　文化——语言的管轨

语言替代,有自愿替代的,有被迫替代的,这也是由不同的社会历史文化背景造成的。

(一) 自愿的语言替代

低势能文化的民族为了尽快发展自己,其明智的领导人物就会实行根本性改革,其中包括自觉地采用高势能文化的民族的语言作为交际工具。典型的例子是我国北魏孝文帝元宏推行"用夏变夷"的改革,这是用华夏族的农耕文化去取代鲜卑拓跋族的游牧文化,简言之,即用汉文化去取代胡文化。魏孝文帝在政治、经济、风俗礼制等方面制定了一系列对胡文化实行"汉化"的政策、措施,并把都城由原处于游牧文化氛围中的平城(今山西大同)迁于古来神州中心洛阳,完成了具有文化转型意义的重大行动,从此全面割断了鲜卑拓跋族与旧有文化联系的纽带。在推行汉语方面,利用政治力量,采取断然措施。《魏书·卷七下·高祖纪第七下》:太和十九年(公元 495 年)"六月己亥,诏不得以北俗之语言于朝廷。若有违者,免所居官"⑤。对人民群众也规定禁说本族鲜卑语,要求一律说汉语。30 岁以下的马上改说汉语,30 岁以上的可以慢慢改。这种自愿的语言替代,是在高势能的汉文化的强大规范之下,实现草原游牧文化与中原农耕文化的整合运动从而达到全族汉化的背景下实现的。没有这样的历史文化背景,也不可能有这样的语言替代。

再一种自愿的语言替代产生于民族杂居,即在语言接触过程中,经济、文化、科技比较发达,人口比较多的民族的语言往往替代其他民族的语言。汉魏六朝时期是一个明显的例子,那时迁入内地的胡人"与华民错居",不仅"语习中夏","多说中国语",而且潜移默化地受到汉文化观念的影响,最后自觉不自觉地把自己当作"汉人"了。这不单是语言的融合,还是民族的融合。⑥

在一种民族语言完全同化之前,多有一个双语现象的过程,在相当一段时间内同时使用两种或多种民族语言进行交际,融合后的语言也有被融合的语言成分,多表现为借用现象,借用是讨论的另一个问题。

· 391 ·

(二) 被迫的语言替代

战争,这是人类社会常见的现象。当侵略者征服了对方,它就要强迫被征服者放弃他们自己的语言,迫使他们学习侵略者的民族语言,通过语言的同化达到文化上的同化,从根本上来维持自己的统治,被征服者便出现了"被迫的语言替代"。如罗马帝国征服了意大利半岛,禁止使用半岛上居住民族的语言文字,要求使用拉丁语,并规定一切文告法令都使用拉丁文,法庭诉讼及向元老院申诉必须用拉丁语,否则不予受理。不懂拉丁语的人连公民权也被剥夺了。这样一来,意大利半岛上的许多民族语逐渐被拉丁语替代了。

征服者的民族语言是否能替代被征服者的民族语言,取决于高势能文化,政治上、军事上是否处于统治地位不是决定因素。历史事实正是如此。在中国历史上最后一个封建王朝——由满族统治者建立的清王朝,他们面对强大的汉族高势能文化,极力维护自己的文化习俗和语言文字。清统治者于1634年命令将汉文官名、城邑名一律改用满文。1637年招集群臣训谕,力戒效法汉俗,要求世世子孙严格恪守本民族的"语言衣服及骑射之事"。1644年入关,为维护满语的地位,清王朝把满语、满文列为官方使用的法定语言文字。新进的翰苑名臣都要学习满语满文,上朝必用满语,军事训练只准讲满语[⑥]。清统治者是想用满语作为官方语言来统治全国,同时,也允许蒙古语、汉语等存在,实行的是以满语为标准语的多语政策。然而,清统治者继承了"学而优则仕"的中国传统做官取仕的考试制度,考试内容是"四书""五经"之类——这是历史形成的传统的汉语标准书面语(文言文)。清朝官员们制定官方文件也使用这种汉语标准书面语体。清统治者的语言政策在不断削弱。由清圣祖康熙大帝谕令编纂、于1716年完成的钦定《康熙字典》,它在汉字汉语文规范化方面发挥了重要作用[⑧]。有了标准的汉语书面语,政府官员还得有一种通用的口语,以便于执行政府职能。"官话"也受到上层统治者的重视,1728年,清世宗雍正皇帝下谕旨命令福建、广东两省督抚,为确保官话的教学水平,聘用能讲标准官话的教官进行教学。在皇帝指示之下,福建各地建立了"正

中编　文化——语言的管轨

音书院",并要求通过官话水平测试。大约过去了两百年,从中央到地方都被汉语同化了。汉语成为中国政府官员使用的正式官方语言⑬。这类情况,在中国历史上,春秋战国与华夏周边的狄、夷等胡人,汉魏六朝与匈奴、鲜卑、羯、氐、羌,隋唐以后与回纥、契丹、女贞、蒙古、满等多次出现民族语言的融合,汉语都是最后的胜利者。这是因为当时汉族是高势能文化,即使在清朝,汉族处于被统治地位,然而,这时的经济、文化、科技等发展水平仍高于满族,所以汉语也是胜利者。正如恩格斯所说:"在长期的征服中,比较野蛮的征服者,在绝大多数情况下,都不得不适应征服后存在的比较高的'经济状况',他们为被征服者所同化,而且大部分甚至还不得不采用被征服者的语言。"⑭

语言替代,不论是自愿的还是被迫的,凡语言胜利者皆因为使用这种语言的民族是高势能文化民族,政治上是否处于统治地位不是决定因素,但也是不可忽视的因素。

语言接触是人类社会的普遍现象。而语言混合与语言替代多表现在制度文化层面上,其次是物质文化层面和心理文化层面。语言接触后发生的语言现象是复杂的,原因也是多方面的,要深入探讨的问题还有不少。此外,弄清语言接触的文化背景,对语言教学、语言交际、语言发展与演变,以及文化学、社会学、民俗学等方面都有重要意义。

注释:

①查尔斯·弗格森《双言现象》,载《国外语言学》1983 年第 3 期。

②参见傅懋勣《论十一到十四世纪英国的双语制和诺曼贵族说的法语是不是阶级语言的问题》,载《语言学论丛》第 5 辑,商务印书馆。

③参见《中国大百科全书·语言文字》"中国诸民族语言"目录,中国大百科全书出版社 1988 年版。

④参见陈章太《论语言生活的双语制》1988 年夏提交"深港片语言问题研讨会"的论文。

⑤参见陈建民、陈章太《从我国语言实际出发研究社会语言学》,载《中国语文》1988 年第 2 期。

⑥参见周振鹤、游汝杰《人口变迁和语言演化的关系》,载《上海社会科学院

学术季刊》，1986年第4期。

⑦［苏］什维策尔《现代社会语言学》（卫志强译）213页，北京大学出版社1987年版。

⑧列宁《论民族自决权》，转引自《马克思主义经典作家论语言》63页，商务印书馆1960年版。

⑨马学良《语言学概论》207、178页，华中工学院出版社1981年版。

⑩徐雅琴、朱永生《澳大利亚文化与澳大利亚英语》，载顾嘉祖等主编《语言与文化》，上海外语教育出版社1990年版。

⑪参看洪其庚《误会得国名》，《读者文摘》1989年第8期。

⑫马宾、林立编《国际共通语词典（英德法俄）》，中国展望出版社1986年版。

⑬［美］F.普洛格、D.G.贝茨：《文化演进与人类行为》（吴爱明、邓勇译）中译者序，辽宁人民出版社1988年版。

⑭参见陈宗振《西部裕固语中的早期汉语借词》，《语言研究》1985年第1期。

⑮参看北京师范学院中文系汉语教研组编著《五四以来汉语书面语言的变迁和发展》第三编，商务印书馆1959年版。

⑯参见秦秀白《英语简史》第四章，湖南教育出版社1983年版。

⑰参看周建民《汉语复音语素的简缩现象》，《武汉教育学院学报》1997年第1期。

⑱参看吕叔湘《南北朝人名与佛教》，《中国语文》1988年第4期。

⑲《册府元龟·外臣部·朝贡一》："夏启即位七年，于夷来宾"，"少康即位三年，方夷来宾"等等。参阅冯天瑜、何晓明、周积明著《中华文化史》第二章有关部分。

⑳《周礼·秋官·象胥》："掌蛮、夷、闽、貉、戎、狄之国使，掌传王之言而谕说焉，以和亲之。"刘师培《〈文章学史〉序》："象胥之官，掌传王言于夷使，使之谕说和亲，入宾之岁，则协礼以传词，此文之施于通译者也。"

㉑参见冯天瑜、周积明著《中国古文化的奥秘》24页。

㉒引自张德鑫《对外汉语教学本质之认识》，见《中外语言文化漫议》41页，华语教学出版社1996年版。

㉓参见冯天瑜等《中华文化史》12页。又见杨伯峻《论语译注》（中华书局1958年版）："不如"："一般当'不及'讲"；"亡"："同'无'。在《论语》中，'亡'下不用宾语，'无'下必有宾语。"（26页）

中编　文化——语言的管轨

㉔同㉒。

㉕陈建民《语言文化社会新探》第十章："……西晋灭亡后，北方出现'五胡十六国'的分裂局面，中原人民深受其害，便把'胡'和'乱'联系到一起。后来，'胡言汉语'演变为'胡言乱语'。"（135 页）另外，刘洁修《汉语成语考释词典》（商务印书馆 1989 年版）上"胡言乱语"条云："原或作'胡言汉语'：以某一少数民族的方言说话却夹杂汉族的语言。"对这条成语理解不同，但都表明是语言接触的一种反映。

㉖引自 R. R. K. 哈特曼、F. C. 斯托克《语言与语言学词典》（黄长著、林书武、卫志强、周绍珩译）77 页。

㉗在《语言和语言学词典》中，"语言接触（接触）"条后还谈到"不同语言形式的混杂有时会形成克里奥尔语或洋泾浜语言（Pidgin language）。"在"演变（Driff）"条（引者注：没有"语言演变"条）释为"指某种方言在历史发展中连续的变化，包括音变（Sound shift）、借用（Borrowing）及其他变化。如日耳曼语词的末尾音节的脱落。参看 Dialectalisation（方言化）"。这里与不同民族的语言接触后的"语言演变"似无什么关系。

㉘引自《语言和语言学词典》261 页。

㉙此例引自《中外语言文化漫议》258 页。

㉚"皮钦语"这部分的写作主要参考了 R. A. Hall《洋泾浜语言》，见［美］王士元主编《语言和人类交际》（游汝杰、潘悟云等译），广西教育出版社 1987 年版。

㉛据《清史稿·地理志·松江府》记载，上海于道光二十三年（1843 年）为"英约五口通商之一"，（见《二十五史》〔影印本〕第 11 册，9081 页。）同治七年（1868 年）订立上海租界章程《洋泾浜章程》，共分 5 项：一、上海洋泾浜北首租界章程；二、新定虹口租界章程；三、洋泾浜北首西国租界田地章程；四、上海中国人民住居租界内条例；五、洋泾浜设官会审章程。洋泾浜是流经外滩和黄浦江会合处的一段，上海辟为商埠之后，这一带成为外国人聚集的地方。

㉜［美］王士元主编《语言和人类交际》99 页。

㉝综合起来看，译为"混合语"的有三个术语。一、Creole，音译"克里奥尔语"（creole 是"混血儿"的意思）。本文在此讨论的混合语即此。二、Mixed language 译为"混合语"，指两种或两种以语言之间发生深刻的互变结果而形成的语言。这种情况通常发生在数种语言接触的地区。如洋泾浜语言或克里奥尔语言。（见 R. R. K·Hartmann、F. C. Stork《语言与语言学词典》）这是本文所说的

"语言混合"或"语言的混合"(Mixing of languages)。三、Lingua franca,译为"混合语",又译为"交际语",指没有共同语言的不同民族之间用来充当交际工具的一种语言,如在印度和菲律宾使用的英语。(见 R. A. Hall《洋泾浜语言》)这种"混合语"区别于"洋泾浜语"和"克里奥尔(化)语言"。

㉞冯天瑜、何晓明、周积明《中华文化史》:"'势能'本是物理学术语,指物质系统由于各物体之间存在相互作用而具有的能量。在世界文化大系统内,各子文化系统之间也存在着势能之分。发展水平较高的文化系统可称为'高势能文化'。反之,则称为'低势能文化'。若发展水平相当,则可谓为'等势能文化'。"(15页)

㉟引自《魏书·卷一至卷一二(纪)》(见《二十五史》〔中华书局1974年影印本〕第1册,161页)。并请参见《魏书》有关记载。

㊱参阅冯天瑜、何晓明、周积明《中华文化史》543—550页。王仲荦《魏晋南北朝史》(上海人民出版社1979年版)第三章第一节,第五章第二节等有关章节。

㊲参见《中华文化史》845—846页。又参见《清史稿上》"本纪一"至"本纪八"(《二十五史》〔影印本〕第11册)。

㊳胡明扬《规范字典和规范词典的重大社会作用》:"……直到清代的《康熙字典》都在不同时代的汉字规范化方面发挥了重要作用。《康熙字典》在质量方面并不是无懈可击的,但是这是'钦定'的。至少,在当时具有无可争辩的权威性。这也许是一个权威性弥补了字典或词典的质量缺陷的例子。"(《语文建设》1998年第3期36页)另外,请参阅钱剑夫《中国古代字典辞典概论》(商务印书馆1986年版)第二章第四节。

㊴[意]马西尼《现代汉语词汇的形成》(黄河清译)第1章,汉语大词典出版社1997年版。

㊵恩格斯《反杜林论》180页,人民出版社1970年版。

主要参考文献:

[1] 布龙菲尔德. 语言论 [M]. 袁家骅等, 译. 北京: 商务印书馆, 1980.

[2] 马赛尔·柯恩. 语言的结构和发展 [M]. 双明, 译. 北京: 科学出版社, 1959.

[3] 爱德华·萨丕尔. 语言论·言语研究导论 [M]. 陆卓元, 译. 北京: 商务印书馆, 1964.

[4] 高名凯. 语言论 [M]. 北京：科学出版社，1963.

[5] 舒化龙. 汉语发展史略 [M]. 呼和浩特：内蒙古教育出版社，1983.

[6] 肯尼思·卡兹纳. 世界的语言 [M]. 黄长著，林书武，译. 北京：北京出版社，1980.

[7] F. 普洛格，D. G. 贝茨. 文化演进与人类行为 [M]. 吴爱明，邓勇，译. 沈阳：辽宁人民出版社，1988.

[8] 秦秀白. 英语简史 [M]. 长沙：湖南教育出版社，1983.

[9] 刘正琰，等. 汉语外来语词典 [M]. 上海：上海辞书出版社，1984.

[10] 邢福义. 文化语言学 [M]. 武汉：湖北教育出版社，1991.

[11] 王士元. 语言和人类交际 [M]. 游汝杰，潘悟云等，译. 南宁：广西教育出版社，1987.

[12] 周振鹤，游汝杰. 方言与中国文化 [M]. 上海：上海人民出版社，1986.

[13] 张德鑫. 中外语言文化漫议 [M]. 北京：华语教学出版社，1996.

[14] 李安宅. 巫术与语言（影印本）[M]. 上海：上海文艺出版社，1988.

[15] 马西尼. 现代汉语词汇的形成 [M]. 黄河清，译. 上海：汉语大词典出版社，1997.

[16] R. R. K. 哈特曼，F. C. 斯托克. 语言和语言学词典 [M]. 黄长著，林书武，卫志强，周绍珩，译. 上海：上海辞书出版社，1981.

[17] 冯天瑜，何晓明，周积明. 中华文化史 [M]. 上海：上海人民出版社，1990.

[18] 冯天瑜，周积明. 中国古文化的奥秘 [M]. 武汉：湖北人民出版社，1986.

[19] 沈福伟. 中西文化交流史 [M]. 上海：上海人民出版社，1987.

[20] 邢公畹. 语言学概论 [M]. 北京：语文出版社，1996.

[21] 黄弗同. 理论语言学基础 [M]. 武汉：华中师范大学出版社，1988.

[22] 伍铁平. 普通语言学概要 [M]. 北京：高等教育出版社，1993.

[23] 二十五史（影印本）[M]. 上海：上海古籍出版社，上海书店，1986.

第四章 文化对文字和准语言的影响

第一节 文字起源的文化背景

文字是社会发展到一定阶段的产物。文字的产生受各种社会文化因素的制约和影响。下面将从几个方面加以粗略的论述。

一、社会的需求

在旧石器时代初期和中期大约三百万年的漫长岁月里，人们过着原始的群居生活，群体之间互不联系，群体内部实行杂婚制。那时，连语言也没有产生，只是依靠各种动作、手势、面部表情和简单呼叫进行交际，当然谈不上对文字的需求。到旧石器时代晚期，大约距今四五万年，人类开始有了自己的语言。原始群体也转化为母系氏族社会了。氏族公社之间靠婚姻纽带形成部落、部落联盟。到了新石器时代则进入母系氏族公社的繁荣时期。这时，人们的活动范围日益扩大，交往日益频繁，仅靠口说心记无法满足社会交际的需要。如氏族内部的劳动分工和产品分配，要有经常性的记载；氏族或部落联盟之间的交易、战争或其他联系都要记载；本氏族、部落内部的大事，祖先的历史要一代代相传；宗教、巫术的产生，祝辞、咒语等需要书写；有时需要把命令或信息传给远方的人。这样，人们就寻求一种帮助记忆和传递信息的记事方法来弥补口语的不足，于是，人类的三种原始记事方法——实物记事、符号记事、图画记事就得以产生和发展。图画记事是其中发展得最完备的一种。它取用了原始绘画的象形性，吸收了实物记事的象征性和符号记事的假定性，所以能够表达比较复杂的

中编　文化——语言的管轨

事件和思想，而且使用起来比较方便，随时随地可以涂画。但它还不是文字，不过同文字的起源有更密切的关系。

　　当历史发展到新石器时代的晚期，随着农业、畜牧业和手工业之间的社会分工越来越扩大，交换关系越来越发展，以及私有财产的出现，宗教、巫术的发展，原始的记事方法就越来越不能满足社会交际的需要了，于是就在记事图画的基础上产生了图画文字。图画文字是人类的原始文字，主要用表形和表意的方法来记录语言。它同记事图画很接近，但又有本质的不同。记事图画只是笼统地表达某种意义群，不能明确地记录语言，不能代表确定的语言成分，不能表示一定的语音；而且只是个人随心所欲的描画，缺乏社会约定性，对同一幅记事图画可以作出不同的解释，有的只在当事人之间才有约定意义。图画文字则是以明确记录语言为目的，又称为句意文字或语段文字，它所用的符号图形是同一定的语言成分相联系的，也就是同某种语言的句子、词组和一部分语词形成了比较固定的联系，有一定的约定俗成性。这些特点是由记事图画直接发展演变而形成的。当记事图画分解为单个的图形并同一定的语言成分形成固定的联系而成为记录某种语言的特有符号时，它就演变为图画文字了。在这个意义上可以说记事图画就是人类文字的前身。

　　目前人们能够见到的最有代表性的图画文字是云南纳西族曾经用过的东巴文和四川尔苏人曾经用过的沙巴文。世界上几种最古老的意音文字，如美索不达米亚的楔形字，埃及的圣书字和中国的甲骨文，大约都经历了图画文字阶段，这些文字的最初构形都保留着图画文字的特点，只是目前还缺乏充足的考古材料来证明它们是如何由图画文字演进的。

　　图画文字是新石器时代晚期文化的反映。它虽然跨入了文字的行列，但还不能够完备地记录语言的成熟文字。能够完备地记录语言的人类文字符号系统，大约产生于青铜器时代初期。那时，社会生产的产品有了剩余，私有制已经出现，人类社会经历了第三次大规模的社会分工，商业活动和生产活动分离了，商品经济产生并且发展了，阶级对立和阶级统治已经形成，作为阶级统治的工具国家机器也已经诞生了。国家进行管理和统治，需要有成文的法规，需要有条理分明的文书；商业贸易的来往书信、契约和账单，国王的宫殿、陵墓、祭器等的铭文，都需要有成熟的文字来记载。只有在这个时候才需要这种成熟的文字符号体系。正是这种文字符号系统的诞生，才标志着人类社会已经进入文明时代。恩格斯说："从铁矿石的冶炼开始，并由于拼音文字的发明及其应用于文献记录而过渡到文明时代。"①

世界上几种最古老的文字都产生于青铜器时代初期，因为当时社会有这种需要。恩格斯说："社会一旦有技术的需要，这种需要就会比十所大学更能把科学推向前进。"②社会的需要也是推动文字产生的强大动力。

二、巫术的发展

巫术文化可能是人类最早的文化现象，一切原始的文学、艺术、宗教等的产生，都同它有密切的联系。这里仅从文字的产生略加论述。

对文字的产生起决定作用的因素是社会的需求，而巫术的发展则是文字产生的必不可少的社会条件。人类文字符号系统产生于阶级社会形成的时候，只有在那个时候社会才有这种需要，也只有在那个时候社会才提供了这种条件。因为只有在那个时候，伴随着阶级对立和阶级统治而产生了脑力劳动和体力劳动的分工和对立，才有可能让极少数人从事对原始文字的加工整理工作，使它成为能够完备地记录语言的文字符号系统。做这种工作的大约就是经常同文字打交道的巫史之类。

原始的图画文字是广大群众自发地创造的，是比较粗糙和幼稚的，作为记录语言的工具是很不完善很不准确的，只有经过巫史的采集、选择、整理、加工之后，才能形成比较系统成熟的文字体系。正如鲁迅先生所说："但在社会里，仓颉也不止一个，有的在刀柄上刻一点图，有的在门户上画一些画，心心相印，口口相传，文字就多起来，史官一采集，便可以敷衍记事了。中国文字的由来，恐怕也逃不出这例子的。自然，后来还该有不断的增补，这是史官自己可以办到的，

中编 文化——语言的管轨

新字夹在熟字中，又是象形，别人也容易推测到那字的意义。"③又说："文字是史官必要的工具，古人说：仓颉，黄帝史。第一句未可信，但指出了史和文字的关系，却是很有意思的。"④

史官的前身就是巫。我国古书中常有巫史不分的记载。原始社会就有巫，不过在当时还不是脱离生产的专职人员。巫的职务是以舞蹈的动作请求神灵下降，是人和神鬼的中介人。文字的起源同巫术的关系十分密切。原始记事材料中就有很多关于巫术的记载。原始文字东巴文所反映的就是宗教巫术文化，甚至可以说，这种文字就是适应宗教巫术的传承而创造的。创造这种文字的正是信奉东巴教的巫师。巫师在纳西语中叫作"东巴"，所以称这种文字为东巴文。东巴是不脱离生产的巫师，同原始社会的巫在本质上没有区别，他们本身就是劳动人民的一个组成部分。

殷商时期的甲骨文已经是相当成熟的文字了。它同巫术的联系同样是非常明显的。殷墟甲骨刻辞的绝大部分是占卜记录，内容反映祭祀、征伐、田猎、年成、风雨、疾病，以至时日的吉凶，用牲的多寡等等。中原文化为适应阶级社会的政治需要，在神祇身上加上了社会属性，减少了原始的自然属性；而纳西人的宗教巫术心理则纯属原始的自然崇拜。鲁迅曾说："太古荒唐之说俱为儒者所不道。"⑤而当时的古纳西族却仍然生活在"太古荒唐之说"的境界中，并让它保留在东巴经文中传递至今。⑥

在当时的社会条件下，巫人的社会地位和作用也起了根本的变化。原来是巫在民间，是平民百姓，后来是巫在官府，成了统治集团的重要成员。我国殷周时期的巫都是举足轻重的人物。据《尚书·洪范》记载，天子遇到不能决断的大事，就找卿士、巫人等商量，如果巫人赞成，即使天子、卿士反对，也要按巫人的意见办。殷墟卜辞中有"乍册"这样的史官，即制作典册和宣读册命的官。卜辞中的"祝其册"（京都2262），言以其简册祝告鬼神。这跟《尚书·洛诰》中的"王命作册，逸祝册"是一回事。孔颖达《疏》说："王命作册者，命有司作策书也。读策告神谓之祝。逸祝策者，使史逸读策书也。"据史

· 401 ·

书所载，周公旦就是一个"巧能，多才多艺，能事鬼神"的巫人，而且是巫术世家的子弟，其父即演《周易》的西伯昌。（《史记·鲁周公世家》）我国古代巫史不分，直到春秋时期的许多史官，如史苏、史赵、史墨、史龟等都兼善占卜。由此可见，对原始文字的加工整理确为巫史的职责之一。没有专职的巫史，就不可能有成熟的文字。而自发地创造的原始文字是不可能自发地演变为成熟的文字的。可见，巫人社会地位的变化是文字产生的一个非常重要的社会条件。

三、思维的发展

文字记录语言要求准确和精密，这就要求人们首先能够对周围的事物以及自身的语言进行比较准确而精密的分析。没有这种分析能力，不可能创造出文字。

人类成熟的文字只有两种：一种是以记录词或语素为单位的意音文字，如埃及圣书字、苏美尔的楔形字，中国的汉字等；一种是用字母形式书写语言的音节或音位的拼音文字，如印度字母是书写音节的，阿拉伯字母、希腊字母、斯拉夫字母、拉丁字母则是书写音位的。人类最早的拼音字母是公元前15世纪由地中海东岸的北方闪米特人创造的。无论创造哪种类型的文字，都要求首先对客观事物的类别特点和语言的构成成分进行准确而精密的分析。意音文字中有意符、声符和类符。最初意符要求能表现客观事物的形貌牲和意义关系，类符是区分事物的类别，表示词的义类的。声符在汉字里是表示音节的读音，在埃及圣书字和苏美尔楔形字里则发展为类似标音字母的符号了。拼音文字则要求对语言的语音结构进行更科学的分析，要求有更抽象的思维能力，所以拼音文字比意音文字晚得多。

人的思维能力是人类在长期的进化过程中产生和发展的。思维的器官是人脑，思维的发展水平同人的脑容量的关系十分密切。科学家对古人类化石脑容量测量发现，早期猿人的脑容量大约只有现代人的三分之一到二分之一，而晚期猿人和早期智人的脑容量则变化较大，到晚期智人则与现代人的脑容量基本相同。其思维能力的发展水平已经具备了产生语言的条件。这是因为猿人直立行走以后，能够上下左

中编　文化——语言的管轨

右自由地观察周围的事物，扩大了视野，从而促进了思维的产生和发展，使猿脑变成了人脑。

人类语言器官也经历了一个长期变化过程才得以形成完善。类人猿的口腔和喉管基本上在一条直线上，构成单道共鸣系统，不能发出清晰的声音。由于直立行走，喉头和口腔的夹角逐步变小，形成直角，喉头因受重力作用而位置下移，与软腭的距离越来越远，逐步形成一个双通道的声道系统。加上肺和声带因压力减少而可以自由活动，头颅的垂直又减少了鼻腔的压力，下腭后缩能与上腭吻合，使口腔内的各发音器官有更大的活动余地，这些都为日后发音时控制气流，构成各式各样的阻碍，清晰地发出各种不同的音准备了条件。科学对人类化石进行生理分析，发现北京猿人和尼安德特人的喉头和口腔的夹角都大于90°，都没有形成双通道声道系统，因而都不能发出清晰的声音，只有到了晚期智人，也就是距今四五万年的旧石器时代晚期，才形成了人类的语言器官，才有可能产生有声语言。

脑髓的发展是人类思维产生的重要的生理条件，也是人类语言产生的重要的生理条件。语言的产生和发展又推动了思维的发展。语言是在发展中不断完善的，思维也是在发展中不断精密的。当人类的思维能力发展到一定水平的时候才有可能创造文字。所以文字的产生晚于语言几万年。

综上所述，社会的需求是文字产生的内在的动力、巫术的发展和巫人社会地位的变化则体现了脑力劳动和体力劳动的分工和对立的形成，这是文字产生必不可少的社会条件。人类的思维发展的水平则是文字产生的智能条件。

第二节　文字发展的文化背景

文字自产生以来，经历了漫长而复杂的发展演变过程。文字的发展演变受到很多复杂因素的制约和影响。这些因素大体上可分为两个大的方面：一是语言因素，二是其他社会文化因素。按照文化学的观点，语言和文字本身都是文化现象，而各种文化要素之间又是互相影响、互相制约的。因此，考察文字发展演变的文化背景时，就必须同时考虑到语言因素和其他社会文化因素。

文字的发展演变可以从好几个方面来观察，其中最主要的是文字体系的发展和文字形体的演变。其他方面，如文字的传播和借鉴、文字的调整与改革等等，都涉及文字的体系和形体两个方面。限于篇幅，这里主要谈文字体系的发展和文字形体的演变这两个主要方面，并只能粗略地谈一谈它们的主要文化背景。

一、文字体系的发展

所有已知的古老文字体系，都是从表意（句意）的图画文字发展为表词（或词素）的意音文字的。这种转变过程大体上在国家形成初期。因为纯粹表意的图画文字没有表音成分，图形和词还没有固定的对应关系，不能准确完整地记录语言，只能在小范围内使用。而奴隶制国家形成并初步发展以后，需要准确的文字记录进行统治管理，祭祀、记载法典、产品统计、贸易、征战等等，都需要准确完整的文字记载。而文字要满足社会的需要，准确完整地记录语言，就必然需要表音符号，符号与词（或词素）必须有固定的联系，从而由表意的图画文字改进为表词（或词素）的意音文字。

苏美尔文字由表意图画文字过渡为表词文字，大约在公元前4000年代中期。这时，苏美尔人移居到两河流域（底格里斯河和幼发拉底河），建立了几个小的奴隶制城邦国家。这个时期的铭文中只有少数图画文字，表词文字已相当发达，初期表词字以象形为主，有少数会意字，如"家牛"的符号和"山"的符号组合起来表示"野牛"；"鸟"加"卵"表示"生产"。稍后图画文字消失，到公元前3000年代初期，出现表音符号，如用"箭"的符号（读如 ti）表示"生命"这个词，因为二者同音，类似汉字的假借字。后来，音符使用越来越广泛，有些音符逐渐固定为表示音节的符号，如"箭"的符号固定表示 ti 这个音节。同时开始出现类符，与音符构成形声字。到公元前3000年代中期，苏美尔文字就是成熟的意音文字了。[①]

中编　文化——语言的管轨

苏美尔文字的发展有这样一些特点：第一，由表意图画文字向表词文字过渡较快，但音符出现时间较晚；第二，音符很快发展为较固定的音节符号；第三，最后虽以音节符号为主，但仍与意符夹用，未变为纯音节文字，直到公元前2000年代苏美尔文字消亡。

苏美尔文字发展的特点，与它所反映的社会文化内容和语言的特点密切相关。

早期的苏美尔铭文，通常是记录实物数量，这种内容很容易将图画文字分解为单个的表词字，因此苏美尔文字由图画文字很快过渡为表词文字。但这种内容不一定要用音符，所以音符出现较晚。从公元前3000年代初期起，颂扬苏美尔统治者业绩和描述征战的铭文有了极大的发展。这些铭文经常记载专有名词，特别是外国的人名地名等。这些专有名词对苏美尔人来说，难以用表意字表示，甚至不能总是用假借字表示，因为这些名称的语音结构与苏美尔语不同，在苏美尔语中很难见到发音相近的词，所以需要专门的音节符号。除了文化内容，苏美尔语言的特点也有利于音节符号的发展。苏美尔语的基本词汇是语音结构简单的单音节词，这些词多由一个元音加一个辅音或一个孤立元音构成。这种词汇语音结构很利于音节符号的形成。此外，苏美尔语有丰富的单音节词缀表示词的语法变化，这些词缀也需要音节符号表示，如用表示音节 me 的符号附在表词字后，表示复数后缀。但是，由于苏美尔语以单音节词为主，有大量的同音词，因此，需要用意符来减少歧义。这就不利于苏美尔文字向纯音节文字转化。

古埃及圣书字，在前土朝时期（公元前4000年代后半期）的铭文中，与图画文字夹用，这时的圣书字中，已有少数表示专名的音符，在埃及形成统一国家时（公元前3000年代初），圣书字脱离了图画文字，形成比较完整的意音文字。这时的圣书字以象形的表词字为主，已有不少音符（假借字）。如动词"是"用金龟子的图形表示，"大的"用燕子的图形表示，国家的名称用鱼叉图形表示。此后的几百年内，音符使用越来越广泛，有些音符逐步成为表示单个辅音的音素符号。在中王国时期（公元前21至18世纪），广泛使用类符，与音符合成形声字⑧。

古埃及文字的发展有这样一些特点：第一，由图画文字变为表词文字的时间极短，音符出现很早；第二，音符逐步发展出专门的辅音符号；第三，虽然古埃及文字存在时间很长（近4000年），但始终未变为纯表音文字。

古埃及文字的发展状况，也必须联系它所反映的语言特点和文化内容，才能得到说明。

古埃及文字最早的铭文内容，主要是反映统治者的征战业绩，记录葬仪祭祀，这些内容经常要出现专有名词和意义抽象的词，因此需要音符。又因为古埃及语是以多音节词为主的，所以需要音符来拼写那些难以用表意字表示，也难以用假借字表示的词。古埃及文字的音符之所以很快发展出表辅音的音素符号，主要是因为古埃及语的辅音特别重要。古埃及语以辅音框架表示词的词汇意义，以元音变化表示词的语法功能。如 n-f-r 表示"美丽"，p-r 表示"房屋"。表词字符最初只表示词汇意义，而不表示语法意义，所以当这些意符借为音符时，音符只表示辅音框架。由于古埃及语中有一些词根只包含一个辅音，这些词根的符号借为音符时，就只表示一个辅音。如"门闩"的符号表示辅音 s，"面包"的符号表示辅音 t。还有些词根由一个起首强辅音和一个（少数是两个）弱辅音构成，这些词根的符号借为音符，用来拼写其他词时，后面的弱辅音不发音，这时音符也就只表示起首辅音了，这就是所谓"首音原则"。如"篮子"（k-t）的符号就表示辅音 k。由于频繁使用，这些音符就逐步固定为表示辅音的音素符号了。同时，由于古埃及后期标准语中吸收了大量方言口语词和外语词，没有现成的相应表意词符，也就促进了辅音音符的广泛使用。又由于字符不表示元音，很多词的辅音框架相同，如"男青年""纸莎草""蜂蜡"都是 m-n-h，因此就需要用类符来分化，如上述三词分别用表示人、植物、散体物的类符分化。这样又造成了类符的广泛使用，而不利于变为纯粹的表音文字。

汉字基本上形成完整文字体系的时期，据专家分析，是夏商之际

中编 文化——语言的管轨

(公元前17世纪初)⑥。这时正是阶级社会形成并有初步发展的历史时期。从最早的汉字文献——商代后期的甲骨文看来，汉字已是相当成熟的意音文字，有大量的假借字和少数形声字。此后，汉字的形声字逐渐增多，到东汉《说文解字》时代，形声字已占80％。此后，汉字的形、意、音虽然有很大变化，有些字符已不能明确表意表音，但现代汉字仍然保持着以形声字为主的格局，仍属意音文字。

汉字音符出现较早，但没有像苏美尔文字或古埃及文字那样，发展出专门的音节符号或音素符号。从甲骨文时代到现代，汉字发展了三千多年，始终没有向纯表音文字自然过渡的趋势。汉字发展的这些特点，与汉字所反映的文化内容和语言特点密切相关。

甲骨文的内容主要是反映占卜、祭祀，所以甲骨文又称为"卜辞"，经常要出现专有名词和意义抽象的词，这类词难以用表意字符表示，这是汉字音符出现较早的主要原因。但汉字的音符始终都是临时借用的，没有发展为专门的固定的表音符号，这就涉及很多复杂因素。

首先，汉语缺乏形态变化，不像苏美尔语那样需要专门的音节符号来表示形态变化。其次，汉语的词或语素绝大多数是单音节的，不像其他语言有大量多音节词适合用拼音方式表示。而且由于同音词太多，也助长了形声字的发展。将汉语跟日语相比，这一点就显得格外清楚。日语有丰富的形态变化和以多音节词为主的特点，是日语假名这种专用音符产生的最主要原因。

汉人趋同思维倾向，也是汉语表音要素发展受阻的一个重要原因。汉语也有不少联绵字，但由于所占比例很小，在单音节语素占绝大多数的情况下，形成了一种系统的压力，在趋同的文化心态的作用下，人们觉得每一个字都有独立的意义，因而常将联绵字的每个字都看成表意的独立语素，常常拆开来解释，甚至单用。如"凤凰""蝴蝶""狼狈""犹豫"等。同时，在形声字为主的情况下，为许多联绵字造出专用的形声字。如"蜘蛛""葡萄""玻璃""踟躇"等。汉语也有不少外来词，但由于同样的原因，人们常用意译方式来翻译，能意译的尽量意译，即使音译，也尽量在用字上与意义相联系，如"佛""僧"

"塔""逻辑""幽默""引擎""引得""绷带"等等。这种趋同文化心态助长了表意倾向而阻碍了表音趋势的发展。

汉族地域极广，汉语自先秦至今，一直存在严重的方言分歧，很多方言在语音上无法沟通，只能用"超方言"的表意汉字沟通，这极大地阻碍了汉字向表音化方向发展。

汉字有悠久的历史，汉族有悠久的文化传统，而汉字在反映悠久的文化传统中有着极为重要的作用，加上汉人有着崇尚传统文化的意识，不愿意改变汉字传统，更不愿意因汉字的拼音化而中断与悠久文化传统的联系。

正是这样一些复杂的语言因素和社会文化因素，决定了汉字发展的独特的意音方向而不是像其他文字那样的拼音方向。

世界上的纯表音文字，都是通过借鉴或借用的方式形成的。表音文字分为音素（音位）文字和音节文字两大类，音素文字又经历了由辅音音素文字发展为元音音素文字的过程。

最早的因而也是最有代表性的辅音音素文字，大概是腓尼基文字，也有人认为在此之前，还有西奈文字、伽南文字，是古埃及文字和腓尼基文字的中介⑩。但西奈、伽南文字都未充分释读。尽管腓尼基文字的具体起源情况尚有争议，但腓尼基文字受到古埃及文字的影响，则是公认的。

古埃及文字在其中后期，已经越来越频繁地使用音符表示辅音，形成了以辅音音符为主的意音文字体系，但最终未能变为纯表音文字。而腓尼基人和其他闪米特人则在古埃及文字的辅音字母的影响下，创立了纯辅音文字。为什么闪米特人能够创立纯辅音文字，这也涉及很复杂的语言和社会文化因素。

首先，闪米特语与古埃及语类似，都以辅音框架表示词的词汇意义。这使得闪米特人很容易接受古埃及语的辅音字母体系。同时，腓尼基语有丰富的辅音结构，同音现象较少，而不必依靠类符来分化同音词。此外，几乎所有的腓尼基词都是以辅音或半元音起首，这便于按首音原则形成辅音字母体系。

中编　文化——语言的管轨

其次，腓尼基人和其他闪米特人的贸易特别发达，而贸易特别需要一种简便易学的文字。同时，闪米特人与埃及人在贸易、经济上有十分密切的联系，一些闪米特人（喜克索斯人）曾经较长时期占领过埃及，使他们有机会熟悉古埃及文字的辅音字母，并由此创制出纯辅音文字体系。

再次，腓尼基及其他闪米特人，作为经商贸易型民族，是在较短时期内发达起来的，他们没有埃及人那样的悠久传统的负担，因而能完全排除意符类符，形成纯音素文字。

腓尼基音素文字形成之后，很快在世界范围内得到广泛传播，成为后来所有音素文字以及一部分音节文字形成和发展的基础。

音素文字的广泛传播，最初主要是以国际贸易联系为渠道。腓尼基人同地中海沿岸、前亚和小亚细亚各国人民有着广泛的贸易往来，各国人民因此而熟悉腓尼基文字并借为己用。随后，当音素文字成为一些强大帝国的国家文字之后，随着这些强大帝国广泛的政治、经济和文化影响，音素文字得到更广泛的推广。稍晚，许多音素文字成为主要宗教的正式文字，随着宗教的广泛传播，音素文字得到进一步的推广。

腓尼基音素文字主要朝着东西两个方向传播。在东方，首先在腓尼基文字基础上产生了阿拉米文字。阿拉米人通过他们在经济、贸易及行政方面的影响，将阿拉米文字传播给前亚和小亚细亚各国，形成四个主要分支：希伯来、叙利亚、伊朗和阿拉伯文字。此后这四支文字通过四种主要宗教——犹太教（希伯来支）、东方基督教（叙利亚支）、袄教（伊朗支）和伊斯兰教（阿拉伯支）——广为传播，其中最重要的、至今广泛使用的是阿拉伯字母。

在西方，首先在腓尼基文字基础上形成希腊文字。希腊人在借用腓尼基文字时，进行了一次重大改造。希腊语中元音和辅音有同样重要的地位，仅用辅音字母不足以区分不同的词，于是他们仿照按首音原则创制辅音字母的方法，创制出元音字母，形成一种既有辅音字母，又有元音字母的完善的音素文字——元音音素文字。此后，希腊人通过他们政治、经济、文化和宗教的广泛影响,将希腊字母广泛传播。后来,世界上几乎所有元音音素文字都源于希腊字母,其中最重要的是拉丁字母和斯拉夫字母。

纯音节文字,也是通过借用借鉴形成的。如古波斯文字是在苏美尔楔形文字的基础上形成的,塞浦路斯文字是在克里特线形文字(一种古老的意音文字)的基础上形成的,古印度文字、埃塞俄比亚文字,都是在闪米特辅音音素文字的基础上改造而成,而日本的假名,则是在汉字基础上改造而成的。这些音节文字的产生,都是征战、贸易等文化交流传播的结果。限于篇幅,这里不能详述。

综上所述,无论是由表意文字发展为意音文字,还是由意音文字发展为表音文字,都是语言因素和社会文化因素交互作用的结果。由表意文字演变为意音文字,是一种文字体系内部的发展,主要取决于一种语言文化的内部发展状况;由意音文字演变出表音文字,则主要是国际文化交流传播的产物。

二、文字形体的演变

世界上各种历史悠久的文字,在形体上也都经历了各种演变过程。文字形体演变的总体趋势,是由具象到抽象,由繁到简,由多样到统一。其中由具象到抽象的变化,一般是直线型的,而由繁到简,由多样到统一,则有一些曲折过程。就各个具体的文字体系来看,在形体演变过程中,既有某些共性,又有某些个性。无论是各种文字形体演变的共性还是个性,都涉及许多复杂的文化因素。

所有自源的文字体系,其最早期的文字都是比较形象的,都在不同程度上保留着图画的性质或痕迹。但到较后时期,文字的形象性程度就逐步降低,直到变为纯粹的抽象符号。

古埃及文字,一般分为三种字体,最早期的圣书体、稍后的僧书体和较后的民书体。早期圣书字具有鲜明的图画性质,表示各种动物、器具及人体姿势部分的词符,都非常逼真,如表示狗、牛、羊、鸟、鱼等的字,一望而知。有些表示动词形容词的字,如老、凉、划、行、哭等,也是非常形象的,如用弯腰拄杖的人形表示老,双手持桨表示

中编　文化——语言的管轨

划。在第三王国时期出现的僧书字，符号形式就大为简化，几乎失去了原有的图画性质，但不少字符仍保留着图画的痕迹。民书字则是在公元前 8 世纪才出现的。民书字的符号更加简化、潦草，完全失去了图画性质，有点类似于速记符号，成为纯粹的抽象符号。

苏美尔文字早期都是用匀称的线条勾画事物轮廓的，具有鲜明的图画性。到公元前 3000 年代中期，逐步演变为抽象的楔形符号，失去了图画性质，只有少数字符还带有一定的图画痕迹。

中国古汉字，从甲骨文到金文到战国文字，都具有明显的图画特点。到秦代的大篆小篆，其图画特点就较弱了。到秦汉间的隶书，就基本上失去了图画特点，只有少数字符还带有图画的痕迹，这就是所谓"隶变"。到楷书，就完全失去了图画性质了，已成为抽象的符号。

借源文字，包括直接借用或在其他文字的影响下创制的文字，与原文字相比，其图画性就相对减弱，而且所借时代越后，图画性就越弱。如源于古埃及文字的伽南文字、西奈文字，其图画性较古埃及圣书字为弱，其后到腓尼基文字，就基本上丧失了图画性质了。借用苏美尔楔形文字的前亚诸文字，其图画痕迹也是逐步消失，成为纯粹的抽象符号。

文字形体由形象变为抽象的同时，字符的笔画也由繁趋简，而且当字符已经成为抽象符号以后，仍然保持着简化趋势。除了字符的简化之外，整个字形由较多字符变为较少字符，或由较简字符取代较繁字符，也是一种形体简化。

比如，汉字的简化，自商代甲骨文时期就已出现，到春秋战国时期就更为普遍。此后再到隶书，是一次大的简化。楷书在隶书的基础上稍有简省。草书和行书，实际上是隶书和楷书的民间简写体，字形又大为简化。现在中国大陆的简化汉字，又是一次大的简化，而这种简化实质上是对长期以来民间手写简化字的一次大的总结整理和规范化。汉字在简化的总趋势下，有时又有局部性的繁化现象。如甲骨文字形多有比后来的金文笔画较简的。尤其是从甲骨文到秦代篆书期间，由于形声字的增多，很多字的笔画由简转繁。如"围"的本字是四个

· 411 ·

足形符号围绕一个方框形符号，后减少为上下两个足形围绕中间一个方形，即"韦"，后又加一大方框形，成为"围"，这就由简转繁了。"韦""围"实际上是古今区别字，区别字的大量出现，是由简转繁的主要原因。现在又分别简化为"韦""围"，又由繁转简了。

字形的多样化到规范化的发展趋势，在古代文字的形体演变过程中也是普遍存在的。

汉字在秦以前，异体字非常多。如战国时同一字符"皿"有十几种不同的形体。有些合体字的声旁、形旁很不固定，如"谋"字从言，某声，古文或从言母声（"母"在上，"言"在下），或从口母声（"母"在上，"口"在下）或从心母声（"母"在上，"心"在下）。有些声旁形旁的位置也不固定。如"松"，有的"木"在右边，"公"在左边；"李"，有的"子"在左边，"木"在右边。秦始皇统一六国后，进行了一次大规模的统一文字运动，确定了大致的字形规范，废除了大量异体字。汉字隶变后，进一步统一了字形。但新的异体字总是不断产生，以后历代都有一些小规模的字形规范活动。我国解放后又进行了大规模的字形整理运动，确定了比较严整的字形规范。

古埃及文字、苏美尔文字等古老的意音文字，都有从字符多样化趋向规范化的过程。如古埃及文字最初的字符形体很不固定，异体繁多，与古汉字的情况类似。以后的字符逐渐统一，位置也逐步固定。苏美尔文字由早期的1500个字符减少到晚期的约600个字符，主要也是字符规范化的结果和表音化的结果。

表音文字由于是通过借鉴由少数人或个别人创制的，因而一般总是比较规范的。但民间的手写体，也有一定程度的异体现象，因此许多拼音文字也有确定手写体规范的问题。

影响文字形体演变的因素很复杂，大体上涉及以下诸方面。

首先，书写材料、工具，对字形的演变有重要影响。如古汉字甲骨文与金文，书写材料工具不同，字形就有较大差别。甲骨文是用龟甲兽骨为书写材料，用刀在坚硬的甲骨上刻画出来的，因此字形线条化，笔画多方折，多以方形代表圆形。而金文是先在泥范上刻好字，

中编 文化——语言的管轨

再用青铜浇铸而成的，所以文字经过仔细的修饰加工，不像甲骨文一刻而就。字形多肥笔、圆笔，比甲骨文更接近于图画，笔画相对减少，偏旁也渐趋定型。到春秋战国之际，书写工具主要转为用毛笔和墨在竹简和丝帛上书写，这时字形变化很大。用毛笔书写往往起笔粗收笔细，类似蝌蚪，因此汉人称为蝌蚪文。简帛文字的线条长短不一，更加圆润，有些笔画呈点撇状。进一步减弱了图画性质。笔墨的广泛使用，提高了书写速度，这就为秦汉之际的篆隶分流提供了条件，隶书就是篆书的快写体，更使字形抽象化和简化。

苏美尔文字由线性象形字变为楔形符号，与书写材料工具的变化密切相关。线性象形字主要是在石块上刻画而成的，所以形象逼真。后来改用湿的黏土泥板作为书写材料之后，由于泥板黏性强，很难刻画直线和曲线，因而用三角尖头的芦苇秆在泥板上压刻成字，就成为楔形符号了，象形字符从而变为简单的抽象符号。古埃及文字最初多是在石板和骨片上刻画而成，后来发明了莎草纸，使书写变得更为轻便，这对古埃及文字形体的演变有很重要的影响。

文字形体的演变，与书写的文化内容、使用场合也密切相关。在早期古文字中，反映祭祀葬仪等严肃文化内容占主要地位，这些内容有利于保留图画性质。如汉字甲骨文、金文及战国铭文，多是记录占卜、祭祀、征战等国家大事，写字都很慎重严肃，不能草率，这就阻碍了文字抽象化和简化的进程。直到后来秦汉之际，篆隶并行时，较形象繁复的篆书与较抽象简单的隶书在书写内容上也有分别。篆书是当时的法定文字，用于庄重典雅的场合，而隶书则是民俗文字，只用于记录一般文书、官狱事务及日常书写等。到汉代，隶书成为正式文字之后，字形就比秦隶严整规范了，但同时又出现了新的民间简体字草书。此后的楷书和行书，也是正式字体与民俗简体之分，仍有书写内容、使用场合的分别。

又如古埃及圣书字与僧书字、民书字，也是在书写内容、使用场合上有分工的。宗教祭祀等内容，严肃庄重的场合，一般用圣书字；而一般内容、日常书写，则用僧书字、民书字。直到最晚期的古埃及文献中，还保留着记录宗教祭祀内容的、未脱尽图画性质的圣书字。这种正体和俗体的区别，在各种文字体系中是普遍存在的。如俄文在彼得大帝时期，用新的民用字体取代半正字体，在很大程度上是由于书籍内容的改变引起的。当时除了祈祷书籍之外，出现了大量民用性质的科学、教学内容的书籍，需要较简单清晰的字体，以便于阅读。而新的民用字体成为正式字体后，旧的半正字体继续用来印刷宗教祈祷书籍。可以说一种新的更简化的字体的出现，总是为了适应文字所反映的文化内容、使用场合的日趋广泛的需要。

文字书写人的社会文化背景，对文字形体的演变也有重要影响。文字跟语言一样，作为社会的交际工具，是为全社会服务的，但文字比起语言来，更容易受到阶级阶层的影响。因为文字的学习要花费大量专门时间和钱财，在生产力不发达的奴隶社会和封建社会，处于社会底层的劳动人民难以普遍掌握文字，因而文字总是被少数上层及中层阶级阶层所垄断。社会生产力水平越低，掌握文字的人就越少，反之，社会生产力越发达，掌握文字的人就越多。这样，是否识字，识字多少，就往往成为有无文化及文化高低的标志，也在很大程度上成为社会地位高低的标志。另一方面，文字是文化传统的重要载体，识字多的人更容易接受古典文化传统，识字少的人则较少受到古典传统的束缚。这样，识字少的人更容易改变文字的传统形式，创造或使用不同于正统文字的俗文字，而识字多的人则往往抱着古代传统不放。因此上层保守的文化集团总是阻止文字的演变，而中下层文化集团总是促进文字的演变。

汉字形体的一次重大演变——隶书的出现，就是首先在下层官吏狱卒中开始的。如《汉书·艺文志》载："是时始造隶书矣，起于官狱多事，苟趋省易，施之于徒隶也。"《说文解字》载："是时秦烧灭经书，涤除旧典，大发隶卒，兴役戍，官狱职务繁，初有隶书，以趋约易，而古文由此绝矣。"唐兰先生说："六国文字的日渐草率，正是隶书的先导。秦朝用小篆来统一文字，但是民间的简率的心理是不能革除的，他们舍弃了固有的文字（六国各有的文字），而写新朝的文字

中编 文化——语言的管轨

时,把很庄重的小篆,四平八稳的结构打破了。这种通俗的、变了面目的、草率的写法,最初只通行于下层社会,统治阶级……把它们叫做'隶书',徒隶的书。"⑪

其他民族的俗体字,如古埃及的僧书字、民书字,俄文的民用字体等,也都是首先在下层文化集团中间流行,后来才成为正式字体的。

文学艺术的形式风格,对文字形体的演变也有一定影响。

中国古代的文学艺术,以诗文书画、琴棋歌舞为主,小说戏剧等从唐宋才开始兴起,并一直被认为是非正统的俗文艺。小说戏剧都是在民间说唱文艺的基础上逐步发展而来的,而这种俗文艺对俗体字的形成和发展有最重要的影响。民间艺人大多识字不多,常用通俗的简体字,且民间文艺多涉及当时的俚语方言门语,有不少词也难以仔细考究其正字,因而就创造一些俗字。随着俗文艺的发展,有些文化较高的、多半是官场失意的文人也加入队伍中来,对俗文艺进行加工整理,使俗文艺的影响日益扩大。同时,俗体字也就得到了推广。而中国文字自楷书通行之后,形体总体上变化不大,也有正统文艺诗文形式的保守性的影响。

造型艺术对文字形体的影响,在许多民族文字中都表现出来。如阿拉伯文字形体类似于植物图案,因为伊斯兰教为了避免偶像崇拜,禁止在绘画和雕刻中有动物的图像。希腊人借用腓尼基字母的时候,依照希腊的建筑和图案装饰的传统加以改造,字形逐渐失去棱角,开始具有几何图形。拉丁文在希腊文字的基础上又有一些变化,成为更圆更匀称的形式,这显然受到罗马建筑艺术匀称特征的影响。拉丁文字形体的几次变化,都和艺术风格的变化密切相关。如在哥特式风格繁荣时期,拉丁文古小写字体被哥特式文字所取代,在文艺复兴时期的艺术风格影响下,拉丁文又回到匀称的圆形,成为"人文主义文字"。从18世纪末起,在古典主义风格和铜版画的影响下,广泛流行着一种更加对称的字体。19世纪末至20世纪初,在现代派风格的影响下,出现了许多奇形怪状不便于阅读的铅字体。

影响文字形体演变的因素还有很多,如国家的文化政策、社会的

· 415 ·

统一与分化，以及科学技术的发展等等，都在不同程度上影响文字形体的演变，这里难以一一尽述。

综上所述，文字的发展演变有着十分复杂的语言社会文化背景，各种因素交互作用，从而决定了文字的发展状况。了解文字发展的历史及其文化背景，对于把握文字特别是汉字的发展前景，无疑是具有重要意义的。

第三节　准语言的文化背景

一、准语言的普同性和民族性

与有声语言一样，准语言也深受社会文化的制约和影响。这是因为：准语言总是处于一定的文化背景下，是一定文化的产物，没有文化就不会有准语言的产生与发展，这是其一；其二，准语言也是文化的载体，它在记载、反映人类文化的同时，也自然而然地受到文化的影响；其三，创造并使用准语言的人是文化的生物，人们在创造、发展文化时也就不可避免地把由民族传统文化造就出来的特有的民族精神注入到文化的孕育、产生、发展的整个过程中去，形成本民族文化独有的特色，作为文化的准语言也毫不例外。

有些准语言具有国际普同性，能够沟通不同民族的人的思想感情。造成这种普同性的原因：一是契约性的准语言有好多都是国际间传递信息的工具，它本身就是为了克服自然语言的局限以达到国际间的相通，而通过一定的国际组织制定出来的，如裁判手势语、海上旗语灯语等。二是许多准语言具有明显的形象性、直观性，而形象性、直观性一般是不需要借助别的手段就可以达到心灵的沟通、情感的共鸣的，因为它符合人类表象思维的共性。如作为体态语的舞蹈和绘画、音乐等艺术语言可以超越国家、民族、语言的限制而进行国际交流。有时，文化背景完全不同的人，在一起欣赏同一艺术语言时可以产生相同的效果，达到"心有灵犀一点通"。所以，有人把它们奉为"国际语言"。

准语言之所以具有普同性，并被奉为"国际语言"，是因为有一个

中编 文化——语言的管轨

国际文化背景作依托，但光有这种国际文化背景是不够的，它还需要建立在不同的民族文化背景中，并得到不同民族心理、民族精神的滋润，形成各自的民族风格，这样才富有生命力。

在历史长河中，不同的文化群体创造了各种不同类型的文化，在各种不同的文化背景下，同一事物也会呈现出不同的风格。例如绘画语言，在中西不同文化背景下便显现出明显的差异。中国古代社会是一个超稳定的大一统的封建王国，统治阶级为了保持社会稳定，维护封建统治，把艺术纳入伦理教化的轨道，使艺术成为"修身—齐家—治国—平天下"的工具，绘画也不例外，它一直有着"成教化、助人伦"，"与六籍同功、四时并运"的伦理功能。在这样的文化背景下，绘画对于画者来说不但是自我表现，还是自我性情的陶冶。因而中国绘画语言重"神似"，提倡"哀乐中节""发乎情，止乎礼"。而西方则是一个比较开明的、动荡的社会，艺术和伦理教化的联系不那么紧密，绘画则以再现自然，重形似为其特征。正因为中西文化有着如此大的差别，所以表现在具体绘画作品上也会有着各自的特点。试以描写树下的场景为例。传说是唐代韩滉所作的《文苑图》：松树下一位文人，倚石而立，执笔凝神；宋徽宗赵佶的《听琴图》：大树浓荫里，一个抚琴，一个细听。二图都是以悠然恬淡乃"天地之平，道德之至"作为题材。但法国印象派前驱马奈的《林间野餐图》（亦名《草地上的午餐》），则是两位衣冠楚楚的绅士，对坐聊天，食品和餐具堆在一旁，而他们之间却坐着一位裸体女性，右手托腮，右腿外伸，面向观众，有自得之色。相比之下，中西画家的审美趣味迥然不同，前者反映唐、宋封建统治者和士大夫的雅兴幽怀，后者歌颂19世纪法国资产阶级的感官享乐。

综上观之，准语言的普同性和民族性是辩证统一的，是准语言的特征之所在。

二、体态语的文化背景

体态语具有多方面的属性，而差异性便是体态语最重要的属性之一。这种差异性是不同民族、不同地域、不同时代的文化积淀的结果。

要探讨体态语的文化背景,首先就要探讨文化的深层结构所给予的影响。

儒家文化在我国封建社会占据着统治地位。儒家伦理的基本概念之一——仁,被孔子誉为最高的道德标准和道德境界,是各种善的品德的概括,并用"仁"对"人"下定义,即《中庸》所说的"仁者,人也"。"仁"是"人"旁加一个"二"字。《说文·人部》:"仁,亲也,从人,从二。"段玉裁注引《中庸》郑注:"'人也,读如相人偶之人,以人意相存问之言。'……按人偶犹言尔我亲密之词,独则无偶,偶则相亲,故其字从人、二"。"仁"字体现着一种人际关系。这种"二人"对立关系是重要的,是指君臣、父子、夫妇、兄弟、朋友的关系。在这种文化深层结构的制约下,人们就以"自我压缩""逆来顺受""忍辱负重""忠君尊长"等丧失自身个性的心理、行为去换取自我价值的实现,去赢得社会的赞许。体态语在这种文化背景下形成并发展,自然就会带有这种文化的痕迹。这在礼仪性的体态语中表现得尤为明显。

中国古代的礼是与"仁"相联系的,要达到"仁"的最高境界,就要实行礼制。所以"礼"在社会生活中有着十分重要的地位,它不但是等级秩序的标志、人际交往的规范,还是一种被不断强化和深化的道德观念。儒家创始人所说的"道之以政,齐之以刑,民免而无耻,道之以德,齐之以礼,有耻且格"(《论语·为政》)。就是最清楚不过的说明。

封建统治者将这些理论奉为正统的官方学说,并通过一定途径转化为具体礼仪规则,直接约束人们的行为。中国古代礼仪中的跪拜礼就是极为典型的例子:他们把标示等级的跪拜礼分成"稽首""顿首""空首""振动""吉拜""凶拜""奇拜""褒拜""肃拜"九种,并对每一个跪拜的动作和适用对象作了严格的规定,如行稽首礼时,拜者必须屈膝跪地,左手按右手,支撑在地上,然后缓缓叩头至手,稽留多时,手在膝前,头在手后。这是"拜中最重,臣拜君之拜"。(《周礼·秦官·大祝》)至于其他的礼也如稽首一样有等级贵贱之分,都是维护宗法制度的。

既然人和礼都是有等级贵贱的,那么,拜者对高高在上的被拜者只能毕恭毕敬地顶礼膜拜。要"存天理",就要"灭人欲",其具体措施之一就是避免身体接触。所以,中国的礼是以避免身体的接触为其特征的,如果发生身体接触似乎就玷污了高贵的礼,就有损于尊严。不仅稽首、顿首等跪拜礼是如此,其他如鞠躬、作揖、万福等礼都无一例外地显示了这一特征。握手礼似乎是一个例外,但是握手礼不是中国文化背景下的产物,而是来自西方。中国过去没有握手礼,就是在推翻封建王朝之后的几十年间,也只在中国小部分人中使用,而在占人口百分之八十的乡村,尤其是在没有文化的老人中难以见到的。

西方世界则恰恰相反,他们的礼是以平等、身体自然接触为其特征。我们常见到的握手礼、拥抱礼、吻礼等都是行礼者双方身体的直接接触。这种注重情感自然流露的礼没有人为雕琢的痕迹,它与西方人主张个性解放、肯定人是世界的中心的思想文化背景是一致的。

中国和西方不同的文化背景在礼仪体态语之外的其他体态语中也有反映。中国人一般文质彬彬,以含而不露为美,如"掩面而笑""抿嘴而笑"即是,舞蹈动作也是轻盈如风。西方人一般大大咧咧,粗犷奔放,喜爱"有棱角",如耸肩、弹手指即是,因而也孕育并产生了迪斯科之类的直而露的舞蹈艺术。

其次是民族语言所给予的影响。全世界有几千种语言,语言学家把它们分成若干语系。汉语和英语分属两种不同的语系,它们无论在语音上,还是在词汇、语法上都有很大的差别,文字体系也不一样。这也使体态语产生一些差异。如,汉族人用拇指食指叉开表示"八",用两手的食指横竖交叉表示"十"。此外,聋哑人的手势语有一部分是由比划汉字字形构成的,如"工人","工"是先将左手的食指和中指分开表示两横,再将右手的食指竖在左手的食指中指之间,表示一竖,"人"是左右手的食指尖挨在一起。还有"形""王""汪"等都是像"工人"那样用手指比划它们的字形。不仅如此,国家所制定的教学手势语顺序,也是按照汉语语法的组合顺序来排列的。

英美人操的是英语，所以，英美人的一些体态语不能不受到英语的影响，如向人问好用拇指和食指圆成一个圈，与英语的"OK"是联系在一起的；食指和中指向上分开举起、手心向外表示胜利，是源于英语 Victory（胜利）的"胜利"的"V"；让拇指和食指相对弯曲，形成"C"形，其余三指叉开伸出，形成"W"，这是表示 Water-closet（有抽水设备的厕所）之意。

再次是宗教的影响。宗教是一种世界性文化，它历史悠久，制约着人民生活的许多方面。每种宗教都有独特的宗教仪式和习俗，其中很多是通过体态语来表现的，这样，体态语便因不同的宗教文化而显示出明显的差异。如盛行佛教的泰国，就通行一种与佛教相关的"合掌"礼仪，具体动作是双手合拢，掌尖和鼻尖基本平行，手掌向外倾斜，头微微向下。它的含义是彼此祝愿或祈求生活幸福美满。如果既合掌又跪下，则表示对人的特别恭敬。

传说耶稣被钉死在十字架后第三日复活，基督教便以此作为信仰的标记，把它看作受难的象征。在这种观念的影响下，某些教派基督教徒在表示忏悔或祝福时，总要用左手指在胸前上下左右点四下。

我国藏族信奉佛教，但在自己的发展过程中，融入了新的内容，因而其佛教有了自己的特色，表现在体态语上便是在朝拜时全身匍匐在地，以示虔诚之至。另外，还有一种摸顶仪式，由班禅大师给一个个藏民摸头以示降福，极为隆重。

除了世界三大宗教外，不少民族、不少地区还有许多各具特色的宗教信仰，而每种宗教信仰都有自己的体态习俗。

从纵的方面看，在封建文化的专制时代，人性处于被严重压抑和扭曲的状态，人的个性、欲望几乎被泯灭。在这种文化背景下的人只能是笑不露齿，行不露肘，否则便是没有教养的表现。古装戏里，女人碎步而行就是很好的例证。

随着封建专制文化的逐步解体，体态语也发生了相应的变化。如上面提到的跪拜礼就随着宗法等级制的废除而废除，取而代之的是简易、方便、没有贵贱之分的点头微笑礼和外国输入的握手礼节。古代

中编　文化——语言的管轨

妇女的"万福礼",现在只在古装戏中还可以看到它的遗风,古代"拂袖而去"的体态语也因服装的革新而名不符实了。特别是在20世纪80年代的今天,随着欧风美雨的浸润,中国女性也一改古态,在她们身上开始出现过去认为不文雅的各种富有表情特色的体态语,如哈哈大笑、疾步行走、手舞足蹈、眉飞色舞都是我们经常见到的。甚至一些中华民族不曾有过的体态语也随着西方文化的传入而传入,如飞吻、耸肩等都是适例。

世界文化的互相交流是历史发展的必然趋势,随着各种文化互相交融,体态语也会呈现出新的风貌。

三、音乐语言的文化背景

任何民族和国家的音乐语言都有它本民族的特色,这些特色一般体现在音乐的律制、调式、独特音调和节奏,以及独特的乐曲结构、乐队配置和乐器音色等方面。民族特色的形成主要来自一定民族的文化对它的制约与影响。下面我们从哲学思想和语言两个方面对汉民族音乐语言作个简略的概述。

中华民族的哲学思想对音乐语言的影响是多方面的,但影响最直接、最深的是"和""中和""中庸"之类的哲学观念。

"和"最早见于廪辛、康丁时的甲骨文,初作和声乐器之形,后作手执和声乐器之状,郭沫若认为它由和声之乐器而表示乐器之和声,直至表示和声引起的内心之和。它反映了人们对不同声音相谐的某种体验。这种体验同后来西周时的"声一无听"有着源流关系,但距形成哲学上的这种认识还相距较远。到了周代,对"和"的认识有了深化,这深化来自几方面。第一方面来自阴阳思想的出现。我国是世界上最早进入农耕生活的国家之一,在农业生产的实践中,先民们很早就注意到了天象与阴阳气候的变化,积累了关于天文和律历方面的大量知识,并把观察积累得来的知识和经验概括成阴阳之气的协调观念。后来逐渐发展成为一个重要思想——阴阳五行说,广泛运用于自然现象、人生过程、人生处境、身体等方面,使阴阳五行说成为中国哲学中根本性的学说。第二方面是政治伦理观念的日益丰富。与殷人不同,周人重德治，强调贵与贱、上与下、亲与疏、内与外、远与近、大与小等家庭、政治、阶级诸社会关系的协调；而对君主来说，则突出地强调节欲务本和听取臣下的不同意见，从不同之中达到统一，以使认识、政令正确，有益于政治的稳固和经济的发展。

在此基础上，儒家后来又把这种含有伦理之和、天人之和的"和"发展成为一种以"仁"的形式表现出来的"中庸"思想体系，成为儒家文化的一个重要组成部分。

"和"是中国民族音乐的灵魂，在上下5000年浩如烟海的民族音乐中，它融贯一切，无所不在，不仅影响着音乐的风格和气质，也制约着音乐的形式美。

就音乐体系而论，欧洲自巴哈至印象主义之前的音乐，是以十二平均律为规范的半音化大小调体系；而中国民族音乐则主要是复合律制的五声音阶与五声性七声音阶并存的调式体系。前者含有尖锐的不谐和音程并具有半音解决的倾向；而后者，五声音阶不包含任何不谐和音程，五声性七声音阶虽包括不谐和音程，但"二变"处于附属的装饰地位，且由于律制的关系，"二变"的不谐和性和不稳定性，也是被"软化"了的。因此，就整个音乐体系来说，其基本精神仍是谐和的。

就节奏体系而论，与特定语言和社会背景相联系的欧洲音乐语言的节奏——节拍体系，主要是以2为基础和以3为基础的两大类及其相互渗透，并含有明显的脉动性节拍重音；而中国民族音乐的节奏——节拍体系，则主要是以2为基础的倍分体系，且无明显的脉动性节拍重音。这种以2为基础的倍分节奏——节拍体系的突出特点，是均衡与平和。

就结构体系而论，以奏鸣曲式为代表的欧洲传统曲式是在对比的基础上构成的，是对比中求统一的产物；而以具有多种形态的变奏体系列和联曲体为代表的中国民族曲式，是在统一的基础上构成的，是统一中求对比的产物。

下面以琵琶名曲《夕阳箫鼓》为例，看看统一中求对比的原则在

中编　文化——语言的管轨

具体作品中是如何体现的。

在作品中的总体结构上，该曲运用了自由变奏——合尾曲式。变化主要表现为各变奏前半部分将主题核心自由展开，不仅各段的音区、音型、节奏，以至音乐形象都有大的变化，结构也由简单的上、下句结构扩充为带有展开性的"起、展、落"结构。统一则表现为各变奏前半部分以同一主题的不同形态贯串始终，而后半部分（合尾）基本不变。这样，前半部分虽然可以在保持骨干音模进这一旋律模式的前提下将主题加以伴奏，甚至引进一个由新材料构成的插部，却都以相同或相近的合尾把变化很大的各变奏联系起来，仿佛有一种回到起点的力量，使各变奏在不断发展变化中，周而复始，万变不离其宗。

在旋法上，虽通篇建筑在主题核心的模进上，但在模进时却常常伴以出人意料的细微变化。如主题中核心呈示以后的第一个模进环节，就将第一小节的最后一个音由本应出现的 ol 改为 Re，产生一个柔和的小七度，虽只一音之差，却使旋律变得潇洒而富于个性。再如五、七两段，中间各模进环节与核心呈示有所不同，而模进结束环节又与中间环节不同，中间各环节由于是原样模进增强了旋律的统一，首尾环节的变化则有益于起始和结束。正是这些细部的不同润色，使旋律在统一中包孕着丰富的变化，在单纯中萦绕着无穷的韵味。

尤为有趣的是，在乐节与乐节、乐句与乐句，以至段与段之间相互衔接时，几乎全部以同音连锁，环环相扣，显得平和而自如。特别是在各变奏之间相互衔接时，前段放慢缓缓结束，后段又以同音散起缓缓加快引出新的旋律，宛若电影中"化出化入"手法，将两组迥然不同的画面自然地融合起来。贯穿中国音乐语言的"和"的精神，在这里体现得可谓淋漓尽致了。

除了哲学思想的影响之外，语言也对音乐有着很大的影响。音乐和语言有着很多共同之处，而且音乐与语言经常融合在一起，词曲组合是音乐的一大特点，因而一定的语言总会给音乐语言以有形或无形的影响。

汉语是汉民族的共同语，它有着悠久的历史，在它发展的过程中，形成自己的鲜明特点。这些语言上的特点，尤其是语音上的一些特点，对汉民族音乐语言特色的形成起着积极的作用。

人民口语中的音调，特别是劳动人民口语中的音调，潜藏着音调世界中最生动、最本质的东西。因此作曲家往往从那里提出素材，使之化为音乐语言中最活跃的因素。我国音乐家冼星海同志喜欢把民间劳动中的呼唤声和民歌衬托衬腔作为音调素材，从中获得醇厚的民族风格。在《打倒汪精卫》《拉犁歌》《满洲囚徒进行曲》等合唱曲中，将民间衬腔变成了复调因素，使之与和声织体手法相融，加大了歌曲的表现力。如《拉犁歌》采取了无伴奏合唱形式，让全部曲调在劳动音调的基础上展开。目的是使这劳动号子般的音调能引出深情的旋律来，使作品有力地渲染出旧社会农民悲惨生活的情景。

其次，汉语是单音节语言，一个汉字就是一个音节，与汉藏语系之外的其他语言相比有明显差别。所以，当两种不同语言背景下的音乐语言对译或操汉语的人去唱别的民族歌曲时就会发生矛盾。例如：早期传入内地的佛教音乐，多半是西域的佛教音乐。而不管是印度的佛曲还是西域的佛曲，都与中原地区的语言及音乐传统不能完全适应。原因是"良由梵音重复，汉语单奇。若以梵音以咏汉语，则声繁而偈（一种颂诗）促，若用汉曲以咏梵文，则韵短而词长"[12]。为了解决这一矛盾，僧人只有采用民间乐曲，改编传来的佛曲或创作新佛曲，因而产生了中国的佛教音乐。

可以说，不建立在一定民族语言基础之上的音乐是难以形成音乐语言的民族性的，完全不了解异国语言的歌唱演员也是唱不好异国歌曲的。

注释：

①恩格斯《家庭、私有制和国家的起源》，《马克思恩格斯选集》第四卷 22 页，人民出版社 1995 年版。

②恩格斯《致瓦·博尔吉乌斯》，《马克思恩格斯选集》第四卷 732 页，人民出版社 1995 年版。

③鲁迅《门外文谈》12—13 页，人民文学出版社 1974 年版。

中编 文化——语言的管轨

④同上，7页。

⑤鲁迅《中国小说史略》，《鲁迅全集》第九卷22页，人民文学出版社1981年版。

⑥陈烈《祭天古歌·序言》，《祭天古歌》，中国民间文艺出版社1988年版。

⑦关于苏美尔文字发展的细节，可参看［苏］伊斯特林《文字的产生和发展》（左少兴译）123—130页，北京大学出版社1987年版。

⑧关于古埃及文字发展的细节，可参看［苏］伊斯特林《文字的产生和发展》（左少兴译）103—113页，北京大学出版社1987年版。

⑨裘锡圭《汉字形成问题的初步探索》，《中国语文》1978年第3期。

⑩参见［苏］伊斯特林《文字的产生和发展》（左少兴译）286—290页，北京大学出版社1987年版。

⑪唐兰《中国文字学》165页，上海古籍出版社1979年版。

⑫转引自阴法鲁《中国古代佛教寺院的音乐活动》，《文史知识》1986年第10期。

主要参考文献：

[1] 伊斯特林. 文字的产生和发展［M］. 左少兴，译. 北京：北京大学出版社，1987.

[2] 于省吾. 甲骨文字释林［M］. 北京：中华书局，1979.

[3] 和志武. 纳西族古文字概况［M］//中国民族古文字研究. 北京：中国社会科学出版社，1984.

[4] 蒋善国. 中国文字之原始及其构造［M］. 武汉：武汉古籍书店，1987.

[5] 唐兰. 中国文字学［M］. 上海：上海古籍出版社，1979.

[6] 陈炜湛，唐钰明. 古文学纲要［M］. 广州：中山大学出版社，1988.

[7] 杨五铭. 文字学［M］. 长沙：湖南人民出版社，1986.

[8] 武占坤，马国凡. 汉字·汉字改革史［M］. 长沙：湖南人民出版社，1988.

[9] 耿二岭. 体态语概说［M］. 北京：北京语言学院出版社，1988.

[10] 湖北省美学学会. 中西美学艺术比较［M］. 武汉：湖北人民出版社，1986.

[11] 裘锡圭. 汉字形成问题的初步探索［J］. 中国语文，1978（3）.

下 编
语言与文化——关系专题探讨

下编　语言与文化——关系专题探讨

"很＋名词"的语言文化问题辨察

近年来,"很＋名词"的说法有上涨的趋势。比方"绅士""淑女"是名词,有时可以说成"很绅士""很淑女":马悦在跟女主人于薇跳过第一支曲子后,接着便来到佩茹面前,做了一个<u>很绅士</u>的恭请动作。(徐坤《如烟如梦》,《小说月报》1997年第6期41页)｜愫细<u>很淑女</u>地啜饮高脚杯中的白酒。(施叔青《香港的故事》,《独身女人》14页,漓江出版社1986年版)

本文从语言和文化两个角度观察这类"很＋名词"的说法。为了方便,有的地方把这类"很＋名词"简称为"很名"。

一、从语言角度看"很＋名词"

1. 在句法功能上,"很＋名词"是形容词性的。

"很名"结构包括两个部分:前一部分是程度词,以"很"为代表,此外还可以用"最、太、更、够、真、非常、特别、比较"等副词,有时也可以用指示程度的代词"这么、那么"。如:最后苹果拼盘上来了,……大家非常<u>绅士</u>地用小叉子一粒一粒地叉起来吃,……(王海玲《亦真亦幻》,《中篇小说选刊》1997年第3期153页)后一部分是名词,有时也可以是名词短语。如:殷法能兴高采烈地拿起了杜晚晴的手,<u>很绅士风度</u>地吻了下去。(梁凤仪《花帜》233页,人民文学出版社1992年版)｜没有想过葛懿德的容貌如此俊秀,五官简直精美,<u>很女中丈夫</u>,不怒而威。(梁凤仪《九重恩怨》39页,人民文学出版社1992年版)｜慕天,这儿的清晨,烟雾弥漫,<u>更诗情画意</u>,你若能来跟我共进早餐的话,就是太好了,我们还有很多很多话要说。(梁凤仪《醉江尘》146页,人民文学出版社1992年版)

"很X"结构槽是形成"很名"说法的根基。"很X"是形容词性的,这决定了"很名"说法也是形容词性的说法。在句法结构中,"很

· 429 ·

名"总是用作定语、谓语、状语或补语，这正是形容词或形容词短语惯常分布的状况。比如：他的举止很绅士。（谓语）｜他做了个很绅士的动作。（定语）｜他很绅士地做了个恭请的动作。（状语）｜他的恭请动作做得很绅士。（补语）由于"很+名词"是形容词性的，因而可以跟典型的"很+形容词"并列使用。如：萧城立马赶到，很潇洒很英雄很男子气地跃入水中，将男孩救起。（少鸿《触摸忧伤》，《芙蓉》1994 年第 2 期 64 页）——这里，"很男子气"跟"很潇洒""很英雄"并列，共同用在状语的位置上。这么并列使用的语词，性质上不可能不具有共性。

"很名"不能用作主语和宾语。"绅士、淑女"之类如果出现在名词惯常分布的主、宾位置上，就不能受"很"等的修饰。例如：放眼望去，绅士淑女们衣冠楚楚，……（陈浩泉《选美前后》，《花城》1985 年第 1 期 201 页）｜原来以为早到了，大厅里却已尽是衣履风流的绅士淑女，……（施叔青《香港的故事》，《独身女人》33 页）——前一例，"绅士淑女们"是主语；后一例，"绅士淑女"是宾语。在这种位置上，"绅士"也好，"淑女"也好，都绝对不能加上"很"字。

2．"很名"结构槽只是有限地接纳名词。

进入"很名"结构槽的名词，可以指人，可以指事物，可以指方所，可以指时间。应该说，有相当大的覆盖面。例如：很绅士（指人名词）｜很母性（事物名词）｜很香港（方所名词）｜很现代（时间名词）。然而，事实上，为"很 X"一类结构槽所接纳的名词，是受到特定语义条件的限制的。这就是，该名词能够从气质、作风、样式、气味、势态等方面反映出说话人的某种特异感受，用个简括的说法，便是具有"异感性"。一个说话人，假若他对"淑女"的表现有特异的感受，那么，看到某女士在言谈上符合他的感受时，他可以说"很淑女"，看到某女士在举止风度上符合他的感受时，他也可以说"很淑女"。同样，一个说话人，假若他对"香港"的情况有特异的感受，那么，看到符合他特异感受的衣着，他可以说"很香港"，看到符合他特异感受的发型，他也可以说"很香港"。

各类名词中，时间名词所受限制最大。这是因为，这个那个时间

下编　语言与文化——关系专题探讨

不大容易给人以独特的感受。目前只看到一个"很现代"。在特定情况下，"很未来""很上古"也许可以说，但"很今天｜很明年｜很星期日"不行。指人名词和方所名词所受限制次之。指人名词，除了上例里出现的"绅士、淑女"等，即使是"女人"之类，只要是强调特异感受，也可以加"很"；方所名词，除了上例里出现的"香港"，在特定情况下，"国际、中国、美国、日本、上海、西藏、海南"之类不一定不能加"很"。例如：四婶也像别的村妇一样，很女人地挨男人的打然后委屈得哭一场，……（李肇正《小女子》，《中篇小说选刊》1997年第1期146页）｜我又见到了昨夜招待我的那位西藏小伙。……他告诉我，他曾经到北京、上海学习过。他长就一张很西藏的忠厚的脸。（余纯顺《走出阿里》，《小说月报》1996年第12期19页）事物名词所受限制稍宽。特别是带上"气、味、腔、调、样、性、主义、风度"等的名词或名词短语，比较容易加"很"。比如：李艺知道自己这样问太学生味，但又由不住要这样想。（王炬《正义的迷踪》，《中篇小说选刊》1996年第6期77页）｜总之，简珍不是上大学的料。简珍很唯物主义，就不在功课上下苦功，一天到晚盘算着如何当老板。（李肇正《小女子》，《中篇小说选刊》1997年第1期118页）然而，无论如何，不能引起人们特异感觉的名词，包括事物名词，不能受"很"修饰。比如，"鼻子"不能说成"很鼻子"，"衣服"不能说成"很衣服"，"电视机"不能说成"很电视机"。

3. 典型名词进入"很名"结构槽，是名词活用为形容词，属于"词性活用"现象。

从语义看，由于"很名"结构中的名词要求具有异感性，因此，典型名词一旦进入"很名"结构，便不再使用其本来意义，而是用来表示一种临时赋予的性质或状态。比如"西藏"，本来意义是中国的一个省份，然而，在说"很西藏"的时候，却或者指跟西藏有关的某种气质，或者指跟西藏有关的某种相貌，或者指跟西藏有关的某种装饰，如此等等，都临时带上了跟形容词意义相通的意义。诚然，这类结构中的名词实际上已经不是一般意义上的名词。

从书面表达的方式看，为了突出强调用法的特殊性，人们往往给这个名词加上个引号，借以表明这是修辞性的活用。比如：她一开始就不同我说藏语。十分惊诧，女人的直觉为什么总是如此敏锐，尽管此时我已经很"西藏"。(余纯顺《走出阿里》，《小说月报》1996年第12期35页)｜普兰的边贸市场分东风桥头市场和唐嘎市场两部分。唐嘎市场也被远近的人们叫作"国际市场"。其实，东风桥头市场也有点儿"国际"，而且很"中国"。(同上24页)｜嘎珍在"内地班"读过书，……她比较"现代"和务实。(同上7页)——上例里，进入"很名"结构的"西藏""国际""中国""现代"都特意加了引号。从下文所举的例子中，也可以看到同样的情况。再说，凡是不用引号的，只要写作者觉得需要强调，也都可以加上。词与词之间的正常配搭，是不允许随便加引号的。比如"很聪明"，如果给"聪明"加个引号，就会化褒为贬。

4. 跟"词性活用"现象相关联的是"词性裂变"现象。

进入"很名"结构的名词，一旦用多了，就习以为常，临时的"异感"意义就会转向固定的特征意义，结果便出现词性裂变现象，使一个形式在原来名词词性的基础上裂变出形容词性。这样，一个形式就兼有名词和形容词两个词性：在名词结构槽出现时是名词，在形容词结构槽出现时是形容词。比如"科学"，《现代汉语词典》解释为：①反映自然、社会、思维等的客观规律的分科和知识体系。②合乎科学的：这种方法不～｜革命精神和～态度相结合。——前一种"科学"是名词，后一种"科学"是形容词。又如"艺术"，《现代汉语词典》解释为：①用形象来反映现实但比现实有典型性的社会意识形态，包括文学、绘画、雕塑、建筑、音乐、舞蹈、戏剧、电影、曲艺等。②指富有创造性的方式、方法：领导～。③形状独特而美观的：这棵松树的样子挺～。——前两种"艺术"是名词，后一种"艺术"是形容词。在实际语言运用中，诸如此类的现象不少。比如：他的精神很好。(名词)｜他走起路来很精神。(形容词)｜要讲究卫生！(名词)｜这种东西太不卫生！(形容词)。再看几个实际用例：你一定有一份很理想的职业，……(陈浩泉《选美前后》，《花城》1985年第1期191页)｜像马莎这样也就够风光的了，……(同上187页)｜热情的小于永远也不能理解

下编 语言与文化——关系专题探讨

世界上居然还有这样一对极其规律的夫妻。(肖克凡《最后一个工人》,《中篇小说选刊》1997年第1期25页)——"理想""风光""规律"通常用作名词,但上例的"理想""风光""规律"都是形容词。凡是已经裂变成为形容词的,书面上不能加上引号。

从"词性活用"到"词性裂变"是一个发展过程,在这个发展过程中自然会存在混沌状态。正因如此,进入"很名"结构槽的名词有的也可能介于二者之间,属于模糊现象,可以"见仁见智"。比如:她太教条了,全盘接受了学校老师灌输给她的理论,以为凡事只要努力奋进便能成功的。(徐蕙照《折桂》,《小说月报》1996年第12期76页)| 张和生则批评电视剧肤浅,编者主观的东西太多,而且审美观念太传统。(梁晴《索坦》,《中篇小说选刊》1997年第1期105页)——这里的"教条""传统"是名词的活用呢,还是已经成了形容词呢,似乎难于做斩钉截铁的论断。这是正常现象。事物之间往往不能一刀两断,何况是处于发展过程中的事物!有一点可以肯定:不管是词性活用,还是词性裂变,凡是名词进入"很名"结构,便在特定的结构槽中被形容词化了。

二、从文化角度看"很+名词"

1. "很名"说法,产生于人们对事物属性的特异感受,带有因人而异的心理特征。

上面一再提到"很绅士"之类说法。作为名词,"绅士"有特定的内涵;一个人是不是绅士,有客观的标准。然而,当甲说乙"很绅士"的时候,只是表明甲的个人心态,丙、丁可能有同感,也可能没有这样的感觉。上面又一再提到"很西藏"的说法。不管是说话人说别人"很西藏",还是说自己已经"很西藏",同样也是他自己内心产生的特异感觉。诚然,心理上的异感是带有多层面的文化因素的东西。

看个实际用例:……我基本上是个城里人。长得很"文化"。这使得我的家乡的乡亲们始终不肯把我当成一个一无所有的穷学生来看待。(王泽群《正爷》,《中篇小说选刊》1997年第4期143页)——作为名词,"文化"有特定的涵义,《现代汉语词典》解释为:①人类在社会历史发展过程中所创造的物质财富和精神财富的总和,特指精神财富,如文学、艺

·433·

术、教育、科学等。②考古学用语。③指运用文字的能力及一般知识。那么，上例里的"很文化"是什么意思呢？大概是文质彬彬、很有知识的样子吧？然而，无论如何，我们只能猜个"大概"；在"家乡的乡亲们"的心理上，恐怕也只有那么个模糊的影像。放到大城市，在高等学府，绝对不会有人对一个在"半工半读的学校"读书的学生产生"很文化"的感觉。这就是说，"很文化"的说法本身就反映了没有什么文化水平的"家乡的乡亲们"心理状态，表明了他们对知识和知识分子的崇敬和距离，其中无疑有着朴素厚实的文化含量。

2．"很名"说法是一种语言艺术，反映了说汉语的人特定的"知识"涵养。

人们对特异感受的表达，建立在特定文化素养的基础之上。甲看到乙多愁善感，往往对花落泪，于是责备地说："你呀，怎么<u>这么林黛玉</u>啊？"或者对丙、丁议论说："乙这个人，<u>太林黛玉了</u>！"能这么说话的甲，一定读过《红楼梦》；听者，不管是乙还是丙或丁，也一定（或被甲认为）读过《红楼梦》。此外，乙大概可以肯定是一个年轻的姑娘。再看下面的例子：我现在开始弄瓷器，很时髦、<u>很贵族</u>的玩意儿，不过其中学问多多。（施叔青《香港的故事》，《独身女人》47页）｜"你曾来过这儿？"我回望杜青云，问。"是的。很久以前。我跟我的第一个女朋友。"<u>很诗情画意</u>。"（梁凤仪《千堆雪》149页，人民文学出版社1992年版）——对"贵族"一无所知，不可能采用"很贵族"的言辞；不知道"诗情画意"为何物，不可能发出"很诗情画意"的感慨。从一个纯朴的山区农民口里，可以听到"很木头"，却绝对听不到"很贵族"和"很诗情画意"。再看个文化含量更大的例子：她说："我喜欢古筝的声音，非常古典，<u>非常高山流水</u>。"（严沁《无怨》7页，中国文联出版公司1987年版）——有中国文化素养的人都知道，"高山流水"包含着《列子·汤问》中伯牙和钟子期之间的一段美好的故事，用来比喻知心、知己或曲调高雅。上例把"高山流水"活用到"很名"类结构之中，融入了汉民族的文化蕴含。

3．不同的社会背景，影响人们的语言运用，也影响"很名"的具

下编　语言与文化——关系专题探讨

体装配。

　　以香港为例，先说说"很绅士"和"很淑女"。"淑女"是古代汉语的词，在普通话基本词汇中已经消失。正因如此，《现代汉语词典》中只对"淑"字作简单解释，而不立"淑女"的词条。该词典 1996 年修订本虽立"淑女"词条，但特别解释为："〈书〉美好的女子：窈窕～。"强调是"书"。"绅士"不是古代汉语的词。因此《辞源》不收"绅士"，只收"绅衿"。对"绅衿"所作的解释是："泛指地方上有地位权势的人。绅，指有官职或中科举而退居在乡的人；衿，青衿，学中生员所穿，指生员。《儒林外史》四：'汤父母到任的那日，敝处阖县绅衿，公搭了一个彩棚，在十里牌迎接。'"在中国的广阔土地上，"绅士"一词只在 1949 年以前的近现代用过一段时间。1949 年之后到 70 年代末期，在普通话的基本词汇中，这个词也已消失。因此，《现代汉语词典》尽管立了"绅士"的词条，但只作了这样的解释："指旧时地方上有势力、有功名的人，一般是地主或退职官僚。"总之，"淑女"也好，"绅士"也好，对于 20 世纪 50 年代到改革开放时期以前的普通话词汇来说，最多只是留下了历史的陈迹。然而，在香港作家作品中，它们的使用频率却一直比较高。这为香港特有的人文背景所决定，在某种程度上反映了香港不同于内地的文化现象。一方面，曾受英国的殖民统治，香港深受英国文化的影响。以"绅士"来说，电视连续剧《乱世香港》中，有个人物何贵堂，就千方百计想当个"太平绅士"。因为有"绅士"这个名词，才会有"很绅士"的活用说法。另一方面，香港本来是中国的土地，生活在香港的中国作家有着天然的中国文化根基。1949 年以后，香港跟内地的语言接触基本中断，香港的汉语书面语中很自然地保留着许多文言词语和成语典故。因为保留有"淑女"这个词，才会有"很淑女"的活用说法。

　　再看其他方面的例子：吊山车<u>很摩登</u>。(梁凤仪《花帜》73 页，人民文学出版社 1992 年版)｜原来陈小姐今晚穿得<u>十分性感</u>。(东瑞《夜香港》22 页，广东旅游出版社 1987 年版)｜目下许多红星都在拍彻底的"写真集"，穿三点式已变得<u>十分小儿科</u>了，……(同上 133 页)——前一例，反映香港用语同英

· 435 ·

语的联系。英语里的 modem，用汉字写出来就成为"摩登"。普通话里，名词"现代"和兼属名词与形容词的"时髦"，都跟这个词意义相当。"吊山车很摩登"，既可以说成"吊山车很时髦"，也可以说成"吊山车很现代"。后两例，反映了香港的社会风情。"十分性感"也好，"穿三点式"变得"十分小儿科"也好，都是实际生活的摹写，跟内地相比较，特别是跟中国改革开放之前相比较，显得香港的风情跟内地存在相当大的差异。

4. 人际关系的发展，促进了"很名"说法的发展。

"很 X"是现代汉语的结构槽，"很＋名词"是现代汉语里有特定语用价值的说法，这种说法在现代汉语里本来就有。例如：这些都是很"感情"的话，她平日搬运得非常熟练，竟不必现查"大全"了。(茅盾《夏夜一点钟》，转引自倪宝元《词语的锤炼》)｜这个连长太"军阀"了！年纪不大，脾气可不小！(曲波《山呼海啸》上册 24 页，转引自倪宝元《词语的锤炼》) 茅盾笔下的"很感情"，曲波笔下的"太军阀"，都说明"很名"类说法不是近十多二十年来才出现的新说法。

然而，也要看到，近年来"很名"说法确实多了起来，成为一种相当"时尚"的说法了。这种"时尚"说法的使用与发展，跟改革开放以后内地同香港一带的频繁接触不无关系。这反映了人际关系的发展，促进了语言运用的相互撞击与交融。比如：谢霓说，那图案非常现代！(徐小斌《对一个精神病患者的调查》，《中篇小说选刊》1986 年第 2 期 85 页)｜其实我平时没这么绅士。(池莉《绿水长流》，《小说家》1993 年第 5 期 11 页) ——这两个例子分别见于 20 世纪 80 年代和 90 年代的作品，都出自内地作家的笔下。同类说法，若到 20 世纪 50 年代或 60 年代的内地作家的作品中去寻找，很难发现；而在近年来的作品中，却是可以经常看到的。

由于深圳同香港有更多的接触，《特区文学》上更多地出现这类说法，这就不足为奇了。例如：猫王是那样性感那样迷人，唉，他是我永远得不到的偶像呀！(陈惠如《女人的童话》，《特区文学》1997 年第 1 期 13 页)｜那天潘可在电话里很人情地说：兄弟你的栖身之所现在仍未解决吧？(同上 5 页)｜那时候人们还是不大想得开，观念上还比较传统，过年嘛，

下编 语言与文化——关系专题探讨

就得热热闹闹，……（张波《特区不浪漫》，《特区文学》1994年第3期25页）

三、结语和余论

从语言角度说，"很＋名词"是一种具有特定语用价值的特殊组合。由于"很X"是营造形容词的优化结构槽，一个名词如果偶尔进入这个结构槽，便只是名词的活用现象；如果经常进入这个结构槽，跟"异感"意义发生经常性联系，就会出现词性裂变现象，即在名词的基础上裂变出形容词。

从文化的角度看，社会的发展促使语言文字应用的活跃，引发语言的不断演变与发展。在语言的演变发展过程中，由于人文因素的干预，结果就出现了语言的文化蕴含。正因如此，"很名"说法的使用固然受到语言因素的规约，同时也反映特定的社会人文背景，有其特定的文化蕴含。

需要补说两点，作为余论：

第一，名词活用为形容词，不一定都出现在"很名"结构之中。换句话说，"名"的前边不一定都出现"很"类程度词。例如：下去前个个文绉绉的，幼稚而书生，不出半年，再回县里办事，人也野了，话也粗了，……（刘益令《仕途》，《小说月报》1996年第12期50页）｜那间主人房内的浴室，叫杨慕天看呆了，比电视里头的布景还要辉煌架势十倍。（梁凤仪《醉江尘》95页）——名词"书生"和"架势"由于分别同形容词"幼稚"和"辉煌"构成并列结构而形容词化。这里的"书生"和"架势"如果不认为是名词活用为形容词，而认为它还是通常意义上的名词，那么，就会引出名词可以无条件地跟形容词并列，共同作谓语的结论。这显然是不合理的解释。

第二，名词不仅可以活用为形容词，也可以活用为动词。在"很绅士"结构槽里"绅士"活用成形容词，在下面的结构槽里就活用成了动词：如果不是我自己曾亲自地去调查了解过，我永远也不会、不能、不敢相信我的叔祖父正爷，曾经"绅士"过。（王泽群《正爷》，《中篇小说选刊》1997年第4期148页）｜三人都笑了，坐了下来。白伟说：好，我们就绅士一次，帮帮小姐。（池莉《你以为你是谁》，《中篇小说选刊》1995年第2期

· 437 ·

4页)大家知道,"阿Q"是鲁迅作品中的人物,有时也可以听到这样的说法:"这个人很阿Q!"有时还可以看到这样的用法,严航笑道:"你真能阿Q自己。"(方方《行云流水》,《中篇小说选刊》1992年第2期70页)在"这个人很阿Q"里,"阿Q"是名词临时用作形容词;在"你真能阿Q自己"里,"阿Q"是名词临时用作动词。名词受"很"修饰,名词带宾语、带动量补语或用在"曾经X过"结构槽之中,都是特殊现象,受特殊规律制约,不应混同于一般情况。

(邢福义)

主要参考文献:

[1] 中国社科院语言研究所. 现代汉语词典 [M]. 北京:商务印书馆,1994;现代汉语词典(修订本)[M]. 北京:商务印书馆,1996.

[2] 辞源(修订本)[M]. 北京:商务印书馆,1981.

[3] 倪宝元. 词语的锤炼 [M]. 兰州:甘肃人民出版社,1981.

[4] 于根元. 副+名 [J]. 语文建设,1991 (1).

[5] 邢福义. 关于副词修饰名词 [J]. 中国语文,1962 (5).

[6] 邢福义. 小句中枢说 [J]. 中国语文,1995 (6).

[7] 邢福义."很淑女"之类说法语言文化背景的思考 [J]. 语言研究,1997 (3).

下编 语言与文化——关系专题探讨

汉语句法形式的趋简性和人文性

汉语语法重于意而简于形，在语言运用中，人们在句法形式的选用上往往趋向简化，使句式显现出趋简性的特点。这种句法形式的趋简性，跟结构和涵义的兼容性密切相关，同时又反映了语句运用的人文性。下面分别从句法形式的趋简性和趋简形式的人文性两个角度讨论有关问题。

一、句法形式的趋简性

1. 形式趋简的主要途径。

表示同样一种语义蕴含，往往既可以采用可能有的全量形式，也可以采用经过减缩处理的简化形式。比如"用筷子吃饭"是全量形式，"吃筷子"是简化形式。在语言的实际应用中，尽管全量形式和简化形式可以并存同用，但为了说话的方便，人们往往更乐于选择简化形式。

简化形式的形成，有多种多样的途径。换句话说，有多种多样的减缩办法。比较明显的，有以下几种。

第一，谓词隐匿。——把体词和体词之间的谓词隐去，剩下"体词＋体词"的结构槽。比较：喂！一手<u>交</u>钱，一手<u>交</u>货！(鲁迅《药》) | 一手钱一手货！(电视连续剧《金融潮》)前一例谓词"交"显现，后一例谓词"交"隐匿。又如：县长大中华，局长红塔山，科长红山茶，乡长牡丹花。一天两三包，自有人给他。(楚良《故乡是非》,《小说月报》1996年第8期77页) | 一任穷知县十万白花银是封建时代，现在，一个县长多少钱？(同上82页)前一例等于说：县长<u>抽</u>大中华，局长<u>抽</u>红塔山，科长<u>抽</u>红山茶，乡长抽牡丹花。一天抽两三包，自有人给他。后一例等于说：封建时代一任穷知县<u>得（收入）</u>十万白花银，现在，一个县长<u>得（收入）</u>

多少钱?

第二,结构移变。——把比较复杂的结构槽加以简化,使之移变成为比较简单的结构槽。比如:往年棉花<u>卖议价</u>,……(楚良《故乡是非》,《小说月报》1996年第8期79页)│她猛一抬头,发现窗外已经漆黑一片,而<u>窗里</u>却明亮如昼。(王安忆《我爱比尔》,《小说月报》1996年第5期30页)前一例的"卖议价",是由复杂形式"用议价的方式卖出去"移变而成的简化形式。后一例的"门里",是由复杂形式"以窗为界线的屋子里"移变而成的简化形式。这里的"窗里",不能说成"窗中",不同于"窗里嵌着一弯月牙"中的"窗里"。

第三,成分扣合。——把相同的成分扣合在一起,使之为另外两个或几个成分所共用。比如:贺兄,我<u>找得你好苦</u>哇。(古龙《金刀亭》1207页,中国友谊公司1990年)│你<u>害得我不够</u>吗?(陈浩泉《选美前后》,《花城》1985年第2期215页)前一例,"找得你好苦"由"找你,找得好苦"扣合而成。其中"找"同宾语性成分"你"和补语性成分"好苦"相对待,为二者所共用。"你好苦"并非整个儿充当补语。后一例,"害得我不够(吗)"由"害我,害得不够(吗)"扣合而成。其中,"害"同宾语性成分"我"和补语性成分"不够"相对待,为二者所共有。"我不够"并非整个儿充当补语。一部电视连续剧中,一位男士对一位女士说:"小姐,我也忍得你很久了!"这是同样的结构。

第四,分句删减。——把复句中的某个分句删减掉,形成较为特殊的特定复句句式。通常是删减三个分句中的第二个分句。例如:

因为他找到了后台,<u>他才免受处分</u>,否则他过不了这一关。

→因为他找到了后台,否则他过不了这一关。

既然他人品不好,<u>就不应该重用他</u>,你为什么却让他升官呢?

→既然他人品不好,你为什么却让他升官呢?

前一例,删减了中间一个分句"他才免受处分",于是出现了"因为"和"否则"同现的特定复句句式;后一例,删减了中间一个分句"你不应该重用他",于是出现了"既然"和"却"同现的特定复句句式。

下编　语言与文化——关系专题探讨

句法结构的选用，从全量形式到简化形式的过程，是趋简的过程。其结果，便形成了汉语在句法形式选用上的趋简性的特点。

2. 语义兼容与形式趋简。

如果换一个角度，从结构的语义含量上观察语法事实，又可以看到：多种意义可以为同样一个语法结构所兼容。所谓"同样一个语法结构"，有概括程度不同的种种情况。概括性越高的，兼容能力越强。以简单的短语结构为例来说。

第一，结构槽为 XY。——X 和 Y 都是变项。前后槽框 X 和 Y，它们所装载的词语是可变动的。这样的结构槽，形成"主谓""动宾""动补""定心""状心"等等结构。这是一类概括程度特别高的结构，X 和 Y 之间的语义关系多得无法全部列举。四十多年前[1]，《中国语文》连载的《语法讲话》中就指出："动词和宾语的关系是说不完的。"实际上，不仅动宾结构如此，动补、主谓、定心、状心等结构何尝不是如此？它们的语义关系都只能粗线条地描写个大概。

第二，结构槽为 XA。——X 是变项，A 是常项。X 在前，槽框里的成分可以变化；A 在后，槽框里的成分固定不变。以"X 边"来说，X 是变项，"边"是常项，例如：司机和他的车停在路边，他打一桶清水，兜头泼在车上，车一下新了。(红柯《奔马》，《小说月报》1996 年第 11 期 77 页)｜去什么地方玩都可以，就是不能到河边去玩，不能爬到树上去完。(余华《我的故事》，《小说月报》1996 年第 11 期 84 页) 前一例，"路边"是路上靠边的位置，属于路，车并没有停到路的外面；后一例，"河边"是岸上或地上靠河的位置，不属于河，人并没有进入河水里头。

第三，结构槽为 AX。——A 是常项，X 是变项。A 在前，槽框里的成分固定不变；X 在后，槽框里的成分可以变化。以"铲 X"来说，"铲"是常项，X 是变项，如：深圳金鹏首场以一绝妙的传球铲球成功，获得初胜。(徐勋林《冲甲之路》，《羊城体育》报 1996 年 10 月 18～24 日)｜第 11 分钟，金鹏后卫铲人犯规，被判任意球。(同上)"球"和"人"都是铲

---

[1]　指 1952 年—1953 年。——编者注

这个动作所涉及的对象，但是，"铲＋球"和"铲＋人"内涵大不一样。再比较：书记三天两头<u>跑县城</u>，说<u>是</u><u>跑项目</u>，贷款花了几大笔，可就没见个影子。(韦晓光《摘贫帽》，《中篇小说选刊》1996 年第 5 期 72 页) | 里面坐的，显然是些常在那条公路上<u>跑车</u>的司机。(梁晓声《司马敦》，《中篇小说选刊》1996 年第 6 期 57 页) 同是"跑 X"，"跑县城"是往县城跑，"县城"表方所；"跑项目"是为获得项目而奔跑，"项目"表目的；"跑车"是开着车跑来跑去，"跑"和"车"之间有使动关系。

第四，结构槽为 AB。——AB 都是常项，槽框里的成分都固定不变。例如：村里$_1$——村子里头。(村里有几棵枣树。)村里$_2$——村政府或村领导。(村里不准他外出。) | 考司机$_1$——考验司机的水平或胆量。(在这路上开车，可要考司机了！)考司机$_2$——通过考试，成为司机。(我想考司机，将来开出租车养家糊口！) | 我的书画$_1$——我收藏的书画(我的书画都是重金收购的。)我的书画$_2$——我创作的书画(我的书画都是离休后学着乱涂的。)我的书画$_3$——我表演写字画画(一开始是他的魔术，接着是我的书画。)此类结构槽，采取同一语表形式，形成相同或基本相同的结构关系，可是具体的语义内容有所不同。再比较下例中两个"是的"："你说，今天你们打牌，汪翠娟赢了钱是吗？""<u>是的</u>。不过，她只赢了几千元，数目并不大。"(陈浩泉《选美前后》，《花城》1985 年第 3 期 207 页) | 四平的女人不解地说："好好的，永生家的送你鱼干吗？"……她歪着头提示说："一样样地想，比如，准生证……"四平村长说："永生的儿子都六岁了，还要什么准生证。"四平的女人说："建房证呢？"四平村长说："永生的房子是去年春天才盖的，再要建房证，不可能。"……女人说："这不是，那不是，总得有个<u>是的</u>，你再想想永生家的求你办过什么事吗？"(张继《村长与鱼》，《小说选刊》1996 年第 11 期 108 页) 前一例，"是的"是"是＋语气助词"，"的"起加强肯定语气的作用；后一例，"是的"是"是＋结构助词"，实际上等于说"总得有个<u>是是的</u>"。

形式趋简与语义兼容二者互为条件，互成因果。

一方面，结构形式的趋简，导致结构语义的兼容。比方说，李小

松给朋友打电话:"春毓吗?我李小松!"等于说,我是李小松。又比方说,"我"给大家分配联络的对象:"你汪国盾,他萧宇汤,我李小松。"这时等于说,我联络李小松;假若是给演员分配剧中角色:"你汪奶奶,他萧大伯,我李小松。"这时又等于说,我演李小松。这样,"我是李小松""我联络李小松""我演李小松"等等都可以采用趋简形式"我李小松";"我李小松"这个结构槽,自然就兼容了多种语义关系。

另一方面,语义兼容的可能性,又提供结构趋简的可能性。比方,"人称代词+名词"的语义容量,为人们在不同意义上选用这一形式成为可能。例如:苏青爱上了大兵的消息,像疯狂的子弹击中了历史所。绝大多数人都对这样的爱情感到不可思议。"他高中生,你研究生,差距太大了。""这有什么,只要我喜欢。"(王石《雁过无痕》,《中篇小说选刊》1997年第3期132页)上例的含义是:"他是高中生,你是研究生。"假若换个语境:"他只找了个高中生?咳!他高中生,你研究生,差距太大了。"其含义便成为:"他只找了个高中生,你却找了个研究生,差距太大了。"

二、趋简形式的人文性

1. 汉人的语用观。

汉人使用汉语,一贯遵守一条语用原则。这就是:借助言语背景,言语尽可能经济简练。

首先是借助言语背景。离开了言语背景,某种特定结构与某种特定语义的联系往往会得不到落实。比方,如果离开上文所举例子的言语背景,"局长红塔山"的意思是多可的。趋简形式依赖言语背景的程度,决定于人们的常识。常识性越弱的事情,所用趋简形式对言语背景的依赖性就越强。比如"教室"和"馆子"都表示方所,但如果要说"吃教室",那么,跟说"吃馆子"比较起来,就必须更多地交代言语背景。

其次是尽可能经济简练。"尽可能"就是能简则简。如在结构移变中,简掉一个字是简,简掉许多语词也是简。看下面的例子:

(1) 让小弟去找一下阿楠的父亲，看看他们知不知道这件事。(裘山山《无罪辩护》，《中篇小说选刊》1966 年第 5 期 93 页)

(2) 可如果你朝中有人……在换届时就没有人提出你的年龄问题，于是你就能可以再干一届。一届就是四年。四年就是一任美国总统。(钟道新《权力的成本》，《中篇小说选刊》1996 年第 5 期 127～128 页)

(3) 病房里摆四张床，同病相怜，一会儿就熟了。一床初产，孩子大，老秤十斤十两，于是一刀切开。(王小克《梦幻人生》，《钟山》1990 年第 5 期 92 页)

前一例，"知不知道"是"知道不知道"的结构移变。这一说法，有"破词"的嫌疑，因此有学者提出过批评。然而，汉语语法的趋简性有一股强烈的冲击力，根本不管是否破词的理论，人们就是喜欢使用"可不可以""愿不愿意""同不同意""喜不喜欢"这一类的结构槽。中间一例，"四年就是一任美国总统"，由"四年就是当了一任美国总统的时间"移变而成，"尽可能"地压缩掉了不少语词。由于背景明确，因而意思清楚，而且显得俏皮。后一例，"一刀切开"指的是用手术刀把腹部切开，把孩子取出来。压缩掉的语词更多，更体现了尽可能经济简练的原则。

趋简形式的选用和形成，深刻地反映了汉人的语用观。两千多年之前，孔子就说过："辞达而已矣。"(《论语·卫灵公》) 意思是说，言辞足以达意就够了。所谓"辞达而已"，实际上就是自古至今汉人所遵循的一条语用原则。有关论述，还可以举出不少。比方，《左传·襄公二十五年》引古语："言以足志，文以足言。"意思是说：言辞用来充分表达意思，文采用来充分发挥言辞。《世说新语·文学》主张："辞约而旨达。"强调的是言辞简约而意旨显明。刘勰《文心雕龙·物色》提出："以少总多，情貌无遗。"强调的是以简洁的词句总括丰富的内容。苏轼《答谢民师书》提出："辞至于能达，则文不可胜用矣。"意思是说：言辞能够表达意思，文章就有很大的用处。宋·陈骙《文则》指出："言以简为当。"更是明确地强调了一个"简"字。

古人的上述论述是综合性的，包括用词数量、结构组织、修辞要求、表达技巧、信息传达与理解的准则等等方面，并不是只指一方面

下编　语言与文化——关系专题探讨

的内容而排斥另一方面的内容。陈宗明主编《中国语用学思想》正确指出:"子曰:'辞达而已矣。'一些人根据孔子的这一名言,认为孔子要求达意就行,不必讲究修辞。其实,这是一种误解。所谓'达'是指'达及他人',收到预期的语效。人们的表达,即使是准确的表达,也未必就能够满足'辞达'的要求,因为最佳的表达除准确性外,还要有恰当性和灵活性。可见,'辞达'是表达的最高标准,是对修辞的严要求。联系孔子的其他论述,可以更清楚地看到这一点。"(119~120页)又指出:"针对有人(如孔安国)认为'辞达'就是以达意为足,无须修饰,苏轼一再强调言辞能够充分表情达意,必须掌握足够的表达技巧。其《答谢民师书》说:'夫言至于达,即疑若不文,是大不然。求物之妙,如系风捕影,能使是物了然于心者,盖千万人而不一遇也,而况能使了然于口与手者乎?是之谓辞达。辞至于能达,则文不可胜用矣。'"(261页)从研究语法问题着眼,古人上述的综合性论述包含有语法结构形式的问题,或者说跟语法结构形式问题有关。透过这些话,可以知道,汉语的遣词造句,汉语语法结构的使用和发展,深受语用原则的影响。这一点自古如此,表明了汉族人使用汉语的共同心态。

2. 人文内涵的熔铸。

就一个一个具体的趋简形式而言,它们往往熔铸了丰富多彩的人文内涵。看下面几个例子:

(4) 润月细月<u>栽秧</u>都是快手。……不<u>栽补秧</u>,不<u>栽独根秧</u>,不<u>栽冤秧</u>,不<u>栽拉稀秧</u>。(赵金禾《后湾三月》,《中篇小说选刊》1995年第5期72页)

(5) 筱麦,你去源头朗,我<u>给你说个好媳妇</u>。(毕淑敏《源头朗》,《小说月报》1996年第8期13页)

(6) ……果然,花花绿绿地有七八封信在里面,都是安晶来的。他刚想拆开看,就听见小李在楼上<u>喊他电话</u>。(高旗《猛撞南墙》,《小说选刊》1996年第11期65页)

前一例,以"栽秧"为基础,组造出好些内容丰富复杂的趋简形式。"栽补秧",是栽秧之后由于秧苗密度不够而需要添补;"栽独苗秧",是栽秧之后某些地方只有单独一根秧苗;"栽冤秧",是栽秧之后

· 445 ·

出现不该栽而栽的秧苗;"栽拉稀秧"是栽秧之后出现秧苗拉拉稀稀的情况。所有这些"栽—秧"的趋简形式,反映了中国农民田间劳作的特点,摹写了中国农村的"栽秧文化"。

中间一例,"说个好媳妇"在结构上跟"说个故事""说句好话"等相同,然而在内容上却包含了经过说合找到一个好媳妇的复杂过程,反映了中国农村某些地方目前仍然存在的婚姻风习。

后一例,"喊他电话"在结构上跟"喊他经理"之类相近,在内容上却表达了好些并非完全见于字面的意思,等于说:喊他,说有人打电话给他,要他到楼上去接。这反映了目前生活在城市的一部分公务员的生活状态和生活水平。

一般地说,越是常用的趋简形式,跟人们衣食住行生老病死的联系越明显。以"吃X"来说。

"吃X"是一个十分常用的结构槽。在汉人心目中,"吃饭"是第一位的,因此往往一碰面开口就是:"吃饭了吗?"在语义关系上,吃饭是把饭吃掉,吃面条、吃饺子等情况相同。跟"吃饭"之类相关联,可以形成诸多结构移变的趋简形式。比如,可以说:吃大碗,吃筷子(=用大碗吃,用筷子吃);还可以说:吃馆子,吃食堂(=在馆子吃,在食堂吃);还可以说:吃小张,吃校长(=让小张出钱请客吃饭,让校长破财请客吃饭)。甚至"吃厕所"也能说:

(7) 吃茅池儿也许是这个世界上最下三烂的行当了,但这并不是说它因此就不需要先进的企业管理。(陈铁军《老杂碎》,《中篇小说选刊》1997年第4期133页)

"茅池儿"就是厕所。"吃茅池儿"形式上是动宾,语义上却相当于"靠厕所吃饭"。

近来还有个"吃床饭"的说法。例如:

(8) 倒是袁副局长解了围,说:"我看就吃床饭。"

"吃床饭?"大家一脸的问号。

袁副局长不紧不慢地把"吃床饭"的吃"法"道了出来。"吃床饭"就是在发票上提高住宿费,把剩余部分的钱,用来当伙食。

大家听了都说"吃床饭"这法子好。(韦晓光《摘贫帽》,《中篇小说

下编　语言与文化——关系专题探讨

选刊》1996年第5期73页）

由于有明确的交代，"吃床饭"的意思是清楚的。如果使用久了，大家都熟悉了，就会像"吃筷子"之类一样，人们不会再有"一脸的问号"。仅仅"吃床饭"三个字，容纳了多少内容！这显然是对当前一种社会风习的凝结性熔铸。

三、结束语

形式趋简和涵义兼容的事实表明，汉语在结构形式的选择上常用减法，在结构语义的容量上则常用加法。从这种意义上说，也许可以认为，汉语语法在形式上显现为减法语法，而在涵量上显现为加法语法。当然，任何事物都不会处在绝对化的关系之中。趋简和减法，兼容和加法，也不是绝对的。有时，趋简的形式也不一定兼容多种内容；反过来说，一个结构形式所兼容的多种涵义也不一定来自趋简。对它们之间错综复杂的联系，还需要做深入的研究。

语言运用，包括语法结构形式的选用，有着深刻的文化背景。有艺术家说过，中国的国画，是一种减法绘画。山水画上，往往留有大块空白，许多意思就隐匿在空白处里，任由看画者去想象，去补充。汉人的绘画语言和汉人的有声语言、文字语言似乎有惊人的相似之处。对这个问题进行探讨，得出的结论也许还不够全面，还不够准确，但对于更好地认识汉语来说，肯定具有积极意义，起码具有某种启示性。

（邢福义）

主要参考文献：

[1] 中国科学院语言研究所语法小组. 语法讲话 [J]. 中国语文，1953 (1).

[2] 中国语文编辑部. 汉语的词类问题：第二集 [M]. 北京：中华书局，1956.

[3] 朱德熙. 语法讲义 [M]. 北京：商务印书馆，1982.

[4] 季羡林. 探求正未有穷期 [J]. 世界汉语教学，1996 (3).

[5] 陆宗达. 关于语法规范化的问题 [M] // 现代汉语规范化问题学术会议文件汇编. 北京：科学出版社，1956.

[6] 陈宗明. 中国语用学思想 [M]. 杭州：浙江教育出版社，1997.

[7] 陈光磊,等. 中国古代名句辞典 [M]. 上海：上海辞书出版社,1986.
[8] 邢福义. 汉语里宾语代入现象之观察 [J]. 世界汉语教学,1991 (2).
[9] 邢福义. 方位结构 "X 里" 和 "X 中" [J]. 世界汉语教学,1996 (4).
[10] 邢福义. 汉语语法结构的兼容性和趋简性 [J]. 世界汉语教学,1997 (3).
[11] 邢福义. 现代汉语 [M]. 北京：高等教育出版社,1991.

下编　语言与文化——关系专题探讨

汉语时间表述形式的构成理据论析

时间是运动着的物质的存在形式，是不依赖于人的主观意识而存在的客观实在。而人类作为一个历时主体，又可以能动地感知时间、认识时间，形成时间观念并且用语言文字形式去反映时间，因而在时间观念与时间表述形式之间有着必然的联系和制约关系。汉语社会也是如此，由此形成时间表述形式上的独特之处。

现代汉语在时间表述的构成形式上，可区分为本体时间和代体时间。

本体时间是用具有时间属性的词语来指称时间。由天象基准、习惯基准和当前基准①构成的时间系列都是本体时间。例如：

(1) <u>1992年12月20日</u>，<u>星期天</u>，<u>晚上7时</u>。中央电视台播出一条关于电视的新闻：我国的电视观众达8.6亿人，成为全球最大的电视市场。(《长江日报》1993年3月24日)

(2) <u>去年冬天</u>的一个<u>星期六</u>的<u>上午</u>，一直绵绵细细落着雨。(彭东明《故乡》，《1987年中篇小说选(2)》，人民文学出版社1989年版)

(3) 我们花了<u>三年</u>时间，纠正错误，才使情况又好起来。(《邓小平文选》第三卷234页)

代体时间是本身不具有时间属性的词语通过某种媒介而具有指称时间的功能。大体上有两种构成方式。

一种是以节日名称、表年龄的词语或表天色的词语指代时间。如节日的名称，本来只是跟某个特定的事件相关，如国际劳动妇女节(3月8日)、国际劳动节(5月1日)、中华人民共和国教师节(9月10日)等等，由于其固定地对应于某一天且又具有周期复呈性，因而也就具有指称时间的功能了。我国农历中的节日名称如除夕、春节、

元宵节、端午节、中秋节等,虽然带有一定的本体时间成分,但也可以跟新式节日一样看作代体时间。例如:

(4) 民国二十四年,公元一九三五年清明节,老牛拉着一辆高台车在绿洲外的白骨塔停下。(吴启泰《天出血》,《中篇小说选刊》1990年第5期)

又如表示年龄的词语本身并不直接表示时间。例如:

(5) 那年冬天,七哥差不多满十二岁了。(方方《风景》,《1987年中篇小说选(2)》,人民文学出版社1989年版)

(6) 当我看见女儿时,她已经有八个月大了,会叫爸爸了。(《新华文摘》1993年第1期17页)

但因为年龄的大小是依据表示时间长短的计量单位"年、月"来计算的,人活一岁即意味着时间过去了一年,所以年龄词语也可以用作代体时间。例如:

(7) (瑞云)<u>八岁的时候</u>,好婆说:"你已经到了上学的年纪了,……"(范小青《瑞云》,《1988年短篇小说选》,人民文学出版社1989年版)

(8) 张大爷<u>六十岁上</u>得了个孙子。(《现代汉语八百词》416页)

有时在年龄词语后面不出现"时(时候)、上",由于受到句法关系的制约,也可以表示某个事件发生的时间。如下面例句中的"二十岁":

(9) 他曾有三个哥哥,都幼小病故。父母怕他夭折,在他<u>三岁时</u>,便度为沙弥(童僧),……<u>二十岁</u>受大戒,成为精通三藏的高僧。(《中国古代史常识·历史地理部分》373页)

我国古代早有以子、丑、寅、卯……计时的"十二时辰",但在汉代,又创造了与之相对应的"夜半、鸡鸣、平旦、日出、食时、隅中、日中、日昳、哺时、日入、黄昏、人定"的"十二时",其中"夜半"即"子时","鸡鸣"即"丑时",余类推至"黄昏"即"戌时","人定"即"亥时"。这种计时方式,印证了"从词源上看,人们不是凭空创造新词来表达时间概念。……无形的时间要用具体的空间或视觉行为来体现"②的论断。这种计时方式在现代汉语中也有相应的表述形式。例如:

下编　语言与文化——关系专题探讨

　　(10) 曙色微茫的时候，张生醒了。(北村《张生的婚姻》，《收获》1993年第4期)

　　(11) 太阳又升高了一竿子，雾气已经散尽，山是青的，水更绿了。(陈立宗《鱼王山》，《1988年短篇小说选》，人民文学出版社1989年版)

　　(12) 昨天天麻麻亮时，鱼儿渡几乎所有的人齐谱谱地在码头上恭候幺爷归来。直到天黑的时候，幺爷才从前去江城专程迎接的木船上走下来。(同上)

　　另一种代体时间由表示动作行为的主谓结构、动词或动词结构充当，可以笼统看作"事件"。这类"事件"在"时（候）、时期、前、后、来、以来、从……到……"等时间构件的辅助下可以表示时间。例如：

　　(13) 上班铃声响起的时候，印家厚正好跨进车间大门。(池莉《烦恼人生》，《1987年中篇小说选(2)》，人民文学出版社1989年版)

　　(14) 这二十年来他回国了好几次，在蒋介石未死之前，他是回大陆一次，也必到台湾一次，……蒋介石死后，他就不去台湾了，专跑大陆。(冰心《远来的和尚……》，《1988年短篇小说选》，人民文学出版社1989年版)

　　(15) 从他接受马克思主义、参加中国共产党那一天起，从民主革命时期到社会主义革命和建设时期，从战争年代到和平年代，从指挥作战到治学办校，顺境也好，逆境也好，无论何时何地，客观环境有什么变化，他始终是把自己的一切贡献于、服从于党的需要，……(《邓小平文选》第三卷189页)

　　此外，现代汉语的时间表述，选择方位词作为时间构件，是构成时间结构的一种重要方式。大致有如下表述形式。

　　1. X＋前后、左右、内外。例如：

　　(16) 在1949年前后，我发愿要写一部近代汉语历史语法。(吕叔湘《汉语语法论文集·初版序》)

　　(17) 政治体制改革更复杂，设想有些方面用三至五年的时间可以见效，有些方面甚至要花十年左右的时间才能见效。(《邓小平文选》第三卷243页)

451

2．X＋前、后。例如：

（18）我也想去台湾看看，不过看来一九九七年以前解决这个问题不容易。(同上，273页)

（19）一九九七年以后，在座的六七十岁的人，那时精力就差些了。(同上，72页)

3．前、后＋X。例如：

（20）《中国语文》的前十四年和后十四年基本上客观地反映了现代汉语语法研究前引后接不断延伸的发展的线索。(《邢福义自选集》335页)

4．X＋以来、来。例如：

（21）我很高兴，从去年十月以来，中央相继作出了三项改革决定。(《邓小平文选》第三卷122页)

（22）十年来，我们的最大失误是在教育方面。(同上，287页)

5．X＋里、中、中间、内、之内、间、之间、之外。例如：

（23）据统计，在过去三千多年中，黄河决口达一千五百多次。(《中国古代史常识·历史地理部分》2页)

（24）下午，司文治给我送来一张表，要我三天之内填报。(肖克凡《黑砂》，《1987年中篇小说选（2）》，人民文学出版社1989年版)

（25）春节和元旦之间我打算到桂林去一趟。(《现代汉语八百词》601页)

这种选择与人们的时间观念直接相关。自然时间（空间）是人类生存的一个外在的而又基本的条件，人类既作为一个自然物生存于时间之中，又能够能动地去认识时间和把握时间，一方面，人类是从能反映时间流程的媒介物即自然界周期性变化的天象中认识时间的，因而人们把时间看作一个可以移动的物体，用于推算时间的历法和用于计算时间的时钟就是这种认识的产物。另一方面，人类本身又是一个历时主体，人类的代代生息，人的一切活动所构成的事件，无不是对时间的经历，每一个生活在现实中的人都认为时间是向着自己走来，又从自己身边走过。这种时间观在汉语中表现为，时间如流水，后浪推前浪，因而就有了走在前边的时间和跟在后边的时间的说法，这可

下编　语言与文化——关系专题探讨

用方位词"前、后"来表示,"前"表示过去或较早,"后"表示未来或较晚。时间之流先经上游,后经下游,因而已经过去的时间是"上",如"上个月""上星期";尚未经历的时间是"下",如"下个月""下星期"。时间之流是无限的,但对于某一具体的历时主体(人的活动构成事件)来说,所涉及的又是有限的,因而时间又可以从范围上用"中、间、里、外、内"来界定。

选择介词"从、自、自从"和"到"也可以构成如下时间表述形式。

1. 从、自、自从＋X＋起、开始。例如:

(26) 从一九五七年开始我们的主要错误是"左","文化大革命"是极左。(《邓小平文选》第三卷237页)

2. 到＋X＋为止。例如:

(27) 到今天为止,我们出访已经20天了,打了12场比赛。(《郎平日记与书信》,人民体育出版社1986年版147页)

(28) 正月初六,虽然在市长的干预下没有停暖,但到记者发稿时止,停暖的威胁还没有解除。(《工人日报》1994年2月20日)

3. 从＋X＋到＋X。例如:

(29) 江苏从一九七七年到去年六年时间,工农业总产值翻了一番。(《邓小平文选》第三卷25页)

(30) "郑老,来信真多,从报上登了广告那天算起,到我离开上海为止,才二十三天工夫,已经收到两万九千八百七十二封来信……"(叶永烈《巴金的梦》,《1988年短篇小说选》,人民文学出版社1989年版)

这种选择是由于人们在观念上认为时间是从将来走向现在,又从现在走向过去的,因此可以用"从X到Y"来表示时间的移动,还可以借助"从"表起点、"到"表终点的语义功能,从无限的时间之流中截取有限的时间段落,构成时段的表述形式。

在现代汉语时间表述形式中,"X前""X后"是运用频率较大的时间结构,它是由时间词语或带有时间因素的词语与"前""后"组合而成的时间短语。其中的"X"《现代汉语八百词》归纳为"名词(包括表示时间的数量词)、动词、小句"。在表意功能上,"X前、后"可

· 453 ·

构成时间的内在参照定位和外在参照定位。

内在参照定位是以历法时间中的任一时点或人类生活中的任一事件作为定位参照点。如：1990年前、1990年后、10月5号前、10月5号后、春节之前、解放以后、"文化大革命"前、参加工作后。内在参照定位中的参照点自身能起参照作用，如"1979年后"是以"1979年"为计时起点即参照点，顺推到计时终点即某个特定的时间；"春节前"就是"早于春节的时间"，因此这种定位方式也可以称作自身参照定位。

以已知的事件作为参照，也可以起到确定时间位置的作用，因为事件总是要在一定的时间和空间中才能实现。例如：

(31) 长城远在秦始皇统一中国以前就开始修筑了。(《中国古代史常识·历史地理部分》326页)

(32) 直到秦始皇统一全国以后，为了加强中央集权，才健全了郡县制，并在全国推行。(同上，29页)

外在参照定位则是以说话或写作的当前时间作为参照点，如"三十五年前"、"三天以后"中，"三十年"或"三天"自身不能作为"X前"或"X以后"的参照点，这个参照点实际上是外在于这个结构本身的某个时间或当前时间。例如：

(33) 三十五年前，我国各族人民的伟大领袖毛泽东主席，在这里庄严宣布了中华人民共和国的成立。(《邓小平文选》第三卷69页)

(34) "好吧，那我给你打电话。"彭海洋笑笑，平和地说。

三天之后，他才打来电话。(张欣《无人倾诉》，《花城》1993年第4期)

在外在参照定位中，比较常用的是"指量时段③＋前/后"。这也是参照定位的主要形式。

"X前""X后"还可写作"X以前（之前）""X以后（之后）"（以下统称"X前""X后"）。不过，"以前""以后"也可看作跟"现在"形成相对关系的时间名词，它们可以单用。例如：

(35) 以前我们根本没见过面。

(36) 等以后有时间了再慢慢跟你说吧。

而"前""后""之前""之后"只有附加在别的词语后面才能表示

下编　语言与文化——关系专题探讨

定位时间。

在用"X前""X后"构成时间表述时，具有"三时"特征的时点词与"前""后"在搭配上表现出不对称性。三时时间是人类对自然时间的主观认定，人们以自身所处的现实时间（或说话时间）为基准点，身前的时间是过去时间，身后的时间是未来时间。三时时点时间词如"前天、昨天、今天、明天；去年、今年、明年；上个月、这个月、下个月"等与"前（以前）""后（以后）"搭配时，表现出一定的限制性和不对称性。

有些组合不能成立的原因，跟"X前、后"中X的性质有关。在语义上，"X前、后"表示的是早于或晚于X这个时间的时间。例如说"十点钟以前"时，说话的此刻肯定是"十点钟"之前的某个钟点，这个说话此刻的钟点就是"十点钟"的外在参照点。而"今天以前"按照"X前"格式的规定语义，应该是指早于"今天"的时间。这样在表示过去的时间时，"今天以前"相对于"昨天""前天"或过去的某一天，因而可以成立。例如：

（37）今天以前咱俩好像在哪儿见过？

但表示将来时间时，"今天以前"则不能成立，因为如果是用于将来时间的话，那么"今天以前"应该晚于说话的时间（如"十点钟之前我再来找你"中，"十点钟之前"晚于说话时间），但"今天以前"的说话时间就是"今天"，这样就等于说"今天以前"晚于"今天"，显然自相矛盾，因而不能成立。例如：

* 今天以前我再来找你

而"今天十点钟以前我再来找你"之所以能够成立，是因为说话时间肯定不到十点钟即十点钟晚于说话此刻的时间。

"今天以后"只能表示晚于今天的时间，如明天、后天或将来的某一天，因为按照"X后"格式的规定语义，"今天以后"应该晚于"今天"。不过，由于在说话的当时"今天"实际上并未过去，这样一来"今天以后"就显得有点别扭，如：

? 今天以后我再来找你

· 455 ·

因此，尽管"今天以后""这个月以后"在理据上说得过去，但实际上是不说的。

"昨天以后"也是这种情况。从理据上说，过了"昨天"就是"今天"，因而"昨天以后"就是"今天"；这样，"昨天以后"的说法也显得别扭，所以实际上并不说。同样，如果以"今天"为说话时间，那么"前天以后"也就是"昨天"，因而"前天以后"实际上也是不说的。这也是"大前天以后"之所以不说的原因。

"明天以前"在理据上表示的是早于"明天"的时间也就是"今天"，这样一来，似乎"明天以前把书还给我"就等于说"今天把书还给我"，因而不能说；但现实中确实有说"明天以前"的，这是由于说"明天以前"时，作为外在参照点的说话时间"今天"实际上并没有过完，因而"明天以前"与"今天"在时间范围上有重合，也就是在说"明天以前"时，时间下限其实是指"今天过完明天开始"这一时间，所以也能说；不过还是以"明天 X 点钟以前"为常。

此外，时间范围框架和时间的顺序特征对"X 前""X 后"所指示的时间范围会形成制约。

现代汉语时间表述必须遵循范围原则，即年⊃月⊃星期⊃日⊃时。所谓范围框架就是说，处于 A⊃B 关系中的 B，在时间范围上被包含在 A 的范围框架之内，因而当 B 与"前、后"搭配时，它的开放程度必定受到 A 范围框架的制约。另外，在有序时点时段序列中，点段之间存在本位点段与外位点段的相对顺序关系，这种顺序义也会对"X 前""X 后"的开放范围形成制约。下面是"时点＋前、后""事件＋前、后"和"指量时段③＋前、后"在这方面的情况。

1. 时点＋前、后

表示月份、星期、日期、钟点的有序时点序列，具有周期循环且元素连续的特征，它们在与"前""后"搭配时，是以一个循环周期即一年、一个月、一个星期、一天、二十四小时为范围框架来体现时间范围的。比如说，当某个月份和"前""后"搭配，其开放范围不会超出该月份所在的年份。例如：

下编　语言与文化——关系专题探讨

10 月份以前（本年的说话时的这个月份到本年 10 月份，不会超出 10 月份）

10 月份以后（本年的说话时的这个月份到 10 月份都不计，只指晚于 10 月份的时间，一般不会超出本年的 12 月份）

如果所要求的时间需距离说话时间较远，则可在"月份＋前、后"的前面添加年份框架，使其范围跨年度放大。例如：

明年 10 月份以前（从今年说话时的这个月份到明年的 10 月份，不会超出明年 10 月份）

但"月份＋后"即使前加年份框架，时间范围也不能跨年度放大。例如：

明年 10 月份以后（晚于明年 10 月份；一般不会超出明年 12 月份）

当"日期"与"前、后"搭配时，则以一个月为框架来限定开放度；若要放大范围，则前加月份，纳入年份框架。例如：

20 号以前（从本月的说话时的某一天到本月 20 号，不会超出 20 号）

20 号以后（本月的说话时的某一天到本月 20 号都不计，只指晚于本月 20 号以后的时间，但一般不会超出本月份）

8 月 20 号之前（8 月 20 号以内）

8 月 20 号以后（一般不会超出本年 12 月份）

"星期＋前、后"与"日期"相似，可类推。"钟点＋前、后"时，由于口语中不用二十四小时计时制，因而往往需要前加"上午、下午、晚上"等以示区别。由于上午、下午、晚上各有一定的时间范围，因此说"上午 10 点钟以前"其规约范围只在七点到九点之间，再往前推，就侵入了"早晨"的范围领地；而"上午 10 点钟以后"一般也就是 11 点到 12 点之间，因为 12 点左右一般叫中午，是下午的开始。可见"钟点前、后"是以一天中的"早上、上午、下午、晚上"等为范围框架的；如果要放大范围，也可纳入"一天"的框架，如"明天（上午）10 点钟以前"，"12 号（上午）10 点钟以后"，但范围上不能超出当天。

· 457 ·

表示节日、节气的有序时点序列，具有周期连续但元素之间有间隔的特点。在与"前、后"搭配时，其开放度直接受到其后续外位时点的制约，如说"元旦后"，则范围上不会超出"春节前"，反之亦然。如说"惊蛰以后"则一般不能超出其后的"春分"。节日、节气、三伏、三九之类都是以其循环周期一年为范围框架的。

表示历史朝代和公元年份的有序时点序列，也有范围框架。如我国历史朝代以有史以来的古代史作框架，因而开放度较大。如"唐以前"，可能是隋，也许还要加上两晋南北朝；而"唐以后"则可能是宋，也许包括明清。例如：

（38）唐以前，洞庭湖虽有淤积，但由于湖面大，蓄洪和调节的能力很强，两湖平原水灾很少。自唐以后，由于湖面缩小和统治阶级不重视建设，水灾一年年加多。从明代开始，灾情日益严重。……到了清代，……灾情愈来愈严重。（《中国古代史常识·历史地理部分》300页）

公元纪年的年份一般以"年代（十年）"作为范围框架，"年代"则以"世纪（一百年）"作为范围框架。因此一般说某个年份之前或之后，在理论上开放范围不会超出此前或此后十年。

从以上情况可见，框架范围较小，则制约力较强；框架范围较大，则制约力较弱。因而对框架范围较大的"时点＋前、后"，还需要借助其他封闭方式。

2. 事件＋前、后

由特定历史事件＋前、后，由于框架范围较大，因而开放度也较大。如"解放前、后"，可以向前延伸近百年，向后延伸几十年。又如"'文化大革命'前、后"，以"解放后"作范围框架，也有可以向前向后延伸一二十年的开放度。一般来说，范围框架和事件顺序对"事件＋前、后"的开放度制约力较弱，尤其是偶发性事件，更需要借助其他封闭方式。

日常生活中的继发性事件如"吃饭""睡觉""上班"或"下班"等也可形成序列。由于这类事件以"一天"为范围框架，又可与"一天"中的各个分点如"早上""上午""中午""下午""晚上"对应，

下编 语言与文化——关系专题探讨

因此在框架和顺序义双重制约下,跟"前、后"搭配时其开放范围一般只在一两个小时之内。例如:

(39) 冯英子是那天晚饭前一小时赶来的。(黄佳星《紫色葡萄》,《花城》1993年第4期)

(40) 不知怎么搞的,晚饭后的一个小时,总是坐立不安,心神不定。(《郎平日记与书信》111页,人民体育出版社1986年版)

从事件顺序上说,"晚饭前"之前还有"下班后""放学后"等,"晚饭后"之后还有"晚自习前""睡觉前"等,它们也各有一两个小时的开放范围,彼此间也就自然形成了制约封闭。例如:

(41) 7月1日清晨,毛泽东读了丁玲写的《田保霖》和欧阳山的《活在新社会里》,……便当即写了一封信给他们:快要天亮了,你们的文章引得我在洗澡后睡觉前一口气读完……(《作家文摘》1993年第52期)

3. 指量时段+前、后

指量时段也可以形成序列,本位段和外位段,上位序列和下位序列①之间也有时间范围上的包含关系,但时段与时段之间不存在时间位置上的前后相对关系(因而指量时段不能自身参照定位),"一天后""三天前"跟"两天"没有时间先后的关系,而时点序列中的"1号后3号前"必然是指的"2号",因此,顺序义对"时段+前、后"没有制约力。另外,指量时段序列又具有可无限增量的特点,在序列中,一天两天三天……并不意味着以一个星期或一个月为范围框架,一个月两个月三个月……也不是以一年为范围框架。因此,范围框架对于"指量时段+前、后"的开放度也缺少制约力。

(李向农)

注释:

① 天象基准是人类根据自然界周期性变化的天文、气象而确定的量度时间长短的基本标准,如以地球绕太阳旋转一周来定"年",以月亮盈亏来定"月",以日升日落来定"天"。习惯基准是人们为了推算和指定时间的位置顺序而人为规定的标准,如公元纪年法,一年中以春季为首季,以一月份为第一个月等。当前基

准是人们以自身所处的现实时间即说话时间为基准点,由此赋予时间以"过去""现在""将来"的区别并确定它们之间的相对位置。

②参见游顺钊《口语中时间概念的视觉表达——对英语和汉语的考察》,徐林摘编,《国外语言学》1988年第2期65页。

③指量时段是具有时量指别功能的时段,一般由"基数+时间单位量词"构成,可以表示确定或不太确定的时间量,如"三天、两个月""十几个小时、三五天"。

④时点和时段都有本位点段和外位点段的区别。如果把所要表述的时点和时段叫作本位点段,那么跟本位点段相对比而存在的时点和时段就叫做外位点段。例如"昨天、今天、明天"是相邻的几个时点,如果以"今天"作为本位点,那么"昨天、前天"就是外位点;又例如"一天、两天、三天"是相邻的几个时段,如果以"两天"作为本位段,那么"一天、三天"就是外位段。指量时段可以构成以"年""月""日"等为单位的序列,其中"年"序列所包含的时间量大于"月"序列所包含的时间量,因而前者是后者的上位序列,后者是前者的下位序列。

主要参考文献:

[1] 戴浩一. 时间顺序和汉语的语序 [J]. 黄河译. 国外语言学,1988 (1).

[2] 李向农. 现代汉语时点时段研究 [M]. 武汉:华中师范大学出版社,1997.

[3] 刘宁生. 语言关于时间的认知特点与第二语言习得 [J]. 汉语学习,1993 (5).

[4] 马庆株. 顺序义对体词语法功能的影响 [J]. 中国语言学报,1991 (4).

[5] 马庆株. 数词、量词的语义成分和数量结构的语法功能 [J]. 中国语文,1990 (3).

[6] 邢福义. 时间词"刚刚"的多角度考察 [J]. 中国语文,1990 (4).

下编　语言与文化——关系专题探讨

空间在世界认知中的地位

　　世界具有可知性，人类的发展史就是不断地对世界进行认知的历史。对世界的认知，包括客观世界和人类社会，往往要通过一定的图式（Schemas）来进行，并用与这些图式相关的语言形式来表述认知的成果。比如重量，是对物质性的事物的一种衡量，是从"物体受到的重力的大小"方面来把握事物的。但是，人们也借用重量来把握非物质性的事物，如"情意重"之"重"表示程度深，"身负重任"之"重"表示重要，"重男轻女"之"重"表示重视，"老成持重"之"重"表示不轻率。物质性事物的重量就是一种图式，人们通过这种图式来把握非物质性的事物，并进而用"重"来表达这种认知成果。

　　各种各样的图式，代表着人们对世界进行认知的模式，属于心理文化的深层次。它最具稳定性，最能体现民族文化的个性，是文化的核心内容之一。认知世界的图式，对社会成员来说，常常是不自觉的，是在生活阅历中，特别是在获得和使用语言的过程中，无意识地建立和发展起来的。正因如此，随着文化语言学研究的深入，必然会对这些图式产生浓厚的兴趣。

　　空间，包括空间范畴和空间关系，是客观世界和人类社会存在着的无数范畴和关系中的一种，但是在对世界的认知中却具有十分重要的意义。空间图式是一种能产性极强的认知图式，人们习惯于把空间的范畴和关系投射到非空间的范畴和关系上，借以把握各种各样的非空间的范畴和关系。想象能力和逻辑推演能力，是人类智慧的双胞胎，但投射主要靠的是人类的想象力。源自想象的投射过程，即是认知语言学所谓的"隐喻"（Metaphor）。

本文讨论时间和社会两个领域中的空间隐喻,并探讨与之相关的一些问题。

一、时间的空间隐喻

在已知的世界语言中,时间的表达大都是借助空间的语言表达形式,例如英语的空间介词 at、on、in,也是最常用的时间介词。语言的这种普遍现象说明了一个重要的认知普遍现象:时间是空间的隐喻。

汉语的时间也多采用空间隐喻。"上""下""前""后""里""中""内""外""远""近""长""短""来""去"等词语的使用,就是这一隐喻的比较典型的表现。下面,从五个方面来讨论汉语如何用空间来隐喻时间的。

(一)时间具有"高差"

"上""下"是汉语常用的空间表达词语。若把甲物作参照物,把乙物作描述物,作为方位词语的"上",表示乙物在甲物的上面,"下"表示乙物在甲物的下面,甲乙两物之间存在着高差。例如:

(1)飞机在山顶上盘旋。

(2)我接住这几大串榆钱儿,盘膝坐在树下吃起来。

"飞机"在"山顶"的上方,二者之间有高差;"我"在"树"的下面,二者之间有高差。在某些表达中,也许甲乙两物之间并不存在物理上的高差。例如:

(3)那一天,韩麦尔先生发给我们新的字帖,帖上都是美丽的圆体字。

"美丽的圆体字"与"字帖"之间也许不存在物理上的高差,二者之间的高差是观念上的。

汉语也常用"上""下"来表达时间。就某一时间参照点而言。前面的时间为"上",后面的时间为"下"。例如:

(4)上星期~下星期　上个月~下个月　上一季度~下一季度　上世纪~下世纪　上次~下次　上回~下回

(5)上午~下午　上旬~下旬　上半月~下半月　上半年~下半年

例（4）的时间参照点是"现在"，"上×"表示过去的时间，"下×"表示未来的时间。例（5）是把某一时段划分为两个或三个更小的时段，时序在前的为"上"，在后的为"下"。当把某一时段划分为两个更小的时段时，"上×"与"下×"或互为时间参照点，或以"上×"与"下×"的分界处为参照点；当把某一时段划分为三个更小的时段时，还可以有"中"，如"中午""中旬"等，"中×"是"上×"和"下×"的时间参照点。由于例（5）不是以"现在"来设置时间参照点的，所以，在某种语境中，"上×"和"下×"都可以用来表示过去的时间和未来的时间。例如：

（6）昨天上午我们到达北京，下午就去了颐和园。明天上午我们打算游览八达岭长城，下午再回到北京市内。

例（4）和例（5）的差别是时间参照点造成的，前者的时间参照点一定是"现在"，后者的时间参照点不是"现在"。它们的相同之处，是时序在前的为"上"，时序在后的为"下"。"上×"与"下×"之间存在着"时间差"。

"上""下"的时间表达说明，汉语是把具有高低之别的空间投射到时间上，前面的过去的时间在"高处"，后面的未来的时间在"低处"。时间是有"高差"的，用空间的高差来隐喻"上×"与"下×"之间的时间差。时间像是一条河，从高处流向低处。

（二）面向过去还是面向未来

使用方位词"前""后"时，参照物是具有正面和反面的。参照物正面所对的方向为"前"，反面所对的方向为"后"。如果参照物是人，人所面对的方向为"前"，背对的方向为"后"。"前""后"在作时间隐喻使用时，有两种主要用法。

第一种用法，"前"表示时序在先的时间，"后"表示时序在后的时间。这种用法与"上""下"的用法非常相近。例如：

（7）前天～后天　前年～后年　从前

（8）前汉～后汉（朝代名）　前期～后期　前三天～后三天

（9）三年前　两天后　三点钟之前　起床之后

例（7）的时间参照点是"现在"，"前×"表示过去时间，"后×"表示未来时间。我们站在"现在"面朝过去，背对未来。

例（8）也是把某一时段划分为两个或三个更小的时段，时序在先的为"前"，接下来的为"后"。当把某一时段划分为两个更小的时段时，"前×"与"后×"或互为时间参照点，或以"前×"与"后×"的分界处为参照点；当把某一时段划分为三个更小的时段时，还可以"中"，如"中期"等，"中×"是"前×"和"后×"的时间参照点。

例（9）的格式是"×前/后"，"×"是某一时点、时段或事件，"×前/后"通过"×"来确定一个新的时点或时段。例（9）与例（8）不同，用"×前"并不一定要用"×后"，用"×后"也不一定隐含着"×前"。但是，"前"仍然是表示时序在先，"后"仍然表示时序在后。

与"上""下"的使用相同，例（8）和例（9）的时间参照点由于不是"现在"，因此，在某些语境中，"前""后"也都可表示过去的时间或未来的时间。例如在"前汉"和"后汉"这两个朝代名中，"前×""后×"都是表示过去，因为在今天来说，"前汉"和"后汉"都已称为过去。再如：

（10）现在是上午十点，请你在下午三点钟之前到办公室来。

（11）明天，我十点钟之后才能回来。

这两例中，"前""后"都表示的是未来的时间。

例（7）至例（9）尽管有差别，但是站在区分"前""后"的时间点上，人都是面向过去的，时间是从"背后"不断地走到"面前"。但是例（12）却不同：

（12）前程　前途　前进

这种"前"一般没有对称的"后"，"前"指的是未来时间。这种"前"是以行进作隐喻，时间是从过去延伸到未来的大道，人在这条"时间大道"上行进，向前走，就是走向未来。"向前看""向后看"中"前""后"的意义也是建立在此种隐喻基础上的。例（7）和例（12）的对立更为明显。"前"的两种对立的时间意义，是由两种不同的隐喻造成的,从而造成了究竟是"面向过去还是面向未来"的困惑。

(三)时段是容器

"容器"在这里是个广义的空间概念,包括中空的事物(如器皿等)和有界的范围。容器虽然有客观基础,但主要还是一种主观上的空间认知概念。例如"校园"和"桌面"应是近似图形,但汉语把"校园"看作一个容器,说"校园里"而不说"校园上",而不把"桌面"看作容器,说"桌面上"而不说"桌面里"。再如,人爬上枝叶茂密的桑树,仍说"在树上"而不说"在树里",可见是不把"树"看作中空的容器的。"灌木丛"虽然与枝叶茂密的树冠相似,但说"灌木丛里"而不说"灌木丛上",可见"灌木丛"在汉语中是被看作容器的。

"里、中、内、外"和"进""入"等具有空间意义的词语的使用,与容器密切相关。"里""中""内"表示在容器之中,"外"表示在容器之外,"进""入"表示物体从容器外进入容器内。这些词语也常常用来表达时间。例如:

(13) 夜里 春天里 一生中 年内 三日之内 八小时之外

(14) 进入21世纪 入冬以来

与"里、中、内、外"和"进""入"相关的时间词语,表示的都是时段。时段都是有界的,很像是一个有界的空间范围或是一个中空的器皿。用这些空间词语来表达时段,体现着"时段是容器"的隐喻。

(四)时间距离是空间距离

"远""近""长""短"都是表示空间距离的词语。离某参照点距离长的为"远",离某参照点距离短的为"近";两点之间距离大的为"长",两点之间距离小的为"短"。"远""近""长""短"也常用来表示时间。例如:

(15) 远古 远虑 远谋 远景规划 久远 长远

(16) 近古 近代 近况 近来 近年 近日 新近

(17) 长工 长久 长眠 长期 长生 长寿 长明灯 长年累月 长治久安

(18) 短促 短工 短命 短期 短暂 昼短夜长

这些词语表明,时间距离是空间距离的隐喻。"远""长"表示时间距离长,"近""短"表示时间距离短。

(五)时间向我们走来

"去、来"是带有方向的运动,一般来说,"去"是从所在地到别的地方,"来"是从别的地方到说话人所在的地方[①]。例如:

(19)山势更加陡峭,道路更加崎岖狭窄,要是一步走不稳滑下去,那就再没办法爬上来。

此例的说话人在崎岖狭窄的"道路"上,从"道路"滑下山谷用"去",从山谷再爬上"道路"用"来"。

"去、来"可以构成一些表示时间的词语,例如:

(20)去年~来年　去日~来日　去岁　过去　来生　来世　未来

带"去"的词语所表示的时间都是已经过去的时间,如"去年""去岁";带"来"的词语所表示的时间都是还未到来的时间,如"来年""来生"。这是一种"人不动,时间在动"的隐喻,时间从"未来"向我们走来,然后又离开我们向"过去"走去。走到我们身边的时间就是"现在"。

除此之外,还有许多时间表达是采用空间词语或空间表达方式,如"深夜""年底""从……到……""……至……"等。可以说在绝大多数的情况下,不采用空间方式就无法表达时间。

以上所举的空间隐喻,相互之间有许多不协调的地方。例如,究竟是人在动还是时间在动?人在时间中是面朝过去还是面朝未来?虽然我们目前还不知道怎样解释这些不协调,不知道能否把这些隐喻整合成一个统一的系统,但是,有一点是可以确定的:空间是人类认识时间、把握时间的基础,时间是空间的隐喻。

二、社会关系的空间隐喻

人在社会舞台上都扮演一定的社会角色,社会角色之间发生各种各样的社会关系。社会关系中较有特色的是权势关系和亲疏关系。不仅在时间的认知和表达上人们使用空间隐喻,而且在社会关系及一些

下编　语言与文化——关系专题探讨

社会现象的认知和表达上，人们也经常采用空间隐喻。本文从权势关系、亲疏关系两个方面来讨论社会的空间隐喻现象。先说权势关系。

（一）权势关系是地势和体积的隐喻

社会语言学把有等级差异和层级差异的社会关系，称为权势关系。如封建社会的皇帝与臣子、主人与家奴、头领与随从等之间的尊卑关系，父母与子女之间的长幼关系，领导者与被领导者之间的上下级关系等等。在这些关系中，尊者、长者、上级等处于"高势地位"，卑者、幼者、下级等处于"低势地位"。权势关系常采用两种空间隐喻：地势隐喻和体积隐喻。

权势关系常常采用"上""下""高"等空间词语来表达，"上×""高×"代表处于权势关系的高势地位者，"下×"代表处于权势关系的低势地位者[②]。例如：

（21）上帝　上苍　上天　皇上　上峰　上级　上面　上司　上层　上宾　上流社会

（22）下级　下人　下层　下头　下面　下属　下九流　下三烂

（23）高层　高朋　高人　高手　高堂　高位　高官　高士　高足　另请高明

作为空间意义的"上""下""高"表达的是有高差的地势关系，上面这些词语是空间的地势关系在权势关系上的投射，表明权势关系是地势关系的隐喻。

"上""下""高"还可以表示从高处向低处、或从低处向高处的运动。这种运动是以地势关系为背景的。"上""下""高"在与权势关系相关联的一些社会现象的表达上，也体现着地势关系在权势关系上的投射。例如：

（24）上报　上调　上供　上告　上书　上诉　上访　上交　上缴　上京　上行列车

（25）下凡　下放　下台　下野　下达　下第　下乡　下基层　下行列车

467

(26) 高就　高升　高攀　攀高枝

低势地位者面见或结交高势地位者，或是把东西呈交给高势地位者，或是到高势地位者所在的地方，或是从低势地位升迁到高势地位，如此之类的社会行为，都用"上×""高×"表示。如"上书"是"给地位高的人写信，以陈述政见"；"上行列车"是"朝着首都方向行驶的列车"③，首都是中央政府的所在地；"高就"指"人离开原来的职位就任较高的职位"，并发展成为询问他人所从事职业的一种敬辞。

相反，高势地位者把东西交给低势地位者，或是到低势地位者所在的地方，或是从高势地位迁移到低势地位，如此之类的社会行为，都用"下×"表示。如"下凡"是指"天上的神仙来到人世间"，神与人具有尊卑关系，神从他居住的天上来到人所生活的凡间，用"下"而不用"上"；"下野"是执政者被迫下台，从高势地位到了低势地位，故不可能称"上野"。

权势关系除采用地势隐喻之外，也常采用体积隐喻。例如：

(27) 大臣　大哥　大官　大员　大族　大亨　大人　大腕　大人物　大丈夫

(28) 小辈　小妾　小丑　小偷　小人　小孩　小户　小人物　小字辈　小家碧玉

"大""小"表示事物的体积，就一般意义而言，大者彰而小者微，因此，将空间上的体积关系投射在权势关系上，"大×"表示高势地位者，"小×"表示低势地位者。

(二) 亲疏关系是距离和容器的隐喻

社会关系除了权势关系之外，还有亲疏关系。亲疏关系常采用两种空间隐喻：距离隐喻和容器隐喻。

社会距离是空间距离的隐喻，"社会距离"这个词语本身就是这种隐喻的最佳说明。距离隐喻常使用的词语是"远""近"。"近"表示关系亲近、密切；"远"表示关系疏远，不亲密。例如：

(29) 近邻　近亲　近人　亲近　套近乎

(30) 远房　远门　远亲　远祖　疏远　敬而远之

下编　语言与文化——关系专题探讨

有意思的是,"长""短"也表示空间距离,但是不用来隐喻社会距离。原因是,"远""近"这种空间距离是以某参照点来定的。丈量社会距离也需要有参照点。而"长""短"这种空间距离不隐含参照点,所以不便用来隐喻社会距离。

社会关系的容器隐喻,表现在"内""外"的使用上。例如:

(31) 内部　内臣　内宾　内亲　内人　内子　内线　内政

(32) 外人　外戚　外宾　外客　外家　外公　外婆　外甥　外国　外乡　外姓　见外

"内""外"是容器在亲疏关系上的投射,"内"表示关系亲近,"外"表示关系疏远。同在容器之内的关系自然亲近,"外"隔着容器的界壁,关系自然比较疏远。

三、结语

空间隐喻的使用领域是相当广阔的。除了上面论述的时间领域和社会关系领域,在对人、对物、对事的各种评价中,也常采用空间隐喻。例如:

(33) 上等　上乘　上进　上策　上品　上流　占上风

(34) 下等　下乘　下第　下策　下品　下流　下贱　占下风

(35) 高明　高见　高级　高尚　高贵　高看　高强　高雅　高招　高风亮节

(36) 低级　低贱　低潮　低沉　低劣　低能　低俗　低落

(37) 深长　深沉　深广　深厚　深化　深刻　深情　深远　深邃　深造　深思熟虑

(38) 浅见　浅陋　浅露　肤浅　短浅

(39) 厚爱　厚待　厚道　厚礼　厚实　厚望　厚谊　厚意　厚遇　厚重

(40) 薄命　薄弱　薄情　薄幸　单薄　刻薄　菲薄　鄙薄

(41) 长处　长项　长远　长于　长足　擅长　特长　扬长避短

(42) 短处　短见　短气　短缺　护短　揭短　短命鬼

上下、高低、深浅、厚薄、长短等隐喻，在评价倾向上具有一定的规律。一般说来，褒性评价较常用"上""高""深""厚""长"等"积极维度词语"，贬性评价较常用"下""低""浅""薄""短"等"消极维度词语"。而且还可以发现同维度词语连用的现象，如"高深""深厚""深长""低下""浅薄""短浅"等等。

此外，评价还可以采用其他空间或具有空间意义的隐喻，如"远大""久远""宽广""宽大""心胸狭窄""大方""小气""圆滑"等等。与时间、社会关系等领域的空间隐喻相比，评价的空间隐喻具有较大的开放性，涉及更多的空间范畴和空间关系。

本文所论述的现象表明，空间是把握社会、认识社会的重要基础，也是表达各种认知成果的基础。空间范畴和空间关系在人类的文化心理中，是一种十分活跃的图式，是探讨人类认知奥秘的锁钥。同时，通过对空间及其隐喻规律的认识，也有助于认识词汇意义引申、语法格式等语言现象。但是，目前我们对于人类是如何获得这些空间图式的、人们的空间图式与客观世界的关系如何、人们是如何使用空间隐喻等等饶有趣味的问题，还知之甚少，还需要做深入的研究。

（李宇明）

注释：

①"去""来"的使用远非如此简单，就是"去""来"方向的参照点的确定也是相对复杂的。因文章主题所限，此处无法详细讨论。

②低势关系很少用"低"。

③在支线上朝着连接干线的车站行驶的列车，也叫"上行列车"。这也是权势关系的体现。

主要参考文献：

[1] 戴浩一，薛凤生. 功能主义与汉语语法 [M]. 北京：北京语言学院出版社，1994.

[2] 桂诗春. 认知和语言 [J]. 外语教学与研究，1991 (1).

[3] 胡壮麟. 美国功能语言学家 Givón 的研究现状 [J]. 国外语言学，1996 (4).

[4] 林书武.《隐喻与象似性》简介 [J]. 国外语言学，1995 (3).

[5] 林书武. 《隐喻与认知》评介 [J]. 外语教学与研究, 1995 (4).

[6] 刘宁生. 汉语怎样表达物体的空间关系 [J]. 中国语文, 1994 (3).

[7] 刘宁生. 汉语偏正结构的认知基础及其在语序类型学上的意义 [J]. 中国语文, 1995 (2).

[8] 沈家煊. 句法的象似性问题 [J]. 外语教学与研究, 1993 (1).

[9] 沈家煊. R. W. Langacker 的"认知语法" [J]. 国外语言学, 1994 (1).

[10] 沈家煊. "有界"与"无界" [J]. 中国语文, 1995 (5).

[11] 石毓智. 《女人, 火, 危险事物——范畴揭示了思维的什么奥秘》评介 [J]. 国外语言学, 1995 (2).

[12] 王勤学. 《心中之身: 意义、想象和理解的物质基础》评介 [J]. 国外语言学, 1996 (1).

[13] 严辰松. 语言临摹性概说 [J]. 国外语言学, 1997 (3).

[14] 袁毓林. 认知科学背景上的语言研究 [J]. 国外语言学, 1996 (2).

[15] 张伯江. 认识观的语法表现 [J]. 国外语言学, 1997 (2).

[16] 赵艳芳. 语言的隐喻认知结构——《我们赖以生存的隐喻》评介 [J]. 外语教学与研究, 1995 (3).

[17] LAKOFF, GEORGE. Women, Fire, and Dangerous Tings—What Categerous Reveal about the Mind [M]. Chicago: The University of Chicago Press, 1986.

社会伦理与亲属语素加合式组合

汉语亲属语素加合式组合（简称加合式组合），同汉民族的社会伦理存在着极为密切的联系。本文分两个部分展开：前一部分主要探讨亲属语素加合式组合的概念及其分类，后一部分重点考察社会伦理对这种加合式组合的制约作用。末尾有一个结语。

一、亲属语素加合式组合

汉语亲属语素加合式组合，是指汉语 A、B 两个亲属语素①所构成的 AB 组合，该组合既指称语素 A，又指称语素 B 所指称的亲属实体。比较：

a：爷孙　父子　爸妈　兄嫂　b：祖父　伯母　姑夫　侄媳

a 组属亲属语素加合式组合，比如"爷孙"，既指称爷爷，又指称孙子；b 组不是亲属语素加合式组合，比如"祖父"，指称爷爷，并不指称爷爷和父亲②。

亲属词语（包括亲属语素）都有自己的参照对象。参照对象所代表的亲属实体，可用亲属词语指称或称呼对方。比如"爷孙"，其中"爷"和"孙"互为参照对象：爷爷和孙子可分别用"孙""爷"指称对方；又如"爸妈"，其中"爸"和"妈"不互为参照对象，但它们均以"儿女"为参照对象：儿女可分别用"爸""妈"指称他们的父亲和母亲。

参照对象可由亲属词语充当，也可由非亲属词语充当。如果用 P 表示指人的名词性词语，用 R 表示亲属词语，那么在定中关系"P 的 R"中，P 一定是 R 的参照对象；在定中关系"R 的 P"中，P 不一定是 R 的参照对象。例如：

下编　语言与文化——关系专题探讨

　　a：明明的爸爸　　　b：爸爸的明明
　　　　明明的嫂子　　　　嫂子的明明

　　a组中的"明明"一定是"爸爸"和"嫂子"的参照对象，b组中的"明明"却不一定是"爸爸"和"嫂子"的参照对象。

　　依据参照对象，汉语亲属语素加合式组合可分为两类：互参性组合及同参性组合。所谓互参性组合，是指A、B两个亲属语素互为参照对象的加合式组合。上面所说的"爷孙"，就是互参性组合。又如：

　　父子　父女　母子　母女　夫妻　叔侄　叔嫂　姑嫂　婆媳　翁婿

　　所谓同参性组合，是指A、B两个亲属语素具有共同参照对象的加合式组合。上面所说的"爸妈"，就是同参性组合。又如：

　　父母　父兄　妻妾　妻儿　子孙　儿女　公婆　兄嫂　哥姐　弟妹

　　一般来说，互参性组合没有共同参照对象，不能构成"P的AB"；同参性组合具有共同参照对象，可构成"P的AB"。例如：

　　AB为互参性组合：＊李华的父子①　＊李华的父女　＊李华的母女　＊李华的夫妻　＊李华的婆媳　＊李华的翁婿

　　AB为同参性组合：李华的父母　李华的妻儿　李华的子孙　李华的儿女　李华的公婆　李华的兄嫂

　　"兄弟""姐妹"等几个互参性组合比较特殊：如果兄弟或姐妹中间夹有身兼二职的弟妹哥姐，它们还可以是同参性组合。

　　二、社会伦理对加合式组合的制约作用

　　亲属语素加合式组合，不管是互参性组合还是同参性组合，它们都受到汉民族特定社会伦理的制约。这主要表现在：社会伦理既制约加合式组合中A、B语素的选用，又制约加合式组合中A、B语素的位次排列。下面，从四个方面观察这一问题，即地位有异、长幼有序、亲疏有别、重男轻女。

　　（一）地位有异

　　地位有异是社会伦理制约加合式组合的集中体现。这里，只考察它对 A、B 语素选用的制约作用。

"夫""妻""妾""子/儿"所指称的亲属实体,其家庭地位当然有异,它们能否构成加合式组合,明显受这种地位差异的制约。比如,"妻"可与"妾""子""儿"构成同参性组合,而对应的"夫"却不行:

　　妻妾　＊夫妾　妻子　＊夫子　妻儿　＊夫儿

这就是说,在丈夫眼里,妻子可与家庭中地位较低的妾、子/儿并举看待,她们都是自己抚养、保护的对象;但在妻子眼里,丈夫是丈夫,儿女是儿女,是万万不能并举看待的。"妾"在家庭中的地位就更"惨"了,甚至在"子/儿"之下:"妻"尚可站在"夫"之后,构成互参性组合,也可站在"子/儿"之前,构成同参性组合,而"妾"连这种"权利"也没有:

　　夫妻　＊夫妾　妻子　＊妾子　妻儿　＊妾儿

这也许正是夫、妻、妾、子/儿在家庭中地位不同的社会状况制约加合式组合的具体表现形式。

"兄"的家庭地位也比较特殊,就是同辈的姐姐、弟弟、妹妹,有时也难以和他分庭抗礼:"兄"可与"一家之主""父"构成同参性组合"父兄","姐""弟""妹"统统没有这种资格:"＊父姐""＊父弟""＊父妹",这些说法都不成立。

(二)长幼有序

先看"长幼有序"对 A、B 语素位次排列的制约作用。

不管是互参性组合,还是同参性组合,只要 A、B 异辈,A 语素总是指长辈亲属实体,B 语素总是指晚辈亲属实体,没有例外。例如:

　　祖孙　＊孙祖　母女　＊女母　叔侄　＊侄叔
　　婆媳　＊媳婆　父兄　＊兄父　妻儿　＊儿妻

可见,晚辈要跟长辈"同行",只有站在长辈后面的份儿了。

A、B 语素如果同辈,要是它们有年长、年幼之分,一般也是年长在前,年幼在后。例如:

　　哥弟　＊弟哥　哥妹　＊妹哥　兄妹　＊妹兄
　　姐弟　＊弟姐　姐妹　＊妹姐　姊妹　＊妹姊

下编　语言与文化——关系专题探讨

只有"兄弟"例外，也可说成"弟兄"。这也许说明：一方面，"长幼有序"对同辈语素的位次排列仍具有制约作用；另一方面，这种制约作用在同辈中已有所弱化。异辈语素不能这样：是长辈就是长辈，是晚辈就是晚辈，二者是万万不能倒置的。

再看"长幼有序"对 A、B 语素选用的制约作用。

互参性组合中，如果 A、B 异辈，那么只要存在仅具语体差异的同义语素，A、B 则选用具有书面语体的同义语素④。例如：

父子　＊父儿 / ＊爸子 / ＊爹子 / ＊爸儿 / ＊爹儿

母子　＊母儿 / ＊妈子 / ＊娘子 / ＊妈儿 / ＊娘儿

父女　＊爸女 / ＊爹女　母女　＊妈女 / ＊娘女

很明显，"父""母""子"属书面语词语，具有庄重的情感色彩；"爸 / 爹""妈 / 娘""儿"是口语词语，具有亲昵随意的情感色彩。"父子""母子""父女""母女"这些互参性组合，在这种庄重气氛的烘托下，"长幼有序"这一社会伦理观念当然可以得到更为深刻的反映。不过，如果 A、B 同辈，即使二者有年长、年幼之别，却不是非要选用书面语体的同义语素。例如：

兄弟　哥弟　兄妹　哥妹

但从使用频率上看，"兄弟""兄妹"明显高于"哥弟""哥妹"两个。这也许说明，"长幼有序"这一观念在同辈中业已弱化，但它仍然潜在地制约着人们对同义语素选用的喜厌好恶。

同参性组合的情况不大相同。这种组合中的 A、B 语素如果同辈，它只要求 A、B 语素的语体尽可能保持一致。包括两种情况：其一，如果 A、B 两个语素都包含仅具语体差异的同义语素，则 A、B 语体色彩须保持一致。比较：

父母 / 爸妈 / 爹娘 / 爹妈　　＊父妈 / ＊父娘 / ＊爸母 / ＊爹母

换句话说，儿女称呼二老，要敬就敬，要亲就亲，不要一个敬、一个亲，情感色彩不统一。

其二，如果 A、B 两个语素只有一个包含仅具语体差异的同义语素，那么这些同义语素均可与 A、B 中的另一个语素相互组合。例如：

兄嫂　哥嫂　子女　儿女

"嫂"和"女"缺乏语体对比语素，是书面语和口语语体共有的亲属语素。

同参性组合中 A、B 异辈的情况不多，只有"父兄""妻子""子孙"等几个。"父兄"要求两个语素均为书面语体的同义语素，"妻子""子孙"却不受这种限制：

父兄　＊爸兄／＊爹兄／＊父哥／＊爸哥／＊爹哥

妻子　妻儿　子孙　儿孙

"父兄"的参照对象是身兼儿女和弟妹的晚辈年幼者，他或他们敬重全家"顶梁柱"，选用书面语素"父"和"兄"也在情理之中，这实际上是"长幼有序"观念的一种深层次的反映。"妻子"的参照对象是身兼丈夫和父亲的"一家之主"，而"子孙"的参照对象就是长辈，他们"看重"时称之为"妻子""子孙"，"亲呢"时又称之为"妻儿""儿孙"，也就无可厚非了，这实际上是"长幼有序"观念，包括"地位有异"观念的一种深层次反映。

（三）亲疏有别

观察仅具语体差异的同义语素，会发现一个有趣的现象：这类语素同参照对象的关系极为密切⑤。先看实例：

父／爸／爹　母／妈／娘　子／儿　兄／哥

仅具语体差异的同义语素，只有这四组。其中前三组与参照对象具有直系亲属关系，后一组与参照对象的直系亲属（父母）具有直系亲属关系，并且还是同宗、年长的；另外，除了"母／妈／娘"，其他三组都是男性语素。除此以外，不存在仅具语体差异的同义语素。比如"女"，它和"子／儿"相比，不幸天生是"女的"；又如"姐"和"弟"，它们同"兄／哥"相比，只可惜前者生就的"女性"，后者生就的"年幼"；再如"伯""叔""姑"，它们尽管是同宗长辈，却是参照对象的直系亲属（父亲）的直系亲属（祖父）的直系亲属，隔得有点远；至于"姨"和"舅"，它们只是亲戚，就更不用说了，这一个个语素，统统没有仅具语体差异的同义语素。这些情况，不能不说是"亲疏有别"，乃至"长幼有序""重男轻女"等观念在亲属语素语体使用上的反映。至于"母/妈/娘"一组，尽管它们是"女性"，但毕竟与参照对象太"亲"太"亲"了，而且还是长辈哩！

再来观察语素"嫂"。为兄长之妻专造一个语素"嫂"，也足以说明嫂子在家庭中的地位如何了；弟弟之妻就没有这种"福气"：可以说"弟妇""弟媳"，但也可以说"侄妇""侄媳"，要想"亲切"，干脆叫"弟妹"得了。尽管如此，"嫂"和"叔"（小叔子）、"姑"（小姑子）构成同参性组合，还得委屈嫂子，让她站在小叔子、小姑子之后，就是嫂子比小叔子、小姑子年长（事实往往如此），甚至有"长嫂比母"的说法，也不能破坏这个"规矩"：

叔嫂　＊嫂叔　姑嫂　＊嫂姑

这也难怪，叔姑毕竟是"本家人"，嫂子终归是"外姓人"。这样说来，人们把非直系的血缘关系看得比非直系的姻缘关系更为重要。这当然反映着"亲疏有别"观念在制约着"叔嫂""姑嫂"这类互参性组合的位次排列。

（四）重男轻女

从上面的讨论中，我们已经看到"重男轻女"观念在同义亲属语素中的反映了。其实，何止如此！父亲的父亲称为"爷"，父亲的母亲叫"奶奶"；儿子的儿子称为"孙"，儿子的女儿叫"孙女"；父亲的哥弟分别叫作"伯"和"叔"，父亲的姐妹就得笼而统之称为"姑"；"侄"是哥弟的儿子，"甥"是姐妹的儿子，而哥弟姐妹的女儿就分别叫成"侄女""外甥女"了。再看语素"儿"和"女"：后代说成"儿孙"，没有"＊女孙"的提法，这也不奇怪：儿孙才算传宗接代的"种"，女儿终将是嫁出的人、泼出的水；当家的有女无儿，也要说"妻儿老小"，不说"＊妻女老小"，这也许是因为，有儿才能有"香火"，无儿何异"绝后"？叫叫"妻儿"，听着顺耳，聊以自慰吧。这些不同称谓间的差异和选用，当然反映汉民族"重男轻女"观念对亲属语素构成及其加合式组合中语素选用的制约和影响。

"重男轻女"对加合式组合的制约作用，表现最明显的，是A、B

语素的位次排列，男女并举，如果其他特征相同，除了"姨舅""舅姨"似乎都能成立外，总是男性在前，女性在后。例如：

父母　＊母父　公婆　＊婆公　夫妻　＊妻夫
儿女　＊女儿　哥姐　＊姐哥　弟妹　＊妹弟

"姨舅""舅姨"都能说，可能是亲戚关系弱化了"重男轻女"观念对其语素位次排列的制约作用，说话人不是依据男性女性，而是依据二者所表亲属实体年长年幼以及同参照对象（外甥）的实际亲疏等情况，来安排它们的排列顺序的。

三、结语

汉语亲属语素加合式组合，是汉语亲属语素相互组合的一种特殊方式。依据参照对象，这种组合又可分为互参性组合及同参性组合两种。本文着重从文化语言学角度，探讨了汉民族特定社会伦理对加合式组合的制约作用。

在本文讨论的社会伦理观念中，"地位有异"处于核心地位，"长幼有序""亲疏有别""重男轻女"等观念都是"地位有异"的不同表现形式。在这三种不同表现形式中，"长幼有序"又处于举足轻重的地位。比如，"重男轻女"观念制约着"父母""夫妻"的位次排列，但这种观念一旦同"长幼有序"相碰撞，就不能不让位给后者：可以说"母子"，但不能说"＊子母"；可以说"姐弟"，但不能说"＊弟姐"。可以说，这些不同观念实际上是封建社会君为臣纲、父为子纲、夫为妻纲一类的社会伦理观念在家族、亲戚关系上的具体反映。

其实，社会伦理一方面制约着汉语亲属语素加合式组合，另一方面，在这种制约的同时，汉语亲属语素加合式组合又反映着汉民族特定的社会伦理信息。这种特定的社会伦理信息，当然是汉民族在长期历史发展的长河中关于家族、亲属意识，乃至社会意识所涉及的种种思想观念在汉语言中的历史沉淀。尽管社会日益进步，人们的思维方式也在发生着深刻的变革，但汉民族沉淀在语言中的这些思想观念，却不是一天两天就能够轻轻擦抹掉的。

（丁力）

下编　语言与文化——关系专题探讨

注释：
　　①汉语亲属语素实际上可分为两大类：实体亲属语素和关系亲属语素。实体亲属语素既表述亲属关系，又指称亲属实体，如"父""子""孙"等；关系亲属语素只表述亲属关系，不指称亲属实体，如"堂""表""外"等。本文考察的，只是实体亲属语素与实体亲属语素相互组合的一种特殊情况。
　　②为了便于表述，亲属词语加引号表示亲属词语本身，不加引号则表示该亲属词语指代的亲属实体。比如"'祖父'指称爷爷"，其中"祖父"表示亲属词语本身，爷爷表示这一亲属词语所指称的亲属实体。有时候，没有明确标示，但依据上下文不难判断。
　　③"李华的父子"在特定语境中也可以说，但这时的"父"和"子"并不互为参照对象，不属互参性组合，而是同参性组合。不管是不能说的，还是在其他场合中可以说，但不是行文中正在讨论的组合情况，本文一律用星号"＊"标示。
　　④"祖"和"爷"似乎是仅具语体差异的同义亲属语素，其实不然："祖"指"父母亲的上一辈"（《现代汉语词典》第1545页，商务印书馆1984年版），包括爷爷、奶奶；"爷"指父亲的父亲，即祖父，当然不包括奶奶。
　　⑤依据同参照对象的亲疏关系，亲属语素实际上可分为四级：一级亲属语素，如"父、母、夫、妻、子、女"等；二级亲属语素，如"爷、祖、兄、弟、姐、妹"等；三级亲属语素，如"伯、叔、姑、侄、嫂"等；四级亲属语素，如"姨、舅、婿、甥"等。一级亲属语素同参照对象构成直系关系；二级亲属语素同参照对象构成旁系关系，而且与参照对象的男性直系构成直系关系；三级亲属语素同参照对象也构成旁系关系，但它与二级亲属语素的男性直系构成直系关系；四级亲属语素同参照对象具有亲戚关系。这四级亲属语素在构成加合式组合时各具特色。比如，一级亲属语素"父"和"母"，它们如果充当 AB（均为亲属语素）组合中的 A，该组合只能是加合式组合；它们如果充当 AB（均为亲属语素）组合中的 B，除了"父母"外，该组合不可能是加合式组合。例如：
　　a：父母　父兄　父子　父女　母子　母女
　　b：祖父　伯父　叔父　舅父　姑母　姨母
　　a 组是加合式组合，b 组不是加合式组合。

汉语词义引申中的文化心理

一、探讨词义引申中文化心理的理论依据

词义引申,即词从原有意义派生出相关新意义的运动,是各语言中词汇、词义发展最普遍、最重要的规律之一。从词的符号性质的角度看,词义引申是一个语词符号由指称一类对象变为兼指几类相关联的对象;从词汇系统的角度看,词义引申是根据语言的经济原则运用的一种特殊的、以不造词为造词的命名方式。

现实世界中的事物是气象万千、层出不穷的,是相互联系、相互影响的;而人对现实事物的认识又总是有一定过程和次序的。自从人类社会有了初步的发展之后,人们带着特有的生活需要和实践经验面对着新认识的事物,常常都会产生联想,并在联想的作用下,从经验的连续性的假设出发投影于未来,发现新认识的事物在某些方面与原已认识的某种事物有相似之处,或有特定的关联。当人们想要对新认识的事物作出解释、为新认识的事物命名并力图使名称作为"表明对象的特征的代表"(费尔巴哈语)的时候,这种联想就特别活跃,因而使新旧事物之间的相似之处或特定关联,成为那时最引人注意的特征,成为人们为新认识的事物命名的主要根据。于是,正如古代哲学家荀子在《正名篇》中指出的,人们"必将有循于旧名,有作于新名。……然则何缘而以同异?曰:缘天官。凡同类同情者,其天官之意物也同,故比方之疑(拟)似而通,是所以共其约名以相期也"。为什么要"循于旧名"而"作于新名"?因为原已认识的事物早已有了名称,人们一呼唤那个名称,就想起它所代表的事物及其特征,二者之间形成了牢固的联系,以致人们习惯地认为,那个名称就代表了它所指称的事物

下编　语言与文化——关系专题探讨

的特征。在联想的启示下，让原已认识的事物的名称去兼指在人们看来与之相似或相关的新认识的事物，既能使该名称表现新认识的事物与原已认识的事物的共有的相似或相关的特点，成为"表明对象的特征的代表"，从而更好地发挥名称的"引渡"认识对象的功能；又能使该名称成为联结相似或相关的新旧事物的纽带，便于人们解释新认识的事物并让它以符号的形式进入人的文化世界，并给它们规定各自在文化系统的中的位置。由此可见，词所兼指的现实事物之间的相互联系，这种联系激发的人们的相应联想，是词义引申的外部根据和心理基础[①]。没有联想的作用，就不可能有词义的引申。

联想是由一种事物想到另一种事物、以旧经验诠释新经验的心理过程。心理学的研究早已表明，面对一种事物，人们会产生什么联想，是受两方面的因素决定的：一方面是事物之间联系的强度；一方面是人的定向、兴趣和情感等文化心理状态[②]。民族的文化传统，特别是文化心理，对于联想的产生和腾飞方向起着潜在的然而也是重要的激发和引导作用。被誉为现代社会心理学之父的格式塔派心理学家勒温的"场论"认为：包括联想在内的个体心理活动是在一种"生存空间"里发生并受其制约的；而这种"生存空间"则主要是指有可能影响着个人的过去、现在和将来的一切事件，因而可以理解为一个民族或地区的文化传统或文化背景[③]。这一研究成果，进一步具体地说明了联想的产生和腾飞是要受文化传统或文化背景的激发和制约的。

通过对语言演变规律的深入考察，我们现在又有可能从一个新的角度对文化传统制约联想活动作进一步的申说。首先，在某种情况下，某种事物与他种事物之间有没有引人注意的关联，能否引起人们相应的联想，在一定程度上是由民族文化直接或间接决定的。比如，很多民族都会编织竹席，同时又常常摆设酒宴，但未必都认为竹席与酒宴有密切关联，并产生经常性的联想，而汉语里恰恰有个名词"筵"，原来指称铺垫的竹席，后来又兼指酒宴。这是因为中国古代有席地而坐，设酒食于筵的风俗习惯，因而在我们的古人眼里，这二者密切相关，并产生了经常性的联想。其次，在更多的情况下，特定的事物由于具有多方面的特性和功能,在实际上与多种事物有这样或那样的关联;可是,人们用什么眼光去观察该事物,对什么样的关联会"视而不见""无动于衷",对什么样的关联会"有感于心""浮想联翩",并以语言的形式把那些关联及其引起的联想显示出来,使词义引申,也最终都是要受文化传统引导的。例如,鲜红的颜色,最引人注意,引人联想,然而拥有不同文化的民族却对红色有不同的联想,因而在各自的语言中有不同的反映。在汉语里,形容词"红"从本义引申出了"热烈""喜庆""革命"等意义;在英语中,形容词"red"却有"战争""恐怖""淫荡"等意义。所以,联想的产生与民族文化息息相通。文化的精神一气贯注,充溢于个体的心理活动,因而激发出有一定方向和必然性的联想。

作为人的一种符号性活动,词义引申以联想为必要的心理基础,而作为人的一种心理活动,联想又存在于文化传统之中并受其激发、引导和制约。因此,考察词义引申轨迹(词的词义和词义引申是有社会性的,为使研究具有较强的科学性,我们一般以字典辞书中收录的词的引申义为依据),就可透视其中的联想过程和类别;根据联想过程和类别,又可探索到激发和引导联想的心理状态,并进而能够从一个特定角度探寻出民族文化特别是其中的文化心理的特征,形成较为可信的观点。这就是我们必须而且可能探讨汉语词义引申中的汉民族文化心理的理论根据。

二、从词义引申看古代价值系统

价值系统是人们从主体的需要和客体能否满足以及如何满足主体需要的角度,对各种物质、行为、精神现象的评价。它处于文化结构的里层,既影响到已有的文化成果的取舍兴废,又影响到新的文化创造的取向和用力的大小,在很大程度上规定了文化系统的特质和发展方向。从汉语词义引申的轨迹里,我们可以考察出中华民族古文化的价值系统的若干特征。

以和谐为贵。所谓"和",所谓"谐",就是天地之间物与物、人与人、物与人的关系的协调、平衡与统一。自古以来,中国人就深信

下编　语言与文化——关系专题探讨

和谐是天地之间万事万物、万国万民的最高法则和最佳状态，有了和谐，则"天地位焉，万物育焉"（《中庸》）。因此，他们常常由"和""谐"而联想到适当，感觉到喜悦，想象到成功，把它们之间的关系看成是理所当然的，密不可分的。于是，他们用"和"这个词来指称适当状态，指称喜悦心情，用"谐"这个词来指称事情的成功，使这两个词引申出相应的意义。如《孙膑兵法·后情》："弩张柄不正，偏强偏弱而不和，……犹不中。"《三国志·吴书·陆逊传》："若兵不增，此制不改，而欲克谐大事，此臣之所深戚也。"非常清楚，"和""谐"的词义引申，反映了古人以和谐为贵的价值观念。

与"和""谐"意义相近的有"中"，古人尚"和"亦尚"中"，"中""和"每每联用。因此，他们常在联想作用下，把"中"与"恰当""肯定""合用"联系起来，使"中"的词义有相应的引申。如《论语·子路》："刑罚不中，则民无所措手足。"《庄子·天道》："老聃中其说。"《史记·秦始皇本纪》："吾前收天下书，不中用者尽去之。"与"和""谐"意义相反的有"乖""违""过"。古人崇尚和谐与中庸，同时也就贬斥乖异与过违，因此，常由"乖""违""过"联想到差错和失误，使这三个词都引申出"错误"的意义。这从反面证实了古人以和谐为贵的价值观念。

以成例为法。几千年来，中国社会一直是稳定的"农业-宗法"型社会。珍惜经验，尊重历史，崇拜古人，效法成例，是这种社会普遍的价值观念，并在汉语词义引申中积淀下来。"成"，原来有"完成"和"成就"的意义，因为在古人看来，"完成"便可仿效，"成就"就是法式，这一观念激发并引导了联想，所以此词义引申出"法式"的意义。更加富于启发性的有"例"。这个词原来有"类别""例子"的意义；接着引申出"比照"的意义，如《公羊传·僖公元年》："臣、子，一例也。"后来又引申出"仿照的准则、规程条例"的意义，如《汉书·何武传》："欲除吏，先为科例以防请托。"先前的"例子"即可"比照"，"比照"之中能形成准则，这就是古人的观念。同样的原因，"先"原有"先前"的意义，后来又引申出"引导"的意义，

· 483 ·

以素朴为性。所谓"素",原指未染色的生帛,所谓"朴",原指未加工的木材,后来都在联想的启示下,引申出"自然、质朴,不加修饰"的意义。在古人看来,人的天性,人的本质,就应该是自然的,如同未经加工、保持本色的木材和生帛。用儒家的话说,是"如其生之自然之资,谓之性"(《春秋繁露》);用道家的眼光看,叫作"见素抱朴""复归于朴"(《老子》)。这种崇尚自然的价值观念,激发并影响着人们的联想活动,于是"素"和"朴"都引申出"天性;本质"的意义。如《庄子集释·卷六上》:"能体纯素,谓之真人。"《吕氏春秋·论人》:"故知知一,则复归于朴。""璞"与"朴"为同源词,本义是指未雕琢的玉石。由于上述价值观念的影响,这个词后来也同样引申出"天真""本性"的意义,如《战国策·齐策四》:"归(真)反璞,则终身不辱。"

与"素""朴":二词意义相对立的有"伪""饰"等词。"伪"的本义是人为,"饰"的基本意义是"加工、修饰"。应该说,"人为""加工,修饰"是可以与积极后果相联系的。但古人既然以"素""朴"为人和万物的本性,自然也就以"伪""饰"为人和万物的假相,所以"伪""饰"二词也就引申出带有贬斥的感情色彩的"欺诈""伪装""虚假"等意义。如《尚书·周官》:"恭俭惟德,无载尔伪。"《周易·系辞下》:"情伪相感而利害生。"《淮南子·本经》:"其心愉而不伪,其事素而不饰。"在这一褒一贬之中,古人以朴素为天性的价值观念就活灵活现了。

三、从词义引申看古代思维方式

思维方式是相对定型化的、显现出来的社会理性活动的思维样式、思维结构,具有简洁化、习俗化和思维惯性的特点。它贯串于一个民族创造文化、改造社会的实践的各个领域。在以联想为心理基础的词义引申过程中,思维方式的作用虽然常常是不自觉的,然而又是有突出表现的。因此,我们能够从汉语词义引申的轨迹里,探索生活在特定的自然环境里、具有悠久文化传统的汉民族的思维方式的某些特征。

重类比。先看最常见、最有代表性的词义引申现象。"道",本义

下编　语言与文化——关系专题探讨

是道路，后来依次引申出水道、方法、规律等意义。在古人看来，人要走路，水要流动，这是一样的，因此人类的路与水行的道是可以类比的。他们还体会到，方法与道路也有相似之处，二者都是达到目的、完成任务的途径和凭借，因此也可以类比。至于规律，当然是非常抽象、不易把握的，但古人在社会实践中认识到，它与道路仍然有相似之处，都是事物之间的必然联系，事物变化的必然途径，因此正好可以用道路来隐喻规律，从而达到解释规律、把握规律的目的。"理"，本义是治玉，其特点是"治之得其䚡理"（《说文解字注》）。引申义有治理，因为古人认为，治理任何事物，即使是国家和天下，都要像治玉一样"得其䚡理"，二者可以类比；引申义有审辨，因为根据古人的体验，审辨任何事物，都要像治玉一样"得其䚡理"，可以用治玉来隐喻审辨；引申义还有"条理"等等，因为经验使古人知道，找到任何事物中的条理，都有些像治玉"得其䚡理"一样。从这里，可以看到古人的一种从小的、近的、日常的直观经验事实出发，根据事物之间某些外在特征的相似，运用隐喻象征的手法，来解释大的、远的、抽象的非经验事实。从我们接触到的汉语词义引申的材料看来，注重类比，是古人思维方式最重要、最鲜明的特点之一。

中国古人思维中的类比，与现代科学思维中的类比不同，它往往不是在事物的本质属性上以分析推理的方式进行，而是在事物的外在特征上以隐喻和象征的方式进行。例如，名词"管"，由一种竹制乐器的意义引申出钥匙的意义；名词"极"，由脊檩的意义引申出皇位的意义；动词"御"，由驾车的意义引申出用人的意义；动词"奉"由捧持的意义引申出敬献的意义；形容词"直"由不曲的意义引申出公正的意义。在它们之间进行类比，一般不是科学的推理和论证，而是意象的隐喻和象征。

不过，古人思维中的这种类比方法，无论是在语言的发展过程中还是在认识的发展过程中，都是有过重要意义的。在语言发展方面，按照现代语言学奠基人索绪尔在《普通语言学教程》中阐述的观点，类比是语言不断创新的动力，汉语词义引申的大量材料，足以证明索绪尔这一观点的正确性，这里只简单提出美学家朱光潜在《文艺心理学》中论述过的现象以资印证：

　　语言文字的创造和发展往往与艺术很类似。……引申义大半起源于类似联想和移情作用，尤其在动词方面……例如，"子路拱之"的"拱"引申为"众星拱北辰"的"拱"，"招我以弓"的"招"引申为"言易招尤"的"招"，"鲤趋而过庭"的"趋"引申为"世风愈趋下"的"趋"，"我欲仁斯仁至矣"的"欲"引申为"星影摇摇欲坠"的"欲"。这些引申义现在已用成习惯，我们不复觉其新鲜，但是创始者创一个引申义时，大半带有几分艺术的创造性。

　　语言正是因为常常有这种艺术性很强的创新，才能不断提高表现力，可以成为富于诗性资质的语言艺术符号。在认识发展方面，古人思维中的这种类比，常常是运用感知比较具体的事物而获得的经验，投影于未来，去创造性地解释比较抽象、难以把握的事物，虽然有时不够科学，但在当时的条件下，仍然有化抽象为具体、变难以把握为便于认识的作用，从而能使认识上有某种意义上的飞跃，使思维能力有一定程度的提高。"远"和"近"，由指称空间距离的大和小，引申为指称时间距离的长和短；"前"和"后"，由指称空间的特定方位，引申为指称时间的特定状态；"间"，由指称小距离的空间，引申为指称小片段的时间；"所"，由指称某个特定的空间，引申为指称某段特定的时间。运用对于空间的体验来类比来解释时间，建立对于时间的共识，"足以征心行与语言之相得共济"①，这或许正是古人理解和掌握时间要领较好的途径和方法。

　　重实用。中国古人具有一种"实用理性"，信奉一种"价值哲学"，主张以"人"来"为天地立心"，认为"广大高明而不离日用"；在思维方式中较多保留着注重实用的特点，较多从功用角度看待事物并影响着联想。所以古汉语词义引申常有两种看上去相反的趋向：一是词由指称某事物，引申则兼指该事物的功用；一是词由指称某功用，引申而兼指以具有该功用为主要特征的事物。前者如："心"，由思维器官义引申出思考、思虑义；"纬"，由织物的横线义，引申出约束义，

如《大戴礼记·夏小正》："农纬厥耒。纬，束也。""鼓"，由一种打击乐器义，引申出击鼓使进义。后者如："贯"，由"穿物持之"义，引申出"钱贝之贯"义；"禁"，由戒止义引申出皇宫义；"刑"，由惩治义引申出刑法义。有时同一个词的词义引申还兼有两种相反的趋向。如"干"，本义是用来挡住刀剑的兵器，由此引申出冒犯的意义，后来又从冒犯的意义引申出阻挡水流的水岸的意义。这两种大量存在的趋向看似相反的词义引申，都是以同一种联想为心理基础的，它生动地反映了古人体即用、用即体、体用一致，从功用角度看待事物的思维方式。

四、从词义引申看古代审美意识

审美意识是人们在社会实践中形成和发展起来的反映客体美的一切心理活动、心理功能和观念形式的总和。联想，既是词义引申的心理基础，又是审美活动的心理基础；词义引申常常记录和表现了民族在特定历史时期的审美意识。

审美感受。所谓审美感受，是指在欣赏美的时候产生的特殊心理过程。这种以联想为基础、以直觉为形式的特殊心理活动，有时就像心脏活动在心电图上留下活动轨迹一样，在词义引申中留下了踪迹。例如："感"，最早的基本意义是触碰，如《庄子集释·山木》："（异鹊）感周之颡而集于栗林"；然后引申出"动人心"（《说文》）的意义，如《礼记·乐记》："乐也者，圣人之所乐也，而可以善民心，其感人深。"这两个意义相互贯通，相互发明，正好大致反映出感触外物而引起心理反应的审美过程。后来，这个词又引申出感应、感慨等意义，似乎与审美过程中的审美回味相通相应。"兴"，甲骨文像四手共举一物之形，又与"起""熙"为同源词，其本义是表现先民合群举物而精神和乐、神采飞扬的抒发行为；实际上与"感"的意义相衔接相贯通，即表现一种因感而兴的心理过程。后来，"兴"引申出兴起的意义（《尔雅·释诂》），发动的意义（《周礼》郑玄注），喜悦的意义（《礼记》郑玄注），情趣的意义（"乘兴而来，兴尽而返"），都与因感而兴的审美活动有直接或间接的联系。也正因为如此，"兴"才成为我国诗歌最早的、最重要的表现手法之一;"感兴"二字才能凝结为一词,成为古代美学家们用来描述审美感受的常用术语。更为典型的是"喜、乐、美、吴"诸词,从古文字形体和早期语言材料来看,"喜"字像置鼓于架上;"乐"字像琴瑟之形;"美"字像人头戴饰物而起舞的情态;"吴"字通"娱",甲骨文像"歌且舞"的样子,它们在本来的意义上表现的都是音乐、舞蹈一类的艺术娱乐活动。后来,它们都引申出愉悦、爱好等意义,表现的都是一种欣赏艺术美而产生的心旷神怡的心理状态。其引申轨迹,简直就是审美感受的忠实写照。

在审美感受中,移情现象和通感现象特别引人注意。这两种现象同时又都是汉语词义引申的心理基础,因而在汉语词义引申中较多地反映出来,成为词义引申的规律之一。关于移情现象,我们在朱光潜先生《文艺心理学》有关论述的启示下进一步观察到,它在汉语词义引申中反映出来的主要有两种:一种是原本指称人的思想、感情的词,引申出表示事物性状特征的意义,如"惨",引申出寒冷的意义;"愁",引申出景象暗淡的意义;"欲",引申出表示事物变化、关联的意义。一种是原本指称人的行为、动作的词,引申出表示事物变化、关联的意义,如"吟",引申出物体发出声音的意义;"舞",引申出物体摇曳回旋的意义;"含",引申指一事物与另一事物的包容关系。至于通感现象,钱锺书先生的《通感》一文已有充分的论述。如"冷"和"热",同步引申,分别有了颜色、光线暗淡和明亮的意义,进而又分别有了情意或气氛冷淡和浓烈的意义。顺便提到的是,汉语词义的这条引申规律还派生出另一条复合词的构词规律,即运用通感构成意义丰满、意象生动的复合词,如"热门""冷峻""温柔""红人"等等,容当另文论述。

审美趣味。作为审美价值评判标准的表现形态的审美趣味,是指人对美的对象的某种兴趣和倾向,具有个体的、群体的和民族的三种不同层次。它和价值观念一样,引导着人的联想的方向和词义引申的方向,所以,在汉语词义引申中我们可以体会到汉民族的审美趣味。例如,"崇",本义是山大而高,引申出崇高、提倡的意义;"高",本

下编 语言与文化——关系专题探讨

义是由下至上距离大,引申出推崇、崇高的意义。如桓宽《盐铁论·非鞅》:"崇利而简义,高力而尚功。"看到崇高的对象,就激起豪壮之气,引起"崇高感",正是汉族人的审美趣味。与此相映衬,"陋"的基本意义是狭隘和低小,引申出鄙陋和粗俗的意义。如《新书·道术》:"辞令就得谓之雅,反雅为陋。"由此又引申出鄙视的意义,如《史记·宋微子世家》:"今殷民乃陋,淫神祇之祀。""短",由不长不高的意义引申出拙劣、凡庸的意义,如陆机《豪士赋序》:"运短才而易圣哲所难者哉。"又如,"壮",本义是人体高大。引申出强健、盛大、雄壮等意义,然后又进一步引申出壮美、赞赏的意义,如杜甫《壮游》:"七龄思即壮,开口咏凤凰。""盛",基本意义是强壮和茂盛,由此引申出美好的意义,然后又引申出赞美的意义,如《九章·怀沙》:"内厚质正兮,大人所盛。"洋溢着生命活力的对象,使人们产生一种喜悦之情、奋进之力,这就是汉族先民的"美感"。与此相反,"劣"的本义是弱小少力,由此引申出拙劣、低劣的意义,如《论衡·儒增》:"夫德劣故用兵,犯法故施刑。""疾"和"病",大致说来,本义都是疾病,后来又都引申出毛病、缺点的意义,由此又都引申出忧虑的意义,再进而引申出憎恶的意义,如《论语·卫灵公》:"君子病无能焉,不病人之不己知也。"《诗·国风序》:"国人疾其君之淫恣"。缺少生命活力或有严重缺陷的对象,引起人的不愉快,由此产生厌弃情绪,这也反衬出了我们民族的审美趣味。

任何审美主体,都是特定文化传统中的人;任何民族的审美趣味,都要从属于特定文化传统中的价值系统。因此,文化大系统对于审美趣味,特别是其中的审美价值评判标准,有着深刻的制约和影响作用。如果我们不仅可以从汉语词义引申中观察到汉民族的审美趣味,而且能够进一步探寻这种审美趣味的文化渊源,无疑将有十分重要的意义。我们应该开始这样的尝试。

红与黑。在古汉语中,指称红颜色的词有"红""赤""丹""朱"等。有趣的是,在汉语词汇发展过程中,这类词的词义引申有大致相同的方向:"红"引申出喜庆的意义("红白事")、美好的意义("红颜"）；"赤"和"丹"都引申出纯真、正义的意义（"赤胆忠心""丹心"）；"朱"引申出高贵的意义（"朱衣""朱轩"）。汉语中指称黑颜色的词主要是"黑"。与"红"类词相反，在汉语的历史进程中，"黑"不断地引申出错误的意义（"黑白分明"），狠毒的意义（"黑心"），不吉利的意义（"黑道日"），隐秘、非法的意义（"黑市"）。与"黑"在意义上相近的有"玄"，原本指称赤黑色，后引申出深奥、不可测量的意义（"玄之又玄"），虚玄、不可深信的意义（"玄怪"）。在红与黑两组词词义引申方向的对照中，我们看到了汉民族的一种审美趣味。循此以进，结合其他文化史料，可探查到这种审美趣味的文化渊源：在远古时期，初民对自己的生存环境很难有客观的了解，凭着他们古朴的眼睛，直观的思维方式，对于光明状态中的事物看得比较清楚，感到比较亲切，而对于黑暗状态中的事物，则怀有一种巨大的发自本能的恐惧。因此，他们向往光明，崇拜太阳，恐惧黑暗，并进而崇尚初升太阳的颜色——红色，憎恶黑暗的形式——黑色，这完全符合原始思维的特征。这种崇尚红色的心理经过几千年的沉淀，进入了华夏民族的潜意识，并在人们用来交流信息、传达感情的语言中反映出来，就形成了红与黑两组词相反的词义引申。

秀与莠。"秀"本义是《说文》所指出的"禾吐华"，《诗·大雅·生民》中就有"实发实秀，实坚实好"的愉快歌唱。由此引申出优异出众的意义（"秀民"）、俊美的意义（"秀丽"）。与"秀"意义相近的"穆"，从甲骨文形体看，本义是指农作物成熟后的风采，由此引申出美好的意义（"穆行"）和喜悦的意义（"穆君之色"）；"茂"，本义是作物繁盛，进而引申出美好的意义（"图文并茂"）。至于"英"和"华"，由指称花朵的本义引申出美好的意义、特殊的意义、精华的意义、文采的意义，"华"并且还用来作为我们民族充满着自豪感的名称，更是人所熟知的。与这一组词相对立的有"莠""稗""秽""萎"之类。"莠"本义为田间常见的狗尾草，引申出丑类的意义（"莠民"）；"稗"，本是杂生于稻田中与稻相似而又危害稻禾的野草，因此引申出败坏的意义（"稗政"）；"秽"，本指田间杂草，引申出邪恶的意义（"秽德"）、

下编　语言与文化——关系专题探讨

肮脏的意义（"除秽"）、丑类的意义（"去民之秽"）；"萎"，本义是指草木枯死，后来引申出衰败的意义。至于"草"有微贱的意义，粗劣的意义，也是众所周知的。在"秀""穆"与"莠""秽"两组词相反方向的词义引申中，分明可以感受到华夏民族的一种普遍的审美趣味。沿着这条线追寻下去，又不难看到：以农业立国的汉族先民，对于他们辛勤培育、赖以生存的谷物的开花结果，怀有何等亲切的感情，产生了何等美好的联想；而对于枉耗人力、危害谷物的杂草的肆意蔓延，又有着多么憎恶的感情和败兴的联想。由于这种感情的升华，中国古人还滋生出另一种在劳动中实现了自我价值之后的自豪情感，这在"艺"的词义引申轨迹里有明显的表现。"艺"的本义是种植（"树艺五谷"），由于对种植活动的深刻认识和无比自豪引导着古人的联想，这个词又先后引申出才能的意义（"多才多艺"）、文章的意义（"游目艺苑"）、准则的意义（《广韵》）。毫无疑问，上述种种感情表现了一种普遍、鲜明的审美趣味，直接来源于华夏民族古老而灿烂的农耕文化，表现了农耕文化传统中人们的价值观念的独特个性。

（周光庆）

注释：

①参见周光庆《古汉语词汇学简论》161页，华中师范大学出版社1989年版。
②见曹日昌主编《普通心理学》232页，人民教育出版社1980年版。
③参见林秉贤《社会心理学》115页，群众出版社1985年版。
④钱锺书《管锥编》第一册174页，中华书局1979年版。

会意字体现的思维方式

人是符号的动物，是运用符号创造文化、建构世界的动物。

符号是对象的指称物，是思想的表达物。符号的重要功能之一，是将事物"引渡"到人的认识活动中来，因而成为"直接的认识对象"。符号的又一重要功能是传递认识、交流信息，因而成为思维所凭借的载体形式。

人类所创造的符号种类极多，语言则是人类最重要、最常用的符号系统；而词又是语言系统中能够独立运用的最小符号，是语言系统的基本单位。作为一种符号，词是语音与语义的统一体，语音是其物质形式，语义是其表达内容。一般来说，词总是要指称一定对象的，但是，正如哲学大师卡西尔在《语言与神话》一书中指出的：它"从未简单的指称对象，指称事物本身；它总是在指称源发自心灵的自发活动的概念"。因此，词的表达内容，既有特定的事物，也有人们关于该种事物的体验与认识；前者是词的指称义，后者是词的理性义和评价义。

语言符号在人类思维与交际中的功能是不可估量的，可是也有时间与空间的局限，于是人类创造了文字。文字是人类用来记录语言、进行思维与交际的视觉符号系统。语言是指称事物的符号，文字是记录语言的符号。在人类思维中，二者都是思维所凭借的符号形式；而在人类交际中，二者的功能却有所不同。文字突破了语言在时间上的局限，使言语得以长久保存，因而也就使社会群体的记忆发生飞跃性的增长，使异代人们之间的交往成为可能；文字突破了语言在空间上的局限，使言语得以传到远处，因而也就使社会群体的活动范围与交

下编 语言与文化——关系专题探讨

际范围发生飞跃性的扩展，使异地人们之间交际成为可能。所以，文字的产生和使用，能够促使人类脱离蒙昧状态、跨入文明门槛，成为文明伊始的一个最准确的标志。

世界上许多种文字都是平面线性的标音文字，而古汉字则是立体块形的表意文字。会意字最能体现古汉字的本质特征。

一、会意字体现思维方式的理论依据

最早系统地阐述汉字"六书"理论的中国文字学开创者许慎在其经典著作《说文解字》里为会意字确立了引人深思的界说："会意者，比类合谊，以见指㧑。""比类合谊"四字，最契合会意字之法；"以见指㧑"四字，最传会意字之神。以此为基础，全面地观察和分析会意字，我们进而获得了这样的认识：会意造字法，是根据记录特定新词、表现新词词义的需要，选取两个或两个以上的意义相关联的既有成字作为字素，或组合其形体，或融合其意义，构成一个新字，从而记录一个特定的新词。而会意字，则是运用会意造字法，为特定新词创制的能以其形体结构体现新词词义意向的复合型书写符号。

在汉字发展的历史上，有了一定数量的象形字、指事字之后，接着便沿着表意的方向，在象形字、指事字的基础上产生了会意字。会意造字法的出现要早于形声造字法，而会意字形成系统则又晚于形声字系统。经过商周两代的演进，到了战国末期以及秦代，会意字的繁衍达到了高峰，以后就不再有大规模的发展。因此，会意字主要是上古时代的产物。在《说文解字》中，会意字大约1000个（王筠《文字蒙求》统计为1254个，但对少数字鉴别不够严格），占总字数的百分之十一。它们所记录的词，有动词、形容词和抽象名词，其中多数为动词。

过去的学者，大都将会意字按构成字素区分为"异体会意"与"同体会意"两种。所谓"异体会意"字，是指用不同形体的字素组成的新会意字，如武、媚、羞等等；所谓"同体会意"字，是指重复同一形体的字素构成的新会意字，如从、林、众等等。这样的分类，简洁明晰，但难以显示其本质特征。我以为，如果能深入下去，将探究的目光聚集到更为深层、更为本质的字素组合方式与关系上，那么，会意字就可以区分为"组形会意"与"合义会意"两类。"组形会意"，是组合字素的形体所表现的意象，构成一个常常包括主体、行为、客体的意象系列，亦即画面，并以整体的画面体现新词词义的意趣，近乎许慎所说的"比类"。例如"为"字，甲骨文从手从象，就是组合"手"的意象与"象"的意象，构成一幅以手役象从事生产的画面，并以此整体画面体现新词的"劳作"的意趣。其他如相、看、利、富等字莫不如此。"合义会意"，是融合字素的意义，突出其内在关系，并由其关系意义显示新词词义的意向，与许慎所说的"合义"相当。例如"贫"字，从分从贝，就是融合"分"的意义与"贝"的意义，突出其"财分则少"的内在关系，从而显示新词"贫"的意向。其他如德、信、昶、孙等字都是如此。在会意字形体里，绝大多数为"组形会意"字。而会意字的全体，都是意象符号。

无论哪一种符号，都与人的思维密切相关，都是人的思维方式的区分尺度。文字符号尤其如此。

一方面，任何符号都是人创造出来的，都是人赋予意义的，都是以人为主体的社会现象。而人创造怎样的物质作为符号的物质形式，赋予何等的意义作为符号的意义内容，在一定程度上都是由人的思维能力与思维方式所决定的。作为记录语言的符号系统，古汉字之所以是立体块形的表意文字，而不是平面线形的标音文字，一个根本的原因，就在于汉族先民的思维方式。汉族先民的思维方式决定了古汉字的特有风貌，同时也融贯在古汉字的形体结构之中。会意字最能体现古汉字的本质特征，因此也最能在其深层的构造方式之中表现汉民族思维方式的基本特征。

另一方面，任何符号，都是认识的物质载体，都是思维所凭借的符号形式，都在感性认识上升到理性认识的过程中起着不可或缺的重要作用。而在不同类型的思维活动中，所凭借的符号形式是不同的，所进行的符号操作是不同的。因此，符号形式是思维方式的决定性要素，不同类型的思维方式，可以从不同形式的符号存在与不同方式的

下编　语言与文化——关系专题探讨

符号操作的角度加以认识和把握。就书写符号而言，汉族先民的思维活动，所凭借的符号形式，主要就是立体块形的表意汉字，其思维方式的本质，也可以从汉字符号形式中去探求。而会意字最能体现表意汉字的本质特征，所以也最能表现汉族先民思维方式的基本特征。

二、从会意字的表述对象看体验思维特征

本来，每个表意汉字都是记录汉语词（或词素）并以其形体结构表达词义（或词素义）的。但是，会意字在象形字、指事字之后产生而与之有所不同：象形字、指事字所记录的词主要是意义具体的名词如山、水、本、末之类，所表达的词义主要是先民对某种具体的"物"的认识；而会意字所记录的词大都是动词形容词如看、逐、寒、美之类，以及意义抽象的名词如左、右之类，所表达的词义大都是先民对某类"事"、某类"状"或某类"时空"的体验。在一定意义上，恰如姜亮夫先生在《古文字学》一书中指出的："会意字的主要作用，不是表现在结构各部分的'形体写生'""而是直接承接绘画文字而来的，以两个以上的形象来表示一件事。事不可画，故集画以表之。画的可能是一件事、一个语句、一首诗、一个最高概念，由一事、一语凝固净化——依照一定的民族习尚与社会意识来凝固净化的——而成的"[1]。德国著名语言哲学家洪堡特曾经论证："词不是事物本身的模印，而是事物心灵中造成的图像的反映。"[2]根据我们的观察，这些论断与前引卡西尔关于"指称源发自心灵的自发活动的概念。因此，概念的性质取决于规定着这一主动性观察行为之取向的方式"的论断一样，特别契合绝大多数会意字所记录的词汇与所表达的词义。大多数会意字所表达的词义，作为"心灵的图像"或"心灵的概念"，其"性质取决于规定着这一主动性观察行为之取向的方式"，因而较多体现出汉族先民的体验型思维特征。

所谓体验型思维，其根本特性是主体以体验的方式把握事物的意义，从具体的感受引出理性的认识，特别尊重情感需要和主观评价在思维过程中的导向，相对忽视逻辑分析和实验求证在认识过程里的作用，其结果，主体对于事物共同特征的概括往往形成"心灵的图像"

· 495 ·

或"心灵的概念"。例如时间名词"春",指称一年四季的第一个季节,意义比较抽象,特征极为丰富。《礼记·乡饮酒》解曰:"春之为言蠢也";而《说文解字》则从双声求之,训为"推也";《尚书大传》更言:"春,出也。"无论为"蠢"、为"推"、为"出",都是就春季使万物勃发生机而言的;这是创造农耕文化的汉族先民从具体的感受出发,以体验的方式把握春季的意义而形成的"心灵的概念"。又如动词"学"指称一种接受启示与教育的行为过程,内涵十分复杂。对此,《尔雅》训为"效",《广雅》解为"识",《说文解字》又释为"觉悟",而《白虎通义》还推求其语源,说明是"学之为言觉"。其实,无论解说为"效"、为"识"、为"觉悟",都是人们从各自的具体经历与感受出发,对"学"的经验进行选择、提炼的结果,而并非向外推理求证的产物。又如形容词"明",指称光亮的程度。对此,《尔雅》训为"朗",《广雅》释为"通"、为"发",《说文解字》解为"照",而《国语·周语》则讲说为"精白"。所有这些解释,其内涵都是相近相通的,其实不过是从不同的角度表述了对光亮的生活体验。人们在生活中面对各种光亮,都各自有其"心灵的图像",却没有统一的界定,因而解释也就各不相同。

既然上古汉语里许多动词、形容词和抽象名词,"从未简单地指称对象、指称事物本身;它总是在指称源发自心灵的自发活动的概念"或"心灵的图像",其词义主要是先民体验型思维的成果,而先民又总是基于自己重意象、善类比的思维优势和强调认知与直觉统一的审美习惯,力求以表意字来记录这些词汇,表达这些词义;那么,会意造字法就是最好的选择。因为,"事不可画,故集画以表之",会意字是象形字、指事字自然而又必然的发展。更为重要的是,会意字大都"组形会意",形成一种整体的"画面",造成一种深邃的"意境",将表达对象置于意象组合关系亦即特定"意境"之中,既便于人们从整体性上设想对象,又能够激发人们关于对象的多方联想,从而在隐喻和"指称"对象的同时,又更好地融合人们关于对象的各种体验,更快地形成人们关于对象的共同认识,全面地、有力地发挥文字符号的

下编　语言与文化——关系专题探讨

功能。

即以前面例举的三个有代表性的单音词而论：先民对于"春"有多种共同的与不同的体验，而"春"字，甲骨文从日从屯，屯像草木之初生，此字组形会意，以整体的"画面"亦即"意境"表现出春天明媚的阳光催发万物生机的意趣，激起人们关于春天的各种联想，将"蠢""推""出"等诸多体验都包含在其中。先民对于"学"有多种共同的与不同的理解，而"学"字，甲骨文或从子学爻于一大人膝前，爻为上古占卜与推理的卦画，此字组形会意，在意象的组合关系中突现了接受启示与教育的方式、过程和效果，唤起人们关于"学"的种种经验，激起人们关于"学"的多向联想，将"识""效""觉"诸义都表达出来。"明"的本义为光亮，各种不同的人在各种不同的生活中，对光亮总有大体相同而又不全同的体验，而"明"字，甲骨文有两种常见的形体，或从日从月，以月未落而日已出的特定画面表现出天已明亮的意向；或从日从囧，囧像窗形，以皎洁的月光射入室内的深邃意境表达出对光亮的体验。这两种自古及今都并存的形体结构，都包容了"通""朗""发""照"诸义，很便于人们从对象的整体性来设想对象。

总之，会意字主要是商周以及秦代创作出来的，在会意字的创作过程中，文字符号所要记录的词汇与所要表达的词义——先民基于体验型思维而获得的关于对象的"心灵的概念"或"心灵的图像"，既是创作的前提，又贯彻于创作的始终：一方面，是它们决定了会意字的形体结构；另一方面，又是它们融进了会意字的形体结构。这样，从会意字的表达对象与创作过程中，人们可以认识到汉族先民的体验型思维特征。

三、从内在形式看意象思维特征

上一节的论述已经表明，会意字所要表达的词义，大都是先民由体验而获得的"心灵的概念"；这种"心灵的概念"，是对生命与生活的亲身感受，具有生命性和情绪性，常常是生活体验。由此，不难进而认识到，会意字那种组合字素形体、构成一种意境亦即"集画以表之"式的创作，主要就是"心灵概念"的形式化过程。如果从创作心理的角度考察这种"心灵概念"的形式化过程，则又可以进一步看到：会意字的字形结构与创造者的"心灵概念"之间，往往有一种"象"或一个"画面"作为中间环节。这种作为中间环节的"象"或"画面"，就是意象。

会意字结构系统中的意象，是一种"表意之象"，是一种以隐喻、示现或象征的方式表达"心灵概念"的建构性图像。它与其他艺术形式中的意象一样，也是一种符号，但又不同于一般的物质符号和行为符号：它是一种在主体认识图式作用下，对事物表象进行改造、组织，使之从背景分析中分离出来而形成的、具有独立于其构成成分的特殊性质的图像。作为符号的意象，它是生命体验的感性形式，具有一种特殊的功能："可以使人想起许多思想，然而又没有任何明确的思想或概念与之完全适应"（康德《判断力批判》），引人多方联想，耐人久久寻味。但它毕竟是一种符号，不能独立存在，而必须以一定的物质形式如文字形体之类为其载体。因此，就会意字的结构形式而言，要全面生动地表达作为词义的"心灵概念"，最好的选择莫过于意象符号；而要简便易行地传达意象符号，最好的形式莫过于字形符号。于是，在会意字的结构系统里，实际上存在着两重符号：第一重符号是处于表层的字形，它是会意字的"外在形式"，是直接传达意象的；第二重符号是处于里层的意象，它是会意字的"内在形式"，是直接表达词义的，充当字形结构与"心灵概念"的中介符号。正是在会意字的内在形式——意象符号里，集中地表现出了汉族先民的意象思维特征。

例如，形容词"美"和"媚"，本义都是形貌体态姣好。而形貌体态姣好，是一种审美体验，难以统一界定，更难准确表达，所以古人从自己的思维习惯出发选择了会意造字法。一位创作者根据自己的审美经验，选取了一种羊形饰物，一个舞动人形，对二者加以改造和组织，使之成为一个建构性的、头戴羊形饰物翩翩起舞的"画面"亦即意象，进而基于格式塔心理学揭示的"异质同构"原理，运用示现与象征的手法，以自己建构的舞蹈意象作为符号表达自己对于形貌体态

下编　语言与文化——关系专题探讨

姣好的独特感受，并导向一种关于形貌体态姣好的共同认识。于是，汉字系统中便产生了一个从羊从大的"美"字。而另一位创作者则依照自己的"心灵图像"，选取一位女性形象，并运用类似于后世的特写镜头的方式突出其眉目，使之成为一个组合意象，表达出自己对于形貌体态姣好的独特体验，最后便创制出一个从女从眉的"媚"字形体。而当后人带着自己先存的审美经验而面对"美"和"媚"这两个殊途同归的会意字时，首先映入的是其字形亦即外在形式，接着浮现的是其意象亦即内在形式；然后，意象作为思维的凭借的符号形式，引发人们关于姣好的纷纭联想，同时也导向对于姣好的理性认识。而特别有趣的是许许多多的后人似乎都可以从这两个字的内部结构中获得某种共鸣。

根据哲学家萨特《想象心理学》一书的研究，意象思维的意象符号可分为两类：一类是"思想的图解"，指一种联想性意象；一类为"象征性图式"，是一种对事物全部理解、感受、情感等多种心理反应综合呈现的意象。在这两类意象符号中，"象征性图式"更值得注意，因为它既是一种深刻体验的产物，也是一种深刻体验的方式；它"绝不是对相关物的单纯反映，也不是对相关物部分内涵的把握，它是对相关物既高度概括、又带有具象性的整体性把握。这种把握将主体多种心理因素融合为一，构成内涵极为丰富的体验活动。通过这种体验，主体完成了对对象的超越"③。受这一理论的启迪，我们看到，汉族先民创作会意字所运用的，大体也是这两类意象符号，而以"象征性图式"为主。

当汉族先民运用"象征性图式"意象时，便创作出了"组形会意"一类会意字。例如："雔"，词义是伴侣，字形从两隹。一对引颈相向、双栖双飞的鸟，便是一种"象征性图式"，一种主体内在体验外在化的契机。它极大地发挥了意象的特殊功用，表现出先民对生活伴侣、情感配偶的感受和理解，并且使读者产生丰富的联想。"譬"，词义是应和，字形从二隹从言。创作者并非单向性地趋就"应和"的固有特征，而是将主观情感倾向投射其上，使之成为主客双向建构的心理形式，

· 499 ·

因而组合起一双小鸟相对和鸣、如诉如答的"象征性图式"。这一图式生动地表现了先民对相互平等唱和、交流思想感情的人际行为的体验与向往。

当汉族先民运用"思想的图解"意象时，便生产出"合义会意"一类会意字。例如"昔""时"，都是常用时间名词；而"昶"则是描写时间漫长的形容词。对于先民来说，时间概念不易界定，于是便以联想性意象予以"图解"。甲骨文"昔"从日从灾：从日，是以具体的日象解说抽象的时间；从灾，是以洪水的灾难唤起对往古的记忆；以联想为契机会合二者的意义，便图解了民族"集体意识"对"从前"的体验和认识。甲骨文"时"字从日从之：从日，也是由"时"联想到"日"，以具体的"日"表述抽象的"时"；从之，是由"时"之所往联想到人之所"往"，以具体的人之所"往"表现抽象的"时"之所"往"；会合两者的意义，便生动地图解了关于"时间"的深刻思想。"昶"从日从永："日"仍然是图解"时"，而"永"以是以水之漫长图解时之漫长，会合两者的意义，足以引导人们获得对漫长的时间的体验。

总之，会意字在外在形式之下，还有内在形式；会意字的内在形式是意象及其组合。意象及其组合，既是会意字结构系统里的中介符号，也是先民思维活动所凭借的符号形式。符号形式是思维方式的决定性要素，最能表现出思维方式的基本特征。因此，通过考释会意字的内在形式，我们对汉族先民的意象思维及其基本特征，便有了新颖而又具体的认识。

四、从外在形式看辩证思维特征

会意字都是由两个或两个以上的意义相关联的字素组合起来并表现为一定的排列形式的。如果说，构成会意字的字素，显示了建构性的意象，是会意字形成的基础；那么，字素之间在书写层面上的排列形式及其体现的组合关系，则说明了意象如何组合以及这种组合关系表达了何种意义，因而是会意字形成的关键。常常有这样的情况：构成的字素相同，而字素在书写层面上的排列形式及其体现的组合关系

下编 语言与文化——关系专题探讨

不同,便表达出不同的意义,记录着不同的语词,形成了不同的会意字。譬如,甲骨文里有四个都从"二人"的会意字:"二人"比肩而立,则表示相并的意义,是"并"字;"二人"一高一低,则表示偏废的意义,是"替"字;"二人"前后相随,则表示跟从的意义,是"从"字;"二人"相背而立,则表示相背的意义,是"北"字。由此可见,研究会意字,不仅要考求其构成字素及其显示的意象,而且要进而分析其字素的排列形式及其体现的组合关系。而在书写层面上字素的排列形式及其体现的组合关系,正是会意字的外在形式——字形结构。它处于会意字的表层,既是会意字的内在形式——意象的载体,又是整个会意字在书写层面上的直接呈现,并且还具体地表现出创作者对事物"观察行为之取向的方式"。会意字的外在形式的最大特征是有序平衡,正是在这里充分显示出汉族先民的辩证思维特征。

根据李圃先生在《甲骨文文字学》一书里对会意字的外在形式亦即字形结构的考察,在会意字的立体块形空间里,构成字素或左右分置,或上下叠起,或灵活插入,或巧妙嵌进,或中间穿合,或平面拼接,共十四种类型。真可谓多向纷呈,多姿多彩。其中最典型最主要的,则是左右分置和上下叠起两种模式,大多数会意字的形体结构都属于这两种模式。但无论哪一种模式,在书写层面上都大致呈现出立体块形的状态,表现出了一种有序与平衡的特征④。

以李圃先生的研究成果为基础,我们又对"左右分置"和"上下叠起"这两种典型的主要的会意字外在结构模式进行了更深入的分析,结果初步发现,在这两种外在结构模式里,会意字的字素与字素,在意象层面上,在意义层面上,既对立,又统一。它们直接有一种内在的相互作用的力。这些内在的相互作用的力,保持了大致的平衡,但又并非完全平衡,而是微微呈现出一种由强向弱的趋向。这种内在力的趋向,或者左行,如"取得牧"等字;或者右行,如"体保既"等字;或者上行,如"步陟突"等字;或者下行,如"降复集"等字;或者向心,如"冓明门"等字;或者离心,如"北非烦"等字。在所有这些会意字的结构系统里,字素与字素的排列与组合,都表现出了一种内在力量的有序与平衡，一种深层次的有序与平衡。如"突"字，象"犬从穴中暂出"。在意象层面和意义层面上，"穴"对"犬"有一种阻遏之力，"犬"对"穴"有一种冲击之力，冲击之力大于阻遏之力，因而整个字形结构中内在力的趋向是上行，并且打破了旧的平衡而形成了新的平衡，表现出"突破"的词义。又如"鲜"字，甲骨文像二鱼相向而遇。在意象层面和意义层面上，都有一种向心的力量，造成一种和谐的平衡，并在向心与平衡的关系中表达出创作者对"相遇"的诸多体验。

由这样的初步发现，我们又可以进一步认识到，汉族先民在创造会意字时，非常注重在其外在形式里委婉地表现自己对词所指称的事物的观察与理解。而他们对事物的观察与理解又有其自具特色的角度与方法：一方面，总是力图把握好事物之间的有机联系，将特定事物置于对立统一的"关系网络"之中进行观察；另一方面，总是力图深入到事物的内部结构之中，从特定事物内部要素之间的对立统一的"关系网络"之中进行理解。由于对立，因而有序，并在有序中显示出内在力量的趋向；由于统一，因而平衡，并在平衡中展示出变动与发展。所有这些，都体现出辩证思维的基本特征。

特别有趣又值得注意的是，有一些会意字，如"媚彪臭企逸"等等，是运用这样的方法创造出来的：为了达到更好的表意效果，创造者先将一个完整的物象一分为二，以两个意象分别予以表现：一个意象以约易性手法显示物象的整体轮廓，一个意象以夸张性手法突出物象的细部特征；然后使这两个意象形成对比或者映衬的关系，而在意象组合的整体上却又表现出一种平衡性。即以"媚"字而论，从女从眉，实际是将一个完整的女性形象分成两部分，"女"字字素显示其整体轮廓，务求简约；"眉"字字素突出其细部特征，极力夸张；而在二者的组合上，表现出一种平衡性，显示出女性的美。又如"企"字，从人从止，将一个完整的人物形象分成两部分，"人"字字素以最约易的手法勾勒其整体轮廓，而"止"字字素则以夸张的手法突出脚趾的重要性；而在二者的组合上，约易与夸张却形成一种平衡，隐喻出引领举踵的企盼之意。在这类会意字的外在形式里，也闪烁着一些辩证思维的光芒。

对会意字体现的思维方式的研究使我们获得了一种新的认识：会意字的表达对象、内在形式、外在形式是辩证统一的，它们的统一形成了会意字的完整形体结构；汉族先民的体验思维、意象思维、辩证思维也是辩证统一的，它们的统一构成了先民的整体思维方式。

（周光庆）

注释：

① 见姜亮夫《古文字学》74页，浙江人民出版社1984年版。

② 《论人类语言结构的差异及其对人类精神发展的影响》，转引自胡明扬主编《西方语言学名著选读》45页，中国人民大学出版社1988年版。

③ 见《现代心理美学》361页，童庆炳主编，中国社会科学出版社1993年版。

④ 参见李圃《甲骨文文字学》104—110页，学林出版社1995年版。

主要参考文献：

［1］段玉裁．说文解字注［M］．上海：上海古籍出版社，1981．

［2］徐中舒．甲骨文字典［M］．成都：四川辞书出版社，1989．

［3］李圃．甲骨文文字学［M］．上海：学林出版社，1995．

［4］卡西尔．人论［M］．上海：上海译文出版社，1985．

［5］蒙培元．中国传统哲学思维方式［M］．杭州：浙江人民出版社，1993．

［6］肖峰．从哲学看符号［M］．北京：中国人民大学出版社，1989．

汉字的二重性与字谜文化

字谜是汉字文化圈中特有的一种现象。拼音文字中只有拼字游戏，没有字谜。字谜的长盛不衰与汉字形体结构有十分密切的关系。没有汉字，就不会有在汉字基础上产生的字谜。研究字谜，对我们进一步了解汉字和汉字文化，都是极有裨益的。

一、谜面需求与汉字的二重性特征

字谜分为谜面与谜底两部分。谜面，既要与谜底汉字紧密扣合；又要尽可能地偏离真正指称的对象，表现出似乎与谜底汉字无关的内容。这样才能达到"回互其辞，使昏迷也"的游戏效果。字谜谜面一般比较简短，要在三五个字中体现谜面这种相互悖逆的特点，光凭人类语言能力和修辞技巧是不行的。重要的是谜底汉字要能适合谜面制作的需求。如果谜底汉字不能提供实现谜面需求的种种条件，字谜的产生和发展都是不可能的。

（一）汉字交际意义与偏旁笔画连读字义的差异

汉字偏旁笔画可以拆分，拆分后各部件所具有的表意作用，正好适合谜面制作的需求。汉字的合体字多由两个或两个以上自然的偏旁组成。离分合体字的自然偏旁，把合体字的偏旁当作独立文字看待，并将其"字义"连读成义，就有了一个与谜底汉字不同的谜面意义，从而造成与谜底汉字在语义上的歧异。如：

看家狗——戾（户犬）

思想不集中——忿（分心）

火车站内人行道——胎（月台）

独体字可以采取切割和拆卸的方法加以利用。切割，就是将一个

下编　语言与文化——关系专题探讨

独体字从中分割为左右或上下两个部分。各个部分相对独立，连读成义。如：

　　植树——亲（立木）

　　同心干——开（干、干）

　　千里相逢——重（千里）

拆卸，就是从这个汉字中拆卸出能够表示独立意义的笔画，在谜面中加以应用。如：

　　一公尺——来（一米。取"来"字上的一横为"一"。）

　　一一补足——是（一、一、足。取"是"字中间的一横及"日"字里的一横为"一"。）

　　一木口中栽——束（木、口。将"束"中的"口"旁拆出。）

用在社会交际中的汉字，每个都有规定的形体和特定意义，这是汉字的第一重构成，为人们所熟知。但构成这个汉字的偏旁笔画意义，特别是它们连读后所表达的谜面意义，却与汉字的交际意义无关，对一般人来说是陌生的，不习惯的。但它"确实"存在于这个汉字之中，在游戏中用，能够得到人们认可。于是形成了汉字的第二重构成。汉字形体结构上的完整性和可拆分性，造成了汉字本身交际意义和字谜游戏意义的区别，由此构成了汉字的二重性。汉字的二重性特征，适应谜语制作需要，字谜的应用和广泛流传就是十分自然的事了。

（二）汉字交际意义与图景象形意义的差异

有些汉字不一定要在拆分之后才能进入字谜。楷体汉字所具有的象形意味，也使谜底汉字具有了二重性特征。楷体汉字中的点、横、竖、撇、捺相互搭配，在一个方块形体中构成了复杂多变的网状结构。这个结构中蕴藏着的丰富的图画意味，给人们提供了充分想象的余地。因此，字谜还可以把楷体汉字当作图画景象或象形物体描绘来制作谜面。图景象形意味的完成，在不同的汉字中有不同的完成方式。当汉字的整个外观形体上与某一事物轮廓相似时，可以用直接描绘的手法将汉字比况为这一事物。如：

　　球门——网

三桅船——巡

山山拔地起——丛

小铁耙,柄儿短,上面只有四个齿——而

如果汉字中只有部分笔画与实际生活中的某一事物相似,可以对这一部分加以极力渲染,凭借人们的想象,使汉字其他部分也具有与此相关的图景象形意味。如:

雁阵飞入月空中——肉

小荷才露尖尖角,早有蜻蜓立上头——去

人们也常常结合偏旁字义,把汉字形体中的一部分笔画部件作象形物体描绘。偏旁字义与部分形体象形意味的描绘,也能巧妙地勾勒出全字的图景象形意味。如:

高跷——介

衣裳中间有个洞——哀

花园四方角,里面真荒凉;只有一棵树,种在园中央——困

偏旁笔画的离分和楷体象形意味的比况,是造成汉字二重语义的基本方法,也是字谜产生发展的基本条件。

二、偏旁的语义缀合与讹识

谜语要求谜面与谜底的组合不能有一成不变的定势。汉字偏旁的离分和偏旁语义的组合,也应不断翻出新意,才能适应诡变多端、变化无穷的游戏特点。这里最能表现出汉字在游戏艺术中多变性特点的,是对谜面制作有直接影响的偏旁语义的搭配。

(一)偏旁念读次第的顺倒

合体汉字各个偏旁有不同的排序。在汉字偏旁的字义念读中,有些与人们的读写习惯相合。如左右结构的汉字,偏旁连读时是先左后右,如"外"字谜:"晚上占卜"(夕卜);上下结构的,就先上后下,如"翕"字谜:"鸟翅相交"(合羽);内外结构的,就先外后内,如"团"字谜:"说话技术好"(口才)。这种偏旁字义的连读顺序符合人们在长期文字熏陶中养成的文化习惯,对字谜的普及和传播有积极意义。但不少谜底汉字偏旁的念读次第,表现出一种对常规定势的违逆。

如左右结构的汉字,有许多是先右后左的。如:

三级材——柄(丙木)

米饭未蒸熟——炊(欠火)

孟姜女哭倒长城——规(见夫)

上下结构的汉字,有许多是先下后上的。如:

耗子窝——鼠(鼠穴)

许仙借伞——露(路雨)

指头触了电——摩(手麻)

内外结构的汉字,也有不少是先外后内的。如:

木乃伊——居(古尸)

不蠹之户——阔(活门)

我国最大的问题——囚(人口)

这种背离偏旁书写结构的念读次第,破坏了人们在字谜游戏中可能形成的定位趋向,也能使谜面意义丰富多变,造成一底多面的字谜。从汉字的角度看,这种方式还能把那些在顺序拼读中不能成义的汉字引入字谜(如"居"字偏旁顺序当读为"尸古"),在一定程度上扩大了字谜对汉字的利用率。

(二)偏旁字义连读中的贴切与牵强

偏旁字义的连读,有些通俗易懂,符合现代说话习惯。如"坊"字谜:"民间疗法。"是"土方"连读。有些文绉绉的,含浓厚的文言文意味。如"谌"字谜:"讲啥?"是"言甚"连读。还有一些浅鄙粗俗,完全是民间口语词汇。如"咬"字谜:"接吻。"是"交口"连读。"伥"字谜:"高个子。"是"长人"连读。这样连读后产生的"词语",在现实生活中流行,容易被人们接受,在字谜中应用,十分自然。但有些偏旁字义的搭配却相当勉强。汉语中没有这样的词汇,字面上也讲不通,显得十分生硬。如:

说书——读(卖言)

农家饭——飨(乡食)

长江如衣带——涤(水条)

还有些偏旁连读字义，似乎中间省略了许多词语，如果不加以补充，就难以理解。如：

辩论——诤（争言，争辩的言语。）

夜半歌声——黯（黑音，黑夜的声音。）

文章啰嗦——够（多句，多余的句子。）

以上用例在字谜中常可见到。应该承认，牵强附会地拼读"字义"，在谜底偏旁的念读中是允许的。可见字谜只考虑如何将汉字拆开，并不顾忌两个偏旁字义连读后，能否符合应用语言中的规范词汇。字义连读中的不规则现象，显然与游戏艺术变化多端、诡谲无常的基本性质是分不开的。

（三）断裂语义的沟通

还有一些汉字的偏旁，是镶嵌在一个现成词语，如专有名词、成语、俗语中的。这样的汉字，如果单从偏旁字义连读的方式上看，它们似乎显得在语义上有一种隔阂，不能搭配。即使牵强附会地硬把它们扯到一起，也组不成一个词。如：

气管炎——氮（气、炎）

门庭若市——闹（门、市）

画龙点睛——眬（龙、目，以"睛"代"目"。）

这些语义间隔的汉字，有时可发现它们偏旁所指的事物，在形状、性质、特征上有某些相同、相关或相反之处。如果借题发挥，在谜面中突出这些特点，也能造成极有意趣的字谜。如：

一边雪白一边黄，一边柔软一边刚；

一边保暖一边凉，合起可作好衣裳。——锦

谜面分别喻指"帛"和"金"。

半边鳞甲半边角，半边腥气半边毛；

半边无水难活命，半边落水命难逃。——鲜

谜面分别比喻"鱼"和"羊"。可见，这种汉字偏旁的表现方式，既顾及了它们偏旁语义断裂的特点，也在谜面中造成了一种与偏旁字义连读不同的制谜手法。

下编　语言与文化——关系专题探讨

当谜底汉字有三个偏旁组成时，就可以采用去旁成字的方法组合谜面。即在谜面中明示抽掉其中一个偏旁，另外两个偏旁可组成一个"新字"。如：

去掉左边是树，去掉右边是树；
去掉中间是树，只留中间还是树。——彬

"彬"字，去掉左旁"木"，是"杉"字；去掉右旁"彡"，是"林"字；去掉中间的"木"旁，是"杉"字。这类字谜显示了不断组合中的新字，从猜谜的角度看还是比较容易的。较为隐晦的一种，是只采用暗示的方法，不出现组合中的新字。如：

有个古怪简化字，左右中间都是字；
随便拿掉哪一个，单独来认还是字。——树

"树"去掉左旁"寸"，是"权"字；去掉右旁"木"，是"对"字；去掉中间的"又"旁，是个"村"字。谜面中不出现组合的"权""对""村"等字。用这种方法制作的字谜，三个偏旁不断替换，新拼合的"字"轮番出现，可谓千变万化，神妙莫测。

（四）讹读与倒识

有些谜底汉字的偏旁和笔画结构，还可以采取讹读和倒识的方法。讹读，就是把一个偏旁或部件讹读为与之形近的另外一个字。这对于那些生僻罕见的偏旁字，可以取得较好效果。在字谜中，这类讹读的笔画偏旁一般都有确切的指代，掌握了它们之间的对应关系，也能够顺利地找到谜底字。如：

孑　音 jié，本为"孤独"之义。讹读为"子"。如："小子——孙（小子）"；"瓤里——孤（瓜子）"；"世代书香子弟——孜（文子）"。

隹　音 zhuī，本指短尾鸟。讹读为"佳"。如："好箭——雉（佳矢）"；"语言美——谁（言佳）"；"喜降甘霖——霍（佳雨）"。

囗　"围"古字。讹读为"口"字。如："外围——口（指'围'的四边）"；"能说会讲——团（口才）"；"请勿入口——囫（'勿'入'口'中）"。

还有些汉字中的部件本身不能成字，为了与其他偏旁连读，也将

509

它讹读为另外一个形近字。如：

  乙　横折折折钩，笔画名称。讹读为"了"。如："一撇歪了——乃（丿、了）"；"手撇歪了——扔（扌[手]、丿、了）"。

  亠　文字头。讹读为"二"。如："小俩口——京（小二口）"；"两张小桌——亢（二几）"；"一对夫妇——享（二口子）"。

  廾　弄字底。讹读为"草"（与"艹"[草字头]形近）。如："落草为王——弄（草、王）"；"上下都有草，中间活不了——葬（艹、草、死）"。

  讹读方法发展到极端，是把某些常见的偏旁也按一个形近字读识，或将偏旁再拆开读识。如：

  礻　示字旁。将"礻"旁拆为"丶[一点]、不"。如："一点不土——社（丶、不、土）"；"一点不见——视（丶、不、见）"；"一点不孤单——禅（丶、不、单）"。

  阝　双耳旁。去掉一竖，讹读为"了"。如："又多了一竖——邓（又、了、丨）"；"一直大了——邝（丨、广、了）"；"一了百了——陌（了、百）"。

  不　拆开讹读为"一个"。如："旗杆——杯（一个木）"；"没有别的想法——怀（一个心）"；"看似一个，实非一个——不（一个）"。

  这种方法，显然也是改换谜底汉字偏旁字义的一个途径。

  倒识也是一种讹读，不过它是用颠倒的方式来认读谜底汉字的偏旁笔画。如：

  父母——矢（大人。"矢"字卜两笔侧读为"人"。）

  桂香时节——朕（八月天。关字头倒读为"八"。）

  人人埋头干——坐（人人干。"坐"字中的土旁倒读为"干"。）

  显然，倒识的方法比讹读更为隐晦。倒识与讹读的应用，充分利用了谜底汉字中的偏旁笔画，也给一部分偏旁带来了新的含义。这些都能改变偏旁连读的字义，从而给谜面带来了新面貌。

  三、偏旁笔画的新组与复用

  偏旁笔画语义连读的变化，还是要依附谜底汉字的形体，时间一

下编　语言与文化——关系专题探讨

长也易形成窠臼。于是改造汉字旧有偏旁，创制"新偏旁"的方法就得以应用。这种方法在合体字中主要是通过离分和拼缀，对原有偏旁进行重新调整完成的。在独体字中则是从整体结构的分离中对同一笔画构件加以重复利用。偏旁笔画的新组与复用，不仅能够创造出"新偏旁"，结果还能把人们熟悉的汉字偏旁"陌生化"，增大谜面与谜底的距离，获取更为新奇诱人的游戏情趣。

（一）自然偏旁的分解与缀合

如果谜底汉字的自然偏旁是一个复合单位，就可以对它进行再分解，拆成两个或两个以上的"偏旁"，以此在谜面中表达更为复杂丰富的意义。如：

水少鱼儿现——鲨（水、少、鱼。"沙"旁再拆为"水""少"。）

当群众的小学生——筲（个个师。竹字头拆成个、个）

分解后的构件，也常与谜底汉字的其他偏旁结合，拼缀成一个新的"复合偏旁"。如：

拾草——搭（拾草。苔旁拆为"艹""合"；"合"与"扌"拼合为"拾"，"拾""草"连读成谜面。）

拖着女儿去——接（拉女。"妾"旁拆为"立""女"；"女"与"扌"合为"拉"。"拉""女"连读成谜面。）

在这种"复合偏旁"中，不同的构件大小形制悬殊，与人们在汉字认读过程中长期养成的读写习惯不合。但能成"字"，故为人们所接受，在字谜中广泛应用。

构件与偏旁的拼缀，一般都是两个拼缀的偏旁在相邻的位置上，自然构合。但当谜底汉字由三个自然偏旁组合时，就有了一种隔位缀合的方式。即把分别处在不同位置上又相互间隔的偏旁连接起来，成为新的"偏旁"。这种隔位拼缀的汉字，有的符合文字学原理。如"衡"字谜："水产收购站。""鱼行"连读。"衡"字的左右偏旁拼合为"行"。"行"为"衡"字的文字学部首。但在绝大多数字谜中，这种隔位拼缀却是任意构合的结果。如：

宋女——案（宋女。"案"字的上下偏旁拼合成"宋"字。）

· 511 ·

插队落户——榭（"身"进"村"中。"榭"的左右偏旁拼合成"村"。）

听，其中有声音——嘶（听、其。"嘶"字的左右偏旁拼合成"听"。）

谜底汉字经过这么一番脱胎换骨的改造，偏旁形体与偏旁连读字义有了很大变化，谜面意义与谜底汉字距离更大，更费猜测。

（二）笔画复叠

独体字的离分中，处于两体交界处的一个笔画，如果因为被切割部件的需要，可以让它同属于两个不同的"偏旁"，造成同一笔画的重复利用。这样用的汉字，有些是如果不处在交界笔画作重复的切割处理，就不能把这个独体字拆分为两个或两个以上具有完整形体和独立意义的"偏旁"。如：

共仓难分——巷（共仓。"共""仓"共用"巷"字中间的"八"。）

左右上下都是山——田（山、山、山、山。分别从上下左右看"田"字，得出四个"山"，共用"田"字的不同笔画。）

两个月字不分家，不能当作朋字猜——用（月、月。两个"月"字共用"用"字中间的一竖。）

还有些是为了能让切割下来的"偏旁"与另一个"偏旁"在语义上达到和谐相处的境地。如：

山水相连心连心——凼（山水。"凼"字中间一竖重复。"山"与"水"相搭配。）

相貌生得恶，六口两只角——曲（"曲"字中有六个"口"，两竖出头为"角"，"口""角"相合。）

有一有二又有三，中间一笔连成串——丰（"丰"字中间三笔反复利用，以造成"一""二""三"的搭配。）

同一笔画的重复利用，很大程度上利用了文字在视觉上的影像残留特点。虽然从文字形体拆分后的笔画归属上看，一笔两属不很合理，但它适应汉字的直观性特点，游戏时人们不会觉得勉强。这种笔画复叠改变了笔画单一归属的模式，使字谜跳出旧的窠臼，有利于制作新鲜、活泼、有趣的谜面。

综上所述，汉字的二重性符合字谜的需求，是字谜在汉字文化中得以流行的主要原因。而谜底汉字偏旁笔画离合拼缀中的种种技巧和偏旁笔画语义念读的不同方式，也与游戏不拘一格、变幻万端的特点相适应。它们充分体现出汉字形体结构对字谜艺术无穷变化的适应能力。字谜能从民间到庙堂，几千年来长盛不衰，是与汉字结构特点密切相关的。

（朱承平）

从比喻的演变看文化对语言的影响

比喻是我国人民最为喜闻乐见的修辞方式，它非常古老又永远年轻。说它古老，因为在我国最古老的文献中就存在比喻；说它年轻，因为它在历史的长河中，不断地变化着，更新着自己的生命。从比喻的这种变化中，我们可以发现文化对语言的巨大影响。可以说，比喻也像一个多棱镜，它能折射、离析出文化多姿多彩的光和色。下面我们试从四个方面看看由比喻演变所表现出的文化对语言的影响。

一、从喻体的虚化看思维演进对语言的影响

文化就是人化，是人给对象世界打上的烙印，是人的创造物，是人类心智的产物。人类的思维是文化创造的工具，而思维方式、思维水平又体现了文化的历史进程，因而思维方式本身又是文化的内容。比喻的心理基础是联想，联想方式的变化，就体现了思维在不同历史阶段的不同水平。

从思维物质角度考察，比喻演变中最大的特点是逐渐产生了一种抽象化的比喻。

在早期语言中，仅存有具象性比喻。所谓具象性比喻，是指本体事物和喻体事物在形状、色彩、声音、气味、动态和具体可感的方面的相似，喻体在用词上多用具体名词和动词，从不纯粹使用抽象词汇。例如：

(1) 自伯之东，首如飞蓬。《诗·卫风·伯兮》

(2) 手如柔荑，肤如凝脂，领如蝤蛴，齿如瓠犀，螓首蛾眉。《诗·卫风·硕人》

(3) 有女同车，颜如舜英。《诗·有女同车》

(4) 鹏之背，不知其几千里也；怒而飞，其翼若垂天之云。

《庄子·逍遥游》）

（5）指如削葱根，口如含珠丹。《古诗为焦仲卿妻作》）

（6）君当作磐石，妾当作蒲苇。蒲苇纫如丝，磐石无转移。《孔雀东南飞》）

（7）食肉不食马肝，不为不知味；言学者无言汤武受命不为愚。《史记·儒林列传》）

（8）流丸止于瓯臾，流言止于知者。《荀子·大略》）

这类比喻有一共同特征，就是它的喻体都是实义的名词和动词，即所有名词都代表物质实体，如"飞蓬""凝脂""蟪蛄""葱根""珠丹""磐石"等。有些则用实义名词和动词组成一个句子，表现出一种可以凭借感观把握的运动和性质，如例（6）、例（7）。可以说，这时代的比喻往往是从事物最明显的特征联想而来。

这类比喻的来源可追溯到原始的自然崇拜阶段。那时"万物有灵"的观念支配着人们的思想，自然界的一切事物都可能被原始人用人格化的态度来看待，于是便产生了比喻的初始形式。在人类漫长的发展过程中，图腾崇拜意识逐渐淡化，审美意识脱胎于原始意识，自然界开始成为人类审美的对象。然而此时，人类认识的范围刚刚从实用对象扩大到整个自然界，对自然事物的描绘、形容只是局限在色彩、形态等外在特征上，如《易经》谈"象"时说："圣人有以天下之赜，而拟诸其形容，象其物宜，是故谓之象。"《系辞上》）其中"宜"就是"近取诸身，远取诸物"《系辞下》），即不论是具体的拟容还是抽象的象征，都要依托具体的形态状貌。作为形象思维的产物，此期的比喻多借自然外物具体的性态作比，《诗经·大雅·抑》中就有"取譬不远，昊天之忒"之说，到孔子就更能"近取譬"了。

这类具象性比喻，往往是从事物最明显、最近似的特征联想而来，本体和喻体间联想距离和跨度不大，所以从审美的角度来看，这类比喻对喻体的描摹只是静止的。它侧重刻画事物的外形特征，它在美感上诉诸直观形象，是一种初级形态的审美活动。这与人类早期的认知心理正好相符。比喻是借助联想这一心理基础构成的，而联想就是大脑皮层中暂时神经联系的复活，它反映事物的相互联系。人们之所以喜欢用外形、色彩等较易认识的特征为相似中介去说明或描写对象物，是因为具体的形与色对于第二信号系统还不发达、抽象思维的水平还较低的人们来说，更容易在大脑皮层上建立暂时联系，且更容易使大脑皮层中的暂时联系复活，从而产生相似联想。如果说"个体的心理发生重复着群体心理发生"这条规则成立的话，那么我们不妨看看儿歌中的比喻。儿歌也都使用具象性比喻，如："我们的祖国是花园，花园的花朵真鲜艳。"由于儿童的抽象思维尚未形成，因而主要靠直观形象或表象来思维，所以"祖国"以"花园"的形象出现，"我们"以"花园的花朵"的形象出现，这首儿歌的含意才能被儿童理解。

大约从宋代开始，萌芽了一种以虚喻实的比喻方式，用有关感情、心理、性质等抽象或无形质的事物去比喻本体事物，喻体所选用的词汇都是抽象词汇或无形质事物的词汇。这样，使描写的对象变得虚灵、清空，以诱发人的想象。例如：

（9）自在飞花轻似梦，无边丝雨细如愁。(秦少游《浣溪沙》)

（10）……又如先生之忧患，恍惚怪诞百出难穷期。(龚自珍《西郊落花歌》)

例（9）是以无形无质的"梦"描绘有形有质的飞花，以绘其轻轻飘动的状貌；以抽象的"愁"描绘可视可触的无边丝雨，表现其缠绵。例（10）以抽象的"忧患"描绘有形的落花，描述其层出不穷的特征。这种方式在宋代以后清代之前只是萌芽状态，到了现代就越来越多：

（11）那榆荫下的一潭，不是清泉，是天上虹揉碎在浮藻间，沉淀着彩虹似的梦。(徐志摩《再别康桥》)

（12）叶子和花仿佛在牛乳中洗过一样，又像笼着轻纱的梦。(朱自清《荷塘月色》)

（13）方鸿渐看唐小姐不笑的时候，脸上还依恋着笑意，像音乐停止后袅袅空中的余音。(钱钟书《围城》)

（14）小路是长久的诗卷，如梦，如画廊。(园静《骊歌》)

上述例中，例（13）以无形的音乐喻视觉形象的笑答，其他各例都是以无形质的梦来描绘清泉、叶子、花、小路这些有形事物，使描

写对象具有朦胧之美。

这种以虚喻实的比喻方式的产生，反映了思维的抽象化和人们对抽象世界的准确把握。这说明，此时人们的思维不再光执着于事物的外部形貌，而是能深入地把握事物的内在品质、韵味，这是语言表达式的变化，也是思维方式的飞跃。

二、从喻体的主观化、个性化看主体意识的逐步觉醒对语言的影响

比喻是一种修辞手段，也是一种认知方式——在不同事物中发现相似点的认知方式。而认知活动又受着人们的生存状态和社会观念的复杂影响。

认知活动产生于主体和客体之间的相互作用。人类首先要经过主客体不分的原始思维阶段，随着文明的进化，思维的主客体也逐渐分化，但在主客体分化后，处在不同的历史阶段、不同的文化背景下，主客体的地位是不同的。

在文明社会的早期，出于生存的需要，人们礼拜在大自然的脚下，以惊异的眼光去极力开放各种感观，去观察它，捕捉它，思索它，以从自然界那里获取各种生存条件。尔后人们又以同样的态度去观察社会，以建立良好的秩序化社会，并获得适应社会的方法。总之，人们的目光是投向客体世界，很少把月光投向主体自身，对主体进行内省。此时的人们是对象世界虔诚的小学生和忠实的奴仆，他们唯恐违抗了外在世界的律令。哲学是观念文化最集中的体现，早期以对象世界为主的认知方式反映在哲学上，就是哲学思潮以客观、实用为主流。我国先秦的儒家哲学、法家、农家都有很强的经世致用色彩，都是一种客观化的哲学。文化主流的这种特征在早期汉语的比喻中有很鲜明的反映。在早期汉语里，人们只是按照世界展现的那种非常客观的样子来设喻，要求喻体客观准确地表现本体事物的特征，从而使本体与喻体之间的联想关系符合大家共同的生活经验，而使比喻具有广泛的可接受性，如前文的"飞蓬""柔荑""舜英"等喻体，都是外观毕肖于本体事物，可以与全社会的生活经验发生共振。再如：

(15) 肇我邦于有夏，若苗之有莠，若粟之有秕。《尚书·仲虺之诰》）

(16) 木受绳则直，金就砺则利，君子博学而日参省利乎己，则知明而行无过矣。《荀子·劝学篇第一》）

(17) 民之望之，若大旱之望云霓也。《孟子·滕文公下》）

(18) 以若所为，求若所欲，犹缘木而求鱼也。《孟子·梁惠王章句上》）

(19) 曼余目以流观兮，冀一反之何时？鸟飞反故乡兮，狐死必首丘。(屈原《哀郢》)

(20) 狡兔死，良狗烹；高鸟尽，良弓藏；敌国破，谋臣亡。《史记·淮阴侯列传》）

以上比喻的喻体都是取材于普通生活常识，它们和本体之间的相似性联系是非常客观的。例（15）把商看作禾苗里的杂草，谷粒中的空谷壳。杂草和空谷壳是势必要除掉的，这是全社会的人们所共知的常识，以此表现夏王朝灭商之心非常直接。例（16）木与金经过加工改造可以改良品质，这是生活的经验，这正如君子经过学习以提高自己一样。例（17）在农耕时代，干旱之时希望兴云布雨，这与人民盼望仁政的心情正相吻合。例（18）上树是抓不到鱼的，以此比喻方法错了不可能达到目的，这种比喻极易引起社会共鸣。例（19）、例（20）同上述例证的性质一样。这些比喻本体同喻体间的相似点都有很客观的现实生活基础，因而拥有共同生活经验的人，都可产生相同的联想。

随着人们外部世界知识的日益丰富、充实，人们的目光开始由对象世界转向自身，人的主体意识开始觉醒。人们逐渐看重主体世界的意义：世界是人所认识的世界，离开了主体的感知，世界将变得毫无意义。因此，独立于人的客观世界尽管为人们所共同拥有，但是，由于认识主体不同，每个人都具有一个独具个性的"我的世界"。在我国，主体意识的觉醒有两个很直接的原因：其一是精神贵族阶层——士族的产生和成熟。从魏晋始，一批有着富裕的庄园经济的悠闲士族，他们的认识兴趣不在环境，不在外部世界，而在主体自身。其二，是哲学的影响。魏晋玄学用"以无为本"重新诠释老庄哲学，使人们在

下编 语言与文化——关系专题探讨

哲学观念上摆脱了对有形世界的执着,更加关注内在的精神性的虚无本体,而禅宗顿悟成佛的内省式的认知方式,又更强化了思维中主体的地位。哲学观念的这种巨大变化,表现在文学趣味上,就是文学由重视"再现"客观出发到更重视"表现"主观,文学作品中的比喻也就变得主观化、个性化。它只注重作家的独特感觉,不再太关注客观真实。这种变化似乎是从唐代开始。如:

(21) 向前敲瘦骨,犹自带铜声。(唐·李贺《马诗》)

(22) 银浦流云学水声。(唐·李贺《天上谣》)

(23) 我是个蒸不烂、煮不熟、捶不匾、炒不爆、响当当一粒铜豌豆。(元·关汉卿《不伏老》)

(24) 我道你有似个成精物,咬人的笤帚。(元·王和卿《长毛小狗》)

(25) 人和人,好比水在流;人是水,两旁的楼房是山!(林徽因《年关》)

(26) 微笑从心里泡沫似的浮上脸来……(钱钟书《围城》)

(27) 月色便仿佛一个年老的海盗,虽退守到砖墙的角落,他的眼睛犹青青地闪着光,手里还握着年轻时砍钝了的水手刀。(林清玄《冷月钟笛》)

(28) ……他觉得他们两人都是非常寂寞的,像一丝没有花瓣的荔枝花。(林清玄《法圆师妹》)

上述比喻纯是体现作者独特的主观感受,读者是很难产生与作者相同的联想的。例(21)马纵瘦得露骨,在客观上也不会敲击出铜响声。例(22)银河的流云如河中之水,但无论如何是不会发出水声的。例(23)以生活中本不存在的铜豌豆来比喻自己个性的倔犟。例(24)扫帚本不咬人,作者竟将长毛小狗喻为"咬人的笤帚"。例(25)将高楼中大街上的人流比作山谷中的河流,也是别出心裁。例(26)以泡沫比微笑,相去甚远。例(27)、例(28)更是匪夷所思:将月色比作老年的海盗,将寂寞比作没有花瓣的荔枝花。这些比喻给予人的是新奇的、独特的、陌生的联想关系。

三、从比喻中性爱描写的历史演变看文化对语言的影响

进入文明社会,性爱的生物学意义变得很淡薄,而其社会学、文

化学的属性被突出地表现出来。性爱往往反映了一个社会的价值观、道德观、审美观，因此，通过观察历史上有关性爱描写的比喻的演变，我们可以看出文化对语言的影响。

我国自周秦至唐宋，都是宗法制度很严格的社会，人们的社会行为处处受到严格的封建礼教的约束。同时，为了保持宗族血缘的纯正，强调男女之大防，孔子要求少年戒之在色，孟子倡导男女授受不亲，这些都代表了宗法制国家的全民礼法规范。因此，这些时代的作品中对性爱内容的描写非常有节制，正如孔子论《诗经》是"思无邪"。对女性的外貌描写只限在头部、手部，且作远距离描写：《诗经》是"手如柔荑肤如凝脂……"，汉诗是"手如削葱根"，唐诗是"芙蓉如面柳如眉"。这说明，诗人将爱作为一个纯粹的审美对象来表现，描写是艺术化的纯情描写。

从元代起，社会文化产生了重大变化。首先，从元代起，随着工商业大都市的兴起，市民阶层日益壮大，这个阶层生活较闲适，需要精神生活来充实时间，他们与接受传统文化的士大夫阶层不同，有一种享乐主义的人生态度，由此产生了享乐主义的文化需求。在文学中，传统的儒家注重文学的伦理教化功能的文学思想有所动摇，很多文学完全是为了娱乐市民，因而元曲在性爱描写上开始有表现肉欲的倾向。其后到明代，为了冲破宋代程朱理学对人性的桎梏，文化上出现了一股强劲的反礼教思潮，其哲学代表是李贽的"童心说"，主张人的真性流露，反对封建礼教对人的一切约束。文学以一种极端的形式来回应这一哲学思潮，于是，产生了以明清艳情小说为代表的极端纵欲主义文学，所以从比喻的性爱描写中，我们也可以看出元代的肉欲和明代的纵欲。例如：

(29) 娇眼珠星，指甲春冰。(元·赵文宝《美妓》)

(30) 一窝粉香堪爱惜，近眼花将坠，添他百媚生，动我千金费，春风小桃初破蕊。(元·周仲彬《清江引·咏笑靥儿》)

(31) 晴柳纤柔，春葱细腻，秋藕匀圆。(元·乔梦符《赠罗真真高敬臣胡善甫席上赋》)

(32) 白雪鸡头肉，红冰荔子浆。(元·乔梦符《吴姬浮》)

下编　语言与文化——关系专题探讨

(33) 非云先把罗衣卸下……酥胸，如覆玉杯，两点乳头，猩红可爱。(明·烟水散人《桃花影》)

(34) (月仙)灯影下照见二叔那物，有半尺多长，就如铁枪直挺。(明·西湖渔隐主人《欢喜冤家》)

元代散曲比喻中的性爱描写有两个特征：第一，视点上是近距离的细部描写，如例(29)、例(30)，这与唐宋以前的远距离描写有区别，表现了对女性身体的亲近。第二，有暴露倾向，开始有裸露的描写，如例(31)女子的手臂本在衣袖之中，此处写手臂如秋天的鲜藕般的洁白匀圆，这是裸露的描写。例(32)是隐喻，白雪鸡头肉暗指女子的乳房。水中有鸡头莲，其肉洁白，状如女子之乳，《杨妃外传》"杨贵妃出浴对镜匀粉，裙褪露一乳，唐明皇扪弄曰：'软温新剥鸡头肉。'""红冰荔子浆"是比喻猩红的乳头，这也是非常暴露的。例(33)、例(34)两例是明代艳情小说中的比喻描写，这还是挑选的稍有节制的比喻，但已经不可入目了。从这些比喻方式中，分明可以看出元代以后文学创作对传统文化的反叛。

到了现当代，随着科学理智的觉醒，随着文化规范的建立，文学作品中的两性描写又得到了净化和艺术升华，这时的设喻又是含蓄而得体的。而解放后极左思潮极盛时期，对性爱的描写限制极严，近年文化开禁，有些作者又受西方思潮的影响，对性爱又作原生态的呈现，这一切都在比喻使用中得到了反映。可以说有关性爱内容的文学比喻，将各个时代的价值观念、社会风貌、道德水准作出了最为明晰的反映。

四、从比喻所反映的社会焦点问题的变化看制度文化对语言的影响

每个时代都有它独特的社会焦点问题。社会焦点问题是制度文化的折射，不同历史时期的社会焦点问题都会从那个时代的比喻中表现出来。如果说时代是列车，那么，比喻就是车窗。透过比喻这个车窗，我们可以看到列车在不同旅程中的不同画面。为论述方便，下面我们仅选取两个个性特征非常突出的时代。

其一，汉末、魏晋时期。自东汉末年黄巾起义始，继之群雄割据，

三国鼎立，魏晋时代，南北对峙，一二百年间战祸不已，疾疫流行，死亡枕藉，白骨遍野，纵使社会上层，也生活在饥荒、战祸或内部倾轧之中。这是一个悲哀的、充满苦难的年代，人的生命在这样的年代变得毫无价值。此时人寿极短，生命往往转瞬即逝，下层人民不用说，上层贵族如徐干、陈琳、应玚、刘桢，都是英年早逝，曹植、曹丕也都仅活40岁，何晏、嵇康、张华、潘岳、郭璞、刘琨、谢灵运等一批名流都被杀戮而死。因而，对生活的强烈留恋和生命短促的深深哀伤，就成了此时社会意识形态的核心内容。在哲学上形成了"以无为本"的魏晋玄学，这种哲学认为世界上的一切，包括生活中的人，都是不真实的存在物，"无"是万物的本体和存在的方式。在文学上就处处充满感伤情调，在文学作品中有关生命短促的比喻，比比皆是。例如：

(35) 人生譬朝露，居世多屯蹇。(秦嘉《留郡赠诗》)

(36) 薤上露，何易晞，露晞明朝更复落，人死一去何时归。(乐府歌辞《薤露歌》)

(37) 对酒当歌，人生几何，譬如朝露，去日苦多。(曹操《短歌行》)

(38) 人生寄一世，奄忽若飙尘。(古诗十九首《今日良宴会》)

(39) 人生非金石，岂能长寿考！(古诗十九首《回车驾言迈》)

(40) 生命如朝露，人生忽如寄。(古诗十九首《驱车上东门》)

(41) 人生处一世，去若朝露晞。(曹植《赠白马王彪》)

(42) 青青园中葵，朝露待日晞……少壮不努力，老大徒伤悲。(《长歌行·乐府歌辞》)

(43) 人生若尘露，天道邈悠悠。(阮籍《咏怀其十一》)

(44) 人生若浮寄，年时忽蹉跎，促促朝露期，荣乐遽几何？(张华《轻薄篇》)

(45) 时哉不我与，去乎若云浮。(刘琨《重赠卢谌》)

生命如朝露、如尘土、如浮云，都是以转瞬即逝的事物为喻体来比喻生命的短促，反映了那个时代人们对生命深切的留恋与渴求。

其二，元代。元代是一个非常黑暗和残酷的时代。文明已高度发展的中原地区人民，在蒙昧、文化落后的蒙古贵族的野蛮统治下，过

下编　语言与文化——关系专题探讨

着痛苦、屈辱、贫困的生活。元代的读书人，长期受到蒙古贵族的压抑、排挤，长期生活在社会底层，同普通人民一道，忍受着蒙古贵族敲骨吸髓的剥削。因而，此时揭露统治者贪婪、巧取豪夺的比喻以及表现人民痛苦、贫困的比喻就比较多。例如：

　　（46）夺泥燕口，削铁针头，刮金佛面细搜求，无中觅有，鹌鹑膆里寻豌豆，鹭鸶腿上劈精肉，蚊子腹内刳脂油，亏老先生下手。(佚名《正宫·醉太平·讥贪小利者》)

　　（47）"吃仓廒的鼠耗，咂脓血的苍蝇。""饿狼口里夺脆骨，乞儿碗底觅残羹。"(《陈州粜米》)

　　（48）柴似灵芝，油如甘露，米若丹砂。(周德清《双调·蟾宫曲·别友》)

　　例（46）燕口之泥，针头之铁，佛面之金，都是极言其少，这些可怜的东西尚要搜刮殆尽，可见老先生之贪婪；而鹌鹑膆里寻豌豆，鹭鸶腿上劈精肉，蚊子腹肉刳脂油，更都是为满足自己的蝇头小利不惜屠杀生灵，又是何等残酷。这充分表现出统治阶级贪婪而残暴的剥削者本性。例（47）以老鼠、苍蝇这些丑恶、贪婪的动物来比喻敲骨吸髓的剥削者。正因为这些剥削者的贪得无厌，所以普通人民、下层知识分子就极为贫困。例（48）以柴似灵芝、油如甘露、米若丹砂来比喻自己缺柴乏米，没油少盐的忍饥挨饿的生活。此外，刘时中的《新水令·代马诉冤》、姚守中的《粉蝶儿·牛诉冤》、曾褐夫的《哨遍·羊诉冤》都是以暗喻的手法表现当时社会人剥削人、人压迫人、强者残害弱者的残酷现实。温顺的羊被屠宰，牛马负重行远，终年劳累，风餐露宿，最终一无所得，还落得个被食肉寝皮、葬身肉食者之腹的悲惨下场。所有这些，不正是那个黑暗时代劳动人民悲惨命运的真实写照么？

　　以上四个方面远不能反映文化的全部内容，也没能穷尽比喻在内容上的全部变化，因此只能说是管窥蠡测。文化通常可分为表层的物质文化、中层的制度文化、深层的观念文化。本文是以讨论深层的观念文化为主，前三部分都是有关观念文化的内容，第四部分是论述与制度文化有关的社会生活状态对比喻使用的影响。全文没有涉及物质文化对比喻的影响。实质上这种影响也是明显的，如"光阴似箭，日月如梭"，这只能出现在使用冷兵器作战、使用手工织布的古代社会；而"时代的列车""飞驰如火箭""精神原子弹""反应快得像电脑"，这些比喻只能出现在科学高度发达的今天。

此外，比喻新质的产生并不意味着对旧质的彻底扬弃，演变往往是在保留旧质的前提下，逐渐产生出新质。如后代产生了抽象的、个性化的、主观化的比喻，并不意味着后代把古时具体的、客观的、具有社会共性的比喻完全抛弃，相反，传统式的比喻一直在今天仍有生命力。文化的内容无限丰富，历史上出现过的比喻又浩如烟海，这是永难穷尽的大题目，我们还可继续探讨。

（郭焰坤）

主要参考文献：

[1] 李运富. 二十世纪汉语修辞学综观［M］. 香港：香港新世纪出版社，1992.

[2] 李泽厚. 美的历程［M］. 北京：文物出版社，1981.

[3] 列维-布留尔. 原始思维［M］. 北京：商务印书馆，1981.

[4] 皮亚杰. 发生认识论原理［M］. 北京：商务印书馆，1981.

[5] 汤用彤. 汤用彤选集［M］. 天津：天津人民出版社，1995.

[6] 王培基. 修辞学专题研究［M］. 西安：陕西教育出版社，1994.

[7] 游国恩. 中国文学史［M］. 北京：人民文学出版社，1963.

下编 语言与文化——关系专题探讨

努力培养双言双语人

语言保护和语言沟通,是当代语言生活的两大课题,也是牵涉到语言国策的两大课题。解决这两大课题必须统筹考虑,只谈语言保护还是只谈语言沟通,都是片面的;孤立地强调语言保护或语言沟通,都会带来一定的社会问题,甚至是严重的社会问题。中国是一个多方言多语言多文化的发展中的大国,语言问题相当复杂,因此,合理解决语言保护和语言沟通的问题就显得尤为重要和急迫。本文认为,造就大量的双言双语人,是统筹解决这两大课题的重要途径。文章还重点考察当前我国造就双言双语人所存在的若干问题,并提出一些对策。

一、语言生活的两大课题

不少人都在使用"语言生活"这一概念,但是至今缺乏一个关于语言生活的明确定义。本文所说的语言生活,是指学习、运用和研究语言文字的各种活动,以及对语言文字研究成果的各种应用。依此定义,语言生活的领域异常广阔,语言生活在整个社会生活和社会发展中占有十分重要的地位。为保证语言生活的健康、丰富和有序,政府要作出包括语言政策在内的各种语言规划。当今中国,乃至世界,在制订语言规划时都应考虑语言生活中的两大课题:语言保护、语言沟通。

(一)语言保护

我国是一个语言资源十分丰富的国度。首先,汉语是世界上少有的方言如此分歧复杂的语种。从史的方面着眼,方言是古代语言和古代文化的"化石库"。方言中保存着大量的古代语言的成分,通过不同方言的比较研究,可以拟测古代语言的面貌,发现语言发展演变的规律。方言也是地域文化的重要负载者，民族文化不是抽象的，是由丰富多彩的地域文化综合构成的。而且在方言及其所负载的地域文化中，蕴含着古代的民族文化的成分，具有重要的不可替代的文化价值。从现实和未来着眼，方言又是民族共同语的"营养基"。基础方言规定了民族共同语的基本面貌，推动着共同语的发展；非基础方言则滋润着民族共同语的发育。20世纪80年代以来，现代汉语发生了并正在发生着重要变化，粤方言、闽方言、吴方言以及在这些方言基础上所形成的"地方普通话"，为近十几年来现代汉语的变化作出了重要贡献。当代新词新语的产生、外语词的译借、新的句法格式的出现和语体风格的嬗变，有许多都应归功于这些方言。因此，不管是着眼于历史还是现实和未来，众多的汉语方言都是不可多得的语言、文化财富，都是具有极大的开发利用价值的语言、文化资源。

中国境内有汉藏语系、阿尔泰语系、南亚语系、印欧语系、马来-波利尼西亚语系五个语系的60多种民族语言。这些语言无疑是语言学的宝库，为汉藏语系的谱系比较研究，为语言类型学、语言联盟等方面的研究，提供了得天独厚的基础条件。民族语言是传统民族属性的一种标志，系连着民族的情感，它的地位和命运在一般情况下也体现着或关系着它所属的民族的地位和命运。民族的语言也是民族文化的重要载体，众多的民族语言，代表着众多的文化样式。不同文化的接触和交融可以推动文化的快速发展，甚至可以创造出新的文化。因此，众多的语言及其所代表的众多的文化样式，是财富，也是可供开发利用的资源。

但是，应当看到，随着各地、各族人民的交往越来越密切，社会生活的变迁越来越迅速，汉语各方言和许多民族语言的面貌正在发生重大变化，一些汉语的土话和一些少数民族语言正在消亡。语言不同于其他东西，一旦消亡便不能复活也无法复制，语言消亡也将带来文化、次文化的消亡或"化石化"。因此，语言保护（或曰语言—文化保护）已刻不容缓。

当前，愈来愈多的人已经认识到了环境保护、物种保护、水土保

下编　语言与文化——关系专题探讨

护、文物保护等的重要性和迫切性，社会宣传的力度、采取的保护措施和投入的人力精力都比较大。但是非常遗憾的是，却很少有人意识到语言保护的重要性和迫切性。

(二) 语言沟通

在和平与发展的世界新秩序中，在日新月异的信息时代，每个地区、每个民族都不能把自己封闭起来。各地区、各民族为自己的生存与发展，必须相互接触、相互了解和理解，必须相互交流、相互借鉴与合作，以减少分歧、误解和争端，相互促进，携手发展。地区间民族间的接触、交流与合作，必以语言为先导。因此，需要语言沟通（或曰"语言—文化沟通"）。

汉语各方言间正以前所未有的速度缩小差异，"众星拱月"般地向普通话靠拢；国内外各语言间的相互接触、相互渗透也日渐增多。不同地区、国内各民族和国内外的语言沟通，在我国改革开放大潮的推动下有了相当大的发展。但是在中国，方言间的隔阂和语言间的沟壑，仍极大地妨碍着人们的语言交际和文化交流，大大小小的、或隐或现的、直接的或间接的、国内的和国际的语言冲突和文化冲突时有发生。因此，在当今中国的语言生活中，既需要考虑语言保护问题，保护和开发各种语言资源和文化资源，繁衍自己的语言和文化（包括次文化），保持其地域特色和民族属性，又需要认真解决语言沟通的问题。

(三) 双言双语人

语言沟通与语言保护具有一定的矛盾性。语言的沟通往往影响到对语言的保护，过分的不恰当的语言保护则势必影响语言沟通。二者之间的矛盾性，决定了必须统筹考虑语言保护和语言沟通的问题，孤立地片面地强调某一方面都是不合适的，都会带来社会问题。寻求二者兼顾的语言对策，是宏观社会语言学的一项使命。我们觉得，造就大批的双言（包括"多言"）双语（包括"多语"）人，是解决语言沟通与语言保护这对矛盾的一种较好途径。

双言人是指起码能够使用两种方言的人；双言人所使用的方言中，

一般有一种是母言。双语人是指起码能够使用两种语言的人；双语人所使用的语言中，一般有一种是母语。在获得和使用母言或母语的过程中，双言双语人便把某种方言、语言及其所植根的文化继承下来，并繁衍开去，起到一定的语言保护作用。在获得另一种方言和语言的过程中，双言双语人也了解了另一种方言、语言及其所植根的文化，并具有了同另一方言区、另一语言社团的人进行语言沟通的能力。而且，双言双语现象具有相当强的稳固性，一些民族的双言双语现象已经持续了几百年甚至几千年。因此，造就大量的双言双语人，可以兼顾语言保护和语言沟通。

二、培养双言双语人所存在的若干问题

双言双语人古已有之。王健庵（1992）、喻遂生（1993）、金若（1993）等对《诗经》和两周金文韵文的研究表明，起码在西周时代汉语已有方言存在。有方言和方言间的交际，就必然有双言人。汉族与周边民族的交往起码在甲骨文时代已经开始，语言是民族交往的先导，因此，起码在商代就有双语人存在。双言双语人历代不绝，他们为地区间和民族间的交流作出了不容忽视的贡献。从清朝末年"同文馆"的设立和汹涌澎湃的国语运动的开展以来，双言双语人才的培养开始进入了新的历史阶段。在100年的历史中，中国通过教育等方式培养了许多双言双语人。

20世纪50年代以来，我国大陆在推广普通话和外语教育等文化建设方面做了大量的工作，取得了喜人的成绩。但是，这些工作和成绩与今天的现代化建设的需要还有一定的距离。关于我国培养双言双语人方面的成绩，在政府的报告和许多论文论著中都已有反映，本文只打算讨论一下这方面存在的问题。我们觉得，我国大陆在造就双言双语人方面还存在如下一些值得考虑和重视的问题：

（一）大多数人还是单言单语人

只会讲一种方言的人可称为"单言人"；只会讲一种语言的人可称为"单语人"。一般说来，单言人一定是单语人，但是单语人不一定是单言人。现在，我国大多数人的语言生活仍然是单言单语式的。从地

域分布上看，单言单语人主要集中在交通、通信不发达的地区（民族杂居地区除外）；从社会分布上看，年龄较大和文化水平较低的人群中，单言单语人的比例较大。特别值得注意的是，大陆尚存在着一定数量的青壮年文盲或半文盲，在贫穷落后地区还存在着少年儿童失学的现象，新的文盲和半文盲不断孳生。文盲和半文盲中的绝大多数都是单言单语人，这就意味着单言单语人还在大批量地产生。这种状况无疑会严重地影响地区间和民族间的语言沟通。

（二）弱势双言双语人的比例过大

任何方言和语言，在法律地位上应是一律平等的，没有优劣高下之分。但是，在现实语言生活中，由于历史、文化、政治、经济和使用人口等方面的差异，不同的语言和方言在交际价值方面有强势和弱势之分。一般说来，使用范围较广、交际价值较高的方言、语言是强势的；使用范围较窄、交际价值较低的方言、语言是弱势的。

就当前我国的语言生活来看，普通话是强势方言（从社会语言学的角度看，普通话也是一种方言，是地位较高的权威方言）；汉民族是中国的主体民族，汉语的使用范围较广，是中国诸语言中的强势语言。就世界范围来说，英语等一些大语种的使用范围较广，交际价值较高，是强势语言。能较好地掌握和使用强势方言、强势语言的双言双语人是"强势双言双语人"；没有掌握强势方言、强势语言的双言双语人，或不能较好地掌握和使用强势方言、强势语言的双言双语人，是"弱势双言双语人"。弱势双言双语人比之单言单语人在语言沟通方面稍有优势，但其优势远不如强势双言双语人。

在我国的双言双语人中，弱势双言双语人的比例过大。许多双言人所掌握的方言中没有普通话这种强势方言，或者说的是方音特别重的"地方普通话"。许多操双语的少数民族成员，或者其双语中没有汉语，或者说的是某种弱势的汉语方言，或者说的是"地方普通话"。许多会说外语的中国人，其外语水平也相对较低，有相当一部分人不能用外语进行较为自如的全方位的交际，他们也是弱势双言双语人。

产生弱势双言双语人比例过大的原因主要有二：

· 529 ·

1. 我国语言教育的范围和质量都还不够理想。大陆推广普通话的工作开展了几十年，但是由于人口众多，方言复杂，再加上"文化大革命"的冲击、"粤语北上"的影响和其他社会因素的干扰，能够讲普通话的人仍然集中在某些行业、某些地区和某几个年龄段。外语教育的范围和条件比起普通话教育来就更为有限。

2. 许多双言双语人一般都是"自然双言双语人"。自然双言双语人不是通过正规教育的途径获得第二方言、第二语言的，而是由于迁徙、旅居、杂居或生活在双言双语环境中自然而然习得（Acquisition）的。由于我国的语言分布状况，自然习得普通话的机会并不很多，如分布在我国东北、西北和西南的少数民族，即使掌握了汉语，也多是东北、西北和西南地区的汉语方言，而不是普通话。南方方言区的人，自然习得的第二方言也多是南方的方言或带有较强南方味的地方普通话。

（三）普通话和外语教育的起始年龄偏大

应该承认，我国对普通话教育和外国语教育是相当重视的，特别是改革开放的新时期。但是效果并不怎么理想，社会用于语言教育的投入、个人用于语言学习的投入都很大，但与产出却很不成比例。原因是多方面的，其中一个最为主要的原因，是普通话和外语教育的起始年龄偏大。

伦内伯格（E. Lenneberg）、彭菲尔德（W. Penfield）等人的研究表明，语言学习在年龄上有最佳期和临界期。查穆伯斯（J. K. Chambers）在《方言习得》（*Dialect Acquisition*）中把语言习得者分为"早期习得者"和"晚期习得者"。他指出：早期习得者（7岁和7岁以下）可以顺利习得语言；晚期习得者（14岁和14岁以上）几乎不能顺利习得语言；7至14岁之间的人，有的属于早期习得者，有的属于晚期习得者。虽然学术界对语言学习的最佳期和临界期的年龄还有不同看法，但多数的研究认为，语言学习的最佳期在7岁左右，临界期在13岁左右。7岁之前可以较快地、地道地掌握任何一种口语；临界期以后再学习语言就比较困难，而且难以学得地道。

下编　语言与文化——关系专题探讨

　　在我国大陆地区，条件较好的城市学校多数是在小学五年级开始教外语，条件较差的乡镇学校多是在中学才开没外语课。学生开始学习外语的年龄已接近临界期或在临界期之后，加上部分地区学生的外语成绩与升初中、升高中甚至升大学（少数专业除外）的关系并不太密切，一般都收效不大。绝大多数人的外语其实是在大学或专门的外语教育机构学习的。学校的普通话教育状况比外语教育状况稍好一些，但是，使用方言和地方普通话进行教学的学校并不在少数，特别是乡镇学校和南方方言区的学校。许多学生在语言学习的临界期之前并未掌握普通话。

　　普通话和外语教育的起始年龄偏大，造成了普通话教育和外语教育的高投入、低产出，造成了全社会的普通话水平不高和外语水平低下的局面。语言教育的起始年龄偏大，固然与教育条件（如师资条件等）有关，但主要原因是在教育指导思想和语言教学等方面，忽视了语言学习的规律，对造就强势双言双语人的意义缺乏自觉的认识。

　　（四）少数民族地区的双语教育问题

　　中国是一个多民族国家，少数民族地区的教学语言问题是一个较为敏感的问题。许多专家认为，语言教育中使用母语，可使个人充分发展，民族的语言和文化得到保存和延续；而且，学习主体民族的语言，不仅有助于民族间的理解、交流与团结，而且也有利于少数民族自身的发展。因此，少数民族实行双语制，少数民族地区实行双语教育，从任何角度看都是正确的和必要的。当然，少数民族的双语教育要充分考虑民族自己的愿望，既要防止"语言同化主义"，也要克服"语言封闭主义"。

　　少数民族地区的双语教育有许多问题值得思考和研究，例如：

　　1. 在哪个年龄段，或者说在儿童的母语发展到何种水平时开始进行汉语教育最为合适？

　　2. 是否有可能在儿童语言学习的临界期前后完成最基本的双语教育（特别是口语教育）？

　　3. 母语与汉语在教学中如何分工与合作？比如，哪些课程适合用母语教学，哪些课程适合用汉语教学？

4. 怎样提高少数民族语言的现代科学技术和现代文化的含量，提供较为充足的适合少数民族学生学习的母语和汉语的课外读物？

（五）母语水平滑坡

汉民族的母语水平近些年出现了滑坡现象。从社会用字、店铺命名、书信招贴、街谈巷议等方面都可以明显地感受到：社会的文化含量在急遽下降，"语言羞耻心"正在失落。其实，这种状况在素有"文化殿堂"美誉的高等学府中也是如此。据《文汇报》1995年11月14日载，有一所国内有名的工科大学曾对该校3511名新入校的专科生、本科生、硕士生和博士生进行了中国语文水平测试，总平均分仅为63.9分，有一半以上的考生写不出一些较常用成语中的字。特别是外语都已有相当水平的硕士生和博士生，其中国语文水平测试的平均分数竟然不及格，还不如大学生。凡是在高校工作的人大约都相信，这种现象绝不是个别高校的个别现象，而是具有相当的普遍性。

母语水平滑坡，有传统上重理轻文观念的潜在作用，有"文化大革命"对教育摧残的后遗影响，有现在的高考制度对基础教育所产生的负面效应，有大学教育中"文理分家"所酿的苦酒，但是外语对汉语的冲击也是重要的原因之一。在研究生录取、谋职就业、晋职晋级等关系人生前途命运的重大问题上，外语的作用比汉语的作用要重要得多，这无形中造成了重外语、轻母语的不良文化心态。这种心态蔓延下去，特别是在高级文化人才中蔓延下去，将对语言保护和语言沟通造成双重威胁。学习外国语，有利于民族间的交流和国际合作，但不能失去母语的根。现在，国家教育主管部门正在采取措施，变"应试教育"为"素质教育"；国家语言文字工作委员会也正在着手加强大学生（特别是理工科大学生）的母语教育工作。希望通过这些工作，能"把根留住"。

三、对策思考

无论从我们今天所处时代还是从我国的政治、文化和经济等方面着眼，都必须对如上所述的问题采取积极、有效的对策。对策有许多，

下编 语言与文化——关系专题探讨

限于篇幅,这里只谈研究方面的对策。

重大的社会文化活动,必须有坚实的科学研究的基础,不能仅凭热情和轰轰烈烈的运动。"二简"方案的教训就在这里。当前,人们对双言双语的认识还相当有限,我感到,需要研究的课题有如下一些:

1. 中国双言双语的历史考察。以史为鉴则明。

2. 中国双言双语的现状、问题与对策。这方面要特别注重田野调查和实证性研究,制订对策要有宏观社会语言学理论和应用语言学的理论作指导,要富有远见,要符合国情。

3. 双言双语教育的规律及教育改革。双言双语教育应遵从语言学习规律。语言学习规律是我国学术研究中的薄弱领域。就各种类型的语言学习而言,儿童第一语言习得是最为成功的,应加强对第一语言习得的研究,从中获取有益借鉴。

4. 双言双语人的心态与优势。

5. 大批量培养双言双语人的规划与措施。规划与措施要具有可操作性,要有法律效力。

总之,语言是文化(和次文化)纵向传承的"基因",是不同文化、次文化横向交融的津梁。语言资源的保护与开发,就某种意义而言,比物种资源、文物资料的保护与开发更为重要。应加紧对我国方言和语言的调查研究,建立能保存方言和语言真实面貌的音档,设法创造一个良好的语言生态环境。与此同时,在现代科技、政治、经济等大背景下制订语言沟通战略,争取在不长的时期内培养出大批的强势双言双语人,以利于国际、国内的交流与合作,以利于中国迅速地走向现代化。

(李宇明)

主要参考文献:

[1] 陈恩泉,等. 双语双方言(三)[M]. 香港:汉学出版社,1994.

[2] 陈前瑞. 方言习得的八条原则——介绍 J. K. Chambers 的《方言习得》[J]. 国外语言学,1994 (3).

[3] 国家对外汉语教学领导小组办公室. 各国推广本族语情况汇编[M]. 北

京：北京语言学院出版社，1990.

[4] 国家语言文字工作委员会法规室. 语言文字工作百题 [M]. 北京：语文出版社，1995.

[5] 金颖若. 《诗经》韵系的时代分野 [J]. 古汉语研究，1993 (4).

[6] 李宇明. 儿童语言的发展 [M]. 武汉：华中师范大学出版社，1995.

[7] 眸子. 语言生活与精神文明 [J]. 语文建设，1997 (1).

[8] 孙宏开. 试论我国的双语现象 [J]. 民族研究，1983 (6).

[9] 王健庵. 《诗经》用韵的两大方言韵系 [J]. 中国语文，1992 (3).

[10] 邢福义. 文化语言学 [M]. 武汉：湖北教育出版社，1990.

[11] 许嘉璐，等. 中国语言学现状与展望 [M]. 北京：外语教学与研究出版社，1996.

[12] 严学窘. 中国对比语言学浅说 [M]. 武汉：华中工学院出版社，1985.

[13] 语文出版社. 语言文字规范手册（增订本）[M]. 北京：语文出版社，1993.

[14] 喻遂生. 两周金文韵文和先秦"楚音"[J]. 西南师大学报，1993 (2).

[15] 周有光. 新语文的建设 [M]. 北京：语文出版社，1992.

下编　语言与文化——关系专题探讨

论"五种不翻"
——梵汉对音语料的甄别

　　科学研究的基础是资料。在撰写学术论著的过程中,资料的收集、分析、比较、考订、鉴别、甄选、分类、排次、整理,大约占全部研究时间的一半乃至三分之二。其中,资料的甄别又是十分重要的一环,影响到研究工作的优劣或成败。如果对资料的真伪判断有误,对资料的性质认识不清,学术研究就必然会出现问题。所以,古代学者非常强调目录、版本、校勘、辨伪、辑佚等诸学科的重要性,认为这些知识和能力是治学之津逮,著述之门户。

　　语音史研究有两个主要任务,一是音类的分析,一是音值的构拟。汉语古音的构拟的方法,主要是历史比较法和对音还原法。这两种研究,对语料的要求完全不同。

　　历史比较法是利用现代有亲属关系的语言或方言,来构拟古音。构拟的古音,必须能解释古代汉语文献所反映出来的所有有关的音韵行为,例如谐声、假借、异文、重文、押韵、读若、直音、反切、双声叠韵、韵图的音韵地位等等,同时还要能解释从构拟的古音到现代语言或方言的演变,而且这种解释必须符合普通语言学的通则。对音还原法,前人称作"译音对勘法",是利用古代用外族拼音文字记录的汉语的读音或用汉字记录的外族拼音文字的读音,来推求汉语的古音,用汉字记录的外族语的读音,有的并非那种语言的语词,而只是一些有音却没有意义的音节,例如字母表、宗教咒语等等,跟一般的音译词性质不同,所以我们采取"对音"的术语,不把它们称作"译音"。

历史比较法的性质是一种逆向的比较，它所使用的语料彼此之间是历时同源的关系，构拟的古音是一种可能的音值，构拟的可靠性在于其解释力，能解释的语言现象越丰富，可靠性就越大，学者研究时追求的是尽量逼近实际的读音；对音还原法的性质是一种横向的对比，它所使用的语料彼此之间是共时异源的关系，即使是有亲属关系的语言，例如汉语和藏语、汉语和泰语，研究者也只关注它们之间的接触和移借，并不管它们之间有没有发生学上的同源关系，它是利用外族语的拼音文字，来考订汉语的古音，这种音值应该是当时汉语的实际读音，只是因为两种语言间语音系统的差异，不免会丢失若干语音信息，造成一些误差，学者研究时追求的是尽量不偏离实际的读音，因此我们认为把这种方法称作"对音还原法"，更能反映它不同于历史比较法的特点。

这两种研究方法的性质是如此大相径庭，就决定了二者对研究材料的要求也就极不相同，几近截然相反。对音还原法使用的语料是对音，其中大量的是音译词，也就是借词，研究者认为最理想的情况，是借词和源词的物质外壳——语音——完全等同。历史比较法使用的材料是同源词，研究者认为语音形式存在差异但有严整对应关系的词，优于语音形式相似的词，物质外壳相同或相似的词，一般都是借词，应该予以剔除。近年来，我国汉藏比较语言学界，对于同源词和借词的鉴别、同源词的择词标准展开了热烈的讨论，取得了丰富的研究成果。相比较之下，关于对音还原法的语料问题却几乎没有人关心，显得十分沉寂。

词语的移借是一种重要的语言—文化现象，借词是语言接触和文化碰撞的产物，借词的性质，跟借方民族和贷方民族的文化有着密不可分的关系。因此，借词研究跟文化研究有着天然的联系，借词从来都是文化语言学研究的重要对象。对音还原法的语料甄别，仅仅靠对语音、语义、语法、语用的纯语言学的研究是难以解决的，还必须借助于对语言学之外的文化的各个层面的研究。

对于古代汉语的音值研究来说，对音还原法的语料，最大宗的是

下编　语言与文化——关系专题探讨

梵汉对音。我们可以以梵汉对音为例，来讨论对音研究的材料问题。

梵汉对音，主要是指佛经翻译中的音译。在长期的翻译实践中，经师对于什么时候该意译，什么时候该音译，逐渐摸索总结出来了一些原则，其中最著名的是唐代玄奘提出的"五种不翻"。

关于"五种不翻"，在现存的玄奘的译经和著作中并无记载，而是见于宋释法云《翻译名义集·十种通号》"婆伽婆"条下："唐玄奘法师明五种不翻：一秘密故不翻，陀罗尼是。二多含故不翻，如薄伽梵含六义故。三此无故不翻，如阎浮树。四顺古故不翻，如阿耨菩提，实可翻之，但摩腾已来存梵音故。五生善故不翻，如般若尊重，智慧轻浅，令人生敬，是故不翻。"①

第一种不翻的原因是"秘密"，"陀罗尼"（Dhāraṇī），即密咒（Mantras），又译作真言。据密教传说，大日如来于色究竟天对自己的眷属说《大日经》《金刚顶经》，由金刚萨埵结集，释迦逝世后八百年，龙树菩萨开南天铁塔，亲从金刚萨埵受两部大经，创造了密教。显教弘扬佛法，密教设坛诵咒，将大乘佛教的理论和外道婆罗门教的某些教义相结合，以高度组织化的咒术、仪礼、民俗信仰为其特征。密教僧徒自称显教是应身佛释迦牟尼对一般凡夫说的法，各应所化之机说大小乘诸教义，显露而浅略，密教是法身佛摩诃毗卢遮那即大日佛集自己眷属说的大法，密奥而不可思议，都是秘密真言，所以密宗又称真言宗。

密咒，有很多没有什么意义，只是一些有音无义的音节，"言辞秘密，如诸神咒，虽立语言，词句义密，人不能解究此密谈之法"。（宋法云《翻译名义集》卷五《增数譬喻篇》"斫讫罗"条）咒语的威力在于音节的读音，不在于其中包含的实际的语义，"其咒中字，但取声韵，以响梵字，并不合训释"。（唐慧琳《一切经音义·大宝积经第三十二卷》"陀罗弭拏咒"条）经师甚至认为将梵咒意译为汉语是极其错误的，如慧琳《一切经音义》在《大宝积经第十卷》末就慎重地提出："从此已下，有诸天真言二十五道，古人译为汉语，讹失圣意，文句蹇涩，读诵甚难。"

在释迦牟尼以前，古印度的婆罗门教就已经把诵咒看得很重要。玄奘《大唐西域记》卷二《印度总述·教育》说："其婆罗门学四《吠陀论》：一曰寿，谓养生缮性；二曰祠，谓享祭祈祷；三曰平，谓礼仪、占卜、兵法、军阵；四曰术，谓异能、伎数、禁咒、医方。"四《吠陀》是婆罗门教最根本的圣典，术，即"阿闼婆"（Atharva）的意译。《阿闼婆吠陀》（Atharvaveda），意即《禳灾明论》，全书收诗731首，约六千颂，大都是免恶鬼病毒怨贼等灾害的禁咒。他们认为梵文是诸天的语言，念诵圣咒发音如果不正确，天神就要降祸。这种古代的迷信，直接影响到佛教，特别是密教。所以密咒不能意译，只能音译，诵咒是直接与佛对话，可以不懂咒语的意义，但发音必须绝对准确。译经师对音时，出于宗教信仰，必须严格选择最恰当的字音，保证丝毫不走样，这样可以使不懂梵文的人依照汉字念诵，也能发出正确的语音，否则不但收不到辟邪禳灾、祈福求财的效果，反而会因为诵咒而得祸。因此，同一密经隔一段时间常常重译一过，不同的译本是为了适应变化了的汉语语音，使不同时代的人按照不同的语音念不同的汉字，却都能诵出梵咒的同一音节。慧琳《一切经音义·大乘理趣六波罗蜜经卷第二》所说："次音真言，经上用字，与梵音乖僻不切当。惠琳再译诸真言一遍，今编入陀罗尼卷中，略指用字不当处，后学者于梵文上勘取，方验知之。"就是出于这种虔诚的宗教信仰。

第二"多含故不翻"，指的是梵文的多义词，汉语没有相当的词时必须音译。玄奘所举的例词"薄伽梵"，梵文是 Bhagavān，为体声、一言声、男声（主格、单数、阳性），女声是"婆伽婆" Bhagavat，原本是婆罗门教对于长者的尊称，佛教用来称呼佛祖释迦牟尼，是如来十号之十。佛教说释迦牟尼有十种名号："应供、正遍知、明行足、善逝、世间解、无上士、调御丈夫、天人师、佛、世尊。"世尊是薄伽梵的意译，意思是说佛功德具足，世间咸尊，又于世独尊。后秦鸠摩罗什译《大智度论》提出薄伽梵有"有德、巧分别、有名声、能破"四义（卷二《释初品·释婆伽婆》），玄奘所译《佛地经论》卷一认为薄伽梵有六义："薄伽梵者，谓薄伽声依六义转，一自在义、二炽盛义、三端严义、四名称义、五吉祥义、六尊贵义。如有颂言：'自在、炽盛与端严，名称、吉祥及尊贵，如是六种义差别，应知总名为薄伽。'如是一

下编 语言与文化——关系专题探讨

切,如来具有,于一切种,皆不相离,是故如来名薄伽梵。其义云何?谓诸如来,永不系属诸烦恼,故具自在义;焰猛智火所烧练,故具炽盛义;妙三十二大士相②等所妆饰,故具端严义;一切殊胜,功德圆满,无不知,故名名称义;一切世间,亲近供养,咸称赞,故具吉祥义;具一切德,常起方便,利益安乐一切有情,无懈废,故具尊贵义。或能破坏四魔怨,故名薄伽梵。……又此一名,总摄众德,余名不尔。"慧琳《一切经音义》在解释《大般若波罗蜜多经·初分缘起品》中"薄伽梵"一词时,也引用了《佛地经论》这段偈句,并指出:"此为文含多义,译经者故存梵言。后有梵语及陀罗尼句,准此应知。"《大般若经》的译主就是玄奘,可见玄奘译经的体例,是将"薄伽梵"之类的"多含"的梵文语词,和陀罗尼一般看待,采取音译的办法处理。

"三此无故不翻,如阎浮树",指的是中国没有的事物,必须音译。阎浮(Jambu),是遍布于印度的落叶乔木,学名Eugenia jambolana,属姚金娘科蒲桃属,中国叫作"海南蒲桃",别称"子栋树""乌树"等。树形高大,白花芳香,浆果甘美,大如雀卵,先为黄白色,次转橙赤紫色,熟后成带黑深紫色,所以有一年三变之说。传说释迦牟尼为太子时,见耕农之苦,在阎浮树下静默思想,第一次默想到"人生是苦""人生无常",遂生遁世之志,所以佛教把阎浮树视为圣树。五代义楚《释氏六帖》卷十八《草木果实部·树》:"阎浮提树,在中国无对,所以不翻。"阎浮提(Jambudvipa),新译为"赡部提",即所谓"南赡部洲"。唐慧苑《新译大方广佛华严经音义·光明觉品》:"阎浮提,正云赡部提。赡部,树名也;提,此云洲。谓香山上阿耨池南,有一大树,名为赡部,其叶上阔下狭,此南洲似彼,故取为名也。"玄奘《大唐西域记》卷一《序论》解说咸海中四洲时说:"南赡部洲,旧曰阎浮提洲,又曰剡浮洲,讹也。"卷六《蓝摩国·太子解衣剃发处》:"回驾窣堵波东,有赡部树,枝叶虽凋,枯株尚在。"③

"四顺古故不翻,如阿耨菩提,实可翻之,但摩腾已来存梵音故。"阿耨菩提,是阿耨多罗三藐三菩提(Anuttarāsaṃyaksaṃbodhi)的略语,佛教认为是唯佛一人才能具有的无所不知的超人智慧，慧苑《新译大方广佛华严经音义·如来名号品》："阿，此云无也；耨多罗，上也；三，正也；藐，等；三，正也；菩提，觉也。总应云无上正等觉也。"摩腾，即迦叶摩腾（Kāśyapamātaṅga）。传说汉明帝夜梦金人，身长丈六，顶有白光，飞行殿庭，傅毅说是天竺之佛，明帝乃遣使西域求取佛法，路遇摩腾和竺法兰，永平十年（67），白马驮经和佛像返回洛阳，次年创立白马寺，译出《四十二章经》，为佛藏中最早的译经。但现存《四十二章经》中并没有"阿耨菩提"这一极普通的极常见的佛学术语，与玄奘的记载不符，说明今传《四十二章经》并非唐人所见之书。学术界对永明求法的传说，多持怀疑态度，但都没有注意到这一条材料。玄奘说的"顺古故不翻"，指的是对于经师传承的音译，可以沿袭不改，不必重新意译。

第五"生善故不翻"，玄奘举的例子是"般若"。般若，是梵文 Prajñā 的音译，意为"智慧"，全称为"般若波罗蜜多" Prajñāpāramitā，意思是"智度"，为佛教六度之一。慧琳《一切经音义》卷一《大般若波罗蜜多经·初分缘起品》："般若波罗蜜多，具足应言摩贺钵啰枳孃播啰弭多。梵云摩贺，唐言大；钵啰枳孃，唐言慧，亦云智慧，或云正了知；播啰弭多，唐言彼岸到，今回文云到彼岸。"六度，又叫作"六到彼岸""六度无极"，指布施、持戒、忍辱、精进、禅定、智慧，可度生死海达涅槃彼岸，是大乘佛教修行的主要内容。佛教认为六度中，智度第一，一切智慧中，般若波罗蜜第一，非世间其他智慧可比。后秦鸠摩罗什译《大智度论》卷四十三《释集散品第九之余》："何以故名般若波罗蜜者？般若背，秦言智慧，一切诸智慧中，最为第一，无上无比无等，更无胜者，穷尽到边。……世间三种智慧：一者世俗巧便，博识文艺仁智礼敬等；二者离生智慧，所谓离欲界，乃至无所有处；三者出世间智慧，所谓离我及我所，诸漏尽声闻、辟支佛智慧①。般若波罗蜜为最殊胜，毕竟清净无所著故，为饶益一切众生故。声闻、辟支佛智慧，虽漏尽故清净，无大慈悲，不能饶益一切故不如，何况世俗罪垢不净欺诳智慧？三种智慧，不及是智慧。"因此，玄奘认为

下编　语言与文化——关系专题探讨

"般若尊重，智慧轻浅，令人生敬，是故不翻"。意译"智慧"，不能准确完整地表达"般若"一词深奥的宗教含义，为了维护佛学教义，就只能音译。

玄奘是从宗教、文化的角度提出"五种不翻"，标准互相交叉。如果将它们看作梵汉对音的语料，"五种不翻"可以分成两类，陀罗尼是一类，其他四种不翻是一类，都是译名。

1922 年北京大学《国学季刊》一卷一号发表胡适译的俄国钢和泰的著名论文《音译梵书和中国古音》一文，首倡利用梵汉对音来研究汉语古音音值。文章充分肯定了梵咒的研究价值："梵咒的音读因为有宗教的性质，故在中国古音学上的价值比一切非宗教的译音（如地名人名等）格外重要。此外，这些咒还有一个优点：译者的姓名与年代往往都有记载可考，不比那些不带宗教性质的地名人名大都是不知起于何代的。况且平常的外国地名人名至多不过是几个字，而一篇陀罗尼里有时竟有几千个字的。这一点更可见这些梵咒的价值了。"

密咒在中国的传译，可以分成三个时期。自从佛教东流，印度古密教也同时传入，来中国弘化大小乘的外国僧徒，一般也传习密教。据梁僧佑《出三藏记集》卷十三《尸梨蜜传》记载，西域沙门尸梨蜜（梁慧皎《高僧传》卷一本传作帛尸梨蜜多罗）在西晋怀帝永嘉年间来到京城洛阳，善持咒术，译出《孔雀王神咒》，后世认为是密咒传入中土之始。实际上，三国时印度沙门竺律炎就曾在杨都译出《摩登伽经》二卷，其中就有陀罗尼咒八首，时为孙权黄龙二年庚戌（230），事见唐智升《开元释教录》卷二《总括群经录·吴孙氏》。同时支谦（字恭明）也翻译了大乘佛教陀罗尼门修行的要籍《无量门微密持经》，经中有八字真言。支谦虽然因为主张意译，将这首八字梵咒也译为汉语，但僧佑《出三藏记集》卷七载有支谦《合微密持经记》，说他将自译和旧译《阿难陀目佉尼呵离陀邻尼经》《无端底总持经》对勘，经文上下对应排比，首创会译的体裁，文中说"（三本）文具参差，或胡或汉音殊"，可见旧本是有音译的。可惜这两种旧译现在都已经亡佚，当时也已经失译人名，不能确切了解出经的时间，但也足以说明汉土密咒对音之早。密教在印度产生后,大乘经中就渗有密咒,来华的天竺和西域僧人,大都译有密咒,历代不绝,日渐流行,但此时梵咒的传译不成体系,被称为"杂密"。密教传入中国的盛期,是在唐玄宗时。唐开元初,中天竺善无畏、南天竺金刚智及其弟子不空先后来华译经传教,才形成中国佛教宗派的密宗。他们传授的是印度纯粹的瑜珈密教,善无畏的传授以胎藏界密法为主,金刚智、不空的传授以金刚界密法为主,被称为"纯密",三人被称为"开元三大士"。他们系统地翻译了密教的经籍,蔚为大观,尤其是不空翻译的密经数量巨大,以至法国学者马伯乐在《唐代长安方音》 (*Le dialecte de Tch'ang-ngan sous T'ang*,BEFEO 20,1920)中将他们的梵汉对音称作"不空学派"。后来,由于会昌法难的打击和五代的动乱,盛极一时的唐密也就衰微了。密咒对译的第三期是北宋初期,中印度沙门法天、天息灾和北印度沙门施护等各赍梵夹来到中国,译经事业重兴。他们都活动于宋太宗时,所出全为密教经典,传授的是印度晚期的金刚乘密教,被称为"后期三大士",周达辅《梵赞还原三种》(中国科学院语言研究所《语言研究》第3辑,1958)一文在讨论梵汉对音研究时,称他们为"法天学派"。这一时期翻译的密经,主要是印度波罗王朝晚期所传的乐空不二的无上瑜珈密法,内容和中国的伦理思想有所抵触,所以译事虽然追摹唐朝,却对中国的思想没有产生很大影响,但是译经中大量的密咒对音,留下了汉语语音史研究的丰富资料,这倒是当时的译经大士们始料未及的。

不同时期的密咒对音,性质显然不同。早期的杂密,分布广泛,材料零碎,质量高低不等,使用时,必须分清译师的语言背景,最好是分时代、分地域,分别进行讨论。唐代和宋代的密咒对音,分布集中,数量大,质量高,性质单纯,是汉语古音音值研究的最可宝贵的材料。

密咒对音中,有出于《华严经》的所谓"圆明字轮",是一种特殊的"旋陀罗尼",现在见到的最早的译本是西晋竺法护在太康七年(286)翻译的《光赞般若波罗蜜经·观品》,以后经师续有所出,译本甚多,罗常培《梵文颚音五母藏汉对音研究》("中央研究院"历史语言研究所集刊3本2分,1931)附录《圆明字轮四十二字诸经译文异同表》收录

下编　语言与文化——关系专题探讨

12种，但是据我们耳目所及，仍然没有辑全。圆明字轮将梵文42个字母，排列成圆轮，通过字义阐述佛理，可以和《大般涅槃经》一系的四十九根本字字母表互相比勘，也是一种值得重视的语料。

　　玄奘的后四种不翻，范围广泛，举凡天地神鬼、花木鸟兽、海国山城、字母书籍，佛经中万事万物的译名都包括在内。由于有"顺古故不翻"的译经习惯，所以在考订古音音值上，价值不如密咒。后译者往往沿袭前人的译法，也许不能反映当时的实际语音。所以译名在使用前必须仔细加以甄别，弄清是初译还是后出，不能确定是初译的，宁可不用。这里面情况十分复杂，有的一见而知是"顺古"，有的很难判断，有的宗教颂诗却又具有和密咒同等的价值。

　　后汉桓灵之际，佛法传入，同时也就开始了佛籍传译的工作，翻梵为华，世代相继，终于汇成卷帙浩繁的汉文大藏经，蔚为世界翻译史上的洋洋大观，其中最著名的译师，是鸠摩罗什、真谛、玄奘和不空，被推为中国佛教史上的四大翻译家。宋赞宁《宋高僧传》卷三《译经篇·论》指出，从后汉到唐宋，佛经翻译可以分成三个时期："初则梵客华僧，听言揣意，方圆共凿，金石难和，椀配世间，摆名三昧，咫尺千里，觌面难通。次则彼晓汉谈，我知梵说，十得八九，时有差违，至若怒目看世尊，彼岸度无极矣！后则（智）猛、（法）显亲往，（玄）奘、（不）空两通，器请师子之膏，鹅得水中之乳，内竖对文王之问，扬雄得绝代之文，印印皆同，声声不别，斯谓之大备矣。"

　　后汉及三国是译经的初期，译经师差不多都是从中亚或印度来华的外国僧人，他们不善汉语，翻译佛经时，只有依赖中土的和尚或居士，双方沟通不便，在这种情况下，只能采取硬译的办法，从梵文逐字逐句翻成汉语，甚至连语法结构也不改变，译文佶屈聱牙，如果不与原本对照，有时简直无法索解。这种译经草创时期的翻译文体，可以称作"古译"。

　　东晋到隋，是译经的发展时期，随着中印文化交流日益加深，早期译经的困境得到很大改善，鸠摩罗什（343—413）一改过去译经朴拙的古风，兼顾信与达，开创了一种新的以意译为主的译风。"自大法东被，始于汉明，涉历魏晋，经论渐多，而支、竺所出⑤，多滞文格义。……什既率多谙诵，无不究尽，转能汉言，音译流便。既览旧经，义多纰僻，皆由先度失旨，不与梵本相应。……其新文异旧者，义皆圆通，众心恢伏，莫不欣赞。"（梁慧皎《高僧传》卷二《译经·晋长安鸠摩罗什》）但据笔受《大智度论》的僧睿说，"法师于秦语大格，唯识一法，方言殊好，犹隔而未通。苟言不相喻，则情无由比。不比之情，则不可以托悟怀于文表；不喻之言，亦何得委殊涂于一致，理固然矣。进欲停笔争是，则校竟终日，卒无所成；退欲简而便之，则负伤手穿凿之讥"。（僧佑《出三藏记集》卷十《总经序·大智释论序》）可以想见当时商榷译事的艰难。这个时期的译经，可以称作"旧译"。

  隋唐是中国佛经翻译的鼎盛时期，代表人物是被称为古今译经第一人的玄奘。玄奘（600—664）一生从事译事19年，共译出经论75部，总335卷，另外奉敕将《老子》五千文译成梵文，送往西域，又因为中国流行的《起信论》，相传出自古印度著名大乘佛教论师马鸣，在梵土却已经失传，印度诸僧思承其本，玄奘就将《起信论》译唐为梵，流布五天竺。另外，他还曾经用梵文造《会宗论》三千颂、《制恶见论》一千六百颂、《三身论》三百颂。奘师深究内典外籍，精通唐言梵语，"自前代已来所译经教，初从梵语倒写本文，次之乃回之顺同此俗，然后笔人乱理文句，中间增损多坠全旨，今所翻传都由奘旨，意思独断出语成章，词人随写即可披玩"。"其通言华梵，妙达文荃，扬导国风，开悟邪正，莫高于奘矣！"（唐道宣《续高僧传》卷四《译经篇·京大慈恩寺释玄奘传》）从此翻开了佛经翻译史辉煌的一页，被后人称作"新译"。

  古译时期，佛经翻译没有目的，没有组织，都是经师个人行为，遇见什么就翻译什么。所出译经，文意晦涩，遭到后人严厉的批评，但选定译名时，倒是"自我作古"，越是往前越是没有可能"顺古"。旧译时期，译经渐成国家大事，依敕举行，组织译场，分工合作，翻译文体虽然日渐成熟，但可以参考的汉译佛经也日渐增多，"顺古"的可能也越大。所以，对这一段时间的译名，需要认真甄别。隋唐以降，译场组织日备，制度完善，分工细密，各守职司⑥，译主对于对音的准确性，十分

下编　语言与文化——关系专题探讨

注意，常常纠正旧名，另出新译。例如隋天竺三藏阇那崛多译《佛华严如来德智不思议境界经》："奢利弗多啰（旧云舍利弗者）（śariputra）"、"摩诃毛伽利耶夜那（旧名大目连犍者）（Mahāmaudgalyāyana）"、"富啰拏迷低黎夜尼弗多啰（旧名富楼那者）（Pūrṇamaitrāyaṇṇīputra）"[①]，新译显然比旧译准确。玄奘《大唐西域记》动辄指斥旧译讹略，如卷四《秣菟罗国·释迦弟子等遗迹》："舍利子（旧曰舍梨子，又曰舍利弗，讹略也），没特伽罗子（旧曰目乾连，讹也），布剌拏梅呾丽衍尼弗呾罗（唐言满慈子，旧曰弥多罗尼子，讹略也）。"与阇那崛多的对音用字又有所不同。到了玄应《一切经音义》、慧琳《一切经音义》，指斥旧译讹略的情况更是触目皆是。指明旧译的新译，当然是非常可靠的语料；没有指明的译名，使用时就必须慎重。因为旧译相沿成习，约定俗成，如"佛、菩萨、沙门、涅槃"等等，众所皆知，一改反倒惊世骇俗，这些词往往都是常用词，一律改译，也不胜其烦，所以玄奘才专门立下"顺古故不翻"的规则。《大唐西域记》卷二《印度总述·数量》说："夫数量之称，谓逾缮那（旧曰由旬，又曰踰阇那，又曰由延，皆讹略也）（Yojana）。"但我们经过翻检，发现玄奘在翻译佛经时，使用的译名依然是"由旬"。像玄奘这样以态度严谨著称的大翻译家尚且如此，我们在使用一般佛经里的译名进行对音研究时，就更要慎之又慎。

　　应该指出的是，旧译的性质并不一定如唐代经师所说，是所谓"讹略"。宋人对这个问题已经有所讨论。赞宁《宋高僧传》卷三《译经篇·论》："胡语梵言者，一在五天竺，纯梵语；二雪山之北是胡；山之南名婆罗门，国与胡绝，书语不同。……既云西土有梵有胡，何不南北区分，是非料简？……重译直译者，一直译，如五印梵牒，直来东夏译者是。二重译，如经传岭北楼兰、焉耆，不解天竺言，且译为胡语，如梵云邬波陀耶，疏勒云鹘社，于阗云和尚。"邬波陀耶，意译是"亲教师"，梵文是 Upādhyāya，与旧译"和尚"语音相差甚远。古代不少经师讨论过这个对音，指出这些译名的不同，是因为借自不同的语言。例如唐代著名译经大师义净在《南海寄归内法传》中，根据他在西土的见闻，指出："（邬波驮耶）驮字音停驾反。既无正体，借音言之。邬波是'其亲近',波字长唤,中有阿字。阿驮耶义当'教'读。言和尚者非也。西方泛唤博士皆名乌社,斯非典语。若依梵本经律之文,皆云邬波驮耶,译为'亲教师'。北方诸国,皆唤和社,致令传译习彼讹音。"(卷三《师资之道》)义净对梵汉语音的比较十分精细:"停驾反"并不是汉语韵书中固有的切语,汉语果摄、假摄端组声母没有三等字,于是临时造一个反切,用定母字"停"的声母 d-和二等祃(禡)韵字"驾"的韵母-ia 合成汉语里没有的音节 dhia,这是译经师在长期的翻译实践中,为了解决两种类型完全不同的语言对音的困难,逐渐摸索出来的条例,使对音更加准确。我们在研究中必须善于归纳译经的各种条例,才能正确使用这些语料,并从中引出科学的结论。译经对音中的反切,往往是表示那些梵文特有而汉语没有的音节,即所谓"既无正体,借音言之"。根据这条材料,绝不能得出汉语"驮"字的读音,却可以认为当时二等字很可能已经产生了-i-介音。"波字长唤",指"波"对的是梵文的长元音 ā;"中有阿字",指的是这个 ā 包括两个短元音 a。Upādhyāya 应该分解为两个部分,前为 Upa 对音作"邬波",后为 adhyāya 对音作"阿驮耶"。义净指出"和尚"来自印度北方诸国,赞宁则明确指出是西域的疏勒和于阗,这比笼统斥之为"讹略",态度要客观多了。

关于新译和旧译的纠纷,宋法云在《翻译名义集序》中有一段精辟的论述:"或问:玄奘三藏、义净法师,西游梵国,东译华言,指其古翻,证曰旧讹。岂可初地龙树论梵音而不亲(如以耆阇名鹫,掘名头,奘云讹也,今云姞栗罗矩吒),三贤罗什译秦言而未正(什译罗睺罗为覆障,奘译罗怙罗为执日)?既皆纰缪,安得感通,泽及古今,福资幽显?今试释曰:秦楚之国,笔聿名殊,殷夏之时,文质体别,况其五印度别,千载日遥,时移俗化,言变名迁?遂致梁唐之新传,乃殊秦晋之旧译。苟能晓意,何必封言,设荃虽殊,得鱼安别?"按《大唐西域记》卷九《摩揭陀国下·鹫峰及佛迹》:"(姞栗陀罗矩吒山)唐言鹫峰,亦谓鹫台。旧曰耆阇崛山,讹也。"新译对的是梵文 Gṛdhrakūṭa,旧译对的是巴利文 Gijjhkūṭa。又卷四《秣菟罗国·释迦

下编　语言与文化——关系专题探讨

弟子等遗迹》：“罗怙罗（旧曰罗睺罗，又曰罗云，皆讹略也）。Rāhu，音译为"罗睺"，星名，能蚀日月，印度传说称为阿修罗王。Rāhula 是释迦牟尼之子，《注维摩诘所说经》卷三《弟子品》："什曰：阿修罗食月时（生）名罗睺罗，罗睺罗秦言覆障，谓障月明也。罗睺罗六年处母胎，母胎所覆障，故以为名。"唐窥基《妙法莲化经玄赞》卷一说："梵云罗怙罗，此云执日。旧言罗睺罗，翻为障蔽，非也。"执日指罗睺罗与帝释作战时，手执日月障蔽其光。窥基是玄奘的高足，《玄赞》反映的应该是老师的意见。"睺"是流摄候韵字，"怙"是遇摄姥韵字，新旧译用字不同，实际上反映的是从后秦到唐代汉语语音元音系统的变化。唐人用当时语音诵前代借词，当然觉得扞格不合了。

因此，旧译有不同的性质，有的确实是讹略，有的是因为源语不同，有的是因为语音的历时变化。早期佛经是经过西域诸国的中介，从北印度传入中国的，即所谓"胡本"，其中掺杂有印度的方言、俗语，或者西域的胡语，我们使用时，必须对佛经底本的语言背景进行认真的考求。近代在西域地区发现了许多古代文献，包括于阗语、焉耆—龟兹语等，使我们对旧译的性质有了新的认识，也证实了赞宁、法云等人的论述是符合实际的。中外学者对这些古代西域文献的语言问题进行研究，取得了很多成果，我们在对旧译进行甄别时，必须注意吸取。至于新旧译反映的语音变化，现在还没有引起语言学家的充分注意，应该大力开展研究。

从以上的讨论，我们可以看出，利用梵汉对音来构拟汉语古音的音值，语料的甄别是十分重要的工作。决不能只看到语音形式，将各种对音语料杂糅在一起，那样只会将研究工作引入歧途。我们必须从文化语言学的角度，仔细分析梵汉对音的宗教、历史、地域背景，考订经师的学术源流，归纳翻译对音的条例，根据对音的不同性质，来正确地使用这些语料构拟古音。梵汉对音的使用是如此，其他的对音语料的使用也是如此。

当然，对音还原法的语料甄别，还有许多问题值得研究，我们将另文进行讨论。

（尉迟治平）

注释：

①学者提到"五种不翻"，都是引用宋周敦义《翻译名义集序》，实际上，周氏只是转述并加以发挥罢了。

②三十二大士相，或称"三十二大丈夫相""三十二大人相""四八相"，具有此大人相，在家当为转轮圣王，出家当为佛。佛教说释迦牟尼生来容貌神异，有三十二处与凡俗不同的特征。可参见《大智度论》卷四《释初品·释菩萨》。

③窣堵波，梵文 Stūpa 的音译，即塔。

④佛教将自身称为"我"，自身所有称为"我所"，主张"诸法无我"，无执着于我及我所。"漏"指烦恼，佛教认为众生由眼、耳、鼻、舌、身、意六疮门流注漏泄烦恼而不止，以圣智断尽烦恼就叫作"漏尽"，是小乘阿罗汉之证果。修行佛道有三种途径，即"三乘"。小乘又称声闻乘，小根器者闻佛声教，观四谛，证阿罗汉果；中乘又称缘觉乘，中根器者独自观十二因缘，证辟支佛果，辟支，梵文为 Pratyeka，意译为缘觉或独觉；大乘又称菩萨乘，大根器者利益众生，修六度，证佛果。

⑤早期来华僧人，大多来自西域诸国，如安息、康居、月支、于阗等，也有从天竺来的，多冠以其国名为氏，著名译经师安世高、康僧会、支娄迦谶、竺佛朔等，就是这种情况。

⑥关于隋唐译场经馆设官分职的情况，可参看宋赞宁《宋高僧传》卷三《译经篇·论》。

⑦括号内的"旧名"等文字，是译经师的自注。下同。

下编 语言与文化——关系专题探讨

计算机的发展对语言的影响

当代物质文化的发展,最引人注目的当首推计算机的发展。特别是近几年来,计算机科学和计算机产业得到了飞速的发展,无论是计算机硬件还是计算机软件,真可谓日新月异。尤其是计算机人工智能、多媒体技术和计算机网络的发展和普及,使计算机与人们的社会生产和社会生活的关系越来越密切。计算机已渗透到社会生产和社会生活的各个领域、各个方面,从政治到经济,从军事到文化,从金融到邮电,从交通到能源,从生产到管理,从学习到娱乐,计算机对人们生产生活的影响越来越大。

虽然计算机与人们的生产生活的各个方面都有密切联系,但计算机与语言的关系最为密切。这是因为:第一,计算机的功能与语言的功能有最密切的联系。计算机最根本的功能是处理信息,语言最根本的功能就是传递信息,而语言又是信息最主要的载体,所以计算机的功能与语言的功能有最密切的联系。第二,计算机程序语言与自然语言的结构有密切的联系。计算机的灵魂是计算机程序,计算机程序就是用计算机程序语言设计编写的。虽然计算机程序语言是一种人工语言,但是计算机程序语言,尤其是高级程序语言,与自然语言有着密切的对应关系。"计算机程序设计语言的发展趋势是越来越向人所使用的自然语言靠拢。"[①] 第三,计算机的最新应用技术——人工智能、多媒体技术和计算机网络的发展,使计算机应用领域进一步飞速扩展,使计算机飞速普及,使人机交际越来越广泛,从而使计算机与语言的关系更为密切。

由于计算机与语言的关系特别密切,所以计算机对语言产生了重要影响。计算机对语言的影响,主要表现在计算机对语言运用、语言规范化和语言研究的影响三个方面。另一方面,语言对计算机也有重要影响,但限于篇幅,需要另文探讨。

一、计算机对语言运用的影响

计算机的发展和普及,特别是计算机人工智能、计算机网络和多媒体技术的发展和普及,扩展了语言的交际功能,开辟了语言交际的新天地,大大提高了语言交际的效率。

其一,计算机人工智能技术的发展,扩展了语言的交际功能。原来人们运用语言进行交际,限于人与人之间交际,但随着计算机的发展,尤其是计算机人工智能的发展,语言交际活动除了可在人与人之间进行之外,还可以在人与机器之间进行,即人机直接对话。原来人的语言只能通过听话人的行动而不能直接对物质世界施加影响,现在人的语言可以通过计算机而不必通过听话人对物质世界直接施加影响。而计算机本身就属于物质世界,因此,可以说现在语言可以不通过听话人而直接对物质世界产生影响。这样,语言除了原有的人际交际功能之外,增加了人机对话,从而直接影响物质世界的功能。人们在没有发明计算机时,说"芝麻开门"门就会开,这种"语言魔力"只能是一种神话。现在有了计算机,语言真的有了"魔力",神话已经变成了现实。这种"语言魔力"就是计算机人工智能给语言增添的新的交际功能。

其二,计算机网络的发展和普及,开辟了语言交际的新天地。原来人们进行语言交际的方式只有以下几种——当面交际、书面交际、电讯交际(包括电话、电报、电视等),现在有了计算机,特别是有了计算机网络,增加了新的交际方式,给人们的语言交际活动开辟了新的广阔的天地。人们可以通过计算机网络在世界范围内收发电子邮件(E-mail)、电子公告,在网上聊天、演说、开会、授课、招聘、应征、交友、求偶、推销、购物……计算机网络上的交际,不仅是一个新的无比广阔的交际场所,而且是效率最高的交际方式。如电子邮件比传统的邮件更快捷、更安全,所以在美国等发达国家,电子邮件在很大

下编　语言与文化——关系专题探讨

程度上已经取代了传统邮件，个人的名片上几乎没有不印 E-mail 地址的。又如网上授课比广播、电视授课更优越，广播、电视授课只是单向交际，老师无法及时得到学员的反馈信息；而网上授课可以像在教室里上课一样现场双向交际，当场提问答问，当场练习评改。现在国外、国内都已开办网络大学。利用计算机网络进行电脑考试比传统考试方式效率更高。电脑可以根据每个考生答题的情况灵活出题：开始出中等难度的试题，然后根据各个考生答题的正确率，灵活地提高或降低试题难度，这样就能更准确地测试出考生的实际水平。而且考完当场就可得出成绩，不需再由教师评阅试卷。现在美国的学校考试已逐步电脑化，托福考试（TOEFL）也已电脑化，相信用不了多久，电脑考试就会在全世界逐步普及。

其三，计算机多媒体技术的飞速发展和普及，大大扩展了计算机的功能和应用范围，有力推动了计算机应用软件的发展和普及，极大地加快了计算机的普及速度，从而大大提高了语言交际的效率。所谓多媒体（multimedia）技术，就是指计算机综合处理文字、声音和影像的技术。近几年来，计算机多媒体技术发展很快，无论是多媒体硬件还是软件，都得到了飞速发展和广泛普及。现在购置家用电脑的个人和家庭越来越多，而且几乎没有不带多媒体功能的。很多人就是冲着计算机的多媒体功能而买电脑的。多媒体电脑的发展和普及，大大推动了各类应用软件的发展和普及，如教学软件、翻译软件、电子图书以及各类管理软件等等，在多媒体技术的带动下，都有了快速的发展和广泛的普及。而这些应用软件的涌现和普及，大大提高了人们的交际效率。

例如，教学活动是人们进行语言交际的一个重要方面，利用计算机教学软件教学，比传统的教学方式更有效。因为电脑教学，特别是利用多媒体技术的电脑教学，把文字和声音、影像融为一体，使教学练习变得生动活泼，轻松愉快。很多中小学生不喜欢做课外作业，但在电脑上做练习则兴趣盎然。而且在电脑上做练习不需等老师批改作业，当时就可知道答案。这样就可以及时针对练习中发现的薄弱环节反复练习，牢固地掌握所学知识。而且好的教学软件，一般要聘请各方面的大量教学专家参加设计，因此电脑教学练习的设计，比普通学校的老师更具有科学性和权威性。如由北京大学出版社出版的《雅奇—多媒体电脑家教》（初中版）的广告词说："300个老师教1个学生，一万个家长一万个放心。"就是说这套教学软件有300个老师参与设计，经一万个家长、学生参与测试。这虽是广告词，但很可能也是实情。这套教学软件包括初中七门主课，设有"习题训练、复习指导、能力测试、实验室、语音室、阅览室、知识查询"等项功能，其功效可以说是任何家庭教师都无法与之相比的。

阅读也是语言交际的重要方面，利用计算机多媒体技术制作的电子图书大量涌现，使人们的阅读效率大大提高。在发达国家甚至某些发展中国家，近几年电子出版物已占每年出版物的40％以上，我国的电子出版物也以惊人的速度在发展，现在每年达到几万种。如红旗出版社出版了一套《家庭藏书集锦》系列光盘，收录了中外名著3000余册，约8亿汉字。《二十五史》《古今图书集成》等大型古籍光盘也已面世。《读者》《海外文摘》等杂志也制成了光盘。电子出版物大量涌现，而且成本非常低廉，又不占空间，使普通人也可建立个人电子图书馆，足不出户就可博览群书。如果通过计算机网络与大型图书馆的电子书库连接起来，阅读面就可更广了。而且电子图书查阅、摘录非常方便，比在纸质图书上查阅、摘录更快捷、更准确、更全面，而且可以很方便地把查到的资料打印出来。这无疑大大提高了人们的交际效率。

即使不利用计算机网络和多媒体技术，在计算机的帮助下，也可大大提高语言交际效率。因为计算机可以帮助我们更方便快捷地获取、处理交际所需要的大量信息。如写文章，用计算机写比用笔写效率要高得多。因为不仅用计算机键盘打字比用笔写字快得多，更主要的是修改特别方便。而且还可以把写文章所需的资料、素材等存放在计算机里，写作时可以非常方便地调用它们。有些软件如美国微软公司的著名文字处理软件Word等，还备有同义词典，可供写作或翻译时选择

下编　语言与文化——关系专题探讨

同义词参考。利用电脑翻译软件,可以大大提高翻译效率。现在有不少翻译软件能够在电脑上瞬间进行全屏翻译、全文翻译,这无疑大大方便了人们的跨语言交际。

二、计算机对语言规范化的影响

计算机对语言规范化有一定的影响,有积极的影响,也有消极的影响。不过消极影响是可以通过有关人员的努力加以消除的。

计算机对语言规范化的积极影响主要表现在以下几个方面:

其一,计算机校对软件可以帮助书面语言交际避免或减少词汇、语法、文字方面的错误和不规范现象。现在,不少文字处理软件都具有校对功能,还有专门的校对软件,如美国微软公司的 Word 等著名文字处理软件,都可以随时自动进行拼写检查和语法检查,发现错误或疑问,还可提出修改建议。较新的国产汉字处理软件如 WPS 等,也具备文字、词汇校对功能。专门的校对软件有"黑马文字校对"软件。实践证明,经过这类校对软件处理的文稿,错误和不规范的现象会大大减少,而且随着校对软件的改进,校对水平的提高,其作用会更大。

其二,好的汉字输入法软件,也可帮助书面交际减少文字、词汇方面的错误和不规范现象。现在有很多汉字输入法都提供了丰富的词库,如果词库里的词语都是规范的,就会大大减少写作中词汇、文字方面的错误和不规范现象。如当我想输入不规范的或错误的词语"坐位(座位)、起动(启动)、布署(部署)、署假(暑假)、粉粹(粉碎)、锻练(锻炼)"等,而且我不知道它们是不规范的或错误的,发现词库里没有我想输入的词语,只有相应的规范词语,就会提醒我,我想输入的词语可能是不规范的或错误的。对于文字规范化,其作用就更大。错字基本上可以完全杜绝,别字也可大大减少,不规范的异体字、简化字、繁体字,也几乎可以杜绝。

其三,拼音输入法有助于推广普通话,提高人们的语音规范化水平。目前普通话的推广工作成效不大,很多人的普通话水平很差,原因当然很多。但其中最主要的原因,是方言的影响太大,一般人使用普通话的机会太少。很多人说不好普通话,主要不是不会发音,而是

· 553 ·

受方言影响，不知道一些字词的普通话读音，如武汉人说普通话，发音问题不大，但受方言影响，很难区分 z—zh、c—ch、s—sh；n—l、in—ing、en—eng 等。其他方言区的情况大多与此类似。如果这些人想学好普通话，那么使用拼音输入法对他们会很有帮助。而且拼音输入法（包括全拼、双拼、简拼等）或以拼音为主的音形输入法（如智能 ABC 输入法、自然码输入法等），比形码输入法（如五笔字型输入法等）易学易记，用双拼，尽量按词组输入，速度也很快，更适合想打（边想边打字），更适合普通人（非专业打字员）使用。所以拼音输入法或以拼音为主的音形输入法很值得推广。现在很多常用的中文操作系统，如中文 Windows、Ucdos、《中文之星》、《四通利方》等，都配有很优秀的、深受欢迎的拼音或音形输入法，如智能 ABC、智能拼音、新拼音、多元拼音等，使用的人也很多。使用这类输入法，等于增加了使用普通话的机会，时间一长，就会逐步纠正方音，掌握普通话的正确读音。如中国科协主席、中国科学院前院长周光召院士曾对《电脑报》记者说：自从用电脑打字后，他的汉语拼音比以前准确多了[②]。

此外，优秀的文字处理软件具有自动更正功能，可以自动改正错误或不规范的词语，如美国微软公司的文字处理软件 Word 具有强大的自动更正功能，能自动更正大量常见的错误和不规范现象。其中文版不仅可自动更正英文常见的拼写和语法错误，而且具有中文自动更正的功能，如键入"奴颜卑膝""坐无虚席""芭蕾午会"，它会自动分别改为"奴颜婢膝""座无虚席""芭蕾舞会"。而且这种自动更正的条目还可由用户自己添加或删除。这种自动更正功能也有利于减少错误和不规范现象。

计算机对语言规范化也有消极影响。其中绝大部分是可以避免的。

首先，由于有些软件设计人员缺乏语言规范化意识，他们设计的输入法所带的词库中，有一些不规范或错误的词语，如 Ucdos 的拼音（双拼）输入法中有"庄嫁、直经、褒庇、爱幕、奥秒、憨脚、费品率、赋于、贯例、概叹、九洲、精采、挑拔、拓补、通辑、吹棒、威

下编　语言与文化——关系专题探讨

协、希有、协从、压仰、摇控、冶练、顶锋、扇动、署期、坚苦、逮逋、交淡、锦秀、绝径、开郎、论正、虐疾、挽力、即度、间文、竟址、苦维、抖嘴、支助、公拆、笆篱、剖解、按步就班、百家争鸣、苯鸟先飞、人之长情、循序见进、高瞻远嘱、养精畜锐、顺息万变"等等。《中文之星》的新拼音（双拼）输入法词库中就有"反醒、扇动、方示、渺视、松驰、像片、寒喧、精采、煤碳、歉虚、敲榨、控拆、传题、劳支、懒怠、迫不急待、高瞻远嘱、养精畜锐、按步就班、苯鸟先飞、循序见进、行行色色、兴高彩烈"等。这些输入法词库中的错误或不规范的词语，很容易使用户无意中输入文稿，造成错误或不规范现象。这对语言规范化是极为不利的。值得注意的是，这些软件近几年来不断升级，在其他方面都在不断改进，然而对上述错误视若无睹。如 Ucdos 现在的版本已经升级到 7.0 了，然而从 3.0 就存在的上述错误依然如故。其实这类错误是很容易发现、避免和改正的。这说明这些软件设计人员语言规范化的意识太弱。

其次，用计算机打字，虽然可以避免或减少用手写字容易产生的一些错误或不规范现象，但另一方面，也会产生一些用手写字不容易产生的错误或不规范现象。这种情况特别容易发生在请专业打字员打字的时候。专业打字员打字一般注重速度，一般用形码输入，一般盲打。由于注重速度，打字员一般是不考虑词语的意义的，眼睛只看原稿的字形用形码输入，这样自然容易增加形近类的错误和不规范现象。如果用音码输入，就容易产生音近类错误或不规范现象。而且由于打字员打字时常常只看文稿，不看键盘和显示器，手容易敲错键而未察觉，所以打出来的文稿中，常常会出现一些莫名其妙的错误。如果不认真校对，这类错误或不规范现象，就会出现在报刊或书籍中。

再次，利用校对软件校对文稿，本来是有利于减少错误和不规范现象的，可是如果校对软件的词库中存在错误或不规范现象，那么，它不仅不能发现某些错误或不规范现象，反而会产生误导，增加错误或不规范现象。例如 WPS 97 配有校对程序，但其词库中存在错误或不

· 555 ·

规范现象。如笔者用它校对文稿时,它没有发现"坐位、锻练、憋脚、渺视、松驰、像片、寒喧、精采、费品率、赋于、贯例、概叹、九洲、剖解、挑拔、控拆、支助、方示、劳支、懒怠、迫不急待、养精畜锐、行行色色、兴高彩烈"等错误或不规范现象,反而建议将"针砭"一词改为"针贬"。用"黑马文字校对"软件(黑马编校办公版 V98)校对时,它没有发现"坐位、九洲、拓补、希有、协从、绝径、人之长情、方示、渺示、控拆、懒怠、关连"。如果笔者不知道"针砭"是对的,而"针贬"是错的,很可能会接受它的建议,把对的改成错的。看来校对软件本身的规范化更应引起特别的重视。

　　此外,有些拼音类输入法的词库中,包含有错误或不规范的拼音,这对语音规范化也有不利影响。有的是只有错误拼音,没有正确拼音。如 Ucdos 的拼音(双拼)输入法中"揣度"要用错误的 chuaidu 输入,用正确的 chuaiduo 反而不能输入;"消长"要用错误的 xiaochang 输入,用正确的 xiaozhang 反而不能输入。有的是既有正确读音,又有错误读音。如《中文之星》的新拼音(双拼)输入法中"校场"可按 jiaochang 输入,也可按 xiaochang 输入。Ucdos 的拼音(双拼)输入法中"重围"可按 chongwei 或 zhongwei 输入。也许这是软件设计时采取的"容错"措施,以方便读错音的人输入。但这种"容错"措施对语音规范化是很不利的。比如编词典时,没有人会采取这种"容错"措施,输入法词库与词典具有同样的性质,为什么要采取这种"容错"措施呢?

　　总的来说,计算机对语言规范化的消极影响,主要原因在于有些软件设计人员和有关管理部门缺乏语言规范化意识,至少是对语言规范化重视不够。与普通词典相比,输入法词库及校对软件的规范化方面的问题要严重得多。因为普通词典的编者、出版社的编辑及校对人员,本身的语言文字素质较高,多是专业语言文字工作者,对词典的语言文字规范化都非常重视,一部词典出版,往往要经过反复审查校对,所以问题相对较少。而计算机输入法及校对软件的设计人员,很多都不是专业语言文字工作人员,不少人的语言文字素质不是很高,

下编　语言与文化——关系专题探讨

更主要的是对语言文字规范化的重视很不够,对词库没有进行认真的反复审查校对。一种输入法软件,人们更重视它用起来是否方便快捷,至于其词库是否规范,很少引起人们的重视。所以其词库的规范化问题较多。实际上,计算机输入法比普通词典对语言规范化的影响更大。道理很简单,人们写作时,一般很少随时翻词典,而输入法中的词库是用电脑写作的人打字时随时要用的,所以它随时影响着用电脑写作的人。那么照理说,对输入法及校对软件的词库的规范化应该极为重视,然而事实上却没有受到应有的重视。因此笔者在此大声呼吁计算机软件设计人员及有关管理部门,提高对语言文字规范化的认识,加强语言文字规范化的学习、宣传和监管,提高计算机软件特别是输入法软件、校对软件的语言文字规范化水平。

三、计算机对语言研究的影响

计算机对语言研究的影响,主要表现在两个方面:一是计算机对语言研究的帮助,二是计算机对语言研究提出了新的要求。

(一)计算机对语言研究的帮助

计算机作为高效处理信息的工具,对语言研究有很大的帮助。

首先,计算机可以帮助我们高效地搜集和统计分析语言研究所需的语言材料。语言研究在很大程度上是对有关语言材料进行分析归纳,总结出规则和规律。而手工搜集语料是十分费时费神的工作。但是,如果利用计算机建立了语料库,用计算机搜集和统计分析语料就十分方便、迅速和准确。例如我们要在《红楼梦》中找语料,如果将《红楼梦》全文输入到计算机中,利用数据库软件将它编制成语料库,就可用计算机非常迅速地查找和筛选出所需的语料,并可将筛选出的语料分别存为各种文本文件,或者打印出来,还可对语料进行各种统计分析,如可以统计语料中某个字、词,某类词、短语、句式等出现的次数和频率。这比用手工搜集语料,制成卡片,进行人工统计分析效率不知要高多少倍。现在已有不少单位已经或正在建立大量语料库。其实,研究者个人也可根据自己的需要,自己建立语料库。语料库所需文本语料不成问题,市面上电子图书越来越多,而且售价也很便宜。

Internet 网络上也有大量文本格式的文学作品和古代经典作品可以下载。对这类文本语料稍加处理，就可以制成语料库。如笔者就将全部中小学语文课文和《红楼梦》《围城》等几十部文学作品制成了语料库。而且制作和使用这类语料库并不太难，会用中文 Windows 95 和 Word 97 的人，可以在一个小时之内学会利用中文 Office 97 中的 Access 97 数据库软件制作和使用语料库，利用语料库搜集语料。这是笔者多次教学实践的经验。

其次，计算机可以帮助我们发现需要研究的问题，检验语言研究的成果。计算机语言文字信息处理，特别是计算机人工智能的应用，给我们的语言研究提出了许多新的课题，可以帮助我们发现许多需要研究的问题，可以检验总结出来的语言规律是否准确、明确。传统的语言研究，一般是面对已经掌握了某种语言特别是母语的人的，有些语言规律即使没有研究清楚，对人们运用语言影响也不大，但一旦面对计算机人工智能的应用，问题就出来了。如汉语中关于"把"字句的现有研究成果，远远没有把"把"字句的规律揭示清楚。这对于以汉语为母语的人来说关系不大，因为他们一般在很小的时候就会正确运用"把"字句了。但是要让计算机自动分析和生成"把"字句，一大堆问题就出来了。如一般认为"把"字句的作用是用"把"字将宾语提到动词前面，但是什么样的动词及宾语能够这样提前，什么样的动词及宾语不能这样提前？"把"字结构和其他状语的先后位置如何安排？"把"字句中哪些谓语动词需要带上哪些成分才能足句？等等。现有的研究对这类问题都有一些结论，可是都很粗糙。如：谓语要有"处置"的意思，宾语必须是"受事"，必须是定指的等等。且不说这些规律都不严密，都有例外，问题是计算机怎么断定哪些谓语有"处置"的意思，哪些宾语是"受事"，哪些是定指的。这就要求对动词和宾语进行严密细致的分类，找出严格的形式标志和具体的判别标准。又如："把教学改革研究工作纳入议事日程。"这个"把"字句是很普通的句子，可是无法用"宾语提前"来解释，而且"把"字后面连续有六个动词、一个名词，"把"字到底管到哪里，对懂汉语的人来说不

下编　语言与文化——关系专题探讨

成问题,可是要让计算机自动识别,正确分析,就有很多问题需要研究得清清楚楚。类似的问题实在举不胜举。用计算机来检验语言研究的成果,就会发现现有的许多研究结论都不够准确、明确,这就为进一步的研究提出了新的课题,从而推动语言研究不断走向深入。

最后,计算机给语言研究指明了新的研究方向和目标,为语言研究提供了新的巨大的动力。笔者前几年曾和朋友谈起正在研究的一个语法问题,朋友问:"你研究这个问题有什么用?"我当时想了想,说不清楚。谈大道理嘛,可以说语言研究是为了指导语言运用,可是有许多研究课题对会说汉语的人来说,实在谈不上有什么指导作用。现在我们可以理直气壮地说,语言研究得出的语言规律,即使谈不上对会说汉语的人有什么指导作用,但对计算机信息处理、人工智能,都是非常有用的。计算机语言文字信息处理、人工智能,是语言运用无比广阔的新领域,也是语言研究无比广阔的新领域。面对计算机的需要,是语言研究新的方向和目标,也是语言研究的新的巨大的动力。以前,一个国家的语言研究水平如何,对国民经济的影响不大。可是现在看来,语言研究与国民经济的关系非常大而且越来越大。因为现在乃至将来,一个国家计算机信息处理、人工智能的水平和能力,对国民经济的发展影响极大。"在面向21世纪的网络通信时代,以文本信息的智能化处理为主要对象的语言工程,已成为国际上关注的热点。"[③]而智能化信息处理的水平,在很大程度上取决于语言研究的水平,特别是面对计算机需要的语言研究水平。这对于语言研究工作者来说,既是极好的机遇,又是极大的挑战。广大语言研究工作者应该果断地抓住这个机遇,勇敢地面对这种挑战,树立语言研究的计算机意识,自觉面对计算机的需要,更加深入细致地进行语言研究。

(二)计算机对语言研究的要求

计算机语言信息处理对语言研究提出了一些新的、更高的要求。原来语言研究只需考虑人际交际,而语言信息处理属于人机语言交际。这两种不同的交际方式既有共同之处,也有很大差异。要让计算机对语言信息进行高效的处理,必须让它具备一定的人工智能。人工智能

· 559 ·

是对人脑智能的模拟。要想让计算机模拟人脑智能,首先必须把人脑的语言思维方式、语言分析规则搞得十分清楚,这就对语言研究提出了新的、更高的要求。有许多东西是研究人际交际不必考虑的,或不必弄得很清楚的,但对于人机交际则是必须考虑的,必须弄得很清楚的。这里按语言研究的几个主要层面谈谈语言信息处理对语言研究的一些新的要求。

1. 对语音研究的要求

语言信息处理对语音研究的要求主要体现在语音识别与语音合成上。语音识别是要让计算机自动识别人的自然语音,把接收到的连续语流的声学信息自动转换成相应的离散的语言符号。语音合成则是要让计算机模拟人的自然语音,将语言符号自动转换成相应的声学信息,从而让发音装置像人一样发音。传统的语音研究主要研究语音的生理属性,研究语音与人的发音器官的关系,对于语音的物理属性,不必弄得十分清楚。而语言信息处理则要求把语音的物理属性研究得十分清楚,包括每个音素、音位和音位变体的声学特征,语流音变的声学特征等等。这方面的研究难度很大,特别是语流音变问题,目前的研究水平还不太理想。

2. 对词汇语义研究的要求

语言信息处理对词汇语义研究的新要求,主要体现为以下几个方面:

(1) 词形分析。词形分析是让计算机自动分词,即将连续的音节或文字切分成一个一个的单词。这就要求首先建立分词规范和分词规则。实行分词连写的语言在书面上有分词标志(空格),一般不存在分词的问题。汉语没有书面上的分词习惯,因此建立分词规范和分词规则就比较困难。建立分词规范和规则,首先必须搞清每个语素(字)的组词能力,语素之间组合可能性的大小,词的详细结构规则等等。要完成这项任务,需要进行大量的、细致的、艰苦的、复杂的语料统计分析工作。

(2) 词义分析。语言信息处理要求计算机能理解具体语句中的词义，必须对多义词的义项进行筛选。这就要求我们对词义进行更加细致深入的研究，不仅要求弄清一个多义词有多少个义项，还要求进一步弄清每个义项有多少变体，每个义项和义项变体出现的频率的大小、词的义项组合可能性的大小等等，建立聚合和组合的语义关系网络。要实现高效的机器翻译、情报检索等，还要求计算机能进行义素分析。因为不同语言之间很难找到词义完全相等的对应词，而义素是超语言的语义单位，如果不是以义项为单位，而是以义素为单位，建立对应关系，就能大大提高机器翻译的准确性和效率，也可给情报检索提供一种新的高效的检索方式，以义素为单位进行检索，比以词为单位进行检索更加灵活细致。要实现这种功能，就给我们的义素分析研究提出了新的、更高的要求，要对一种语言进行全面的、系统的义素分析。

（3）词库建设。不管是进行词形分析还是词义分析，都必须首先建立适合计算机需要的词汇知识库。建立词库首先必须进行大量的语料统计分析，弄清词及词的义项的使用频率，在此基础上挑选分级分类词汇集。词库建设不仅是词的挑选问题，更重要和更困难的是建立词语特征集，即给词库中每个词及其义项标明一系列复杂的语义特征、语法特征甚至包括语用特征。这种复杂的词语特征集的丰富性和准确性，是计算机智能水平高低的关键。而这项工作是对语言研究工作者的极大的挑战。

3. 对语法研究的要求

语言信息处理给语法研究特别是汉语语法研究提出了更高、更严格的要求。高级语言信息处理，必须让计算机掌握一整套语法规则，才能使计算机自动理解话语，生成话语。一般的语法研究和语法教学中总结出来的语法规则，往往是比较粗略的，几乎每一条语法规则都有例外，但计算机不能容忍规则有例外，或者说每一种例外都必须有它的规则。具体来说，对语法研究主要有以下要求：

（1）词类研究。信息处理要求词类划分非常明确，非常细致。不仅要划分出名词、动词等大类，还要划分出许多很细的小类。比如同属形容词，有的能作各种句子成分，有的只能作部分句子成分，每一种语法功能的不同都要分成不同的小类。还有些词充当某种句子成分时有些特殊的条件限制，每种条件限制都必须作出明确的规定。语法形态丰富的语言划分词类比较方便，一般词典都标明了词类。但汉语划分词类十分困难，至今尚无一本标明了词类的中型词典。而计算机若没有标明词性的电子词典，就无法进行语法分析。

(2) 句法研究。句法分析是计算机理解和生成话语的一个重要环节。要给计算机归纳出一种语言的详细句法结构规则和句型，要求有很强的控制能力和可操作性。不仅要说明每一种句型中的每一种句子成分能够由哪些词语充当，不能由哪些词语充当，而且要制定出具体的句法识别规则。汉语的句法研究还比较薄弱，句法规则比较粗疏，至今尚未归纳出比较明确系统的句型体系。这主要是因为汉语缺乏显性语法形态标志，句法分析比较困难。要归纳出详细的句法识别规则和句型体系，适合计算机的需要，还需做大量艰苦细致的工作。

(3) 句法变化研究。自然语言交际中有大量句法变化现象，最主要的是省略和易位。要让计算机理解自然语言，还必须让它掌握句法变化规则。汉语的句法变化十分灵活，特别是省略现象十分灵活。这就给句法变化规则的总结增添了难度。计算机要掌握的句法变化规则要求十分具体，十分明确，不仅要求能根据句型和语义知识判断是否有省略或易位，省略或移动了什么词语，还要求能根据一定的规则把省略或移动的词语复原。

除了对语音、词汇语义和语法研究的要求之外，要想提高计算机自动识别和理解自然语言的水平，还必须进行适合计算机需要的篇章、语用规则等方面的研究。限于篇幅，此处从略。

(吴振国)

注释：

①刘英主编《初级程序员级软硬件知识》，清华大学出版社 1996 年 5 月第 2 版，第 45 页。

②陈宗周《科学家·电脑迷·普通公民》，《电脑报》1998 年 4 月 13 日，第 1 版。

下编 语言与文化——关系专题探讨

③陈力为、袁琦主编《语言工程》"前言",清华大学出版社,1997年8月第1版。

主要参考文献:

[1] 张普. 汉语信息处理研究 [M]. 北京:北京语言学院出版社,1992.

[2] 陈力为,袁琦. 语言工程 [M]. 北京:清华大学出版社,1997.

[3] 陈力为,袁琦. 计算语言学进展与应用 [M]. 北京:清华大学出版社,1995.

[4] 刘涌泉,乔毅. 应用语言学 [M]. 上海:上海外语教育出版社,1991.

结束语

在本书就要完稿的时候,我们又一次想起了我国探索过、推进过语言与文化"共变"关系的历代学者:从战国时代社会文化剧烈变革、诸子百家自由争鸣之际,首先提出"以名举实"的墨子、首次探讨"制名枢要"的荀子,到清末甲午风云变幻、维新思潮涌起之时,抛弃肥缺厚禄,自行创制和推广切音字母,终于倾家荡产、饿死而不后悔的爱国学者沈学,戊戌政变后背着"革职拿办逮捕家属、查抄家产"的处分,僧装由日本回国,潜伏一年,创制《官话字母》、私设"官话字母义塾"的维新志士王照。……而给我们启发最大的则是四十年前[①],当中国制度文化又一次处于重大变革的时期,罗常培先生怀着对新时代语言学家的期待,在《语言与文化》一书中特为指出:语言学的研究不能抱残守缺地局限在语言本身的资料以内,必须要扩大研究的范围,让语言现象跟其他社会现象和意识联系起来,才能格外发挥语言的功能,阐扬语言学的原理。因为,"语言为解明文化的次第给咱们一种'累积的基层';它对于文化历史的关系,粗略地说,就像地质学对于古生物似的"。

历史发展到今天,又是中国社会文化发生深刻变革的时候,前人探索的精神和成果,现实纷繁的语言、文化现象,都在不断地引发我们的思考,催动我们进一步探求语言与文化之间的对应关系,考察语言与文化的相互影响,寻找通过语言研究文化、通过文化研究语言的具体途径。在经历了一段新的探索路程之后,我们得到了一系列新的

---

① 即 1950 年。——编者注

结束语

启示——

　　语言是文化构成的基础。交往是人形成社会性创造文化的一个基本前提，而语言是交往的主要工具；人类与其祖先和后代相联结，因而得以不断地创造文化、传承文化，而这种联结在很大程度上是通过语言文字来完成的。人类总是给自己生活在其中的"外界"事物赋予某种意义和价值，并将其类别化、秩序化，这就是把"自然"改造成"文化"的活动。在这种活动中，人类以语言为符号，命名造词，不断地反映并认识已知的和未知的事物、现象，把它们编进自己的文化世界，给它们规定各自的位置。因此，文化的创造和传承是以语言为基础的。

　　语言是文化的符号。语言是人类命名活动的产物和记录，而命名活动又依赖于被人们社会生活中的特殊需要所决定和支配的分类过程，所以一个文化生活方式中的分类一般是用语言来表示的；人类是能够赋予一切事物以语言符号的创造者，语言符号是人类认识一切事物的标志；每一种语言都是某一概念体系的具体表现，一个民族语言中的范畴最能反映出该民族所认识的事物，人们可以借语言范畴的分析深入了解一个民族的概念世界和思维方式，获得一种语言，就意味着接受一套概念和价值；语言以最典型的形式在自身中表现了文化活动。可见，语言是文化的"模式"的表征。理解到这一点，人们也就能够去把握一种现实的可能性，即运用具有相对稳定性和独立性的语言符号，构拟现实中并不存在而在观念上和逻辑上都很合理的理想事物，并预见文化世界发展的方向和规律，从而更加努力创造一个美好的符号化的未来世界。

　　文化是语言的管轨。作为语言创造的动力和表达的内容，文化必然制约着语言的产生及发展方向，从而使各民族语言带上自己的文化特征，形成区别于其他语言的特点；文化制约着人们的语言观念，从而促使形成各种文化社团运用语言的特殊方式、确定自己的语言政策的特定出发点，并由此也影响着该社团进行语言研究的兴趣点和学术风格；语言的接触和融合，一般都是与文化的交流和融合相伴随的，文化的差异及文明程度影响着语言接触及语言融合的方式和进程。所以，从根本上说文化是制约语言发生发展和接触融合的管轨。获得了这一认识之后，人们也就可以自觉地把它贯彻到制定语言规划和语言政策的实践中去，贯彻到语言接触和语言翻译的实践中去；并从这一认识出发，改进语言研究和语言教学特别是跨文化的语言教学的视角和方法，从而促使语言以及语言学朝着适应和促进文化演变的方向正确地发展。

语言与文化相互关联、相互影响。由于促使人们感知某种必要的刺激而无视其他不需要的刺激的常常是语言，由于人们最初观察和认识某一类事物或现象往往不采取从完全的空白状态进行解释的方法，而是首先从凝聚在词语中的经验的连续性这一假设出发，投影于未来，因此，命名造词或了解已有的语词，就为人们思考有关问题提供了第一性的素材，设置了思考的框架，拟定了思考的方式；也正因为如此，通过作为母语而使用的语言，各民族的认识方法、对事物或现象的看法乃至世界观的某些方面，常常有不一致的地方；语言符号的演变发展，既反映着认识对象的发展变化，又反映着主体认识水平的发展和深化，这就形成了创造和运用语言符号的人、语言符号本身与社会文化结构之间的"共变"关系。正确地认识语言与文化的这种固有的"共变"关系，对于更好地依靠自身的创造革新能力更新民族文化，借用外来文化的不断启发、刺激，补充丰富民族文化，从而在维系文化发展的连续性、加快文化发展的速度、调节各国文化平衡发展的努力中加强新文化建设，有着深刻而重要的意义。

所有这些，都显现了语言与文化的关系的轮廓。然而，我们又一定不能把它们看作纯理论的、抽象的东西，而应该认识到，它们是活生生的规律、活生生的事实、活生生的历史。每当一个民族社会文化转变的关头，它们一般都会转化为各种充满生气的社会活动，显示出较大的潜在力量，影响着一代人乃至几代人的思想、感情和行为方式，在一定条件下有时还影响着社会演变的轨迹。

例如，在1904年的中国，正当维新志士重整旗鼓，大力宣传西方

结束语

资产阶级社会政治学说,推进资产阶级文化运动,造成浩大的声势、深远的影响的时候,正当革命党人努力创办革命报刊、发行革命书籍,有如阵阵霹雳,震撼全国,使全国民众与海外侨胞"观念大新,齐唱革命"的时候,当时颇有影响的《东方杂志》在第十一期《时评》栏里发表了一篇题为《今日新党利用新名词》的文章,耐人寻味,值得一引:

> 自庚子以后,译事日兴,于是吾国青年各拾数种之新名词,以为营私文奸之具。虑事不周,率意轻举,逞其一时之兴会,弃信用而不顾。苟有责之,则曰"冒险"也。此可利用者一。学问寡陋,志趣卑污,不见齿于通人达士,不得已日与二三无赖、四五流氓相征逐。苟有责之,则曰"运动下等社会"也,又曰"人类平等"也。此可利用者二。趁一时之风潮,慷慨激烈,不转瞬间颓然若丧,自居于冷血动物。苟有责之,则曰"手段平和"也。此可利用者三。热心利禄、谄事朝贵,气节不讲,廉耻无有,苟有责之,则曰"运动官场"也。此可利用者四。伦纪不修,天性刻薄,作色于义,敢为忤逆。苟有责之,则曰"家庭革命"也。此可利用者五。酣歌恒舞,时谓巫风;郑乐秦声,讵称同调。而彼则废弃百事,日流连于剧场,以为看戏亦吾党之要事,颜不稍作。苟有责之,则曰"谋戏曲之改良、音乐之改良"也。此可利用者六。丰衣美食,大厦安居,身本贫贱乃独不行其素。偶茹小苦,弃之若浼。苟有责之,则曰"不适卫生"也。此可利用者七。千年礼法,辨别男女,今也溃堤决防,各思逞其兽行,文明万事均不暇及,首议结婚。苟有责之,则曰"婚姻自由"也。此可利用者八。……未有新学,犹有旧之可守;既有新学,并此几微之旧而荡亡之矣。孰谓近来风气之有进步耶!

无论这位作者的观点与动机是否保守,我们都要感谢他记载了如此生动的社会文化变革的事实。作者忧心忡忡地提出来的风气问题,也正是我们应该着重分析的社会现象:在文化深入交流、急剧转变的情况下,语言中许许多多引进的或自创的"新名词",表达了一个个新的概念，导出了一个个新的思潮，广泛流传，深入人心，被一班"新党"所接受和利用，成为他们"运动下等社会"、进行"家庭革命"、争取"人类平等"和"婚姻自由"的精神武器和力量源泉，从而形成新的风气，扬弃传统文化，使"几微之旧而荡亡之矣"！这是一幅多么形象的"共变"图画！从这里可以清晰地看到，语言符号在文化的人与人的文化的相互作用中起着双重的作用：从文化方面看，它使一定事物或现象以符号的形式进入到人的意义世界之中，转化为人的思想意识和创造新的文化因素的冲动与材料；从人的方面看，它则使人通过一定的有意义的符号系统去认识异质文化因素、创造新质文化因素，并且自觉地、有效地去把握文化结构与人的思想意识之间的相互变换规律，从而促使文化和语言都更加健康地向前发展。

又如，在1928年的土耳其，正是人民刚刚击退外国的侵略，推翻了哈里发封建神权专制制度，在奥斯曼帝国的废墟上建立起新型的世俗的资产阶级民主共和国，实现了制度文化的根本性变革的时候，巩固并发展这一伟大胜利，进一步消除旧的封建神学文化，建设新的民主主义文化，在全面改革中使国家与教会分离，从而开始民主化、现代化的历程，是当时土耳其民族的紧迫任务。面临这一任务，这年4月，共和国大国民议会通过决议，从宪法中剔除了"土耳其奉伊斯兰教为国教"的规定。6月，一个由专家组成的特别委员会就着手研究改革文字废弃先前使用的阿拉伯字母，采用欧洲拉丁字母的可能性及其方式。因为对于土耳其人来说，阿拉伯文字是外来的伊斯兰教神权的象征，是穆斯林身份的标志，是封建神学文化的载体，而不是土耳其语固有的书写符号，很不适合土耳其语拼写的需要，难教难学，造成土耳其文盲充斥。8月9日，土耳其传奇式的英雄、共和国总统穆斯塔法·基马尔对公众发表了充满激情的讲话：

> 诸位朋友，我们的丰富而和谐的语言，如今将能借新的土耳其字母得到表达了。我们必须让自己从多少世纪以来像铁箍似的束缚着我们思想的那些令人无法理解的符号中解放出来。你们必须尽快学会新的土耳其字母，把这些字母教给你们的同胞，教给

结束语

男人和女人,教给搬运工人和船夫。要把这件事情看成是一种爱国的行为和国民的义务。……我们民族,将以它的文字和它的思想,表明自己在文明世界中的地位。

11月3日,国民议会又通过一项法律,确定了新的土耳其文字,并规定自这一年起,不得再在土耳其语言中公开使用阿拉伯字母。于是,几个月之内,用拉丁字母拼写的新土耳其文字代替了用阿拉伯字母拼写的旧土耳其文字。一场影响深远、涉及千家万户的文字改革很快获得成功。

对于土耳其的这场成功的文字改革运动,曾经由于研究土耳其问题成绩斐然而荣获土耳其政府褒扬的英国历史学家伯纳德·刘易斯在《现代土耳其的兴起》一书中作过细致的分析,并且认为:"可以肯定地说,新文字清楚、简单而又合乎语音,因此,它为大量扫除文盲和大规模发展出版事业,开辟了道路。但是,采取这项改革的基本目的,还不在于实用和教学,而是更偏重于社会和文化方面的考虑;穆斯塔法·基马尔强迫人民接受这种改革,一方面是关死过去的门,同时又打开了一道通向未来的门。这时,道路上的一切障碍都已扫除干净,土耳其从此便同自己的过去以及东方最后决裂,并且终于使自己成为现代西方文明中的一分子了。"我们参考他的论述,并联系我国清末民初国语运动兴起的进程作更深的思考:语言文字作为文化的符号,文化作为语言文字的管轨,二者相互之间在社会文化剧烈转变的关头所产生的作用尤其是不可忽视的:在某种背景和条件下,旧的文化因素可能在一定程度上压抑语言文字的正常发展;或者反过来,语言文字凭借自己长期以来在民众心里形成的定势和惯性,成为维系延续旧文化因素、阻遏排斥新文化因素的力量。而在另外一种背景和条件下,新的文化因素可能在一定程度上加快语言发展的速度,促使文字改革的发生;或者反过来,演变中的语言文字发挥自己在社会交往和文化传承中的符号功能,成为传播交流新的文化因素、分隔遏制旧的文化因素的力量。

因此,在社会变革的过程里,研究并运用语言文字与文化的"共变"关系,显然有着重要的理论意义和实践意义。

启示是以往探索的收获,也是今后进一步探索的契机。在这改革开放的年代,我们期待更多的学人同我们一起,筚路蓝缕,对语言与文化作更新的探索。

第一版编后记

第一版编后记

  1988 年 12 月，由湖北省语言学会，华中师范大学中文系、华中师范大学语言学研究所联合主办，由华中师范大学、武汉大学、华中理工大学、湖北大学、中南民族学院共同发起，在华中师范大学召开了武汉地区中青年"语言与文化"学术讨论会。12 位海内著名专家、学者也应邀参加了讨论会。讨论会会风民主而务实，气氛热烈而活跃，与会者都感到很有收获。几位老一辈学者还郑重提出，希望湖北中青年学者多有一点历史责任感和"湖北意识"，紧密团结，积极进取，协作撰写出一本《文化语言学》，为这门新学科的建设作出我们的贡献。于是，在湖北教育出版社的大力支持下，一批中青年学人精诚协作，刻苦钻研，大胆构想，细心推敲，在一年时间里完成了这部《文化语言学》。

  这部书稿的写作，在主编邢福义教授主持下进行。周光庆、吴振国、李宇明、萧国政同志共同构拟了写作大纲。具体写作分工如下：

  总论第一节：李宇明，第二节：萧国政，第三节：吴振国，第四节：萧国政，第五节：易洪川。上篇第一章：周光庆；第二章第一节：周光庆，第二节：赵宏、李金元，第三、四节：孙松发；第三章第一、二节：朱承平，第三节：舒邦新；第四章第一节：李宇明、张东辉，第二、三节：白丁。下编：第一章第一节：吴永德，第二节：王秋隆，第三节：李崇兴、周光庆，第四节：汪国胜，第五节：李宇明；第二章第一节：程邦雄，第二节：李宇明，第三节：刘兴策，第四节：唐志东；第三章第一节：刘兴策，第二节：白丁，第三节：卢卓群，第四节：周建民；第四章第一节：胡培俊，第二节：吴振国，第三节：

孙松发。结束语：周光庆。

　　初稿完成后，又分三级审稿、定稿。参加审稿定稿的编委是（以下均按音序排列）：陈克炯、李崇兴、李宇明、卢卓群、吴振国、萧国政、邢福义、周光庆同志。此外，孙松发、唐志东、汪国胜、朱承平同志也参加了部分章节的初审工作。全书体例、注释、参考文献由吴振国同志统一编排处理。最后由周光庆同志通读全稿。

　　目前，文化语言学尚处于草创阶段，可资借鉴的成果不多，加之语言与文化的关系又特别复杂，因此，我们真诚期待海内外学人对本书提出宝贵意见，并一道进行更为深入的探讨，促进文化语言学的繁荣和发展。

编者
1989 年 12 月

　　（说明：原下编第一章第一节根据原作者的意见删去，现中编第一章第一节，即原下编第一章第二节，其余各节依此类推。）

增订本编后记

增订本编后记

本书自1990年问世以来，在国内外学术界产生了广泛的影响，不到一年即重印一次。八年间，许多学者或以书评的形式，或以征引的形式，或以研讨的形式，给予了热情的鼓励和诚挚的帮助。我们对此由衷感激！湖北教育出版社鉴于国内外学术界的热烈反响和广大学人的迫切需要，要求我们修订再版，同时将增订本申报国家"九五"重点图书选题并获得批准。我们由此深受鼓舞，并开始了增订工作。

本书的增订工作，在主编邢福义教授主持下进行。根据工作需要，在原副主编周光庆以外，又增选吴振国担任新的副主编，并产生由李向农、李宇明、汪国胜、吴振国、萧国政、邢福义、周光庆组成的新编委会。

增订工作主要是：一、邀约各方专家，增写新的下编各专题。二、约请原作者修订原总论、上编、下编各章节；原作者因故不能修订的，应原作者要求，请有关编委代为修订（根据原作者的意见删去了原下编第一章第一节）。三、最后由新编委统一审订全部新增写的、新修订的书稿。具体分工如下：

一、修订部分审稿：

1. 周光庆：总论第二至五节；中编第四章第一、二节。

2. 萧国政：上编第一章；第二章第一、三、四节；中编第四章第三节。

3. 李向农：总论第一节；上编第二章第二节；第三章；中编第三章第三、四节。

4. 吴振国：上编第四章；中编第一章第二至四节。

5. 汪国胜：中编第一章第一节；第二章；第三章第一、二节。

二、新增部分审稿：

1. 周光庆：（1）《论"五种不翻"》（尉迟治平）；（2）《1989—1998年文化语言学的发展》（刘云）。

2. 萧国政：（1）《空间在世界认知中的地位》（李宇明）；（2）《努力培养双言双语人》（李宇明）；（3）《计算机的发展对语言的影响》（吴振国）。

3. 李向农：（1）《汉语词义引申中的文化心理》（周光庆）；（2）《会意字体现的思维方式》（周光庆）。

4. 汪国胜：（1）《从比喻的演变看文化对语言的影响》；（2）《汉语时间表述形式的构成理据论析》（李向农）。

5. 吴振国：（1）《社会伦理与亲属语素加合式组合》（丁力）；（2）《汉字的二重性与字谜文化》（朱承平）。

三、帮原作者改稿：

1. 周光庆：（1）总论第五节；（2）中编第二章第四节。

2. 吴振国：（1）上编第二章第三、四节；（2）中编第四章第三节。

3. 萧国政：中编第一章第一节（原第二节，重写）。

修订本全书体例、注释、参考文献等，仍由吴振国同志统一编排处理。

我们真诚期待国内外学者对本书修订本再一次提出新的宝贵意见，以促进文化语言学的进一步繁荣和发展。

编者
1998年6月